信息管理教程

Introduction to Information Management

张广钦　编著

内 容 简 介

信息管理是近年来在管理、信息技术学科及行业中发展比较快的领域之一,其理论、方法不断推陈出新。本书从信息管理理论和实践两个角度出发,向读者展示了从信息管理工作产生到信息管理实践的最前沿的发展脉络;介绍了信息管理理论的基本问题以及最新学科发展动态。从宏观方面构建起信息管理学科的范围及其内涵。

本书从理论、技术、过程、应用和管理五个方面分十二章向读者介绍了信息管理在理论、微观、中观、宏观信息管理工作等方面的基本思想、常识及实践方法。具体内容包括:信息管理的理论基础、学科基础和技术基础、信息管理的微观过程、信息管理在政府及企业中的应用、信息产业及其管理和信息管理的人文环境。同时,本书还对近年来新出现的知识管理、信息生态、信息构建以及它们与信息管理的关系等问题进行了介绍。

本书适合于高等院校信息管理与信息系统专业、图书馆学情报学专业的师生在教学与研究工作中参考,同时也适用于对信息管理领域感兴趣的社会各界人士了解本学科的基本内容和学科体系。

图书在版编目(CIP)数据

信息管理教程/张广钦编著. —北京:北京大学出版社,2005.6
ISBN 978-7-301-08733-6

Ⅰ. 信… Ⅱ. 张… Ⅲ. 信息管理-高等学校-教材 Ⅳ. TP311.52

中国版本图书馆 CIP 数据核字(2005)第 014766 号

书 名:	**信息管理教程**
著作责任者:	张广钦 编著
责 任 编 辑:	沈承凤 侯嘉凌
标 准 书 号:	ISBN 978-7-301-08733-6/TP・0776
出 版 发 行:	北京大学出版社
地 址:	北京市海淀区成府路 205 号 100871
网 址:	http://www.pup.cn
电 子 信 箱:	zpup@pup.pku.edu.cn
电 话:	邮购部 62752015 发行部 62750672 编辑部 62752038 出版部 62754962
印 刷 者:	北京大学印刷厂
经 销 者:	新华书店
	787 毫米×1092 毫米 16 开本 25.5 印张 633 千字
	2005 年 6 月第 1 版 2015 年 1 月第 5 次印刷
定 价:	33.00 元

未经许可,不得以任何方式复制或抄袭本书之部分或全部内容。
版权所有,侵权必究
举报电话:(010)62752024 电子邮箱:fd@pup.pku.edu.cn

序

信息管理的产生与发展和社会整体信息化水平的提高、人们对信息资源认识程度、信息技术手段不断进步等诸多因素有着必然的联系，并且其发展水平也受到了这些因素的影响与制约。信息管理是一项工作，但更是一项事业。说它是一项事业，是因为我们要在思想上重视它，认识到它的重大意义，对一个组织、一个地区、一个国家的重大意义；说它是一项事业，是因为它的内涵特别丰富，是由相当多的部分构成的复杂系统；说它是一项事业，是因为它要大量人才，而不是由少数人来完成的；说它是一项事业，是因为它的外延非常广，它渗透于社会中的方方面面。所以，我们要认识它、研究它、应用它。

北京大学信息管理系有着对信息管理进行研究和教学的悠久历史，它也孕育出了一些在此方面颇有建树的专家。我们在教学、科研工作中都十分强调要加强对信息管理知识的把握与应用，为我国信息管理事业的建设和人才的培养承担起它应该承担的社会与历史责任。这本由张广钦老师负责编撰的《信息管理教程》得以面世，正是对这种优良传统的继承以及对未来发展的一种展望。

我作为这本著作的第一个读者，感到非常高兴。我发现，这本教材同其他同类教材相比，在体系的架构、所涉及的学科领域的广度、知识的表达、对新知识的敏感、条理的清晰度、语言的流畅性等方面都有了一定的进步，它基本上实现了作者在前言中所主张的此类教材应该达到的最起码的两个任务的目的。通过这本书，我们可以看出作者对信息管理诸多理论问题上的一些见解。通过作者洋洋洒洒的 60 万言，也为我们了解信息管理学科/事业开启了一扇方便的大门。

本书的作者张广钦在我系求学以及供职已经有 15 个年头了，他从本科时起就是我的学生，一直到其攻读博士学位，都是在我的指导下完成的。读书期间，他就特别重视专业理论研究；留系作为一名教师后，他将自己的主要研究精力放在了信息管理理论方面，并且承担着我系最重要的专业基础主干课程的主讲工作。应该说，他在治学以及教学过程中，总是踏踏实实、实事求是、刻苦勤奋的。今天看到了他的研究以及教学成果得以在北京大学出版社出版，我作为他的导师，心里是十分高兴与欣慰的。祝愿他在今后的科研与教学中取得更大的成就！

是为序！

吴慰慈

2005 年 5 月于燕园

前　　言

　　20世纪末期,我国社会、经济、技术飞速发展,社会对人才的需求在质与量上都发生了巨大的变化,教育体制和教学改革迫在眉睫。在此大背景下,国家教育部于1998年对全国高等院校本科专业目录进行了调整,取消或合并了若干专业。其中,包括科技信息、管理信息系统、经济信息管理、林业信息管理、信息学在内的五个专业合并成了一个新专业,即信息管理与信息系统专业。据不完全统计,目前我国高校开设此新专业的院校达到340余所。

　　通过它们原有名称可以看出,上述五个专业在过去分属于图书馆学情报学、经济学与管理学三个大的学科领域。从教育背景角度来看,它们都有着自己不同于其他学科的特色。将原分属于三大学科的专业合并成一个专业后,如何处理好专业传统特色与现实要求的矛盾,如何协调与完善这个新专业成为当务之急,同时也是专业教育改革的难点之一。从社会发展以及对人才的需求角度来看,如何融合三个学科,发挥新专业的优势,为培养适合社会需要的信息管理新型人才服务,成为信息管理与信息系统这个新专业面临的挑战。

　　在教育部的主持下,经过充分论证,新的信息管理与信息系统专业建立了"求同存异,鼓励特色"、"共性与个性相统一"的教学与课程体系,即统一专业基础课程,鼓励特色培养,以发扬各学校原有专业教育的传统优势。也就是说,各学校信息管理与信息系统专业在统一开设核心课程的基础上,可以自由开设一些能够反映自身特色的课程,从而满足社会对信息管理人才的不同层次、不同类型、不同行业的需要。在这些核心课程中,"信息管理概论"课程便位列其中,由此可见,该课程在专业教育课程系统中的重要地位与作用。

　　我认为,"信息管理概论"课程作为信息管理与信息系统专业的核心基础课程,主要承担着两个职能:一是向学生介绍本专业的基本概念、理论、方法与应用,使学生掌握专业基础知识,并构建起学科框架体系,为后继专业课程的学习奠定一个良好、扎实的专业基础;二是向学生"灌输"专业理念,培养专业感情,使学生逐渐树立起正确的专业情怀,并学会利用专业思想看待事物、思考问题、解决困难,提高专业理论修养与实践水平。当然,第一个职能是这门课程必须完成的任务,而第二个职能是我们应该努力达到的目标,虽然仅仅通过此课很难实现这个功能,它需要与其他专业课程共同努力才能完成任务,但是此课程毕竟是专业入门课与基础课,在此目标的实现上必须承担起这个义不容辞的使命。

　　笔者所在的北京大学信息管理系是国内开设"信息管理概论"课程最早的教学单位之一。在20世纪90年代初、中期,随着教学改革的深入,信息管理类课程进入到我系的教学大纲中,较早地开始向学生讲授信息管理的知识与方法。从教材建设角度来看,已故老系主任王万宗教授在国内较早地出版了相关教材,后来在1999年的时候,岳剑波副教授因时而变,出版了第二部教材,在社会上产生了较大的反响,颇受好评。我于2000年开始作为此课的主讲教师授课至今。在这几年的时间里,社会状况及教学环境发生了很大的变化。信息管理的技术与理念在社会中受到认可并快速发展,信息战略成为组织发展的重要战略之一;信息技术为信息管理提供了更为深入、广泛、成熟的支撑;信息经济、知识经济成为社会经济发展的重要推动力量等等因素的存在,极大地丰富了信息管理的内涵。与此同时,教学改革不断加强与深化。"信息管理概论"课成为北京大学信息管理与信息系统专业本科生的基础主干课,成为该专业重点建设的课程之一,其教材建设也提上了日程。基于这些情况,2003年下半年,北京大学将"信息管理概论"课程的教材立项,根据新的教学大纲,由我负责编写新教材。于是,此书得以于今天面世。

综观现在可以看到的专业教材,我们发现,教材内容与体系主要分为三类,这三类分别是从不同学科角度出发编写的,同时也反映出信息管理概念的不稳定性与不成熟性,大家还没有对此形成一个共同的认识的特点。第一类是继续了传统图书馆学情报学的学科内容、体系,将其扩展到整个社会大背景下,发展与完善图书馆学情报学的内涵,扩展其在社会中的生存能力。第二类是将信息管理理解为一项信息技术,特别是从管理信息系统(MIS)角度来编写教材,基本上可以看成是管理信息系统类教材的翻版。虽然系统学派是现代信息管理的重要流派之一,但将两者等同起来的观点也有失偏颇,是不全面的。第三类教材是从管理学的学科背景下组织教材内容,沿着管理的五大职能——计划、组织、指挥、协调、控制——的线索,分别讨论信息管理组织的功能与信息管理内容。虽然从管理学角度看信息管理是科学的、合理的,但除了管理职能外,信息管理还拥有更重要的技术色彩。所以说,作为一门综合性强的基础入门课,对其教材的要求最重要的应该是全面性、系统性、综合性,应该涉及信息管理工作的来龙去脉、信息管理理论的完整体系、信息管理技术的应用范围、信息管理实现的技术保证、信息管理手段的实现过程等重要方面。本教材在编写时就注意了这些问题,并力求达到这些目标的要求。

本书因为是在教学过程中不断完善的,所以可以看作是这几年来我的教学成果的体现。浏览一下此书的内容,我们可以发现它具有以下几个方面的特点:一是体系相对完整。全书分为五篇十二章,涉及信息管理的理论、技术、过程、应用及管理层面的基本问题。无论从整体内容上看,还是从每一章节、每个问题上看,都是由浅入深、详略得当。对于理论性、应用性和过程层面的内容介绍得相对详细,而对于内容泛杂、涉及面广、专业性强的技术和宏观的信息管理环境问题则论述得相对简单一些。这是由于我考虑到了我系专业教学大纲的体系、所开设的后续衔接课程、信息管理内容核心等因素后而总结出来的结果。二是收集了部分内容的案例。使用案例教学,可以达到深化所学基础知识、切身体会技术方法、吸取他人经验教训、掌握了解专业发展动态、活跃课堂教学内容与气氛等效果。诚然,案例的编写是一项繁重的学术工作,因为时间与能力的关系,我没能在这次提供完美的经典案例,而只是将自己在平时的学习过程中积累的一些反映业界现状与问题的合适的材料,随同本书内容一并提供。因为缺乏精细的选择与加工,所以这些案例不是全部都能非常好地反映教学内容,适应教学的需要。在教学过程中,需要不断地加强此方面的工作。三是尽量多地介绍信息管理的应用与过程。这两个方面是信息管理在社会中应用的体现,通过对它们的介绍,可以加强学生对信息管理的感性认识。四是尽可能体现信息管理的管理特色,突破传统图书馆学情报学的研究与适用范围,而将信息管理作为一种渗透于社会各方面的管理思想,并将此思想贯穿于整部书的全部内容。

怀着忐忑不安的心情将此教材呈现在我的师长和同行面前,接受大家的指教,其中一定存在着不少的缺点和问题,恳请各位专家指正,以待我在教学过程中不断地改正。在本书写作过程中,得到了北京大学教务部、北京大学出版社、北京大学信息管理系的各位老师的帮助,特别是吴慰慈教授、秦铁辉教授、李国新教授、刘兹恒教授、王余光教授、段明莲副教授、周庆山副教授、王益明副教授、张久珍讲师以及王春芳老师的鼓励与支持,在此表示感谢!同时也十分感谢沈承凤老师,她的精心编辑使本书增色不少。在教学过程中,我系2000级到2004级的本科生及部分研究生也为我的写作提供了大量帮助,特别是葛宁、余训培、朱琳、杨梁斌、王蕊寒、魏琴等同学,为我搜集了部分资料并初步加以整理,减轻了我的一些工作负担,并且在此过程中,我也向他们学到了很多宝贵的东西,心中充满着感激。

  必须指出的是,此书的完成得益于大量的相关文献以及网络信息资源,我尽量在每章中采用脚注或参考文献的方式标明,但有些还是未能注明。在此,向所有责任者表示衷心的感谢!没有你们的辛苦劳动,就不会有今天的这部教材。同样,因为是教材,它需要综合、引用各位专家的各种观点,所以在写作过程中,我十分重视知识产权的问题。如果因为我的疏忽未能明示,还请原谅。但本着文责自负的原则,我个人对本书中的内容负责。

张广钦

2005年4月于畅春园

目 录

序 ··· (1)
前言 ··· (1)

第一篇 理 论 篇

第一章 信息管理的理论基础 ··· (1)
第一节 信息、信息资源与信息化 ·· (2)
第二节 信息管理的发展历程 ·· (19)
第三节 信息管理的内涵 ·· (22)
第四节 信息管理人才——信息主管 CIO ··· (37)
案例 管理型 CIO 是怎样炼成的? ·· (43)
参考文献 ·· (46)
思考题 ··· (47)

第二章 信息管理的学科基础 ··· (48)
第一节 信息管理与信息科学 ·· (49)
第二节 信息管理与管理学 ··· (56)
第三节 信息管理与传播学 ··· (67)
参考文献 ·· (80)
思考题 ··· (81)

第三章 信息管理的新发展 ·· (82)
第一节 知识管理 ·· (83)
案例 1 摩托罗拉公司的知识管理 ·· (95)
案例 2 IBM 公司知识管理实践:蓝色大象翩翩起舞的知识动力 ················· (97)
第二节 信息构建 ·· (99)
第三节 信息生态 ·· (106)
参考文献 ·· (111)
思考题 ··· (113)

第二篇 技 术 篇

第四章 信息管理的技术基础 ··· (114)
第一节 信息技术概述 ··· (115)
第二节 信息系统 ·· (121)
第三节 信息系统安全及其管理 ·· (145)
案例 中华人民共和国计算机信息系统安全保护条例 ······························· (153)

参考文献……(155)
思考题……(155)

第三篇　过 程 篇

第五章　信息搜集……(157)
第一节　信息调查……(158)
第二节　信息检索……(168)
参考文献……(177)
思考题……(177)

第六章　信息组织……(178)
第一节　元数据……(179)
第二节　信息描述……(183)
第三节　信息揭示……(201)
第四节　信息存储……(210)
参考文献……(213)
思考题……(213)

第七章　信息分析……(214)
第一节　信息分析概述……(215)
第二节　信息统计分析……(217)
第三节　联机分析技术……(220)
第四节　竞争分析……(228)
案例　竞争分析的成功案例……(242)
参考文献……(243)
思考题……(244)

第八章　信息服务……(245)
第一节　信息服务概述……(246)
第二节　信息服务的类型……(248)
参考文献……(258)
思考题……(259)

第四篇　应 用 篇

第九章　政府信息管理……(260)
第一节　政府信息管理的理论与实践……(261)
第二节　电子政务……(271)
案例　"北京劳动保障网"内容管理平台应用案例……(283)
参考文献……(286)
思考题……(287)

第十章　企业信息管理 …………………………………………………… (288)
 第一节　企业信息管理概述 …………………………………………… (289)
 第二节　企业信息管理制度 …………………………………………… (290)
 案例 1　宝钢创业中心信息管理办法 ………………………………… (292)
 案例 2　期货经纪公司信息管理制度 ………………………………… (294)
 第三节　信息系统在企业信息管理中的发展模型 …………………… (296)
 第四节　企业信息化管理技术与系统 ………………………………… (300)
 第五节　企业信息化项目规划、实施与管理 ………………………… (312)
 案例 3　宝钢信息化规划的成功经验 ………………………………… (317)
 案例 4　石钢公司 ERP 系统的解决与实施方案 …………………… (321)
 案例 5　AMPC 公司某信息化项目的管理过程 …………………… (325)
 第六节　IT 审计 ………………………………………………………… (328)
 案例 6　杜邦公司开展 IT 审计的作法及经验 ……………………… (334)
 第七节　企业战略信息管理 …………………………………………… (339)
 参考文献 ………………………………………………………………… (351)
 思考题 …………………………………………………………………… (353)

第五篇　管　理　篇

第十一章　信息产业及其管理 …………………………………………… (354)
 第一节　信息产业概述 ………………………………………………… (355)
 第二节　信息产业管理 ………………………………………………… (360)
 参考文献 ………………………………………………………………… (363)
 思考题 …………………………………………………………………… (364)

第十二章　信息管理的人文环境 ………………………………………… (365)
 第一节　信息政策 ……………………………………………………… (366)
 第二节　信息法律 ……………………………………………………… (376)
 案例　信息社会催生信息法 …………………………………………… (383)
 第三节　信息伦理 ……………………………………………………… (387)
 参考文献 ………………………………………………………………… (391)
 思考题 …………………………………………………………………… (393)

第一篇 理 论 篇

第一章 信息管理的理论基础

内容提要

本章主要讨论了现代信息管理的基本内涵。以信息、信息资源、信息化这三个基本概念为主线,从信息管理活动发展的古代、近代和现代三个历史时期各自的不同特点出发,初步揭示了现代信息管理的基本面貌;接着从人们对信息管理的普遍理解出发,从信息管理的起源、信息管理的层次、信息管理的模式等角度深入地剖析了现代信息管理的内容。在此基础上,又从国内外两个方面分别论述了信息管理思想的发展历史分期、信息管理的主要代表思想等内容。从信息管理人才角度解释了信息主管(CIO)的概念及其职责。

学习要点

1. 信息、信息资源以及信息化的概念与内容
2. 信息管理活动的发展历史及各阶段的特点
3. 现代信息管理的起源及其各起源领域的信息管理特点
4. 信息管理在不同发展层次上所具备的特点
5. 现代信息管理的模式
6. 国内外对信息管理思想历史发展分期的认识
7. 国内外信息管理思想主要代表观点
8. CIO的概念及其职责

信息管理的历史是悠久的,但其理论发展的时间并不长。信息管理实践活动以及其他相关学科理论的不断完善,都为信息管理理论提供了营养与支撑。纵观国内外现代信息管理理论的研究历史与现状,信息、信息资源以及信息化的概念基本奠定了信息管理理论发展的基石,勾勒出了信息管理理论发展的基本脉络和线索。

第一节 信息、信息资源与信息化

"信息"与"信息资源"已经成为诸多学科共同研究的横断性概念,同时它们也是信息管理理论的基础性概念,弄清它们的确切含义,对于理解与完善信息管理理论起着重要作用。信息化是信息管理应用的高级表现形式,也是近些年来被使用的"热门"词汇之一。

1.1 信息

虽然我们经常引用信息这个概念,可是对它的确切含义并不清楚,经常将它与消息、数据、情报、信号、知识等概念混同起来。在人类生活的时空范围内,存在着各种各样的信息,它的种类繁多,可并不是每一种信息都是信息管理所要研究的。抓住信息的特征,对于我们驾驭信息、开发利用信息会产生积极的影响。

1. 信息的概念

长期以来,信息这个概念在社会中被看作是消息等词汇的同义语,它没有严格的科学的定义。实际上,最早研究"信息"的学科应该归属于通信科学。

早在 1928 年,哈特雷(L. V. R. Hartley)就在《贝尔系统电话杂志》上发表了"信息传输"一文。在该论文中,他认为信息就是"选择通信符号的方式",且用"选择的自由度"来计量这种信息的大小。他从自己所从事的学科研究出发,发现任何通信系统的发信端总有一个字母表(符号表),发信者发出信息的过程正是按照某种方式从这个符号表中选出一个特定符号序列的过程。假定这个符号表中一共有 S 个不同的符号,发送信息选定的符号序列一共包含 N 个符号,那么,这个符号表中无疑就有 S^N 种不同的符号的选择方式,也可以形成 S^N 个长度为 N 的不同序列。这样,就可以把发信者产生信息的过程看成从 S^N 个不同的序列中选出一个特定序列的过程,或者说是排除其他序列的过程。

可见,这种用"选择的自由度"来定义信息的概念,有其局限性:一是只考虑了通信符号的选择方式,而没有考虑所选择符号的内容与价值意义,与现实生活中的现象不一致;二是选择符号的发出者,亦即主体是人,必然使信息具有个性色彩,所以这样的定义应该从认识论上界定。

美国物理化学家吉布斯(J. W. Gibbs)首先将统计学引进物理学,使物理学不得不考虑事件的不确定性和偶然性,从而使人类在科学把握信息的意义上迈出了第一步。他提出了研究偶然性的一种明确方法,指出熵是关于一个物理系统信息不足的量度,但因为技术条件的限制,他没有提出信息的数量理论。

20 世纪中,随着雷达、无线电通信和计算机、自动控制等技术的不断发展,申农(C. E. Shannon)从不同方面完成了关于信息的统计理论,推导出了信息测度的数字公式,发明了编码的三大定理,为通信的发展奠定了基础。他指出,通信必须以随机事件为对象,各种消息的共同本质在于消除通信中的不定性。他完善了以吉布斯为代表的科学认识及计量的方法理论,提出必须分析消息的概率分布,用统计平均信息的概念来量度。这就是信息率概念的形成。后来,信息率的概念被广泛引入物理、化学、生物、医学、自动控制、计算机、人工智能、仿生学、经济与管理等不同领域。信息过程不仅是通信研究的对象,而且被当作控制社会的手段。

信息概念的确立最早是由维纳(N. Wiener)进行的,他在《控制论》(1948年)中,把人、动物和机器的控制与通信过程统一起来,认为信息的实质是负熵。"信息这个名称的内容就是我们对外界进行调节并使我们的调节为外界所了解时而与外界交换来的东西",强调了信息这种负熵是在调节过程中相互交换来的东西。维纳的定义包含了信息的内容与价值层面意义,从动态的角度揭示了信息的功能与范围。但是,人们与外界进行相互作用的过程中,不仅仅是信息的交换,还有物质与能量的交换,这点是维纳对信息认识的局限性。

随后,信息概念得到进一步的深化,从不同的侧面得出了相似的定义。有的把它与物质及其属性的有序性相联系,有的把它与物质状态的变异度相联系,有的把它与物质和能量的不均匀性相联系。

通过总结人们对信息的概念的认识的简要历史,可以看出,对信息的研究首先出现在电子通信领域,并且力求在这个学科基础上对信息量进行度量。正因为信息率这个信息度量概念的出现,才将对信息的研究引入了包括社会科学在内的多个学科范围之内。

信息的概念非常广泛,从不同的角度对信息可下不同的定义。纵观人们对信息的认识历史,提出的信息的概念不下百种。

(1) 信息就是信息,既不是物质也不是能量(Wiener,1948)。
(2) 信息是用以消除随机不定性的东西(Shannon,1948)。
(3) 信息是有序性的度量(Wiener,1948)。
(4) 信息是事物之间的差异(G. Longo,1975)。
(5) 信息是集合的变异度(Ashby,1956)。
(6) 信息是一种场(Eepr,1971)。
(7) 信息是系统的复杂性(张学文等)。
(8) 信息不是物质,它是物质状态的映射(张学文等)。
(9) 信息是事物相互作用的表现形式。
(10) 信息是事物联系的普遍形式。
(11) 信息是物质和能量在时间和空间中分布的不均匀性(Eepr,1971)。
(12) 信息是物质的普遍属性。
(13) 信息是指对消息接受者来说预先不知道的报道。《辞海》
(14) 信息是使概率分布发生变动的东西(Tribes etal,1971)。
(15) 信息是负熵(Brillouin,1956)。
(16) 信息就是用符号、信号或消息所包含的内容,来消除对客观事物的不确定性。
(17) 信息是用文字、数据或信号等形式通过一定的传递和处理来表现各种相互联系客观事物在运动变化中所具有特征内容的总称。
(18) 信息是系统组织程度的度量(Wiener,1948)。
(19) 信息是被反映的差异。
(20) 信息是被反映的变异度。

(21) 信息是被反映的物质的属性（刘长林，1985）。
(22) 信息是被反映的特殊性（鲁晨光）
(23) 信息是与控制论系统相联系的一种功能现象（Украинчев，1963）。
(24) 信息是作用于人类感觉器官的东西。
(25) 信息是选择的自由度（Hartley，1928）。
(26) 信息是通信传输的内容（Wiener，1950）。
(27) 信息是加工知识的原材料（Brillouin，1956）。
(28) 信息是控制的指令（Wiener，1950）。
(29) 信息是对某种事物的预报。（日本辞典《广辞苑》）
(30) 信息是用以通信的事实，是在观察中得到的数据、新闻和知识。《韦氏字典》
(31) 在计算机技术中，信息是经过组合后具有一定意义，能表明客体属性的数据集合。
(32) 信息就是消息。
(33) 信息就是信号。
(34) 信息就是数据。
(35) 信息就是情报。
(36) 信息就是知识。
(37) 信息是关于事物运动的状态和规律的表征，也是关于事物运动的知识。
(38) 信息是人与外界相互作用的过程中所交换的内容的名称（Wiener，1948）。
(39) 信息是一种关系（Longo，1975）。
(40) 信息，广义地讲，它是物质和能量在时间、空间上，定性或定量的模型或其符号的集合。从信息处理的实际出发，它是人们进行各种活动所需的知识。信息是抽象的，具有有用性和可传递性。信息在空间的传递称为通信，在时间上的传递称为存储。信息在宏观上被看作社会和科技发展的三大支柱之一（材料、能源、信息），在微观上被看作为人力、物力、财力之外的第四种基本资源。

(41) 信息是事物特性的可转换量和实际转换量的综合量度。这里说的事物是指宇宙的万事与万物，包括自然界和人类社会的万事，包括动物、植物、人物、有机物、无机物等万物。这里说的转换可以是以自身特性转换他物的特性或者是自身的特性被他物的特性所转换。信息可转换量与信息实际转换量共存于同一事物中，两者可以全部分离或部分联系。就事物的关系与属性而言，可转换量与实际转换量属于关系，而它们的综合才是属性。

事物因某个、某些或全部特性与他事物联系的信息实际转换量而能够改变他物；事物的某个、某些或全部特性的信息实际转换量经与人脑的作用而能够产生意识。因此，信息建立了事物间普遍联系，是事物间普遍联系的中介，信息也建立起了存在与意识的联系，是存在与意识的中介，而这个中介本身是确实的客观存在。于是，信息虽然是我们熟悉的词汇，但是就信息概念的新定义而言，它则有全新的含义。物与物的相互作用、物与人的相互作用、人与人的相互作用实际上都是具有物质性的信息的控制与反馈的结果。信息在这些相互作用中表现出传统意义上的物质和意识双重特性。因此，信息可以正名为"物息"，或者改名为其他更合适的名称。

(42) 信息是一种十分广泛的概念，它在自然界、人类社会以及人类思维活动中普遍存在。不同事物有着不同的特征。这些特征通过一定的物质形式（如声波、电磁波、图像等）给人带来某种信息。例如,人的大脑通过感觉器官所接收到的有关外界及其变化的消息,就是一种信息。因此,信息可以定义为:生物以及具有自动控制功能的系统,通过感觉器官和相应的设备与外界进行交换的一切内容。

通过上述对信息的定义可以看出,哲学家研究信息的最一般特性,认为信息是物质存在的普遍形式,是与"原型世界"对应的"信息世界";语言学家对"信息"作词语解释,将"信息"与"音讯"、"消息"一样看待;计算机科学的研究者们研究信息语义形式化问题,即对符号表达式与它的内涵之间的关系作研究,所以在研究信息处理的语言学家眼中,信息是"符号",而所谓"语义学"就是对符号表达式与它的内涵之间关系的研究;社会学家考虑信息的传递,通常把"信息"说成"消息";通信专家则对信息的度量、量化以及编码进行论述,在描述过程中,常以"信号"代表"信息"。

从人们认识信息的层次上还可以把上述的诸多定义划分为三个层面:一是在日常生活层面上,二是在科学或科学认识层面上,三是在哲学认识论的层面上。这三个层面依次形成了前者是后者的基础,后者是前者的深化和发展的关系。

第一个层面的代表性提法如:消息就是信息;情报就是信息;凡能触动人的思维的东西都是信息。各种工具书中对信息的定义大多是基于这个层面的。

科学层面上对信息研究的主要代表如哈特莱的"信息是通信符号选择方式"的定义,申农与维纳对信息的研究,上述定义中有关"特异性"、"变异度"、"差异"等的表述皆是基于这个层次的研究。可见,科学层面的信息研究主要是为了对信息加以定量的研究。

哲学层面上的研究是基于信息具有作为哲学范畴的特征的观点,王雨田先生将其概括为四个方面:一是信息是反映物质世界的本质联系的最基本的概念;二是信息已经成为自然界、社会和思维各个领域的普遍概念,具有颇高的普遍性和适应性;三是信息具有极其重要的哲学方法论意义,以信息为中心形成的信息方法和信息思维方式具有颇高的普适性;四是信息如同唯物辩证法的其他范畴一样,也具有对偶性,它与熵构成了一对辩证法意义上的范畴等。

信息的概念非常广泛,可以从不同的角度、学科、领域、层次对信息下不同的定义。但维纳和申农对信息的认识,对后人们的思想产生的影响是深远的,而且,维纳对信息的认识将对信息的研究引到了哲学的范畴与高度。后来,人们认识信息都突破了最初的直觉意义上的定义,而从哲学层次定义信息。

钟义信在《信息科学原理》一书中对各种观点进行了归纳分析后,提出了他对信息的认识。我们在此引用他在这方面所做的工作。他认为:

由于信息概念的复杂性,在定义信息的时候必须十分注意定义的条件。为了得到清晰的认识,应当根据不同的条件区分不同的层次来给出信息的定义。

最高的层次是普遍的层次,也是无条件约束的层次,叫做"本体论层次"。在这个层次上定义的信息是最广义的信息,它的适用最广。

引入一个约束条件,则最高层次的定义就变为次高层次的定义,而次高层次的信息定义的适用范围就比最高层次定义的范围要窄;所引入的约束条件越多,定义的层次就越低,它所定义的信息的适用范围就越窄。这样,根据引入的条件的不同,就可以给出不同层次和不同适用范围的信息定义;不同的信息定义的系列,就构成了信息定义的体系。

本体论层次的信息:事物运动的状态和(状态改变的)方式。

具体地讲，是事物内部结构和外部联系运动的状态与方式。在此，"事物"泛指一切可能的研究对象，包括外部世界的物质客体，也包括主观世界的精神现象；"运动"泛指一切意义上的变化，包括机械运动、物理运动、化学运动、生物运动、思维运动和社会运动等；"运动方式"是指事物运动在时间上所呈现的过程和规律；"运动状态"则是事物运动在空间上所展示的形状与态势。

认识论层次的信息：认识主体所感知或所表述的事物运动的状态及其变化方式，包括状态及其变化方式的形式、含义和效用。

由于引入了主体这一条件，认识论层次的信息概念就具有了比本体论层次的信息更加丰富的内涵，它必须同时包括形式、含义和效用三个方面的因素。我们把同时考虑事物运动状态及其变化方式的外在形式、内在含义和效用价值的认识论层次信息称为"全信息"，而这三个要素分别被称之为语法信息、语义信息和语用信息。全信息及其理论是整个信息科学的理论基石。

另一方面，由于引入主体，就引入了认识主体与事物客体之间的关系，认识论层次信息还衍生出另一组有用的概念，即实在信息、先验信息和实得信息。实在信息是指某个事物实际所具有的信息；先验信息是指某主体在实际观察该事物之前已经具有的关于该事物的信息；实得信息是某主体在观察该事物的过程中实际获得的关于该事物的信息。

进一步，如果我们不仅对观察者施加各种限制条件，而且对所观察的事物也规定一些限制性约束，那么，就会得到层次更低、适用范围更小的信息定义。例如，如果限定所观察的事物的运动方式是随机型的，就会分别得出概率性的实在语法信息、概率性的先验语法信息、概率性的实得语法信息、等等；如果限定所观察的事物运动方式是半随机型的，就会分别得到偶发性的实在语法信息、偶发性的先验语法信息、偶发性的实得语法信息、等等；如果限定所观察的事物的运动方式是确定型的而运动状态是模糊的，则可以分别得到模糊实在的语法信息、模糊先验语法信息、模糊实得语法信息、等等。类似的情形也适用于语义信息和语用信息。

总之，对观察者、观察对象（即"事物"）以及观察过程的性质等等都可以规定各种不同的条件，于是就可以得到层次高低不同、适用范围大小不同的各种信息定义或概念。

钟义信和所有其他人的定义都从不同侧面揭示了信息的各种特性，可以在不同场合应用。在了解了信息的概念后，我们可以看出，信息同物质、能量是密不可分的，紧密相关的。没有物质和能量，就不存在事物及其运动，也就无从谈起运动状态和规律，当然也就不会有运动状态和规律的表征的信息，这是信息对于物质和能量的依赖性。但是，具有知识秉性的信息，作为事物及其运动的状态和规律的表征的信息，显然可以脱离原来的物质、能量而相对独立地被人们摄取、传递、加工和处理。物质、能量、信息是一切客观事物的三个基本方面。人们在长期的科学实践中建立和发展了材料科学、能源科学和信息科学，分别对三者进行研究，并且它们已经成为现代科学技术的三大支柱。

2. 与信息相关的几个概念

在现实生活中，我们通常把信息与数据、情报、信号、消息、知识等概念混同使用。虽然在一定情况下，由于它们所要表现的内容存在着性质上的一致性，在理解上不会出现偏差，但是严格说来，它们之间还是有区别的。

数据（data）是经常出现的一个词汇。它往往用来指那些零散的、片断的、没有联系的事物；而对其进行挖掘，找出其内在联系，形成有价值的、整体性的东西，就称之为信息。信息是通过对数据进行分析之后而产生的。所以可以说,信息是数据经过加工处理后所得到的另外一种形式的数据。但是也有另一种看法,认为数据是信息的一种表现形式。因为信息具有普遍性,是任何事物运动所表现出来的方式和状态,数据只是表现这些方式、状态的形式之一。

情报(intelligence)是特定的信息,它产生于特定的领域。一般来说,"情报"一词应该理解为"谍报"更准确一些。它具有其他类信息所不具备的保密性、难获得性的特点,如军事情报、政治情报、经济情报等。我们现在大量使用"情报"这个概念指代"信息",有其历史的根源。我国首次从日本引入这个词汇,而英语却依旧使用 information 这个词汇。由此可见,引入这个词汇的初衷并不是用它来指代"谍报"的。现在我国已经全部改称"信息"。

信号(signal)通常应用于通信领域,它与"信息"的区别比较明显。信息在传递时,总要转化成一定形式的信号。同样的信息,可以用不同的信号形式表现出来。所以说,信号是信息的载体,信息是信号的内容。

消息(message,news)也是在日常生活中大量应用的词汇。消息往往用于指那些最新的动态。消息是信息的外壳,信息是消息的内核。同样的一条消息,对于不同的人,其所能表现出来的信息内容可能会有所不同。可以看出,信息与其接收者是有关系的。一则消息对某个人来说可能是信息,而同样一个消息对于另一个接受者来说可能是数据。

知识(knowledge)与信息的区别从不同的层面上来看还是比较大的。我们可以从本书的第三章第一节"知识管理"中了解。

3. 信息的维度

信息的维度(dimension of information)可以反映出信息在应用时所表现出来的一些特征,同时也为信息管理工作处理信息提出了要求。信息的维度包括三个方面:时间维度、内容维度以及形式维度。

(1) 时间维度(time)

及时性(timeliness):及时性描述了什么时间需要信息。如果不能在恰当时间提供信息,则信息就失去了它应有的价值。

现时性(currency):指信息是否是最新的。过时的、陈旧的信息显然对决策毫无用处。

(2) 内容维度(content)

准确性(accuracy):即信息是正确的还是错误的,即信息是否反映了事物的真实情况和状态。错误的信息可能导致错误的决策,因此,对于信息系统而言,一个最基本的要求就是向管理人员提供正确的信息。

相关性(relevance):指信息接收者所接收的信息是否与其所做的工作有关。过多的无关信息会造成人的信息处理能力的下降(信息过载)。

完整性(completeness):信息的完整性是指信息是否详细到足够的程度,以便使信息的接收者能够得到他所想得到的信息的任何细节。

(3) 形式维度(form)

形式是指信息的实际结构。包括可定量化程度(quantified ability),即是定性的,还是定量的;聚合程度(aggregation),即是摘要性的,还是详细性的;表示信息的介质和方式(如图形方式、数字方式、打印、屏幕显示、声音、图像等)。信息的表现形式体现在以下几个方面:

详细程度(detail):如摘要信息、例外信息等。该属性也称之为信息的粒度(information granularity)。

表现方式(presentation)：指信息是否以恰当的方式、介质提供给用户。

此外，信息还具有以下基本属性

频率(frequency)：信息的频率是指在一定时间范围内，信息需要收集和加工的次数。

广度(breadth)：指信息所表示的事件地点、人物的范围。

来源(source)：是由何地接收或产生的。如内源信息，外源信息等。

时间性(time horizon)：即信息所表示的事件是过去的、现在的还是未来的。

密度(density)：是指一个表示单位里所表示的信息的多少。长的、凌乱的报告显然信息密度很低，而表格和图形常以最短的通信形式提供最大的信息量，因而密度很大。

4. 信息的类型

信息是一种十分复杂的研究对象，也是一种事物的运动特征。因对象种类及运动状态的多样性，决定了信息也呈现出不同的类型。按照不同的分类标准，信息可以划分出不同的类型：

(1) 从价值以及可否赢利的角度进行分类，可以将信息资源分为政府信息资源、商业信息资源和公益信息资源。

政府信息资源：政府拥有的，包括由政府收集和生产的信息，即在政府业务流程中产生的记录、数据、文件内容；为政府收集和生产的信息，即政府为业务流需要从外部采集的信息。

商业信息资源：由/为商业机构或其他机构以市场化方式收集和生产的，以赢利为目的的各种信息资源。

公益信息资源：进入公共领域的，由公益性信息机构管理和提供的信息资源，包括教育、科研、文化、娱乐、生活等领域里使用的公益性信息。

(2) 按照信息的发生领域，可将信息分为物理信息、生物信息和社会信息三类。其中，物理信息研究无生命世界的信息，生物信息研究生命世界的信息，而社会信息研究社会上人与人之间交流的信息中，包括一切人类社会运动变化状态的描述。

(3) 按照主体的观察过程来分，可以分为实在信息、先验信息和实得信息。

(4) 按照信息的应用领域来分，可以分为工业信息、农业信息、军事信息、政治信息、科技信息、文化信息、经济信息、市场信息、管理信息等等。

(5) 按照信息的载体性质划分，可以有电子信息、光学信息、生物信息、文献信息等。

(6) 按照携带信息的信号的形式来分，可以分为连续信息、离散信息、半连续信息、模糊信息等。

(7) 按照事物运动的方式，可以分为随机型的概率型信息、半随机型的偶发信息、确定型的确定型信息。

(8) 按照主体的认识层次，可以将信息分为语法信息、语义信息、语用信息

语法信息是指只考虑事物运动的状态与状态改变的方式本身，而不考虑信息的内容及效果。它是最抽象、最基本的层次。

语义信息是指事物运动的状态和方式的逻辑含义，是信息认识过程的第二个层次。

语用信息是指事物运动状态及状态改变方式的效用、价值与目的，是信息认识过程的最高层次。

(9) 按照信息的逻辑意义来划分，可以分为真实信息、虚假信息和不定信息。

(10) 按照信息的记录符号来分，可以将信息分为语音信息、图像信息、文字信息、数据信

息、多媒体信息等。

(11) 按照信息产生的先后和加工深度划分,可以分为零次信息、一次信息、二次信息、三次信息。

(12) 按照获取信息的来源来划分,信息可以分为内源信息(internal information)和外源信息(external information)。

内源信息是指来自于组织内部的信息,它反映了组织各职能部门的运行状况,是决策系统运动、变化和发展的依据。

外源信息则指来自于组织系统外部环境的信息,它是决策系统运动、变化和发展的条件。二者缺一不可。中层管理人员主要使用内源信息来进行管理和控制,而高层管理人员主要利用外源信息作战略计划,进行决策。

(13) 按信息是否依赖于个人的判断来分,可以分为硬信息(hard information)和软信息(soft information)。

所谓硬信息是指对客观实体和客观现象的一种客观的、标准的度量。它不依赖于个人的判断,其准确度一般较高。如某企业2月生产出产品3万件。

软信息是根据人们以往对事物的认识以及个人的偏好,对客观事物和实体进行的一种度量,它依赖于人对该事物的认识、判断、环境以及判断者的心理状态等因素。如人们对某种产品的喜好程度。软信息在现代管理决策中起着重要作用。因为管理决策过程往往是一个很复杂的过程,决策者选择方案时往往受到心理因素、知识水平以及环境因素的影响,不同的决策者对同一决策问题会做出不同的选择。

除此之外,还有其他分类信息的标准,但是在所有分类的原则和方法中,最重要的是按照主体的认识层次来类分信息的标准。在信息论发展的初期,人们只关注语法信息的研究,后来,尤其是对社会信息加强研究后,发现语义信息、语用信息更加重要。在信息检索过程中,检索表达式的构造是重要的一个环节,如果只注意语法信息的表达,而忽视后两类信息,则检索的效率(查全率和查准率)就会很低,不能满足人们的信息需求,甚至有时会产生令人啼笑皆非的后果。如:"昨天我把乒乓球拍卖了"这个句子,如果只看语法信息,用计算机自动进行词的切分,就很有可能产生"乒乓球"、"拍卖"这样的效果。而我们想表达的是"乒乓球拍"、"卖了"这个效果。再如,在新浪网上查询"北大"一词,会出现"北京大学"、"东北大学"、"华北大学"等结果,甚至出现了"东北大米价格走势分析"的结果,与检索预期大相径庭。由此可见,对语义信息和语用信息的重视程度要同语法信息一样。不过,对语法信息的机器自动处理相对于语义信息和语用信息来说更容易一些。

5. 信息的特征

信息的特征指的是信息区别于其他事物所特有的现象,是信息的本质属性。

(1) 普遍性与绝对性

从本体论意义上的信息概念来看,信息是事物的运动状态以及状态的改变方式。我们知道,这里的事物包括一切现象与事物,既有物质,也包括思维与社会;而运动在这里有物理运动、机械运动、化学运动、生物运动、思维运动和社会运动等几种形式。可以看出,信息是无处不有,无时不在的。因此,从这个意义上说,信息具有不以人的意志为转移的普遍存在性以及绝对存在性。

(2) 特殊性与相对性

本体论的信息概念所存在的最大问题是缺乏主体这一具有主观能动性的因素,所以显现不出信息本身所具有的内容丰富多彩、价值千变万化的特色,于是就有了认识论意义上的信息概念。因为人与人之间的认知、经验、能力、智慧、经历等方面存在着差异,对同一本体论意义上的信息理解就有可能不一致,对它的意义与作用认识上就会有差别。所以说,从这个意义上说,信息具有因主体不同而呈现出的特殊性和相对性。

(3) 可共享性

信息不同于物质与能量,信息就是信息。这种认识不但将人们对信息的认识提高到了哲学的高度,而且也指明了信息与物质、能量的不同。后两者遵循着"物质不灭"与"能量守恒"定律,同时因为一方物质的缺失而使另一方的增多,一方能量向另一方能量的转移而使自己的能量减少。但信息不同,它不因一方的信息交流与共享而使之信息量减少,相反,有可能导致信息量的增加。所以说,信息具有可共享性。这是信息最显著的一个特征。

(4) 可识别性

信息反映了事物的运动状态与状态的改变方式,它表现了物质与能量在空间结构和时间顺序上分布的不均匀状态,人们可以对此状态进行识别,从而实现对信息的判断。识别可以通过感觉器官进行,称为直接识别;也可以通过各种探测手段进行,称为间接识别。不同的信息源,可以用不同的识别方式。信息不可识别就会对信息传递与交流产生障碍。

(5) 可转换性

信息可以从一种形态转换成另一种形态,比如,电子信息可以转换为文本信息、图像信息、多媒体信息等多种不同形式的信息形态或其组合形态。因为信息的可转换性,可以使同一信息针对不同的接受者而采用经过转换后的易于为接受者接纳的形式,这样,我们接收和传播信息的渠道和范围就扩展了。

(6) 可存储性

信息可以通过符号表现,而符号可以依附在一定的载体之上以便更有效地保存与传递。我们了解远古时代的社会、知道遥远地方发生的事情,全是因为信息被记录在了一定的载体上,从而存储起来,为更大范围的人知道。传统的存储介质有树皮、羊皮、锦帛、竹简、纸张等,现代的存储载体有电脑、光盘、网络等。

(7) 可传递性

信息的最大功能是通过信息的交流与共享而创造更大的价值,因此可以说,信息不进行传递交流也就丧失了它存在的意义。信息从信源经过一定的信道,排除噪声的干扰,最终到达信宿,从而完成了普遍意义上的信息传递的完整过程。可传递性决定了信息具有可扩散性与可传输性。

(8) 表征性

信息是事物的运动状态以及状态的改变方式,它是事物运动状态的表象。通过信息的表征,可以间接地把握事物本身。信息管理在某种意义上说就是利用信息的表征性,更充分地发挥信息在管理、生产领域中的重要作用,更加合理、有效地配置有限的人、财、物等资源。

(9) 动态性

无论何种事物,它的运动都会在特定阶段产生特定的特点,表现出特定的信息现象;而随着时间的推移,该事物的运动会发生变化,其也就表现出不同于前一阶段的信息现象。对于同一个事物来说,其信息表征就具有动态变化的特性。

6. 信息的作用

信息的作用是信息的特征的体现。通过信息，宇宙间万物得以有序运行；它是人类认识世界和改造世界的中介，是维系社会生存与发展的动力；依托于信息，人类社会的文明得以创造、继承和发展；它是智慧的源泉，是管理的灵魂。信息是一种重要的社会资源，它与材料和能源一起被看作社会发展的三大支柱。

1.2 信息资源

一般来说，资源是指自然界和人类社会生活中一种可以用以创造物质财富和精神财富的，具有一定量的积累的客观存在形态。根据人们的资源观的演变，对资源的认识经历了四个阶段：第一阶段对资源的理解仅仅局限于自然资源的传统观念；第二阶段则从自然资源引申释义到社会、经济资源；到了第三个阶段，则从自然资源到社会、经济资源，再到知识资源的扩展分类。人们在扩大对资源范畴的认识的同时，更加注意到了以人力资源为基础或核心的知识资源和信息资源；到了第四个阶段，则出现了全面资源的雏形——大资源概念的形成。① 由此可见，人们对信息资源的重要性的认识是在资源观发展的第三个阶段才出现。正因为信息资源具有使用价值，所以能够以经济活动的某种形式被人类开发利用。

1. 信息资源的概念

对于信息资源的概念，目前国内外还没有达成共识。现仅罗列几个主要的代表观点。

(1) 美国里克斯(Betty R. Ricks)和高(Kay F. Gow)在《信息资源管理》中指出，信息资源包括所有与信息的创造、采集、存储、检索、分配、利用、维护和控制有关的系统、程序、人力资源、组织结构、设备、用品和设置。

(2) 美国的霍顿(Forest W. Horten)认为，信息资源在英语中有单复数之分，其概念也有所不同。单数的信息资源(resource)指信息内容本身，复数的信息资源(resources)指除了信息本身外，还包括各种信息工具，如信息设备、信息用品、信息设施、信息工作者及其信息处理工具。

(3) 列维坦(K. B. Levitan)于1982年提出了著名的信息生产生命周期说，并对信息资源进行定义。他认为，"无论从字面上讲还是从具体角度来看，信息资源就是已经建立的，因而能够一再使用的信息源。也就是说，它是一系列已经制度化了的，为一个或多个用户集团反复使用的信息。"

(4) 德国的斯特洛特曼(K. A. Stroetmann)认为信息资源包括信息内容、信息系统和信息基础结构三部分：信息内容包括产生于信息服务或从外部信息源获取的信息，也包括与内容活动有关的理论和方法论信息、管理和操作信息、与决策相关的信息，还包括与外部活动有关的交易信息、用户信息和市场信息；信息系统包括系统目标、操作人员、信息内容、硬件、内部规则等；信息基础设施是指一个组织的信息基础结构，它由各种可共享的数据库、计算机硬件设备、数据库管理系统和其他软件、局域网等所构成。信息内容、信息系统、信息基础结构形成了一个组织的信息管理的三位一体结构。

(5) 孟广均教授在1991年提出，信息资源包括所有的记录、文件、设施、设备、人员、供给、系统和搜集、存储、处理、传递信息所需的其他机器。

---

① 李维华，韩红梅. 资源观的演化及全面资源论下的资源定义. 管理科学文摘，2003(2)：10～14

（6）汪明华和杨绍武认为，信息资源是将信息通过在生产、流通、加工、储存、转换、分配等过程中，作用于信宿（用户）进行开发利用，为人类社会创造出一定财富而形成的一种社会资源。

（7）查先进认为，可以从狭义与广义两个角度来阐述信息资源的概念。从狭义角度来说，信息资源是指人类社会经济活动中经过加工处理有序化并大量积累后的有用信息的集合，如科技信息、政策法规信息、社会发展信息、市场信息、金融信息等，都是信息资源的重要构成要素。从广义角度来看，信息资源是信息和它的生产者及信息技术集合。也就是说，信息资源由三部分构成：一是人类社会经济活动中经过加工处理有序化并大量积累后的有用信息的集合；二是为某种目的而生产有用信息的信息生产者的集合；三是加工、处理和传递有用信息的信息技术的集合。

（8）乌家培先生也从狭义与广义两个角度来看待信息资源，狭义的信息资源仅指信息内容本身，广义的理解是除信息内容本身外，还包括与其紧密相连的信息设备、信息人员、信息系统、信息网络等。

除此之外，有的人认为信息资源等价于记录信息，有的人认为信息资源等价于数据信息。

综合国内外的研究成果，有一种观点具有代表性，即把信息资源从狭义的信息资源与广义的信息资源两个角度来理解。

狭义的信息资源把信息资源等同于知识、资料和消息，即只是指信息本身的集合，无论信息资源是以声音、图形、图像等形式表达出来的，还是以文献、实物、数据库等载体记录下来的，其信息内容都是一样的，都要经过加工处理的、对决策者有用的数据。准确地说，狭义的信息资源仅仅指信息内容，指信息本身或信息的集合。[①]

广义的信息资源认为信息资源是一个贯穿于人类社会信息活动中从事信息生产、分配、交换、流通、消费的全过程的多要素集合，包括信息劳动的对象——信息（数据）、信息劳动的设备——计算机等工具、信息劳动的技术——网络、通信和计算机技术等信息技术手段、信息劳动者——信息专业人员，如信息生产人员、信息管理人员、信息服务人员、信息传递人员等。

相比较而言，狭义的观点忽视了系统观，但却突出了信息本身这一信息资源的核心和实质。信息资源之所以是一种经济资源，主要是因为其中蕴含着的信息具有十分重要的经济功能，而信息生产者、信息技术与设备等信息活动要素只不过是信息这种资源开发利用的必要条件，没有信息要素的存在，其他信息活动要素都没有存在的意义。

广义的信息资源观点把信息活动的各种要素都纳入信息资源的范畴，相对来说，更有利于全面、系统地把握信息资源的内涵。信息是构成信息资源的根本要素，但信息并不等同于信息资源，而只是其中的一个要素，两者的外延是不一样的。人们开发利用信息资源的目的，就是为了充分发挥信息的效用，实现信息的价值。也只有把信息看成是具有战略意义的经济性信息资源，把它的价值性体现出来，其才具有真实的意义。信息之所以不能等同于信息资源，还因为信息效用的发挥和信息价值的实现都是有条件的。信息的收集、处理、存储、传递和应用等都必须采用特定的技术手段即信息技术才能得以实施，信息的有效运动过程必须有特定的专业人员即信息人员才能对其加以控制和协调。信息、信息技术与设备和信息人员构成了完整的信息资源概念体系。

---

① 柯平，高洁主编．信息管理概论．北京：科学出版社，2002

在这里,特别需要说明的是,信息被当成一种资源的观点是现代信息管理理论形成的最基础构成因素。国外信息管理专家均对此有系统性的重要论述。伯克和霍顿认为有3类信息资源:① 一个来源,即"可获得信息的地方、店铺或个人"。这种来源可以是外部的,也可以是内部的。② 一种服务,即"一项有助于获取、处理或传播信息及数据的活动,或有助于提供信息产品的活动"。③ 一种系统,即"一个有结构、集成的系列程序,用于处理信息或数据,其特点是系统地、反复地处理输入、文档更新及输出。"这一系统可以是基于人力或电脑的。同时,两人还指明有两种信息资源:信息资源实体和公司信息资源。[①]

泰勒把信息资源定义为:储存、处理、分析、包装及发送信息(即信息内容)的服务、技术、系统及有关技术。他确认有4种独立的正式信息资源:① 数据处理;② 办公室自动化资源(主要是案卷管理);③ 信息中心及图书馆;④ 知识中心。大多数情况下,这些知识中心是负责向高层经理提供经评估的信息。[②]

美国管理与预算署将信息资源定义为:既包括政府信息也包括信息技术。美国总勤务署对信息资源的定义被考德尔等人在研究美国各州政府的信息资源管理实践时所采用,将信息资源视为:① 信息本身;② 信息技术;③ 人员;④ 财务资源。

西诺特、马灿德和霍顿、莱特尔等人还进一步区分了信息资源与信息资产的概念。莱特尔、霍顿和马灿德认为信息资产主要是指信息内容,并认为信息资源包括设备、供应品、服务及处理组织信息的个人。西诺特则认为信息资产是内容与技术的结合。

2. 信息资源的特点[③]

信息资源的特征可以从两个角度进行分析:一个角度是把信息资源作为一般的经济资源,另一个角度是将信息资源与物质资源和能源进行比较。

信息资源作为经济资源,具有经济资源的一般特征。这些特征包括:

(1) 作为生产要素的人类需求性。人类从事经济活动离不开必要的生产要素的投入。传统的物质经济活动主要依赖于物质原料、劳动工具、劳动力等物质资源和能源资源的投入,而现代信息经济则主要依赖信息、信息技术、信息劳动力等信息资源的投入。人类之所以把信息当作一种生产要素来需求,主要是因为各种形式的信息本身不仅就是一种重要的生产要素,可以通过生产使之增值,而且它还是一种重要的非信息生产要素的"促进剂",它可以通过与这些非信息生产要素的相互作用,使其价值倍增。

(2) 稀缺性。信息资源同物质资源和能量资源一样,同样具有稀缺性。一方面因为信息资源的开发需要相应的成本投入,经济活动行为者要拥有信息资源,就必须付出相应的代价。因此,在既定的时间、空间及其他条件约束下,某一特定的经济活动行为者因其人力、物力、财力等方面的限制,其信息资源拥有量总是有限的。另一方面,在既定的技术和资源条件下,任何信息资源都有一固定不变的总效用,即使用价值,当它每次被投入到经济活动中去时,资源使用者总可以得到总效用中的一部分(也可能是全部),并获得一定的利益。随着使用次数的增多,总效用会逐渐衰减。当衰减到零时,该信息资源就会被"磨损"掉,不再具有经济意义。

---

① Burk, Cornelius F., Horton, Forest W. JR. InfoMap: A Complete Guide to Discovering Corporate Information Resources. Englewood Cliffs, NJ: Prentice-Hall, 1988

② Taylor, R. S. Value-Added Processes in Information Systems. Norwood, NJ: Ablex, 1986

③ 查先进. 论信息资源的含义与经济学特征. 国外情报科学,1996(1):22~25

(3) 使用方向的可选择性。信息资源与经济活动相结合,使信息资源具有很强的渗透性,可以广泛渗透到经济活动的方方面面。同一信息资源可以作用于不同的作用对象上,并产生多种不同的作用效果。

但是,信息资源与物质资源与能量资源相比较,又有诸多的特殊性,正是因为这些特殊性,使信息资源具有其他经济资源无法替代的经济功能。这些特殊性包括:

(1) 共享性。在对某一数量的物质资源或能量资源加以利用时,一部分人利用多了,其他人就只能少利用或不利用。信息资源则不存在这样的竞争关系。如某人读了一本书,他从这本书中获取的信息量并不会因其他人已经阅读而受到影响,也不会对将来要阅读这本书的其他人产生影响。

(2) 时效性。信息资源比其他任何资源都更具有时效性。一条及时的信息可能价值连城,但一条过时的信息则可能一文不值。

(3) 生产和使用中的不可分性。从信息资源所蕴含的信息量角度来看,作为一种资源的信息在生产中是不可分的,信息生产者为一个用户生产一组信息与为许多用户生产的同一组信息比起来,两者花费的努力几乎是没有什么差别的。同时,作为一种资源的信息在使用中也具有不可分性,即信息资源不能像多少吨煤炭或者多少吨石砂那样任意地分割计算①。对于信息的可加工性来说,这一点看似是矛盾的。实际上,信息可以加工,但信息量是不能被丢失的。

(4) 不同一性。作为一种资源的信息必定是完全不相同的。对于既定的信息资源而言,它必定是不同内容的信息的集合,集合中的每一信息都具有独特的性质。

(5) 驾驭性。即信息资源具有开发和驾驭其他资源的能力。不论是物质资源还是能源资源,其开发和利用有赖于信息的支持。具体的物质和能量的形式都只是支持信息过程的手段,只有信息才是主导的、不可取代的。

实际上,由于信息资源在狭义上可以理解为信息本身,所以信息资源应该具备信息所有的特性。但对于特定的组织来说,它不具备信息的"无限性",它的信息资源总是有限的,组织的管理目标也正是利用有限的信息资源创造最大的利益。

3. 信息资源的类型

信息资源的类型划分没有固定的标准,主要取决于人们分析问题的不同需要。可以根据不同需要从多个角度来进行划分。由于信息资源的特征与信息的特征基本一致,同时,狭义的信息资源可以看作是信息本身,所以对信息资源的分类应该与信息的分类基本一致。

(1) 按照性质划分,信息资源可分为自然信息资源和社会信息资源两类。

自然信息资源是产生于自然界的信息资源,如地质信息资源、地理信息资源、太空信息资源、气象信息资源、地震信息资源、生命信息资源、海洋信息资源等。

社会信息资源是产生于人类生产与社会实践活动过程中的信息资源。按内容可以分为教育信息资源、体育信息资源、法律信息资源、物质信息资源、经济信息资源、医疗信息资源等。

(2) 按载体可以划分为人脑信息资源、实物信息资源、文献信息资源、电子信息资源。

人脑信息资源是以人的大脑为载体的信息资源,是人脑资源的一大部分。

实物信息资源是以自然物质为载体的信息资源,可分为自然实物信息资源,如地球、河流、

---

① 张远. 信息与信息经济学的基本问题. 北京:清华大学出版社,1992

山川、大气等和人工实物信息资源,如雕塑、碑石、建筑等。

文献信息资源是以文献为载体的信息资源。如图书信息资源、期刊信息资源、声像信息资源等。

电子信息资源是运用电子技术,以数字方式存储在电子媒体上的信息资源。如网络、电视、广播等。

(3) 按表现形态可以划分为潜在信息资源与现实信息资源。

潜在信息资源是指个人在认知和创造过程中储存在大脑中的信息资源,只能为个人所理解和利用,无法为他人直接理解和利用,是一种没有表达出来的、有限再生的信息资源。

现实信息资源是指潜在信息资源经过个人表述后能够为他人所利用的信息资源。其主要特征是具有社会性,通过特定的符号表述和传递,可以广泛地连续反复地为人类所利用,是一种无限再生的信息资源。

(4) 按信息开发程度可以划分为零次信息资源、一次信息资源、二次信息资源、三次信息资源。

零次信息资源是指在信息流动过程中未经过加工和组织的信息资源。

一次信息资源是以零次信息资源为基础,对自然状态和社会表象的信息以及大脑存储的信息进行粗加工,经过各种方式表达的信息资源。

二次信息资源是指在一次信息资源基础上,进行加工整理和提炼压缩所得到的产物。

三次信息资源是用一定的方法对大量的二次信息资源进行再加工,产生的系统化成果。

(5) 按构成要素,信息资源可分为信息内容资源、信息技术资源和信息人才资源。

(6) 按信息资源的组成关系,可以将其划分为元信息资源、本信息资源和表信息资源。

(7) 按信息资源所处的空间位置划分,有国际信息资源、国家信息资源、地区信息资源、单位信息资源、个人信息资源。

4. 信息资源的功能

根据信息资源在社会经济活动中利用的过程和发挥作用的特点,信息资源的主要功能表现在四个方面。

(1) 经济功能

信息要素的注入有助于提高生产力系统中劳动者的素质,缩短劳动主体对客体的认识及熟练过程。信息要素的投入还有助于引发对生产过程、生产工具、操作方法和工艺技术的革新与创新,提高生产力系统的质量与效率。[1]

信息资源还具有直接创造财富,实现经济效益放大的功能。其主要用途可归纳为:运用信息可以使非资源转化为资源创造财富;使用信息取代劳动力、资金、材料等资源创造财富,实现经济效益倍增;直接让信息作为商品在市场流通中创造财富;通过现代信息技术缩短信息流动时间实现财富增值;通过信息进行科学决策、减少失误创造财富。

(2) 管理与协调功能

在企业中,信息的管理与协调功能主要表现为协调和控制企业的人、财、物、设备和管理方法,以实现企业的目标。信息资源可以传递整个企业系统的运行目的,有效管理各项资源;可以调节和控制物质流与能源流的数量、方向和速度;传递外界对系统的作用,保持企业系统的

---

[1] 钟义信. 国民经济信息化与"CHINA 计划". 情报学报,1995,14(2):81~91

内部环境稳定。

(3) 选择与决策功能

信息的选择与决策功能广泛作用于人类选择与决策的各个环节。没有信息就无任何选择和决策；没有信息的反馈，选择和决策就无优化可言。信息反映了事物演变的历史和现状，隐含着事物的发展趋势，充分利用信息，结合人们的经验，运用科学的方法，经过推理和逻辑判断，可以对被研究对象未来发展的必然趋势和可能性做出预计、推断和设想。

(4) 研究与开发功能

在人类科学研究和技术创新活动中，信息具有活化知识、生产新知识的功能。在人类从事科学研究和技术开发的各个阶段，都需要获取和利用相关信息，掌握方向，开阔视野，启迪思维，生产出新知识、新技术和新产品。

1.3 信息化

美国学者阿尔温·托夫勒(Alvin Toffler)在 20 世纪 80 年代出版的《第三次浪潮》曾在世界范围内引起强烈反响。他认为，人类社会的发展迄今经历了三次浪潮：第一次浪潮是农业革命，第二次浪潮是工业革命，第三次浪潮是目前正经历着的信息革命。特别是在网络进入人类社会以来，信息化正在席卷全球和全社会。

关于"信息化"的思想是由日本社会学家梅棹忠夫于 1963 年在他的《信息产业论》中首次提出。"信息化"一词最早也是由日本科学技术与经济研究团体在 1967 年提出来的，它指的是从物质生产占主导地位的社会向信息产业占主导地位的社会发展的过程。作为舶来品，"信息化"来自日文"Jyohoka"，已经被广大的中国人接受，只是在港台地区，它习惯上被译为"资讯化"。我们将这个概念译为"Informazation"一词，实际上这个词在英语中是不存在的。可以看出，西方国家是不接受这个词汇的。它们一般使用"Information Superhighway"、"NII(国家信息基础设施)"、"Information Society"等词来表示与我们大致相似的内容。

信息化是指在社会经济活动中，通过普遍地采用信息技术，有效地开发和利用信息资源，推动经济发展和社会进步，使由于利用了信息资源而创造的劳动价值在国民生产总值中的比重逐步上升直至占主导地位的过程。其内涵包括信息基础结构、信息技术、信息产业、信息应用和信息服务。

1. 信息化的构成要素

信息化的内容是由六个方面构成的，它是我们理解信息化的基础。这六个方面包括：

(1) 信息资源

信息资源是国民经济和社会发展的战略资源，它的开发和利用是信息化体系的核心内容，是信息化建设取得实效的关键。

(2) 信息网络

信息网络是信息资源开发利用和信息技术应用的基础，是信息传输、交换和资源共享的必要手段。在这里，信息网络不仅仅指信息网络技术，还包括人际信息网络，即为了信息资源共享而构建的协作、协调网络。

(3) 信息技术

信息技术是研究开发信息的获取、传输、处理、存储调用和综合应用的工程技术，它是在计算机、通信、微电子控制技术基础上发展起来的现代高新技术。信息技术是信息化的技术支柱,是信息化的驱动力。

(4) 信息产业

信息产业是指信息设备制造业和信息服务业。信息设备制造业包括：计算机系统、通信设备、集成电路等制造业。信息服务是从事信息资源开发和利用的行业,又是衡量一个国家信息化程度和综合国力的重要尺度。

(5) 信息化人才

信息化人才是指建立一支结构合理、高素质的研究、开发、生产、应用队伍,以适应信息化建设的需要。

(6) 信息化政策、法规和标准

信息化政策、法规和标准是指建立一个促进信息化建设的政策、法规环境和标准体系,规范和协调各要素之间的关系,以保证信息化的快速、有序、健康发展。

只有这六要素协调发展,信息化的道路才能明朗,信息化的水平才能有效地提高。信息资源是信息化的关键与核心,信息技术是信息化的平台,信息网络是信息化的推进器,信息化人才是信息化的支撑,信息产业是信息化的基础,信息化政策的建设是信息化的保障。

2. 信息化的层次

信息化是一个循序渐进的发展过程,这个发展过程也可以称为信息化的层次。总体来说,信息化可以分为企业信息化、产业信息化、国民经济信息化以及社会信息化四个基本层次。

(1) 第一个层次：企业信息化

对于企业信息化来说,存在着两种不同学科背景的认识。技术流派从技术角度观察企业信息化问题,把企业信息化完全看成是技术问题,是实施 Internet、Intranet、MIS 或者 CIMS 等系统的建设问题。而人文背景学派的学者则认为,企业信息化是在信息技术的支持下,使管理决策者能充分及时地利用信息资源,及时把握市场机遇,更好地组织企业的物力、人力和资金等资源进行生产活动。因此,企业信息化不是单纯的技术实施,它还涉及企业的战略发展、组织机构和管理制度等。企业信息化就是企业通过引进和使用现代信息技术,在生产、经营和管理的各个环节上,全面改革工作流程和管理体制,从而大幅度提高各种工作效率,提高工作人员和管理人员的素质,从根本上提高企业的竞争力。

企业信息化包括三个方面的含义：

① 生产和产品的智能化：战略地、集成地应用现代信息技术,改造或重构企业的生产系统和生产过程,使之集成化、自动化,开发智力成分高、信息含量大的高技术、高信息附加值产品。

② 管理一体化：依靠企业外部信息网和内部信息网以及广义的管理信息系统等,以信息作为战略原料,围绕企业经营战略,把诸多不同的科学管理方法有机地集成,使整个企业的各个部分处于有序的、协调的、高效的一体化运行中。

③ 组织有机化：以人为本,以绩效为中心,把企业组织建构成一个自适应、自学习、自组织的刚柔相济的高度自组织系统。企业信息化的这三个内涵是相互交叉、相互制约的。虽然不同学者对企业信息化的问题有不同看法,但国内学术界对企业信息化的内容基本认同为两类信息化过程。一是生产信息化,二是管理信息化。在制造业部门中,生产信息化和管理信息化都十分重要。在非制造业部门中,管理信息化则具有举足轻重的地位。企业信息化的发展趋势是生产信息化和管理信息化的一体化。

(2) 第二个层次：产业信息化

企业信息化是产业信息化的基础。产业信息化，一是指传统产业通过信息资源、信息技术、网络、数据库等手段使产业内部各种资源和要素的信息化过程；二是指以数据库和新的传媒为代表的信息化过程。传统产业信息化指利用现代信息技术改造传统产业，合理开发和共享信息资源，提高生产技术水平和科学管理水平，以达到增加产品科技含量，提高产品质量，降低资源消耗，提高劳动生产率，改善工作环境，提高人民生活水准的目的。利用信息技术对传统产业进行改造是实现经济增长模式转变的根本途径。产业信息化程度代表一个行业信息技术的应用水平，一般来说，也代表了产业的技术水平。关于产业信息化，目前还没有统一的、明确的、为学术界所公认的度量指标。

(3) 第三个层次：国民经济信息化

国民经济信息化是指随着近代工业的产生与发展，国民经济结构日趋复杂，并处于不断变化中，用信息化创造智能型的社会生产力，改造更新和装备国民经济的各个部门，通过快速、高效、低耗的信息传递，把社会的生产、分配、交换和消费四个环节有机地联系起来，提高管理与决策中运用信息的层次，加快知识、技术、人才和资金的流动，缩短时间和空间，建立国民经济的稳定有序状态。这可以大大提高社会的劳动生产率，推动经济和社会进步。

国民经济信息化的基本特征表现在：具有对知识、技术、智力密集的高科技的依赖性；具有辐射面广、与社会关联性强的高渗透性；具有对经济建设、社会发展、科技进步作用大的指导性；具有对工业化经济效益高、增值快的倍增性；具有对产业结构优化、升级的战略性；具有对产业发展、整体效益的规模性；具有充满活力、发展迅速的动态性；广泛合作交流的开放性；使市场竞争、技术竞争更为激烈的高竞争性；高度综合、协调发展的集约性等等。

(4) 第四个层次：社会信息化

社会信息化是指社会系统的信息化。通过建立各种信息网络，把包括经济、科技、教育、军事、政务、日常生活等在内的整个社会的各个系统有机联系起来，实现信息化，从而使全社会达到社会信息化这一高度。社会信息化的核心是信息系统的革命，以促使社会系统更有效、更经济地运行。社会信息化的产生有其必然性。在这一过程中，信息人员的大量产生是社会信息化的主体条件，信息科学的惊人进展是社会信息化的理论条件，信息技术的不断创新是社会信息化的技术条件，社会生产力的提高是社会信息化的经济条件，而各行各业对信息的普遍需求则是社会信息化的社会条件。如今，社会信息化水平已经成为衡量一个国家或地区现代化程度的重要标志。

从以上分析可以看出，企业信息化和产业信息化是构成信息化的最基本单元，是信息化的核心层次。国民经济信息化是信息化核心层和最高层的过渡层次，而社会信息化是信息化的最高层次和追求的最高目标，通过社会信息化的实现，使全社会过渡到信息化社会。可以说，社会信息化是一种手段，这种手段的目的就是要使社会进入到信息化的社会。

3. 信息化的作用

世界经济和贸易发展更大程度地依赖于信息技术和信息产业，在新的信息技术革命推动下，信息产业正在世界范围内由先导产业逐渐变为主导产业，并将于不久的将来超过钢铁、汽车产业，从而成为最大的产业。数据、文字、图像、声音和影视的数字化，以及信息提供、交流、传播、利用和管理的网络化，加深了经济对信息资源的依赖程度。从物质型经济向信息型经济转变，将是人类有史以来从未有过的最广泛、最深刻的转变，远远超过"工业革命"所产生的影响。

全球性的数字化信息网络将成为人类进行生产、管理、流通、教育、科研、医疗和娱乐等各种社会经济活动的一种主要形态。从政府到企业,从学校、机关到每一个家庭,人类的各种交流形式,都将发生深刻的变化,也将引起人们生活习惯、工作方式、价值观念以及思维方式等诸多方面的深刻变革,从而进一步促进人类社会的全面进步。

信息化是下一个世纪综合国力较量的重要因素,是振兴经济、提高工业竞争力、减少失业率、提高人类生活质量的有力手段。各国普遍认识到,工业化的传统老路已经走到了尽头。对发展信息产业的竞争,以及对开发、利用、占有、控制信息资源的争夺,是未来经济科技制高点争夺的焦点,是国家、跨国公司地位和实力竞争的核心。信息化这一新兴的社会生产力,正在克服传统工业化的负面效应,开启新的世纪之门。一个新的世界经济形态——知识经济时代已经开始。

第二节　信息管理的发展历程

人类信息管理活动的发展历史可谓源远流长。从原始社会人类的结绳记事,到今天人们广泛利用计算机等信息技术来提升对信息的管理水平与效率,可以说,人类的历史有多长,信息管理活动的发展历史就有多长。纵观人类信息管理活动所采用的手段与方法,基本上可以将它分为三个时期:古代信息管理活动时期、近代信息管理活动时期和现代信息管理活动时期。考察人类在不同阶段的信息管理活动特点,应该从最能反映该时期与其他时期最明显的本质不同的因素出发。概括起来,这些因素包括当时社会的整体经济环境、信息资源状况、信息资源类型、信息管理的主体、管理信息的手段与方法等重要方面。

2.1　古代信息管理活动时期

语言是表达人类思想以及人类认识自然与改造自然结果的重要载体。在文字发明以前,人们使用声音语言来传递信息、表达情感。对这类信息的保存与管理主要通过口耳相传,因此信息管理的效果得不到保证。单从"保存"这一角度来说,只有极少数的信息得以保留下来,成为今天人类极其珍贵的文化遗产。同时,声音信息的传递范围从广度和深度上讲,均受到很大的限制。实际上,在文字发明以前,人们通过图画的方式来记录、传递与保存信息,由此产生了象形文字,并最后导致了正式文字的诞生。相对于声音信息来说,文字的出现,使人类可以在时空上对信息的管理得以加强,使信息管理发生了重大的变革。

古代信息管理活动时期的我国信息管理活动在全世界上是最具有代表性的。直到清朝"康乾盛世"之时,我国一直国力强大、经济繁荣,各项事业都走在世界的前列,而直接致使社会信息资源丰富,信息管理的手段也比较发达,广泛利用了当时比较先进的管理思想与方法,如将分类管理的思想应用到信息管理活动之中,编制出了经世济用的"四部分类法",即以经、史、子、集为主的分类体系。

古代封建社会的信息资源,主要以文献信息资源为主。在雕版印刷术和活字印刷术发明以前,文献信息资源主要为手抄本,这样的信息生产手段与水平,使得整个社会的信息资源总量十分少。勤劳聪明的中国人向世界贡献了四大发明,其中有两项就涉及信息管理技术——造纸术与印刷术——大大推进了世界信息数量的增长,以及信息加工手段的提高,同时也扩大了信息传递的空间范围,加快了信息传递的速度。

总的来说，古代信息管理时期的信息管理对象以纸制手抄本以及印刷本为主，数量有限，这从"二十四史"中的"艺文志"、"经籍志"等专门记录该时代文献信息资源的卷册所载文献数量就可以看出，如《汉书·艺文志》收书 13269 卷，《隋书·经籍志》聚书 30000 余卷。① 当然，从历史的纵向上看，这里所指的信息资源数量有限是针对当今的社会信息资源来说的，而从横向上来看，古代封建时期的中国信息资源数量在当时的世界上应该说是属于前列位置的。可以说，我国古代时期对信息资源的管理技术与方法也走在了世界的前列。甲骨殷墟、汉代时的兰台、清代的皇史宬、历朝历代官家、私家及寺院的藏书楼等都是古人们用来保存文献记录的场所，但这样的信息管理重心集中于"藏"，主张藏书秘不示人，属于私人财产，甚至于即使家人也难于看到馆藏。这一方面有利于文献的保管，使之得以流传到今，但另一方面，也有悖于信息管理"传"与"用"的宗旨。我国也有着良好的信息管理传统，各朝代都有专门记录和管理档案文书的官员，如司马迁就是史官，负责这方面的事务。当然，国家的文献信息资源管理活动也是积极主动的，各朝各代都修史，在史册中皆要有专门记录当代文献的史册，用中国传统的目录学方法，对所记录文献加以"辨章学术、考镜源流"，这种信息管理的思想极大地丰富了现代信息管理的内涵。我国古代的图书整理活动历史可查的起至汉代刘向、刘歆的《七略》和《七录》，虽然这两部书均已亡佚，但从《汉书·艺文志》中还可见其内容、方法与规模。《隋书·经籍志》也是我国古代具有代表性的信息管理活动成果之一。古代的图书整理活动到清朝达到极致，其代表性事件就是《四库全书》的出版。在以"文字狱"为特点的这次整理图书活动中，虽然在一定程度上抹杀了文化，但其倡导的信息管理方法——四部分类法——却永远成为人类信息管理方法与思想的精华而永载史册。应该说，四部分类法是适合于中国古代典籍的文献信息管理方法，它所创造的信息分类管理思想，对今天的信息管理活动和行为都产生了深远的影响与冲击。历史发展到今天，四部分类法依旧是中国传统古籍资源的整理方法。

由此可见，古代时期的信息管理活动基本上是自发的，没有形成社会规模；社会信息资源数量有限，并且以纸制手抄本及印刷本为主；信息存储的方式是封闭的、私有化的；信息管理的手段与方法以手工为主，创造出了适用于当时的信息资源状况的独特方法，并且将此方法与学术研究结合在一起；信息管理的主体是文献资源的所有者，或者是官方指定的官员来完成信息管理活动，执行信息管理行为。

2.2 近代信息管理活动时期

近代信息管理活动时期的开始应该是从机器大生产代替手工生产，资本主义代替封建主义成为世界主流社会形态后开始的。信息管理活动的兴盛与衰落与一个国家文化和经济的兴盛与衰落一样，同时也是相伴而行的。19 世纪前是东方文化的世界，20 世纪是西方文化的世界，而 21 世纪将又是东方文化的世界。同样，我国古代的信息管理活动成为世界的领头军，但 19 世纪末 20 世纪初开始，随着我国经济的衰退，信息管理活动的重心开始向西方国家倾斜。

这一时期，资本主义的科学与民主等人文主义思想不断遍及全世界，人们追求真理、追求进步思想的呼声高涨，直接推动了社会的整体进步；社会中可接受教育的人数不断增多，群众的识字率不断提高，社会文化不断普及。社会信息资源因为科学技术的发展而快速增加，特别

---

① 王余光. 中国文献史：第一卷. 武汉：武汉大学出版社，1993

是新型的机器印刷的出现,加快了文献信息的生产,使得社会信息积聚不断加快;除了图书这种类型的信息载体类型之外,报纸、杂志等新型载体也大量涌现,但仍旧以纸制印刷品为主;信息传递的渠道增多,信息交流的广度和深度大大加强。

与前一个时期相比,这个时期最明显的进步就是社会文化水平的提高。对于信息保存来说,藏书楼式的藏书制度被彻底打破。在以图书文献为主要的社会信息资源的社会背景下,保存文献信息资源的责任义无反顾地选择了这一时期新型的信息存储机构——图书馆。图书馆的出现是人类文明的一大进步,它不同于传统的藏书楼,它已经将信息管理的目的从简单的"藏"发展到"藏"与"用"相结合。图书馆的出现,一方面反映了普通人追求知识的热情,人们可以平等地追求知识,另一方面也反映了社会的进步与发展。20世纪20、30年代在西方国家发起的公共图书馆运动,充分证明了这一点,同时也极大地推动了图书馆事业的大发展,更多类型的图书馆不断涌现。

图书馆的出现促进了人们对信息的管理思想及管理手段与方法的变化。联合国教科文组织认定的图书馆四项职能是:保存人类文化遗产、社会信息流整序、传递情报、启发民智的文化教育。在这里,最重要的当属社会信息流的整序职能。当无序的信息流出现时,人们无所适从,但图书馆就承担起了对它们加工整理的任务,使无序的信息经过自己的处理变成有序的信息。从无序到有序,实现了人们对大量信息进行管理的梦想,这种梦想的实现,得益于图书馆所开创的具有现代意义的一系列行之有效的信息管理方法,如分类法、编目法、主题法、索引法、计量法等。这个时期,从事信息管理的人员不能再以官员的身份出现,其实某一个人或几个人再也无法完成这项社会工作,而代之以专业的信息管理人员的出现。这种专门化的信息管理人员在这个阶段主要集中于图书馆中,被称为图书馆员。

这段时期虽然信息管理思想、手段与方法不断进步,但信息管理仍旧被解释为"对信息的管理",是一个简单的动词,信息管理仍旧强调的是对信息加以管理的技术手段与方法,没有上升到一个战略的高度,它的内涵还是比较单薄的。这一阶段,以文献信息为中心,图书馆为主要场所,由专门的信息管理专业人员所创造的一系列技术手段成为信息管理的主要方法,同时出现了对信息管理针对信息收集、处理、保存、利用等过程的解释。

2.3 现代信息管理活动时期

现代信息管理时期的信息管理理念和信息管理技术水平与手段同古代与近代时期的有本质区别。

信息技术在信息管理活动的发展中占有重要地位,它主导着信息管理各时期的发展。计算机技术的出现,对整个人类社会的方方面面都产生了巨大的影响。世界上第一台计算机是在1945年研制成功的,正式面世是在次年2月。此时,正是第二次世界大战结束之时。所以,以第二次世界大战的结束为标志,信息管理活动进入了第三个阶段——现代信息管理时期。

在第三个阶段,社会经济在遭受了战争的创伤后,进入了恢复与发展时期。资本主义经历了两次世界大战,完成了资本的原始积累,进入了迅速发展的快车道,世界经济出现了欣欣向荣、蒸蒸日上的景象,也促进了社会其他领域的大发展。国际政治斗争在和平的假象后边异常激烈,东西方两大阵营的"冷战"格局形成,直到20世纪80年代末90年代初,"冷战"结束,世界政治局势出现了多元化的格局,各个国家均认识到发展经济才是重中之重,从而将本国的工作重心转移到了经济建设上来。从文化的角度来看,资本主义文化占据了绝对主导地位,并通过多种手段和形式不断向其他文化扩张、侵蚀。如借助于经济手段,麦当劳即是最好的例子。无国界的网络技术为文化的交融提供了好的渠道,但西方思想与文化也借此向经济欠发达与不发达国家、地区逐渐渗透。

对信息管理的发展起到重大推动作用的计算机、网络等现代信息技术发展迅速,不仅对人类的工作与学习方式,而且对人类思维方式都产生了巨大的影响。网络的出现,也扩大了信息交流的范围,促进了信息的爆炸性增长。

信息传播与交流方式发生了翻天覆地的变化。报纸与杂志出现的时代比较早,在近代信息管理时期就已经存在了,而在二次世界大战后,广播、电视、网络三大媒介形式出现,并且已经成为大众信息交流的主要手段与方式,刺激了信息量的迅猛增加,人们获取信息的渠道与方式改变了,社会信息量加大了。目前,电子信息交流的方式极大地改变着自人类诞生以来的传统信息交流手段与渠道。

伴随着信息技术的变化,信息资源类型不断多样化。除了文献型信息资源外,还出现了缩微型、电子型、网络型等新型媒体,如网络上的流媒体,已经引起了人们的极大兴趣与关注。信息管理技术的不断复杂化与多功能化,也为信息的深度管理奠定了基础,由向载体单元的操作深入到了信息内部的知识单元,要挖掘信息内部存在的具有逻辑关联的智慧资源,对信息管理的要求越来越高。

信息管理的手段充分利用信息技术,一方面提升了上两个时期形成的信息管理方法,另一方面结合新的信息形式、信息载体、信息类型,而开发出新的管理技术手段,如数据库、数据仓库、联机分析、商务智能等。

图书馆在这一时期继续扮演着社会信息流整序的职能,但它已经不再是惟一具有此类社会职能的信息管理机构,社会上出现了相对于图书馆来说,功能与目的皆不同的各类型信息管理机构,如咨询公司、企业管理公司、调查公司等,它们共同承担着不同领域、部门和层次的社会信息流的管理工作,共同完成整个社会中信息流的管理。

综上所述,现代信息管理已经大大超越了古代和近代时期对信息管理的理解框架,发生了质的认识变化;信息管理的内涵与外延都得到了扩大,它所面对的信息资源已经远远超出了传统的文献型信息资源的范畴,扩大到了多种新型的信息类型,整个社会的信息资源呈几何级数增长,不同的部门和领域均不得不面对信息管理的挑战;信息管理技术充分利用了现代信息技术的优势,突破了传统处理文献的信息管理技术范围,大量采用了网络、数据库、数据仓库、联机分析技术等先进技术手段与方法,传统的信息管理技术在新的技术环境下不断地完善与发展,以适应新的环境的变化;信息管理人员早已不再是以传统的文献信息处理人员为主,而是更加技术化、专业化、专门化的人员,他们在组织内部被称为 CIO 或 CKO,并成为社会组织中的一个阶层。

第三节 信息管理的内涵

通过对人类信息管理活动发展史的介绍,尤其是分析了现代信息管理时期的特点后,我们已经可以看出了人类信息管理活动与思想所发生的巨大变化。总体来说,人们对信息管理的认识还没有形成统一的标准而达成一致,从不同的角度,对信息管理的理解也不同。

人们通常对信息管理的认识与把握至少表达出五种不同的含义：信息内容管理、信息媒体管理、计算机信息管理、管理信息系统、信息产业或行业的队伍管理。[①]

信息内容管理：信息内容管理或称记录信息管理，是超越图书馆、情报所、档案馆、资料室等媒体管理机构之上的一种信息管理。坚持这种看法的研究者认为：信息只有被记录下来，方可进行管理。因此信息内容只能够被大脑或计算机管理，而人只能管理信息媒体或信息产业队伍。

信息媒体管理：信息媒体管理是过去图书馆学、档案学的研究范畴，但近年来新闻学界在这个领域里也表现出了高涨的热情。从总体上看待包括图书馆在内的大众传媒是大众传播学的传统视角。

计算机信息管理：即在工业、商业、文化、教育及政府等部门用计算机从事某一种具体的信息管理工作，如工资发放、旅馆预定、飞机订票、银行储蓄等。

管理信息系统（MIS）：管理信息系统的主要研究任务是研究如何在企业、组织或更大的范围之内实施手工、机械或计算机管理的信息系统，以便能及时、准确地向管理者提供企业内外的各种信息，供决策使用。随着因特网的兴起而出现的 Intranet，在未来有取代 MIS 趋势。

信息产业和服务业的管理：这是一个新领域，是对信息产业的分散或统一管理，在未来会成为一个人才需求的新市场。

英国的一项调查表明，有 68% 的人认为信息管理是一个信息技术问题，65% 的人认为是指数据管理，而有 30% 的人认为它和公司里的图书馆有关。[②]

在英国与日本，一般认为信息管理是传统的图书馆学、情报学、档案学的综合，而信息管理被看作是商学的一个分支，已经成为美国学术界的主流态度之一，最明显的例证就是由商学院教授马灿德和达文波特等人合著的《信息管理：信息管理领域最全面的 MBA 指南》[③]一书。这本书认为信息管理和信息战略对战略决策至关重要，将战略的设计和实施结合在一起，为企业组织的管理与决策提供了全方位的极具效能的一系列新思想、新方法和新技巧。而我们通常认识的信息管理，在美国被称为信息资源管理。实际上两者是对信息管理的不同理解，也可以说是信息管理的不同层面，是不矛盾的。多学科、多角度地研究信息管理，丰富了信息管理的内涵。从另一方面讲，也反映出了人们对信息管理的认识和态度的不一致和存在的巨大差异。

3.1 对信息管理的理解

对信息管理的理解可以从不同的角度来认识。

1. 从信息管理的起源角度

从信息管理发生源的角度来看，有三个领域认为信息管理起源于它们的工作，也就是说，信息管理应该具有他们所从事的工作的特点与性质。

（1）图书馆领域

---

① 阎学杉. 信息管理教育面临挑战. 图书情报工作，1997(10)：49～50
② Hendley, Tonny, et al. Perspectives in Information Management. London：Meckler, 1992
③ 唐纳德·A·马灿德等. 信息管理：信息管理领域最全面的 MBA 指南. 北京：中国社会科学出版社，2002

从信息管理活动发展史可以看出,在古代与近代的信息管理活动时期,图书馆工作与信息管理活动密切相关。图书馆的历史被看作了信息管理活动的历史。图书馆自从诞生以来,它就承担着信息资源的保存、整理、传递与利用职能,在社会信息系统中处于十分重要的地位。随着技术的发展、服务理念的变化、信息媒体类型的多样化,图书馆工作在新的历史时期也面临着巨大的挑战。此时,对图书馆的理解已经超越了传统意义上的固定、个体、具体的"图书馆",而将其作为一种文化现象,一种社会信息的转换器来看,成为了抽象、全面的新"图书馆"概念。它一方面要管理传统的馆内信息资源,同时也要处理馆外的虚拟信息资源,它争取在新的时期与环境下,继续履行自己在社会信息系统中的职能,巩固社会信息的管理与传递角色地位。从另一个角度来看,图书馆在竞争激烈的社会角色中,它已经不是惟一具有这种职能的机构,它也要同其他同种性质的组织进行角逐,这是一个关系到其生死存亡的大问题;另一方面,社会信息的爆炸,逼迫它必须应对比以前多得多的信息资源,它必须转变管理理念,提升自己的管理核心对象的品质,改变与完善自己的管理性质,用更大的概念来扩大与强化自己的管理特色。于是,信息管理的概念被引入图书馆工作,它具有比图书情报档案学更大的涵盖能力与水平。图书情报学的研究也相应地转入到信息管理研究之中。图书情报学的特点也成为信息管理的一大特色。从学科建设角度来看,"信息管理"这个名称在中国内地首先被采用的学科是"图书馆学情报学"。1993 年,在北京大学图书馆学情报学系更名为"信息管理系"的带领下,全国该学科领域的教育机构纷纷改名为与信息管理相关的院系名称。而在我国台湾及港澳地区,图书馆学情报学系一般命名为"图书资讯系",而"信息管理"被命名为"资讯管理"。1983 年,国际知名的"专业图书馆协会"(Aslib)更名为"信息管理协会"(The Association for Information Management),它现在已经成为国际著名的信息管理研究机构,它所出版的信息管理方面的期刊和网站,也已经成为信息管理研究的权威出版物。

虽然信息管理系是由图书情报系更名而来,使信息管理具有了图书情报的特色,但是它与人们一般的理解是有所不同的。大多数人从一般意义上认为,信息管理从事与电子信息处理技术相关的信息技术研究。我们不能否认这种思想在一定程度上的合理性,因为信息管理本身具有十分明显的技术特征,它的技术特色与传统是不能否认的。但这种想法也带有它的局限性。更准确地说,信息管理主要研究社会信息的运行规律,而电子信息与社会信息是绝对不能等价的,是两个不同范畴的概念,社会信息可以转换、表现为电子信息,而电子信息只是社会信息的表现形式之一。传统的图书馆学情报学从创建之日起,它所发明的独特方法是信息管理技术不可或缺的重要方法之一,在这方面它们的贡献是其他学科所不能替代的,这是需要我们正视和肯定的一点。图书情报学的文摘法、索引法、分类法、主题法、综述法、计量法、引文分析法等,都已经成为现代信息管理的重要方法被广为采用。图书馆学情报学所研究的信息采集、加工、整理、传递、服务、利用、反馈等环节工作,已经构成了一个比较完整的信息管理过程,只是要继续深化与完善它。

(2) 工商企业管理领域

第二次世界大战后,世界经济迅速恢复并发展,企业经营出现了以下几个特征:

① 全球化、跨国化经营。一个国家和地区的消费能力已经不能满足于大企业生存的需要,它必须向国际扩张,在世界经济增长迅速的地方开展自己的业务,扩大自己的生存空间。这就要求它们要走国际化、全球化的道路,搞好跨国经营,创造更大的利润空间。

② 多元化经营。目前,国际知名的大企业已经不能满足于自己的经营业务范围,它们要

拿出自己的多余的钱来扩大业务领域与项目，同时也使自己不至于在单一经营的项目不景气的情况下导致失败，而走出了多元化经营的路子。这种多元化有"相关多元化"与"不相关多元化"两种。以主要经营业务为核心，围绕着它来开展多元化业务称为相关多元化经营，而不以主营业务为核心，而开展与之不相关的新业务称为不相关多元化经营。

③ 组织结构扁平化。我们知道，早期的企业结构是以求稳为主，"金字塔"式的结构成功地实现了这种稳定的思想初衷。但由于技术的原因，这种结构已经不能适应现代企业组织结构的新要求：信息在企业组织内外部流动要快、准、稳、精。于是，企业组织结构不断地在纵向上压缩，变成层次少的结构，于是就呈现出扁平化的趋势。

④ 经营手段变化。同样由于技术的发展，面对面的交易因为其开支太大而逐渐为网络营销所取代。现代一些新型的企业（虚拟企业）已经出现，它们依托技术的力量，实现了人、财、物、信息在网络上的虚拟流动，以极低的成本实现传统企业所追求的巨大利润。

⑤ 企业竞争加剧。现代企业经营的业务，从本质上来说，质的差别越来越小，即所谓的"同质化"现象，这样大家竞争的就是服务与速度，拼的就是对信息的占有。面对不断变化的企业经营环境、迅猛发展的科技、爆炸性增长的信息、愈发激烈的竞争，直接要求企业的领导者在决策方面一定要迅速、准确，这样才能同竞争对手展开力量与实力的较量。

新时期对企业组织的新要求又与信息量巨大泛滥形成了一组难于解决的矛盾。于是只有求助于信息技术，这样就促使了信息管理的出现。一方面，企业管理者希望在管理中引入信息管理技术，希望借助于信息技术提升企业的管理水平、生产能力、运作效率，提高企业的竞争力，所以，这方面的信息管理主要针对企业信息技术的投入与产出的比重、效益。另一方面，企业管理者已经认识到，在变化莫测的企业生存环境中，直接操作可以看见、可以摸得着的物质资源、人力资源、资金资源越来越困难，而管理与生产运作中到处存在的信息资源尤其显得重要。如何从信息资源这个角度来重新规划企业经营模式，从信息战略的高度来重新定位企业的经营战略，从信息流的视角重新审视企业的生产与运作管理等问题，成为企业领导人员的新的思想范式。企业信息战略已经成为信息管理的另一个重要的理念基础与出发点。

(3) 政府行政管理领域

二战以后，各国政府机构越来越庞大，同时机构职能不断健全，所产生的政务类信息也就越来越多。大量政务信息的产生，一方面对政府工作的开展产生了障碍，扩大了政府行政办公的费用，造成了文牍的泛滥；另一方面，政务信息的开发、利用工作变得越来越不易，直接给公民对国家政府信息的获取带来了麻烦，妨碍了公民参与国家管理，为公民了解国家政府信息设置了障碍。于是，首先从美国开始，开始了削减政府文书的工作，加强了对政府信息资源的管理。美国政府于1980年颁布了《文书削减法令》，明确提出了信息资源管理的概念，它要求所有政府部门都要委任一名部长助理担任本部门的信息总监，负责本部门的信息管理工作。这个法令的通过，为政府机构的信息管理工作开创了新的篇章，也成为现代信息管理时期的一个重要里程碑，其精神成为现代信息管理思想的重要来源之一。

随着国外政府信息化建设的高速发展，使我国政府也于20世纪80年代末期意识到了政府信息管理的重要性。虽然我国的政府信息管理工作起步较晚，但依托于信息化技术，一直努力与国外政府信息管理水平保持一致。1992年，国务院办公厅向全国下发《国务院办公厅建设全国政府行政首脑机关办公决策服务系统的通知》，要求在其统一指导下，加快全国政府信息化建设的步伐。我国于1996年和2001年分别成立了国务院信息化领导小组和国家信息化领导小组,主抓全国各地区、各行业的政府信息管理工作。自此以后,我国政府信息管理工作已经从单机操作发展到局域网办公,再到因特网办公的水平。尤其是"政府上网年"、"电子政府"、"电子政务"等活动与概念的提出,更加深化了公务人员及公民对政府信息管理的认识。

2. 从信息管理的层次角度

从信息管理的层次上来看,可以将信息管理分为三个不同的层次,每一个层次所面向的对象以及所处理的工作内容也不一样,但都可以说是信息管理,无论单独讨论哪一个,都是不完全的。

(1) 微观层次的信息管理

微观的信息管理更加贴近普通人对信息管理的理解,它所研究和处理的是具体的信息产品的形成和制作过程。从信息的搜集到对信息的组织、加工、整理,再进而对信息进行分析与预测,最后形成独立的、具体的信息产品。将信息产品在组织内部消费或送入市场,转化为信息商品,连同信息服务一起出售给消费者。在此过程中,始终贯穿其中的是对信息产品与制作过程的评估、反馈及其管理。所以说,微观层次的信息管理主要是面向具体的信息产品而展开的。

(2) 中观层次的信息管理

中观层次的信息管理面向的不是一件件具体的信息产品,而是处于社会中的具体的信息系统。在这里,信息系统有两个层面的理解,一是从信息技术角度出发,开发编制出用于处理具体问题的计算机系统软件,它涉及系统的分析、编制、维护与管理等问题;二是从社会组织系统的角度出发,信息系统是一个完整的组织内部的信息处理与交流的环境与平台。任何组织内部都存在着大量的信息,对物质的管理可以看作是对信息的管理。如何规划与运营好企业内部的信息资源,是中观层次的信息管理所关注的问题。上述两种理解存在着互为利用的关系。要想管理好组织,从信息战略的角度出发,要加强组织文化等软环境的建设,同时,也要充分利用好企业的信息技术系统资源,这样才能"如虎添翼",效率倍增。

(3) 宏观层次的信息管理

宏观层次的信息管理是从整个社会系统角度来看的,它主要是指对一个国家和地区的信息产业的管理。信息产品进入社会,进入信息市场,就要加强对信息市场的监管,加强对信息服务的管理,就要在政策、法规和条例等方面进行规范。信息产业所涉及的面比较宽,领域比较广,行业比较多,如何通过对它们的有效管理,提高行业的信息化水平,进而提高整个社会的信息化水平,都是宏观信息管理所要研究的问题。

3. 从对信息管理理解的不同层面角度

信息管理被认为是一种思想、一种概念、一种策略、一种理论、一项功能。不同学科领域的专家以其关注的视角和重点的不同,对信息管理的理解就产生了基于不同层面的含义与认识。目前社会上对信息管理一般有两个倾向,也就形成了两种对信息管理的不同认识。

(1) 从技术的视角将信息管理看成是一类信息技术应用,特别是信息系统建设

信息管理的发展与信息技术的联系非常密切。计算机技术应用于信息管理领域后,在20世纪50年代主要是处理电子数据,形成了类型多样的电子数据处理系统(EDPS),60年

代之际,为了克服 EDPS 各系统之间信息交流障碍,兴起了管理信息系统(MIS),但 MIS 存在着对外部环境反应不灵敏以及对决策支持不及时的问题,于 70 年代发展起了决策支持系统(DSS)。随着网络技术的不断深入发展与普及,信息管理大量运用了网络技术,并且融合了上面的系统。如对于企业组织来说,ERP、SCM、CRM 的贯彻与实施、制造业企业的 CIMS 建设,极大地推动了企业的信息化进程,加速了企业的技术升级改造,提升了企业的效益与效率。

这种认识首先产生于 MIS 研究领域,他们将信息管理当作是对 MIS 的一种扩展或其下位学科,或是对基于计算机的信息系统进行更好的管理的一种指南。这种认识强调了信息管理的技术层面特色,将信息管理与信息技术之间划上了等号。

Cheng & Kanabar 认为[①],信息资源管理与对信息技术的管理和使用有关,信息资源就是计算机(软件和硬件)、MIS 人员、最终用户、基础数据、信息与知识。而 O'Brien 和 Morgan 则认为[②],信息资源管理指的是对涉及组织战略及其实践利益的信息系统资源的管理,其主要有五个要素构成:① 资源管理(数据、信息、计算机硬件、软件、人员);② CIO 领导下的技术管理;③ 职能管理(如信息系统资源管理技术的应用);④ 上述资源的战略管理;⑤ 分布管理(如开发、运行、管理信息系统的职能分布)。

这种视角下的信息资源管理活动包括数据规划、能力计划、应用选择、信息系统开发、项目管理、软硬件的采购、技术和系统的集成、数据管理等方面。它们的主要构成要素就是信息技术、技巧与方法,如信息生命周期法。

对信息管理如此的认识未免有点过于宽泛,因此后来的研究对其加以了限定。最开始,这样的限定表现为将信息资源限定为基于计算机的信息资源;后来认为,信息资源管理主要处理组织内部产生的数据。这种限定显示出人们对技术的关注已经开始向对内容的关注的转移,这种转变说明计算机信息系统的目标是为了更好地决策而提供合适的信息,并且必须要为分散的信息提供组织协调。因此,这是由技术管理向集成管理方向的转变。

(2) 信息管理是一种管理思想

信息管理属于信息技术的范畴,同时又是一种管理思想与方法。从普通民众的理解来看,它更倾向于被当作一种信息技术。但从管理的角度来看,信息战略管理越来越显得重要,对信息进行规划与管理,用于管理中的决策与判断,已经成为企业制胜的法宝。所以说,信息管理具有两方面的特征,一方面是技术特征,一方面是管理理念特征。这两个特征是一把"双刃剑",谁也离不开谁,共同构成了信息管理的内涵与特色。

4. 从信息管理思想的结构角度

从信息管理思想的构成来看,信息管理可以分解为三个基本的信息管理模式。[③]

(1) 人文的信息管理

沿着信息管理的人文发展方向,人们正在探讨与研究如何应用人文手段规范人们的信息行为,加强对信息产业的管理,促进整个社会各领域部门的信息化水平的提高。信息政策、信

---

① Cheng, T. C. E., Vijay Kanabar. On Some Issues of Information Resource Management in the 1990s. Information Resources Management Journal. 1992, 5(1):21

② James O'Brien, James N. Morgan. A Multidimensional Model of Informaiton Resources Management. Information Resources Management Journal. 1991, 4(2):4

③ 卢泰宏,沙勇忠. 信息资源管理. 兰州:兰州大学出版社,1998

息法律等管理手段不断完善,世界各国相继推出面向不同领域与层次的信息法令,以解决单纯依赖技术手段、经济手段所无法解决的问题,同时为它们更充分地发展与合作创造好的社会环境。

(2) 技术的信息管理

沿着信息管理的技术发展方向,人类正在追求各种新的信息系统、新的信息媒介和新的信息利用方式,专家系统、知识工程、智能计算机、联机分析、数据仓库与数据挖掘、商务智能等已经成为信息管理技术所关注与向往的方法。面向企业组织层次的中观信息管理,目前关注的是 ERP、CRM、SCM、电子商务、企业门户等先进的技术方法与思想。

(3) 经济的信息管理

沿着信息管理的经济方向发展,信息商品、信息市场、信息产业正在不断完善,信息经济、知识经济已经成为当前重要的社会经济形态,信息经济学、知识经济学也受到了特别的关注,正在解决信息经济中存在的基本问题。

三种不同模式的信息管理要相互结合,才能共同构成完美的信息管理框架。

3.2　信息管理思想的发展

对信息管理的理解有两个方面,一个是从信息管理的实践角度,来了解信息管理的历史特点;另一个方面是从理论研究的角度,来分析信息管理思想的发展阶段和信息管理的理论内涵。

1. 信息管理发展的阶段分析

关于信息管理思想发展的历史分期问题,因为所依据的标准与方法不一样,以及对信息管理的认识不一致,所以信息管理思想发展的分期自然也就有所不同。

(1) 国外学者对信息管理思想发展历史的分期

① 马灿德(D. A. Marchand)和克雷斯莱因(J. C. Kresslein)。马灿德与克雷斯莱因从政府组织管理的角度出发,对信息管理思想的发展因政府机构所面临的信息环境、技术环境的因素而提出了信息管理思想发展的"四阶段说"(见表1.1)。

第一阶段(1900～1950年左右):物理控制

第二阶段(60～70年代中期):自动化技术的管理

第三阶段(70～80年代):信息资源管理

第四阶段(80～90年代):知识管理

② 史密斯(A. N. Smith)和梅德利(D. B. Medley)。史密斯与梅德利和前两者所处的工作环境不同,他们从企业组织的角度出发,结合信息技术在企业中的应用,提出了信息管理的"五阶段说"(见表1.2)。

第一阶段:数据处理

第二阶段:信息系统

第三阶段:管理信息系统

第四阶段:终端用户及战略影响

第五阶段:信息资源管理

表 1.1 信息管理职能的发展阶段[①]

发展阶段	推动力量	战略目标	基本技术	管理方法	组织地位
物理控制	企业与政府组织的增长与多样化	程序效率和物理效率	纸张、打字机、文件柜、制表机、缩微胶卷	文书管理 记录/报告管理 函件管理 邮件管理 指令和指示管理 重要记录保护 办公室布局与设计	监管和中低级管理 分裂的、松散的协调
自动化技术管理	数据处理、电信和办公系统的独立发展和提高	技术效率和控制	第2和第3代计算机、电子复制机独立应用和群集字处理机(第1代) 增强型声音通信(第1代/第2代专用交换分机) "技术寻求使用"是作业的技术管理主导模式	集中式数据处理部门的出现 电信的出现 协调者和管理者 文字处理中心和独立应用工作站的出现 复制中心和独立应用单位的出现	中级管理(有些属例外) 分裂的、非协调的 信息的手工管理被视为不同于信息的自动化管理 组织中信息技术的用户和提供者之间存在差距
信息资源管理	数据处理、电信和办公自动化技术的会聚	信息技术的集成管理 把信息当作是一种战略资源	分布式数据处理综合通信网(声音/数据)多功能工作站(如数据处理、文字处理、电子函件、时间管理、个人计算)带有台式计算机和便携式计算机的个人计算	信息技术的水平管理 传统的资源管理技术(如规划、成本核算)的应用 经营规划与信息资源规划之间形成了紧密联系	中上级管理到次高级管理
知识管理	对信息技术依赖性的提高和信息技术对企业各个层次的作业和管理决策制定的渗透	为了决策、管理和操作而将信息资源的物理/技术管理与信息过程的管理结合到一起	专家系统或知识库系统 决策支持系统 办公智能系统	将信息使用和信息价值与信息技术的管理相结合起来 将内部信息处理和外部信息处理结合起来 信息规划与经营规划紧密联系起来	知识资源的管理成了各级管理层采纳的一般管理哲学的基本组成部分

---

① 谢阳群.信息资源管理.合肥：安徽大学出版社,1999

表 1.2 信息管理的五个发展阶段①

发展阶段	系统类型	管理者类型	用户角色	技术重点	信息存储技术
数据处理	只限于财政系统	未受过培训	信息处理者	批处理	打孔卡片
信息系统	财务系统和操作系统	受过计算机培训	项目参与者	应用	磁盘
管理信息系统	管理信息系统	受过管理培训	项目管理者	数据库/应用集成	随机存取/数据库
终端用户及战略影响	决策支持系统集成系统	有广泛背景的合作伙伴	小型系统建立者	第四代语言	数据管理/第四代语言
信息资源管理	专家系统/战略系统	主管阶层	完全的合作者	第五代系统	激光视盘/超级芯片

从表 1.1 和表 1.2 中可以看出，国外学者两种不同的阶段划分是有其共性的。它们全都是以信息技术的发展规律作为分期的主导标准，同时考虑了技术与企业、政府组织的关系。但不同之处也是非常明显的，前者认为信息管理真正的开始应该起源于 19 世纪末 20 世纪初，而后者则认为信息管理起源于 20 世纪 30 年代，此为其一；其二，前者考察的是信息技术在政府部门信息管理工作中的应用，后者考察的是信息系统本身的发展及其在企业管理领域中的应用。

在 20 世纪 50 年代前，计算机技术没有出现，人们只能通过对物的直接控制来加以管理。进入 60 年代后，现代信息技术飞速发展，人类的信息管理活动进入了依托于自动化技术来进行管理的阶段。正如我们前边所分析的那样，技术并不是万能的，它只是对人类管理行为的辅助推动，更重要的是管理战略的制定以及向管理思想以及管理方法的渗透。所以，进入 70 年代后，人们重视以资源管理的方法来加强对信息的管理。进入信息与知识经济社会后，对信息管理的要求越来越高，于是提出了知识管理的概念。目前，知识管理已经引起了包括中国在内的世界各个国家的重视，也成为了信息管理的一大研究热点。所以说，马灿德和克雷斯莱因的"四阶段说"，是以信息技术发展为主线，直接吸收了社会、信息技术、管理思想等因素对组织信息管理工作的影响而提出的。因为马灿德同霍顿一起开展信息管理研究，而霍顿是美国国家文书工作委员会的专家，所以他们的工作经历与视野更集中于政府机构的信息管理问题。

而史密斯和梅德利则更加重视技术的发展。他们认为，从计算机等技术得到广泛应用后，才真正出现了信息管理。首先，人们利用计算机进行数据的处理工作，很快进入发展到了信息系统的研究，这时大概是 20 世纪 50 年代。面向企业的信息系统规划与建设，其主要代表就是管理信息系统；而后来人们发现它对管理决策中的环境因素及其他不可预见因素难以处理，同时信息资源已经成为企业生存中的重要资源，所以信息管理进入到第四个阶段，对终端用户及信息战略的关注。最后，随着对信息资源管理理论研究的加强以及实践活动规则的推出，信息管理进入了最高级阶段——信息资源管理。

③ 马灿德和霍顿(F.W. Horton)。20 世纪 80 年代中期，马灿德和霍顿从企业信息管理

---

① 钟守真，李培. 信息资源管理概论. 天津：南开大学出版社，2000

实践发展的角度将信息管理过程划分为五个阶段,即:①

第一阶段:文本管理——信息的物理控制(Paperwork Management:The Physical Control of Information)阶段(19世纪晚期至20世纪50年代)。

近代工业大发展,企业不断扩张,产生越来越多的文本,于是企业信息管理渐露倪端,不过在最初只是对信息物理载体进行管理,即文本管理。

第二阶段:公司自动化技术管理(Management of Corporate Automated Technology)阶段(20世纪60至70年代)。

随着信息技术的发展,电子数据管理、电子通信、办公自动化等成为自动化管理的标志,这一阶段管理的重点是信息技术管理。70年代MIS出现,信息资源成为处理对象,从此信息管理进入企业管理层。

第三阶段:信息资源管理(Information Resources Management)阶段(20世纪70年代至80年代早期)。

在这一阶段,信息技术扩散到企业的所有领域,企业内部的信息系统开始朝着集成化的方向发展。信息技术和信息管理的投入持续大幅度增加,信息技术规划成为企业业务战略规划的组成部分。

第四阶段:竞争者分析和竞争情报(Business-Competitor Analysis and Intelligence)阶段(始于20世纪80年代中期)。

80年代中期,CIO出现,作为企业的信息主管带动信息管理进入决策层。

第五阶段:战略信息管理(Strategic Information Management)阶段(20世纪90年代中期)

这个阶段也称"知识管理阶段",知识被视为企业最重要的战略资源。

可以看出,马灿德等人结合企业信息管理活动的特点所提出的新的信息管理发展阶段,与前边所提的四阶段区别在于在信息资源管理阶段发展后,又细分出了竞争者分析的竞争情报阶段。实际上没有本质的变化,而只是结合企业与信息管理研究领域的最新进展,抽取出颇受人关注的竞争情报,并独立析出。

④ 罗卡特(J. F. Rockart)。罗卡特的"三阶段说"受到了安东尼管理分类的影响(安东尼将管理分为三个层面:运行控制、管理控制和战略控制),他的这种阶段划分方法没有突破安东尼管理分类的思想,基本是以此为标准套用到信息管理思想发展阶段的划分上。

第一阶段:办公室工作和会计学的阶段

第二阶段:操作的阶段

第三阶段:管理的阶段

在第一阶段,面向办公室工作和会计学的阶段,实际上属于事务处理阶段,这个阶段的主要任务就是完成某单项工作的数据处理;第二个操作阶段面向中层管理,它基本上对应的是信息系统管理阶段;而管理的阶段则是面向高层管理,主要是战略层次,所以说它基本相当于信息资源管理阶段。

⑤ 凯尼格(M. E. D. Koenig)。凯尼格分析了信息的运算、存储和传递这三方面增长的

---

① Marchand D A et al. INFOTRENDS: Profiting from Your Information Resources. New York: John Wiley & Sons,1986

情况后提出了信息管理的三阶段发展过程。

第一阶段(1971年以前):计算能力呈摩尔定律指数增长;而存储和传递则相对停滞的阶段

第二阶段(1971~1989年前后):计算与存储呈指数增长,传递则相对停滞的阶段

第三阶段(1989年前后):计算、存储和传递三方面都呈指数增长

可以看出,凯尼格的历史分期完全从技术的角度出发,将信息管理理解为一种完全的信息技术应用。这种理解还是有失偏颇的。

(2) 国内学者对信息管理思想发展历史的分期

我国的研究人员在吸收了国外学者的研究成果后,基本上已经对信息管理思想的发展分期形成了比较一致的认识;同时,因为我国开展此方面研究的学者的学科背景大多是传统的图书馆学情报学,所以,他们都能够从信息管理活动的历史渊源中寻找切入点;而国外的研究人员则多以经济学、管理学为学科的背景,他们在分期时更加关注技术因素对企业、政府组织经营运作的影响。

国内对信息管理思想发展分期具有代表性的看法有以下几种:

① 卢泰宏"三时期说"。卢泰宏教授依据不同的信息管理思想、信息管理目标、信息管理方式,将信息管理的发展分为三个时期:

传统管理时期(1900~1950年):以图书馆为特征

技术管理时期(1950~1980年):以信息系统为特征

资源管理时期(1980~现在):以信息资源管理为特征

可以看出,卢教授在分析了国外学者提出的信息管理思想发展历史分期后,也综合了技术、管理与信息管理活动发展等方面的情况与特点,提出了与他们相差不大的阶段论,对国外比较详细的分期进行了一定程度上的总结与归纳。与他所提出的"三时期说"相似的还有谢阳群的分期。

第一阶段(1900~1950年):文献管理阶段

第二阶段(1950~1980年):数据管理阶段

第三阶段(1980~现在):资源管理阶段

实际上,文献管理主要体现为图书馆对文献信息资源的管理,而数据管理主要指使用计算机等信息技术对信息资源进行处理,它表现为零散的事务数据处理,是信息系统发展的前期。他们全是在考察完信息管理活动的历史渊源后提出了相应的阶段论的。

② 马费成"四阶段说"。马费成教授在前面两位学者的三阶段基础上,增加了一个新的阶段:知识管理阶段。这是近年信息管理理论与实践发展的必然结果。马灿德也早就指出了知识管理是信息管理发展的一个必然阶段。

传统管理阶段:以图书馆文献信息源管理为核心

技术管理阶段:以信息流的控制为核心

资源管理阶段:以信息资源管理为核心

知识管理阶段:以知识的创造、学习、应用、理解和协商为核心

③ 钟守真"四阶段说"。钟教授在考察了中外分期历史后结合一些综合因素形成了与马教授一样的结论(见表1.3)。

传统管理阶段(20世纪以前):图书馆文献信息管理

系统管理阶段(1900~1950年):信息系统管理

资源管理阶段(1950～1980年):信息资源管理,产生了CIO

知识管理阶段(20世纪90年代中后期):知识的共享、交流、激活,产生了CKO

表1.3 信息管理思想的历史发展分期及特点

阶 段	对 象	主要手段	主要特征
传统管理	文献整理	手工操作	公益性文献信息管理
系统管理	信息系统	数据处理、数据库管理系统和管理信息系统、信息和通信技术(ICTs)①	信息系统管理
资源管理	资源管理	更注重技术因素,强调利用信息技术控制信息,以实现信息的有效存储和检索,寻求更完善的MIS	组织结构上出现引人瞩目的部门和职务(OIRA,CIO)②
知识管理	知识管理	知识管理系统	出现了新型的知识主管(CKO)③

④ 霍国庆"三时期新说"。萌芽时期(20世纪40～70年代中期):着眼于文献信息源的收藏管理

形成时期(20世纪70～80年代末期):以自动化信息处理和信息系统建造为主要内容

发展时期(20世纪90年代～现在):以信息资源管理为特征

可以看出,霍国庆对信息管理思想发展的历史分期,只比前述的观点少了知识管理阶段。所谓的萌芽时期、形成时期与发展时期与传统管理时期、系统管理时期和资源管理时期的发展年代、阶段特点以及技术手段基本上相同。

2. 主要信息管理思想

信息管理思想的形成与发展与人类的信息管理活动密切相关。在政府信息资源管理、工商企业管理和图书情报管理这三个不同领域中工作与研究的人员,因其工作重点以及思考问题的角度不一样,从而对信息管理的内涵与思想看法也不很一致。概括来说,国外的信息管理思想来源于政府信息资源管理和工商企业管理领域,而国内对信息管理的研究则未被这两个行业所重视,主要由从事图书馆学情报学研究的人员开展,所以国内外对信息管理思想的认识也不很一致。但从研究人员所受的学科背景角度来看,他们对信息管理的认识都受到了其所在的学科的理论影响。

(1)国外学者的信息管理思想

国外学者以其所从事的工作环境、所处学科领域以及其对信息管理的研究侧重点不同,他们对信息思想的认识也不一样,大体可以归纳如下几种代表性看法。

① 管理职能说。霍顿(F. W. Horton)曾担任过美国联邦日常文书工作委员会信息管理研究专家,是信息管理的奠基人,是信息管理领域最著名的专家学者之一,著作颇丰,代表作主

---

① TCTs:Information and Communication Technologies
② OIRA:The Office of Information and Regulation Affairs,信息与日常事务办公室
   CIO:Chief Information Officer
③ CKO:Chief Knowledge Officer

要有《信息资源管理：概念与案例》(1979 年)(Information Resource Management：Concept and Cases)、《信息管理手册：使信息资源管理变得更容易》(1982 年)(Information Management Workbook：IRM Made Simple)、《公共行政部门的信息资源管理：10 年的进展》(1985 年)(Information Resource Management in Public Administration：a Decade of Progress)等。他从自己的工作实践体验出发,首先提出了信息资源管理的概念与思想,将信息资源管理看作是对一个组织机构的信息内容及其支持工具的管理。他进一步区分了作为单数(resource)和复数(resources)的信息资源概念和信息财产(assets)概念,单数的信息资源是指包含在文件和公文中的信息内容本身;而复数的信息资源则是指支持工具,包括信息设备、人员、环境、资金等。

他的合作伙伴是马灿德,他们合作出版了《公共行政部门的信息资源管理》一书,并于 1986 年又合作出版了《信息趋势：从信息资源中获利》(Infortrends：Profiting from Your Resources)一书,提出了信息资源管理是一种管理的新职能,信息管理如同产品管理,是基于信息生命周期的一种人类管理活动,要以资源管理的思想与方式管理数据、信息、知识与信息资源,力求达到"三 E"(efficient, effective, economical)目标。

马灿德指出,信息资源管理的目标就是要通过增强组织处理动态和静态条件下内外部信息需求的能力来提高组织的管理效益。信息管理包括数据资源管理和信息处理管理,前者强调对数据的控制,后者则关心组织的成员在一定条件下如何获取信息。

② 信息过程说。这个学说的代表人物是泰勒(R. S. Taylor)。他认为,信息管理工作是组织中信息处理和管理的一种结构化方法,其核心内容围绕着信息的收集与整理、信息的传递、信息过程的成本及效果等问题展开;欲实现信息管理的目标,必须编制信息管理计划,以确定组织目标和方向,确定信息资源、工作人员和信息系统方面的投资,明确获取信息的方法以及管理体制等方面的问题。

针对信息的价值和成本测试问题,他提出了一套有效的方法。他认为,信息的真正价值存在于其使用之中,随着对信息的不断加工,其自身的价值也在不断地提高。出于这个想法,他设计了一个附加价值图表,从最初的收集和处理到支持决策,分为四个阶段,即组织过程、分析过程、判断过程、决策过程,进一步又可细分为 20 个附加价值处理层次。

泰勒的成果也比较丰富,代表作主要有《信息与生产率：对信息产出的限定(I)》(Information and Productivity：on Defining Information Output (I))、《信息与生产率：对信息产出的限定(II)》(Information and Productivity：on Defining Information Output (II))、《信息生命周期中的附加值处理》(Value-Added Processes in the Information Life Cycle)、《以文献为基础的系统中的附加值处理：文摘和索引服务》(Value-Added Processes in Document—Based Systems：Abstracting and Indexing Services)、《信息系统中的增值处理》(Value - Added Process in Information Systems)等。

③ 管理哲学说。史密斯(N. Smith)和梅德利(B. Medley)将信息技术与信息系统建设等有机地融入了管理理论和实践之中,形成了真正的信息资源管理理论体系;从管理思想演变以及数据、信息、知识等基本概念入手,提出了信息资源管理及其演变的过程是由管理哲学向管理过程的新型管理理论发展的观念;从理论上描述了信息资源管理的发展趋势,提出了管理理论与计算机信息系统理论的结合,其结果在实践部门将产生一种新的职位——CIO,专门负责一个单位的信息资源管理。他们的代表著作是两人合作出版的《信息资源管理》(1987

年)(Information Resource Management)。

④ 思想方法说。这种学说的代表人物是迪博尔德(J. Diebold),他是信息管理研究的发起人之一。他认为,信息资源管理就是将信息作为一种资源进行管理,并在很大程度上采取与组织管理其他资源相同的管理方法;重视信息政策的作用,他认为组织中的信息政策将成为管理的必要手段,而制定信息政策的首要步骤是确定信息的价值标准;管理信息系统和信息资源管理存在的本质不同在于,前者强调部门性和技术性,后者强调信息资源在组织总体发展中的重要作用。他还对信息资源管理应达到的目标进行了总结归纳。其代表著作是《信息资源管理:新的挑战》(1979年)(IRM:the New Challenge)、《信息资源管理:新的方向》(IRM:New Directions in Management)(1979年)、《信息是竞争武器》(Information as a Competitive Weapon)、《管理信息:挑战和机遇》(Managing Information:the Challenge and the Opportunity)、《影响信息管理未来的六个问题》(1984年)(Six Issues That Affect the Future of Information Management)等。

⑤ 技术手段说。莱维坦(K. B. Levitan)指出,信息资源管理是一种集成处理手段,实现高效、富有成果的信息资源管理要经过一个长期的过程。信息资源管理的目标就是应用各种信息资源达到组织的战略目标,而对各种信息技术的综合管理是实现这一目标的基本手段。

她的研究视角主要集中于信息资源管理,将它看做是信息管理和信息技术发展进程中的一个新阶段。其代表著作有《信息生产的生命周期中作为"商品"的信息资源》(1982年)(Information Resource as "Goods" in the Life Cycle of Information Production)、《联邦信息资源管理的相互影响的方面》(1986年)(Interactive Aspects of Federal IRM)等。

(2) 国内学者的信息管理思想

国内学者的信息管理思想吸收了国外学者的观点,从不同的角度提出了各自的看法,有的类似于国外的信息过程说,有的类似于管理哲学说,有的类似于思想方法说,有的则从传统的情报科学角度出发,探讨整个社会环境下对信息的管理问题。

① 三维结构理论。卢泰宏教授将信息管理的基本问题归纳为五个问题域:存、理、传、找、用,提出要解决这五方面的问题,需要研究"人-信息-技术-社会"相互作用的各方面;信息资源管理就是对信息资源 s(复数)所进行的管理,它是运用管理科学的一般原理和方法,从经济、技术、人文(法律、政策、伦理)等多种角度,对信息资源进行科学的规划、组织、协调和控制,既是信息管理的综合,也是对各种资源以及管理手段和方式的集约化管理;信息资源管理最集中地体现在信息技术、信息经济、信息文化三种基本信息管理模式的集约化上,即"三维结构论"。

② 集成综合论。孟广均教授认为,信息资源管理是管理思想的重要组成部分,是管理思想史上的新的里程碑;"信息资源管理"与"信息管理"的逻辑起点不同,信息资源管理以"信息资源"为逻辑起点,信息管理以"社会信息"为逻辑起点;信息资源管理是为了确保信息资源的有效利用,以现代信息技术为手段,对信息资源实施计划、预算、组织、指挥、控制、协调的一种人类管理活动;从学科的集成、综合以及信息科学的大学科角度,阐述信息资源管理的理论、技术和方法;提出了信息资源管理的生成和发展主要有观念、技术和实践三个最基本的条件。

③ 信息资源管理的层次论。霍国庆博士主要倡导"信息的管理"与"信息资源的管理"目标趋同论和信息资源管理的三个层次理论。他认为,信息资源是经过人类开发与组织的信息集合,信息资源管理的主体是一种人类管理活动,管理哲学是这种活动的升华,同时又是这种

活动的指南,系统方法是这种活动的规则和实施程序,管理过程是这种活动在某一社会组织内部的具体实施。信息资源管理是一个完整的体系,它是由环节管理(微观管理)、系统管理(中观管理)和产业管理(宏观管理)三者组成,其中环节管理是内核,系统管理是主体,产业管理是保障。他初步构建出信息资源管理学的体系结构。

④ 信息管理科学论。胡昌平教授构建的信息管理科学体系是我国信息资源管理研究的代表性成果,标志着我国情报学研究已开始走出科技情报的固有模式而面向社会信息这个更广阔的天地。其主要特点:一是以"用户和服务"为中心来组织相关学科知识;二是以社会信息流的有序运动为纲来衔接各个知识模块;三是用它的主导思想来统一科技信息与经济信息,形成一体化的信息管理新机制;四是突出了对科技信息管理理论的推演与扩展。信息管理科学主要研究社会信息现象与规律、信息组织与管理、信息服务与用户、信息政策与法律四个方面。

3.3 现代信息管理的含义及其特征

通过以上对信息管理活动及信息管理思想多方面的论述,我们可以看出,影响对信息管理内涵的理解的因素很多。反映在对信息管理的定义上,也由于影响信息管理的参数变量较多以及对它理解的多面性,从而到目前为止人们还没有给出一个统一的定义。

卢泰宏在分析了国内外对信息管理的认识之后,总结出:对信息管理的理解存在着两种情况,一是认为信息管理就是对信息的管理,即对信息进行组织、控制、加工、规划等,并将其引向预定的目标;另一种认为,信息管理不单单是对信息的管理,而是对涉及信息活动的各种要素(信息、人、机器、机构等)进行合理的组织和控制,以实现信息及有关资源的合理配置,从而有效地满足社会的信息需求。

马费成在其最新的著作中认为,从广义上讲,信息管理就是人类综合采用技术的、经济的、政策的、法律的、人文的方法和手段对信息流(包括非正规渠道和正规渠道中的信息流)进行控制,以提高信息利用效率、最大限度地实现信息效用价值为目的的一种活动。

谢阳群指出,信息管理就是对信息资源的管理。广义地说,就是以合适的成本、合适的方式,在合适的时间、合适的地点,向合适的人提供合适的信息。因而它被人们视为方法、技术、思想、理论、活动、过程、战略等。由于信息资源作用的增大,信息管理已经成了组织中的一项职能,管理中的一个领域,教育中的一门专业,社会中的一个行业,学术中的一个部门,科学中的一门学科。

柯平,高洁在对信息管理的对象、要素与特征加以分析后认为,信息管理是个人、组织和社会为了有效地开发和利用信息资源,以现代信息技术为手段,对信息资源实施计划、组织、指挥、控制和协调的社会活动。

霍顿认为,信息管理是一种使有价值的信息资源通过有效的管理与控制程序,从而实现某种利益目标的活动。

英国的信息管理专家马丁(William J. Martin)指出,信息管理是与信息相联系的计划、预算、组织、指导、培训和控制活动。它既包括信息资源的管理,又包含对人员、设备、投资和技术等相关资源要素的管理。

德国学者施特勒特曼(K. A. Stroetmann)则将信息管理归纳为对信息资源和相关信息

过程进行的规划、组织和控制,其主要内容包括基于信息服务的管理环境、信息经济化过程管理、信息资源管理、信息生产与服务管理等。

仔细分析以上定义后可以看出,在对信息管理定义时,受到影响的参数变量主要有:
(1) 对信息资源广义和狭义的理解;
(2) 对信息管理思想性质的理解:是对信息、加工处理的一个过程,还是将信息资源作为一种战略资源,在组织管理过程中加以运用;
(3) 信息管理的目标;
(4) 信息管理的层次性。

从上面那些要素出发,我们认为,现代信息管理就是借助于现代信息技术,充分运用经济、人文等手段,对社会中存在的各种类型的信息资源及信息活动加以管理,以求最大限度地发挥它的作用,实现它的价值,并带来效益。在这里,管理包括对信息资源进行规划、组织、配置、传递、利用、反馈和评估;信息管理不但是一种管理的思想,也是一种管理的技术手段,在某种程度上说,它还是一个系统。

现代信息管理应该具有以下几个特征:
(1) 现代信息管理具有浓厚的技术色彩:它要充分利用信息技术,将它作为一种有力的手段,完成信息管理的目标。
(2) 现代信息管理是为了更好地完成管理的职能:它可以充分管理信息资源与知识资源,最大限度地发挥它们的作用,为组织带来效率。
(3) 现代信息管理是一种管理的思想:它将信息与知识作为一种资源处理,建立起基于信息或知识资源的管理体系与管理文化。
(4) 现代信息管理是一个管理的过程:在此过程中,要充分利用经济、人文和技术等手段,保证此过程的顺利进行。
(5) 现代信息管理是建立在对信息的微观处理过程基础上的管理系统。
(6) 现代信息管理是随着社会中各种环境的变化而不断演进、发展的。
(7) 现代信息管理理论是多学科研究的成果:它集合了管理学、图书馆学情报学、信息技术学科、经济学等多学科的视野,是它们交叉研究的结果。

第四节 信息管理人才——信息主管 CIO

信息主管(Chief Information Officer,简称 CIO),又称为首席信息官、信息总监,是现代组织信息管理工作的总负责人,它在组织的管理中起着重要的作用。自从上个世纪 80 年代在政府机构中首次出现后,企业组织为了跟上信息技术的发展而发展与培养着自己的信息主管。现在,企业信息主管已经成为企业管理团队中重要的人物之一,并且在社会中的影响远远超出政府信息主管。美国的 Cooper 认为信息资源管理有三大"基石",其中之一就是首席信息官的出现,它是现代信息管理在实践中重要的基础与支撑力量。[1] Lewis 等人也认为首席信息官是

---

[1] Cooper, Marianne. Perspectives on Qualitative Research with Quantitative Implications: Studies in Information Management. Journal of Education for Library and Information Science, 1990, 31(2)

信息资源管理结构构成的八要素之一。[①]

一般而言,CIO是组织信息化的核心成员,应该成为"一把手"的助手。如果一把手是信息化的"司令员",CIO就是信息化的"参谋长",是信息化建设规划的制订者,计划实施负责人,信息系统工程的总设计师,信息管理工作第一线的"总指挥"。由此可见,信息主管在组织中处于非常重要的位置。

4.1 信息主管的概念及其在企业信息管理工作中的发展

1981年,西诺特(W. H. Synnott)和戈拉伯(W. H. Grube)在他们的著作《信息资源管理:80机会和挑战》一书中认为:"CIO是负责制定公司信息政策、标准,并对全公司的信息资源进行管理控制的高级行政官员"。

美国权威的CIO杂志(www.cio.com)则认为,信息主管是负责一个公司信息技术和系统的所有领域的高级官员。他们通过指导对信息技术的利用来支持公司的目标。他们具备技术和业务过程两方面的知识,具有多功能的观念,常常是将组织的技术调配战略与业务战略紧密结合在一起的最佳人选。CIO监督技术的获取、实施以及由信息系统部门提供的各种相关服务。在许多领导潮流的组织中,CIO将大量的战术和操作事务授权给"值得信任的副职",以使自己将更多的注意力集中在战略方面。

实际上,上述对CIO的认识都是有局限性的。虽然CIO在企业中的发展越来越显示出了他的生存空间与发展前途,而且企业组织也是CIO服务的最大领域,但政府组织是CIO的最早出现领域以及急需加强的部门。

CIO是在20世纪80年代初期,随着美国的《文书削减法令》而出现的,它是一个组织的信息管理发展到战略信息管理阶段时的必然产物。CIO统筹一个组织的信息管理,但又主要是从战略角度与层次审视、规划和实施,而将战术层次和操作层次的信息管理授权给他人。

企业中CIO产生的根本原因是信息技术逐渐成为公司的核心技术,对信息技术投资的增加及对投资回报的期待更是促进了CIO的出现。而以信息技术为基础的信息功能集成管理的实现最终诱导了CIO职位的设立。

在企业组织中,CIO自设立后又不断发展,自身分化出CTO(Chief Technology Officer)、CKO(Chief Knowledge Officer)等职位。在特大公司里,公司层的CIO下还有部门级的Divisional CIO(DIO)、执行层的Process CIO(PIO)和地区分公司的Regional CIO(RIO)。

CIO在企业组织中的地位可以分为四种情况:部门经理级、副总级、老总级和监督层面。其中,部门经理级的CIO尚没有进入企业的核心决策圈,受CFO或常务副总的领导与控制;副总级的CIO直接受CEO的领导,与CFO等处于同等地位;老总级CIO已经进入企业的决策领导层,负责从总体上协调和管理企业的信息资源,协助CEO制定企业的战略决策,处于CEO之上而高于其他部门经理的地位;监督层面的CIO地位更高,它不受CEO的领导,而直接属于董事会的监事会,下设独立的信息监控部门,对企业所有信息资源进行配置、协调、控制

[①] Lewis, Brucer R., ect al. An Empirical Assessment of the Information Resource Management Construct. Journal of Management Information Systems, 1995, 12(1)

和管理。[①]

4.2 信息主管的职责与知识结构

CIO 的职责就是 CIO 是做什么的。CIO 职位的设立涉及到企业对信息资源管理的理解问题,它要求将企业中的所有信息功能集成在一起以实现信息功能的放大,表现在实际工作中,就是要将原先分散的信息部门重新组合并置于统一管理之下。

CIO 负责战略信息管理,要立足于战略层次审视自己的职责。根据其内容分析,主要是制定和指导实施信息战略,建立和重组信息组织,组建和优化信息队伍,创建和完善企业信息文化等方面。

CIO 在企业中的具体职责大概为:

(1) 做好企业决策的参谋与助手,为企业的决策提供所需的可靠信息,帮助企业制订长期发展战略。这是 CIO 最根本、最重要的职责;

(2) 负责制订信息化的发展战略与规划,制订信息化的实施计划。负责选择突破口与切入点,并组织领导信息化工程项目的立项与可行性分析论证工作;

(3) 负责网络等信息基础设施及信息化应用系统工程建设,担当发展电子业务(电子政务、电子商务)的主管责任人;负责组织有关信息化工程的招标、设备采购、合作伙伴的选择及日常组织工作;

(4) 参与组织落实业务流程的重组及深化改革工作。参与确定业务信息流程,负责信息编码,信息系统有关标准规范的制订与选用,信息采集与信息管理工作;

(5) 负责组织信息资源开发与利用、建立数据库、数据仓库及数据挖掘工作,为领导决策提供信息服务;

(6) 组织员工的信息技术培训及企业信息文化建设工作,把信息文化作为企业文化的重要组成部分,纳入企业精神文明建设的内容;

(7) 有效地管理本单位信息中心等信息化组织机构的统一领导与管理工作,及单位内部各部门与外部各单位的组织协调工作。负责信息化工程业务外包的组织与工程验收和日常维护管理工作;

(8) 紧跟最新的信息技术的发展,保证企业在技术上的竞争优势,并将其迅速转化为业务发展动力。

CIO 在信息管理工作中起着无可替代的重要作用,其工作的重要性质决定了其个人的知识结构也相应地要全面,知识领域涉及得也较宽广。总体来说,CIO 从知识结构的层面上看,他必须掌握三个层次九个方面的基础知识,即初级层次、中级层次和高级层次。

通过对来自于全国不同性质部门的 16 位专家的德尔菲法调查以及向数百家企业 CIO、CEO 征求意见与建议,中国人民大学信息学院左美云等学者针对 CIO 的知识结构形成了如表 1.3 的"CIO 知识结构表"。[②]

---

① 左美云等. CIO 机制及其组织模式. 软件工程师,2004(5):55
② 左美云等. 首席信息官(CIO)知识体系研究. 中国人民大学学报,2004(3):120~125

表 1.3　CIO 知识结构表

初级模块	信息技术知识	计算机原理	计算机发展、工作原理、组成结构、硬件基础等
		软件概论	操作系统、数据库系统、应用软件、软件开发工具等
		计算机网络	计算机网络发展、网络互联的基本原理、拓扑结构、网络设备、无线网络、无线通信等
		IT 前沿	自动识别技术、移动计算机、XML、中间件等前沿 IT 技术
	信息管理知识	信息采集与传播	信息资源的特点及其采集途径、方法；信息传播行为、传播过程、传播媒介和效果监控等
		信息组织	信息组织的控制与规范、分类组织、主题组织、信息整序、信息编码等
		信息检索	信息检索系统、信息检索技术与方法、检索效果评价等
		信息分析方法	信息分析流程、分析工具、定性/定量分析方法等
	信息系统知识	管理信息系统	管理信息系统的开发过程、开发方法、开发平台以及 ERP、DSS 等
		信息系统安全	信息系统运行管理、信息系统安全的分类、技术和制度
中级模块	项目管理知识	价值链管理	价值链的含义、企业内部价值链、供应链管理、价值链分析法等
		业务流程管理	业务流程的表示方法、流程设计、流程分析、流程优化(BPI)、流程重组(BPR)、业务集成等
		IT 项目管理	IT 项目的计划、启动、实施、控制、收尾、IT 项目管理方法论等
		IT 项目监理与审计	IT 项目监理方选择与管理；IT 审计方法、审计方选择与管理等
	经营管理知识	企业管理概论	人力资源管理、生产与运作管理、研究与开发管理、营销管理等
		投资管理	企业财务分析、投资战略、成本控制、投资效果评价、平衡计分卡等
		电子商务	电子商务模式、网络营销、电子结算、电子商务实现方式、电子商务与 ERP 的关系等
	公共管理知识	公共管理	公共部门组织管理、人事管理、公共预算与财务管理、政府绩效评估等
		公共政策	一般政策和部门政策的规划与设计、执行、评估、宏观经济政策分析等
		电子政务	政府信息化、电子政务的内容、模式和管理等
高级模块	信息变革知识	信息经济学	委托-代理人理论、新型工业化道路、信息技术与技术改造、新经济等
		组织变革管理	组织的成长与变革；以信息技术为支撑的变革；变革的动力、阻力等
	信息战略知识	竞争情报	竞争环境、对手、战略的情报研究；竞争情报分析方法、竞争力评估等
		战略管理	组织战略、战略规划、执行、控制等
		信息战略	信息技术战略、信息资源战略及过程；IT 项目规划等
	信息文化知识	组织文化	企业文化/政府文化；非营利组织文化等内容、功能、建立、传播、重塑等
		知识管理	学习型组织；智力资本管理；知识创新和共享的管理；知识管理的应用等
		信息法律法规与政策	知识产权、信息安全法律法规；国家信息政策、组织信息政策与制度等

由上述 CIO 必备的知识结构可以看出，对 CIO 的素质要求大致可以归纳为以下三个方面：领导者的素质、IT 战略家的素质、业务分析家的素质，这些是 CIO 有别于其他高层管理者的必备素质。

4.3　信息主管的模型[①]

虽然信息主管 CIO 角色不断地分裂、变化和重建，同时，随着信息技术的应用遍及企业的每一个角落，CIO 的工作也越来越复杂。目前，基本存在着三种 CIO 模型。

---

① 霍国庆. CIO 的三种模型. IT 经理世界，1998(18)：34～35

1. 战略/战术模型

信息系统在企业业务中的战略作用越来越明显,于是企业的 CIO 应该是在业务或管理方面过硬的人才,而非在计算机的硬件、应用或网络等方面有经验的人员。一些公司还引入一个或更多的高层技术管理者负责公司的总体结构、基础设施和日常操作事务。

美国 Halbrecht Lieberman Associates 公司经理贝弗莉·里博曼曾说:"五年前,信息系统管理者还主要是一个技术专家",如今,"CIO 则变得越来越像一个商业战略家"。她说,目前各公司更倾向于提拔在信息技术方面有专长的市场、财务或战略官员做 CIO。Lieberman 公司设置了两个与 CIO 相关的职位:电子通信主管和技术设计主管,他们都向 CIO 汇报。Lieberman 说:"在过去的几年里,我一直在研究这两个职位。"她认为,大型服务公司愿意为他们支付额外的报酬。特别是电子通信主管在组织中占据着显著的战略与战术位置,沟通了所有的 MIS 功能;技术设计主管也工作在同一层次,他协助设计公司的技术和业务结构方面的战略。Lieberman 期望公司在从业务背景而不是技术背景的管理者中寻找 CIO 的同时,技术型管理者也能够成长起来。在 Lieberman 看来,战术型的技术主管很重要,"无论你怎么称呼,你都需要技术型管理者,因为 CIO 不会拥有决策的所有技能,他必须依赖 CTO 来处理通信和总体结构方面的事务"。

战略/战术模型是一个经典模型。在这个模型中,有时是 CIO 负责技术战略,CTO 负责技术发展、技术操作和控制,有时则相反。但无论如何变化,一个公司中总有两个或几个信息方面的主管,其中一个负责战略事务,另一个或几个负责战术事务。

2. 内部/外部模型

在一些组织中,一个信息系统管理者负责内部信息技术,另一个则负责外部信息技术。在这个模型中,通常是信息主管处理操作事务,而技术主管在外部寻找商业机会或关注产品研发。一般情况下,他们并不互相汇报工作,但他们有可能同时向 CEO、CFO 或其他高层管理成员汇报工作。

在这种模型中,有关职责被划分为内部和外部两个部分,一个信息技术经理可能管理内部信息系统的总体结构、基础设施和日常操作,另一个则追踪技术进展、商业机会或研发活动。他们或者有一个,或者都没有,或者都负有战略使命。该模型不存在一个通用模式,各类公司大多根据管理者个人、公司和产业的情况来安排有关职位。

在 Trecom 商务系统公司中,其财务主管兼任 CIO,负责信息系统操作、业务战略和财务。同时,CTO 则负责公司的总体结构和供应商选择。该公司还有第三个职务,即 MIS 主任,他向 CFO 汇报,负责监管日常信息系统操作。

3. 消亡模型

这种模型不流行。在此模型中,不需要信息系统管理者在信息系统和业务战略之间扮演重要角色。一些咨询顾问认为,该模型将随着新一代商业领袖的成长而不断进化。与以前的 CIO 相比,这些年轻的管理者更多地生活在计算机文化之中,他们能够更积极地评价信息技术在提高市场份额或缩短收款周期方面的作用,这就潜在地排除了保留此模型中 CIO 的必要性。这些年轻的管理者也能够开发出许多自己的应用程序,但他们还是需要技术管理者来处理硬件系统、基础设施和电子通信。一些观察者预测,信息战略家将取代这类 CIO。当新一代精于计算机的 CEO 越过管理等级成长起来时,上述两种模型都可能消亡。

纽约 Ernst&Young 信息技术管理咨询服务公司国内部主任戴维·斯皮尔伯格谈到,在短期内,许多公司还将在他们的管理等级中增加CTO,但15年后,当信息技术知识成为每一个经理人员履历的重要组成部分时,CIO与CTO都将淡出公司管理层。在这种情况下,信息系统管理者将充当专家建议提供者和顾问而不是战略伙伴。为了在这种转换过程中求得生存,信息系统管理者必须证明自己可以通过技术应用获取市场份额的价值。

4.4 我国信息主管的现状与发展

随着信息技术在我国各行业领域中的广泛应用,社会信息化水平不断提高,CIO的重要性越来越明显,政府与企业组织纷纷设立信息主管CIO职位。据全国信息化工作领导小组办公室、国家经贸委经济信息中心在2002年针对国有重要骨干企业和地方重点企业的信息化水平调查显示,有83.3%的企业设立了副总裁、副总经理级的信息主管,比2001年的调查提高了近14个百分点。从1996年开始到现在,我国已经召开了多次有关CIO的会议。《北京市"十五"时期首都信息化发展规划》中明确指出:"在企事业单位,广泛推行信息主管制度。'十五'期间,建立信息主管制度的企事业单位比率要达到50%以上。"

虽然我国政府与企业越来越重视CIO职位的设立,但在组织实际工作中,信息主管们在组织中的权利、地位、功能、作用,以及上级领导的态度等方面都不能如我们所愿,导致CIO对于组织管理与运营的重要意义不能很好地发挥出来。目前,我国CIO更多地泛指各种组织中的处于中层的信息中心主任或信息部门经理职位,而很少是真正的CIO。我国CIO的当务之急是准确定位。弄清CIO的真实内涵,确定自己目前的位置,明确自己要达到的目标位置,寻找差距,有计划、分步骤地缩短差距,实现目标。CIO们应该将自己定位在战略层次,从企业整体战略高度来认识规划和实施信息管理。

当然,我国当前CIO队伍的素质与水平也参差不齐,更多地是从技术工作转化过来的,其管理知识与水平较低,而真正CIO要求的复合型人才匮乏。针对这种情况,国家劳动和社会保障部根据国家职业资格证书制度,适时制定并颁布了《企业信息管理师国家职业标准》。该《标准》的出台,标志着我国企业信息管理人员的职业培训和资格认证有了统一规范和科学依据,必将积极促进我国优秀CIO人才的大批涌现。

《企业信息管理师国家职业标准》将企业信息管理师定义为"从事企业信息化建设,并承担信息技术应用和信息系统开发、维护、管理以及信息资源开发利用工作的复合型人员",并按知识和技能水平的不同将该职业划分为助理企业信息管理师(国家职业资格三级)、企业信息管理师(国家职业资格二级)和高级企业信息管理师(国家职业资格一级)三个等级。根据该《标准》,符合申报条件,经过正规培训并且鉴定合格者,可获得相应等级的《中华人民共和国家职业资格证书》。

《企业信息管理师国家职业标准》包括六大职业功能模块:信息化管理、信息系统开发、信息网络构建、信息系统维护、信息系统运作、信息资源开发利用。

显然,将我国企业信息管理工作所急需的复合型人才的培养纳入国家职业资格证书制度,一方面反映了该领域在社会经济当中的地位日益重要;另一方面也预示着该领域在人员培训、人员招聘及人员任用方面即将全面实现标准化、正规化和科学化。有关专家推断,随着国家大力推行国家职业资格证书制度和企业对信息化人才需求的进一步加大,企业信息管理师国家职业资格证书将会越来越得到广大企业的普遍认可和欢迎。

案例

管理型 CIO 是怎样炼成的？

如何从一名技术型 CIO 成长为一名管理型 CIO？一个管理型的 CIO 在组织中应该发挥什么样的作用？江苏森达集团 CIO 刘玉龙以自己的实践回答了这些问题：CIO 不要将自己的舞台局限在信息技术领域，只要是能促进集团竞争力的，CIO 都可以考虑去做。一个合格的 CIO，应该成为科学适用的管理理念在组织中实施的推动者。

刘玉龙，研究生学历。从 1997 年组建江苏森达集团信息中心以来，主持自主开发了森达的分销系统、MIS 系统、电子商务系统。2001 年起实施耗资 1500 万元的 ERP 系统，并担任项目经理，对 ERP 系统进行了深入的研究，尤其在 MPS、MRP 与制鞋行业的结合上有丰富的经验。

在多年的 CIO 工作经历中积累了一定的管理经验。参加 MBA 学习后，尤其注意管理理论的研究，注意理论与实践的结合，走中国化的企业管理之路。在成本管理、计划运作、人力资源管理方面的观点多次被集团采纳。

产销衔接和财务手续都已经不是简单的技术层面的问题，只有对业务和管理有相当程度的理解，才可能提出好的解决办法。

信息化说到底要提高集团的综合竞争力，我们不要将自己的舞台局限在信息技术领域，只要是能促进集团竞争力的，我们都可以考虑去做。

从技术导向到业务导向

记者：根据 CIO 在组织中所发挥作用的不同，我们可以将 CIO 分为技术型 CIO、管理型 CIO 和战略型 CIO。你认为自己属于哪一类型的 CIO？

刘玉龙：我现在充其量算是一个管理型的 CIO，战略型 CIO 还谈不上。

记者：一般来讲，管理型 CIO 都是从技术型 CIO 转化而成的，你是不是也经历了这样的一个角色转换过程？

刘玉龙：是的，我也经历了这样的一个过程。我以前是教师，1997 年进入森达集团开始从事信息化工作。当时，我们的集团老总经常到国外去，认识到了信息化的作用，于是就想找人来做这方面的工作。那时我对技术其实也不太懂，只是对计算机有兴趣，经常摸一摸电脑。当时多数人接触的还是 DOS 平台，我已经开始接触 Windows 了。集团老总觉得差这方面的人，于是我就来到了森达。

当时对技术、管理和业务都不太懂，但首先要过的是技术关。为了过技术关，我们花了很大的力气。我们最初是从财务、进销存系统开始做的。由于不同的部门数据经常对不上，我们就考虑如何将两个不同部门的数据能够整合在一个层面，所以就要考虑如何开发，用什么样的数据库平台，后来就考虑建什么样的网络环境，如何将集团的不同分厂结合起来，最后将系统扩展到全国各个分公司。这样，随着集团信息化的发展，我们的技术水平也在不停地进步。要做信息化，技术关是非过不可的。

在这个过程中，我们也经常面临一些问题。由于我们不懂业务，所以当时都是由业务部门提出各自的需求，由我们来解决。业务部门从自身的利益出发来考虑问题，他们提出的需求有时是相互冲突的，公说公有理，婆说婆有理，让我们不知如何是好。

在这种情况下,我们就考虑,要改变这种状况一定要从业务入手。于是我们计算机中心的人开始深入到业务第一线,每个星期都几乎有一半的时间是在业务线上。了解他们到底是怎么工作的,他们工作的重点是什么,什么是最关键的问题。我们集团所有的业务部门我都去过。这样经过一段时间的努力之后,我们可以说对各环节的业务需求就有了清楚的了解。

记者:你刚才提到业务部门提出的需求有时相互矛盾,而你们又不懂业务,导致工作不好开展。这方面能否举一些例子?

刘玉龙:这样的事就太多了。比如说,财务部门讲究手续严谨,签字手续多;而业务部门需要讲效率,如果今天需要什么材料,希望马上就能将材料从仓库领出来。这样就有了冲突。信息部门会很为难,不知该听谁的好。

还有如产销衔接方面。产品都有个交货期,销售人员向我们提出,如果在交货期内没有按时交货,系统要设个关卡不能让产品入库,这对于系统来说是很容易办到的。但是,生产线的人也有苦衷,他们会说产品做不出并不是因为我们工作不力,而是有一些其他的原因。这样也产生了矛盾。

记者:当遇到这些问题时,应该如何解决?

刘玉龙:当出现这些矛盾时,就要分析这些矛盾是如何出现的。比如产销衔接的问题,说到底还是计划问题。不要简单地定应该何时入库,而应该分析为什么不能按时入库,有哪些因素导致不能按时入库。从这些方面来考虑,再采取相应的措施。虽然不能全部解决矛盾,但可以将矛盾减少到最低程度。

至于财务手续的问题,管理无定法,而且在不同的阶段管理方法不一样。比如说,当企业的流程比较乱的时候,财务部门手续严谨的需要就是首要的。如果企业比较规范了,就要考虑那些签字手续是不是都必要。

这些问题都已经不是简单的技术层面的问题,只有对业务和管理有相当程度的理解,才可能提出好的解决办法。

我们在对集团的业务有了清楚的了解之后,就开始有意识地主动对业务进行引导,改变了过去那种被动的局面。

记者:当你们从被动转为主动引导业务时,业务部门对你们这种角色的转换是什么态度,他们能够愉快地接受你们的引导吗?

刘玉龙:在初始阶段,肯定是业务部门嘴巴大,我们嘴巴小。要解决这个问题需要从以下几方面着手。

首先,做事先做人,要让集团各个层面了解到,计算机中心是诚心地对待企业,而不是有什么私自的想法。

第二个方面,要让业务部门感受到信息系统的好处,所以我们在深入到业务部门的时候,一是去了解业务,另外也是去帮助他们解决问题,有的事通过系统很快就解决了。这样就会让他们感觉到计算机中心的人是他们的朋友。

第三个方面,系统有一个好处就是固化流程,能保证政策得到很好地执行,当我们认为某一个流程应该这样调整,和高层领导沟通好之后,别人有时候不容易接受,我们只要认为自己是对的就要坚持,他们迟早会接受、会理解的。

以前我们要开什么与信息化相关的会议,大家并不是很积极地参与。现在不一样了。现在有些事情不用我们找他们,他们就会主动找我们。如果需要请业务部门的人来一起讨论,通知一声，大家二话不说就来了，而且认为这是一种荣耀。

所以我有一个很深的体会，在信息化过程中，要将某一个系统树为旗帜，这个旗帜树好了，就会树立起信息部门的威信。到了这样的阶段，大家都会积极支持。

CIO 的持续修炼

记者：一个管理型的 CIO，他在组织中应该发挥什么样的作用？

刘玉龙：一个管理型的 CIO，他的责任不仅仅是如何将系统建好，更重要的是，他要成为科学适用的管理理念在企业中实现的一个载体和桥梁。我认为 CIO 应该主动承担这样一个角色。

我有一个观点，作为信息部门，要有一种持续把握自己成功的能力。集团信息化推广过程尽管很难，但用起来之后一定会有成效。业务部门的成效体现出来之后，很多人一般不会说是信息系统的功劳，而是自己的工作所导致的成效，所以说，信息部门的工作成果是控制在别人手里的。如何改变这一状况呢？还是要先树一个大旗，在这个大旗之下，不断壮大自己的舞台，使集团信息化水平不断提高。

信息化说到底要提高集团的综合竞争力，我们不要将自己的舞台局限在信息技术领域，只要是能促进集团竞争力的，我们都可以考虑去做，不能仅仅满足于做一个 ERP 系统。

我们集团的信息化工作自 1997 年开展以来，应该说到现在已经有了一个不错的基础。产供销、人财物，各个环节的业务都已经被信息化所覆盖。每个关键的业务环节，都在系统的控制之中。尤其是在业务流程的优化上我们动了很多脑筋。目前，国际上我不敢说，在国内同行业企业来讲，我们的业务流程的效率还是很高的。

除此之外，其他一些与信息化没有直接关系的事情，如企业目标、激发员工积极性、考核体系等方面的工作，我们计算机中心也主动参与。

比如说大规模定制。企业的采购人员往往喜欢采购多个品种。但大规模定制理论认为，只要对产品的风格和款式没有大的影响，尽量要用标准化的材料。这样，采购品种会减少，采购难度也降低了，同一品种的采购量会增加，采购成本就会下降。这可以有效地节省企业的采购成本。

尽管大规模定制和信息化的关系并不太大，但对于我们这样的制鞋企业来说，这种管理方法十分重要，我们计算机中心就主动向集团领导建议，采用这一管理方法。现在，大规模定制的做法我们已经在用了。

我们集团是一个劳动密集型的企业，作为 CIO，我的接触面比其他员工要广一些，能够接触到更多新的管理理念，所以，我认为自己更有责任将一些新的管理理念引进到集团中来。

记者：你认为一个 CIO 应该具备什么样的能力？

刘玉龙：我觉得一个合格的 CIO 至少应该具备以下三方面的能力。

首先，必须要有高远的眼光。站得高才能看得远。如果说我们集团的信息化工作还有一点成效的话，我觉得一个很重要的原因就是，我们不是站在企业现状的角度来看问题，而是站在一个行业的高度来看问题，站在集团老总的角度来考虑问题。

其次，CIO 要有很强的协调沟通能力。CIO 经常要和业务部门接触，尤其是在最初做信息化的阶段，如果在和业务部门打交道时，没有能力和他们进行很好的协调沟通，今天一个问题被绕住了，明天另一个问题又被绕住了，那么，久而久之业务部门就不会相信你了。企业中的问题都有其因果关系，你应该有敏锐的眼光来分析问题。如果不对业务熟悉，就不能把握住要害,解决不了问题。

另外,CIO还应该具备相当的组织能力。不仅能调动本部门的积极性,而且还要能调动其他部门的积极性。我们属于制造行业,工资水平相对低一些。要让员工和行业的命运联系在一起,使大家不计较一时的得失。

记者:CIO的个人能力应该和企业的信息化共同成长。从一个技术型CIO成长为一个管理型CIO,在个人能力的成长方面,你有哪些体会?

刘玉龙:要不断地学习,多和外界联系,扩展视野,我觉得这一点非常重要。2001年秋天,我决定读北大光华管理学院的MBA。我的想法是,作为一名IT人员,一定要上升到管理层次,否则没办法做好工作。当时,有很多人,包括我的一些很好的朋友都说,你是吃技术饭的,读这个干什么呢?我还是坚持了自己的想法,不管有多大的困难,我都坚持下来了。现在就觉得很有用。一方面,管理理念得以系统化。比如说财务,我们最初就是从财务软件开始做信息化的,对财务操作层面的东西很了解,但更高的层次就不懂了,后来,通过学习,理论上提高之后,工作中就自然能在一个高的层次看问题,确实有一种一览众山小的感觉;另外,在学习的过程中,结识了很多精英人才。现在,不管是制造方面,还是在信息化方面,我的一些同学都有很深入的研究,我们同学之间往来不断,每当遇到问题我都会和他们沟通,向他们请教,这方面对我也有很大的帮助。

记者:你认为怎么样才能算是一名战略型的CIO,为什么你不认为自己是一个战略型CIO?

刘玉龙:我个人认为,一个战略型的CIO应该能影响企业的经营模式。比如说Dell,它的直销战略之所以能够实施,在很大程度上得益于信息系统的支撑。也就是说,信息化决定了Dell的发展方向和经营模式。

在我们集团,信息化的作用还没有到这个层次。这就像推车,车朝哪个方向走,还是由集团老板在定,我们的工作是控制好前进的节拍。战略型的CIO应该有理论的支撑,可以说服老板,应该是向东推,还是向西推。现在我们还达不到。虽然有些观点可能对老板有些启发,但最后还是由老板来决定。

[来源:http://industry.ccidnet.com/pub/article/c1546 a178395 p1.html]

参 考 文 献

[1] http://entropy.com.cn
[2] 王玲俐,罗惠嫌.信息论的发展和意义.科技进步与对策,2001(8):106~107
[3] 刘建能.科学方法论新探.北京:中共中央党校出版社,1995
[4] 王雨田.控制论、信息论、系统科学与哲学.北京:中国人民大学出版社,1986
[5] 刘冠军,何丽萍.论信息的三层涵义.东岳论丛,2000,21(5):80~83
[6] 熊义杰.信息价值及其计量方法.西安石油学院学报(社会科学版),2000(2):50~53
[7] 胡昌平.信息管理科学导论.北京:高等教育出版社,2001
[8] 马费成等.信息管理学基础.武汉:武汉大学出版社,2002
[9] 谢阳群.信息资源管理.安徽:安徽大学出版社,1999
[10] 岳剑波.信息管理基础.北京:清华大学出版社,1999
[11] 卢泰宏,沙勇忠.信息资源管理.兰州:兰州大学出版社,1998

[12] 柯平,高洁. 信息管理概论. 北京：科学出版社,2002
[13] 钟守真,李培. 信息资源管理概论. 天津：南开大学出版社,2000
[14] 肖明. 信息资源管理. 北京：电子工业出版社,2002
[15] 查先进. 论信息资源的含义与经济学特征. 国外情报科学,1996(1)：22～25
[16] 乌家培. 信息资源与信息经济学. 经济学动态,1996(2)：8～11
[17] 詹灿辉. 论政府互联网站的定位. 海河水利,2000(4)：19～21
[18] 王守宁,司光昀. 我国CIO现状及发展研究. 情报科学,2004(6)：757～764
[19] 霍国庆. CIO的三种模型. IT经理世界,1998(18)：34～35

思 考 题

1. 从人们的认识层次上看,信息可以分为哪几个类型？它与物质和能量之间存在着什么样的关系？
2. 什么是信息资源？信息资源的经济性特征？
3. 信息与信息资源的关系？
4. 什么是信息化？信息化的构成要素以及其层次？
5. 古代、近代和现代时期的信息管理活动各有何特点？
6. 现代信息管理起源于哪些领域？它是如何从这些领域中发展起来的？
7. 现代信息管理从认识层次上可以划分为哪几个层次？各有何特点？
8. 现代信息管理有几种模式？各有何特点？
9. 国外对信息管理思想的历史发展分期的认识有何共同点？有何不同点？
10. 国内对信息管理思想的历史发展分期与国外对这个问题的认识有何区别？
11. 国外对信息管理思想的看法有几种代表观点？它们之间有何关系？
12. 国内对信息管理思想的认识是否受到了国外的影响？与国外学者的认识有何区别？
13. CIO的模式有哪几种？
14. 对某单位信息管理活动的组织与管理进行调查,明确其信息管理活动有何特点？与其组织结构和组织性质有何关系？

第二章　信息管理的学科基础

内容提要

　　本章主要讲述了信息管理的科学理论基础,从信息科学、管理科学及传播科学三个方面,论述了信息管理与它们的渊源关系及其各自的主要内容。在描绘了信息科学发展简史的基础上,勾画了信息科学的研究内容及研究方法;在以历史为主线向我们展示了管理学思想的发展后,总结出了管理学的发展规律;在传统传播学研究的五大领域的基础上,通过对信息交流模式的介绍,重点讲解了社会信息传播的类型及其各自的特点。

学习要点

1. 信息科学的主要研究内容
2. 信息科学的发展历史
3. 信息科学的研究方法
4. 管理学思想发展的历史分期
5. 不同时期管理学的特点、代表人物及其代表性观点
6. 管理学发展的主要规律
7. 传播学的信息交流模式
8. 社会信息传播的主要类型以及其特点
9. 网络信息交流的特点

信息管理理论形成的历史年代远远不及信息管理活动的久远。现代信息管理理论产生于20世纪的70年代末80年代初期,距今不过20多年的时间。在这个时期,出版了大量信息管理理论著作与论文。

信息管理理论的形成是多学科协同研究的产物,其中影响最深、最主要、并对它的理论形成极具建设性的学科包括信息科学、管理科学与传播学。探讨它们与信息管理的理论关系、它们对信息管理理论的影响、信息管理对它们的反作用,对于建设信息管理理论具有积极的意义。

第一节　信息管理与信息科学

信息科学为信息管理的建立与发展奠定了坚实的概念与方法基础,打开了信息管理的研究视野。信息管理最基本的概念——"信息"——同样是信息科学的研究基础。信息科学的研究方法以及研究领域极大地丰富了信息管理的研究内容。同时,信息管理也已经成为信息科学大家庭中非常重要的成员。

1.1　信息科学的发展阶段

以申农(C. E. Shannon)的"信息论"和维纳(N. Wiener)的"控制论"诞生为标志,信息科学发展到现在已经半个多世纪了,呈现出多部门信息科学的繁荣,乃至于人们呼吁建立统一的信息科学,把多学科分散研究的局面统一于"大信息科学"平台之上。这期间可以将信息科学的发展划分为四个阶段。

1. 广义的信息论阶段

在20世纪40年代,以申农《通信的数学理论》、维纳《控制论——动物和机器中的通信与控制问题》问世为标志,信息论诞生了,它是科学发展史上的里程碑,其伟大贡献和深远影响是前所未有的。

申农的信息论仅局限于技术界,它只考虑了信息的形式与"消除随机不确定性"的范围;只涉及统计信息与信息传递,不考虑信息的含义与价值;不分析模糊现象与非统计信息;未揭示出更广泛更重要的其他信息过程的原理与规律。正如申农本人所说:"信息论(狭义的)的基本结果,都是针对某些非常特殊的问题的。它们未必切合像心理学、经济学以及其他一些社会科学领域"。

维纳则超越了狭义信息论的定义,提出"信息既不是物质,也不是能量,信息就是信息,不懂得它,就不懂得唯物主义",从而第一次将信息论映射在了哲学上。其论题的提出,一方面指出了信息的本质,另一方面指出了信息的运动形式归属问题,第三方面指出了信息的效用性。

从此,信息概念被提出并被广泛应用,其结果就是信息的泛化。

2. 多种信息科学体系阶段

信息科学的概念首先于1959年被美国宾夕法尼亚大学莫尔电子工程学院应用,这一概念既包括信息理论又包括信息技术。

在这一阶段,人们分别从自己的研究领域提出了信息科学的体系,主要有三个。一是以计算机为代表的"计算机信息科学",二是以文献处理自动化为代表的"图书馆信息科学",三是以申农通信信息计量理论为核心的"全信息信息科学",也称为"信息论信息科学"、"概率论信息科学"。三者的共同特征是仅研究特定领域中的某些问题,对其他领域中的信息不予充分的关注与考虑。这样就形成了以其三者为主体的信息科学"三分天下"阶段。

计算机信息科学主要研究符号表达式及其变换,所以有人将"信息学"也当作符号学研究。它是将要解决的问题抽象化,改为用符号的形式来表达,形成符号与现实世界或某种抽象对象领域的关系,再设计出算法来,以某种方法、准则和步骤来实现信息处理,从而完成对问题解决的过程。它包括计算理论;符号关系学、语义学及说明"符号"的语用学;信息处理的结构;人工智能;对信息的表述;知识工程学等内容。

信息论信息科学是建立在信息论基础上产生的,它主要研究信息的产生、获取、度量、变换、传输、识别以及应用等方面的问题。

在这一阶段,申农的狭义信息论继续发展,自上个世纪80年代以来,以美国哈佛大学的雷斯尼科夫(L. H. Resnikoff)、缅因州立大学的德夫林(K. Devlin)和我国北京邮电大学钟义信教授为代表,先后创建了自己的信息科学理论体系,分别在模糊信息、概率与非概率信息、语法信息、语义信息、语用信息等方面做了大量工作。在此基础上,人们提出了广义信息论。

图书馆信息科学产生的主要背景是在信息技术不断发展,并且深入渗透到图书馆工作的各个环节之中的情况下,新型的载体形式大量涌现,社会文献信息量以爆炸的势态扩张,图书馆学理论不得不发生新的变化,以概括新的图书馆内涵。计算机技术的应用包括计算机及其网络、信息系统与信息检索、联机与联机检索、数据库与数据传输、专家系统等;图书馆学、文献学研究领域包括图书馆与信息服务、图书馆信息系统与图书馆网络、引文、文献、文献计量、标引、分类、分布、流通、用户研究等;图书馆信息科学理论包括信息、信息特性、系统、知识、传播以及其他方面。

这一时期,除了信息理论外,信息技术也有了进步,人工智能问题被突出出来。人们尝试着用电子装置去完成人脑的某些信息处理、认知和思维的过程。

此时,信息科学研究的特点表现在四个方面,一是引入了人这一主体因素;二是注重语义信息;第三是信息载体与信息语言类型多样化,改变了对信息的孤立认识;第四是人工智能的提出淡化了物理、生理与心理的界限,为世界的统一性问题提供了理论基础,并启动了认识论研究的新领域和新方式。

3. 部门信息科学阶段

由于对信息科学的认识呈现出多样的局面,人们希望对它有个整体上的把握与研究。但在这一过程中,因涉及到许多学科,大家均从自己的研究角度进行信息科学的分析,于是又产生了大量的部门信息科学。有两起事件引发了人们对这一问题的研究热潮。

1982年美国普林斯顿大学的马克卢普(F. Mchlup)主持发起了一个集中当时不同信息研究领域的众多学者参加的信息交叉研究运动,信息理论的研究开始向其他科学领域渗透和扩展,诞生了40多种部门信息学,并发表了继申农与维纳之后的又一本经典著作《信息研究:学科之间的通信》。

1994年,德国学者发起了一个新的交叉信息科学的研究运动,开拓了部门信息学的一些新领域。

部门信息科学的研究发展迅速而热烈,渗透到了自然科学和社会科学的诸多领域。比较出名的部门信息学有生物信息学(细胞信息学)、电子信息学(机械信息学、计算机与通信信息科学)、物理信息学、化学信息学、人类信息学、经济信息学等,据统计,部门信息学已经出现50多种。

4. 统一信息科学阶段

建立统一信息科学的动机就是为了克服上述信息科学研究的彼此割裂现象,希望建立起超越于各部门信息科学之上的一体的信息科学。这是信息科学发展的要求与必然趋势。

虽然"信息科学"这个名称早在40年前就出现了,……,而真正的信息科学所关注的信息,应该不是指任何个别信息领域里的特定信息,它应该反映着一切和信息有关领域里的信息现象,关怀着一切和信息有关领域里的信息问题。由于统一信息科学关注的信息对象分布在不同的领域,所以要发现不同领域里信息现象的共同规律是很困难的。目前仅可以看到:在一切有机的或相关的多个个体的群体中,个体之间均存在着相互影响或相互作用,这些影响或作用在本质上又不能仅归因于来自个体之间的物质或能量,那么这些个体之间就必然发生通信或传播;有通信或传播就必然有信息的存在,有信息就必然有信息研究,从而有可能产生新的信息科学分支。这就是我们从近代信息研究中得到的启示,特别是从化学信息学的出现中总结出的信息科学发展的规律。[1]

建立统一信息科学理论是项艰巨复杂的工作,它将象征人类对纷繁的信息世界的了解有了进一步的升华。同时,它也是高智力的角斗士:对许多要予以抽象的分支需要有深刻的了解,而信息涉及的分支又那样的繁多,它涵盖着从电子学到哲学的自然科学、技术科学、人文科学、社会科学中的许多基本问题。从科学界默认的传统来看,只有统一的信息科学才是真正的信息科学,而所有的统一科学都是关于全类对象的科学,所有的分支科学都是关于分支对象的科学。从统一信息科学的观点上看,计算机信息科学、图书馆信息科学和概率论信息科学将在21世纪淡出,并重新归类到不同的部门信息科学中去。如果统一信息科学找不到足够的共同信息规律来承载起信息科学基础的话,信息科学很可能蜕化成为一个群体研究的指称而不再被看作一门实体的科学[2]。

在信息研究领域里,部门信息科学和统一信息科学同时发展的状况,将会成为21世纪初叶,也许在更长一段时间里信息科学发展的风景线。

为此,湖北大学数学与计算机科学学院信息科研中心提出了"抓住生命信息现象进化中的规律性,以及现实物种内外信息的关联特性,就可以全方位地、历史地了解宇宙信息现象的本质和规律,从而为构造信息科学的一般理论奠定坚实的基础","在某种意义上可以说:信息统一理论=生命信息的统一理论+非生命信息的统一理论。而在研究生命信息学的时候,我们已经自觉地把它与无机信息和人工信息(计算机等)连接起来一并考虑。所以说,生命信息科学的研究本身就是信息统一理论研究的一个缩影和一种尝试"的观点[3]。

1.2 信息科学的研究内容

通过信息科学的形成与发展历史,我们可以看出,信息科学的外延十分广泛,在横向上伸展到自然界、人类社会和人类思维的各个领域,在纵向上深入到细胞DNA遗传、社会意识的交流。因此,以全信息为研究对象的信息科学,其内涵也更加丰富、精深。一般来说,信息科学主要研究以下几方面的问题:

1. 信息的基本概念和本质

信息的概念是信息科学研究的基本问题,其他研究方面都是建立在对信息的基本概念及

---

[1] 阎学杉. 关于21世纪信息科学发展的一些见解. 科技导报,1999(8):6
[2] 同上
[3] 李宗荣,田爱景. 关于信息科学基础研究中的几个问题——兼评《关于21世纪信息科学发展的一些见解》. 科技导报,2002(4):5

其本质这一问题的基础之上的。通过前面我们对信息的概念的讨论,对它的丰富内涵及复杂性有了一定的了解和认识。维纳对信息的定义是认识信息概念的基础与起点。

2. 信息的数值度量方法

在信息的数值度量方面,分为对概率语法信息测度,模糊语法信息测度,语法信息的统一测度以及语义、语用和全信息的测度四个方面进行讨论,因为每一种类型所遵循的科学原理不同,其计量方法自然也不一样。有的采用概率的统计方法计算,有的则遵守严格的数学方法论证,有的则要使用模糊数学的原理进行测量,特别是语义信息和语用信息,因为它们涉及信息的含义及效用问题,计算其信息量的大小特别复杂。

3. 信息运动的一般规律

信息运动一般规律包括信息的感知、识别、变换、传递、存储、检索、处理、再生、表示、检测、施效等过程的原理和方法。

我们已经知道,信息可以从本体论和认识论两个层次上进行认识,在这个认识过程中,包含着四个重要过程:① 信息产生的过程:事物产生本体论意义的信息;② 信息获取的过程:本体论信息被主体所获取,产生第一类认识论意义的信息;③ 信息再生的过程:第一类认识论信息被用户所表述,产生第二类认识论意义的信息。我们知道,第二类认识论意义的信息与第一类认识论意义的信息是不完全一致的,但认识过程也不是互相割裂的;④ 信息施效的过程:第二类认识论意义的信息反作用于事物客体,使事物对象产生新的运动的状态和方式,从而完成人类对事物的改造,实现我们的目的。在这个过程中,信息遵循着一定的传递规律,并且在此信息传递系统中,系统始终遵守着一个优化或自组织的规律。信息科学还探讨此信息过程的智能化规律。

将上述过程细化,形成了如下的人类认识世界、改造世界的信息运动典型模型(见图2.1)。

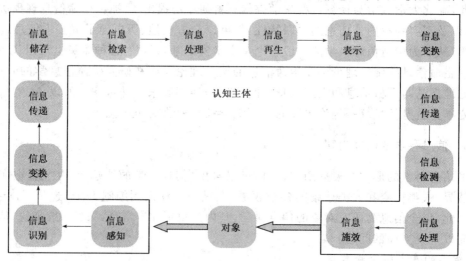

图 2.1 信息运动典型模型

信息感知:完成本体论意义的信息向第一类认识论意义的信息的转变;
信息识别:对所感知的信息加以辨识和分类;
信息变换:将识别出来的信息实行适当的变换(一般是变换它的载体),以利于下一步的传递;
信息传递:将信息由空间的某一点转移到另一点,以供使用。

信息存储：收到信息后要以适当的方式存储起来，以备使用时检索；

信息检索：需要使用信息的时候，就要把存储着的有关信息准确迅速地取出来；

信息处理：在大多数情况下，信息都不能直接使用，而应当先对它们进行某些适当的处理，包括进行分析比较和运算等等；

信息再生：经过信息处理，就可能获得关于对象运动的规律性的认识（即获得更为本质的信息），在这个基础上，主体形成自己对对象的策略，换句话说，就是再生出第二类认识论意义上的信息；

信息表示：主体再生出第二类认识论意义的信息后，要把它用适当的方式表示出来；

信息变换：对以某种方式表示的第二类认识论意义信息进行变换，以利后面的传递；

信息传递：把经过变换的第二类认识论意义信息从空间的某个位置（主体所处的）转移到另一位置（对象所在处）；

信息检测：经过传递的信息可能受到噪声等因素的干扰，信息检测的目的和任务就是要把第二类认识论意义的信息从干扰的背景中分离出来；

信息处理：为了便于第二类认识论意义的信息发挥作用，还需要对它进行适当的加工；

信息施效：第二类认识论意义的信息表现了主体的意志——应当怎样对对象的运动状态和方式进行调整，这种调整（即控制）的作用就称为施效。

由此可见，经过上面这些详细的环节之后，主体才能获得事物发出的本体论意义的信息，并将饱含着人的主观意识的认识论意义信息反作用于对象，从而实现了对事物的改造之目的。

信息运动的这个过程可以应用于各类事物，将事物的运动过程看作信息的运动过程，这也是信息科学所要研究的信息运动的最简单、意义最丰富的一般过程。

4. 揭示利用信息进行有效控制的手段和描述及优化系统的方法和原理

实际上，在信息运动的过程中，人们最终的目的就是希望事物沿着自己的意愿行事，也就是达到改造事物之目的，因此，最后的施效过程是最关键的一环，它决定着人们掌握信息运动过程、从而实现改造对象的想法的成败。在多数情况下，信息施效表现为"控制"——按照主体发出的再生信息所规定的状态和方式来调整或改变对象原来的运动状态和方式。为了突显施效（即控制）的重要作用，我们可以将上述模型转化为信息运动的等效模型①（见图 2.2）。

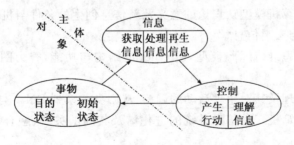

图 2.2　信息运动的等效模型

在这个模型中，控制的作用是理解和执行认识论意义信息，引导系统达到规定的目的状态，完成主体对对象施行的变革。

---

① 钟义信. 信息科学原理. 北京：北京邮电大学出版社, 1996

5. 寻求通过加工信息来生成智能和发展智能的机制与途径

在获取、处理、再生和理解信息等过程中，主体应当具有智能，而且，主体智能水平越高，相应的信息过程就越有效，反之就越差。因此，智能乃是认识世界、改造世界这类信息过程的基本特征。实际上，智能本身也并不是什么神秘的东西，它在本质上正是一种利用信息的能力。当前，对人工智能以及人工神经网络的研究就是为了提高信息运动过程的智能化水平，为智能化提供技术的保障。

在国际信息学界对信息科学研究的热潮中，湖北大学数学与计算机科学学院信息科研中心提出了信息科学基础研究的 8 个方向和 28 个选题，为我们了解信息科学的具体研究内容提供了参考[①]。

(1) 信息论数学，信息过程的模拟和模型

① 申农的信息通信模型，维纳的信息控制模型与冯·诺依曼的信息计算模型；

② 从物理学的热力熵、通信与控制中的信息熵到计算模型中的智能熵；

③ 可计算性(递归论)、计算复杂性与软件复杂度的数学模型。

(2) 物质管理与信息管理，人类的社会组织与文化进化，人文学科中的信息问题

① 社会组织与文化的关系，文化基因(MEME)的进化，社会文化遗传——教育工程；

② 人类社会中的相互联系、相互影响，人类的行为与管理模式，文化在社会关系网中的主导职能，社会管理与决策的间接生产力作用；

③ 众多人文学科中的信息问题：社会学、政治学、经济学、法学，心理学、语言学、哲学，历史学、考古学，艺术学、文学，教育学、新闻学、图书馆学、广告学，等等。

(3) 计算机软件科学的理论基础

① 微电子技术与程序技术，计算机硬件工程与软件工程比较研究；

② 从结构化程序设计到面向对象软件方法学，关于软件的本质及其生产过程特殊性的研究；

③ 程序正确性问题，从瀑布模型到演化模型的转变，关于"银弹问题"的研究；

④ 软件复杂性及其在一般系统复杂性中的地位和作用；

⑤ 程序构件之间的非线性作用，软件复杂性增长的机理；

⑥ 冯·诺依曼计算机模型认识论的意义及新信息创生的条件与机理。

(4) 领域信息学与宏观信息学

① 人类的社会性思维(计算)模型，Internet 的结构与功能，智力圈(noosphere)与全球脑(global brain)；

② 人类个体的心理及其对生理活动的调控，从心身关系到 DNA 与 MEME 的关系；

③ 基因、文化、计算机三种信息系统的进化谱及其间的关联、融合与统一，生命信息学及其思想路线。

(5) 信息科学基础与应用研究

① 信息的定义，语法、语义、语用信息，信息处理过程的进化，统一的信息理论(UTI)；

② 以物质为中心的思维模式和以信息为中心的思维模式的比较研究，学科的信息化，自

---

① 李宗荣，田爱景.关于信息科学基础研究中的几个问题——兼评《关于 21 世纪信息科学发展的一些见解》.科技导报，2002(4)：5~6

然科学与社会科学之间内在的逻辑链条与人为的割裂;

③ 系统进化理论的评述、历史地位和认识论局限性,系统的硬件进化与软件进化;

④ 宇宙中物理、化学、生物、社会进化中的信息进化、DNA 与 MEME 的共同进化。

(6) 生命信息进化论与宇宙信息四维模型

① 达尔文生物进化论的伟大意义及其历史局限性;

② 生命信息进化论、DNA、细胞、个体及社会文化之间的层次关联与相互影响;

③ 宇宙信息的统一图谱、生命信息进化链与生物物种进化圈、四维(冰淇淋)模型。

(7) 信息科学与系统科学、控制理论

① 生命及非生命系统中的通信、控制与信息问题;

② 人类由系统论、控制论到信息科学的认识历程,还原论与整体论的统一与互补;

③ 物质的力和信息的力、系统进化的硬动力和软动力、物理学中的质量与能量转换以及信息学中的知识与智能转换。

(8) 辩证唯物主义面临的挑战与对策

① 辩证唯物主义的历史地位及其面临的挑战与对策;

② 关于信息的哲学本体论、认识论及价值论研究框架;

③ 心身关系,物质与精神、存在与意识的关系以及物质与信息的关系。

1.3 信息科学的研究方法

信息科学不但有自己独立的研究对象以及全新的研究内容,而且还具有自己的一套完善的科学方法论体系,即信息科学方法论体系。此体系包括一个方法两个准则,这个方法就是信息方法,二个准则是结构-功能-行为辩证统一准则、物质-能量-信息三位一体准则。

信息方法就是运用信息的观点,把事物的运动过程看作信息传递和信息转换的过程,通过对信息流程的分析和处理,获得对某一复杂系统运动过程的规律性认识的一种研究方法。它的特点是用信息作为分析和处理问题的基础,完全抛开研究对象的具体结构和运动形态,把事物的有目的性运动抽象为一个信息变换过程,即信息的输入、存储、输出、反馈过程。一句话,就是把事物的运动过程看作信息的运动过程,通过对信息运动过程的认识而实现对事物运动过程的把握与改造。

因此,信息方法包含着三个方面的子方法:信息分析方法、信息综合方法和信息进化方法。

信息分析方法,就是指在认识复杂事物(不管是自然系统还是人工系统)的工作机制的时候,不能仅仅局限于物质和能量的观点来分析,更重要的是要从信息的观点出发来进行分析,抓住事物运动的状态和方式(它的内部结构的状态和方式)以及外部联系的状态和方式(即信息),把事物的运动过程(即工作过程)看作是一个信息过程,并弄清这个信息过程包含的各个环节以及这些环节之间的逻辑关联和数量关系,从而建立一个能够反映该事物工作过程的信息模型。

信息综合方法,就是在模拟、设计、综合或构造一个人工系统(通常是复杂的人工系统)的时候,首先要从信息的观点出发,根据用户提出的要求(通常是对系统的功能和指标的要求),运用自己的知识构造出能够满足用户的功能要求的信息模型;然后,在这个基础上,进一步明确模型中各个环节应当满足的功能指标,明确各个环节之间的逻辑关联情况和数量关系;再应用现有的物质、能量和技术手段来实现这个模型,并在试验条件下检验这个模型系统,看它是否能够满足用户提出的要求,以确定是否需要对模型、设计做出修正,以及如何进行修正。

信息进化方法,就是在变革、改善或优化一个高级复杂系统的时候,首先要从信息的观点出发,利用信息技术的手段和方法获得该系统现时的运动状态及其变化方式的形式(语法信息)、内容(语义信息)和效用(语用信息),从中判断该系统当前的"优度",将它与目标优度相比较,在此基础上找出两者之间的"差距",并进一步加工出改变系统当前状态、缩小差距、达到目标优度的策略信息,然后按照策略信息的引导,通过控制作用改变该系统的状态,使它逐步逼近目标,实现性能的优化,完成系统进化的过程。

结构-功能-行为辩证统一准则认为,有什么样的结构就会产生什么样的功能、什么样的行为,具有同样功能的系统不一定具有相同的结构("异构同功"现象),但为了实现复杂系统的功能,总要落实一种相应的结构,虽然可能并不是惟一的结构。这为我们解决"黑箱"问题打开了一个新的思路。

物质-能量-信息三位一体准则则揭示了三者的重要作用,在分析信息运动过程中,不能只考虑物质与能量,信息同样重要,它们的关系已经在前边有所论述。

两个准则是信息科学方法论的有机组成部分,是应用信息方法求解复杂问题时必须遵循的基本准则。

三个方法两个准则构成了信息科学方法论的完备体系,是一个统一体,不过,处于核心地位的是信息方法。因为是信息方法为现代科学的探索打开了一扇新的大门,使人们得以从二元的传统方法论观念中解脱出来,从而使许多用传统方法无法突破的难题豁然开朗,使许多高级复杂的问题有了解决的希望。因此,从一定意义上也可以认为,两个准则实际上是实施信息方法必然要引出的结果。

由此可见,信息方法揭示了机器、生命有机体和社会各类事物运动形态之间的信息联系,揭示了事物运动的新规律,对过去难以理解的现象做出了科学的说明,它为实现科学技术、生产经营和其他一切社会活动管理的现代化提供了有力的手段。

简单地说,如果把信息管理作为一种管理思想来看,管理的过程当然也可以看作是信息的运动过程,管理过程中充满着信息,把握信息运动规律与智能化,就是抓住管理的规律与提高管理行为的自动化水平,解决管理中存在的难题。如果把信息管理作为一种信息处理的过程来看,信息处理的过程正是信息传递的过程,此过程的目的就是为了最大化实现信息的功能,发挥它的价值,与信息科学所追求的目标是一致的。所以说,信息科学为信息管理奠定了坚实的思想、理论与实践的基础。

第二节 信息管理与管理学

信息管理作为管理学的一种思想与理论,是近二十来年的事情。国外有管理学院将信息管理作为必修课程,已越来越引起了人们的重视。既然可以将信息管理当做管理学的一种思想,那么管理学就是信息管理的基础学科,我们也有必要了解管理学思想的发展历史。

管理、管理行为与管理学不是一个概念,它们之间有区别也有联系。管理作为一种社会现象,其历史极其悠久,可以说,自从有了人类以来,就存在着管理及管理行为,它们为社会的进步与发展起到了十分重要的推动作用,而且已经普遍存在于各个领域和各项工作之中。在历史上,管理活动仅是统治者和少数生产资料占有者的事情。人们把管理看作是一种权力的象征。如先秦的"齐家、治国、平天下"管理思想,带着浓厚的政治色彩。后来随着生产力的发展,经济的竞争成为社会生产力发展的动力,人们对管理的研究才逐渐由政治转向经济,特别是转向企业管理。管理活动无处不在,只要有共同活动,就有管理。大到国家,小到家庭、企业,都有管理问题的存在。当然,现代意义的管理活动是从企业管理开始的,大部分管理理论也是关于企业的管理理论。

形成一项管理活动必须具备五个要素:一要有管理的主体,即由谁来进行管理的问题;二要有管理的客体,即被管理的对象及内容;三是管理的目的,即为什么要进行管理;四是管理职能与方法,即解决如何管理的问题;五是管理环境和条件,即管理中所处的内外环境。它们形成了管理的五个基本要素。

管理是指在一定条件或环境下,管理主体为了达到一定的目的,运用一定的职能和手段,对管理客体施加影响和进行控制的过程。其包含四层含义:

(1) 管理是为实现组织目标服务的,是一个有意识、有目的地进行的过程。

(2) 管理工作的过程是由一系列相互关联、连续进行的活动所构成的。

(3) 管理工作要通过综合运用组织中的各种资源来实现组织的目标。

(4) 管理活动是在一定的环境条件下开展的,环境既提供了机会,也构成了威胁。

虽然管理活动存在的历史悠久,但管理学作为一门科学,一门独立的边缘学科,只有百年的历史。它的诞生以泰勒的"科学管理"思想提出为标志。

广义的管理学是人类所有集体化、社会化行为中积累起来的一般的人文学科。

狭义的管理学是指近一个世纪以来,特别是近代工业革命以来,主要通过自然科学分析方法调查、试验、研究、提炼、归纳形成的理论和知识。近代管理学是在社会发展到一定程度,伴随着工业革命和市场经济的出现而产生和发展起来的。从西方主流的管理学观点来看,泰勒科学管理理论出现之前的阶段称作史前时期,自泰勒率先在管理研究中采用试验、分析方法开始,管理学才逐渐发展成为一门科学。

2.1 管理学思想的发展

管理学思想虽然发展的历史时期不长,但是进展迅速,在短短的近百年的历史长河中,随着管理环境、社会条件、技术手段的变化,在不同的历史时期人们提出了顺应时代的管理思想。从重视人的操作规范的"科学管理"发展到当今盛行的"知识管理",管理学思想的经历了如下几个发展阶段。

1. 20世纪初到30年代:科学管理阶段(古典管理理论的形成)

19世纪末20世纪初,资本主义国家的生产力得到了很大发展,资本主义也发展到了垄断资本主义时期,大机器工业代替了手工业,大工厂代替了小作坊。在这种情况下,还用以前依赖于管理者的经验、个人天赋的管理制度、管理方法和管理理论来管理工厂、企业,显然已经落后于社会化大生产的要求。于是,提高更多更大的效益、提高劳动生产率、克服人浮于事等问题成了许多资本主义国家十分重视的事情。

在这个阶段,主要以科学管理之父泰勒(F. W. Taylor)、管理理论之父法约尔(H. Fayol)和组织管理之父韦伯(M. Weber)为代表。

(1) 泰勒的科学管理思想

1911年泰勒的《科学管理原理》一书出版,标志着管理理论的诞生。这本书讲述了应用科学方法确定从事一项工作的"最佳方法",使管理从经验变为科学。泰勒因此被称为"科学管理之父"。他的科学管理思想主要内容有：加强对时间和动作的研究，因为科学管理的中心问题就是提高劳动生产率；为了提高劳动生产率，需要挑选和培训第一流的工人；要使工人掌握标准化的操作方法，使用标准化的工具、机器和材料，在标准化的工作环境中操作；采用刺激性的工资报酬制度激励工人努力工作，这就是著名的"经济人"理论；工人和雇主两方面都应当来一次"精神革命"，变对立为合作，共同提高生产率；把计划职能和执行职能分开，以科学工作方法取代经验工作方法；实行职能工长制，一个工长负责一方面的职能管理工作，细化生产过程管理；管理控制中实行例外原则，即日常事务授权部下负责，管理人员只对例外事项（重大事项）保留处置权力。

泰勒科学管理思想最根本的贡献是在管理实践和管理行为中采用了利用观察、记录、调查、试验等手段的近代分析科学方法，并且在当时确实起到了提高劳动生产率的作用，但也遭到了来自于工人、工会和管理者三方的反对。

(2) 法约尔的一般管理理论

法约尔于 1916 年出版了《工业管理和一般管理》，标志着他的一般管理思想的诞生。与泰勒不同的是，泰勒关注的是车间的工人和生产管理，而法约尔由于位居企业高层领导几十年，长期管理大企业，他的管理理论是以企业整体为研究对象，研究的是一般的管理原则和方法。所以人们将法约尔称为"管理理论之父"、"过程管理之父"。

法约尔首先将管理职能与经营职能分开，认为经营和管理是两个不同的概念，经营是引导一个组织趋向一个目标。他看到，企业中存在着六类经营活动：技术活动（生产），商业活动（交换活动），财务活动（资金的筹集、控制和使用），安全活动（财、物和人身的安全），会计活动（记账、算账、成本核算和统计等）、管理活动（计划、组织、指挥、协调、控制）。而管理具有五大职能：计划、组织、指挥、协调和控制。他强调，管理是企业、政府甚至家庭中的一种共同活动，管理具有一般性的适用于企业、事业单位和行政组织的一般职能。正是基于此，人们称他的理论为"一般管理理论"。他提出的管理五大要素或五大职能的思想，成为人们认识管理职能和管理过程的一般性框架。除此之外，他还提出了十四条管理原则：劳动分工的原则；权力与责任对等原则；纪律原则；统一指挥原则；统一领导原则；个人利益服从整体利益原则；员工报酬原则；集权原则；等级系列原则；秩序原则；公平原则；人员稳定原则；首创精神原则；团结合作原则。他提出了能力与管理层次是相对应的法约尔法则；提出了合理管理幅度的原则以及在一定范围内同级下属可自行协商相关问题的法约尔跳板原则。

(3) 韦伯的行政管理理论

韦伯是德国的一个社会学家和经济学家，他的代表作是《社会组织和经济组织理论》。在此作品中，他提出了理想的行政组织体系理论，被称为"组织理论之父"。

韦伯指出，任何组织都必须有某种形式的权利作为基础，才能实现目标。只有权力，才能变混乱为次序。权力有三种：理性的权力（legal authority）、传统的权力（traditional authority）、超凡的权力（charisma authority）。传统的权力是依靠世袭得来，而不是按能力挑选的，其管理是为了保存过去的传统。传统权力的效率较差。超凡的权力则过于带感情色彩，并且是非理性的，不是依据规章制度，而是依据神秘或神圣的启示。理想的行政组织理论的实质在于以科学确定的"法定的"制度规范为组织协作行为的基本约束机制，主要依靠外在于个人的、科学合理的理性权威实行管理。韦伯指出，组织管理过程中依赖的基本权威将由个人转向"法理"，以理性的、正式规定的制度规范为权威中心实施管理。

韦伯的理想行政组织体系具有以下特点：

① 在劳动分工的基础上，规定每个岗位的权力和责任，把这些权力和责任作为明确规范而制度化；

② 按照不同职位权力的大小，确定其在组织中的地位，形成有序的自下而上的等级系统，以制度形式巩固下来；

③ 人员的任用完全根据职务的需要，考虑职位特性以及该职位对人应有能力的要求，通过公开考试和教育培训实现；

④ 职业管理人员在实施管理时，每个管理人员只负责特定的工作，拥有执行自己职能所必要的权力；权力要受到严格的限制，服从有关章程和制度的规定；

⑤ 管理人员根据法律制度赋予的权力处于拥有权力的地位，原则上所有的人都服从制度规定，遵守规则和纪律，不是服从于某人；

⑥ 组织中人与人之间的关系完全以理性准则为指导，不受个人情感的影响。管理者的职务是他的职业，他有固定报酬，有按才干晋升的机会，应忠于职守而不是忠于某个人。

韦伯的行政管理理论也称为"科层制"或"官僚制"（bureaucratic model），它的贡献在于将个人与权力相分离，是理性精神、合理化精神的体现，适合工业革命以来大型企业组织的需要。

2. 20世纪30年代到60年代：行为科学理论及管理理论丛林的发展阶段

二战以后，管理理论的发展进入了现代管理理论发展时期，所展示出来的各种学说与理论流派分繁复杂。其总体特点呈现出：① 充分运用了现代自然科学和社会科学的研究成果，如系统论、控制论、信息论等，使管理思想、管理观念进一步现代化，从而促使管理理论的研究更适应社会化、现代化大生产的要求。② 电子计算机、现代通信设备等高科技成果广泛使用，管理的手段和管理设备进一步现代化，从而促进了管理理论研究的现代化。③ 有一支专门从事管理研究的专职队伍。管理理论的研究已不再局限于一些企业管理人员、技术人员或某些专家，而是形成了一支庞大的专业研究队伍，所研究的范围也不仅仅是企业，而是整个社会。

具体来说，二次大战后的管理学理论研究主要有以下内容：

(1) 梅奥的人际关系理论

梅奥（G. E. Mayo）的人际关系学说起源于霍桑实验。1924~1932年，美国国家研究委员会和美国西方电气公司合作进行了大量的试验，目的是寻找工作条件、社会因素与生产效率之间的关系。这项试验由哈佛大学教授梅奥主持，地点是在西方电气公司的霍桑工厂，所以后人称之为"霍桑实验"。该实验历时九年，分为四个阶段，开展了四项实验：工厂照明实验；继电器装配实验；谈话研究；观察实验（接线板接线实验）。

研究小组在实验中发现：工人的工作效率，会受到他人的影响。例如，在接线板接线实验中，实行的是集体计件工资，给实验小组14个工人的日产量定额是焊接7312个接点，但工人们完成到6000多个接点时，他们的工作就会慢下来，原本经过努力可以完成的任务变得完不成了。为什么？经过观察发现：工人心里对"每天应干多少"有一种默契，这种默契的产量低于定额。因为工人们担心：干多了，厂里就会把定额提高；因此，如果谁超过定额，就会引起他人的不满；如果产量太低，影响了整个小组的利益，也会遭至他人的责备；如果有人告密，就会受到排斥和孤立。针对这种现象，梅奥认为，存在着一种"非正式组织"，并影响着每一个人的工作效率。人们的工作效率不仅仅受物理的、生理的因素的影响，而且受到社会环境、社会心理因素的影响。

于是,梅奥提出了人际关系理论,在这个理论中,他指出:

① 工人是社会的人。工人不是单纯追求金钱和物质收入的"经济人",他们还有心理上和社会方面的感情需要,是"社会人"。他们有诸如友情、安全感、归属感等方面的需要。

② 企业中存在非正式组织。组织有"正式组织"与"非正式组织"之分。正式组织是为实现组织目标而设立的职能机构,这种组织对于个人具有强制性,古典组织理论研究的就是这种组织。梅奥认为,在共同工作过程中,人们必然产生相互联系,产生共同的感情,会自然形成一种行为准则、形成一种惯例,要求个人服从,这就构成了"非正式组织"。"非正式组织"与"正式组织"有很大的区别:在"正式组织"中是以效率的逻辑为标准,而在"非正式组织"中是以感情的逻辑为标准的。"正式组织"与"非正式组织"共同存在,相互依存,对生产效率的提高都有很大的影响。

③ 满足工人的需要,激励士气,是提高生产效率的关键。

④ 设身处地关心下属,与之沟通感情。

继梅奥之后,有很多学者从心理学、社会学角度致力于这方面的研究和探索。梅奥的理论通常被称为人际关系学说。从1949年起,该领域的研究成果被称为行为科学。60年代以后,则更多地使用"组织行为学"一词。行为科学的研究成为西方管理理论发展的一个重要侧面,主要涉及:

① 个体行为理论——包括两方面的内容:有关人的需要、动机和激励理论;有关企业中的人性理论。

② 团体行为理论:它主要是研究团体发展动向的各种因素以及这些因素的相互作用和相互依存的关系。

③ 组织行为理论:主要包括有关领导理论和组织变革、组织发展理论。

(2) 马斯洛的需求层次理论

马斯洛(A. H. Maslow)是美国心理学家,他认为,在千差万别的人类需要表现形态中,存在着某些共同的需要,而且这些共同的需要是呈层次状态分布的。1970年,它在《动机与个性》第2版(1954年第1版)中指出,人的需求由低级到高级分七个层次:生理需求、安全需求、社会交往需求、尊重需求、求知需求、求美需求、自我实现需求。他认为:

① 低层次需求满足之后才能产生较高级层次的需求,当某一层次的需求满足之后该需求就不再有激励作用;

② 大多数人的需要是复杂的,在任何时刻都有许多需要对人的行为产生影响;

③ 在一般情况下,只有在较低层次的需要得到满足后,才会产生较高层次的需要,激励人们去从事某种行为;

④ 满足较高层次需要的途径比满足较低层次需要的途径多。

马斯洛的需求层次理论是激励理论的基础之一。这七个层次的需求是由低向高排列依次递进的,同时,越是低的层次需要越是多人拥有,越高的需要越少的人拥有。企业管理人员关键是要知道员工现在处在哪个层次的需要上。

(3) 赫茨伯格的双因素理论

赫茨伯格(F. Herzberg)在其《工作的激励因素》(1959)一书中首次提出双因素理论,即激励因素-保健因素理论。该理论认为,工资、奖金、政策与行政管理、工作安全性、工作环境等属于保健因素(也称维持因素);工作成就、职务上的责任感、受表扬和得到提升、个人发展的可能性等构成激励因素。前者"得到了则没有不满,得不到则产生不满",后者,"得到后感到满意,得不到则没有不满"。主管人员必须抓住能促进职工满意的因素。

(4) 麦格雷戈的"X-Y"理论

麦格雷戈(D. M. McGregor)在1957年11月的美国《管理评论》上发表了"企业的人性方面"一文,提出了X-Y理论。X理论系人性为恶理论。这种观点认为,一般人天生都好逸恶劳;人都以自我为中心,对组织的需要采取消极的甚至是抵制的态度;缺乏进取心反对变革;不愿承担责任;易于受骗和接受煽动。而Y理论则是人性为善理论。它与X理论针锋相对,指出,人并不是天生就厌恶工作,他们把工作看成像休息和娱乐一样快乐;人们并非天生就对组织的要求采取消极和抵制的态度,而是经常采取合作的态度,接受组织的任务,并主动完成;人们在适当的情况下,不仅能够担当责任,而且会主动承担责任;大多数人都具有较高的智力、想像力,创造力和正确做出决策的能力,而是没有充分发挥出来。

(5) 其他主要管理流派

二战以后,管理思想得到了丰富和发展,除了上述管理思想外,还有众多的流派,美国著名管理学家孔茨(H. Kootz)称之为"管理理论的丛林"。这些主要的流派有:

① 管理过程学派。管理过程学派的创始人是法约尔,其代表人物包括哈罗德·孔茨、西里尔·奥唐奈(C. O'Donnell)。其主要观点是把管理学说与管理职能联系起来,专门研究管理过程和管理职能。此流派致力于研究和说明"管理人员做些什么和如何做好这些工作",侧重说明管理工作实务。它把管理的职能概括为计划职能、组织职能、人员配备职能、领导职能(含激励)、控制职能。

② 组织管理流派。通过揭示组织形成、生存和发展的内在必然性,探讨管理原理和管理方法的流派,主要致力于组织过程的研究。如果说管理过程流派关心"管理人员做些什么和如何做好这些工作"的话,那么这个流派则关心"管理人员为什么要做这些工作"。巴纳德(C. Barnard)是其奠基人,马奇、赛尔特进一步发展了这方面的研究。

③ 经验管理学派。经验管理学派的代表人物是戴尔(E. Dale),代表作《伟大的组织者》和《管理:理论和实践》;德鲁克(P. Drucker),代表作《有效的管理者》。他们主张以大企业管理人员的管理经验为主要研究对象,重视经验分析、通过案例来研究管理问题。

④ 系统管理学派。系统管理学派强调以系统的观点来研究组织结构与管理的基本职能问题,它来源于一般系统理论和控制论,代表人物是卡斯特(F. E. Kast)等人,代表作品是《系统理论和管理》。此理论认为,组织是由人们建立起来的、相互联系并且共同工作着的要素所构成的系统,这些要素被称为子系统,任何子系统的变化都会影响其他子系统的变化。此学派在上个世纪60年代达到鼎盛期后逐渐衰退。

⑤ 决策理论学派。决策理论学派的代表人物是赫伯特·西蒙(H. A. Simon),在其代表作《管理决策新学科》中认为,管理就是决策。管理活动的全部过程都是决策过程,管理是以决策为特征的,但决策的过程是一个复杂的过程;决策是管理人员的主要任务,管理人员应该集中精力研究决策问题;决策分为程序化决策和非程序化决策等。

⑥ 管理科学学派。管理科学学派可以追溯到泰勒从事的科学管理运动,它的代表人物为美国的伯法(E. S. Buffa)等人,其代表作《现代生产管理》。此学派的突破表现于二战后数学在工商管理中的应用方面,特别是电子计算机技术的迅猛发展,为组织管理过程中运用数量方

法和科学方法提供了广阔的空间。

⑦ 权变理论学派。权变理论学派是一种较新的管理思想,代表人物是英国的伍德沃德(J. Woodward),其代表作《工业组织:理论和实践》。他认为,管理没有绝对正确的方法,采用何种理论和方法,要视组织的实际情况而定,没有任何一种理论和方法适用于所有情况,即所谓"权宜应变"。权变理论中要考虑的参数主要包括:组织的规模、工艺技术的模糊性和复杂性、管理者位置的高低、管理者的位置权力、下级个人之间的差别、环境的不确定程度。

⑧ 社会技术系统学派。社会技术系统学派主要创始人是英国的特里斯特(E. L. Trist),其代表作是《社会技术系统的特性》、《长壁采煤法的某些社会学和心理学意义》。这个学派集中研究科学技术对个人、对群体行为方式,对组织方式和管理方式的影响,因此它主要研究工业工程学、人-机工程等方面。虽然这个学派没能把他们的思想与管理的全部理论结合起来研究,但是首次把组织作为一个社会系统和技术系统的综合系统进行研究,为管理实践做出了一些有益的贡献。

⑨ 沟通信息中心学派。沟通信息中心学派主张把管理人员看成是一个信息中心,并围绕这个概念形成管理理论。认为管理人员的作用就是接收信息、存储与发出信息,每一个管理人员的岗位如一台电话交换机。代表人物是美国的李维特(H. J. Leaviti)、申农和韦弗(W. Weaver)。

⑩ 经理角色学派。经理角色学派的代表人物是明茨伯格(H. Mintzberg)。他通过研究五位经理人的工作得出结论:管理者扮演着十种不同的,但却是高度相关的角色。这十种角色可以进一步组合成三个方面:人际关系、信息传递、决策制定。

3. 20世纪60年代到80年代初:以战略为主的企业组织理论发展阶段

企业战略研究产生于20世纪60年代末70年代初的美国,它是有关企业长远和全局发展的谋划和策略。企业战略管理的核心是对企业现在和未来的整体效益活动进行全局性管理,其内容包括从阐明企业战略的任务、目标、方针、到战略实施的全过程,这个过程由战略制定、战略实施和战略评价及控制所组成。此阶段的代表人物和代表著作有安索夫(H. I. Ansoff)的《公司战略》(1965)、劳伦斯的《组织与环境》(1969)、迈克尔·波特(M. E. Porter)的《竞争战略》(1980)。

安索夫的《公司战略》一书的问世,开创了战略规划研究的先河。1975年《战略规划到战略管理》的出版,标志着现代战略管理理论体系的形成。此书认为,战略管理是"企业高层管理者为保证企业的持续生存和发展,通过对企业外部环境和内部条件的分析,对企业全部经营活动所进行的根本性和长远性的规划与指导"。他指出,战略管理与以往经营管理不同之处在于,面向未来,动态地、连续地完成从决策到实现的过程。

劳伦斯与罗斯合著的《组织与环境》一书提出,公司要有应变计划,以求在变化及不确定的环境中得以生存。

迈克尔·波特的《竞争战略》可谓把战略管理理论推向了高峰。书中许多思想被视为战略管理理论的经典,比如五种竞争力(进入威胁、替代威胁、买方侃价能力、供方侃价能力、现有竞争对手的竞争)、三种基本战略(成本领先、标新立异和目标集聚)、价值链分析等。通过对产业演进的说明和各种基本产业环境的分析,得出不同的战略决策。这一套理论与思想在全球范围内产生了深远的影响。《竞争战略》以及后来出版的《竞争优势》(1985)以及《国家竞争力》(1990)成为著名的"波特三部曲"。

4. 20世纪80年代到90年代初：企业再造理论与企业文化管理理论

美国企业从20世纪80年代开始了大规模的"企业重组革命"，日本企业也于90年代开始进行所谓的"第二次管理革命"。其间，企业再造（企业重组、流程改革）风潮相当流行。

企业再造理论的最终构架是由美国的迈克尔·哈默（M. Hammer）博士和詹姆斯·钱皮（J. Champy）于1993年合作出版的《再造企业-管理革命宣言书》中建立的。书中总结了过去几十年来成功企业的经验，阐述了生产流程、组织流程在企业决胜于市场中的决定性作用，提出了应对市场变化的新方法——企业再造。他们认为，要使现代企业在剧烈的市场竞争中确立时间、质量、成本、服务的优势，必须对业务流程进行重新设计的根本改造，以适应竞争、客观环境变化、顾客需求多样化和个性化的需要。企业再造的首要任务是企业流程的再造，系指以组织过程为出发点，从根本上重新思考一项活动的价值贡献，运用现代信息，将人力及工作过程彻底改变，重新建立组织内各层关系。

企业文化管理理论是20世纪80年代中期产生于美国，其源于日本80年代初的经营管理的成功。企业文化是指在生产经营和管理活动中所创造的具有本企业特色的精神财富及其物质形态。它由三个部分组成：企业精神文化、企业制度文化、企业物质文化。企业文化主要强调企业职工的主人翁意识，提高企业的精神凝聚力，形成企业的合力，从而增强企业的市场竞争力。企业文化是现代企业生存、发展成功的关键，反映了当代企业管理的客观要求和发展趋势，它标志着企业管理从物质的、制度的层面向文化层面发展的趋势。

5. 20世纪90年代以后：全球化及知识经济时代的组织管理理论

1990年，美国管理学家彼得·圣吉（P. M. Senge）《第五项修炼——学习型组织的艺术与实务》出版，引起了管理学界的轰动。从此，建立学习型组织、进行"五项修炼"，以应对变化迅速的国际形势成为管理的热点。据统计，1970年列入世界500强的企业，到1980年已有三分之一关门倒闭。因此，企业只有主动学习，才能适应变化的环境。"应变的根本之道是学习"！圣吉在书中提出了一个组织要成为学习型的组织才能立于不败之地的观点。学习型组织的五项修炼是：系统思考、自我超越、改善心智模式、建立共同愿景、团体学习。其中，系统思考是最重要的。圣吉运用系统动力学的原理为如何进行系统思考建立了一批系统的基础模型，简称为"系统基模"。它们是：反应迟缓的调节思路、成长上限、舍本就末、目标侵蚀、恶性竞争、富者愈富、共同悲剧、饮鸩止渴、成长与投资不足。熟练地运用系统基模，有助于深入了解所研究问题的结构，了解各种因素如何发挥作用，有利于寻求解决问题的方法，是进行系统思考的有力工具。

除了学习型组织外，1990年《哈佛商业评论》第六期发表的《公司核心能力》提出了虚拟组织理论。这个理论建议，公司将经营的焦点放在不易被抄袭的核心能力上，由此引发了后来的"虚拟组织"热。虚拟组织与传统的实体组织不同，它是围绕着核心能力，利用计算机技术、网络技术及通信技术与全球企业进行互补、互利的合作，合作目的达到后，合作关系随即解散，以此种形式能够快速获取处于全球各处的资源为我所用，从而缩短"观念到现金流"的周期，而且，灵活的"虚拟组织"可以避免环境的剧烈变动给组织带来的冲击。

2.2 管理的基本原则

管理是一种复杂的社会活动，管理学力求总结归纳包含着各类型管理活动的基本规律、所应遵循的基本原则。但我们知道，没有一程不变的原则，各种原则还是要根据管理的环境而适时变化的。

1. 人本原则

人本原则强调人在管理中的特殊作用,即任何管理都要靠人来实施,人的主观能动性和积极性是参与管理和搞好管理的关键。

2. 系统原则

系统原则强调任何一项管理都是一个系统工程,都有它的内存联系,只有对整个系统的运动、发展和变化有目的地控制,才能搞好某项管理工作。

3. 职责原则

职责原则强调任何一项管理都要有合理的分工,责任量化,各负其责,使管理落到实处。只有各项工作、各个环节都得到落实,整个管理也就能圆满完成。

4. 效益原则

效益原则强调管理的目的性,就是要出效益,使每项管理都能得到一定效果。

5. 反馈原则

反馈原则就是用信息来控制系统的运行,实现管理的目标。管理是否成功,关键在于是否有灵敏、准确和有力的反馈,通过信息的反馈,可以使管理系统保持生命力,增强其稳定性。

6. 动力原则

动力原则是指在管理过程中,充分组合、协调运用物质动力、精神动力、信息动力,推动管理活动的有效运转。

7. 弹性原则

管理过程中充满着不断变化的管理参数。弹性原则要求管理必须保持充分的弹性,以适应管理对象和环境系统等各种参数可能的变化,实现灵活的管理,实现管理目标。

2.3 管理的基本职能

管理的基本职能自从法约尔提出管理的五项职能后,即计划、组织、指挥、协调、控制,大家对此分别提出了很多观点,但基本上跳不出法约尔所划定的圈子。法约尔所提出的管理五职能和十四准则,将管理学正式提高到了管理理论研究的高度。再细化一些,我们认为,管理的基本职能有如下几个方面。

1. 计划

计划就是将决策的目标具体化,变成可操作的东西,并谋求管理系统的外部环境、内部条件、决策目标三者之间在动态上的平衡,实现管理决策所确定的各项目标的过程。计划是对未来行为所做的安排。首先,计划从明确目标着手为实现组织目标提供了保障。其次,计划还通过优化资源配置保证组织目标的实现。最后,计划通过规划、政策、程序等的制定,保证组织目标的实现。计划是管理的首要职能,它是管理活动的中心环节,是决策目标实现的保证,计划是管理的中心环节。

2. 决策

决策就是针对预期目标,在一定条件的约束下,从诸多方案中选择一个方案,并付诸实施,以较好地达到目标的活动过程。决策在管理各职能中占有重要地位,它贯穿管理的全过程。诺贝尔经济学奖获得者西蒙就认为:管理就是决策,决策是管理工作的核心。

3. 组织

组织是管理的一项重要职能,其主要内容是:根据组织目标,在任务分工的基础上设置组织部门；根据各部门的任务性质和管理要求，确定各部门的工作标准、职权、职责；制定各部门之间的关系及联系方式和规范，等等。

4．人事

人事是指组织根据任务需要，通过选拔、培训、开发等活动为组织各部门、各岗位配备合适人选的活动。

5．领导

组织目标的顺利实现，还需要有权威的领导者，指导人们的行为，沟通信息，增强相互理解，激励每个成员自觉地为实现组织目标共同努力。管理的领导职能是一门艺术，它贯彻在整个管理活动中。

6．激励

激励是人的需要和动机得到强化的心理状态，其作用在于激发和调动人的积极性，从而使人们以最大的热情投入到工作中去。

7．控制

为了保证目标及为此而制定的计划得以实现，就需要控制职能。控制的实质就是使实践活动符合于计划。

8．协调

协调就是正确处理组织内外各种关系，为组织正常运转创造良好的条件和环境，促进组织目标的实现。

2.4 管理学思想演进的主要线索

工业革命以来管理学发展总的趋势是科学化和理性化，对效率、效用、科学、理性的追求，是推动管理学发展演变的根本动力。

1．沿着科学化、理性化的轨迹发展

广义上，整个管理发展过程中始终得到不断强化和重视的，是科学化、理性化。狭义上，由泰勒发端，直到二战后的运筹学应用、当代的信息技术应用是科学管理发展的主要线索。

2．重视人的趋势

从梅奥的"社会人"，巴纳德的"独立的个体"开始，研究人的需要和行为、尊重人、重视人的发展成为管理研究中的一个主题。此后行为科学的发展、组织行为管理理论的发展，对管理过程中如何尊重人，如何为人的发展创造条件，提出了很多具有探索性的理论和切实可行的方法。

3．管理过程线索

从法约尔到孔茨，对管理过程、管理职能的探索和研究始终不懈，构成管理发展过程中一条显著的轨迹。

4．实证分析线索

强调实践的重要性，强调操作过程的倾向，有史以来就存在。当代兴盛的案例分析、案例研究，是这一传统的具体表现。

从管理的对象来看，管理学思想进行了三次研究重点的转移。第一次管理对象的转移是由以政府型的行政管理为重点转移到以工商企业管理为重点；第二次管理对象的转移是由工商企业转移到以服务型的企业管理为重点；第三次管理对象的转移是由服务型的企业管理向以知识型的企业管理为重点。

从管理要素角度来看,管理学思想有过三次增加。第一次是从一要素"物"增加为两要素"物和人";第二次是从两要素增加为三要素,即再增加了"环境"这个要素;第三次是发展为四要素,再次增加了"信息"这个要素。

从管理方式来看,管理学思想发生了三次变化。第一种管理方式是以"人治"为主的管理方式;第二种管理方式是以"法治"为主的管理方式;第三种管理方式则是以"文治"为主的管理方式,体现的是文化认同的管理原理。

从管理理论角度来看,组织理论研究沿着从经济人组织向社会人组织、自我实现人组织、文化型组织、学习型组织的方向演进。

从管理方法来看,管理方法的研究沿着从科学管理方法到行为科学管理方法、管理科学方法、流程管理方法、信息和知识管理方法的演进。

这几条路径的演进反映了工业时代的管理经历了形成、成长、成熟各阶段后开始向信息时代的管理转变和改型。

2.5 信息在管理中的作用

信息已经成为管理活动中最重要的要素,它对管理的影响也越来越大,尤其是随着组织经营领域的不断扩大以及竞争的加剧。信息在管理中的重要作用,如果从管理的目的角度来看,只信息的有效利用是提高经济效益和社会效益的有效途径;从管理的组织角度来看,只有通过信息沟通,才能使系统成为一个有机的整体,使系统的各部分形成统一的目标,有统一的行动;从管理的过程角度看,现代管理者已不再直接同被管理者接触,而更多地处理表征管理对象的信息,通过对信息的分析综合得出结论,做出决策。管理的发展其实与信息发展同步的,或者说管理的发展是在信息发展推动下进步的。信息表现在管理整个过程中的作用,具体有以下几个方面:

1. 信息是一切管理组织系统的基本构成要素和中介

从管理的对象角度来看,传统的管理活动主要面向人、财、物,随后人们越来越认识到时间以及信息的重要性,认识到了信息资源对组织生命的重大影响。从信息的本体论角度来看,它可以客观地反映组织运行过程与环境。管理者对管理对象的指挥、指导和控制,都要以信息作为中介手段。因此,信息的有序传递和处理、协调流通与交换、合理利用与开发,是管理的基础、也是管理的资源、管理的对象、管理的手段。

2. 信息是决策与计划的依据

管理就是决策,决策的前提是以信息作为基础的,它是预测形成的根基;在控制过程中,必然也会对各种信息做出反馈,以保证整个管理活动能按照既定的目标进行。在组织进行各种管理活动时,要首先进行计划。计划是建立在大量信息基础上的,没有信息就不能形成完整、合理、科学的计划,也就没法使工作进行下去。因此,重视信息、掌握信息、运用信息既是保证管理各环节运动的基本前提,又是保证管理活动达到预期目标的重要因素。

3. 信息是管理组织的脉络,是组织各部门沟通的桥梁与纽带

组织的良性发展依赖于信息在组织内部的流通情况。信息良好地交流是组织形成凝聚力的保障,是统一思想和认识的基础,是指令下达的渠道。这种信息在组织内部的流通就像一支无形的手,将各方面各层次的思想、行动、感情、氛围、气质等紧紧联系在一起。没有信息沟通,就不会有正确的信息传递,也就不会使组织内部各部门之间建立起联系的纽带与桥梁。

4. 信息是控制的前提

控制是使事物在当前运动以及从当前状态向目标状态的运动过程中,所采用的一系列手段,使其不偏离轨道和向着我们所期望的方向发展。在这个过程中,涉及对事物状态的感知、当前状态与期望状态的比较、采取行动、下达命令等行为,而所有这些行为,始终与信息不分。实际上,这个控制过程就是一个信息处理的过程。在此过程中,信息的作用通过前馈与反馈两种方式体现。前馈是指在事物目前状态的基础上,预期或预先规定在未来某一时刻系统应处的状态,在达到这一时刻时,根据现实状态与预定状态的偏差采取调节措施。反馈是指把测得的事物状态的信息作为输入信息,去决定采取何种调节措施。前馈一般出现在不可逆的不可再现的开放系统中,例如社会经济系统中的宏观经济政策问题;反馈则常常出现在相对封闭的可以再现的系统中,如工程技术中的许多自动控制系统。

第三节 信息管理与传播学

从研究人类最基本的传播方式(口语传播)开始,人类对自身传播活动的系统研究已经经历了数千年的历史,自兴邦建国之始,传播和说服的艺术就对当权者有着极为重要的意义。传播学有开源于修辞学的历史,在古希腊和古罗马帝国曾盛极一时。在欧洲高等教育中,对修辞学的研究传统始于中世纪,历经文艺复兴时代,直至巴洛克时期,一直占据着重要的地位。16世纪第一张印刷报纸的出现迅速引起了高校学者的极大兴趣,这一传统一直保持到20世纪,在德国至今还有报纸研究的特殊机构和职位。早期的传播学研究主要是在人文学科领域中开展的,很少涉及社会科学和自然科学的观察角度和研究方法,但后来在美国,逐步借鉴了社会科学和自然科学的研究视角与实验方法。随着新媒体如电影、电视的出现,特别是二次大战以后,行为科学和其他社会科学的分析角度和模式在传播学领域得以加强。在美国,传播学从社会学、心理学、文化人类学、政治学、信息论、系统论、控制论等诸多社会科学领域与学科中借鉴和融合的趋向尤其明显。

传播学的产生与发展虽然仅有近百年的历史,但其已经在学术之林中确立起了自己应有的地位。

3.1 信息与传播学

传播是人类通过符号和媒介交流信息以期发生相应变化的活动。这个定义指出了传播的四个方面的含义:
① 传播是人类的活动;
② 传播是信息的交流;
③ 传播离不开符号和媒介;
④ 传播的目的是希望发生相应的变化。
由此可见,传播无论从内容、目的、性质还是手段方面都与信息是相一致的。传播的过程实际就是信息的交流过程。

传播学作为一门独立的新兴学科,是一门探索和揭示人类传播的本质和规律的科学,也是传播研究者在最近几十年对人类传播现象和传播研究成果进行系统分析和有机整合而发展成的知识体系。①

1. 传播学为社会信息的管理研究奠定了基础

信息管理主要研究人类社会信息管理活动的基本规律,这里面的信息主要是指社会信息;而传播学研究人类的社会信息系统及其传播规律②。如果从信息过程论角度来看信息管理,它的研究内容与传播学所研究的内容大体也是一致的,只是侧重点不一样罢了。从信息科学的立场出发,传播无非是信息的传递或信息系统的运行。如果欲做好信息管理活动,则必须要先了解信息在社会信息系统中的交流机制与规律、原则。

2. 信息对传播学的发展起到了促进作用

把信息概念引进传播学领域,提高了传播学理论表述的科学性和严谨性;拓宽了传播学的视野,使它能够把人类社会的传播活动放在更大的系统和环境中加以考察,有助于探索人类社会传播的一般规律和特殊规律。

3. 两者追求功能与目标相一致

信息管理与传播学研究的范围全是围绕着信源—信息—信道—信宿—噪音—反馈这六个方面展开,都是为了更好地实现信息的价值这个最终目标而努力。小至对符号的分析,大到信息污染、信息爆炸、信息侵略、国际信息交流新秩序、跨国数据流等问题,均是这两个学科研究的内容。再如,企业内部信息系统的建立,传播学从组织传播角度讨论信息交流的手段、特点,以更好地促进信息的沟通;而信息管理可能更侧重企业内部信息技术系统的建设,以更有效地提高企业的竞争力。两者研究思想不一样,但目的一致,互相影响,相得益彰。

所以说,信息管理与传播学有着千丝万缕的联系。传播学对信息交流的研究在某种程度上对信息管理来说是具有促进与推动作用的,认真了解传播学的研究特点与内容,可以大大加强信息管理学科的建设。

3.2 信息在社会信息交流系统中传播的模式③

模式是对真实世界所作的理论化与简单化的表达形式或再现。模式本质上是对真实世界提出理论化与简单化的参考构架,借以重构真实。它能帮助我们描述理论中各个要素之间的关系。传播学史上,有众多的学者建构出来的各种模式,则是用图形或程式的方式来对传播过程的基本要素、结构和性质做出说明和再现。尽管模式是对理论的抽象和描述,可以帮助我们更好地理解理论,但是没有任何一种模式适用于所有目的以及各种层面的分析。模式方法具有双重性质:① 模式与现实事物具有对应关系,但又不是对现实事物的单纯描述,而具有某种程度的抽象化和定理化性质;② 模式与一定的理论相对应,又不等于理论本身,而是对理论的一种解释或素描,因此,一种理论可以有多种模式与之对应。任何模式都有其侧重点,不可能囊括一切。因此,在传播学史上,学者们根据自己对传播学理论的理解以及传播实践的发展,不断地改造和完善传播模式理论。这些理论在传播学研究中广泛应用,对传播学的发展起到了重要的推动作用。

1. 拉斯韦尔的直线模式

在传播学历史上,第一个提出信息交流过程模式理论的是美国学者 H·拉斯韦尔(Harold

---

① 邵培仁. 传播学. 北京:高等教育出版社,2000
② 郭庆光. 传播学教程. 北京:中国人民大学出版社,1999
③ 谢新洲. 网络传播的理论与实践. 北京:北京大学出版社,2003

D. Lasswell)。他在1948年发表的"传播在社会中的结构与功能"一文中,首次提出了构成传播学过程中的五种基本要素,并按照一定顺序排列起来,形成了所谓的"5W"模式(见图2.3)。

所谓的5W代表的含义如下:who,says what,in which channel,to whom,with what effect(谁,说什么,通过什么渠道,对谁说,产生什么效果)。

图2.3 拉斯韦尔的5W模式[1]

拉斯韦尔的信息交流过程模式用简单的五个要素对复杂的人类信息交流过程进行描述,为人们理解信息交流过程提供了便利。他提出的五个要素揭示了信息交流过程的本质,成为后来传播学研究关注的焦点。其中,对于"谁"(传播者)的研究,导致了后来所谓的控制研究(control studies);对于"说什么"(信息)的研究,则是内容分析(content analysis)的主要任务;研究"通过什么渠道"(媒介)的是媒介分析(media analysis);"对谁说"(受者)成为了受众分析(audience analysis)的主要对象;"有什么效果"(效果)则是效果研究(effect studies)所关注的。这五个领域成为了传播学研究的焦点。

但是拉斯韦尔的信息交流过程是有缺陷的。一些传播学者批评该模式过于简化,忽略了一些传播中的重要因素:一方面它的信息交流模式是单向的,没有考虑到传播者和受者之间的信息交流。从模型上来看,信息交流活动在受众接受信息,并产生一定的效果以后就戛然而止了,而受者对传播者所做出的反馈,以及这种反馈活动对于信息交流过程的影响则没有考虑到其中。另一方面该模式忽略了信息交流过程不是在一个真空的环境中进行的,没有考虑到周围环境对于传播过程(比如传播者编辑和传递信息、信息在媒介中的传递以及接受者接受信息并对信息加以理解等环节)的影响。不过,每一个模式都有自己关注的层面和方向。作为第一个信息交流过程模式,拉斯韦尔的信息交流过程模式已经抓住了传播学研究中最重要的几个环节,为传播学的发展做出了巨大的贡献。

2. 申农-韦弗数学模式

拉斯韦尔的"5W"模式提出不久,两位信息论学者韦弗(W. Weaver)和申农在他们的著作《通信的数学理论》(1949)中也提出了一个线性的信息交流模式(见图2.4)。

图2.4 申农-韦弗的数学模式[2]

韦弗把传播定义为一个过程,通过这个过程,一个人的思想影响到另一个人,传播是一种有意识的活动。但在这个模式中,韦弗和申农主要揭示了用来传播信息的信道的能力,以及信息在这个信道中传递的过程,而不是它的效果。这个过程有一个明显的进步就是提到了信息

---

[1] Denis Mcquail, Sven Windahl. Communication Models for the Study of Mass Communication. New York:Longman, 1993:13

[2] E. M. 罗杰斯著,殷晓蓉译. 传播学史:一种传记式的方法. 上海:上海译文出版社,2002

交流过程中外在因素的影响。这里的噪音来源不应该是我们传统意义上理解的噪音,而是指任何会使得正确的解码变得更加困难的、存在于信源和信宿之间的信号干扰。这说明信息传播并不是在一个封闭的、真空的环境中进行的。

申农-韦弗数学模式同样也对传播学的研究带来了巨大的影响,它解释了信息交流行为的基本组成部分,即:信源、信道、信息、接收器、噪声、等等,成为以后很多传播学研究所遵循的研究方向。D. K. 伯洛所写的《传播过程》一书是20世纪60年代和70年代初美国传播学的主要教科书,其中就使用这个模式来解释信息交流过程。受其影响,一代代的学者都遵循SMCR(信源—信息—信道—接收器)+噪声+反馈的模式来进行研究,可见申农-韦弗数学模式的作用和影响。

同样,这个模式也是存在缺陷的。虽然上文中提到传播学者们在研究信息交流过程的时候考虑到了反馈,申农和韦弗自己的思想中也体现出了反馈的作用,但是在这个模式中并没有很好的体现出来。实际上,这个模式更重要的是作为一个电子通信模式而存在,如果把它放到人类社会中的话,它是不能解释人类的信息交流行为的。人类社会的信息交流应具有一定的互动性,信息交流双方都应该是能动的主体。该模式中无法体现出反馈,无法体现出互动性,因此不能完整解释信息交流过程。

3. 施拉姆的循环模式和大众信息交流过程模式

前面所提到的拉斯韦尔的"5W"模式和申农-韦弗数学模式均属于直线型信息交流模式,虽然它们的提出对传播学的发展做出了很大的贡献,但是它们在阐述人类信息交流过程方面仍然有非常大的缺陷。首先,在直线模式中,忽略了传播者与受者之间的信息反馈和交流,忽略了两者之间的交互性;其次,由于实际生活中反馈的存在,在大众信息交流过程中传播者与受者的角色是不确定的。当受者接受了传播者的信息,做出反馈的时候,受者的角色实际上已经转化成传播者,而传播者则变成了受者。

注意到直线型信息交流模式的缺陷,传播学者又提出了新的过程模式。施拉姆(W. Schramm)在1954年的《传播是怎样运行的》一书中提出了循环模式就是其中的代表(见图2.5)。这个模式是施拉姆在奥斯古德(C. E. Osgood)的观点启发的基础上提出来的。奥斯古德认为申农-韦弗模式只能算是一个技术上的信息交流模式,不能很好地解释社会中的信息交流现象。在社会信息交流活动中,传播者和受者之间是可以互换的,每一个人都处于不断的编码和解码过程中,而信息作为中介,把这些传播者与受者联系起来。受到奥斯古德观点的启发,施拉姆提出了这个传播者之间的互动模式,有人也把它称为奥斯古德与施拉姆的循环模式。

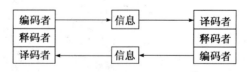

图2.5 施拉姆的循环模式[①]

这个模式并没有向我们详细地展示信息是如何在传播者和受者之间进行流动的。但是我们可以非常清楚地看到,在这个模式中,没有固定的传播者和受者。模式中的每一个个体都在

[①] Werner J. Severin, James W. Tankard, Jr.. Communication Theories: Origins, Methods, Uses. New York & London: Longman, 1987: 35

不同的情况下扮演着编码者、释码者和译码者的身份。他们均能向外界输出信息,也都从外界接受信息。在不同的情况下,他们的角色在传播者和受者之间转换。同时,在该模式中,信息的传递还呈现出了互动的特征,信息交流双方都是传播活动的主体,信息在信息交流双方之间得到交流。

这个模式以简单的图形,反应出了信息交流双方的互动性。不过模式并没有反映出信息交流双方处于一定的社会环境中,其信息交流受到诸如政治、经济地位、文化教育、社会环境、传播媒介等诸多外界因素的影响。信息交流双方不应该是图中所显示的那么同质,他们在信息交流内容、信息交流能力、信息交流方式等方面存在着很多的差异性。同时,虽然这个模式很好地表现出了人际信息交流中传播者与受者之间的关系,但现实生活中的很多信息交流活动,特别是大众信息交流活动并不是图中显示得那么对等。大众信息交流活动中,大众传播媒介享有信息交流特权:他们拥有更多的渠道去接近各种信源,他们还拥有强大的技术和设备支持,以保证他们的信息可以传递给成千上万的受众。而受众针对大众媒介的信息交流所做出的反馈信息则相对有限,并且不是那么容易到达媒介组织。

施拉姆本人也注意到了这个模式在大众信息交流过程中的缺陷,于是在同一本书中,他又提出了一个单独的大众信息交流过程模式(见图2.6)。

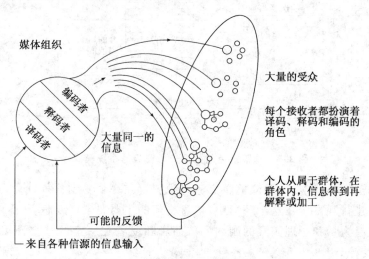

图 2.6　施拉姆的大众信息交流通模式

我们可以看出在这个信息交流过程中,有一个与各种信息来源有密切联系的媒介组织。它从获取的各种各样的信息中筛选出一部分,进行编码,并大量复制,再通过自己的信息交流渠道,将大量同一信息传达到大量的受众。这个受众中的每一个个体都扮演着释码者和译码者的角色,同时他们会对接收到的信息做出一定的反应。他们当中的一部分受众会将自己的反馈通过特定的渠道传递到媒介组织,这个时候受众就扮演了编码者和传播者的角色。同时我们还注意到这些个体还分别属于不同的群体,他们接受和理解信息都是在特定的社会环境和社会群体中进行的,因此在这些群体中,个人与个人、个人与群体的互动作用,信息得到再传播、再加工和再解释。在这个过程中,受众也扮演着释码者、译码者和编码者的角色。而媒介组织在接受受众所提供的反馈的时候,也扮演着释码者和译码者的角色。这些反馈意见的一部分可能会对媒介组织的信息交流行为带来影响,大众信息交流中传播者与受者之间的互动和角色转换从而得到了实现。

施拉姆的大众信息交流过程模式比较全面地反映了信息交流过程中传播者与受者之间的相互关系,和以前的信息交流过程模式相比,有明显的进步。不过他并没有对传播者与受者造成影响的各种社会因素加以细致的考察,对信息交流过程中的一些细节,比如传播者与受者受到哪些因素的影响,信息在传递过程中是否受到影响等等,也缺乏注意,因此也有一定的局限性。后来的学者对此做了进一步的改进,得到了更为完善的模式。

4. 马莱兹克关于大众信息交流过程的系统模式

在施拉姆以后出现的一系列信息交流模式逐渐揭示出信息交流是一个复杂的社会互动过程,这个过程不仅仅是有形的社会作用力之间的互动,也是一些无形的社会心理因素之间的相互作用,其中德国学者马莱兹克(G. Maletzke)在1963年《大众传播心理学》一书中提出的系统模式是一个典型代表(见图2.7)。

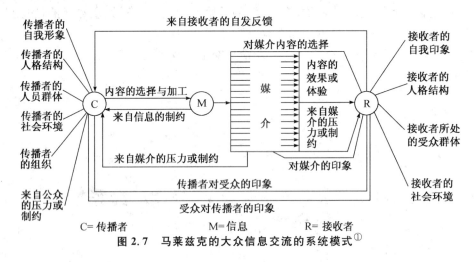

图 2.7 马莱兹克的大众信息交流的系统模式[①]

马莱兹克的这个模式中,把大众信息交流过程放置在一个受到各种社会力量、心理因素互相作用的环境中进行观察。在这个环境中,信息交流的主要要素:传播者、受者、媒介与信息,都受到不同的社会力量和心理因素的制约。传播者和受者在一定的社会环境下,进行着互动的、双向的信息交流。

作为信息的发出者,这里面的传播者受到其自我印象、人格结构、所处的人员群体、所处的社会环境、所处的组织、来自公众的压力所制约、来自所传播的信息本体所制约来自媒介的压力所制约以及受众所发出的自发反馈等等因素的影响。在这些因素的影响下,传播者对于信息的内容进行选择和加工,并选择一定的媒介,将信息传播出去。

作为信息的接收端,受众同样也受到一定因素的制约,包括:自我印象、人格结构、所处的受众群体、所处的社会环境、信息内容的效果或信息内容的体验以及来自媒介的压力和职业等。这些因素影响受众对于信息的释码和译码,并影响其对信息做出的反应和反馈。

而作为信息交流内容(信息)和信息交流的载体(媒介)而言,制约和影响则来自于传播者和接收者两个方面。从信息交流这个方面来看说,传播者会对信息内容进行选择和加工,同时

---

① 郭庆光.传播学教程.北京:中国人民大学出版社,1999

选择最适合的媒介将信息交流出去。而从受众这方面来说，受众并不是对信息全盘接受，也并不是随意的选择某个媒介来接受信息。受众对媒介的选择与他们所处的社会环境、对媒介的印象等因素有关，他们会根据自己的情况，选择相应的媒介，有选择地接受信息。

由此可见，整个信息交流过程是在非常复杂的社会因素和心理因素影响下完成的，是一个复杂的、互动的系统。马莱兹克的大众信息交流过程的系统模式比较详细地揭示了这一点。不过学者们认为这个模式仍然有缺陷：模式中所列出的众多的社会因素和心理因素虽然都会对信息交流过程产生影响，但是其中的重要性和影响力是不同的，该模式没有考虑到这一点。

5. 网络信息交流模式

现在网络信息交流这种新的传播模式出现，对传统的信息交流理论提出了新的挑战，信息交流模式理论需要进一步丰富。网络信息交流具有传统信息交流过程的一些特点，同时也具有自己的特性，因此，仅仅是用传统的信息交流模式来解释网络信息交流的过程，无法得到比较准确的结论。

信息交流是在一个复杂的社会环境中进行的，具有交互性和互动性，网络信息交流离不开这个复杂的社会环境，因此网络信息交流中的传播者、受者和信息同样会受到外部因素的影响。同时，网络创造出了一个虚拟的网络社会环境。在这个环境中人们并不以自己的真实身份示人，受到的社会外界环境约束较少，更容易反映出个人的真实想法。网络还创造出了一个近乎无限的虚拟空间，可以容纳大量的信息，信息传递受到的人为和技术制约也减少了，各种信息都可以在网络上得到传播。只要拥有网线、电脑等基本装备，任何人都有触网的机会，传播者和受者在网络上处于比较平等的地位。网络的这些新的特性，使得网络信息交流变成了一个更加复杂的过程。

网络是把一些分散的"节点"通过某种"手段"连接起来而形成的一个整体。作为现在网络信息交流媒介的是一个将地理位置不同并具有独立功能的多个计算机系统通过线路连接起来，在完善的网络软件（即网络通信协议、信息交换方式及网络操作系统等）支持下，实现彼此间数据和资源共享的系统。由此可见，网络信息交流的基本模式应该是一个网状的模式。将网络信息交流的基本要素：传播者、受众、信息、媒介、噪声等等进行概括，得到网络信息交流的一个基本模式（见图2.8）。

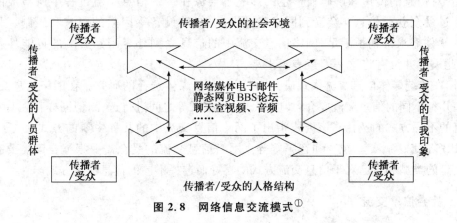

图 2.8 网络信息交流模式[①]

---

① 谢新洲.网络传播理论与实践.北京：北京大学出版社，2003

首先,在网络信息交流中,传统的大众信息交流中的严格的传播者和受众的区别已经在一定程度上被打破。因此参与网络信息交流的每个参与者都具有传播者和受众的双重身份,通过互联网络,他们可以直接或者间接地接受其他任意一个传播者的信息,同时直接或间接地向网络中的任何一个受者传递信息。信息在一个网络结构中,通过电子邮件、静态网页、BBS论坛等方式,以文字、图片、声音等形式在遍布全球的网络中进行信息交流。由于任何上网的网民都可以通过某种方式,把自己感兴趣的信息输入到网络上,而参与网络信息交流的网民又分布于不同的地域、国家、社会、阶层,拥有不同的爱好、职业、习惯,因此他们感兴趣的信息多种多样,上传到网络媒体上的信息内容丰富。同时,由于计算机和网络技术的发展,全球各地的网络得以连通,因此任何一个网络参与者在任何一个地方发出的信息,都有可能通过网络传播开来,这就使得网络的信息来源不再受到传统媒体的偏好的局限。同时,每一个参与者都有权利决定自己接受什么样的信息,发布什么样的信息,所以他们都扮演了把关人的角色。可见在网络信息交流模式中,传播者和受众的界限已经被打破了,每个参与者都具有了传播者和受众的双重身份。

其次,虽然网络信息交流给每一个参与者提供了一个虚拟的交流空间,用户可以匿名查找和发布信息,较少受到社会环境和道德的约束,但是他们仍然生活在一定的社会环境中,属于一定的社会群体,具有自己的人格特征,也通过自己的社会经历,获得了一定的自我印象,这些社会和心理因素会对每一个人产生作用,决定他们在网络上的兴趣和偏好,决定他们在网络上寻求什么信息,把什么样的信息输入网络中。

参与者参与到网络信息交流的过程中后,可以通过互联网,同大量的其他参与者进行信息交流和传递。在网络信息交流中,信息的传递可以通过电子邮件、静态网页、BBS论坛、聊天室、视频和音频的方式进行。通过这些方式,网络信息交流的参与者之间可以进行人际信息交流、群体信息交流、组织信息交流和大众信息交流等不同模式的信息交流。信息交流的方向可以是单向的、也可以是多向的,而不是传统媒体中常有的线性的、单向的信息交流。沟通模式可以是一对一、一对多、多对多的。信息的传递可以是同步的,也可是异步的。

在传统媒体信息交流模式研究中,有对于噪音等破坏信息等因素的考虑。在网络信息交流中,噪音对信息的传递和解码所产生的影响不会像在传统信息交流过程中所造成的影响那么大。不过受众获得信息亦会受到网络基础设施、终端设备等因素的影响和限制。只要必要的硬件和软件需求得到了满足,网络信息交流中的信息受到外界因素影响的可能性就相对较小,因此此模式并没有将这一因素表示出来。

另外,在传统媒体信息交流模式研究中,还有对于媒体选择的研究。在网络信息交流中,虽然不存在几种不同的信息交流媒介,如广播、电视、报纸等之间进行选择,但同样存在着对于网络信息交流的不同方式的选择。该模式指出了网络信息交流中的几种主要的方式:电子邮件、静态网页、BBS论坛、聊天室、视频和音频等等。网络信息交流的受众需要根据自己需要获得或者交流的信息的类型和自己对于信息交流方式的喜好而选择不同的信息交流方式。

3.3 社会信息交流

社会信息交流主要研究整个社会系统中信息交流的现象与规律。通过对社会中信息交流现象的研究,为信息管理行为打下良好的基础。也正是因为社会系统中的信息交流现象,才将整个社会联系在了一起。一般来说,社会信息交流有五种主要类型:人内信息交流、人际信息交流、群体信息交流、组织信息交流、大众信息交流。在这里面,人际信息交流、组织信息交流和大众信息交流最重要。由于社会信息交流技术手段的进步与提高,从技术角度来看,现代社会又形成了一种新型的信息交流形式——网络信息交流。

1. 人际信息交流

人际信息交流是个人与个人之间的信息交流活动,是由两个个体系统相互连接而组成的新的信息交流系统。人际信息交流是一种最典型、最直观、最常见、最丰富的社会信息交流活动,也是人与人之间社会关系的直接体现。

人际信息交流的特点主要表现在六个方面:

(1) 人际信息交流的方法灵活,渠道多。同样的一个意思,在人际信息交流的过程中,可以通过不同的手段和方法来表达,如使用语言、物品、身体等手段。

(2) 正因为其采用手段的多样性,直接导致其所表达意思的丰富多彩。同样的一句话,语音、语调的不同可以表达不同的含义。

(3) 人际信息交流的双方互动频度高、反馈及时。

(4) 人际信息交流属于一种非制度化的交流方式。此处的非制度化是指非强制性,双方的信息交流应该是建立在自愿与合意的基础之上的,而非强迫的。因为强迫的人际信息交流是不平等的,达不到真正的人际信息交流的目的。但非制度化的交流方式并不排斥社会制度化因素的制约,交流的双方要受到社会道德、风俗习惯、约定俗成等社会化制度的牵制。

(5) 人际信息交流适用于在较短的时间内改变接受者的态度和行为。

(6) 人际信息交流的随意性较大、保密性强。

人际信息交流是社会信息交流系统中的一个重要组成部分,对于个人和社会都有重要的意义。它的基本功能主要有:完善发展自我、协调人际关系、交流思想感情、统一社会态度、支配他人行动、传承社会文化等。

因为是两个人之间的信息交流方式,所以说人际信息交流的手段多种多样,被称之为真正的"多媒体"信息交流方式。其最主要的手段是语言交流,这里包括声音语言与文字语言。我们在生活中主要采用这两种方式。但除此之外,我们还可以采用非语言信息交流的方式,如人与人之间的距离可以反映出两者之间的关系(被人称之为"距离学")、身体语言、图画、服饰、发型等等,都可以成为人际信息交流的方法。在实际的交流过程中,一般不是采用单一的手段或方法,而是上述方法互相结合,其目的就是为了更准确、更真实地表达传播者的意图。

2. 组织信息交流

组织是个含义很广的概念,从广义上讲,任何由若干不同功能的要素按照一定的原理或秩序相组合而形成的统一整体都可以称为组织,如细胞组织、人体组织等。狭义上讲,组织是指人们为实现共同目标而各自承担不同的角色分工,在统一的意志之下从事协作行为的持续性体系。它是为了实现一定的组织目标而设置或成立的。

组织信息交流是指组织成员或组织与组织之间的信息交流行为,它包括两方面,一是组织内的信息交流,如成员、部门之间相互进行信息联系;二是组织外信息交流,如组织向外输出信息或从外界输入信息的行为。

信息交流是组织结构的核心,是组织存在的基础,没有信息交流就没有组织。因此,组织信息交流的目的就是密切组织成员之间的联系,协调行动、指挥管理、决策应变、形成共识、发展组织生命力、应付外部环境变化。

组织信息交流是组织稳定的基础,对一个组织的发展具有重要的作用。对于信息管理来说,研究企业、政府组织的信息管理在目前阶段具有重大的意义,所以说,了解它们内部的以及其与外界的信息交流方式很重要。

组织信息交流的特点主要表现在:

(1) 信息交流者是以组织或团体的名义进行的;
(2) 信息大多是指令性、训导性和劝服性的内容;
(3) 具体活动是在有组织的领导的情况下进行的;
(4) 交流活动有一定的规模,参加者少者十几个人,多者上百人,甚至成千上万人。

一般来说,组织信息交流分为组织内部的信息交流与组织外部的信息交流两种形式。

(1) 组织内部的信息交流

组织内部的信息交流是指组织内部各子系统间的信息交流。组织内部的信息交流主要是为了思想的沟通、感情的沟通和工作的沟通之目的,其又分为两种形式:正规的信息交流和非正规的信息交流。

① 正规的组织信息交流。正规的组织信息交流是发生在组织内部的具有组织性的信息交流,是一种与组织的正规角色、地位网络相联系的,严格按照组织正规权力、职能结构、等级系统和交流渠道等进行的信息交流活动。一般来说,它又可以分为纵向信息交流与横向信息交流。

● 纵向信息交流

纵向信息交流是指在组织内部的正规信息交流中,自上而下或自下而上的信息交流方式。

自上而下的信息交流 也称为下行流,它是指组织的目标、任务、方针、政策等信息由高一级向低一级传达流动的过程。在企业中,这种信息交流的内容主要有:关于工作任务和内容的指示和说明;关于组织成员权利和义务的信息,如工资、福利待遇等;关于部门和岗位的职责、权限及其相互关系的信息;工作单位上司对部下工作的评价和奖惩信息;关于组织的目的、理念以及社会作用或贡献的信息等。这种交流通常以上级领导向下级部门布置工作、传达命令、召开会议、说服教育等形式进行。但由于依赖于逐层向下传递信息,这种信息交流则存在互动性较差,传递的信息量小、冗余信息多、精确性下降等问题。

自下而上的信息交流 也称为上行流,它是与下行流逆向而施的交流方式,是在系统内下级部门向上级部门或部下向上司汇报情况,提出建议、愿望与要求的信息流动过程。其重要作用表现在:上行流是中枢指挥管理部门获得信息反馈的重要渠道;是反映新情况,应对环境变化而迅速决策的依据;是掌握组织情况,了解组织成员状况,调整组织状态的重要手段。它有利于提高工作效率、完善组织管理和加强民主决策。

一般来说,影响上述两个渠道畅通的主要因素是组织的层次和环节,因为它们都是逐级进行的。层次和环节过多会产生两个问题:一是信息传递速度慢;二是容易造成信息的变形和失真。这种现象被称为"守门现象"。在纵向信息交流过程中,对于传统的金字塔型结构的组织来说,因为组织层次的繁多,在信息上传下达、下情上递的过程中,每个人都因自身的情况而会对信息进行再次筛选和加工,这一方面会起到精粹凝练信息的作用,另一方面也会导致信息失真、变形。因此,现代组织一般把减少环节和层次作为疏通纵向信息交流渠道的主要措施。随着网络等现代技术的发展,组织结构也发生了巨大的变化,组织层次随之减少,呈现出虚拟化、扁平化的发展趋势,这为纵向信息交流的速度、广度、精度的提高都提供了可能,但也带来了诸多的问题。

- 横向信息交流

横向信息交流是指在组织内部具有相近或相似权力和地位者之间互通情况、交流信息的活动过程。因为横向信息交流的双方在地位与权力上的一致性,使得两者之间可以开诚布公、坦诚相见,更为信息充分交流创造了有利的环境。一般来说,横向信息交流的活跃开展,可以起到融洽感情、相互协调与配合、提高效率等作用,从而减少组织内部信息交流的负面影响。

② 非正规的组织信息交流。非正规的组织信息交流是发生于组织内部的非组织性信息交流过程,是一种没有与组织的正规结构等级和交流网络相对应的信息交流。有任务指向性和情感指向性两种交流方式。

因为非正规组织信息交流是一种摆脱了组织的制度结构压力的一种交流活动,因此它具有以下几个特点:

- 交流的信息广泛
- 交流的双向平等
- 本意交流和感情交流的成分多

非正规信息交流的一个主要功能就是传送小道消息。美国的传播学者用"葡萄藤"(grapevine)来表示小道消息、谣言传播。这种"葡萄藤"传递信息的速度快、信息量大、反馈广。但是,小道消息中经常伴随着谣言的传播,并且有一种不同于正常信息交流的"信息旋涡"现象。

③ 组织内部信息交流的常用手段与技术。组织内部信息交流可以通过各种各样的媒体或技术手段来实现,达到信息交流的目的与功能。这些常用的手段与技术包括:

- 书面媒体,如文件、报告、信件、通知、简讯、纪要、命令、决定等
- 会议
- 电话、电报、传真、步话机等
- 组织内的公共媒体,如内部的报纸、广播、电台、电视等
- 计算机网络通信系统等

(2) 组织与外部环境的信息交流

组织是一个系统,内部有各子系统的部门,它们之间相互配合,共同完成组织的目标与任务。系统是开放的,它与外部环境之间要进行信息的沟通与交流,并受环境的影响而要求不断改变策略,提高应对水平。同时,也要求组织系统能够根据自己的方针政策以及任务需要而及时地将自己的信息向外界环境发布,以便于外部世界了解自己、认同自己。总的来说,组织与外部的信息交流表现在三个方面,一是主义和宗旨的交流;二是发展和扩大组织的交流;三是组织自身形象和政绩的交流。组织外部的信息交流可以分为组织从外界输入信息和向外界输出信息两个方面。

① 组织从外界输入信息。以传统的眼光来看,组织从外界输入信息的任务应该由组织内部所有部门来承担,它们为完成自己的任务而必须加强与外界的联系。如研发部门必须了解相关产品的理论发展及竞争对手的开发水平;市场部门更要加强对产品市场的调研,研究市场应对策略;人力资源部门要掌握国家人事政策、外界人力资源需求与供给现状等;行政部门要了解国家相关政策法规的情况,甚至于对交通状况都要进行了解,等等。可见,不同部门

都要结合本部门的任务需要,从组织环境中获取相关的信息。

随着技术水平的提高,各职能部门的信息搜集功能不但不能下降,而且获得的手段更加先进、获得的内容更加丰富、获得的时间更加短暂。同时,由于技术的提高,对组织决策也产生了相当大的影响。如 POS 机、内联网、专业网络以及国际互联网的应用,对组织各部门获得信息的能力都大有促进。

② 组织向外界输出信息。组织的信息输出活动也是多方面的,从广义上讲,组织任何与外部有关的活动及其结果都带有信息输出的性质。

在网络技术发达的今天,组织信息输出水平不断提高。如企业的门户网站建设、企业上网工程、企业的信息化建设、政府上网以及政务信息公开等,全都为外界了解组织,组织向外界进行信息的输出创造了良好的技术环境。

技术不是万能的,它只能起到提升输出能力的作用。组织向外界输出信息,更重要的应该是加强组织内部制度以及组织相关文化的建设。

就现代组织而言,组织的宣传活动是其向外输出信息的主要方法手段,可分为三种类型:

- 公关宣传
- 广告宣传
- 标识系统(IS)宣传

3. 大众信息交流

大众信息交流就是专业化的媒介组织运用先进的传播技术和产业化手段,以社会上一般大众为对象而进行的大规模的信息生产和传播活动。大众信息交流媒体主要有印刷媒介和电子媒介两大类。印刷媒介包括第一传媒——报纸、杂志等;电子媒介包括第二传媒——广播、第三传媒——电视以及第四传媒——网络等。

大众信息交流与其他类型的信息交流活动相比,具有以下几个特点:

(1) 大众信息交流中的传播者是从事信息生产和传播的专业化媒介组织;

(2) 大众信息交流是运用先进的传播技术和产业化手段大量生产、复制和传播信息的活动,传播的媒介日益复杂化和现代化;

(3) 大众信息交流的对象是社会上的一般大众,它不受性别、职业、年龄、社会地位、文化层次等的影响,受众量大、分布广泛,这直接导致大众信息交流的反馈迟缓、零散、间接、具有积聚性;

(4) 大众信息交流的信息既具有商品属性,又具有文化属性;

(5) 从交流的过程来看,大众信息交流属于单向性的信息交流活动,信息交流的双方的联系是间接的、松散的;

(6) 大众信息交流是一种制度化的社会信息交流方式;

(7) 对信息接受者的立场、观点、态度、行为、文化素养等方面能产生积极的或消极的影响。

大众信息交流作为现代社会系统中具有普遍影响的社会信息系统,其功能是复杂和多方面的,既有积极的社会功能,也有消极的、负面的社会功能。德国学者 S. Weischenberg 将美国学者查尔斯·莱特提出的大众信息交流的四项功能——监视环境、舆论引导、传承文化、娱乐,总结如表 2.1① 所示。

表 2.1 大众信息交流的功能

有关观点/体系	社会	个人	亚群体	文化
信息				
功能(显在与潜在)	预警:自然灾害、攻击战争	工具性的:警示	对权利行使来说是工具性的有用的信息	推动文化接触
	工具性的:对经济或其他领域来说不可或缺的新闻	通过舆论领域提高个人威望	可以知道起破坏作用和不合标准的行为	推进文化发展
	强化社会规范(道德化)	地位赋予	影响舆论:通过赋予地位操纵、控制,并使政权合法化	
负功能(显在与潜在)	通过报道有关"更好"社会的新闻威胁稳定 导致混乱			
娱乐				
功能(显在与潜在)	休养大众	休养	通过对另外生活领域施加影响扩大权力	
	分散受众注意力,阻碍了社会活动	增加被动性降低审美力使逃避成为可能		减弱了关系意识,"大众文化"

大众信息交流的基本职能可以概括为:传播信息、引导舆论、教育大众、提供娱乐。由此,大众信息交流就有报道型信息流、引导型信息流、教育型信息流和娱乐型信息流四种类型。

4. 网络信息交流

网络信息交流是指通过网络这种新型媒体类型而进行的信息交流方式。网络媒体是指以计算机网络、尤其是 Internet 为物质基础的,以计算机为媒介进行传播(CMC)、尤其是以 CMC 为主要传播方式的,传播数字化信息的新型传播媒体,它是一种人际信息交流媒体、组织信息交流媒体和大众信息交流媒体相结合产生的新型媒体类型。

从技术角度来看,网络信息交流具有数字化、多媒体、超文本特征;从传播角度来看,网络信息交流的特征主要体现在以下几方面:

(1) 多元化

其多元化的特征体现在信息交流主体的多元化;信息交流方式的多元化(从点到面、从面到点、从点到点、一点对多点、多点对多点等);网络信息交流引起的网络文化的多元化。

(2) 个性化

网络信息交流借助于互联网的平台以及信息技术,可以充分考虑交流双方的个性化偏好,提供个性化的需求。

(3) 交互性

---

① 胡正荣. 传播学总论. 北京:北京广播学院出版社,1997

交流者除了可以在极大的范围内选择自己所需的信息外,还可以参与信息的交流,如BBS、网上聊天等,均体现了网络信息交流的交互性,这是大众信息交流所不具备的特征。

(4) 快捷性

这是传统的信息交流方式无法比拟的特征。网络可以快速地传输文字、声音和图像,速度极快,且不受印刷、运输、发行等传统信息交流方式受制因素的制约,可以在瞬间将信息发送给用户。

(5) 开放性

传统意义上的信息交流"把关人"的力量大大削弱,信息交流者获得了空前的自主和自由,信息交流十分自由和开放。于是,网上的信息就呈现出开放和多元的态势,人们一方面可以从网络上获取大量真实信息,另一方面也导致了网络信息的参差不齐、鱼龙混杂。

(6) 全球性和广泛性

这个特性是由于网络的技术特征决定的。互联网络就像一张张开的无形的蜘蛛网,将全世界联系起来,从而形成了一个"地球村"。借助于网络进行的信息交流因而也就具有了存在的全球性和交流的广泛性特征。

(7) 丰富性和无限性

在网络环境下,任何在网上的交流者都是传播者,同时网络的开放性也决定只要有条件,人人都可以扮演信息交流的双方任何一方的角色。于是,网络交流的信息内容丰富多彩,同时在空间和时间上它们也不受限制。

网络信息交流对传统信息交流方式的功能一方面全面地吸收并推广,另一方面依托于各种技术和手段的支持,使得网络信息交流强化了这些功能。除此之外,网络信息交流可以实现传统信息交流手段不能实现的一些其他功能:信息储存和信息检索功能;电子商务功能(如网络广告、网络拍卖、网络营销、网络贸易、网络采购等);信息分析与计量功能等。

参 考 文 献

[1] 柯平,高洁.信息管理概论.北京:科学出版社,2002

[2] 马费成等.信息资源管理.武汉:武汉大学出版社,2001

[3] 谭祥金,党跃武.信息管理导论.北京:高等教育出版社,2000

[4] 孟广均等.信息资源管理导论.北京:科学出版社,1998

[5] 卢泰宏等.信息资源管理.兰州:兰州大学出版社,1998

[6] 卢泰宏等.信息资源管理.兰州:兰州大学出版社,1998

[7] 马费成等.信息资源管理.武汉:武汉大学出版社,2001

[8] 黄小寒.从信息本质到信息哲学——对半个世纪以来信息科学哲学探讨的回顾与总结.自然辩证法研究,2001,17(3):15~19

[9] 钟义信.信息科学原理.北京:北京邮电大学出版社,1996

[10] 阎学杉.关于21世纪信息科学发展的一些见解.科技导报,1999(8):3~6

[11] 夏永玲.关于信息与信息科学的研究.图书馆,1998(1):30~31

[12] 李宗荣,田爱景.关于信息科学基础研究中的几个问题——兼评《关于21世纪信息科学发展的一些见解》.科技导报,2002(4):3~6

[13] 王利平.管理学原理.北京:中国人民大学出版社,2000

[14] 汪克夷.管理学.大连:大连理工大学出版社,2001

[15] 郭庆光. 传播学教程. 北京：中国人民大学出版社，1999
[16] 谢新洲. 网络传播的理论与实践. 北京：北京大学出版社，2003
[17] 胡正荣. 传播学总论. 北京：北京广播学院出版社，1997
[18] 邵培仁. 传播学. 北京：高等教育出版社，2000

思 考 题

1. 信息科学研究内容有哪些？它的研究方法主要内容是什么？
2. 信息科学的历史发展及其每一阶段的特点是什么？
3. 管理学思想发展的历史分期及每个时期的代表人物、代表观点是什么？
4. 管理学思想发展的基本规律有哪些？
5. 如何用信息的观点来看待管理活动？信息管理工作在管理中所处的地位如何？信息管理思想是否可以称之为一种管理学思想？
6. 传播学的信息交流模式主要有几种？各自的内容是什么？
7. 社会信息交流有几种主要类型？它们各自的特点及内容有哪些？
8. 网络信息交流与传统信息交流相比，在理论模式及交流手段上有哪些不同？对信息管理工作产生了什么样的影响？

第三章 信息管理的新发展

内容提要

随着信息管理应用水平的不断提高,在各行各业中其地位也越发显得重要,特别是信息技术的飞速发展,引导人们更加关注信息生态、信息资源的组织架构以及以知识为起点的管理理论与方法。信息管理理论与实践在不断地推陈出新。本章主要从知识管理、信息架构和信息生态三个方面,介绍了信息管理在新的形势下发生的新变化以及出现的新理论。它们在一定程度上预示着现代信息管理新的发展方向。

学习要点

1. 知识管理的概念及其要素分析
2. 知识管理技术类型特点
3. 知识创新与知识共享的过程分析
4. 知识管理与信息管理的关系
5. 信息架构的过程历史
6. 信息架构的概念
7. 信息架构的构成要素
8. 信息架构的特点
9. 信息架构的过程
10. 信息架构的应用领域
11. 信息生态的概念
12. 信息生态的特点
13. 信息生态失衡的表现
14. 信息生态平衡
15. 信息生态与信息管理的关系

信息管理理论的发展是异常迅速的,特别是当管理新理论不断发展以及社会、经济、技术环境发生了巨大变化的情况下,信息管理理论出现了一些新的发展领域。当以计算机和网络技术为代表的信息技术加速向人们的生活与工作中渗透之时,信息管理应对出现的复杂信息环境,结合其他学科的知识,从不同的角度丰富自己的理论内涵。最近几年,知识管理、信息构建、信息生态理论成为信息管理研究的新亮点,并成功地继承与发扬了信息管理思想与理论、方法。

第一节 知 识 管 理

随着社会经济的不断发展,知识经济走入人们的生活,企业的生存与发展环境也发生了巨大的变化。信息管理理论与实践均面临着无限的挑战和机遇。信息管理与知识管理两者之间的区别最明显地表现在字面上,表面上看似是"信息"与"知识"的区别,而实际上它们的背景与内容存在的差距都已经远远超出了单纯的"信息"与"知识"之间单词意义的区别。然而,信息管理与知识管理是不是就是完全不同的两个事物呢?对于两者之间的关系,不同学科的研究者也提出了许多不同的看法。

1.1 知识管理产生的背景

按照信息管理思想的发展阶段可以看出,进入第五个阶段,即知识管理阶段后,信息管理的思想与方法都发生了质的飞跃,明显具有不同于以往四个阶段的特征。这与知识管理所产生的时代背景有关。在信息资源管理时期,企业所面向的经济与社会、技术环境是基于信息的,而进入知识管理时代后,企业所面向的则基于知识。

"知识经济"与"知识社会"的概念已经渗透入人们的生活,它明显具有农业经济与工业经济所不同的新的特点。追踪其发展历史,我们发现,在20世纪60年代,"知识经济"的萌芽就开始出现,未来学家们所预言的一个依赖知识和信息甚于依赖传统劳动力和资本生产要素的经济形态已经在一些发达国家初见雏形。进入20世纪80年代,"知识经济"和"以知识为基础的经济"两个经济术语正式诞生。1986年,知识管理的概念首次在联合国国际劳工大会上由卡尔·维格提出。1990年,联合国研究机构提出了"知识经济"的说法,明确了这种新型的经济性质。1996年,经济合作与发展组织(OECD)发表的《以知识为基础的经济》宣告了以知识为基础的经济发展时代的来临,并指明了这种新型经济的指标体系。随后,世界范围内的知识经济热潮拉开了序幕。1998年,世界银行发表了题为《知识促进发展》的年度报告,标志着以知识为基础的经济发展战略全面形成。到1999年,美国有80%的企业已经或正在实施知识管理计划,2000年被认为是知识管理年。

在知识经济与知识社会中,组织管理也面临着理念与方法的重大转型。传统的生产型企业不断地加强知识的改造与管理,并且知识密集型企业在整个经济结构中的比重不断增大,它们对国民经济的贡献越来越超过传统的劳动密集型和资本密集型企业。第二,企业竞争环境发生了变化。企业经历了产品的数量、质量的竞争后进入了服务的竞争,但在知识经济社会中,所有的竞争都围绕着知识的竞争。一个企业要想胜出,只有依赖于知识的创新,以奇制胜、以新制胜。第三,知识运营已经成为资本运营及生产运营的基础。在传统企业中,资本是企业发展的第一驱动力,只要拥有更多的厂房和操作更多的设备,就可以获得更多的利润;而在知识时代的企业,知识成为了第一驱动力,企业的发展主要是通过新思维,即知识的创造而实现。第四,生命周期论的突破要求知识管理的出现。生命周期理论是管理与经济学科的重要假设之一。任何产品、技术与企业都要经历一个从产生到消亡的过程,具体包括培育期、成长期、成熟期和衰退期四个阶段。企业要想突破这个生命周期,必须依赖于知识的创新,出新的思想,这样才能保持住其旺盛的生命力,才能走持续发展的成长道路。通过依赖以前的资本与产品等因素,都不能实现这个使命。第五,信息技术的发展为知识管理的发展奠定了基础。现代信息技术的发展,特别是网络技术的出现,为知识的收集、分类、组织、挖掘、共享、创新创造了良好的环境,促进了"信息"向"知识"的转化。

在知识经济社会里,无论从个人还是组织,甚至于国家这个角度来说,都呼唤着知识管理的出现。

1.2 知识的概念

知识管理出现到今天也就十来年的时间,还没有形成一个统一的定义与看法。实际上,简而言之,知识管理就是对知识加以管理。所以,要想更明确地了解知识管理的内涵,就要先看一下"知识"的分类,然后才能明白什么是知识。

对知识的研究集中于很多的学科。在哲学层次上,亚里士多德即将知识分为纯粹理性(指几何、代数以及逻辑之类可以精密研究的学科)、实践理性(指人们在实践活动中用来做出选择的方法,如伦理学)、技艺("只可意会不能言传"的知识)。罗素把人类知识分为直接的经验(通过实践活动直接得到的知识)、间接经验(从他人那里继承的知识)、内省的经验("悟"出的知识,近于智慧)。波兰尼将人类的知识分为明晰的知识(可以用文字、语言等清楚表达的知识)、默会的知识(难以表述,需要在实践和行动中体会)。

日本的野中郁次郎和竹内广孝将知识分为隐性知识与显性知识两类。显性知识是指外明化、结构化、编码化,可以通过学习获取的知识;而隐性知识则是内隐化、非结构化、非编码化,不是通过普通的学习途径可以获得的,主要是隐藏于人的大脑中或组织内部的知识。显性知识具有明晰性、可传递性、共享性、可视性等特点;而隐性知识则具有个体性、自主性、整体性、稳定性和情境依赖性等特点。

显性知识与隐性知识的不同特点,决定了它们之间的巨大差异,如表 3.1 所示。

表 3.1 隐性知识与显性知识的区别[①]

差异类型	显性知识特征	隐性知识特征
规范性	完整、系统、规范	尚未或难以规范、零星
理论性	可用科学原理表达、解释或实践检验	难以用科学原理表达或解释
明确性	稳定、明确、严谨	非正式、难捉摸
编码化	经过编码、格式化、结构化,用公式、软件编制程序、规律、法规、原则和说明书等方式表达	尚未编码、非格式化、非结构化,用诀窍、习惯、信念、个人特技等形式呈现
认识性	运用者对所用显性知识有明确认识	运用者对所用隐性知识可能不甚了解
继承性	易于储存、理解、分享、传播、学习	不易保存、掌握、分享、传播、学习

---

① 苏新宁,邓三鸿等. 企业知识管理系统. 北京:科学出版社,2004

第三章 信息管理的新发展

他们根据企业实际情况和圣吉学习型组织理论,区别了个体知识与组织知识的概念。于是将知识按载体不同分为个体知识、团体知识、组织知识和组织间知识四种,如表3.2所示。

表 3.2 知识的分类

	个人层次	团队层次	组织知识	组织间知识
显性知识	可以描述的个人知识	团队资源的分配规则	企业的生产计划方法	合作伙伴的产品专利
隐性知识	专家意会型经验知识	工作组的协作技能	企业文化、价值观	客户的隐含需求

联合国经合组织(OECD)将知识分为四种类型,即:Know-what(事实知识),这类知识是可以通过观察、感知或数据呈现的知识;Know-why(原理知识),包括自然原理或法则的科学知识;Know-how(技能知识),指有关技术的知识或做事的技术诀窍;Know-who(人际知识),应该向谁请教问题的知识。在这四类知识中,前两类属于显性知识,后两类则属于隐性知识。

那么到底什么是知识呢?我们通过对数据、信息、知识与智能这四个概念的区别来理解。这也是了解知识管理所要明确的关键问题。四者之间的关系可以用图3.1来表示。

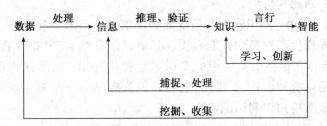

图 3.1 数据、信息、知识与智能的关系

在这里,我们援引微软的知识管理战略对它们之间的关系的理解。它认为:"数据"的一般特征是关于事件和关于世界的一组独立的事实,围绕着数据建立活动,其核心价值在于分析、合成,并把这些数据转化为信息和知识。"信息"是捕捉了来龙去脉的内容并加以经验和想法后的产出物,它是以半结构化的内容存储的,像文件资料、电子邮件、声音邮件以及多媒体等,围绕信息建立活动,其核心价值在于管理内容的方法,这种方法要易于找到内容,反复使用它们,并方便从经验中学习,这样就不会重复错误,工作也不会被复制。"知识"由个人的隐式经验、想法、洞察力、价值以及判断等组成,它是动态的,而且只能通过与有知识的专家直接合作与交流才能拿得到。

那么什么是智能呢?智能是激活了的知识,主要表现为收集、加工、应用、传播信息和知识的能力,以及对事物发展的前瞻性看法。智能得益于人的内在价值观和信仰。它是基于知识的一种判断、谋略或行动。

这几个概念构成了由低到高、由浅入深、由易到难的序列。

知识的特性是利用知识创造价值的基础,它具有共享性、隐含性、增值性、资源性和波粒二象性等特点。

在这里,主要看一下由维娜·艾莉(Verna Allee)提出的知识"波粒二象性"。

(1) 作为实体的知识。这是基于我们普通的认识提出的,把知识看成一个具体、实在的东西,可以为人拥有,具有产权,像是财产一样。知识实体化后,可以被编码、转移、测量等。

(2) 作为过程的知识。这种看法是将注意力集中于知识的动态方面,强调知识的共享、创造、学习、运用和沟通的过程,将知识过程看做"认识的过程"。所以,知识管理中鼓励参与和协助沟通。

知识的"波粒二象性"是矛盾的统一,是"知"与"识"的统一,道出了知识的真谛。

1.3 知识管理的概念

因为知识管理理论正式出现时期还不长,对它的认识目前还没有形成一个明确统一的看法,因其同样涉及技术问题,所以对它的研究也同样具有多学科的特点。总的来看,国内外对知识管理的定义形成了三个流派,它们是:技术学派、行为学派和综合学派[1][2]。

1. 技术学派

技术学派认为"知识管理就是对信息的管理",知识作为处理的对象,通过建立信息系统,利用智能、群件技术等信息技术手段,可以对知识进行标识、组织、加工与传递。

(1) Microsoft(微软)公司:知识管理是让人们可以随时随地存取他们所需要的信息,并且利用该信息来评估问题和机会。

(2) Lotus(莲花)公司:知识管理是系统地利用信息内容和专家技能,改进企业的创新能力、快速响应能力,提高生产效率和技能素质。其中,"信息内容"是指存在于信息系统中的知识;"专家技能"是指存在于员工头脑中的知识和经验;"利用"表示知识已经确实存在,所做的工作是发现和利用这些知识;"系统性"表明知识管理是一个信息系统的综合实施过程,是通过网络和信息技术实现知识利用的流程。

由此可见,技术学派认为知识管理的处理对象主要应该是显性知识,利用现代技术对显性知识加以处理。这种观点主要以美国为代表。从研究者的学科背景来看,持此观点的专家大多具有计算机科学和信息科学的教育基础。

2. 行为学派

行为学派的研究占据了知识管理研究的主要力量,它认为"知识管理就是对人的管理",知识被当作一个过程,通过这个知识过程,对个人与组织两个层次的知识加以开发、利用、升华、改造等,从而提升个人与组织的知识水平,增强组织与个人的创造力与竞争力。

(1) APQC(American Productivity & Quality Center,美国生产力和质量中心):知识管理是组织采取的有意识战略,它保证能够在最需要的时间将最需要的知识传递给最需要的人。这样可以帮助人们共享信息,并进而使之通过不同的方式付诸实践,最终达到提高组织业绩的目的。

(2) KPMG(毕马威)公司:知识管理是有系统、有组织地运用企业内部知识,以提升绩效的方法。

(3) APQC的总裁卡拉·欧德尔(Carla O'Dell):知识管理是一种系统方法,通过创造一个环境,让知识和经验可以很容易地被分享,并能够将知识带到它所需要的地方以帮助做出行动。

---

[1] 夏敬华,金昕. 知识管理. 北京:机械工业出版社,2003
[2] 李华伟等. 知识管理的理论与实践. 北京:华艺出版社,2002

(4) 国际咨询公司的 CKO 康妮·摩尔：知识管理就是对业务流程中无序的知识进行系统化管理，实现知识分享和再利用，以提高业务水平和效率。

(5) 美国德尔集团创始人之一法拉普罗（Carl Frappuolo，1998）：知识管理就是运用集体的智慧提高应变和创新能力，是为企业实现显性知识和隐性知识分享提供的新途径。他还认为知识管理应有外部化、内部化、中介化和认知化四种功能。外部化是指从外部获取知识并按一定分类进行组织；内部化是指知识的转移，即从外部知识库中筛选、提取人们想得到的与特定用户有关的知识；中介化是指为知识寻找者找到知识的最佳来源；认知化则是将以上三种功能获得的知识加以应用的过程。

(6) 维娜·艾莉（1998）：知识管理帮助人们对拥有的知识进行反思，帮助发展支持人们进行知识交流的技术和企业内部结构，并帮助人们获得知识来源，促进他们之间进行知识的交流。

(7) 阿德尔松（Addleson，2000）：知识管理是在探讨组织和组织学习的关系。知识管理分为由人的互动、分享而产生的知识，以及经过信息技术而获取的知识。组织学习和知识管理事实上是相关联的。知识可分为两种：一种是可拥有、可量化、可存储、可处理、可传播的知识，在这种情况下为名词；而另一种知识为互动、分享和学习的认识过程，知识就成了动词——knowing。

(8) 巴斯（Bassi，1997）：知识管理是指为了增强组织的绩效而创造、获取和使用知识的过程。

(9) 卡尔·E·斯威比（Karl E. Sveiby，1990）：从认识论的角度对知识管理进行了定义，认为知识管理是利用组织的无形资产创造价值的艺术。

(10) 丹尼尔·E·欧利瑞（Daniel E. O'Leary，1995）：知识管理是将组织可得到的各种来源的信息转化为知识，并将知识与人联系起来的过程。知识管理是对知识进行正式的管理，以便于知识的产生、获取和重新利用。这种解释着重阐明了信息、知识和人在知识管理过程中的不同角色。

(11) 奎达斯（P. Quitas，1997）：知识管理是一个管理各种知识的连续过程，以满足现在和将来出现的各种需要，确定和探索现有和获得的知识资产，开发新的机会。知识管理的目标包括六个方面：第一，知识的发布，以使一个组织内的所有成员都能应用知识；第二，确保知识在需要时是可得的；第三，推进新知识的有效开发；第四，支持从外部获取知识；第五，确保知识、新知识在组织内的扩散；第六，确保组织内部的人知道所需的知识在何处。

(12) 达文波特（T. H. Davenport，1998）：知识管理真正的显著方面分为两个重要类别：知识的创造和知识的利用。

行为学派认识知识管理的重点在于对组织中的人进行管理，强调个体能力的学习和管理或对组织学习的研究。研究者的学科背景一般具有哲学、心理学、社会学、商业管理的基础，以日本为代表。

3. 综合学派

综合学派则综合了上两个学派的主要观点，将技术与管理结合起来，认为"知识管理不但要对信息和人进行管理，还要将信息和人连接起来进行管理；知识管理要将信息处理等方面人的创新能力相互结合，增强组织对环境的适应能力"。

(1) 资深知识管理专家、@Brint 公司的创始人兼知识主管尤格什（Yogesh Malbotra）：

知识管理是当企业面对日益增长着的非连续性环境变化时,针对组织的适应性、组织的生存及组织的能力等重要方面的一种迎合性措施。本质上,它蕴涵了组织的发展进程,并寻求将信息技术所提供的对数据和信息的处理能力以及人的发明和创新能力完成两者进行有机的结合。

(2) 3Arthur Andersen 公司:该公司将知识管理表达为 $KM=(P+K)^S$。其中,K 指组织的知识,P 是组织的成员,"+"是指技术,而 S 是指分享。这个公式的意思是"组织知识的累计,必须通过将人与技术充分结合,而在分享的组织文化下达到乘数的效果"。

综合学派强调知识可以为企业创造价值,知识管理要对知识的价值做出合理的评估、测量。在此过程中,要加强企业知识共享文化的建设,为知识创新创建一个好的环境。此种认识以欧洲为代表。

通过对知识管理概念的总结与列举,我们不难看出,它们侧重了知识管理的内容、活动与价值方面,而且无论哪种定义,它们的表述都离不开知识的"波粒二象性"属性。如果将知识作为一种对象来看待,那么知识管理对于个人来说,就是将显性知识组织化,将隐性知识显性化;对于组织来说,就是加强企业业务过程的管理和信息系统建设,利用现代信息技术手段来挖掘个人的隐性知识。如果将知识作为一种认知过程来看待,那么知识管理对于个人来说,实际上就是建立良好的知识共享与交流的环境与机制,通过知识的共享达到知识的创新之目的;对于组织来说,就是建立学习型组织,提高组织的竞争能力。

知识管理是协助企业组织和个人(People),围绕各种来源的知识内容(Knowledge),利用信息技术(Technology),实现知识的生产、分享、应用以及创新,并在企业个人、组织、业务目标以及经济绩效等诸个方面形成知识优势和产生价值(Value)的过程(Process)。这个定义强调了三个方面,首先是知识管理的内容来源层面,强调知识管理的管理主要是对各种来源的知识内容进行管理;第二是知识管理的活动层面,知识管理不仅仅是技术相关性问题,在管理机制上强调对"人、流程、技术"三者的有机集成,而其核心活动过程是知识过程,即知识的生产、分享、应用以及创新;第三点是知识管理的价值层面,强调知识管理需要实现特定价值,主要表现在它能够有利于提高个人和组织的智商、实现企业的业务目标以及取得直接的经济绩效等方面,如实现员工的发展、业务的改善、客户价值的创造以及财务的获利等等。[①]

国内还有的学者将知识管理定义为:KM=IRM+HRM。这里,KM 是知识管理,IRM 是信息资源管理,而 HRM 则是人力资源管理。可以看出,这个定义从技术角度来看待知识管理。对于显性知识,用信息资源管理的手段来处理;而对于隐性知识,则要通过人力资源管理的手段与方法,促使隐性知识的外明化。这个定义理解起来比较简单,但实际上没有认清知识管理的本质。知识管理应该是一种创新的管理模式,而不单单是以技术为主导的、只是在知识管理实施的过程中充分利用技术这个因素的一个技术过程。

1.4 知识管理的要素

知识管理的发展始终围绕着组织、人和信息技术这三个要素。

---

① 夏敬华,金昕. 知识管理. 北京:机械工业出版社,2003

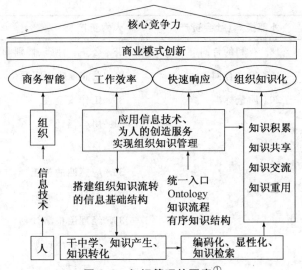

图 3.2 知识管理的要素[1]

在图 3.2 中显示出,知识管理的主体是人,他在知识管理模式中处于重要的地位,一切都是围绕着人展开的。所以说,国内的学者将知识管理理解为信息资源管理加人力资源管理也有它的合理成份。人的内隐知识是知识管理进程的决定力量,如何开发内隐知识,促使其向显性知识的转化成为知识管理的核心问题。这对于人力资源管理来说,主要围绕营建创新环境、调整人力资源结构、拓宽人力资源边界展开。

组织知识是知识管理的对象。组织知识是一个组织拥有的知识,组织知识是组织生存与发展的基础与核心资源。组织知识包括组织内部自身发展生成的知识和组织外部对组织生存发展有用的知识(这一部分可内化为组织知识)。个人隐性知识的发掘与转化是组织知识形成和积累的关键。除此之外,还包括组织拥有的编码化外明知识,外部内化的知识等。对于一个企业组织来说,它所拥有的组织知识资源主要有如表 3.3 所示的内容。

表 3.3 企业知识的分类框架[2]

内部资产(结构资产)	外部资产(社会资产)	人力资产
知识产权	11. 品牌	21. know-how
1. 专利	12. 市场份额	22. 教育
2. 版权	13. 客户满意度	23. 职业资格
3. 商标	14. 公司名称	24. 员工的社区性活动
基础结构性资产	15. 分销渠道	25. 职业发展
4. 管理体系	16. 业务协作	26. 企业家精神、创新、预见和反应能力、可塑性
5. 公司文化	17. 许可证	27. 培训课程

---

[1] 王德禄. 知识管理的 IT 实现——朴素的知识管理. 北京:电子工业出版社,2003
[2] 夏敬华,金昕. 知识管理. 北京:机械工业出版社,2003

续表

内部资产(结构资产)	外部资产(社会资产)	人力资产
6. 管理过程	18. 有利的合同	28. 公正：种族、性别和宗教
7. 信息系统	19. 特许合同	29. 公正：残疾问题
8. 网络系统	20. 质量标准	30. 工作安全性
9. 金融关系		31. 协会活动
10. 技术过程		32. 员工人数
		33. 应感谢的员工
		34. 有号召力的员工
		35. 经理层报酬计划
		36. 员工报酬计划
		37. 员工权益
		38. 员工参股方案
		39. 员工股份选择权方案
		40. 平均职业经验
		41. 平均教育水准
		42. 每专家加值
		43. 每员工加值

信息技术是知识管理实现的有力保证。从以计算机技术为代表的现代信息技术出现以来，发展迅速，对信息管理及知识管理的发展起到了极大的推动作用。人们利用信息技术从事管理也从最初的电子数据管理发展到了知识管理阶段，充分利用网络技术、智能工程、专家决策系统、数据挖掘与商务智能等技术，来实现知识管理。

具体来说，知识管理可以包含五个方面的内容：

（1）过程方面：利用信息网络技术，实现企业经营过程的创新；

（2）组织结构和文化方面：能够促进知识扩散的组织和活动，使企业成为创造知识的企业；

（3）评价方面：通过对知识的检测、评估，利用和管理好知识；

（4）人的方面：培训已有员工，聘用有创造性的新员工，激励员工的创造性；

（5）技术方面：通过先进的技术手段，包括超媒体和数据库、专家决策支持系统等以获取知识和促使知识扩散，建立一个有效的企业知识基础设施。

1.5 知识共享与知识创新的过程

知识管理的核心是知识共享与知识创新，而这两个要素就是要依靠组织与个人之间隐性知识与显性知识的相互转化过程来实现的。日本的野中和竹内在这方面首先提出了SECI模型，被人们认为是比较成熟的知识转化和创新模型的典范。他们认为，隐性知识和显性知识并不是完全独立的，而是互相作用、互相转化，人类知识通过二者的互相作用来进行创造和传播。因此，有人也将此模型称之为知识转化模型，或叫"知识的螺旋"，如图3.3所示。

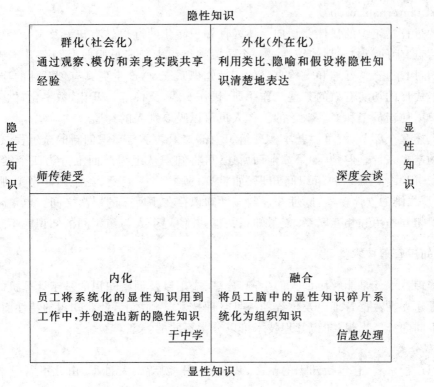

图 3.3 SECI 模型

1. 群化(socialization)

群化的过程就是个人隐性知识之间的互相传递与转移的过程,它通过观察、模仿和亲身实践,而非正规化的语言等方式,进行个人之间隐性知识的共享,从而实现创造隐性知识的目的。所以,群化强调亲身经历,一定要亲身去实践,从实践中体会。对于组织来说,实现群化就是要为其创造条件,创造有利于经验共享的企业文化,并采取切实可行的手段,如师傅带徒弟、在职训练专项技能等,真正实现群化的过程。

2. 外化(externalization)

外化的过程就是个人隐性知识向显性知识转化的过程,它通过会谈、讨论等方式,使组织成员头脑中的隐性知识以明晰化的概念和语言表达出来。表达出来的显性知识可以供组织成员以及社会共享利用,增加了显性知识的容量。这是整个知识创造过程中的重要环节。现代智能技术如知识挖掘系统、商业智能、专家系统等也可以提高与帮助隐性知识的显性化过程与速度。

3. 融合(combination)

融合的过程是个体显性知识向集体显性知识的扩散过程,也是使员工个体的零散的显性知识系统化和复杂化的过程,经过这个过程,员工头脑中的零散隐性知识变成了格式化的语言。这个过程也可以看作是将个体的专有知识向集体的通用知识转化的过程。现代技术如文档管理、内容管理、数据仓库等技术是实现知识融合的重要工具。经过这个过程后,组织集体的显性知识可以系统性地增长,并比外化过程后形成的显性知识在使用起来更加具有便捷性。

4. 内化(internalization)

内化的过程是组织的显性知识向个体隐性知识转化的过程。当知识及实际经验通过上述三个过程后,产生的新的显性知识在这一个阶段被组织内部成员吸收、消化,升华成他们自己的隐性知识,用来拓宽、延伸和重构自己的隐性知识系统,会产生更具有创意性的连结。比如,可以将已经成形的切实有效的某些工作手册、操作实践、文件等公开化、数字化,供全体成员随意参考、分享,使新员工和经验缺乏的工作人员可以吸取别人的经验。

通过上述几个环节,就可以基本实现组织内部知识共享与知识创新的全过程,也就实现了知识管理的基本宗旨。但是,如果如前面所述,再将知识从组织层面上分为四个类型,即个人知识、团队知识、组织知识和组织间知识(如重要的顾客、供应商、竞争对手等),那么这时的 SECI 成为了二维的立体模型,隐性知识与显性知识存在于所有的层次之间。也正是由于这个二维的知识相互作用和相互联系,使得知识共享,并使得个人与组织间的知识库不断扩展。

1.6 知识管理技术类型[①]

知识管理技术就是能够协助人们生产、分享、应用以及创新知识的基于计算机的现代信息技术。它是建立在数据管理以及传统的信息管理技术基础之上,针对知识的特性而开发的。

按照不同的分类思想,知识管理技术可以分为不同的类型。

1. 过程分类

从知识过程来看,它包括知识的生产、共享、应用、创新四大过程,由此可以引申出四大类技术,如图 3.4 所示。

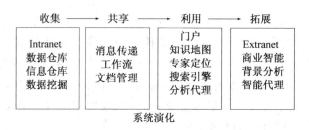

图 3.4　Compaq 的知识管理技术分类

Rose Dieng 则将知识过程分为需求分析、建立、分发、使用、评价、更新六个方面,其中,需求分析阶段涉及企业建模、BRP 技术;建立阶段将知识来源分为人(记录、报告、手册、指南、图形文件,文档,数据库等技术)、种类(纸张型文档与电子文档,正式知识与非正式知识,知识库、案例库)、技术(知识工程技术,案例推理技术,Agent 技术,协作创造技术,分布记忆,语言分析,超文本等技术)三方面;在分发阶段,则要以知识服务器做支撑;使用阶段的支撑技术为信息检索、群件技术。

2. 矩阵分类

从知识位置和知识结构化程度两个方面来分类,如图 3.5 所示。

---

① 夏敬华,金昕. 知识管理. 北京:机械工业出版社,2003

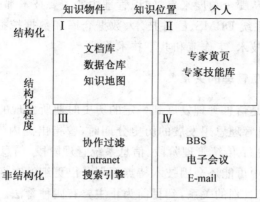

图 3.5　知识管理技术的矩阵分类

3. 层次分类

从知识管理的不同作用层次来分类,如图 3.6 所示。

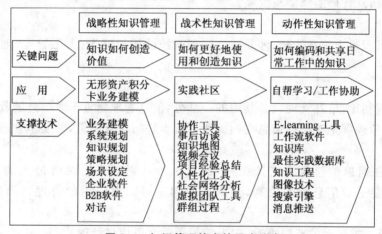

图 3.6　知识管理技术的层次分类

4. 技术成熟度分类

从技术成熟的程度与技术注意的焦点的变化两方面来分类,如图 3.7 所示。

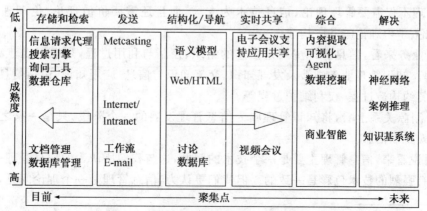

图 3.7　知识管理技术的技术成熟度分类

由上可以看出,无论从哪个角度来看,知识管理中的主要技术都应该包括:Internet 和 Intranet 技术、数据库管理系统 DBMS、群件技术、数据仓库和数据挖掘技术、多维度分析技术、文档管理技术、联机分析技术、工作流和共享技术等。

1.7 知识管理与信息管理的关系

我们认为,知识管理是信息管理发展到一定的历史时期所出现的一个新的阶段。

在前面我们论述信息管理思想发展的历史分期时,曾指出国内外基本上已经对此形成了一致的看法,即"四阶段说":传统管理阶段、信息系统管理阶段、信息资源管理阶段、知识管理阶段。当然,在某些阶段中可能还会因技术特点而划分出更细的时期。

关于知识管理与信息管理的关系,到目前为止主要有四种看法。

1. 阶段说

知识管理是一种信息管理策略与理论,标志着人类的信息管理活动进入了一个新的时期。知识管理是信息管理中孵化出来的,已经成为了一个新的管理领域,信息管理是知识管理的基础,知识管理是信息管理的延伸与发展。

2. 等同说

知识管理可理解为信息管理,涉及信息管理系统的构架建设、人工智能、创新工程和群件等。

3. 包含说

与知识管理相比,信息管理只是其中的一部分,信息管理侧重于对信息的收集、分析、整理与传递,而知识管理则是对包括信息在内的所有资本进行综合决策,并实施管理。

4. 映射说

两者不存在简单的包含或交叉关系,而是一种映射关系。两者最大的区别在于:信息管理目前主要是对信息流的控制,知识管理则是对知识应用的管理。具体表现在五个方面[①]:

(1) 从涉及人类活动的范围来看,知识管理远远大于信息管理。

(2) 从功能和目标方面看,知识管理是运用知识的共享与创新来解决经营决策问题,而不是占有与吸收多少知识。

(3) 从实施过程和条件来看,信息管理主要是一种技术问题,以管理理论、信息技术为支撑;知识管理不仅需要管理理论、信息技术为支撑,而且还需要价值理论、伦理理论、产权理论、交流理论、学习理论等共同构建。

(4) 从业务来看,信息管理主要是信息的组织、控制与利用过程,是根据规范和指令对信息加以处理。知识管理业务则涉及发现知识、交流知识与信息、应用知识,包括信息管理过程、激励过程、契约构造过程、权利维护过程等。

(5) 从渊源关系上看,将知识管理归为信息管理发展的一个阶段,只是一家之说,不符合逻辑性,令人难以信服。

在映射说看来,信息管理主要是一个技术的问题,这与我们所认为的信息管理一方面要利用技术,具有强烈的技术色彩是一致的。但我们更认为,信息管理是一个理论问题,思想问题,

---

① 邱均平,马海群. 再论知识管理与信息管理. 图书情报工作,2000(10):5~8

它是一种思想方法,思维模式,在它发展到第三个阶段——信息资源管理——的时候,尤其表现明显,并且在这一时期,发展成为了管理理论的一家流派,引起了人们的重视。在不同历史时期的技术环境、社会经济条件下,信息管理的发展都有着该时期的时代特色。在信息社会的信息资源拉动经济发展的理念下,信息资源管理思想就成为信息管理的重要再现形式,亦使信息管理发展到了信息资源管理阶段;而到了20世纪90年代以后,知识经济取代信息经济,经济增长依赖于知识的拉动,管理的思想也相应发生了巨大的变化,此时,信息管理也顺应了时代的要求,发展到了知识管理阶段。从映射说所列举的五个方面来看,其对信息管理的内涵理解得比较狭窄,自然也就产生了那样的认识。信息管理的技术层面在知识管理实践中还占有相当重要的地位。对信息管理的认识,我们还是要坚持全面的、发展的、系统的眼光来看待它。

如果从企业管理的角度来看待知识管理,它的形成也存在着一个渐进的过程。

表 3.4　企业知识管理形成的渐进过程[①]

管理阶段	信息流"依附"于物流和商流	(广义)信息流"剥离"于物流和商流		
管理内容	物流与商务流	物流、商务流＋数据流	物流、商务流＋信息流	物流、商务流＋知识流
管理特征	决策过程分散 信息交流有限 信息技术落后	数据管理阶段、信息技术比较落后、局限于企业较低管理层、节省了业务人员繁重的手工劳动、提高了效率	技术信息管理(如CAX/CIMS等)、信息资源管理(ERP等)、信息技术手段多元化、提高了企业各个层次决策水平、提高了管理效率	以知识运用和创新去适应不断变化着的环境、强调对隐性知识的管理、以知识来提高企业核心竞争力、以人为本

表 3.4 中对信息管理的内涵的理解虽然与我们的理解不完全一样,但从信息管理发展历史的角度来看,还是与我们的认识是一致的。信息流"依附"于物流和商流管理阶段("依附式"信息管理阶段),对应于传统的信息管理思想发展时期;信息管理的系统发展时期,大致相当于物流、商务流＋数据流时期("剥离式"数据管理阶段);物流、商务流＋信息流时期("剥离式"信息管理阶段)与信息管理的信息资源管理时期相当;信息管理进化到知识管理阶段就是上表中的物流、商务流＋知识流时期("剥离式"知识管理阶段)。这个发展过程是一脉相承、环环紧扣、与时俱进、紧跟技术、顺应时代潮流的,它同时也反映出了信息管理作为一种管理思想而呈现出的特点与内容特色。

案例 1

摩托罗拉公司的知识管理

从企业管理的观点来看,管理者必须引领组织学习,使竞争力能够在市场中提升,跳得比过去更高更远,动力则来自组织的知识管理与创新。

[①] 夏敬华,金昕著. 知识管理. 北京:机械工业出版社,2003

摩托罗拉近来在并购浪潮下纷纷与其他企业联盟，以适应爆炸性变动的市场环境。为确保企业变革后的基业长青，惟有靠知识管理不断的改造、创新与学习，朝向精简、弹性与网络化的发展，才能应对市场不确定性变化的挑战。1999年微软公司总裁比尔·盖茨在《未来时速：数字神经系统与商务新思维》一书中指出："未来的企业是以知识与网络为基础的企业，未来的竞争则是植基于知识与网络的竞争。"管理大师彼得·杜拉克在1993年所写的《后资本主义社会》中表示："我们正进入一个知识社会，在这个社会当中，基本的经济资源将不再是资本(capital)、自然资源(natural resource)或劳力(labor)，而将是知识(knowledge)；知识员工将成为其中的主角。"换言之，员工因拥有生产工具与方法，并在组织的实务运作中累积资产。因此，组织如能促使员工分享信息与知识、贡献智慧与能力，则其生产力或创造力将会远胜于资本、劳工、土地和机器的价值创造。知识管理在团队学习中的集体决策将提升成效，成为企业成长最重要的贡献者。

完善知识管理流程

有效地进行知识管理流程是指有系统地搜集、获取、整合、累积、存储、分享、更新知识等。

所谓有效地运用就是让需要者可以随时、随地、随手获得所需要的正确信息，因而能快速采取行动。这些知识，可能存在于企业文件、档案、数据库中，但也可能存在于企业例行的工作流程及实务规范中。

知识的取得指企业获得或撷取知识的过程。摩托罗拉知识取得来自"组织内外"，所谓"组织内外"指知识来源不只限于企业内员工，还涵盖企业外顾客、供货商、竞争者等合作伙伴。摩托罗拉利用所设立的企业大学，聘请许多专业领域的博士、专家进行课程设计，让顾客及供货商参与并实施学习，建立专业知识分享渠道。

在知识整合方面，摩托罗拉在实务上利用摄影记录和LotusNotes将文件标准集中在一起，以系统的方式，整合所有的知识资源、增进使用者的方便性，并缩短员工一半以上的学习时间，大大提升了工作效率。

知识具有连续性，必须代代相传，加以累积，才能让后人站在前人的肩膀上，看得更高、更远。摩托罗拉利用"工程师报告"和"失败模式分析"，将不良产品问题分析逐步展开，对不良率分析有具体的参考流程，避免重蹈覆辙的实验，让知识不断的累积。

比尔·盖茨曾指出："知识管理的目的就是要提高企业的智能，也就是企业智商。"而企业智商的增进，很重要的因素是取决于企业成员间能否广泛地分享彼此的信息与知识。摩托罗拉规定外训或研习人员必须要透过部门会议或研讨会的方式，报告并分享所学得的技术与知识。工程人员出差返回后，也须上交差旅心得报告，同时将所学的东西以专题报告呈现。除安排外部讲师，进行知识分享外，公司还安排内部员工以演示文稿、演讲、撰写书面文件方式，贡献专业知识，建立知识分享机制，并将教学成效纳入绩效考核制度。

摩托罗拉重视知识的流通与更新，它要求所有人员将自己的专长传递到公共区界面，让其他成员可以随时进行撷取及搜寻，更方便学习及分享，以提升成员获取知识的效率。明确规定学习是公司的策略之一，鼓励再进修及教育训练，让员工接受新观念、创造新思维，并将其自然地应用到工作中以实践知识更新。

创建乐意分享的企业文化

知识管理最大的挑战在于如何鼓励员工分享知识；知识分享不是一个可以自行发展的过程。

摩托罗拉鼓励在跨部门间推行各种提案活动，并辅以实质奖赏来鼓励员工。主管会主动让员工了解知识投资不会像实际资本一样贬值，可以增加产能、创意及投资报酬率，并营造一个鼓励员工分享知识的环境。

知识管理推行的最大助力及阻力，均来自公司内部全体员工；其最大的障碍来自于缺乏分享的意愿、动机和习惯。人们花许多时间发展个人知识，以凸显自己，这自然地引发所谓"知识即权力"的态度。传统上，员工担心自己辛苦获得或因时间累积而得的知识与人分享后，职务将被取代或工作朝不保夕，害怕变成"教了徒弟，没了师傅"，因此，不愿对别人分享自己的知识。成功的知识管理需透过企业文化的改造，改变员工的思维模式并培养"知识分享"的文化。

摩托罗拉在每季推广各种活动中，主动让员工了解知识管理所推动的共享及创新对企业非常重要，这样跨部门的推广活动，可分享知识及整合其他部门意见。每个管理阶层对活动都给予高度支持，并鼓励系统化的创新，使创新成为个人的优先目标，藉以改变员工的心态与行为。

转动知识螺旋

野中郁次郎教授在《创新求胜》一书中指出，知识可以分为"内隐知识"与"外显知识"。"内隐知识"指未经正式化的知识，包括企业、经营者或员工的经验、技术、文化、习惯等，是属于个人经验与直觉的知识，属难以形式化、无法被具体化的技能。而"外显知识"则包括一切以文件、手册、报告、地图、程序、图片、声音、影像等方式所呈现的知识。

对于新进的工程师，摩托罗拉通过在职训练的方式取代传统的工作外培训（因为传统的工作外培训无法真枪实战演练，以致训练成效无法落地生根，为各方所诟病），让新员工可以透过观察、模仿、体验而学习资深者的技术与精神风格。透过在职训练的过程，可同时形成组织成员间内隐知识的转移，透过这种方式，身体力行而达成创造内隐知识的过程。摩托罗拉就是首先通过这种形式来完成个人与个人的隐性知识相互作用的"共同化"阶段。

其次，摩托罗拉依据员工的兴趣，创办"读书会"，建立起知识性团体。该团体针对共同有兴趣的课题，分享自己特殊的经验、感受和观点，让参与讨论的成员，将其个人的"内隐知识"表达出来，促使成员在这个知识性团体的互动中，产生创新的观念。

再次，摩托罗拉将操作性知识，用计算机 LotusNotes 制作成文件手册、训练教材，在公司内部公共网络里让员工自由取用，甚至利用"在线学习"方式，促使"外显知识"转化为个人的"内隐知识"。摩托罗拉就是这样通过各种方式将本属于个人的知识拿出来供员工分享，即"内隐知识"向"外显知识"转变，而后"外显知识"在为员工学习后变成自己的"内隐知识"，提高了员工的知识与技能。顺利完成这种知识的螺旋转动是摩托罗拉做好知识管理的关键。

［来源：http://www.cko.com.cn/web/articles/km/km_cases/20030330/96,361,0.html］

案例 2

IBM 公司知识管理实践：蓝色大象翩翩起舞的知识动力

IBM 前任 CEO 郭士纳以"大象也能跳舞"作为其畅销回忆录的主题。对于顺利驾驭 IBM 这个规模、组织庞大的公司成功转型并让其在全球 IT 市场翩然起舞，郭士纳的快意之情溢于书中。

而在IBM软件部信息工程师经理陈巧明的眼中,IBM能翩然起舞的动力中,知识管理的作用不可或缺。

让全球员工充分协作

对于IBM来说,知识管理是整个公司的战略级"核心业务"——而不仅仅是一项管理工作。

IBM将更高、更快地提高人的工作效率作为IBM实施知识管理主要目的。

公司的知识管理系统被称为E-Workplace(电子工作环境)。

IBM的策略是将知识管理依次分为三个"境界":协作、内容和应用管理、学习和专家定位,并在这个策略之上开发出不同的应用程序。

在"协作"环境里,即使是在不停移动中的IBM员工,也可以连接进系统中,和其他人进行交流。

如果有一位IBM的经理进入到一个正在进行的项目中,就可以随时掌握移动中的销售人员的最新动态;能够看到项目中不同的人做了哪些工作;发现出差在外的员工在线,可以及时联系、交流和讨论;可以召开网上会议,讨论项目内容,提高员工互动。这些都是在协作环境中可以体现的内容。

IBM素以迷宫式的"三维"组织架构而闻名于业界。新进入IBM的员工们,时常不容易弄清楚有问题该找哪个部门,又该如何把信息、数据传递给正确的人,而这正是IBM知识管理"第二重境界"——内容管理所可以解决的。

在具体应用程序中,员工可以进入系统,然后提交一个"需求"文档(如服务投诉等)。启动任务时,系统会自动按照需求分类,"触发"解决这个需求的业务流程,然后信息自动顺着每个业务流程往下走,流程中所有对应的反馈或解答人员会在系统中得到"通知",并会对初始的"需求"进行帮助和答复。内容和流程整合在一起,提高了实时反应能力,形成一种应用的环境。

而"企业社区"则服务于专门为某个项目成立的"虚拟团队"。在一个企业以"非静态"——大量项目形式生存的年代里,IBM在世界各地的员工经常会为了一个项目而临时组成一个个的"项目社区"。在这样的项目社区里,有关的讨论、会议、项目安排、资源都会在社区中进行共享、交流,是一种完全"虚拟"、极少见面的的TeamWork(团队协作)。

IBM的"第三重境界"——"专家网络",则是透过网络在全公司范围内寻找专家,搭建一个协助解决问题的平台。

例如,如果有一个银行客户销售人员有一些相关问题需要解决,但是他对很多内部专家不认识,就可以发挥这套系统的巨大作用:他可以在系统里寻找IBM分布于世界各地的银行方面的专家来协助自己工作。不管这位专家在不在线,IBM的销售人员只要在系统里输入关键字,系统会把专家的名单调出来,然后前方的销售人员可以通过系统,与专家进行在线讨论,解决业务问题。在IBM的系统中,为每一个专家建立了一个简要的表格,并且通过评估专家以前做过某些项目或提交过的一些内容,来判定专家的专业性程度并予以标识。

在日常培训部分,IBM的每个员工进入到系统中,系统都会根据员工的角色、职务、等级以及以往的培训经历评估而将相应的课程提交给员工。这套系统也与绩效考核紧密挂钩——对员工在某个阶段应该学习什么东西,在某个阶段应该掌握什么程度进行考核。系统都会自动跟踪每位员工每天学习花了多少时间,看了多少内容,在上面投入了多少精力。在这种 E-Learning(电子培训)的环境中,知识和技能能够在精密控制中做有效地传递。

IBM 从自己的知识管理工作中受益匪浅:IBM 自己统计的数据表明,截至 2001 年底,4 年累积共节约资金 57 亿美元。每个工作日,IBM 企业内部网主页的访问次数都超过 65 万次,并且大约有 75% 的全球范围内的 IBM 员工都使用即时信息。仅 2001 一年,43% 的员工培训由大约 4 万个在线的分散式教育进行,IBM 就节省了超过 3.95 亿美元的培训资金。2002 年 9 月,由于举行了 8600 个 E-Meeting(其中 1000 多个是客户与业务伙伴 E-Meeting),仅差旅费一项,IBM 就节约了 400 多万美元。

费用的节省还不是知识管理的最大贡献。IBM 显然更加看重由于经验的传输和互动的学习对员工技能的提高。因为有这样的一个全球"大脑",公司可以对 IBM 各个领域的客户进行实时响应,提高服务水平。经过"知识注入"的 IBM 员工能够在与客户洽谈业务的时候用"一样的语言"沟通,提高了竞标和签单的成功比例。

实施之道

IBM 的知识管理并不是一蹴而就的,而是一个长期积累的过程。在收购 Lotus 之后,IBM 将自己在知识管理的一些应用程序陆续放到 Lotus 的平台上,再慢慢地把协作的手段用到知识管理中去,进行环状实施。IBM 还对全球的系统进行整合,整合之前,全球有 150 个数据中心。而现在只有 16 个,并从 36 个独立网络变成了统一的网络。

IBM 的实施也并非一帆风顺。最初也遇上了瓶颈。由于知识管理与人打交道较多,所以要改变员工的习惯和惰性需要一个过程。这点 IBM 认为其他企业所遇上的主要障碍也一样。

而 IBM 的解决之道是通过文化和考核来引导。一方面,公司的高层,控制团队员工朝这个方向去发展。另一方面,在 IBM 员工中一直有一种共享的文化,使员工都愿意共享自己的知识和经验。

每年 IBM 都会有一个 BUILT(建设)方面的评估。"IBM 强调 TeamWork(团队协作),团队的人会参与打分与评估,他们对你的感觉是评估的重要依据"。陈巧明提到,在 IBM 这样一个以技术为主的公司,技术是一个核心竞争力,将技术和经验藏起来对个人有一定短期好处,但技术是不断更新的、进步的。从长期来说,分享经验才能得到提高。因此,IBM 的人乐于分享自己的知识。

[来源:http://www.cko.com.cn/web/articles/km/km_cases/20041103/96,877,0.html]

第二节 信 息 构 建

20 世纪 90 年代以后,基于 Internet 的全球网络得到巨大发展,给人类社会生活各个领域的信息服务带来了革命性的变化。网络上信息资源飞速增多、网络站点复杂程度不断加深、网络信息内容组织的方式灵活多样,这些情况均增大了人们获取信息的难度,影响了用户对网络信息的查询与使用,使人们在面临"信息爆炸"的同时不得不承受"信息贫穷"的痛苦。如何从繁芜丛杂的海量信息中获取自己需要的信息,成为人们关注的重大问题。在此背景下,信息构建(Information Architecture,简称 IA)适时而生,为解决这个矛盾提供思路与方法。对 IA 的研究也成为了近年信息管理界关注的重要领域之一。

早在1975年,美国人Richard Saul Wurman就提出了Information Architecture这个词汇,并在1976年他担任美国建筑师协会(AIA)全国会议主席时,把"The Architecture of Information"作为该协会年会的主题,将IA公之于众。[①] 他当时把IA具体描述为:① 将数据中固有的模式进行组织,化复杂繁琐为简单明晰;② 创建信息结构或地图,以便让他人获得自身所需的知识;③ 21世纪IA将应用于信息组织等学科领域。作为建筑师,Wurman以自己独特的视角和出色的抽象概括能力关注信息的收集、组织和表示问题。他将这些与建造建筑物所要解决的问题相比较后认为:在满足使用者需求这一点上,构筑信息建筑物与构筑物理建筑物都可以看成是一种服务于特定目标的建筑设计工作。于是,他创造性地提出了IA这一词汇,并开始探索相应的研究领域。

信息构建理论提出以后,其外延涉及面越来越广,可以被延伸到与信息相关的诸多领域。从信息构建理论提出开始,发展到今天,经历了复杂的历程。经过不断的发展完善,其内涵和应用效应不断丰富和完善。可以预见,在信息社会的大背景下,信息构建理论和实践必将大有用武之地。

2.1 IA的发展过程

一般学者认为,IA的发展过程经历了两个时期,即前网络时期和网络时期[②]。这两个时期的分期主要是以网络产生为分界线,讨论IA发展的不同特点。

1. 前网络时期

也就是前面提到过的Wurman刚提出IA概念时所处的时期,由于网络商业服务和个人计算机联网等方面的限制,这个阶段的网络服务主要集中在科研和教育应用。人们对网络的依赖程度不高、对网络信息组织的要求也不高。这一时期IA的应用对象主要是原子信息,也就是书本信息。其实践的目的主要是利用版面设计和编辑技术使信息(数据)可视,使读者便于理解。

2. 网络时期

网络时代的信息爆炸式增长、网络技术的发展以及人们对网络信息依赖性的增强,加大了人们获取信息的难度,人们迫切需要"信息的信息"(IA)指引路径;另一方面,现代组织机构深刻认识到知识资本的重要性,对信息的需求和利用日益扩大,内部信息系统更加网络化、集成化,相应的,现代组织机构也需要IA,以便更好地实现知识管理。这是网络IA产生的主要原因。这一时期的代表人物有Rosenfeld和Monville,研究对象是电子信息。这一时期的IA可分为狭义IA(网站IA)和广义IA。

(1) 狭义IA(网站IA)

主要指借助图形设计、可用性工程、用户经验、人机交互、图书馆学情报学(LIS)等的理论方法,在用户需求分析的基础上,组织网站信息、设计导航系统、标签系统、索引和检索系统,以及负面内容布局,帮助用户更加成功地查找和管理信息。网站IA的根本目的在于通过构建网页信息之间的有机逻辑关系,帮助用户找到信息。

网站IA的外在表现是导航系统、检索系统、页面布局,它们向人们提供网站环境信息和

---

① 周晓英,赖茂生. 认知过程链与情报学的新定位. 情报资料工作,2003(3):5～8
② 荣毅虹,梁战平. 信息构建(Information Architecture,IA)探析. 情报学报,2003,22(2):229～232

目标信息线索,使用户在头脑中建立一种有关信息空间位置、认识层面上的心智模型,帮助用户明确正在浏览的信息环境,从而较容易明确地找到所需信息。

(2) 广义 IA

即组织机构的 IA。对象包括组织机构信息活动中涉及到的各个要素,信息、人员、技术、部门等。根本目的在于构建信息路径,帮助用户接近信息,成功地利用信息。它是对组织机构中的信息、信息服务以及与信息相关的各部门及其人员的整合与合理化配置,内容包括:技术层面的基础设施建设,管理层面的部门建设,以及信息系统本身从信息采集到用户界面的结构构建。

在这一阶段,对 IA 的作用范围也有了新的认识。有学者认为,IA 不应仅是局限在网站方面的,其应用范围应扩大到 CD-ROM、硬磁盘、信息系统等;更有的学者提出 IA 是无处不在的,只要有信息的地方就存在 IA。加勒特(Jess James Garrett)在美国情报科学技术学会 2002 年峰会的发言中曾使用了一幅城市街道的图片,简单表明了 IA 就存在于建筑物的广告牌、汽车车身的广告以及人们所穿的衣物饰品上。这无疑是一种将 IA 的外延扩展的观点。

2.2 IA 的概念

人们对 IA 的理解差异很大。到目前为止,由于目前从事 IA 研究的人员的专业背景和实践经历各不相同,他们的视角和切入点也各不相同,因此对 IA 的理解和认识也各不相同,学术界对 IA 尚未达成完全一致的共识。不同的定义,往往因情境不同而代表着不同的意义,它们分别从不同的侧面反映了信息构建的本质涵义:有时指一个过程;有时指经由这个过程形成的最终产品——一种框架体系结构(尤其是系统或网络体系结构);有时指一门科学或研究领域;有时指一种信息组织技能;等等。

(1) Wurman 在《信息悬念》(Information Anxiety)一书中对 IA 所下的定义:如何组织信息,把复杂的信息变得明晰,以帮助人们有效地实现其信息需求。

(2) 按照 AIFIA(Asilomar Institute for Information Architecture)的定义:IA 是共享的信息环境结构设计;是组织和标识网站、内联网、联机交流和软件以保证其可用性和可寻性的艺术与科学;是一个致力于对数字园区的设计和建设、发展中的实践领域。[1]

(3) 美国情报科学技术学会 2000 年 IA 峰会上提出的定义是:信息构建是组织信息帮助人们有效地实现其信息需求的艺术和科学。[2]

(4) Ritchey 将 IA 定义为:圣城计划的实践,以便为一个内容系统和界面描述潜在的组织机构。[3]

(5) Dillon 在美国情报科学技术学会的 IA 专集上提出:IA 是一个用来描述信息空间设计、实施和评价过程的词汇。[4]

(6) IA 是信息系统内组织、标引、导航和检索体系设计的总和;为帮助用户访问信息内容并完成任务而进行的信息空间结构设计;为帮助人们查找、管理信息而对网站进行构造与分

---

[1] www.aifia.org/pg/about-aifia.php
[2] www.asis.org/conference
[3] Richey, S. Information Architecture Practice: an Interview with Steven Richey, Sapient. Bulletin of the American Society for Information Science,51(1):33~38
[4] Andrew Dillon. Information Architecture in JASIST: Just Where Did We Come From? 53(10):821~823

类的艺术和科学;将建筑设计原理引入数字领域的新兴学科和行业。①

(7) 荣毅虹认为,组织信息和设计信息环境、信息空间或信息体系结构,以满足需求者的信息需求、实现他们的目标的一门科学和艺术。②

2.3 IA 的构成要素

因为考察事物的角度不同,对 IA 系统构成要素的看法也存在着三种不同的认识。

1. 四要素构成③

四要素构成认为是由组织系统、导航系统、标识系统和检索系统四部分组成。

(1) 组织系统

Web 网站和企业内部网的信息组织是决定成功的主要因素,因此组织系统的设计至关重要。组织系统就是将所有无序的信息块组织起来并建立起彼此间的联系。信息空间构建师致力于以最具逻辑性的方式组织信息,从而创建一种等级结构使用户可以快速找到自己所需内容。但实际上,组织系统的结构化程度应该受其所处语境影响,例如商务和股票交易网站依赖于高度结构化的路径来追求一种可感知的效果;而娱乐休闲网站的逻辑结构则应该多考虑一些随机因素。

(2) 导航系统

导航系统就是为用户在新环境中快速定位提供语境,从而使用户明确以下三个问题:我在哪里?我曾经去过哪里?我可以去哪里?用户从导航系统中获取视觉线索和用于网站内定位的图形设计,这些元素在用户深入网站时尤其重要。

(3) 标识系统

标识系统直接影响着组织系统和导航系统的效果,其中最关键是如何标识导航链接,并且清晰阐释其含义以便用户理解。设计标识系统有两个要点:一是要多关注其他网站,不要忽视 Web 上信息空间构建和设计的主流模式。因为如果某些术语或暗示出现在许多网站中,那么多半用户对这种用法的含义比较熟悉。二是要保持术语一致性。例如如果某些导航链接指向同一页面,则他们的名称不能在网站中间随意改变,否则会引起混乱和定位错误。

(4) 检索系统

检索系统决定用户在网站上查找信息的直接效果,是信息空间构建中不可缺少的重要环节。由于不同用户有不同的信息需求,检索系统应该提供不同界面来满足各种需求。例如有的用户清楚自己在找什么,而有的只是随意浏览而已;有的用户需要广泛全面的信息,而有的只需要少量精确的信息。除此之外,用户的网络技能(如新网民、老网民、网站新客、网站回头客等)等因素也应该在检索系统的考虑范围之内。开发检索系统时要注意将目录浏览与关键词检索结合使用。尤其是专业网站,可以借鉴参考传统受控词表的分类体系和标引词,这对关键词检索的查准率和浏览体系的建设都有着重要的作用。

2. 三要素构成④

Rosenfeld 认为,信息构建是由语境、用户、内容和应用这三个要素所组成。语境部分主要

---

① 姜婷婷,陆伟. 基于万维网信息生态系统的信息构建. 情报学报,2004,23(3):342
② 荣毅虹. 基于用户认知的网站信息构建研究. 北京大学信息管理系博士学位论文,2003
③ 张新民. 面向知识管理的信息构建. 北京大学信息管理系博士学位论文,2003
④ 李箐. 基于 IA 的网站构建研究. 北京大学信息管理系硕士学位论文,2003

是指信息组织所处的环境和背景,包括商业模型和商业目标、政策、文化和资源,只有深刻了解和把握信息组织的目标、行业和社会背景,才有可能设计出有效的信息构架;内容和应用部分是指在具体构建信息构架时使用的所有资源和技术细节,包括文档类型、内容对象、现有结构、属性和元数据;用户部分包括用户信息需求、用户类型、技能和任务等。

3. 二要素构成

二要素构成认为,IA 的基本构成要素是由两种不同的概念组成。目前对此基本有两种基于不同出发点的认识。

(1) IA 由"使信息可访问"与"使信息可理解"两个层面构成[①]。信息构建的核心内容应该包括由浅入深两个层面:即"使信息可访问"和"使信息可理解",也就是信息的组织、表达和阐释。而且,"使信息可访问"和"使信息可理解"两者是互相融合、不可截然分开的。"使信息可访问"指帮助用户实现对信息个体的访问,满足用户的信息获取需求,包括将原始数据加工成信息,为信息集合构建稳定的框架体系,形成有效的信息查检系统。其目的在于帮助用户在需要信息的时候能够借助正确的路径获取信息,即在恰当的时间得到恰当的信息,对应的实质性问题就是信息的组织。"使信息可理解"的目的在于帮助用户理解信息个体,满足用户的信息使用需求。信息理解是指对信息内容的理解,是用户真正能够利用信息的关键。

(2) IA 的基本要素由显性要素和隐性要素构成[②]。信息空间构建的基本要素应该分为显性要素和隐性要素两部分:显性要素与系统相关,是信息空间构建的核心,主要包括组织系统、导航系统、标识系统和检索系统,这四者组成了一个可见的信息空间架构,人们可以接触和体验这个架构;隐性要素主要指可用性和用户体验,他们不能以可见的形式展现在用户面前,但是他们直接影响着整个信息空间架构的效用。可用性是指某个特定产品在特定使用环境下被特定用户用于特定用途时所具有的有效性(effectiveness)、效率(efficiency)和用户满意度(satisfaction)。用户体验强调动态的过程,即通过实践来认识周围的事物,即包括用户体验的创建、用户体验的提升、用户体验的锁定等步骤;强调对真实状况的模拟感知,涉及一种虚拟的用户体验,而非真实的经历。需要说明的一点是,可用性和用户体验不全属于信息空间构建的范畴,他们还有各自的实践领域。用户体验和可用性组成了信息空间构建的隐性因素,但他们并不全属于信息空间构建的范围。他们间接影响信息空间构建的效果,对于用户是不可见的,但是用户可以通过对显性信息空间架构的使用来潜意识地感知两者的作用。

2.4 IA 的特点

信息构建理论是现代信息管理理论发展的新方向,是从一个不同的角度解决现实信息问题的思想与方法。与其他信息管理理论相比,它表现出以下几方面的特点。

(1) 信息构建是信息管理的一个新生的研究对象及实践活动,它是从建筑学到信息科学的换位思考,从而呈现出多学科交叉的特点。它综合了 Web 设计、图书馆与信息科学、建筑学、人机交互、可用性工程、认知心理学、图像设计、界面设计等多学科的一门交叉学科。

(2) 信息构建强调以人为本,以用户为中心,重视用户体验。这就要求网站的开发人员在

[①] 荣毅虹. 基于用户认知的网站信息构建研究. 北京大学信息管理系博士学位论文,2003
[②] 李箐. 基于 IA 的网站构建研究. 北京大学信息管理系硕士学位论文,2003

网站开发过程中,不仅仅要注意所用技术的先进,设计界面的华美,更强调从网站的用户和使用者的角度出发,重视用户在网站使用中的真实体验,来考察网站的内容组织与界面设计,使设计的界面更具有可用性和可视化,也就是更加人性化。

(3) 信息构建强调系统论和信息生态论。一个成功的信息构建系统分析和考虑了信息构建的各个方面,克服了组织目标和限制因素的干扰,将用户和内容紧紧联系在一起。而用户、内容和组织背景在每个场合中都是高度变化、各不相同的,而且可以采用多种方法来实现网站的信息构建。因此每个信息构建都各自不同,不存在完全相同或完全"正确"的信息构建[①]。

(4) 信息构建具有可评价性。许多网站尤其是在运行良好情况下,多忽视了对其进行评价。网站瞬息万变,即使是最优秀的网站,随着时间的推移也会出现漏洞,需要进行重构,此时评价就必不可少。信息构建的出现为网站的评价另辟蹊径,通过考察网站是否符合组织的业务目标、是否满足了用户的信息需求等实际问题来评价信息构建,进而反映出网站整体的效率[②]。

(5) 信息构建非常强调可用性和可视化。它利用可用性工程的方法,结合可视化设计,在决定用户是否能够容易地寻找所需信息方面起着重要作用。认识科学和心理学研究表明,在人们吸收信息时,通过视觉吸收的信息量最大,吸收效果最好。因此,可视化为人们理解信息和吸收信息提供了极大的便利,是人类学习的又一次跨越。

(6) 通过利用智能技术,如场景分析,内容组织,需求分析,可用性研究,元数据应用和组织规划等,构造一个便于定位、理解、导航和使用的信息界面或信息系统。[③]

2.5 IA 的过程

关于 IA 的具体过程,不同的学者也存在着不同的看法。有的学者认为给予用户体验和可用性的 IA 流程可分为目标规划、用户分析、设计建模、原型测试 4 个阶段。有的学者则从 IA 过程中信息的状态及其变化角度研究其过程,从而认为信息状态的转变分为片断集成、集合序化、结构展示、空间优化 4 个过程[④]。还有学者认为[⑤],信息构建的过程分为初始研究、战略制定、概念设计、实施制作和管理维护等 5 个阶段。下面以网站为例来解释一下这五个阶段。

在信息构建的研究阶段,需要了解组织的目标、宗旨和任务,并进而确定网站的目标和任务;进行用户分析,对目标用户进行分类和排序,了解用户的信息需求;通过创建列表和内容表格清单,创建网站地图,确定网站内容;根据网站和内容的性质,并结合技术等方面的限制因素,确定网站的内容和功能要求。采用卡片分类的方法进行内容聚类,对网站的信息内容进行有效组织。

在战略制定阶段,根据网站的内容和功能要求,结合组织环境和用户背景,制定出信息构建的战略,作为此后的设计和实施工作的路标,用于指导网站建设相关人员的工作;提交信息构建战略的书面报告;撰写信息构建设计的项目计划;最后还应将信息构建战略报告进行浓

---

① 张新民. 面向知识管理的信息构建. 北京大学信息管理系博士学位论文,2003
② 马费成,姜婷婷. 信息构建对当代情报学发展的影响. 图书馆论坛,2003(6):20~25
③ 张新民等. 网站建设中的信息组织与构建. 中华医学图书情报杂志,2003(3):1~3
④ 周晓英. 信息构建的基本原理研究. 图书情报工作,2004(6):5~7
⑤ http://www.nlc.gov.cn/newpage/science/tyck/2004/30-1.htm

缩后以适当的表示方式进行展示和说明。

在概念设计阶段，利用白板和便签条，开展头脑风暴以探讨网站的可能的信息构建；探索组织隐喻、功能隐喻和视觉隐喻的应用，以形象地说明网站的结构与功能；采用情景模式，模仿用户浏览和使用信息的实际过程，分析具有不同信息需求和行为的人们如何游历网站；然后将以上阶段的创意和想法转化为高层的结构蓝图，制定网站主页的鸟瞰图，用以表达网站内容的全貌；创建页面模块，用以显示主页内容和链接的信息，以便在页面的层次上清晰地展示网站的信息构建；随后信息建筑师与图形设计师和程序设计员合作，在纸上创建网站主页的设计草图；在以上工作的基础上，开发出完成部分编程的 Web 网站的原型。

在以上工作的基础上，实施阶段制作出详细的信息构建的蓝图；讨论具体的详细的组织、标记和导航问题；构建受控词汇表和主题词表；编制基于内容块的内容地图；完成了内容图示后，创建一个包括所有 Web 网页的清单，并设计出网页模板。据此，网页设计人员、图形设计师和程序员就可以制作出整个网站。至此，信息构建的主要过程已基本完成。

网站建成之后，还必须对网站的信息构建进行管理和维护。这个阶段，首先要编制网站信息构建的指南手册，以便指导日后的管理和维护工作，以免信息构建遭到破坏；其次，开展日常的维护工作，包括内容管理和受控词汇表的维护与更新；此外，还要开展进一步的使用测试，召开用户讨论会，追踪用户对网站的使用情况，收集来自各个方面的意见和建议，以期不断完善信息构建，提高网站的可用性。至此，信息构建的整个过程结束。

2.6　IA 的应用

广义的信息是无所不在的，所以 IA 的应用也可以说是无处不在的。就目前情况来看，IA 主要被应用于以下几个方面。

1. IA 在网站建设中的应用[①]

目前，互联网的信息量急剧膨胀，由此造成了以信息检索难、信息表述不清、导航标识系统效率低下为特征的网络信息空间混乱问题。在这种情况下，IA 与网站设计相结合，便形成了网站 IA。

在建设网站的过程中，IA 的应用主要是借助图形设计、可用性工程、用户体验、人机交互、图书馆学情报学（LIS）等的理论方法，在用户需求分析的基础上，组织网站信息、设计导航系统、标签系统、索引和检索系统以及负面内容布局，帮助用户更加成功地查找和管理信息。

2. IA 在企业中的应用[②]

企业信息化管理已经成为企业管理者越来越重视的问题之一。在这种情况下，IA 作为管理信息的有效方法，其在企业中的应用也越来越受到重视。

企业 IA 应该包括 3 个层次：信息资源的体系结构（IRA）、信息技术的体系结构（ITA）和业务流程的体系结构（BPA）。而 IA 在企业中的应用主要表现为两方面：内容管理系统和企业信息门户。

3. IA 在信息交互方面的应用[③]

信息构建在信息交互问题上占有极重要的位置，反映了系统网络不只是单向的信息流的

[①] 荣毅虹，梁战平. 信息构建（IA）探析. 情报学报，2003(2)：229～232
[②] 傅湘玲，赖茂生. IA 在企业信息管理中的应用. 图书情报工作，2004(6)：13～16
[③] 蒋伟伟. 基于信息交互的信息构建框架. 图书情报工作，2004(6)：17～19

控制，而是一个复合的信息生态环境。信息构建的理念在信息交互研究中的应用，有助于优化信息结构设计，为用户提供一个清晰的可理解的交互界面。"应该将两者的理念交叉融合，形成新的构建理念。"

4. IA 在电子政务中的应用

目前 IA 在电子政务中的应用主要表现为政府门户网站建设中的实现，这与 IA 在普通网站建设中的应用是一致的，它的应用应该深入到政府的政务信息本身中去。

总体来看，IA 的构建经过多年的发展，已经初步建立起来了自己的体系与结构、思想与方法，但在某些方面还有待于完善，毕竟其发展的时间还是太短暂了。如对 IA 的理论研究少于应用研究，即使有一些理论方面的研究，也仅限于最基本的知识，而且研究还不够透彻；即使人们将研究的重点放在了应用研究层面上，但也只是更关注网络信息的构建问题，而忽视了一般意义上的信息构建；对信息构建与传统的图书馆学情报学、与知识管理、与企业信息管理等的关系问题研究还不够有力度。诸多问题还有待于以后不断完善与发展。

第三节　信　息　生　态

无论从研究内容还是研究方法上看，信息管理是在不断发展的。从数据管理到信息管理，经历了一场从方法到思想上的跨越。接着，知识管理使信息管理发展到了一个崭新的阶段，其内涵也更加丰富。但是进入 20 世纪 90 年代以后，网络的普及直接促使社会信息数量的激剧增长，这种增长从另一方面给人们带来了信息爆炸、信息超量、信息过载、信息资源拥有量的贫富差距等诸多问题。如何处理这些问题成为新时期信息管理面临的重大任务。信息生态则从另一个角度提出了解决新问题的新思路与新视角。信息生态研究也是信息管理研究新的发展方向之一。

3.1　信息生态的概念

由于信息生态涉及的学科领域比较多，从不同的学科角度看待信息生态的概念与内涵，会产生不同的认识。到目前为止，对信息生态的概念大致存在以下几种观点。

1. 生态学观点

生态学（Ecology）是一门研究动植物及其与环境、动物与植物间及对生态系统影响的学问，而信息生态是生态学在信息管理领域中的应用。达文波特（Thomas H. Davenport）认为，信息生态强调组织的信息环境整体、组织对信息的价值观和看法（文化）、人们如何使用和处理信息（行为和工作流程）、可能危及信息共享的缺陷（政策）以及哪些信息系统是已经合适的（肯定的、最终的和技术的）。[①]

2. 系统论观点

这种观点认为，信息生态是在特定的环境内，由人、实践、价值观以及技术组成的系统，是整体系统中的知识存在。传统的信息管理是以技术为中心，而信息生态是以人为中心，强调信息规划、信息制度、行为和文化、信息人员和管理过程以及信息体系结构等。

---

① 李永奎. 工程项目管理中的信息生态问题研究. 项目管理技术，2004(8)：33～35

3. 信息学观点

信息生态是"信息与知识"等信息环境、组织环境和外部环境之间的大环境与小环境的生存关系。信息环境是信息活动的空间氛围,包括信息策略、政策、行为、文化、过程、构筑。组织环境是信息业界或信息机构的环境,如业务状况、技术基础结构、物理配置。外部环境折射了常规市场的状况,如业务市场、技术市场、信息市场。[①]

4. 人工系统观点

信息生态系统是指由信息-人-环境组成的具有一定的自我调节能力的人工系统。在信息生态中,信息生产者、信息传递者、信息分解者、信息消费者与外界环境之间的信息交换,构成了一个信息生态循环。信息生态系统也是一个具有多样性、复杂性的动态系统,系统中的人、信息和技术等组成要素在持续变化的环境中协同发展。信息社会中的各类组织就是一个个信息生态系统,人们通过不断适应、学习和创造新技术,以人的需求为中心设计和管理信息环境,从而达到系统的动态平衡。组织的信息生态系统通常表现为一个嵌套的框架。[②]

虽然对信息生态的各种观念很多,但总的来说,关于信息生态系统的定义都是从人的角度重新审视了信息管理,并在信息-人-环境的关系中寻找一种新的平衡,是人们认识事物的一种态度的转变。人们已从知识、系统化与整体化的分析角度、从环境的角度、从人文的角度来重新揭示信息生态。从人的角度分析信息生态,能更准确的表达信息生态的内涵,因为信息生态是在以人为本的观念下产生的,在生态平衡中人也起着至关重要的作用。

3.2 信息生态的特点

信息生态是以人为中心的,考虑了与人密切相关的环境与信息等要素;同时,它也从生态学的角度将信息系统看成是一个生态系统,从而开辟了人们认识信息现象的一个新视野。所以说,信息生态具有信息、生态与系统等多方面的特点。

1. 多样性和复杂性

生态本身就具有多样性和复杂性,既然信息生态也是一种生态,和生态一样,构成信息生态的也就有多种组成成分,而不应该仅是一两个人或工具。不同组成元素之间,存在着强大的相互联系和相互依赖性,它们构成了一个复杂的系统。

2. 系统性和动态性

信息生态是一个由多元素共同组成的系统,各个元素之间都是相互联系并依赖的,系统中的各个要素共同作用才能发挥信息生态的整体功能,系统中任何一个要素的变化也会引起整个系统的变动。只要是系统就是在运动的,信息生态也是在不断地进化的,即使当它达到了平衡时,此时的平衡也是一种相对的动态的平衡,其各个元素时时刻刻都处于调整和被调整的状态。正是信息生态的这种动态性的存在,使得信息生态在不断地发展变化,持续地向前演进,以适应不断变化的环境以及人的能力的提高。

3. 强调人的重要性

人在信息与环境中具有重要作用,是联系它们关系的纽带与桥梁。人在调节信息生态平衡中起重要角色。因为信息生态的多样性与复杂性,人的重要作用变得更加独特,人在生态系

---

① 王可,刘炳华. IA 信息构建的信息生态环境下实现网上申报系统. 计算机工程与应用,2003(9):138~141

② 应金萍,冯建新. 加强信息伦理建设,促进信息生态平衡. 浙江工商职业技术学院学报,2004(3):30~32

统中起总调节师的作用。人不但可以吸收更多的因素进入信息生态系统中,而且还可以联结与操作各种其他因素,以提高信息利用的效率。"信息行动者是赋予信息行为以价值和意义的行动主体,信息网络媒介的发展又使他们成为信息生态的相关利益主体。[①]"所以,很多人借用自然生态中的概念,称"人"这个因素是信息生态的关键性"物种"。

4. 信息生态的地域性

地域性是信息生态的一个特别重要的特点。我们都拥有有关自己本地生态的专门知识,并能对其施加影响,这些是生态之外的人所无法办到的。尽管我们几乎不可能对国家政策产生影响,但却完全可以参与甚至决定如何在自己的家里、办公室、所在的图书馆中使用技术,这些地域性的参与场所为我们塑造技术在自己生活中的使用方式提供了机会和责任。[②]

3.3 信息生态失调的表现

信息生态失调就是指人-信息-环境的非均衡性。衡量一个生态系统是否处于生态平衡状态,要考虑三个方面的因素:结构上的协调、功能上的和谐以及输入和输出在物质数量上的平衡。按这种标准来看,目前的信息生态系统处于失调状态。[③]

信息失调的原因是由信息生态系统的内外部因素共事决定的,内部原因主要包括信息生态自身的熵、系统内部的新陈代谢作用、结构上的有序与无序相互交替时所产生的不平衡现象;当然,外力对系统的干扰超过一定限度时也会产生相应的熵[④]。由此可见,外部环境也对信息生态失调起着决定性作用,如信息数量的快速激增、信息传递的无序性和弥散性日益加剧等[⑤]。

除此之外,还可以从信息生态的特点来分析信息生态失调的原因。信息生态的多样性虽然在某种方面充实了信息生态,但同时多并不表示精,因为经济利益而可能会使信息生产者制造大量的信息,并将这些信息纳入到信息生态中,这样一来,信息量就很有可能大大超过了对它的需求量,从而促使了信息过载,并产生了很多信息污染。信息生态的复杂性说明各种信息有不同的性质与重要性,也有着其价值,而为了得到其利益就会产生信息垄断与信息侵犯。信息生态的人文特点又使信息生态中人与信息、人与环境的适应与互相作用变得复杂而产生信息综合症。信息吸收率明显降低,信息分解者的数量和质量没有达到系统的要求,系统各要素的数量结构不够合理,从而影响了系统功能的发挥。所以这些失衡是有根源性的原因的,一方面是因为信息生态还没有成熟,还没有达到平衡,另一方面又因为它的本身特点决定了它的一些弊病。

信息生态的失调主要表现为信息超量、信息垄断、信息侵犯、信息污染、信息综合症等。[⑥]

1. 信息超量

信息超量是指系统或个人所接受的信息超过其自身的处理能力或信息未能有效应用的状

---

① 段伟文. 走近信息生态. 广东通信报,2004
② 张福学. 信息生态学的初步研究. 情报科学,2002(1):31~34
③ 王东艳,侯延香. 信息生态失衡的根源及其对策分析. 情报科学,2003(6):572~575,583
④ 张彩云,李倩茹. 信息生态的几个问题. 经济论坛,2001(6):13~14
⑤ 薛纪册. 信息生态与信息开发. 科技交流学会月刊,2001(12):53~54
⑥ 张彩云,李倩如. 信息生态的几个问题. 经济论坛,2001(6):13~14

况。在"信息爆炸"的今天,铺天盖地的信息使人不知所措。信息超量的结果导致信息接受效率降低及信息的浪费。

2. 信息垄断

信息垄断是指信息资源不合理地被独享或专用的状况。根据联合国教科文组织统计,全球书刊发行量的83%、报纸发行量的78%、电视发射台的95%集中于仅占世界人口30%的富裕国家,全世界电话的75%集中于世界人口15%手中,数据库的90%集中于经济发达国家。信息垄断导致了信息比例的失调。

3. 信息侵犯

信息侵犯指利用技术手段侵犯他人的隐私或从事间谍或欺骗活动等现象。在互联网上,数据采集商、推销商、侦探甚至罪犯利用各种电子手段收集人们平时不经意泄露的有关个人的点滴情况,包括出生日期、购买习惯、吃药时间、家庭成员等,借助计算机将它们储存起来,并出售给漠视人们隐私的公司。另外,互联网上的木马程序,如果不慎使用,等于给自己的机器开了后门,个人信息和重要数据可能在不知不觉中被黑客盗走。形形色色的病毒也威胁着人们的电脑,导致客户数据丧失。

4. 信息污染

信息污染是指信息污染源对社会的危害状况,是由信息的无限激增、信息传递的无序性和弥散性的加剧促成的。它不仅阻碍社会对有用信息的吸收和利用,而且在整个社会的精神领域造成严重后果。表现在:信息老化过时产生信息旧货、信息重复泛滥产生信息赘物、信息谬误讹传产生信息赝品、信息膨胀产生信息冗余、信息监控困难产生信息污垢。

5. 信息综合症

信息综合症指与信息有关的症候群。它不仅影响人的生理和心理健康,而且能改变人或社会组织的行为。它包括个人信息综合症和社会信息综合症。个人信息综合症是指个人难以适应外界的症候群,包括信息饥饿、信息孤独、信息恐惧;社会信息综合症不仅是局部个人信息症的综合,而且是信息-人-环境之间不能适应的综合体现。一方面是由于各方面的信息力量缺乏配合和协调,由此导致盲目公关、重复建设和资源浪费;另一方面是信息法规未能制度化和信息技术缺乏标准化。

显而易见,信息生态失衡会给社会和个人带来诸多的负面影响,因此我们应努力采取措施,使信息生态系统向平衡的方向发展。

3.4 信息生态平衡

信息生态的平衡是指系统的各种结构要素、比例、输入和输出数量都处于稳定或通畅状态,要保持信息生产和消费的平衡、储存和传递的平衡、民主与法制的平衡、污染与净化的平衡等等。① 信息生态平衡的最终目的就是使信息精品层出不穷、信息筛选大大简便、信息意识日益浓厚、信息质量逐步优化、让人们更好地开发、利用网络信息资源。②

因为生态系统本身对外部环境有一种自适应与自调节能力,所以信息生态系统也在其内

---

① 岳泉. 信息-人-环境的整体性. 图书情报工作,1998(2):62
② 谢立虹. 网络空间中的信息生态问题. 图书馆,2000(2):11~13,24

部具有对失调的自我恢复平衡的能力。当然,要想使信息生态保持相对平衡,主要还是要依赖于外部力量。

信息平衡的建立需要靠技术的进步,法律的完善,更要靠提高人们的素质。只有信息生产者的技术和素质同时得到提高,信息使用者的民主意识和使用信息的效率也得到加强,信息分解者的能力得到提升,才有可能克服种种困难,调节信息失调,使信息生态达到平衡。目前信息伦理建设也得到了人们的重视。因此,具体说来,主要在以下几个方面加强信息生态的平衡。

（1）信息生产和消费。在信息的生产与消费环节,都要加强控制。用经济的手段,按需生产;对信息超载者输出适量相关信息,剥夺信息垄断者过多的专有信息,禁止信息侵犯者窃取所需信息。[①]

（2）信息民主和法制。信息民主是公民享有信息的权利,有助于防止信息垄断。信息法制是通过立法程序,保护信息民主的成果,有助于防止信息侵犯。[②]

（3）信息的污染和净化。信息污染是无法回避的问题。为尽可能减少危害,加强信息精品意识,提高信息质量,我们应因地制宜,对症下药,对信息污染源进行控制,应净化信息传播渠道并制订信息等级。[③]

（4）信息伦理建设。信息伦理会推进信息法制的健全和完善,促进信息生态环境的净化,信息伦理有利于数字与人的融合,推动信息链的有序完整。信息伦理学通过建立信息社会的伦理道德,来协调信息社会中人与人之间的关系,规范人的行为,促进信息社会的发展。[④]

由此可见,只有通过法律、信息伦理、技术与方法的共同进步与合作,信息生态平衡才有可能实现。

3.5 信息管理与信息生态学的关系[⑤]

信息生态学是以信息生态系统为研究对象的学科,研究它的构成、特点和发生发展规律,是管理实践的一门交叉学科。

信息生态学与信息管理之间是一种交叉关系,二者之间既有共同点也有明显的区别。信息管理为组织提供结构化的存储信息,这些信息通过为组织流程、产品和服务建立更多的信息价值,帮助组织获益。信息生态学则是为知识创建、开发和共享所需要的工具、方法、实践、信任和综合等提供背景。信息管理的目标是积累和补充知识,信息生态学的目标是开发和综合集体的共同智慧。信息管理将信息作为一个物理对象进行管理,而信息生态学认为信息是相互联系和相互影响的,它不是一个对象,而是一个不断变化的发展过程,如表3.5所示。

---

① 张彩云,李倩茹. 关于信息生态的几个问题. 经济论坛,2001(6):13~14
② 廖凌飞. 网络环境下的信息生态. 信息窗,2001(4):6~7
③ 张彩云,李倩茹. 关于信息生态的几个问题. 经济论坛,2001(6):13~14
④ 应金萍,冯建新. 加强信息伦理建设,促进信息生态平衡. 浙江工商职业技术学院学报,2004(3):30~32
⑤ 张福学. 信息生态学的初步研究. 情报科学,2002(1):31~34

表 3.5 信息生态学与信息管理的比较

	信息生态学	信息管理
目的	为人们利用信息、认清机遇和将这些信息与机遇转化成为知识与行动增添必要的背景、协同和信心	为人们提供可资利用的信息和机遇
研究重点	研究的重点是文化、信息培育、软系统、模式认知、建立模型以及信息的产生和应用	研究的重点是信息对象、知识产权保护、信息结构、检查和改进信息流程、各种规则条例等
作用框架	以社区(community)为导向,使我们能够发现社区发展和维持联系网络所必须采取的措施,以及有效行为的信息能力是从何处产生的	以底线(bottom line)为导向,使我们能够发现自己在信息的评估、组织、描述和从信息中获益诸方面所面临的机遇和挑战
兼容与合作	重点在于对有关政策的交流,这些政策能够确保所有员工对信息的解释达成共识,对信息的内容含义有一个共同的理解,提倡合作,不进行硬性控制	重点在于知识的分布和存取政策,以及保证它们之间能够相互兼容的各种措施
本质特性	与智力能量有关,具有"波"的特性:信任、信息创建、信息、对话、意见、创新、创造性、含义诠释	与智力物质有关,具有"粒子"特性:各种规则、信息传递工程、优秀实践、专利、文献建设、常见问题(FAQs)、计量学等

纵观信息生态近半个世纪的发展,依然是个十分宽泛的概念。它既指与人类有关的一切信息状态的总和,又可指存在于特定环境内的人、技术、价值和实践所组成的一个系统。目前,国内外越来越重视信息生态方面的研究,信息生态学也逐步发展起来。

在一个信息生态系统中,信息生态平衡当然是我们所希望的最高境界,但我们仍应清醒地认识到,任何生态平衡都是客观动态的,绝对平衡或非平衡的信息生态平衡反而是不正常的。因此,我们应从信息立法、信息生产、信息净化、信息伦理等各方面入手,努力使信息生态保持到相对平衡的状态。而在这个方面,需要做的工作,则有立法的强制和道德的约束两个方面。

展望信息生态的未来发展,在今后的很长一段时间里,人们会集中在对企业信息生态的研究和构建上,因为它可以说是目前最基本的信息生态系统,它就像原始意义生态系统中的一块池塘或一块田地,是构成整个生态系统的基本元素。其次我们应该考虑对社会信息环境的信息生态建设,继而进行整个社会的信息生态规划,最终达到使整个社会处于信息生态平衡的目的。与此同时,由于网络空间的不确定性,它的信息生态建设将会贯穿于整个信息生态发展的全过程中。总之,信息生态的建设任重而道远。

参 考 文 献

[1] 邱均平,马海群. 再论知识管理与信息管理. 图书情报工作,2000(10):5~8
[2] 王德禄. 知识管理的 IT 实现——朴素的知识管理. 北京:电子工业出版社,2003
[3] 李华伟,董小英,左美云著. 知识管理的理论与实践. 北京:华艺出版社,2002
[4] 夏敬华,金昕. 北京:知识管理. 北京:机械工业出版社,2003
[5] 周晓英. 信息构建(IA)——情报学研究的新热点. 情报资料工作,2002(5):6~8
[6] 周晓英. 论信息集合的信息构建(IA). 情报学报,2004(4):456~462
[7] 周晓英. 深化信息构建(IA)研究,完善情报学理论方法. 情报学报,2004(1):39,57
[8] 周晓英. 信息构建目标及其在政府网站中的实现. 情报资料工作,2004(2):5~8

[9] 周晓英. 信息构建的基本原理研究. 图书情报工作,2004(6):5～7

[10] 周晓英,赖茂生. 认知过程链与情报学的新定位. 情报资料工作,2003(3):5～8

[11] 张新民. 面向知识管理的信息构建. 北京大学信息管理系博士学位论文,2003

[12] 张新民等. 网站建设中的信息组织与构建. 中华医学图书情报杂志,2003(3):1～3

[13] 荣毅虹. 基于用户认知的网站信息构建研究. 北京大学信息管理系博士学位论文,2003

[14] 荣毅虹,梁战平. 信息构建(IA)探析. 情报学报,2003(2):229～232

[15] 姜婷婷,陆伟. 基于万维网信息生态系统的信息构建. 情报学报,2004,23(3):310～346

[16] 马费成,姜婷婷. 信息构建对当代情报学发展的影响. 图书馆论坛,2003(6):20～25

[17] 李箐. 基于 IA 的网站构建研究. 北京大学信息管理系硕士学位论文,2003

[18] 潘梅. 国内外信息构建(IA)研究综述. 图书情报工作,2004(6):8～12,29

[19] 周倩,汤珊红. 深化 IA 理论研究,拓宽 IA 应用领域——IA 理论与应用学术研讨会综述. 情报理论与实践,2002(6):471～472

[20] 刘强,曾民族. 信息构筑体系及其对推动信息服务业进步的影响. 情报理论与实践,2003(1):1～7

[21] 何晓聪. 论信息构建与企业信息空间. 情报资料工作,2004(5):70～72

[22] 韩毅,李健. 信息构建(IA)与情报学的相互作用与影响. 情报资料工作,2004(5):11～13

[23] 周倩. 论信息构筑师的形成与发展. 情报学报,2004(1):86～90

[24] 傅湘玲,赖茂生. IA 在企业信息管理中的应用. 图书情报工作,2004(6):13～16

[25] 蒋伟伟. 基于信息交互的信息构建框架. 图书情报工作,2004(6):17～19

[26] 柯平,王平. 从信息构建到知识构建:基于知识构建的第二代知识管理. 图书情报工作,2004(6):20～24

[27] Richey, S. Information Architecture Practice:An interview with Steven Richey, Sapient. Bulletin of the American Society for Information Science, 51(1):33～38

[28] Andrew Dillon. Information Architecture:Just Where Did We Come From?. JASIST, 53(10):821～823

[29] Louis Rosenfeld and Peter Morville. Information Architecture for the World Wide Web, 2nd Edition. Cambridge, Mass.:O'Reilly,2002

[30] Roger Evernden. What's Information Architecture? Innovation in Information. http://www.4thresource.com/topics/iii_1_what_is_ia.htm, May,2001

[31] Kent State University. Information Architecture and Knowledge Management. http://iakm.kent.edu

[32] Kimen, Shel. 10 Questions about Information Architecture. http://www.builder.com/Authoring/AllAboutIA/index.html,June,1999

[33] www.aifia.org/pg/about-aifia.php

[34] www.asis.org/conference

[35] http://www.nlc.gov.cn/newpage/science/tyck/2004/30-1.htm

[36] 陈曙. 信息生态的失调与平衡. 情报资料工作,1995(4):11～14

[37] 陈曙. 信息生态研究. 图书与情报,1996(2):12～19

[38] 陈曙. 信息生态失调的剖析. 山东图书馆季刊,1995(4):4~7
[39] 薛纪珊. 信息生态与信息开发. 科技交流学会月刊,2001(12):53~54
[40] 张福学. 信息生态学的初步研究. 情报科学,2002(1):31~34
[41] 张彩云,李倩如. 信息生态的几个问题. 经济论坛,2001(6):13~14
[42] 王东艳,侯延香. 信息生态失衡的根源及其对策分析. 情报科学,2003(6):572~575,583
[43] 应金萍,冯建新. 加强信息伦理建设,促进信息生态平衡. 浙江工商职业技术学院学报,2004(3):30~32
[44] 岳泉. 信息—人—环境的整体性. 图书情报工作,1998(10):62
[45] 李晓玲. 论信息生态环境的影响因素和建设管理,情报杂志,2003(7):94~95
[46] 卢朝. 浅析网络信息生态. 广东商学院学报,2002(增刊):102~103
[47] 谢立虹. 网络空间中的信息生态问题. 图书馆,2000(2):11~13,24
[48] 范晓虹. 创造一个洁净的网络信息空间. 图书与情报,1998(2):66~69
[49] 彭前卫. 网络信息生态环境的危机与保护. 图书馆学研究,2002(5):51~53
[50] 彭前卫. 开发利用网络信息资源的若干思考. 图书情报工作,2000(6):31~34
[51] 马自坤. 信息生态环境. 生态经济,2002(8):73~75
[52] 李美娣. 信息生态系统的剖析. 情报杂志,1998(4):3~5
[53] 张新华. 论信息环境污染及对策. 社会科学,1992(8):54~57
[54] 蒋录全,邹志仁. 信息生态学——企业信息管理的新范式. 图书情报知识,2001(3):1~6

思 考 题

1. 什么是知识管理?
2. 知识管理技术有哪些类型?
3. 信息管理与知识关系之间的关系如何?
4. 显性知识、隐性知识在个体与群体层面上是如何互相转化的?
5. 什么是信息架构以及其构成要素有哪些?
6. 为什么会出现信息架构?
7. 如何进行信息架构?
8. 信息架构有哪些特点?其与信息管理的关系与区别表现在哪些方面?
9. 信息架构在现代信息管理中可以应用到哪些方面?
10. 信息生态的概念以及特点是什么?
11. 信息生态失衡的表现以及如何平衡这些失衡现象?
12. 信息生态与信息管理的关系如何?

第二篇 技 术 篇

第四章 信息管理的技术基础

内容提要

信息技术是信息管理的技术基础,信息管理工作的开展一定是建立在信息技术基础之上的。因此,掌握与了解信息技术的基本概况是学习信息管理知识的基本要求之一。本章主要解释了信息技术的概念及其发展、信息技术的层次结构、主要信息技术简介等内容。在了解了信息技术的基本内容后,又在讲述信息系统的概念、类型、功能等基本问题的基础上,重点讨论了办公自动化系统、管理信息系统、数据库管理系统、决策支持系统的发展历史、功能、特点、类型、结构及其开发方法等问题。关于信息系统安全及其管理问题,本章主要介绍了信息系统安全的概念、发展阶段及其层次内涵,信息系统风险以及规避风险的主要方法,其中包括信息安全技术、信息系统安全管理以及我国信息系统的安全等级保护等内容。

学习要点

1. 信息技术的概念及其类型
2. 信息技术的体系结构
3. 信息技术对信息管理活动的影响
4. 信息系统的概念、类型、功能
5. 办公自动化系统的发展、功能、特点、类型、结构
6. 管理信息系统的发展、概念、特点、类型、开发方法
7. 数据库管理系统的概念、特点、类型、开发方法及其发展趋势
8. 决策支持系统的概念、类型、特点、结构
9. 信息系统安全的概念、发展阶段、层次
10. 信息系统安全风险
11. 终端用户的信息系统安全技术
12. 信息系统安全管理
13. 我国信息系统的安全等级保护制度
14. 我国信息系统安全管理存在的问题

信息管理具有浓重的技术色彩。虽然我们更应将信息管理当做一种管理的职能与方法、理念与思想，但它们的实现必然也离不开信息技术的支持。这也是信息管理被大多数人理解为一种信息技术或是信息技术的一个子集的缘故。人们从战略高度开发利用信息资源、实现信息资源的价值也需要信息技术这个重要的手段。信息技术是信息管理的技术基础。

信息技术的快速发展给信息管理带来了机遇。信息技术使得信息传输的时间大大缩短，提高了信息存储的容量，极大地降低了信息管理的成本；高科技为信息的服务、检索、收集、处理提供了方便；利用信息技术推动经济发展，可以真正实现信息管理的潜力。同时，伴随着机遇，信息管理也要面临信息技术的挑战。信息安全成为信息管理工作中的重点，一定程度上限制了信息管理的发展；传统的信息管理与现代的信息管理同时并存，互相影响，带来了一定的矛盾；新技术的不断采用，给信息的传播与接收双方带来了一些障碍等。

第一节　信息技术概述

科技进步是推动人类社会前进与变革的重大力量。在人类发展的历史上，历次重大的信息技术发明与发现，都极大地改善了人类的生存环境与社会的发展。语言的产生、文字的创造、纸张的出现、印刷术的发明到电信技术的运用，二次大战后计算机技术的普及，全都为人类带来了巨大的冲击和影响。尤其是计算机技术和现代通信技术的诞生，改变了人类信息技术从属于其他技术发展的历史，而成为主导社会各方面发生重大变革的"领军"力量，也使现代信息技术成为一个主导性的技术群，奠定了人类走向更辉煌时代的技术基础。

从国家的角度来看，现代信息技术已经成为促进经济增长、维护国家利益与安全的重要保障，成为提高人民生活水平的重要依靠，成为社会可持续发展的重要手段、成为维护国家竞争能力的重要力量。以现代信息技术为代表的高新技术，是现代人类社会文明的技术支撑与基础。

1.1　信息技术的概念

虽然信息技术产生的历史比较悠久，现代信息技术的发展也有半个多世纪了，但人们对信息技术的定义，因其使用的目的、范围、层次的不同而有很多不同的看法。

（1）信息技术就是获取、存储、传递、处理、分析以及使信息标准化的技术。

（2）信息技术是以计算机技术、微电子技术和通信技术为特征，包括通信、计算机与计算机语言、计算机游戏、电子技术、光纤技术等在内的一类技术。

（3）信息技术是在计算机和通信技术支持下用以获取、加工、存储、变换、显示和传输文字、数值、图像以及声音信息，包括提供设备和提供信息服务两大方面的方法与设备的总称。

（4）信息技术是人类在生产斗争和科学实验中，认识自然和改造自然过程中所积累起来的获取信息、传递信息、存储信息、处理信息以及使信息标准化的经验、知识、技能和体现这些经验、知识、技能的劳动资料有目的的结合过程。

（5）信息技术是管理、开发和利用信息资源的有关方法、手段与操作程序的总称。

（6）信息技术是指能够扩展人类信息器官功能的一类技术的总称。

（7）信息技术是指应用在信息加工和处理中的科学、技术与工程的训练方法和管理技巧；上述方法和技巧的应用；计算机及其与人、机的相互作用，与人相应的社会、经济和文化等诸种事物。

（8）信息技术包括信息传递过程中的各个方面，即信息的产生、收集、交换、存储、传输、显示、识别、提取、控制、加工和利用等技术。

从上面我们所选取的定义可以看出,人们在定义信息技术时,有的是从信息技术的应用方面出发,对其价值以及特点进行简单的描述;有的是对其内容与价值、功能进行总结概括。但它们主要涉及了以下几个要素:① 以计算机为代表的现代技术手段是基础;② 以促进信息流通为目的;③ 以各类型的信息资源为处理对象;④ 信息技术是为人服务的;⑤ 信息技术是与信息采集到信息反馈这个过程的各个环节都相关的复杂技术。因此,可以从广义、中义与狭义三个角度来认识信息技术。

从广义上看,信息技术是指扩展人类信息器官功能的一类技术的总称。这是从哲学层次上阐述信息技术与人的本质关系。

我们知道,人体本身就是一个信息处理与加工的系统,通过人的信息器官,包括感觉器官、神经系统、思维器官、效应器官,来完成对人接收到的信息的处理与应用的过程。这四种信息器官对信息的处理能力是极其有限的,人类通过对它们的仿真,在技术上实现了其功能在更大的时间与空间地域上的扩展。人体的感觉器官用于收集信息,所以对其扩展而形成了感测技术,如显微镜、望远镜等;神经系统用于传递信息,对其扩展就形成了通信技术,如卫星通信、无线通信等;思维器官用于处理信息,对其扩展而形成了可以辅助人类思维的技术,即以计算机技术为代表的信息处理技术,因此也被人称之为计算机技术;效应器官是用来对处理完的信息应用、施效的,它通过信息而对外部环境进行干预和调节,包括利用信息进行控制、操作、指挥、管理、决策等技术,所以与其对应的技术称之为效用技术,包括控制技术、显示技术等,如 IC 控制、指纹控制技术等。目前,比较重要的控制技术有人机接口、机器人、自动控制等技术等。

从中观层次上看,信息技术是指对信息进行采集、传输、存储、加工、表达的各种技术之和。它强调了人们对信息技术功能与过程的理解。

从狭义上看,信息技术是借助于微电子学为基础的计算机技术和电信技术结合而形成的手段,对声音的、图像的、文字的、数字的和各种传感信号的信息进行获取、加工处理、存储、传递和利用的能动技术。这个定义强调了信息技术的现代性和高科技含量。

我们可以从四个方面理解信息技术:

(1) 信息技术是一种高新技术,属于高科技领域。

高新技术的"高"体现在高战略性、高增值性、高渗透性、高投入性、高风险性、高竞争性、高超前性、高更新性;"新"体现于前所未有的创新。

高战略性:由于信息技术能够直接对一个国家的政治、经济、军事以及在世界格局中的地位产生不可忽视的作用,信息技术已成为衡量一个国家政治、经济、军事等实力,即综合国力的标志之一。如何开发和利用信息技术是任何一个国家必须考虑的重大战略决策。大多数国家都已经充分意识到开发和利用信息技术的战略地位。

高增值性:信息技术的应用可以大幅度地增强产品的功能,显著地提高劳动生产率、资源利用率和工作效率,从而取得巨大的经济效益。

高渗透性:信息技术处于综合性、交叉性强的技术领域,因而能广泛渗透到各个传统产业部门,进行技术改造,提高产品质量,促进产品更新换代,减轻劳动强度,节约能源和原材料,提高生产效率。

高投入性:信息技术是知识、人才、资金密集的新兴技术群体,对于信息技术的投入都明显高于一般传统技术。

高风险性：信息技术处于当代科学技术的前沿，具有明显的超前性，它的开发与研究需要耗用大量的人、财、物力和时间，因而其开发具有很多不确定性。

高竞争性：信息技术对国家各方面产生了重大影响，各国为了追求信息及其产业开发带来的高经济效益，展开了剧烈的竞争。

高超前性：信息技术是活跃的生产力要素，它要在人们还不充分认识的情况下进行开发研究，并应用于先进的生产设备和试制品中，从而在许多技术领域具有龙头地位和先导作用。

高更新性：信息技术领域是一个发展速度极快的领域，其技术的更新性也非常明显。以我们经常使用的各类微软的产品来看，其更新的周期就非常短。

（2）信息技术是一种社会技术，与社会的政治、经济、科技、教育、文化发展和人们的生活水平的提高息息相关。

人类历史上的历次信息革命，都直接对人类的社会各领域产生了影响，也影响着人们的生活。总的来看，信息技术还是要为人服务的，人生活在社会中，要充分利用信息技术创造的各种便利条件，提高人类生存的质量。在管理工作中，信息技术的大量使用，提高了生产的效率，改善了工作的环境。人类社会也正在或者已经由工业社会迈向信息社会。

（3）信息技术是一种辅人技术，用于辅助人们认识世界和改造世界。

信息技术是延长人类信息器官功能的一类技术总称。从这个意义上说，信息技术是在帮助人类面对世界。不断变化的信息技术，改善着人类改造世界的手段与方法，甚至是认识世界的角度。信息技术的形成与发展，正是人类认识世界和改造世界，进行信息搜集、整理、加工、处理、传递和反馈的全过程。

（4）信息技术应用时应考虑人本主义。

信息技术并不是万能的，无论它发展到什么程度，也应该以人为主体，以不损坏人类的文明与文化为前提。人们发明先进的信息技术，绝不是想让它来统治世界，而只是帮助人们。因此，在应用信息技术与开发信息技术时，要本着"以人为本"的思想，否则必定本末倒置，让技术嘲笑人类。

1.2 信息技术的体系结构

信息技术实际上是一个庞大的信息技术群落，它不是由一、两个通用的信息技术构成的，而是呈现出一个层次分明的技术体系。

1. 从 1C 到 4C 的发展：人们认识信息技术的发展轨迹

我们一提起信息技术，往往首先想到的就是大家经常看见的计算机技术，于是把它作为信息技术的全部。因为计算机的英文是 Computer，所以我们简称其为 1C 技术。

随着通信技术的不断快速发展，特别是各种通信手段以及网络交流进入我们的日常生活，于是再提起信息技术的时候，人们往往又将通信技术（Communication）作为信息技术的代表，将其包容进信息技术的范畴。于是我们有了 2C 技术。

在信息时代，信息的地位越来越重要，获取各类信息并将其吸收进入我们的生活、工作与学习中，于是如何收集信息，用何种手段搜集信息成为大家比较关注的问题。这样，感测技术（Collection）自然成为构成信息技术的 3C 技术。3C 技术在不同的行业领域里有着不同的理解。比如网络界认为 3C 技术是指计算机技术、通信技术和内容技术（Content），因为网络的内容建设是网站和网络服务商的生命线。而房地产开发界在做房屋广告时，常常用 3C 技术指其房屋产品的高技术性，以卖出一个好价钱。他们认为，一个 3C 的住房，主要指其管理与应用的计算机化、通信交流的网络化以及 IC 卡的管理应用。

信息技术被应用到各个领域,其所起的作用越来越大,其效用也越来越明显,人们的工作与生活对信息技术的依赖性越来越强,其所控制的范围也越来越广泛。于是,控制技术(Control)进入了信息技术的体系,成为 4C 技术。

可以说,从 1C 到 4C 的发展,虽然是基于人们的日常生活层面,但这个发展轨迹,也表明了人们对信息技术由浅入深的认知过程。

2. 信息技术的体系结构(见图 4.1)

通过体系结构图可以看出,上面所讲的 4C 技术,也即扩展人类信息器官功能而产生的四

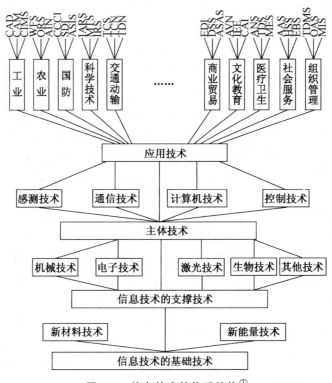

图 4.1 信息技术的体系结构[①]

CAD:计算机辅助设计　　　　　　EDI:电子数据交换
CAM:计算机辅助制造　　　　　　DSS:决策支持系统
CIMS:计算机集成制造系统　　　　ASAS:自动出售-记帐系统
WFS:气象预报系统　　　　　　　AVN:远程自动化视听教学系统
ORS:作业监测遥感系统　　　　　IEE:智能娱乐设备
AIN:自动化灌溉网络　　　　　　CAI:计算机辅助教学
CCCI:指挥-控制-通信-情报系统　　ANS:自动护理系统
SDI:战略防御系统　　　　　　　TDS:远程会诊系统
ASIS:空间情报系统　　　　　　　MES:医疗专家系统
IARS:情报自动检索系统　　　　　AAS:自动订座订票系统
MTS:机器自动翻译系统　　　　　HSS:家务操作系统

---

① 钟义信. 信息科学原理. 北京:北京邮电大学出版社,1996

IRS：智能推理系统　　　　　　　　EBS：电子银行系统
TCS：交通控制系统　　　　　　　　TDMS：智能决策系统
TCN：远程会议网络　　　　　　　　OAS：办公自动化系统
TDN：远程调度网络　　　　　　　　MIS：管理信息系统

类技术在图中处于主体技术层次，它是直接被人类所使用的信息技术。人们使用它们的领域已经渗透到包括工业、农业、国防、教育、商业、文化、医疗、管理、科技等方方面面，我们把这一层次的应用称为应用技术层次，这也是我们天天使用的信息技术，因而更具有直观性。这个层次是信息技术开发的根本目的之所在，也是人类进入信息时代的标志。它的主要代表性技术包括文件技术、数据挖掘技术、数据库技术、数据仓库技术等。这两个层次的信息技术，被称之为狭义的信息技术体系。

世界上第一台计算机 ENIAC 出现于 1945 到 1946 年，它重达 30 吨，占地 170 平方米，所使用的电子管数量巨大。而经过短短 60 年的发展，今天的个人微机已经可以做到极其微型化、小巧化。其原因在于：一方面人们对事物的认识程度与深度不断提高，更重要的在于新材料的发现。从计算机技术发展的历史可以看出，从第一台电子管计算机诞生之日起，它经历了晶体管计算机、集成电路计算机、超大规模集成电路计算机等几个阶段，之所以可以将计算机在体积上越做越小，在于人类发现了以硅为代表的新的物质，可以将大量的元器件和线路集成在一个小巧的板子上。因此，信息技术体系结构图中的基础技术也不难于理解，它是信息技术发展的根基与源头。

而掌握了信息技术发展的基础技术后，也并不一定可以生产出先进的主体技术所代表的现代信息技术，其间还受到支撑技术的制约。在技术与设备制造环节上，机械加工技术、电子技术、激光技术等支撑技术起到非常重要的作用。现实告诉我们，即使具备了先进的主体技术与基础技术的理论与方法，但操作技术与手段落后，同样不能生产出先进的主体技术。

可见，支撑技术和基础技术是包括主体技术和应用技术的狭义信息技术的外围技术，它们与主体技术和应用技术共同构成了广义的信息技术体系结构。

不管如何划分信息技术的体系结构层次，实际上它们之间的关系并不是绝对的，而是相对的，其中主体技术处于核心位置，因此也被称为核心技术层次。一台计算机，可以称其是主体技术，但在应用技术层次，它也是主要的工具，此时它又处于应用层次了。四个层次的技术应该说构成了一个有机的整体，它们之间是相辅相成、互相促进、互相依赖的，不能孤立地看待其中任何一个层次。

1.3　信息技术的类型

信息技术因其应用以及所依赖的技术的广泛性，可以从不同的角度认识它，于是其类型也就呈现出了多样化的特点。

（1）按照应用的方便性以及是否可以物化为实物，我们将信息技术分为"硬技术"和"软技术"两类。

硬技术是指已经或即将固化为实物的信息技术，其常以信息产品的形态存在，如计算机、手机、卫星、交换机、Modem 等。它们在生产与研发过程中应用了大量信息技术，而且为信息技术服务，同时本身也是一件信息产品。它们直接可以使用，以实物的形态出现在用户面前，特别具体,因此也就易于为人们所理解与接受。

软技术是指不具有物质承载者,而呈现出一种知识体系、方法规则的形态的技术,如 Java 语言等编程语言、各类信息检索技术、信息组织技术、产品加工技术程序等。它们是支持硬技术运行发挥效用的基础。

但这两类技术在很多情况下并不存在着明显的界线,因为很多软技术从保护知识产权以及使用的方便性角度考虑,而将其固化成硬技术,成为一个硬件。如很早以前的"汉卡"。

(2) 按照信息技术扩展人类信息器官的功能,可以将信息技术划分为感测技术、通信技术、处理技术、控制技术,它们构成了信息技术的主体层次技术。

(3) 按照信息技术所依赖和渗透的领域来分,可以将信息技术划分为广义和狭义技术两大类。广义的技术包括信息技术体系结构的四个层次,狭义的信息技术包括主体技术和应用技术。

(4) 按照人们信息活动的过程,可以将信息技术分为信息获取技术、信息处理技术、信息存储技术、信息传递技术、信息检索技术、信息服务技术等。

信息获取技术主要是扩展人类的感觉器官的功能而形成的,用于采集信息的技术;信息处理技术则是将采集来的信息,像人的大脑一样对其加工、组织,使其成为能带来效益的一类技术,如计算机技术;信息存储技术则是将处理好的信息以一定的格式存储在一定的地方的技术类型;信息传递技术是将存储组织好的信息传播开,如各类通信技术等;信息检索技术是在大量的信息中查找信息资源时所应用的一类技术,如布尔逻辑检索技术;信息服务技术是指在信息服务过程中所依赖与使用的一些专门技术。

1.4 几种主要的信息技术简介

信息技术比较典型的应用代表就是感测技术、信息存储技术、信息处理技术、通信技术和网络技术等。

1. 感测技术

感测技术就是通过扩展人类感觉器官而用来获取信息的一类技术。

通过显微镜、望远镜人们可以分析细胞的组成,可以观测天文奇观,可以看运动员的表演;通过助听器、窃听器、听诊器可以使听觉不好的人听到声音,可以使警察在远处就可以听到犯罪团伙的秘密接头,可以使医生听到病人生理机能的异常声音。这些感测技术的产生,实现了古人"千里眼"、"顺风耳"的梦想,而且现代技术还可以通过嗅觉机器人分析出 10 公里以外的气味,更是实现了古人连想都不敢想的"万里鼻"。这些技术的产生,使我们更清楚地了解了世界。但也给我们带来了一些负面的影响,如隐私公开、先进技术辅助作弊等。

2. 信息存储技术

信息存储技术包括信息载体技术和信息记录技术两类。

信息具有依附性的特点,它必须依附在一定的载体上才能够进行传递与交流、加工与利用。信息载体技术的发展主要是信息载体材料的发展。信息载体材料经历了从天然材料、人造材料到光电磁性材料的过程。现在人们大量使用的载体材料主要有以纸张为代表的人造材料,以磁盘为代表的磁性材料和以光盘为代表的光性材料。尤其是光性材料,与其他载体材料比起来,它被认为是"海量存储",更具备重量轻、强度高、记录信息密度大、大规模生产等特点,而广为人们使用。

信息记录技术指信息符号所代表的信息内容被存储到载体材料上的一种技术,常见的信息记录技术包括机械记录技术、磁记录技术、感光记录技术、激光记录技术等。磁记录技术是利用铁磁性物质能够保留住磁性的特点来记录信息的,它将信号电流随时间变化转换成磁化强度随距离变化而将信息记录到磁性材料上。感光记录技术是利用感光材料对外界信息的光学信号敏感,而使感光材料发生光学变化进行记录的,是一种以模拟方式进行的记录,又分为普通光感记录和全息感光记录。激光记录技术是通过模拟记录或数字记录的方式进行记录,它采用逐点式波形数字化数据信息编码或视频图像信息编码,以阶段脉冲波形输入调制器调制激光束,然后通过光学系统聚焦后再将分解后的微小像素变成小光点照射到光盘上,并刻出突状信息痕迹。这些痕迹就是输入的信息编码记录。

3. 信息处理技术

信息处理技术的基本功能相当于人脑的思维功能,是信息技术群的核心,计算机技术在此显示出其强大的威力。因此,现代信息处理技术的发展历史,就是一部计算机技术的发展史。计算机的发展经历了从电子管计算机、晶体管计算机、集成电路计算机到大规模和超大规模集成电路计算机几个阶段。

计算机的运行离不开支持它的软件资源,因此计算机技术不但包括其硬件技术,还应该包括软件技术,如多媒体技术、数据库技术等。

4. 通信技术

通信是人体信息传递机能的延伸,是人类赖以生存和发展的基本要素之一。在信息已经成为社会发展的战略性资源的今天,承担着传递信息重要使命的通信技术成为社会经济发展的生命线。

现代通信技术的主要任务是通过一定的媒介将承载一定的信息的信号从一点快速地传递到另一点。人类社会利用通信技术的历史源远流长,从古代的烽火狼烟、信鸽驿站,到近代邮政电报、电话,再到现代的卫星、光纤,不断地开发出越来越先进的信息传递技术手段。

现代的通信技术按其信号形式可以分为模拟通信和数字通信。目前,通信技术的发展趋势是由模拟通信向着数字通信转变,计算机技术和通信技术紧密地结合在一起,使信息处理技术与信息传递逐步走向一体化。

5. 网络技术

网络技术是将不同地理位置、具有独立功能的多台计算机、终端及附属设备用数据通信链路连接起来,并配备相应的网络软件,以实现网上信息资源的共享。按其地理位置分布范围,计算机网络可以分为局域网、城域网和广域网。

第二节　信　息　系　统

从信息管理的层次性方面考虑,信息系统管理应该属于中观信息管理层次。信息系统的理解应该有两个角度:一是作为技术的信息系统,如 MIS、DBMS、OA、DSS 等;另一方面应该将它理解为与社会信息行业相关的行政隶属关系系统,如咨询行业系统、科技信息研究系统等,都被称之为与信息行业有关的、独立于其他社会行业的信息系统。在本章中所讲的信息系统,应该理解为技术角度的信息系统。

2.1 信息系统概述

随着现代科学技术的迅猛发展,人类社会逐步向信息时代前进,人类认识和理解客观世界的能力、手段都发生了很大的变化。自20世纪90年代以来,管理理论不断演进,借助于技术手段加强管理的新理论产生;同时,计算机技术和网络技术的飞速发展,使得与组织管理密切相关的信息系统领域不断渗透出技术手段与管理思想集于一身、共同结合并重的特点。

1. 信息系统的概念

在国外,谈到信息系统(Information System,简称 IS)时,一般是指管理信息系统(Management Information System,简称 MIS)。管理信息系统是一个涵盖面很广的概念。劳登教授在其所著《管理信息系统》(第四版)一书中指出:"信息系统技术上可以定义为支持组织中决策和控制而进行信息收集、处理、存储和分配的相互关联部件的一个集合。"从这个定义中我们可以看出,这里所说的信息系统就是管理信息系统。

在我国,由于电子技术类专业首先使用了信息系统这个名词,使得国内对信息系统的理解与国外有所不同。一个典型的区别就是将国内纯粹的通信系统或信息传输系统统称为信息系统,而管理信息系统的学者则认为那只是硬件和软件的结合,对信息系统的理解是不全面的。现在越来越多的学者认为信息系统就是广义上的管理信息系统,而狭义上的管理信息系统,主要指用于管理方面的信息系统。

信息系统是指依据系统的观点,通过计算机、网络等现代化工具和设备,运用数学的方法,服务于管理领域的人机相结合的信息处理系统。通过对信息进行采集、处理、存储、管理、检索和传输,向有关人员提供有用信息的系统。

2. 信息系统的功能

信息系统被应用于管理领域后,其所实现的功能应该是多方面的。综合起来看,一个完善的信息系统的功能包括以下几个主要方面:

(1) 信息采集

信息系统是把分布在各部门、各处、各点的有关信息收集起来。记录其数据,并转化成信息系统所需形式。信息采集有许多方式和手段,如人工录入数据,网络获取数据,传感器自动采集等,对于不同时间、地点、类型的数据需要按照信息系统需要的格式进行转换,形成信息系统中可以交换和处理的形式。这是信息处理的基础,是整个信息系统能否发挥作用的关键。

(2) 信息处理

对进入信息系统的数据进行加工处理,如对账务的统计、结算、预测分析等都需对大批采集录入到的数据作数学运算,从而得到管理所需的各种综合指标。信息处理的数学含义是:排序、分类、归并、查询、统计、预测、模拟以及进行各种数学运算。现代化的信息系统都是依靠规模大小不同的计算机来处理数据,而且处理能力越来越强。对信息的加工处理是信息系统的核心功能。

(3) 信息存储

数据被采集进入系统之后,经过加工后,形成对管理有用的信息,然后,由信息系统负责对这些信息进行存储保管。当组织相当庞大时,需存储的信息是很大的,就必须依靠先进的存储技术。这时,有物理存储和数据的逻辑组织两个问题。物理存储是指将信息存储在适当的介质上;逻辑组织是指按信息的逻辑内在联系和使用方式,把大批的信息组织成合理的结构,它常依靠数据存储技术。

（4）数据管理

一个系统中要处理和运行的数据量很大，如果不管重要与否，有无用处，盲目地采集和存储，将成为数据垃圾箱。因此，对数据要加强管理。数据管理的主要内容是：规定应采集数据的种类、名称、代码等，规定应存储数据的存储介质、逻辑组织方式，规定数据传输方式、保存时间等。

（5）信息检索

存储在各种介质的庞大数据要让使用者便于查询。这是指查询方法简便，易于掌握，响应速度满足要求。信息检索一般要用到数据库技术和方法，数据库组织方式和检索方法决定了检索速度的快慢。

（6）信息的传输

从采集点采集到的数据要传送到处理中心，经加工处理后的信息要送到使用者手中，和部门要使用存储在中心的信息等，这时都是涉及到信息的传输问题，系统规模越大，传输问题越复杂。

3. 信息系统的类型

因为信息系统主要被应用于管理方面，而管理活动按照不同的标准可以分成很多不同的类型，所以对于信息系统来说，依据不同的划分方法，也可以分成不同的类型。

（1）按照行政级别进行划分，可以分为国家信息系统、省市级信息系统等。比如中国教育管理信息系统是国家经济社会管理信息系统的一个子系统，中国高等教育管理信息系统是中国教育管理信息系统的一个子系统。

（2）按照行业进行划分，可以分为电力工业信息系统、农业信息系统、商业信息系统、交通信息系统等。比如电力生产信息系统是电力工业信息系统的一个子系统，而燃料管理信息系统又是电力生产信息系统的一个子系统。

（3）按照处理事务或承担职能的不同，可划分为生产信息系统、经济信息系统、军事信息系统、研发信息系统、人力资源管理信息系统等子系统。每一个子系统又可含有高层辅助决策、中层管理控制和基层业务处理三个层次。

（4）按照信息系统的发展历史来划分：服务于管理领域的信息系统的发展与计算机应用技术的发展密切联系，从第一台计算机诞生到今天，信息系统经历了数据处理（20世纪50～70年代）、知识处理（20世纪60～70年代）、智能处理（20世纪90年代～现在）三个阶段，形成了电子数据处理系统（Electronic Data Processing Systems，简称EDPS）；管理信息系统；办公自动化系统（Office Automation Systems，简称OAS）；决策支持系统（Decision Support System，简称DSS）等。

信息系统的上述分支方向之间的区别在于处理和解决问题的方法、手段不同，EDPS是较少涉及管理问题，以计算机应用技术和数据处理技术为主的系统；MIS是以解决结构化的管理决策问题为主的信息系统；DSS是面对半结构化的决策问题，支持决策活动的具有智能作用的信息系统；OA多用于解决一些业务处理型机关单位、办公室中的日常工作和一些随机业务处理工作，主要解决非结构化的管理决策问题。

对于它们之间的关系的看法也不一致。有人认为它们之间是一种层次关系，即EDPS是基础，MIS是EDPS的高级形式，DSS是MIS和OA的高级形式，MIS、OA是DSS的信息基础;有人认为它们之间是一种包含关系,即扩展的 MIS 的范围将 EDPS、DSS、OA 看作是 MIS 的子系统,认为 EDPS 是 MIS 中的数据处理部分,DSS 和 OA 分别是 MIS 中的支持决策和事务处理部分;有人认为它们之间因为处理对象及服务对象不同而是一种平级关系。

2.2 办公自动化系统

办公自动化(Office Automation,简称 OA)是 20 世纪 70 年代首先在经济发达国家兴起的一门技术科学。它是随着信息时代的到来和现代科学技术的突飞猛进,尤其是计算机技术、通信技术以及自动化技术的长足发展而逐渐为人们所重视。OA 以其资源共享、协同工作、决策支持等方面的功能极大地提高了办公效率和科学决策水平。

OA 涉及到行为科学、社会学、管理科学、系统工程学、人机工程学等多种学科,并以计算机、通信、自动化等技术为支撑技术,它将各种先进设备和各种软件功能紧密地组合起来,成为信息社会的重要标志之一。

一个完备的办公自动化系统是由最先进的软件技术和现代化的办公设备构成的,能快速、有效的加工、管理和传递办公信息,是协助行政管理人员协调和管理部门之间、企业和环境之间关系、保障信息畅通的有利工具,随着工业化经济向信息化经济转换,企业的生产率及整体经济实力的提高越来越依赖于办公自动化系统。

1. 办公自动化系统的发展

办公自动化发展到现在已经是第三代了。第一代办公自动化是以数据为处理中心的传统 MIS 系统。它的最大特点是应用基于文件系统和关系型数据库系统,以结构化数据为存储和处理对象,强调对数据的计算和统计能力。其贡献在于把 IT 技术引入办公领域,提高了文件管理水平。但是,这种方式缺乏如收发文件等群组协作工作过程的处理能力,因而其"自动化"程度是有限的。

第二代是以工作流为中心的办公自动化系统。伴随网络技术的发展,软件技术也发生了巨大的变化。办公自动化已实现了以工作流为中心。这种方式彻底改变了早期办公自动化的不足之处,以 E-mail、文档数据库管理、复制、目录服务、群组协同工作等技术作支撑,以工作流为中心的第二代办公自动化系统包含众多实用功能和模块,实现了对人、事、文档、会议的自动化管理。

与第一代办公自动化相比,第二代系统有三个显著特点:以网络为基础,以工作流自动化为主要的技术手段,缺少对知识管理的能力。第三代办公自动化系统建立在企业 Internet 平台之上,旨在帮助企业实现动态的内容和知识管理,使企业每一位员工能够在协作中不断获得学习的机会。

事实上,现在的办公已不再是简单的文件处理,也不再是单纯的行政事务了,其任务是要提高整个企业的运作效率,进而提高企业的核心竞争力。知识管理可以帮助企业解决知识共享和再利用的问题。知识管理是一个系统工程,目标是帮助企业发现潜在的知识,定位拥有专门知识的人,从而传递知识,有效利用知识。知识管理意味着在恰当的时间,将正确的知识传给正确的人,使他们采取最合适的行动,避免重复错误和重复工作。知识管理关注"如何获取、组织、利用和传播散布在企业信息系统和人们头脑中的知识"。

第三代 OA 的核心是知识。与第二代相比,第三代 OA 不仅模拟和实现了工作流的自动化,更模拟和实现了工作流中每一个单元和每一个工作人员运用知识的过程。第三代 OA 系统具有几个突出的特点：实时通信，员工与专家可以网上实时交流，信息广泛集成的内容编目，知识门户的构造。实际上，无论实时交流、信息集成还是门户建设都是知识管理的要素。因此，第三代办公自动化系统的核心是知识，实现的基础是知识管理技术。

综上所述，办公自动化系统的发展经过三个阶段，两个飞跃过程。从以数据为核心发展到以信息流为核心，进而提升为以系统地运用知识为核心。知识贯穿于各种方式的信息交流，从简单的电子邮件、群件与协作、进而构建 Web 应用，其核心目的都是在获得与应用知识。知识是企业网络上传递的最有价值的信息。对知识的运用效果关系到企业的综合发展实力。第三代 OA 帮助企业从 How To 的过程转到 Know 的过程，将办公自动化系统由模拟手工作业向改变并提高手工作业效率过渡。

2. 办公自动化系统的特征

第三代 OA 是融信息处理、业务流程和知识管理于一体的应用系统。它以知识管理为核心，提供丰富的学习功能与知识共享机制，确保使用者能随时随地根据需要向专家学习、向企业现有知识学习，使员工在办公自动化系统中的地位从被动向主动转变并因此提高企业运作效率。面向知识管理的电子政府建设，是目前政府办公自动化建设的新方向、新任务，也是行业以及企业开展信息化建设的重要内容。

以知识管理为核心的第三代办公自动化系统，应该具有以下几个明显的特征：

(1) 功能丰富、来源丰富的数据信息处理功能

面向知识管理的办公自动化系统应充分集成各种信息数据，这些数据不仅包括电子邮件信息，而且还包括文件系统中的文件、传统的关系型数据库数据、数据仓库中的数据，甚至是 Internet 上的数据。

(2) 充分利用各种协同工作手段

包括多线程讨论、文档共享、电子邮件及一些辅助工具提供在线及时共享应用等。

(3) 办公自动化系统起到"知识管理"的平台与门户作用

面向知识管理的办公自动化系统逐步把知识管理原则与实践融入每个员工的日常工作中去。

从上述特征来看，知识管理为电子政府的发展提供了难得的契机和突破点。它不仅完美地实现了政府机关内部的电子化和网络化办公功能，而且，政府部门可以以知识管理为基础，实现政府部门之间的信息共享和实时通信。从而建立一个以反映人民需求为导向的政府，并以更高的效率运行行政流程。

3. 办公自动化系统的功能

办公业务主要体现在办文、办事、办会、信息四个方面，因而办公自动化系统相应的应具备如下功能：

(1) 建立内部的通信平台

建立组织内部的通信系统，使组织内部的通信和信息交流快捷通畅。

(2) 建立信息发布的平台

在内部建立一个有效的信息发布和交流的场所，例如电子公告、电子论坛、电子刊物等，使内部的规章制度、新闻简报、技术交流、公告事项等能够在企业或机关内部员工之间得到广泛的传播，使员工能够了解单位的发展动态。

(3) 文档管理的自动化

实现文档的计算机辅助管理,并将各个业务系统同档案管理系统紧密结合起来,提高文档(电子文档、纸制档案)管理工作效率、完整性和利用率。

(4) 工作流程的自动化

工作流程的自动化牵涉到流转过程的实时监控、跟踪,解决多岗位、多部门之间的协同工作问题,实现提高单位协同工作的效率。

(5) 行政日常事务处理

如会议管理、车辆管理、物品管理、图书管理等与我们日常事务性的办公工作相结合的各种办公辅助。

(6) 决策支持

在前有功能的基础之上,对各种信息进行集成,通过对信息多层面多角度的观察、显示、分析,发现其潜在的规律性的东西,使相关的人员能够有效地获得整体的信息,提高整体的反应速度和决策能力。

4. 办公自动化系统的层次分类

办公机构根据不同的任务和职能可以分为三个层次,每个层次都具有相应的功能模式及物理组成,这就是OA系统的层次模式。作为一个人机信息系统的OA系统,按目前信息处理技术能达到的功能,一般可分为事务型OA系统、管理型OA系统和决策型OA系统三个系统结构的层次模式。

(1) 事务型OA系统

事务型OA系统是支持属于日常例行性办公事务处理的OA系统,也被称为基本办公自动化系统(BOA)。BOA既可以是支持一个办公室业务处理的单机系统,也可以是支持一个机构事务处理的计算机网络系统。一般组织机构的事务处理工作可分为基本办公事务处理和行政事务处理两类。因此,事务型OA系统也主要包括了两大部分:

① 基本办公事务处理系统,其主要功能有文字处理、文件收发、行文办理、邮件处理、快速印刷,及个人或机构的办公日程安排和文档资料管理,另外还可进行各种数据采集,并在此基础上完成报表处理、图形、图像处理等数据处理工作。

② 机关行政事务处理系统,其主要功能是处理与整个组织机构有关的公共事务,如人事管理、劳资管理、财务管理、公用设施管理、房产管理,后勤管理等。另外,对具有通信功能的多机事务处理型OA系统,还必须具有电子会议、电子邮递、国际联机信息检索以及图形、图像、声音处理等功能。

(2) 管理型OA系统

管理型OA系统是支持管理控制活动的信息管理级OA系统,它同时还担负事务型OA系统的全部工作。管理型OA系统以较大型的综合性数据库作为结构主体,其主要功能是处理本组织机构为维持日常工作运营所必须的信息流,包括经济信息流、社会信息流以及公文信息流。

不同组织机构的管理型OA系统的功能具体表现不同。例如,在工厂企业中,信息管理主要围绕生产和经营工作运行,对象是在生产经营过程中占主要地位的物资流和经济信息流,还包括工厂企业行政管理所涉及的办公信息流。而政府机关信息管理的主要对象是政务信息管理,涉及政治、经济、环境、社会发展等方面,典型的管理型OA系统包括计划分系统、统计分系统、财政分系统、物价分系统、农业分系统、金融分系统、人事分系统,等等。

(3) 决策型 OA 系统

决策型 OA 系统是支持各种决策活动的 OA 系统。它的主要功能是在管理型 OA 系统的基础上，针对各种决策课题进行决策和辅助决策。它协助决策者在求解问题的过程中方便地检索出各种相关数据；计算机提供各种决策方案建议和参考资料，并能对各种方案进行试验，做出比较，以求出最佳方案。例如，对于国民经济计划、经济发展预测、经济结构分析等方面的决策型 OA 系统，它不同于一般的信息系统，必须对提供的对策具有优选的功能。

决策型 OA 系统的基础是数据库、模型库以及方法库。数据库中有所决策课题的基础信息和数据资料；模型库中存储了各种可供决策分析参考的模型，包括经验模型和数学模型；方法库中收集了决策所需的数值方法、非数值方法或算法。可以看出，决策型 OA 系统的技术基础是知识库系统和专家系统。

从上述三个层次 OA 系统的功能可以看出，它们之间存在明显的依存关系，决策型 OA 系统的功能依赖于管理型 OA 系统提供的信息，而管理型 OA 系统又依赖于事务型 OA 系统对数据信息的采集、处理，最后提供全局性的数据信息。

5. 我国办公自动化系统的现状

办公自动化如同计算机、网络一样，它本身不是目的，只是一种技术，一种工具，是一门应用学科和技术。尽管它也有相应的理论做依托，但它对广大政府和企事业部门来说，主要是应用研究。着眼于应用，也着手于应用。离开了应用，办公自动化就毫无价值，离开了提高办公效率，提高办公质量，办公自动化就失去意义。

在我国，办公自动化建设取得了很多成绩，同时也暴露了很多问题，如投资大、效果不明显、水平低、重复建设多、硬件投入多、软件投入少、模拟手工作业增加管理负担等。造成这些问题的主要原因有：

(1) 对办公自动化的本质作用理解不深，通常只是把办公自动化理解为办公过程中的先进技术和设备的使用，使用目的是为了提高工作效率。实际上，通过实现办公自动化，提高管理机构的决策效率更为重要。

(2) 忽视了办公自动化发展的基础。通常认为只要有了先进的技术和设备，就可以实现办公自动化。其实，办公自动化发展必需依赖两个基础，一个是管理基础，另一个是信息积累基础，如果脱离了这两个基础，办公自动化就成了空话。

(3) 技术条件的制约也会使得办公自动化建设难以达到预期的目的，如早期的网络技术在信息共享和沟通方面的支持就明显不足。

6. 办公自动化系统的展望

智能化办公、无纸化办公的呼声在国内政府部门和企业内部越来越高，特别是随着计算机和网络技术发展的日新月异，产生了许多计算机应用软件，为各个政府部门和企业机构利用软件、群件技术，联合协同工作提供了良好的智能化办公的环境。随着计算机信息技术、网络通信及电视、电话、传真等高新技术的发展，人与人之间的联系变得更为紧密，工作节奏也日益加快，如何使信息得到更大程度的共享，如何更进一步提高工作效率，人与人之间如何完美协同工作等一系列问题日益受到人们的重视，于是对办公自动化系统就提出了更高的要求，要求办公自动化系统进一步发展成为办公信息系统(Office Information System，简称 OIS)。这样不仅可以满足面向办公者的通常意义上的繁琐事务处理，而且还能提供面向决策者的决策支持、专家咨询等智能服务，实现行政机关的办公现代化、信息资源化、传输网络化和决策科学化，为管理人员办公和领导决策提供服务。

(1) 从我国政府办公自动化建设和应用情况初步调查来看,我国未来政府办公自动化系统将以知识管理为核心,具体呈现以下功能和特点:

① 具备强大的数据信息处理功能。面向知识管理的办公自动化系统将集成各种信息数据,这些数据不仅包括电子邮件信息,而且还包括文件系统中的文件、传统的关系型数据库数据、数据仓库中的数据以及互联网上的各类数据。

② 具备多种共享方式和强大共享能力。充分利用各种协同工作手段,包括多线程讨论、文档共享、电子邮件及一些辅助工具,提供在线及时共享等。除此之外,还将提供不同层面的信息共享方式,包括移动通信设备的支持、手机的 WAP 接入访问、PDA 的支持等。

③ 办公自动化系统起到"知识管理"的平台作用。面向知识管理的办公自动化系统逐步把知识管理原则与实践融入每个员工的日常工作中去,它不仅模拟和实现了工作流的自动化,更模拟和实现了工作流中每一个单元和每一个工作人员运用知识的过程。

④ 集中体现在政府业务流程优化、管理和决策水平提升方面。目前我国政府 OA 目标主要体现在提高政府办公效率,如手工作业精简、文档电子化、公文自动流转等,而后台办公流程和组织结构基本忠实于原有模式,这种情况下管理水平提升有限。未来办公自动化将突破业务流程对管理和决策水平的桎梏。

(2) 政府办公自动化目标:办公自动化是我国政府信息化的首要目标,也是建设电子化政府的前提。政府在推进政府信息化的过程中,要把办公自动化放在首要地位。并根据资金状况,制定实现办公自动化的整体方案和分步实施的目标。在此基础上,要按照政府的统一规划,尽快使政府各主要机关和部门实现办公自动化。从一定意义上说,只有政府所属多数部门、机构实现了办公自动化,才能使电子化政府真正发挥作用。目前,我国政府已建立的网站整体上较为简单,距离建立电子化政府的要求有较大差距。为此,在建设电子化政府的过程中,首先要对现有的政府主页进行重新设计和构建,使其能为企事业单位、民众获取政府信息,并直接在网上接受政府提供的各种服务提供一个统一的网络平台。

2.3 管理信息系统

1970 年,管理信息系统一词首次出现,由瓦尔特·肯尼万给它下了一个定义:"以书面或口头的形式,在合适的时间向经理、职员以及外界人员提供过去的、现在的、预测未来的有关企业内部及其环境的信息,以帮助他们进行决策。"这个定义是出自管理领域而不是出自计算机技术领域的;它没有强调一定要用计算机,而是强调了用信息支持决策,但没有强调应用模型,这些均显示了这个定义的初始性。这个时候正是管理信息系统第一个模型物料需求计划(Material Requirement Planning,简称 MRP)的形成和发展时期。进入到 20 世纪 80 年代,制造资源计划(Manufacturing Resource Planning,简称 MRP Ⅱ)开始形成。在 1985 年,管理信息系统的创始人,美国明尼苏达大学卡尔森管理学院的著名教授 Gordon B. Davis 给出了管理信息系统的一个较完整的定义:"它是一个集成了计算机硬件和软件、手工作业、分析、计划、控制和决策模型以及数据库的用户-机器系统。它能提供信息支持企业或组织的运行、管理和决策功能。"这个定义全面地说明了管理信息系统的目标、功能和组成,而且反映了管理信息系统当时已达到的水平。它说明了管理信息系统在高、中、基三个层次上支持管理活动。

我国管理信息系统一词出现于 20 世纪 70 年代末 80 年代初,根据我国的现实情况,许多从事管理信息系统工作最早的学者给管理信息系统也下了一个定义,"管理信息系统是一个由人、计算机等组成的,能进行信息的收集、传送、储存、加工、维护和使用的系统。管理信息系统能实测企业的各种运行情况,利用过去的数据预测未来;从企业全局出发辅助企业进行决策;利用信息控制企业的行为;帮助企业实现其规划目标。"这个定义也被收录到《中国企业管理百科全书》中。朱镕基主编的《管理现代化》一书中,定义管理信息系统为"管理信息系统是一个由人、机械(计算机等)组成的系统,它从企业的全局出发辅助企业进行决策,它利用过去的数据预测未来,它实测企业的各种功能情况,它利用信息控制企业行为,以期达到企业的长远目标。"

随着支持管理信息系统的环境和技术发生的巨大变化,对管理信息系统定义的描述也在不断的变化。在企业外部:经济全球化、市场全球化、需求多元化、竞争激烈化;在企业内部:管理过程化、职能综合化、组织扁平化、战略短视化、增值知识化。一切事物变化加快,企业不得不更加重视变化管理和战略管理。这样我们给出管理信息系统一个更适合的定义。

管理信息系统是一个以人为主导,利用计算机硬件、软件、网络通信设备以及其他办公设备,进行信息的收集、传输、加工、储存、更新和维护,以企业战略竞争、提高效益和效率为目的,支持企业高层决策、中层控制、基层运作的集成化的人机系统。

从这个定义中,我们可以看出,管理信息系统决不仅仅是个技术系统,而是把人包括在内的人机系统,因而它是个管理系统,也是个社会系统。

1. 管理信息系统模型及其发展

管理信息系统经历近半个世纪的发展,已逐步日趋成熟。20世纪60年代中期以后,物料需求计划(MRP)的成功推出是一个标志性的里程碑。它形成了一个从MRP到以物料需求计划为核心的闭环MRP系统,再到70~80年代的制造资源计划(MRPⅡ),直到90年代企业资源计划(Enterprise Resource Planning,简称ERP)系统的提出、形成与发展的过程。在ERP基础上又产生了两个重要分支:客户关系管理(Customer Relationship Management,简称CRM)和供应链管理(Supply Chain Management,简称SCM)。

(1) 物料需求计划(MRP)

20世纪60年代初,计算机首次应用于库存管理,这标志着制造业生产管理与传统方式产生了质的变革。与此同时,在美国出现了新的库存与计划控制方法——计算机辅助编制的物料需求计划,即MRP。

20世纪60年代中期,美国IBM公司的约瑟夫·奥列基博士(Joseph. A. Orlicky)提出了"独立需求"和"相关需求"的概念,改变了传统的物料管理模式,特别是计算机的出现,使得利用这一思想开发出来的物料需求计划MRP系统取得了巨大的成功,有效地改善和控制了物料的供应状况;后来又发展到以物料需求计划为核心,既能适应产品生产计划的改变,又能适应生产现场情况的闭环MRP系统。所谓闭环MRP系统,就是除物料需求计划外,还将生产能力需求计划(capacity requirement planning)、车间作业计划和采购作业计划全部纳入MRP,形成了一个封闭的系统。

综上所述,MRP是一种应用物料清单、库存数据、车间在制品数据,以及主生产计划MPS来计算相关需求的一种技术。利用这种技术,可以较好地保证用户定单需求数量和交货日期。MRP的基本内容是编制零件的生产计划和采购计划。

MRP的基本任务是:

① 从最终产品的生产计划（独立需求）导出相关物料（原材料、零部件等）的需求量和需求时间（相关需求）。

② 根据物料的需求时间和生产（定货）周期，确定其开始生产（定货）的时间。

(2) 制造资源计划（MRPⅡ）

20世纪70年代末，随着闭环MRP在制造企业中被广泛到应用和取得的成功，其范围和功能进一步扩展，它把企业的生产、库存、销售、财务、成本等各个部门联系起来，逐渐地发展成为一个涵盖企业各个部门和全部生产资源的管理信息系统MRPⅡ。不仅如此，它还涉及企业的经营计划，亦即它与企业的外部环境建立了联系。总的说来，MRPⅡ主要还是一个着重于企业内部的管理信息系统。在企业的战略规划、市场以及高层决策方面的功能还是比较弱的。

MRPⅡ是在模拟制造企业生产经营的基础上建立，对制造企业生产经营活动进行有效管理的一种模型。它本身并不是一个具体、确定的管理信息系统软件，而是一种适合于制造企业管理的一种思想，根据这种思想对生产经营活动中各种事务进行处理的逻辑。利用这种模型建立的MRPⅡ不仅可以精确地编制出企业未来的产品生产计划、物料需求计划、生产作业计划、人力、设备等资源需求计划，还可根据企业内部在生产管理上和外部环境发生变化的情况下，进行模拟分析，提供多重方案，供管理者决策，从而保证重要的生产经营活动正常、高效的运转。

制造资源计划MRPⅡ，在MRP的基础上，系统增加了对企业生产中心、生产能力等方面的管理，实现计算机安排生产，形成以计算机为核心的闭环管理系统，以动态监控产、供、销的全部生产过程。

(3) 企业资源计划（ERP）

ERP是MRPⅡ的进一步发展，从管理范围来看，MRPⅡ是面向企业的生产/制造部分，而ERP的管理范围则包含了整个企业的各个方面，包括财务、制造与人力三个大的职能区域。企业资源计划ERP是建立在信息技术基础上，以系统化的管理思想，为企业决策层及员工提供决策运行手段的管理平台。ERP系统集信息技术与先进的管理思想于一身，成为现代企业的运行模式，反映时代对企业合理调配资源，最大化地创造社会财富的要求，成为企业在信息时代生存和发展的基石。

ERP由美国计算机技术咨询和评估集团Gartner Group Inc.于20世纪90年代初首先提出的，Gartner Group通过一系列的功能标准来界定ERP系统。

① 从软件功能上，ERP超越了MRPⅡ的集成范围，包括质量管理、实验室管理、流程作业管理、配方管理、产品数据管理、维护管理、管制报告和仓库管理等；

② 从软件的应用环境上，ERP支持混合方式的制造环境，包括既可支持离散又可支持流程的制造环境、按照面向对象的业务模型组合业务过程的能力和国际范围内的应用；

③ 从软件功能增强上，ERP支持能动的监察能力，包括整个企业内采用控制和工程方法、模拟功能、决策支持和用于生产分析的图形能力；

④ 从软件支持技术上，ERP支持开放的客户机/服务器计算环境，包括C/S体系结构、图形用户界面（GUI）、面向对象技术、关系数据库、电子数据交换集成等。

(4) 供应链管理（SCM）

从技术的角度来看，供应链管理是全方位的企业管理应用软件，可以帮助企业实现整个业务运作的全面自动化。SCM 是在 ERP 的基础上发展起来的,它把公司的制造过程、库存系统、货物供应商产生的数据合并在一起,从一个统一的视角展示产品建造过程和各种影响因素。供应链管理解决方案是随着 Internet 和电子商务的发展而发展起来的一种新型的管理系统,它涉及生产企业、分销商、零售企业、批发企业及客户等整个产品制造、销售的全部流程。使用它可同步并且优化由用户驱动的产品流、服务流、信息流、资金流,以满足客户的需求,且在目标市场上获得最大的财务、运作和竞争优势。供应链管理的目标,是通过贸易伙伴间的密切合作,以最小的成本和费用提供最大的价值和最好的服务,最终达到提高企业核心竞争力,获取最大生存空间和利润空间的目的。SCM 帮助管理人员有效分配资源,最大限度提高效率和减少工作周期。

SCM 是指在生产及流通过程中,为将货物或服务提供给最终消费者,联结上游与下游企业创造价值而形成的组织网络,是对商品、信息和资金在由供应商、制造商、分销商和顾客组成的网络中的流动的管理。它是在企业 ERP 基础上构筑的与客户及供应商的互动系统,实现产品供应的合理、高效以及高弹性。客户可以通过网络了解产品的供货周期、定单的执行情况等,企业则可即时了解客户的销售情况,提高决策执行的准确性、及时性,缩短供应链的运作周期,降低交易成本。对公司内和公司间的商品、信息、资金的流动进行协调和集成,是供应链有效管理的关键。

(5) 客户关系管理(CRM)

客户关系管理的概念最初也是由 Gartner Group 提出,伴随因特网和电子商务的大潮进入中国。对 CRM 的定义,目前还没有一个统一的表述,简单地说,CRM 是一个获取、保持和增加可获利客户的过程。就其功能来说,CRM 是通过信息技术,使企业市场营销、销售管理、客户服务和支持等经营流程信息化,实现客户资源有效利用的管理软件系统。其核心是以"客户为中心",提高客户满意度,改善客户关系,从而提高企业的竞争力。

CRM 是一套先进的管理思想及技术手段,它通过将人力资源、业务流程与专业技术进行有效的整合,最终为企业涉及客户或消费者的各个领域提供完美的集成,使得企业可以更低成本、更高效率地满足客户的需求,且与客户建立起基于学习型关系基础上的一对一营销模式,从而让企业最大程度地提高客户满意度及忠诚度,挽回失去的客户,保留现有的客户,不断地发展新的客户,发掘并牢牢地把握住能给企业带来最大价值的客户群。

CRM 的核心内容主要是通过不断地改善与管理企业销售、营销、客户服务和支持等与客户关系有关系的业务流程,并且提高各个环节的自动化程度,从而缩短销售周期、降低销售成本、扩大销售量、增加收入与盈利、抢占更多的市场份额、寻求新的市场机会和销售渠道,最终从根本上提升企业的核心竞争力,使得企业在激烈的竞争环境中立于不败之地。

CRM 将先进的思想与最佳的实践具体化,通过使用当前多种先进的技术手段最终帮助企业实现以上目标。CRM 在整个客户生命周期中都以客户为中心,这意味着 CRM 将客户作为企业运作的核心。CRM 简化了各类与客户相关联的业务流程(如销售、营销、服务和支持等),且将其注意力集中于满足客户的需求上。CRM 还将多种与客户交流的渠道,如面对面、电话接洽以及 Web 访问的功能等方式融于一体。这样,企业就可按照客户的喜好使用适当的渠道及沟通方式与之进行交流,并且能从根本上提高员工与客户或潜在客户进行交流的有效性。CRM 可以改善员工对客户的反应能力,且对客户的整个生命周期有一个更为全面的了解。与企业 ERP 系统直接集成在一起的 CRM 解决方案,使得企业可以通过一个闭环式的定义明确的步骤和流程来满足客户的需求,因而可以更好地抓住潜在客户和现有客户。

2. 管理信息系统的特征

管理信息系统的特征表现在如下几个方面。

(1) 管理信息系统是一个人机系统。机器包括计算机硬件及软件,各种办公机械及通信设备,人员包括高层决策人员、中层职能人员和基层业务人员。一些工作由人来处理,一些工作由计算机系统来处理,使人和计算机系统和谐工作。

(2) 管理信息系统是一个综合系统。它是人与技术的综合体,也是硬件与软件的综合体。它包括了管理人员、系统分析人员、系统设计人员、程序员和工作人员等;它包括了计算机、通信工具、网络设备等各种硬件设备。当一个组织建设管理信息系统时,也是根据需要逐步应用个别子系统,然后进行综合,最终达到管理信息系统综合管理的目标,管理信息系统综合的意义在于产生更高层次的管理信息,为管理决策服务。

(3) 管理信息系统是一个动态的系统。管理信息系统是一种软件产品,因此它也具有生命周期的特点。随着组织外部环境和内部条件的变化,管理信息系统将不能满足系统的要求。可以通过对系统不断改进维护,以期延长生命周期。当最终无法进行维护更新,需要在新的条件和环境下开发新的管理信息系统。

3. 管理信息系统的结构

管理信息系统的结构是指各部件的构成框架,由于对部件的不同理解就构成了不同的结构方式。

(1) 管理信息系统的概念结构

从概念上看,管理信息系统是由四大部件组成,即信息源、信息处理器、信息用户和信息管理者。信息源是信息的产生地;信息处理器担负信息的传输、加工、保存等任务;信息用户是信息的使用者,并利用信息进行决策;信息管理者负责信息系统的设计实现,以及在实现之后,对信息系统的运行和协调。

在实际的管理信息系统中,由于具有不同的组织形式和信息处理模式,因此可能具有不同的结构,但其概念结构都是相同的。

(2) 管理信息系统的层次结构

由于管理活动可以分为战略规划层(战略管理)、管理控制层(战术管理)、运行和操作控制层(业务处理)等三个不同的层次,因此管理信息系统也具有层次结构。

① 战略层管理信息系统。由于战略层的管理活动涉及企业的总体目标和长远发展规划,如制定市场开发战略、产品开发战略等,因此,为战略层服务的管理信息系统,它的数据和信息来源是广泛和概括性的,其中包括相当数量的外部信息,如当前社会的政治、经济形势,本企业在国内外市场上的地位和竞争力等。由于战略层管理信息系统又是为企业制定战略计划服务的,因此它所提供的信息也必须是高度概括和综合性的,如对市场需求的预测,对市场主要竞争对手的实力分析及预测等信息。它们都可以为企业制定战略计划提供参考价值。

② 战术层管理信息系统。战术层的管理活动属于中层管理,它包括各个部门工作计划的制定、监控和各项计划完成情况的评价等主要内容。因此,战术层管理信息系统主要是为各个部门负责人提供信息服务,以保证他们在管理控制活动中能够正确地制定各项计划。战术层管理信息系统的信息来源于两个方面:一方面来源于战略层,包括各种预算、标准和计划等;另一方面来自业务处理层,包括企业各种计划的完成情况和经过业务处理层加工后的信息等。

战术层管理信息系统所能提供的信息主要有各部门的工作计划,计划执行情况的定期报告和不定期报告,对管理控制问题的分析评价,对各项查询的响应等。

③ 业务处理层管理信息系统。业务处理层的管理活动属于企业基层管理,它是有效利用现有资源和设备所展开的各项管理活动,主要包括作业控制和业务处理两大部分。由于这一层的管理活动比较稳定,各项管理决策呈结构性,可按一定的数学模型或预先设计好的程序和规划进行相应的信息处理。一般来说,业务处理层管理信息系统包括事物处理、报告处理和查询处理功能的信息处理方式。

(3) 管理信息系统的功能结构

组织的管理机构可以划分为若干部门,而各个部门又具有一定的业务功能,因此管理信息系统也可以按照管理组织的功能来建立。各种功能之间又有各种信息联系,构成一个有机结合的整体,形成一个功能结构。

例如在一个电力企业内部,可以包括以下功能子系统:

① 财务会计系统;
② 人事管理系统;
③ 电力生产管理系统;
④ 工程项目管理;
⑤ 用电与营业管理系统。

当然对于不同的企业,其功能结构也会略有差别。另外在每个子系统下面还可能会有二级子系统。

4. 管理信息系统的功能

管理信息系统的概念不断发展的,它的功能也是在不断进步和完善的。概括起来,管理信息系统有如下功能:

(1) 信息处理功能:涉及数据的采集、输入、加工处理、传输、存储和输出。

(2) 事物处理功能:帮助管理人员完成一些繁重的重复性劳动,使管理人员将更多的精力投入到真正的管理工作之中。

(3) 预测功能:通过运用数学、数理统计或模拟等方法,对历史数据进行处理,对未来的发展做出估计。

(4) 计划功能:合理安排组织中各部门的计划,并向不同层次的管理人员提供相应的计划报告。

(5) 控制功能:对计划的执行情况进行检测、检查、比较执行计划与原定计划的差异,并分析原因,辅助管理人员及时运用各种方法进行控制。

(6) 运用数学模型,及时推导出有关问题的最优解决方案,辅助管理人员进行决策。

5. 管理信息系统开发方法

管理信息系统从产生到现在已经发展了许多开发方法,其中生命周期法(Life Cycle Approach)、结构化方法(Structured Approach)、原型法(Prototyping Approach)和面向对象的方法(Object-Oriented Developing Approach)在 MIS 开发实践中产生了重要的影响。

生命周期法是诞生于 20 世纪 70 年代的主流方法,是结构化方法的基础。生命周期法的局限是在于周期过长、方法细腻苛刻和用户参与程度不高而不能应对需求变化,加大了系统风险。以结构化系统分析与设计为核心的新生命周期法,即结构化方法,是生命周期法的继承与发展,是生命周期法与结构化程序设计思想的结合。它使系统分析与设计结构化、模块化、标准化,面向用户且能预料可能发生的变化。结构化方法克服了生命周期法的某些缺陷,由于它在本质上是生命周期法,其固有缺陷没有根本性改观,但依然是系统开发的主流方法。

原型法产生于 20 世纪 80 年代,原型法一开始不进行全局分析,抓住一个原型,经设计实现后,再不断扩充,使之成为全局的系统。原型法基于第四代语言(4th Generation Language,简称 4GL),用工具快速构造原型,是系统开发周期较短,应变能力较强。它"扬弃"了结构化方法的某些烦琐细节,继承其合理的内核,是对结构化开发方法的发展和补充。

生命周期法和结构化方法遵循从抽象到具体的思想,按分解的方法将复杂问题简单化;原型法符合实践、认识、再实践、再认识的认识规律,但过程定义不够清晰、文档不够完善,需求定义不够规范,不利于过程改善。

面向对象的方法包括面向对象的系统分析(OOA)、面向对象的系统设计(OOD)和面向对象的程序设计(OOP)。面向对象的方法具有自然的模型化能力,它支持建立可重用、可维护、可共享的代码且将这些代码组织存放在程序设计环境的类库中;随着类库中的类不断积累,以后的程序设计过程会变得越来越简单,从而提高开发效率。面向对象方法更重要的是思维方式的改变,类和继承性提高了系统的可维护性,拓展系统生命周期。

这些开发方法既有区别,又有联系,可以组合使用。具体采用哪种或哪几种方法的组合,应根据系统的规模来去定。一般来说,较小的系统可采用原型法或面向对象的方法或两者结合,较大的系统以结构化方法为主轴,结合原型法和面向对象的方法,尤其是在系统实现阶段可以采用面向对象的程序设计方法,现在的主流开发工具都支持 OOP。可以预测,相互补充、相互促进的系统开发方法将是今后 MIS 开发所使用的主要方法。

2.4　数据库管理系统

数据库管理系统(Database Management System,简称 DBMS)是在文件管理系统基础上发展起来的数据管理技术,它建立在操作系统的基础上,对数据操作语句进行统一的管理和控制,并维护数据库的安全性和完整性,是数据库系统的核心组成部分。它是位于用户与操作系统之间一层的数据管理软件,帮助企业开发、使用、维护组织的数据库。它既能将所有数据集成在数据库中,又允许不同的用户应用程序方便地存取相同的数据库。

1. 传统的文件处理和数据库处理

传统的文件处理手段存在着大量的问题,严重地制约了数据处理的效率,为了克服它所存在的缺点,数据库处理系统应运而生。

(1) 传统文件处理系统存在的问题

虽然文件处理系统并未使用很长的时间,但已引出了一些管理问题,有一些主要的问题限制了用户使用的效益和效率。主要表现在以下几方面:

① 数据冗余与数据不一致性。由于数据文件之间的无相关性而产生了许多重复数据。相同的数据如雇员的姓名、地址,重复记录储存在数个文件中。这种数据的冗余在数据更新时就会产生问题。因为必须开发不同的维护程序以确保每个文件中的数据被修改,而实践已证明这是很困难的,稍有疏忽就会引发存储在不同文件中数据的不一致性。又因数据储存在模式不同的文件之中要满足用户从不同文件中随机取出数据,并把它们集合在一起的请求,必须根据用户需求重新编写专用程序。这对于用户或企业来讲太费时,成本开销也太大。因此必

要时,用户只好用人工方法,从每个独立应用所产生的报告中抽取所需信息,再汇总起来提交管理者。

② 数据结构的不一致性。在文件处理系统中,文件组织在存储硬件上的物理定位,以及用于存取这些文件的应用程序有一种相互依赖的特定关系。例如应用程序一般应描述所使用文件中数据存储的特定格式。因此若是改变一个文件的数据格式与结构,那么所有使用这个文件的程序全部要修改。因此对程序的维护就成为系统的主要负担。实践也证明这种系统维护是耗时、耗人工的困难任务,而且又造成数据文件结构的不一致性。

③ 缺少数据字典。在文件处理系统中,由于用户与应用的不同,对数据元素的定义也不一致。这就引起了程序开发和数据存取过程中的一系列不一致问题。另外,由于无法控制数据的使用与维护,数据的完整性也受到了影响。究其原因,在于缺少了一本共享的数据字典。因此就不能保持数据定义的一致性,以及统一控制组织内授权使用的数据,从而引起应用程序的开发与维护问题,以及组织内数据文件的安全性与完整性。

(2) 数据库处理系统

发展数据库及数据库管理系统的目的就是为了解决上述文件处理系统的弊病。数据库是逻辑相关的记录和文件的集合。它把先前提及的所有存储在独立文件中的记录归并在一个数据库内,以便让不同的应用程序存取。储存在数据库中的数据既独立于使用它的计算机程序,也独立于存储它的二级存储器的类型。数据库管理包括数据库的建立、查询和维护,以提供用户和组织必要的数据。

① 数据库。数据库,顾名思义,是存放数据的仓库。只不过这个仓库是在硬盘上,而且数据是按一定的格式存放的。所以数据库是长期储存在计算机内、有组织的、可共享的数据集合。数据库中的数据按一定的数据模型组织、描述和储存,具有较小的冗余度,较高的数据独立性和易扩展性,并可为各种用户共享。

人们总是千方百计地收集各种各样的数据,然后进行处理。目的是从这些数据中得到有用的信息。在科学技术飞速发展的今天,人们的视野越来越广,数据量急剧增加。过去人们手工处理数据,现在人们借助计算机科学地保存和管理大量复杂的数据,以便人们能方便而充分地利用这些宝贵的信息资源。

在数据库管理方式中要开发共享数据库,首先要有数据字典,数据字典描述数据定义、格式、内容,以及数据库的相互关系,以确保所建立的数据库的完整性、一致性和可行性,使组织中各种应用所需的数据连接起来并集中存入一些共享数据库,从而代替存入许多各自独立的数据文件中。

② 数据库处理。文件处理主要是通过更新和使用独立的数据文件,产生每个用户所需的信息,而数据库处理一般由三种基本活动组成:

● 通过建立、更新和维护共享数据库,对组织数据整体结构化,使之能够反映事件并对其加以处理。

● 使用能共享公共数据库的应用程序,为用户提供所需信息。DBMS 为用户提供了一个公共接口,该接口使查询程序能从公共数据库中提取所需信息,却不必了解数据物理存储在哪里以及如何存储的。

● 通过 DBMS 提供的查询、响应及报告功能,使用户能直接快速地访问数据库、得到响应,并产生报告。

2. 数据库的类型

不同的数据模型具有不同的数据结构形式,目前最常用的数据模型有层次模型(Hierarchical Model)、网状模型(Network Model)和关系模型(Relational Model)。其中层次模型和网状模型被统称为非关系模型。

20世纪80年代以来,面向对象的方法和技术在计算机各个领域,包括程序设计语言、软件工程、信息系统设计、计算机硬件设计等各方面都产生了深远的影响,也促进数据库中面向对象数据模型的研究和发展。

(1) 面向企业的数据库

随着分布式处理应用范围的扩展,最终用户计算、决策、支持以及经理信息系统的发展,使各种类型的数据库得到发展。

① 操作数据库。操作数据库又名业务数据库。这个数据库含有支持组织业务运作的详细数据。这些数据是在操作事务处理的过程中产生的。如客房数据库、人员数据库、库存数据库等,一般由主数据文件、传送文件组成。

② 管理数据库。管理数据库含有组织内部关键性的管理数据。在这个数据库中,储存着从指定的操作系统和外部库中抽取来的数据,这些数据经汇总处理后,成为组织管理者所需要的信息。因此管理数据库也称为信息库。信息库中的信息由企业经理调用,并作为决策支持系统和经理信息系统的一部分,以供管理者进行决策。

③ 数据仓库(data warehouse)。数据仓库储存从组织操作库和管理库中抽取的当年或历年的数据,是经过标准化后,集成在一起的核心数据源,以便让管理人员和企业内的专家使用。例如数据仓库的一种很重要的用途是运行模型处理。操作数据经过模型处理后,可以定义影响企业活动的关键因子和企业活动历史模型的趋向。

④ 分布式数据库。分布式数据库是散布在企业各部门、各工作群组中各自拥有的数据库,主体包括共享操作和共享用户的数据库。同时数据的产生和使用都发生在用户端。为了确保组织内所有分布式数据库中的数据能同时更新,并且保持数据的一致性,将是数据资源管理的一个重要问题。

⑤ 用户数据库。这些数据库是由用户在各自的工作站上开发的多个数据文件组成。例如用户用Word制作的电子文档及接收的E-mail文件,也可以用电子表或DBMS建立自己的数据库文件。

⑥ 外部数据库。外部数据库的数据取自网络上的联机数据库。数据库的内容由一些信息服务公司生成与维护,并向其他组织提供信息服务。如经济信息服务数据库,数据按经济统计的格式组织,可以用表格或图形方式显示。在网络上甚至还可以看到上百条新闻、杂志和周刊的摘要等。

(2) 文本数据库

文本数据库是利用计算机产生和存储电子文档的必然产物。例如联机数据库把文献信息当作一本出版的书储存在大型文本数据库中,并有效地储存在CD-ROM光盘上,利用微型计算机进行存取。一些大型的企业和一些政府机构已建成了包括各种文档的企业文本数据库。他们使用文本数据库管理系统软件,帮助建立、储存、检索、抽取、修改和汇总文档,并且把其他信息也作为文本数据储存在文本数据库中。已开发的微型计算机的各种版本的软件都可以帮助用户管理在CD-ROM光盘上用户自己的文本库。

(3) 多媒体数据库

至今为止我们讨论的数据库，一种是以传统的数据记录和文件形成数据；另一种则以文档形式保存在文本数据库内。但是各种形式的映像也可以电子方式储存在映像数据库内。例如电子百科全书可以储存在 CD-ROM 光盘上。书中上千幅绘画，以及许多栩栩如生的动画都作为数字化的映像与上千页的文本储存在一起。映像数据库对企业用户最大的吸引力在于文本的映像处理，上千页的企业文档如客房函件、购物定单和发票、销售指南和服务手册都可以有选择地被扫描，并作为映像文件储存在一个光盘上。映像数据库管理软件允许人们在映像数据库所保存的上万页文档中，用很快捷的方式抽取并显示所需的文档。人们可以在自己的工作站上浏览与修改文档，也可以在组织网络的另一个用户的工作站上运作。

3. 数据库管理系统的组成

数据库管理系统通常由三部分组成：

(1) 数据描述语言(Data Description Language,简称DDL)：为了对数据库中的数据进行存取，必须正确地描述数据以及数据之间的联系，DBMS 根据这些数据定义从物理记录导出全局逻辑记录，从而导出应用程序所需的记录。DBMS 提供数据描述语言以完成这些描述工作。

(2) 数据操纵语言(Data Manipulation Language,简称DML)：DML 是 DBMS 中提供给应用程序员存储、检索、修改、删除数据库中数据的工具，又称数据子语言(DSL)。DML 有两种基本类型：过程化 DML 和非过程化 DML。过程化 DML 不仅要求用户指出所需的数据是什么，还要指出如何存取这些数据；非过程化 DML 只要求用户指出所需的数据而不必指出存取这些数据的过程。可见非过程化 DML 比过程化 DML 容易理解和使用。层次、网状数据库系统中 DML 一般是过程化的；关系数据库系统中的 DML 一般是非过程化的。

(3) 数据库例行程序：从程序的角度看,DBMS 是由许多程序组成的一个软件系统,每个程序都有自己的功能,他们互相配合完成 DBMS 的工作,这些程序就是数据库管理例行程序。在 DBMS 中,这些程序主要有以下三种：语言处理程序、系统运行控制程序、日常管理和服务性程序。

4. 数据库管理系统的功能

数据库管理系统主要有如下四种功能：数据库开发、数据库查询、数据库维护与数据库的应用开发。

(1) 数据库开发

数据库管理软件允许用户很方便地开发他们自己的数据库。然而 DBMS 也允许数据库管理员(DataBase Administrator,简称DBA)在专家的指导下,对整个组织的数据库开发给以控制。这就改善了组织数据库的完整性与安全性。数据库管理员利用数据定义语言(Data Definition Language,简称DDL)开发与说明数据、相互关系及每个数据库的结构,并把这些信息分类后,储存在一个专用的数据定义和说明的数据库中,这个数据库称为数据字典。数据字典由数据库管理员(DBA)控制、管理和维护。在组织状态发生变化时,由 DBA 统一修改数据库的说明。

数据字典是数据库管理的重要工具。数据字典是超越数据的计算机分类与目录,即字典的内容是关于数据的数据。数据字典含有管理数据定义的数据库,其内容包括组织数据库的结构、数据元素及其他特征。例如包括所有数据记录类型的名称和描述,它们的内部关系及用户存取信息需求概要,应用程序的使用,数据库的维护和安全。

数据字典由数据库管理员管理,并经常被用户查询和向用户报告公司在数据方面有无变动。需要时数据管理员也可以修改所选数据元素的定义。某些带有控制性能的数据字典,不论从哪里,只要用户和应用程序利用 DBMS 去存取组织数据库,都含有标准化数据元素定义的功能。

(2) 数据库查询

用户可以使用 DBMS 中的查询语言或报告发生器,询问数据库中的数据。用户可以在显示器或打印机直接接受机器的响应,如一个报告,却并不要求用户进行困难的程序设计。这种数据库访问能力对于普通用户是非常有益的。你只要掌握一些简单的请求,查询语言就能让用户容易地、立即等到联机查询的响应。报告发生器的特征是能把你的需要表达成一个报告,并给它指定报告的格式。

有两种主要的查询语言,一种称为结构化查询语言(Structured Query Language,简称SQL);另一种称为取样查询(Query By Example,简称 QBE)。SQL 语言可以在许多 DMBS 软件包中找到。采用 QBE 查询时,把一个或数个文件中的每一个字段都显示出来,然后由用户依靠键盘或鼠标选取所需要的,并组织在一起,向用户显示。

(3) 数据库维护

随着新的事务的发生,组织的数据库需要经常更新数据以适应企业新的状况。随之而来对应数据库的变化,各种各样的修改也应完成,以保证数据库数据的准确。这种数据库维护处理是在 DBMS 的支持下,由传送处理程序以及其他用户应用软件实现的。用户和信息专家可以通过 DBMS 调用各种实用程序以进行数据库的维护。

(4) 应用与开发

DBMS 的一个重要作用是应用开发。DBMS 可以使应用程序员不必像使用通常的程序设计语言那样,通过编程去开发详细的数据处理过程。而如今,采用数据操纵语言(Data Manipulation Language,简称 DML),应用程序中的一个句子,就可以让 DBMS 执行必要的数据处理活动。程序可以利用 DBMS 软件包所提供的内部程序设计语言开发出完整的应用程序。

5. 常见的数据库管理系统

常见的数据库管理系统类型比较多,它们以关系型数据库管理系统和面向对象的数据库管理系统以主要发展方向,分别又开发了很多应用系统,形成了产品族群。

(1) 关系型数据库管理系统

常见的关系型数据库管理系统:Dbase、FoxBASE、FoxPro、Access、Oracle、SQL SERVER、Sybase 等。

FoxPro 是近年来广为流行的一种数据库软件。它与 xBASE 系列软件(包括 dBase、FoxBASE 等)兼容,对于已使用过 xBASE 系列软件的用户来说,完全可以按照使用 dBASE 或 FoxBASE 的方式使用 FoxPro,但仍能发现一些差别。FoxPro 采用了新的索引文件类型,经扩充后的 FoxPro 索引文件共有四种:标准索引(.IDX);压缩过的标准索引(.IDX);复合索引(.CDX);结构复合索引(.CDX)。新的索引文件不仅在长度上缩短了很多,而且更加易于操作,并可随数据库的修改而自动修改。它采用了一种称为"Rushmore"的新技术,可使对数据库的操作速度比普通方法快几十倍到几百倍,而且数据库越大,速度提高得越明显。它增添了关系数据库的标准语言 SQL,主要是支持 SQL SELECT 语句。但它仍有一些缺陷和不足,例如,它不完全支持 SQL;数据操作的物理独立性高,某些操作与数据的物理结构密切相关;数据操作的逻辑独立性不高,不支持视图的概念;FoxPro 虽增加了一些网络命令,支持文件锁和记录锁等并发控制功能。但从总体上来说,FoxPro 在数据安全性、完整性和并发控制等重要性能上做得很不够,它把许多工作交给了用户,加重了用户的负担,增加了编程的难度。

Access 是一个中、小型的数据库管理系统,它功能强大、使用方便,提供了与其他数据管理软件包的良好接口,可以创建/编辑数据基本表、设计/使用各种查询工具、制作/使用宏、设计/使用 Web 页,提供了完整的程序设计开发语言——VBA。Access 界面简单,数据共享性强,完全集成在 Windows 操作系统中,操作非常简便,入门也非常迅速。Access 完全支持多媒体功能,在 Access 数据库中,可以保存、处理诸如声音、图像以及活动视频等多媒体数据,增强了数据的表现能力。

Oracle 公司成立于 1977 年,是一家著名的专门从事研究、生产关系数据库管理系统的专业厂家。1979 年研制出 Oracle 第一版是世界上首批商用的关系数据库管理系统之一。Oracle 当时就采用 SQL 语言作为数据库语言。自创建以来的十多年中,其不断更新版本。1986 年的 Oracle5.1 版是一个具有分布处理功能的关系数据库系统。1988 年的 Oracle RDBMS 第 6 版加强了事务处理功能。对多用户配置的多个联机事务的处理应用,吞吐量大大提高,并对 Oracle 的内核作了修改。目前 Oracle 产品已经发展到第 7 版。Oracle 产品覆盖了大、中、小型机几十种机型,成为世界上使用非常广泛的著名关系数据库管理系统。Oracle 一进入中国市场就迅速为中国用户所欢迎。

Sybase 公司成立于 1984 年 11 月,是数据库软件厂商的后起之秀,它研制出了支持企业范围的"客户/服务器体系结构"的数据库系统。Sybase 把"客户/服务器数据库体系结构"作为开发产品的重要目标,致力于在通用计算机上研制服务器软件,以满足联机事务处理应用的要求,并于 1987 年研制出了 Sybase SQL SERVER。由于 Sybase 是新公司,没有老公司老产品的包袱,顺应当前数据库发展的方向,采用了许多先进技术。因此,Sybase 数据库系统一问世便受到广大用户的喜爱,市场不断扩大。

(2) 面向对象的数据库管理系统

面向对象技术是近 20 年来计算机学术界和工业界研究的一大热点。"面向对象"是一种认识客观世界和模拟客观世界的方法,它将客观世界看成是由许多不同种类的对象构成的,每个对象都有自己的内部状态和运动规律,不同对象之间的相互联系和相互作用就构成了完整的客观世界。面向对象方法学所引入的对象、方法、消息、类、实例、继承性、封装性等一系列概念,为我们认识和模拟客观世界,设计和实现大型软件系统奠定了坚实的基础。

面向对象的思想首先出现在程序设计语言中,随着研究的深入和发展,现在面向对象技术已经应用到计算机软件的各个领域,如面向对象的分析、面向对象的数据库系统、面向对象的专家系统、面向对象的开发工具、面向对象的用户界面等。

数据库系统是信息系统的核心,一般地说,综合的信息系统就是大型数据库应用系统。将面向对象技术应用到数据库系统中,这是数据库应用发展的迫切需要,也是面向对象技术和数据库技术发展的必然结果。面向对象技术在数据库系统中的应用主要体现在数据库管理系统和数据库应用开发工具两个方面,即面向对象的数据库系统和面向对象的数据库应用开发工具。将面向对象技术应用到数据库管理系统中,使数据库管理系统能够支持面向对象的数据模型,这对于提高数据库系统模拟客观世界的能力,扩大数据库应用领域具有重要的意义;数据库应用开发工具是信息系统开发的必备环境,将面向对象技术应用到数据库应用开发工具中,使数据库应用开发工具能够支持面向对象的开发方法并提供相应的开发手段,这利于提高应用开发效率,增强应用系统界面的友好性、系统的可伸缩性、可扩充性等具有重要的意义。

面向对象数据库系统(Object Oriented DataBase System,简称 OODBS)的研究始于 80 年代中后期。面向对象的数据库系统应该具备以下基本特征:

首先,OODBS 必须支持面向对象的数据模型,具有面向对象的特征。这些特性主要包括:支持复杂的对象,具有运用各种对象构造符把简单对象组成复杂对象的能力;具有对象标识,对象独立于它的值而存在;具有封装性,数据库对象中既封装数据又封装程序,从而达到信息隐蔽的目的,同时这也是逻辑数据独立性的一种形式;支持类型和类的概念,类型概括具有相同特性的一组对象的共同特征;支持类或类型的层次结构,从而支持继承性这一有力的建模工具;允许重载,即将同一名字用于不同类型上的数据操作;通过与现有程序设计语言的合理嫁接来达到计算的完备性,并具有可扩充性。

其次,具有数据库管理系统的基本功能。主要包括:持久性,数据库中的数据是持久保存的;外存管理,包括索引管理、数据聚集、数据缓冲、存取路径选择、查询优化等;并发性,系统应该提供和目前的数据库管理系统同样级别的,对多个用户并发操作数据库的支持;故障恢复,系统应该提供和目前的数据库管理系统同样级别的,将数据库从故障后的错误状态恢复到某一正确状态的功能;查询功能,查询功能应该是非过程化的、高效率的、独立于应用的。

面向对象数据库系统的未来发展趋势不是取代关系数据库系统,而是与关系数据库技术相结合。新一代数据库系统应是包括面向对象特征的、与关系数据库系统兼容的、成熟的数据库系统。关系数据库系统在现在和将来的相当长时间内仍将是应用的主流。

2.5 决策支持系统

决策支持系统(Decision Support System,简称 DSS)是一个由人和计算机等组成的高度的人—机交互系统,可以看作是管理信息系统的发展和延伸。它能够有效的改善管理人员的决策能力,提高决策的科学性和信息化程度。

1. 决策支持系统的概念

决策支持系统的概念最早是由 Michael Scott Morton 和 Thomas Gerrity 于 1970 年提出的。1978 年,发表了 Peter Keen 和 Michael Scott Morton 发表了"决策支持系统:一个组织的远景"后,DSS 引起了学术界的关注,并相继开发出一些比较成功的决策支持系统。狭义上的决策支持系统是指能够利用数据和模型来帮助决策者解决非结构化问题的高度灵活的、人机交互式的计算机信息系统。按照上述观点,DSS 专门为高层管理人员服务的一种信息系统。但事实上,企业组织的所有层次的管理人员均需要决策支持;另一方面,不同管理层次上的决策之间往往不是孤立的,它们经常需要相互之间的协调。

广义上的决策支持系统是指任何对决策的制定有所贡献的信息系统。一般认为,DSS 是一个高度灵活的、交互式的计算机信息系统,其目的是支持解决非结构化的决策问题,进一步提高决策的效果。从 DSS 的概念可以看出,DSS 是一个分析型处理系统,它的目的是支持决策的制定,而不是替代决策者制定决策。

2. 决策支持系统的特征

决策支持系统主要解决半结构化问题的结构化决策问题,可由信息系统自动做出。半结构化决策问题,既要利用自动化的数据处理,又要靠决策者的直观判断。因此,对人的技能要求不同于传统的数据处理系统。

掌握决策支持系统的特征,对于分析和设计 DSS 有着重要的意义,从决策支持系统的概念我们可以归纳出决策支持系统的特征如下:

(1) 主要面向高层管理人员经常面临的结构化程度不高、说明不够充分的问题。

在分析和设计 DSS 时,首先要考虑主管人员在这种系统中的主导作用。其次,决策者的偏好、技能和知识不同,决策过程可能不同,对 DSS 的要求也就不同。

(2) 把模型或分析技术与传统的数据存取技术及检索技术结合起来,所以 DSS 有较高的分析数据的能力。

模型驱动把模型引入软件系统,是 DSS 与狭义 DSS 的重要区别之一。半结构化的决策问题,其求解方法和求解过程是不完全明确的。发生这些问题的时间、具体内容、问题本身的性质,都不能完全预见。因此,系统首要任务是确定系统的模型。模型一旦确定,问题就有了求解的可能。模型是推动系统运行的关键因素。

(3) 易于使用,特别适合于非计算机专业人员以交互方式使用。

强调交互式的处理方式不同的决策者在使用系统时,输入不同的资料(如信息、偏好、价值准则),将会产生不同的决策方案。这要求决策支持系统对用户和环境有较强的适应能力,能使非计算机人员易于以对话方式使用,协助和支持决策者做好决策。

(4) 强调对环境及用户决策方法改变的灵活性及适应性。

(5) 支持但不是代替高层决策者制定决策。

人是决策的主体,决策支持系统力求为决策者扩展做出决策的能力,而不是取而代之。在决策过程中过分强调计算机的作用是不恰当的。

3. 决策支持系统的结构

决策支持系统的结构可以从两个方面来划分考察,一个是它的概念结构,另一个是它的框架结构。

(1) 决策支持系统的概念结构

一个决策支持系统一般包括语言系统(Language System,简称 LS)、知识系统(Knowledge System,简称 KS)和问题处理系统(Problem Processing System,简称 PPS)。

① 语言系统 LS。支持系统能提供给决策者的语言能力的总和称为语言系统。语言系统是用户与 DSS 其他部分的通信机制,是用户与 DSS 对话的工具。它是供决策者表述问题的载体,同时也限定了所允许的表达方式。LS 是一种载体,是一种传输信息的手段,包括数据操纵语言、模型操纵语言、知识管理语言和问题处理语言等。

② 知识系统 KS。一个决策支持系统,如果没有包含关于决策问题领域的知识,那就没有什么实用价值。决策支持系统的许多才能是从它具有的有关领域的知识衍生出来的。这种知识通常包括大量事实,由于决策者没有时间,或者没有未能将其收集到自己大脑中存储。这些事实的某些子集对于一个特定问题的合理决策又是至关重要的。这里说的知识,可以是他人的经验教训,决策问题的外部环境,决策过程中所用的公式、模型或规则,各种分析工具、推理规则和评价标准等。

KS 中所表示的知识必须按一种有组织的系统方式进行存储。表示知识的方法有多种。一个特定的知识系统所采用的知识表示方法可以看作是一组规则,根据这些规则进行组织和存储知识。

③ 问题处理系统 PPS。决策支持系统的主要功能是接收符合语言系统句法的符号串(即问题),并获取按知识系统表示规则组织的符号串(即问题领域的知识),产生信息支持决策过程。这样,就必须有个连接知识系统的知识表达式和语言系统的知识表达式的机制,这就是问题处理系统 PPS。

(2) 决策支持系统的框架结构

初期的决策支持系统一般由模型库、数据库以及人机对话系统等三个部件组成,20 世纪 80 年代初,DSS 增加了知识库和方法库。下面简单介绍一下当前决策支持系统主要包含的几个组成部分:

① 人机对话子系统。其核心是人机界面。它是 DSS 中用户和计算机的接口。在实际工作中,由于系统经常是由一些对系统不是很熟悉的操作者使用,所以用户接口设计好坏对系统的成败起着非常重要的作用。对于使用人员来说,需要有一个良好的对话接口;对于维护人员来说,需要有一个方便的软件工作环境。所以可以说,人机对话子系统是 DSS 的一个窗口,它的好坏标志着该系统的水平。

② 数据库子系统。数据库是 DSS 的重要数据资源,在某种程度上讲,它已成为 DSS 内部管理的一种机制,起着简化 DSS 的实现和维护的重要作用。数据库系统主要由 DSS 数据库、数据析取模块、数据字典、数据库管理系统及数据查询模块组成。

DSS 使用数据的主要目的是支持决策,因此它对综合性数据或者经过预处理后的数据比较重视。面对决策的问题不同,使用的信息也不同。由于数据处理过程主要是启发式的,因而数据流向不确定;数据来源不仅有内部的、外部的,还有历史的、现实的以及决策者个人经验等;最终所得结果为将会发生的事件。MIS 支持日常事务处理,注重对原始材料的收集、整理和组织,所需数据是确定的,得到的结果是已经发生的事件。

DSS 数据库管理子系统可以提供对数据库的维护和控制,简化了在 DSS 和数据之间的接口程序设计;另外 DBMS 还可以提供描述在数据库中存储数据的词典,因而可以快速有效地确定在 DSS 中应该使用的数据源及数据类型。总之,对 DSS 来说,利用数据库和相应的 DBMS 可相对减少建造和使用 DSS 的成本,增加了对数据的控制和共享,减少了数据的冗余量。

③ 模型库子系统。模型库子系统是存储决策支持系统的定量方法与模型,存储方式主要有:子系统、语句、数据及逻辑关系等四种方式。模型库子系统是决策支持系统中的核心部分,是 DSS 区别于其他系统的重要特征之一,而且决策支持系统中的数据库需求大多是由模型库来确定的。

常用的支持决策活动的模型有:

预测模型:包括回归模型、指数平滑、时间序列分析、移动平均数法、拟合模型、系统动力学模型、神经网络、博弈论等。

优化模型:线性非线性动态规划、目标规划、多目标决策、边际理论等。

综合评价模型:层次分析、德尔菲法、模糊综合评价等。

仿真模型:投入产出、生产函数、排队模型等。

④ 方法库子系统。方法库子系统是存储、管理、调用及维护 DSS 各部件要用到的通用算法、标准函数等方法的子系统。

包括排序算法、分类算法、最小生成树算法、最短路径算法、计划评审技术、线性规划、整数规划、动态规划、各种统计算法、各种组合算法等。

建立方法库的主要目的是为 DSS 提供一个合适的环境,允许计算机过程本身实现交互存取数据,从数据库中选择数据,从方法库中选择算法,然后将数据和算法结合起来进行计算,并通过清晰的显示方法将结果输出,供决策者使用。

⑤ 知识库子系统。随着知识被引入到决策支持系统中,DSS 也日益向智能化方向发展。所谓知识库是指合理组织的关于某特定领域的陈述型知识和过程型知识的集合。它与传统数据库的区别在于它不但包含了大量的简单事实,而且包含了规则和过程型知识。而知识库子系统是以知识库为核心的,包含人、硬件和软件的各种资源,用于实现知识共享的系统。

4. 决策支持系统的功能

决策支持系统的目标就是通过将计算机强大的信息处理能力和人的灵活判断能力结合起来,以交互方式支持决策者对半结构化和非结构化问题进行有序的决策,以尽可能获得令人满意的客观的方案。它的功能主要有:

(1) 整理并及时提供本系统与本决策问题有关的各种数据。

(2) 尽可能收集、存储并及时提供系统之外的与本系统问题有关的各种数据。

(3) 及时收集提供有关各项行动的反馈信息,包括系统内与系统有关的数据。

(4) 能够用一定的方式存储与所研究的决策问题有关的各种模型。

(5) 能够存储及提供常用的数学方法(特别是数理统计方法),它对整个阶段的决策效果有相当影响,因此,这类决策过程不适于完全自动化。半结构化问题介于两者之间,即有所了解但不全面,有所分析但不确切,有所估计但不确定的问题,一般可建立适当模型,但无法确定最优方案。

决策支持系统主要支持半结构化和非结构化的问题,它能够把模型或分析技术与传统的数据存取和检索功能结合起来,并通过人机交互接口为决策者提供辅助决策功能。

5. 决策支持系统的类型

近年来随着计算机技术和人工智能技术的迅速发展,DSS 产生了许多新的分支,主要包括以下几种:

(1) 智能决策支持系统(Intelligent Decision Support System,简称 IDSS)

理想的决策支持系统,应尽量使计算机能竭力仿效人的认识能力,也就是人的感知和判断过程。为此,第一,应使计算机能掌握丰富的知识,即有一个内容丰富的知识,并能使用其中的知识解决问题。更理想的是计算机能通过学习,扩大知识库。第二,使计算机有了解知识和识别问题的能力,了解用户的要求,找出所需要的数据和模型。第三,有拟定模型的能力,产生一套数据分析的算法。现有模型中各种现成的程序模块,模型的拟定就是根据问题的需要,取出几个程序模块,加以必要的修改合并。第四,要有分析能力,明确用户要求之后,把需要的数据与模型合并起来,运行模型产生结果,支持决策。这种 DSS 就是智能支持系统。

智能决策支持系统(IDSS)是在传统的 DSS 基础上结合人工智能技术构建而成的。20 世纪 80 年代,知识工程(Knowledge Engineering,简称 KE)、人工智能(Artificial Intelligence,简称 AI)和专家系统(Expert System,简称 ES)的兴起,为处理不确定性领域的问题提供了技术保证,使 DSS 向智能化方向迅速发展。它们几乎是同时兴起的,各自沿着自己的道路发展。它们都能起到辅助决策作用,但辅助决策的方式完全不同。一个属于定性分析.一个属于定量分析,这两者结合起来,辅助决策的效果将会大大改善,即达到定性辅助决策和定量辅助决策相结合。这种专家系统和决策支持系统结合形成的系统称为智能决策支持系统,它是决策支持系统的发展方向。IDSS 和一般的 DSS 的主要区别在于学习推理,而学习和推理均是人工智能研究的内容,因而,我们可以说:IDSS=DSS+AI。IDSS 在结构上增设了知识库、推理机与问题处理系统,人机对话部分还加入了自然语言处理功能。由于 IDSS 能充分利用人类已有知识,所以在用户决策问题的输入,机器对决策问题的描述,决策过程的推理,问题解的求取与输出等方面都有了显著的改进。

智能决策支持系统(IDSS)是决策支持系统和人工智能相结合的产物,其核心思想是将 AI 技术和其他相关学科的成果及技术相结合,使 DSS 具有人工智能的行为,能够充分利用人类知识,并通过逻辑推理和创造性思维能够描述和解决复杂的决策问题。DSS 着重研究把 AI 的知识推理技术和 DSS 的基本功能模块有机的结合起来。

(2) 群体决策支持系统(Group Decision Support System,简称 GDSS)

群体决策是相对个人决策而言的。DSS 技术与群体决策理论研究相结合产生了群体决策支持系统。GDSS 能供异地决策者共同参与进行决策。GDSS 利用便捷的网络通信技术在多决策者之间沟通信息,提供良好的协商与综合决策环境,以支持需要集体做出决定的重要决策。为了支持群体决策,一般来说,GDSS 应具备多用户的实时功能、良好的通信及图形显示功能。在许多情况下还应是分布式的结构,使各决策者既可以利用共享的模型库和数据库,也可以拥有专用的模型库和数据库。GDSS 从 DSS 发展而来,通过决策过程中参与者的增加,使得信息的来源更加广泛;通过大家的交流、磋商、讨论而有效地避免了个体决策的片面性和可能出现的独断专行等弊端。

但是由于群体成员之间存在着价值观念、个人偏好等方面的差异,如何开发 GDSS 来支持群体决策成了一项复杂的任务。GDSS 将通信、计算机和决策技术结合起来,使问题的求解条理化,并力图提供一种系统方法,有组织地指导信息交流方式、议事日程、讨论形式、决议内容等。各种技术(如电子会议、局域网、远距离电话会议以及决策支持软件的研究成果)的进步,推动了 GDSS 的发展。GDSS 技术发展越来越成熟,应用范围也越来越广。目前已成为 DSS 发展的一个重要趋势和前沿问题。

(3) 分布式决策支持系统(Distribute Decision Support System,简称 DDSS)

在 GDSS 的基础上,为了支持范围更广的群体,包括个人与组织共同参与大规模的复杂决策,人们又将分布式的数据库、模型库与知识库等决策资源有机地集成,构建分布式 DDSS。分布式决策支持系是由多个物理上分离的信息处理结点构成的计算机网络,网络的每个结点至少含有一个决策支持系统或具有若干辅助决策的功能。DDSS 不止是一套软件,任一实用的 DDSS 都包括有机结合起来的软、硬件两部分。

(4) 行为导向决策支持系统

智能决策支持系统和群体决策支持系统等都是利用各种信息处理技术迎合决策者的需求,扩大他们的决策能力,属于业务导向(Business Oriented)型的决策支持系统。

所谓行为导向(Behavior Oriented)的 DSS 是从行为科学的角度来研究对决策者的支持的。其主要研究对象是人,而不是以计算机为基础的信息处理系统,行为导向决策支持系统主要是利用对决策行为的引导来支持决策,而不仅仅用信息支持决策。这也将为以后解决决策问题开辟了一条新的道路。

(5) 数据仓库、数据挖掘、联机分析处理系统

随着计算机技术的发展,信息处理逐步从集中式走向分布式,从孤立系统走向集成系统;支持企业决策的信息处理开始向深度加工的方向拓展,并逐渐发展成为以数据仓库为基础,以联机分析处理和数据挖掘工具为手段的高级信息处理技术。数据仓库用于数据的存储和组织,联机分析处理侧重于数据的分析,而数据挖掘则致力于知识的自动发现。把这三种技术有机地结合起来,就可以把它们的能力更充分的发挥出来,从而形成一种新型决策支持系统的框架。

数据仓库(Data Warehouse,简称 DW)是支持管理决策的、面向主题的、集成的、与时间相关的、持久的数据集合。数据仓库解决了传统决策支持系统中数据不统一的问题,它自底层数据库收集大量事务级数据的同时,对数据进行集成、转换和综合,形成面向全局的数据视图,构成整个系统的数据基础。

联机分析处理(On-Line Analysis Processing,简称 OLAP)从数据仓库中的继承数据出发,构建面向分析的多维数据模型。利用这个带有普遍性的数据分析模型,用户可使用不同的方法,从不同的角度对数据进行分析,实现了分析方法和数据结构的分离。

数据挖掘(Data Mining,简称 DM)以数据仓库和多维数据库中的大量数据为基础,自动地发现数据的潜在模式,并以这些模式为基础自动做出预测。数据挖掘反过来又可以为联机分析处理提供分析的模式。

正是数据仓库、联机分析处理和数据挖掘这三种技术之间的联系性和互补性,使它们能从不同的角度为决策服务。随着企业竞争的日益加剧,这种新型的决策支持系统解决方案必将受到越来越多的重视。

第三节 信息系统安全及其管理

2003 年 1 月 25 日,一个不知道来自于何方的蠕虫病毒,一小段可以飞速复制自身和传送的程序,竟然导致了整个互联网的瘫痪。全球的网络数据堵塞长达数小时之久,网络流量骤减。专家认为这是连续 18 个月以来最严重的一次网络破坏攻击,这个蠕虫病毒是继"红色代码"病毒发作以来第二个造成全球网络混乱的内存型蠕虫病毒。

美国当地时间 1 月 25 日上午,大部分银行的柜员机停止工作,银行网络开始瘫痪。这对于习惯使用信用卡的美国人来说,是实在难以面对的局面。银行门口、街头柜员机旁边、商店、各种消费场所里,都站满了无所适从的人们。

韩国情报通信部于 1 月 25 日下午发现有黑客攻击服务器的迹象,且攻势猛烈,负责互联网服务的韩国电信公司部分域名服务器受到大量数据连续攻击,几乎陷于瘫痪。韩国通过因特网提供的服务项目如各种票务预订、网上购物、电子邮件、网络电话等都受到了极大损失,遍布韩国的网吧经营也遭到打击,就连支持手机上网的网络也无法运作。在技术人员的努力下,只有 10% 的网络通信得到恢复。

北京时间 1 月 25 日 13 时 15 分左右,我国互联网出现大面积网络流量异常,访问速度变慢,部分网络一度中断。

与此同时,澳大利亚、英国、泰国、日本、马来西亚、菲律宾、印度和我国台湾地区等全球范围的互联网络也不同程度地受阻。

以上只是以 2003 年 1 月 25 日全球暴发的一次病毒为例,说明了在互联网的今天,计算机信息系统安全的重要性。

世界各国的人们越来越认识到信息系统安全的重要性,不断提高对此问题的认知程度(见图 4.2、图 4.3)。

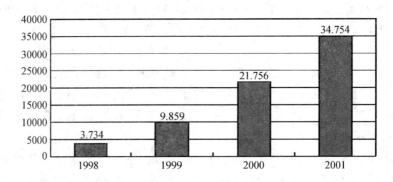

图 4.2　人们对信息系统不安全的感受

来源:CERT 协调中心

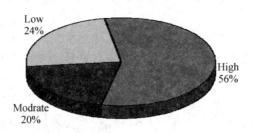

图 4.3　对信息安全的重视程度

来源:计算机经济学,2002 年 1 月

信息管理工作中应用了大量的信息系统,它们的安全与保护问题也日显重要。没有安全保障的信息系统,是绝对无法完成信息管理工作的。所以说,从事信息管理工作的人员,也必须将信息系统的安全与管理问题提到战略性的高度来看待。

3.1　信息系统的安全与管理概述

国际标准化组织对信息安全提出的建议定义是:"为数据处理系统建立和采取的技术和管理的安全保护。保护计算机硬件、软件、数据不因偶然的或恶意的原因而遭受破坏、更改、泄漏"。更确切地说,信息系统安全是确保以电磁信号为主要形式的,在计算机网络化系统中进行获取、处理、存储、传输和利用的信息内容,在各个物理位置、逻辑区域、存储和传输介质中,处于动态和静态过程中的保密性(Confidentiality)、完整性(Integrity)、可用性(Availability)、可控性(Controllability)和不可否认性(Non-repudiation)的,与人、网络、环境有关的技术和管理规程的有机集合。在这里,人指信息系统的主体,包括各类用户、支持人员以及技术管理和行政管理人员;网络则指以计算机、网络互联设备、传输介质及其操作系统、通信协议和应用程序所构成的物理的和逻辑的完整体系;环境则指系统稳定和可靠运行所需要的保障系统,包括建筑物、机房、动力保障与备份以及应急与恢复系统。

人们对信息系统安全的认识以及信息系统安全的技术与概念随着信息技术的应用与研究的不断深入而不断地创新,它主要经历了三个阶段。

数据安全阶段:20世纪70、80年代,以美国为首的一些西方国家为了评价与验证计算机信息系统的安全性,推出了一批信息安全模型和安全性评价准则,包括访问监视器模型、多级安全模型(军用安全模型、基于信息保密性的信息流模型、基于信息完整性的信息流模型)、用于理论研究的抽象安全模型。该阶段最初的重点是确保计算机系统中硬件、软件及在处理、存储、传输信息中的保密性。进入此阶段的标志是1977年美国国家标准局(NBS)公布的《国家数据加密标准》(DES)和1985年美国国防部(DoD)公布的《可信计算机系统评估准则》(TC-SEC)。

信息安全阶段:1988年以后,网络攻击事件频繁发生,引起了人们对网络信息安全的关注与研究,从而开创了网络信息安全的新阶段。在这个阶段,人们开发出了许多针对网络环境的信息安全与防护技术,它们以被动防御为特点,主要包括安全漏洞扫描器、安全路由器、防火墙、入侵检测系统、各种防网络攻击技术、网络监控与审计系统等。同时,还开发出许多网络加密、认证、数字签名的算法和信息系统安全评价准则。

信息保障阶段:1996年12月美国国防部在"DoD Directive S~3600.1:Information Operation"中提出了信息保障(IA)的概念,并被定义为通过确保信息和信息系统的可用性、可验证性、保密性和不可否认性来保护信息系统的信息作战行动,包括综合利用保护、探测和反应能力以恢复系统功能。1998年美国国家安全局NSA公布了《信息保障技术框架》IATF1.0版本,到2000年9月推出其3.0版本。遵循IATF3.0原则,可以对信息基础设施做到多重保护。这种"纵深防卫策略"的内涵已经远远超出传统的信息安全保密,而是保护(Protection)、检测(Detection)、反应(Reaction)、恢复(Restore)的有机结合,即PDRR模型。

由此可见,信息系统安全管理是对一个组织或机构中信息系统的生命周期全过程实施符合安全等级责任要求的科学管理,包括落实安全组织及安全管理人员;制定安全规划;开发安全策略;实施风险管理;人员安全管理等方面内容。

具体来说,信息系统安全可以从以下几个方面理解:

(1)从信息保护角度看,就是通过保护信息系统本身的安全,即设备设施、运行环境、系统软件、网络系统以及管理的安全,达到确保信息系统中信息安全的目的。

其具体体现在信息的保密性(未经授权,信息的内容不能被泄漏)、完整性(存储在计算机上或者在网络上流动的原始信息没有被破坏和恶意的篡改)和可用性(合法用户提出访问时能及时响应)、可控性(信息处理是可以监督和管理的)和不可否认性(在网络环境下,信息发送者不可否认其发送行为,信息的接受者不可否认其已经接受信息的行为)五个方面。

(2)从信息系统运行的角度可以概括为系统的运行安全、运行中的信息安全和信息内容的安全。

系统的运行安全是指通过采取各种检测、监控、审计、分析、备份及容错等方法和措施,防止由于人为的和自然的原因对计算机系统的运行造成的攻击和破坏,保护计算机信息系统的不间断安全运行,使计算机系统能提供预期的有效服务。

系统运行中的信息安全是指在计算机信息系统运行安全得到保证的前提下,对计算机信息系统中存储、传输和处理的信息进行有效保护,使其在保密性、完整性和可用性等方面达到预定的目标要求,不因人为的或自然的原因被泄露、篡改和破坏。

信息内容的安全是指意识形态方面的不健康内容或对人类发展、社会稳定不利的内容,如暴力、反动言论、色情内容等。

信息安全的最终目标是:在计算机信息系统提供的信息处理功能的范围内,通过人力资源和技术资源进行信息保护和提供有效信息服务。

按照信息在计算机系统中存在的形态,信息保护包括以下方面:存储在记录介质上的信息的保护;网上传输信息的保护;正在处理中的信息的保护;正在使用中的信息的保护。

(3) 从提供有效信息服务的角度,计算机信息系统安全包括:① 硬件配置及基础设施应确保支持系统的不间断运行,包括:设备、介质及环境安全。② 软件、硬件运行环境应确保系统正确、可靠运行,安全措施包括:检测、监控、审计、容错及其他防范措施,以及各种备份与故障恢复措施。

(4) 按照计算机信息系统组成,计算机信息系统安全划分为以下五个层面:

物理层:硬件平台的安全;

系统层:操作系统、数据库系统安全;

网络层:网络系统安全;

应用层:应用系统安全;

管理层:安全管理(含技术安全管理和行政安全管理)。

管理层面安全保护	信息系统安全管理
应用层面安全保护	
网络层面安全保护	
系统层面安全保护	
物理层面安全保护	

在上述五个层面的信息系统安全保护中,管理工作占了70%的工作量,由此可见其在信息系统安全方面的重要地位。

(5) 从目前国内外对信息系统安全的研究角度来看,人们对信息系统安全主要从以下几个方面展开:

① 密码理论与技术。密码理论与技术主要包括两部分,即基于数学的密码理论与技术(包括公钥密码、分组密码、序列密码、认证码、数字签名、Hash 函数、身份识别、密钥管理、PKI 技术等)和非数学的密码理论与技术(包括信息隐形,量子密码,基于生物特征的识别理论与技术)。

② 安全协议理论与技术。

③ 安全体系结构理论与技术。

④ 信息对抗理论与技术。

⑤ 网络安全与安全产品。

3.2 信息系统安全的风险

信息系统安全的风险是指信息系统各组成要件在发挥其应用功能过程中,在机密性、完整性和可用性等方面存在的脆弱性,以及信息系统内部或外部的人们利用这些脆弱性可能产生的违背信息系统所属组织安全意志的后果。

总体来说,信息系统安全所承受的风险包括两个方面:

第一个方面是信息系统组件固有的脆弱性和缺陷。它包括硬件组件的物理安全隐患、软件组件的设计和软件工程实施中的遗留问题、基于可信任的网络和通信协议面向自由的应用环境。

第二个方面是威胁与攻击。

对数据通信系统的威胁包括:对通信或网络资源的破坏,对信息的滥用、讹用或篡改,对信息或网络资源的窃取和删除,信息被泄露,服务中断或被禁止等。它包括偶发性威胁、故意性威胁;被动性威胁、主动性威胁等形式。

攻击则包括冒充、重放、篡改、服务拒绝、内部攻击、外部攻击、陷阱门、特洛伊木马等方式,它们的产生主要是由于内部操作不当,内部管理不严造成的系统安全管理失控,以及外部的威胁与犯罪,如黑客、信息间谍、计算机犯罪等原因。

3.3 终端用户的信息系统安全技术

面对日益泛滥的信息系统安全问题,企业以及用户个人层面的信息安全保护工作也应该得到自我加强。一般来说,作为 PC 机的终端用户,我们应该利用与掌握以下的信息系统安全技术。

(1) 防病毒软件:不但要安装此类软件,而且要定期更新该软件,以便能查找新的病毒特征。

(2) VPN 客户机:VPN 为远程办公和移动员工提供了数据完整性和机密性。基于客户机的 VPN 提供了通过因特网进入企业网的加密隧道,保护用户数据以免被看到。VPN 还包含数字证书以验证接入网络的设备。每种主要的防火墙都有 VPN 功能,如 Symantec、Check Point、NetScreen、Cisco、WatchGuard 等。

(3) 个人防火墙:个人防火墙就是服务器防火墙的桌面版,具有许多同样的功能,更重要的是,个人防火墙能够监控入内和外出流量,拒绝企图利用未授权端口的任何连接,从而限制 PC 的网络接入。个人防火墙有助于发现可能潜入最终用户台式机的特洛伊木马。集中管理的个人防火墙还有助于实施及执行企业的安全策略。

(4) 智能卡/令牌:借助于双因素验证(two-factor authentication)处理口令失窃问题,即用户登录时必须持有智能卡或令牌。如果没有相关设备,社会工程师就算偷到了口令也无所作为。双因素验证虽然比单纯的口令在安全性方面提高了一个数量级,可是其成本也非常高。智能卡的读取需要一台价格不菲的读卡机;令牌虽然不用读卡机,但通常比每台设备的磁卡昂贵。智能卡和令牌都需要后端基础设施。

(5) 行为封锁程序:虽然防病毒软件可以防止大多数表现为病毒、蠕虫和特洛伊木马的恶件(malware)的感染,但新恶件的发布和建立辨认恶件的特征库之间还是存在差距的。行为封锁程序就缩小了这个差距,无须为特征而操心。相反,行为封锁客户软件会在移动代码执行时加以监控。若移动代码的行动超出了已知正常行为的范围之外,客户软件就会终止其行动。这是阻挡恶件的一种主动方法。

(6) 审查代理程序:许多管理员使用审查代理,在授权接入企业网的权限之前扫描移动计算机。这种扫描通常是查看是否装有最新的防病毒更新程序,或者查看是否已经下载了所需的浏览器版本,还能检查 PC 机是否装有需要或不需要的应用软件。如果机器未通过审查,用户会被引领到网络下载相应补丁,或被引领到管理员处接受进一步指示。

3.4 信息系统的安全管理

信息系统安全不仅仅是一个技术问题,在很大程度上表现为管理问题,能不能对网络实现有效的管理与控制是信息安全的根本问题之一。正如前面所说的一样,管理工作占了整个信息系统安全工作的 70% 的工作量。但是长久以来,信息安全却一直被人们视为单纯的技术问题,归于信息技术部门独立处理。这种状况应该改变。

信息系统的安全管理分为两个层次,一个是宏观的国家层次的管理,另一个是微观的组织层次的管理。

国家对信息安全宏观管理包括三个方面的内容:组织建设、制度建设和人员意识提高。组织建设是指有关信息安全管理机构的建设,包括安全规划、应急计划、安全教育培训、安全系统的评估、安全认证等多方面的内容。各级信息安全管理机构应当加强监管力度,充分启动网络安全监察的作用,定期对政府、电信、银行、证券等重要部门的网络安全进行全面系统的检查。

从目前的情况来看,世界各国政府在信息系统安全管理方面的重点表现在六个方面:

(1) 个人隐私。主要涉及个人医疗信息的保密问题;个人商务信息、信用信息的保护问题;个人通信的保密问题;政府对各种信息网络的监视问题。除传统的电信监听外,还有声频监视、网络监测、卫星侦控等。

(2) 密码政策。主要包括密钥托管;PKI/KMI;密码算法;密码 API。

(3) 互联网管理。主要涉及互联网的管理与控制问题;安全与保密;互联网的依赖问题。

(4) 执法问题。

(5) 网络恐怖和信息战问题。主要包括对关键信息技术的严格控制;对恐怖活动的技术侦查和防御。

(6) 国际经济问题。从国际情况看,信息安全中的国际经济问题主要有:知识产权的网络化保护;互联网发展带来的对电信的改革;对各种新兴网络,特别是互联网的管制问题;电子商务的安全问题;国际环境下的不良信息和言论自由问题。

从微观上看,信息系统的安全管理是对一个组织或机构中信息系统的生命周期全过程实施符合安全等级责任要求的科学管理,它包括:落实安全组织及安全管理人员,明确角色与职责;制定安全规划;开发安全策略;实施风险管理;制定业务持续性计划和灾难恢复计划;选择与实施安全措施;保证配置、变更的正确与安全;进行安全审计;保证维护支持;进行监控、检查、处理安全事件;安全意识与安全教育;人员安全管理等。

通过安全管理,可以达到强化员工的信息安全意识,规范组织信息安全行为;对组织的关键信息资产进行全面系统的保护、维持竞争优势;在信息系统受到侵袭时,确保业务持续开展并将损失降到最低程度;使组织之间和客户对组织充满信心;如果通过体系认证,表明体系符合标准,证明组织有能力保障重要信息,能提高组织的知名度和信任度;促使管理层坚持贯彻信息安全保障体系的作用。

3.5 我国信息系统的安全等级保护

从信息系统安全保护的历史发展角度来看,人们对信息系统的安全管理经历了从管理人、到管理密码、管理密钥、管理口令、管理配置、管理产品测评、管理产品采购、管理系统安全、管理等级划分几个阶段。到目前为止,对信息系统的安全保护工作已经进入了安全等级保护阶段。

所谓的安全等级是指国家信息网络安全监督管理部门根据信息网络处理信息的敏感程度、业务应用性质和部门重要程度所确认的信息网络安全保护能力的级别。

在信息系统安全等级保护工作方面,我国起步还是比较早的。在1994年的时候,国务院就发布了《中华人民共和国计算机信息系统安全保护条例》,以国家法律的形式规定"重点保护国家事务、国家经济建设、国防建设、国家尖端科学技术信息系统的安全。"同时规定"计算机信息系统实行安全等级保护。"这些重要领域的信息系统都是涉及国计民生的关键信息基础设施,包括国家互联网。

1998年公安部开始设计起草等级保护的相关法律和标准,经过对国内外广泛的调查和研究,特别是对国外的法律法规、政府政策、标准和计算机犯罪的研究后,起草了《计算机信息系统安全保护等级制度建设纲要》,使我们认识到要从法律、管理和技术三个方面入手,要从国家制度的角度采取措施,对信息安全要实行等级保护。

从国家战略和宏观角度出发,我国国家质量技术监督局正式发布了《计算机信息系统安全保护等级划分准则》GB17859~1999,从而提出了一整套对计算机信息系统中实施全方位、多角度整体保护的保护体系,并首次提出了五个级别的等级保护:用户自主保护级、系统审计保护级、安全标记保护级、结构化保护级和访问验证保护级;五个层面的系统整体保护:物理层、系统层、网络层、应用层、管理层。

为了使国家标准顺利实施,2000年11月10日国家计委下达了由公安部主持开展的《计算机信息系统安全保护等级评估认证体系及互联网络电子身份认证管理与安全保护平台试点》项目建设的任务(简称"1110工程")。"1110工程"的总体建设目标是建立我国信息系统安全等级保护监督管理和网络身份认证管理服务体系,为加强对重要领域信息系统和互联网的安全监督管理提供必需的条件。

在我国发布的《计算机信息系统安全保护等级划分准则》中,规定了信息系统的五级保护体系:用户自主保护级、系统审计保护级、安全标记保护级、结构化保护级和访问验证保护级。以第一级为基础,逐级增强保护能力,级别越高,保护强度越高,费用也越大,安全保护使用的范围就越小;级别越低,保护的强度减弱,其费用也越小,保护使用范围就越大,安全保护范围从第一级到第五级逐渐缩小,以体现保护重点、兼顾一般、适度安全、消费合理的安全保护原则。

(1)用户自主保护级:用户自主保护级实施的是自主访问控制。系统中的用户或用户组可通过系统访问控制功能自主地定义对其信息的访问权限,即系统提供必要的资源访问控制措施,由资源所有者自行确定对其数据的访问授权。本保护级是基础级。

(2)系统审计保护级:该级实施的是自主访问控制和客体的安全复用。系统对与安全相关的事件提供审计记录,并提供客体复用的安全机制。

(3)安全标记保护级:在前两级的基础上,对系统资源实施强制访问控制。系统以敏感标记的方法,为主体和客体指定其安全等级,并按主、客体标记的级别和范围实施主体对客体的强制访问控制。

(4) 结构化保护级:以明确定义的形式化安全保护策略,增强对系统安全核心部分的保护;并将强制访问控制扩展到所有主体和客体,引入针对隐蔽信道控制概念,系统具有相当的抗渗透能力。

(5) 访问验证保护级:系统通过访问验证器控制所有从主体到客体的访问,并必须对从主体到客体的每一次访问活动进行验证;提供系统可信恢复机制,系统具有很高的抗渗透能力。

3.6 我国信息系统安全管理的问题

通过上面的论述可以看出,信息系统安全问题不能仅仅依赖于信息安全技术,更重要的是要加强管理。因为虽然我们掌握了先进的信息安全保护技术,但是如果不在宏观、微观等方面加强管理的力度,那么再先进的技术也将发挥不出它的威力。目前,我国在信息系统安全管理方面还存在着诸多的问题。

1. 国家宏观管理存在的问题

宏观的政府管理层次主要涉及国家在信息系统安全方面所采取的方针、政策、所建立起来的法律法规体系、标准体系等,以保证信息安全工作的有序、有效地开展。目前,我国虽然已经制定了一系列的基本管理办法,如《中华人民共和国计算机安全保护条例》、《中华人民共和国商用密码管理条例》、《计算机信息网络国际联网管理暂行办法》、《计算机信息网络国际联网安全保护管理办法》、《计算机信息系统安全等级划分标准》等条例和办法,而且新修订的《刑法》中,也增加了有关计算机犯罪的条款,但是我国仍没有形成完整的信息系统安全管理体系。

有了制度上的保证后,还需要领导的高度重视与群防群治,强化人们的安全意识。

2. 基础设施建设问题

目前我国信息基础设施中的网络、硬件、软件等产品几乎完全是建立在外国的核心信息技术之上的。微软公司的 Windows 操作系统已经在中国占据了 90% 以上的市场份额。长期以来,我国对外国信息技术与产品的依赖,导致了中国没有起码的自卫能力,即所谓的"制网权"。更有甚之,某些进口信息产品具有在用户不知情的情况下,预设了"监测接口","病毒"一旦被特定的指令激活,轻则使中国所有的民用计算机无法启动,重则会破坏或攻击政府和军方计算机系统的战略资料,其后果不堪设想。

3. 组织微观管理存在的问题

(1) 缺乏对信息安全的认识

操作系统的安全是一切安全问题的基础,也是网络安全中的最重要环节,忽略了操作系统安全的解决方案只能称为沙丘上的堡垒。

(2) 缺乏信息安全意识

信息安全保障的任务需要多方努力共同完成,仅靠反病毒软件是远远不够的。许多用户对复杂多变的网络环境和层出不穷的安全漏洞认识不足,把已经部署了的安全防御体系看成是完美工事,认为一次设置就可以高枕无忧,疏于管理。

(3) 重视安全技术,轻视安全管理

信息安全大约 70% 以上的问题是由管理方面的原因造成的,也就是说解决信息安全问题不仅应从技术上着手,更应加强安全的管理工作。

(4) 缺乏系统管理的思想

出了问题去想补救的方法,是一种就事论事、静态的管理,不是建立在科学的安全风险评估基础上的动态的持续改进管理方法。

案例

中华人民共和国计算机信息系统安全保护条例

(1994年2月18日中华人民共和国国务院令147号发布)

第一章　总则

第一条　为了保护计算机信息系统的安全,促进计算机的应用和发展,保障社会主义现代化建设的顺利进行,制定本条例。

第二条　本条例所称的计算机信息系统,是指由计算机及其相关的和配套的设备、设施(含网络)构成的,按照一定的应用目标和规则对信息进行采集、加工、存储、传输、检索等处理的人机系统。

第三条　计算机信息系统的安全保护,应当保障计算机及其相关的和配套的设备、设施(含网络)的安全,运行环境的安全,保障信息的安全,保障计算机功能的正常发挥,以维护计算机信息系统的安全运行。

第四条　计算机信息系统的安全保护工作,重点维护国家事务、经济建设、国防建设、尖端科学技术等重要领域的计算机信息系统的安全。

第五条　中华人民共和国境内的计算机信息系统的安全保护,适用本条例。

未联网的微型计算机的安全保护办法,另行制定。

第六条　公安部主管全国计算机信息系统安全保护工作。

国家安全部、国家保密局和国务院其他有关部门,在国务院规定的职责范围内做好计算机信息系统安全保护的有关工作。

第七条　任何组织或者个人,不得利用计算机信息系统从事危害国家利益、集体利益和公民合法利益的活动,不得危害计算机信息系统的安全。

第二章　安全保护制度

第八条　计算机信息系统的建设和应用,应当遵守法律、行政法规和国家其他有关规定。

第九条　计算机信息系统实行安全等级保护。安全等级的划分标准和安全等级保护的具体办法,由公安部会同有关部门制定。

第十条　计算机机房应当符合国家标准和国家有关规定。在计算机机房附近施工,不得危害计算机信息系统的安全。

第十一条　进行国际联网的计算机信息系统,由计算机信息系统的使用单位报省级以上人民政府公安机关备案。

第十二条　运输、携带、邮寄计算机信息媒体进出境的,应当如实向海关申报。

第十三条　计算机信息系统的使用单位应当建立健全安全管理制度,负责本单位计算机信息系统的安全保护工作。

第十四条　对计算机信息系统中发生的案件,有关使用单位应当在 24 小时内向当地县级以上人民政府公安机关报告。

第十五条　对计算机病毒和危害社会公共安全的其他有害数据的防治研究工作,由公安部归口管理。

第十六条　国家对计算机信息系统安全专用产品的销售实行许可证制度。具体办法由公安部会同有关部门制定。

第三章　安全监督

第十七条　公安机关对计算机信息系统安全保护工作行使下列监督职权:
(一)监督、检查、指导计算机信息系统安全保护工作;
(二)查处危害计算机信息系统安全的违法犯罪案件;
(三)履行计算机信息系统安全保护工作的其他监督职责。

第十八条　公安机关发现影响计算机信息系统安全的隐患时,应当及时通知使用单位采取安全保护措施。

第十九条　公安部在紧急情况下,可以就涉及计算机信息系统安全的特定事项发布专项通令。

第四章　法律责任

第二十条　违反本条例的规定,有下列行为之一的,由公安机关处以警告或者停机整顿:
(一)违反计算机信息系统安全等级保护制度,危害计算机信息系统安全的;
(二)违反计算机信息系统国际联网备案制度的;
(三)不按照规定时间报告计算机信息系统中发生的案件的;
(四)接到公安机关要求改进安全状况的通知后,在限期内拒不改进的;
(五)有危害计算机信息系统安全的其他行为的。

第二十一条　计算机机房不符合国家标准和国家其他有关规定的,或者在计算机机房附近施工危害计算机信息系统安全的,由公安机关会同有关单位进行处理。

第二十二条　运输、携带、邮寄计算机信息媒体进出境,不如实向海关申报的,由海关依照《中华人民共和国海关法》和本条例以及其他有关法律、法规的规定处理。

第二十三条　故意输入计算机病毒以及其他有害数据危害计算机信息系统安全的,或者未经许可出售计算机信息系统安全专用产品的,由公安机关处以警告或者对个人处以 5000 元以下的罚款、对单位处以 15000 元以下的罚款;有违法所得的,除予以没收外,可以处以违法所得 1 至 3 倍的罚款。

第二十四条　违反本条例的规定,构成违反治安管理行为的,依照《中华人民共和国治安管理处罚条例》的有关规定处罚;构成犯罪的,依法追究刑事责任。

第二十五条　任何组织或者个人违反本条例的规定,给国家、集体或者他人财产造成损失的,应当依法承担民事责任。

第二十六条　当事人对公安机关依照本条例所做出的具体行政行为不服的,可以依法申请行政复议或者提起行政诉讼。

第二十七条 执行本条例的国家公务员利用职权,索取、收受贿赂或者有其他违法、失职行为,构成犯罪的,依法追究刑事责任;尚不构成犯罪的,给予行政处分。

第五章 附则

第二十八条 本条例下列用语的含义:

计算机病毒,是指编制或者在计算机程序中插入的破坏计算机功能或者毁坏数据,影响计算机使用,并能自我复制的一组计算机指令或者程序代码。

计算机信息系统安全专用产品,是指用于保护计算机信息系统安全的专用硬件和软件产品。

第二十九条 军队的计算机信息系统安全保护工作,按照军队的有关法规执行。

第三十条 公安部可以根据本条例制定实施办法。

第三十一条 本条例自发布之日起施行。

参 考 文 献

[1] 张贵东,高福安. 信息技术与信息管理. 北京广播学院学报,2000(4):51~55
[2] 钟义信. 信息科学原理. 北京:北京邮电大学出版社,1996
[3] 陈晓红. 信息系统教程. 北京:清华大学出版社,2003
[4] 薛华成. 管理信息系统. 北京:清华大学出版社,1999
[5] 苏选良. 管理信息系统. 北京:电子工业出版社,2003
[6] 张维明. 信息系统原理与工程. 北京:电子工业出版社,2001
[7] 刘永. 信息系统分析与设计. 北京:科学出版社,2002
[8] 邝广武,王晓敏. 信息系统分析与设计. 北京:清华大学出版社,1999
[9] 李治柱. 办公自动化系统集成技术. 上海:上海交通大学出版社,1998
[10] 左美云,邝广武. 信息系统的开发与管理教程. 北京:清华大学出版社,2001
[11] 宾锋等. 信息系统. 上海:上海科学技术文献出版社,2000
[12] 王志强. 我国的信息安全管理. 信息网络安全,2003(2):12~13
[13] http://www.nstap.com.cn/liulan/2001/zjlt/1.htm
[14] 戴宗坤等. 信息系统安全. 北京:电子工业出版社,2002
[15] 逄玉台. 网络信息安全综述. 现代通信,2003(10):16~18
[16] 沈建苗. 提高最终用户的安全意识——实现信息安全的重要环节. 信息网络安全,2003(3):52~54
[17] 吴世忠. 2002年国外信息安全年度报告(上). 信息安全与通信保密,2003(1):9~13
[18] GB17859~1999《计算机信息系统安全保护等级划分准则》(2001年1月1日生效实施)
[19] 景乾元. 等级保护体系——信息安全的基石. 信息网络安全,2003(1):14~18

思 考 题

1. 什么是信息技术?
2. 信息技术的特征有哪些?
3. 信息技术呈现出何样的体系结构?

4. 信息技术在信息管理活动发展中起到了什么样的作用？
5. 什么是信息系统？它主要有哪些类型？它的功能有哪些？
6. 办公自动化系统主要有哪些功能？它主要有哪些类型？具有哪些特点？
7. 管理信息系统的概念是什么？它有哪些类型？
8. 数据库管理系统的特点与类型分别有哪些？其与数据仓库有怎样的区别与联系？
9. 决策支持系统有哪些类型？它具有哪些特点？其结构是怎样的？
10. 什么是信息系统安全？它经历过几个发展阶段？
11. 信息系统安全具体包括哪些内容？
12. 信息系统安全承受着哪些方面的风险？
13. 终端用户的信息系统安全技术一般包括哪些技术？
14. 信息系统安全管理的主要表现包括哪些方面？
15. 什么是信息系统的安全等级？我国的信息系统安全等级保护制度的内容有哪些？
16. 我国信息系统安全管理存在着哪些问题？

第三篇 过 程 篇

第五章 信息搜集

内容提要

本章主要从社会中信息的存在状态角度出发,分别将信息分为"一手信息"和"二手信息"两类。对于一手信息的收集,主要应用信息调查法;而对于二手信息的收集,则主要运用信息检索法。本章对信息调查的主要方法以及其涉及到的具体内容加以了介绍,同时系统地向学生展示了信息检索的概念、发展历史、具体技术方法以及网络信息资源的检索手段等问题。

学习要点

1. 信息调查的一般程序
2. 信息调查的类别
3. 信息调查的方法
4. 抽样的方法
5. 信息检索的概念
6. 信息检索的发展
7. 信息检索的类型
8. 信息检索技术
9. 网络信息资源检索技术

信息搜集是信息管理过程的第一个环节,是信息管理后续工作的基础,因此,其在信息管理过程中的地位非常重要。信息搜集就是根据信息管理项目的实际需要,广泛获取多方信息的过程。因信息表现形式的不同,在信息搜集时就要考虑两种不同类型的信息:一种类型是在现实世界中零散存放,没有被系统组织成结构明确的信息的数据,它处于广大的社会、市场以及人群中。我们将此类数据称为"一手信息";另一种类型是在结构化、编码化完整明确的信息中搜集有用信息,我们将此类信息称为"二手信息"。针对一手信息,我们采取信息调查的方式进行收集;而对于二手信息,则要使用检索的手段获取所需要的信息。

第一节 信息调查

信息调查方法是获取一手信息的重要方法,也是社会科学经常采用的一种研究方法。它可以从社会中收集到各种符合实际现实需要的数据类信息,而这些数据类信息在各种文献、数据库和网络中是找不到的。信息调查方法是成功完成信息搜集工作的核心技术之一。

1.1 信息调查的意义

信息调查是一种主观的认识活动过程,又是一种客观的实践活动过程,即是一种应用特定的方法对客观活动进行认识的活动过程。

信息调查活动可以使调查者充分掌握信息材料,全面了解客观事实,用调查资料以及调查资料的分析结果形成有利于决策的环境,达到调查者的最终目的。具体而言,信息调查可能起到的作用有:判断先前的理论假设正确与否;创立一种新的理论;多种方案的优劣判别;事物总体发展情况的概括;对事物发展趋势的预测;事物相关性的研究等等。信息调查在现代社会中越来越受到重视,这是因为:信息调查方式的增多,客观技术的发展使远距离和大规模的信息调查的可能性增大;信息的急剧膨胀,各种理论的提出需要人们去判别,同时需要研究其适应性,为制定政策服务,使信息调查成为必要。

不同的信息调查有着不同的特点和作用。全面信息调查是为了了解事物发展的全貌;非全面信息调查是为了仔细深入地了解事物某一方面的特征。一次性信息调查是为了应付某一突然需要所作的信息调查,往往是对结果的重视超过对过程的重视;经常性信息调查是为了对事物进行长期观察而关注过程的信息调查。综合性信息调查更多的是为了显示受调查的众多因素之间的关联性;专题的信息调查是为了突出主题,针对一些时效性强的题目。应用性信息调查的目的性极强,针对实际工作中的某一具体问题展开信息调查;研究性信息调查是为了构建某种理论、论证某个假设或者发展某种学说而进行的。直接信息调查是为了得到较为准确的信息而直接面对受调查者的信息调查活动;间接信息调查是由于自身信息需求的特点或者条件的限制而进行的文献资料查询。

不同的对象应该对信息调查有不同角度的认识。对于普通信息调查结果接受者而言,应该充分利用信息调查的结果为自己的行为或者判断提供依据,而且要有对信息调查结果过滤的能力;对于研究者而言,要利用信息调查为研究服务,具体而言,要熟悉信息调查步骤,并有对信息调查结果进行分析的能力;对于决策者而言,要会判断信息调查结果背后的事实真相,谨慎而又准确地运用信息调查结果为决策服务。

1.2 信息调查的一般程序

信息调查是一种认识社会现象的活动,也是一个不断深化的过程。一般而言,每个具体信息调查研究活动可以分为五个基本阶段:预备信息调查、计划拟定、实施信息调查、资料汇总、提交报告。这几个阶段的过程相互依赖、互为前提。每一个阶段的工作都为后一个阶段提供基础和保证。

1. 预备信息调查

预备信息调查实际上是信息调查可行性分析的一个步骤,但往往很容易被忽视。

(1) 信息浏览。对以往信息调查结果作一个简单回顾,避免重复过去的研究工作,而且可更好地总结经验。

(2) 状况分析。对调查者内部的相关资料进行分析,确定是否有能力实施信息调查。

(3) 非正式信息调查。通过无需进行严格抽样和问卷设计等步骤的小范围的访谈,形成预期结果。

2. 计划拟定

计划拟定是对信息调查方向和其他工作的全局性把握。具体而言,需要做以下一些工作:

(1) 根据信息调查课题以及课题所确定的调查目的和所要达到的目标,拟定调查项目,设置调查指标,即使得信息调查活动可操作化。

(2) 针对信息调查内容和信息调查对象的具体工具的准备,包括问卷表的设计和问题大纲的罗列,这是对信息调查指标的应用。

(3) 根据所需要结果的精确程度和调查者的实力确定信息调查方式,即确定采用普查或是抽查等方式来实施信息调查,或是这几种方式的结合。

(4) 根据信息调查方式确定样本,即对信息调查对象及其范围的界定。

(5) 考虑预算制约和时间限度,形成针对信息调查活动的整体轮廓。

3. 实施信息调查

信息调查的实施就是将信息调查计划付诸于行动,搜集资料。在确定好的信息调查范围内,根据确定好的信息调查对象,运用准备好的信息调查工具,按照拟定框架,抽取信息调查对象,搜集有关资料。需要注意的有两点:

(1) 人员的合理安排。在信息调查的过程中,根据任务的多寡,合理配置人力资源,可以分为若干个小组,紧密配合,保证信息调查工作的正常进行。

(2) 计划的再修订。在信息调查的工作中,对可能发现的计划中的缺陷进行修订,这个过程是连续的,目的是保证最后总目标的完成。

4. 资料汇总

这一阶段,要对信息调查结果进行汇总、统计分析,以及给出理论解释,得出研究结论。具体要做以下一些工作:

(1) 资料的筛选。去伪存真,保证资料的可靠性,为下阶段的分析研究做准备。

(2) 资料的量化。对信息调查资料的编码,以便于整体处理,尤其是需要计算机处理的数据。

(3) 资料的分类。使资料条理化,有助于进一步分析事物总体特征和发展趋势,概括发展规律性。

(4) 资料的统计。运用集中、相关和差异等统计量来科学地推断事物的总体特征。

(5) 资料的分析。运用统计结果,进行理论性阐释和概括,为决策提供依据。

5. 提交报告

信息调查报告是基于一定目的将信息调查研究结果发布给特定对象的文字说明。信息调查报告的对象包括:理论研究人员,使之了解最新情况,科学比较各种政策;实际工作人员,帮助他们做出正确决策,提高工作效率;一般公众,引起对信息调查结果的广泛关注。报告的撰写需要注意:

(1) 开门见山地交待课题,以便读者选择。

(2) 报告研究成果,要提出主张和建议,显示信息调查的意义。

(3) 给出证据,尤其是一些关键性的资料,使读者信服。

(4) 在附录中注明详细情况,以便归档。

(5) 依据对象区分撰写详细而科学的文件资料和证据的技术性报告或仅有信息调查重点与结论的一般性报告。

1.3 信息调查的类别

依据不同的标准,信息调查可以有很多不同的分类方法,而运用最多的则是依据信息调查对象确定类别的方法,一般包括两种:(1) 全面信息调查,即对信息调查对象的总体的所有单位进行调查,又叫普查;(2) 非全面信息调查,即对信息调查对象总体的一部分单位进行调查,又可分为重点信息调查、典型信息调查和抽样信息调查等。

1. 普遍信息调查

普查是指一个国家或一个地区为详细地了解某项重要的国情、国力而专门组织的一次性、大规模的全面信息调查,其主要用来收集某些不能够或不适宜用定期的全面信息调查报表收集的信息资料,以搞清重要的国情和国力。普查具有如下特点:

(1) 对象总体与信息调查单位总数基本相等;

(2) 信息调查指标简明,一般较为固定;

(3) 普查比任何其他信息调查方式、方法所取得的资料更全面、更系统;

(4) 普查主要调查在特定时间上的社会经济现象总体的数量,有时,也可以是反映一定时期的现象;

(5) 随着社会发展和技术进步,普查趋于法律化和制度化,同时运用了更多的计算机网络技术参与信息调查。

通过普查,有利于全面了解情况,把握社会总体资料;可以得出具有普遍意义的结论;为制定长期计划、宏伟发展目标、重大决策提供全面、详细的信息和资料;为搞好定期信息调查和开展抽样信息调查奠定基础。

普查收集的信息资料比较全面、系统、准确可靠,具有其他信息调查难以企及的作用。但是,普查要求的信息调查方法高度统一,涉及面广,工作量大,时间较长,需要大量的人力和物力,组织工作较为繁重,信息调查内容不宜过于深入和细致。目前,我国所进行的普查主要有人口普查、农业普查、工业普查、第三产业普查等。

2. 重点信息调查

重点信息调查是一种非全面信息调查,它是在信息调查对象中,选择一部分重点单位作为样本进行调查。重点单位则是指在总体样本总量中占有绝大比重的少数单位,能够保证从数量上反映总体的基本情况。重点信息调查主要适用于那些反映主要情况或基本趋势的调查。重点信息调查具有如下特点:

(1) 类似于普查,只不过范围略小;
(2) 信息调查单位的确定对重点信息调查有重要的意义,选取时要注意客观的原则;
(3) 由于重点与非重点单位的悬殊差别,结果难以反映总体状况;
(4) 重点信息调查的主要作用在于反映信息调查总体的主要情况或基本趋势。

在进行重点信息调查时,要非常注意对调查单位的选取。通常情况下选取在信息调查总体中具有举足轻重的、能够代表总体的情况、特征和主要发展变化趋势的那些样本单位,一是要根据调查任务的要求和调查对象的基本情况而确定选取的重点单位及数量。一般而言,要求重点单位应尽可能少,而其标志值在总体中所占的比重应尽可能大,以保证有足够的代表性;二是要注意选取那些管理比较健全、业务力量较强、统计工作基础较好的单位作为重点单位,有利于工作开展。

重点信息调查具有投入少、调查速度快、所反映的主要情况或基本趋势比较准确等优点,但其不能反映总体状况,特别依赖单位选取。目前所进行的重点信息调查主要集中在产业调查中,如钢铁、粮棉等。

3. 典型信息调查

典型信息调查也是一种非全面信息调查,根据调查的目的和要求,从众多的调查研究对象中,有意识地选择若干个具有代表性的典型单位进行深入、周密、系统地调查研究,借以反映所研究对象的一般情况和发展趋势。进行典型信息调查的主要目的不在于取得社会经济现象的总体数值,而在于了解与有关数字相关的生动具体情况。典型信息调查具有如下特点:

(1) 典型信息调查依赖于对单位的选取,主观性较强;
(2) 典型信息调查依赖于调查者对总体情况有较好的认知和判断;
(3) 典型信息调查能够比较深入细致的反映情况。

典型信息调查主要用于反映新事物的发展趋势;用于推断事物发生过程和数量;在特定的条件下用于对数据的质量检查;往往能够配合其他信息调查一起进行;通过由下往上的推断,可以用来反映总体情况。

典型信息调查具有调查范围小、调查单位少、灵活机动、具体深入、节省人力、财力和物力等优势,其不足之处表现在容易受到主观因素的制约,较难推断信息调查的误差,缺乏控制手段。

一般来说,典型信息调查有两种类型:一种是一般的典型信息调查,即对个别典型单位的调查研究。在这种典型信息调查中,只需在总体中选出少数几个典型单位,通过对这几个典型单位的调查研究,用以说明事物的一般情况或事物发展的一般规律。第二种是具有统计特征的划类选点典型信息调查,即将调查总体划分为若干个类,再从每类中选择若干个典型进行调查,以说明各类的情况。

4. 抽样信息调查

抽样信息调查是一种非全面调查,它是从全部调查研究对象中,抽选一部分单位进行信息调查,并据以对全部调查研究对象做出估计和推断的一种信息调查方法。显然,抽样信息调查虽然是非全面信息调查,但它的目的却在于取得反映总体情况的信息资料,因而,也可起到全面信息调查的作用。抽样信息调查具有如下特点：

（1）单位选取上遵循随机原则；

（2）以部分推断整体，并且可以控制其中的误差；

（3）一般与概率统计的方法结合使用；

（4）推断以大数定律和中心极限定理为依据。

抽样信息调查可用以调查一些带有总体范围过大、分布过散的特征的总体；用于采集时效性要求高的信息；可以部分替代总体信息调查，节约资源；可对总体进行假设检验，发挥统计的作用。

根据抽选样本的方法，抽样信息调查可以分为概率抽样和非概率抽样两类。概率抽样是按照概率论和数理统计的原理从调查研究的总体中，根据随机原则来抽选样本，并从数量上对总体的某些特征做出估计推断，对推断出可能出现的误差可以从概率意义上加以控制。在我国，习惯上将概率抽样称为抽样信息调查。鉴于抽样信息调查应用的广泛性，下面会做进一步的阐释。抽样信息调查逐渐成为主体信息调查方式。

5. 其他信息调查

除了上边介绍的信息调查方法外，还有统计报表和统计推断法等若干种信息调查方式。

1.4 信息调查方法

信息调查方法主要有访问法、观察法和实验法等主要的几种，针对不同的信息调查对象需要确定不同的信息调查方法，而不同的信息调查方法也能够收到特定的调查效果或者取得特定的资料，有助于调查者的分析。可以说，确定信息调查方法是衡量付出与取得的关系后的一个预期最优决策。

1. 访问法（questioning survey）

访问法是将所拟信息调查的事项，以当面或电话或书面向被调查者提出询问，以获得所需资料的信息调查方法。

按问卷送递方式可分为：

（1）面谈信息调查

面谈信息调查分为个人面谈（personal interview）与小组面谈（group interview），一次面谈（single interview）与多次面谈（multiple interview）及动机调查所用之深层面谈（depth interview）。

个人面谈按照面谈地点划分的常用的方法有：

① 入户访问。指访问员到被访者的家中进行访问，直接与被访者接触，利用结构式问卷逐个问题地询问，并记录下对方的回答；或是将问卷交给被访者，说明填写要求，等待对方填写完毕稍后再收取问卷的信息调查方式。这种方式灵活方便，谈话伸缩性强，彼此可以沟通思想，能够产生激励效果；还能控制问题的次序，谈话集中，有针对性，获得较丰富的资料，但入户访问费用较高，受环境影响较大，有时难以控制局面，特别是当选定的调查样本较多时，分别进行入户调查花费时间较长，不太适用。入户访问适用于时间、经费、人力充足，需要样本在较大程度上代表总体的调查。入户访问法同样是多次面谈的主要形式，不过对象需要略加选择。

② 街头访问。这种访问是根据信息调查目的和对象的特殊性，在受访人群较为集中的公共场所（如：商场、公园、休闲广场等）直接拦截受访人群进行访问。这种方法操作简便，费用

较低。整个项目的访问时间短,可以在访问进行时对问卷真实性及质量进行控制,可以节省抽样环节和费用。其不利的一面是由于没有严格的抽样控制和目标人群的流动性较大,所以容易出现样本的雷同,对于一些漏问或轻微型错误无法再次确认。另外这种方法的问卷复核的难度也较大,进行实地复核根本上是不可行的。适合于一些问卷内容较少,项目时间短,目标人群不易控制的信息调查项目。

小组面谈是由一个经过训练的主持人以一种无结构的自然的形式与一个小组的被访问者交谈,主持人负责组织讨论,从而获取对一些有关问题的深入了解。小组面谈、集体面谈能相互启发,集思广益,节省时间和费用。座谈会具有直接性和灵活性的特点,能够直接接触被访者,收集到第一手资料,根据被调查者的具体情况进行深入的询问,从而取得良好的信息调查结果;同时,面谈信息调查还可以使调查人员具体观察被调查者,便于判断被调查者回答问题的实事求是的态度,以及时正确的程度;另外,面谈信息调查了解的问卷回收率较高,样本代表性强,有助于提高信息调查结果的可信程度。

深层面谈法是一种无结构的、直接的、个人的访问,访问过程中,一贯掌握高级技巧的访问员访谈一个被调查者,以揭示对某一问题的潜在动机、信念、态度和感情。可以获得比较全面的资料,适合了解一些复杂的问题。由于采用无结构访问,是否成功取决于访问员的技巧和经验,信息调查对象通常是一些特殊人群,因此较难联系。适合于向相关部门的官员咨询行业政策;向竞争对手的各级经销商搜集资料;对与经销商品或提供服务紧密相关的群体进行访问,如医生、教师等。

面谈法的优点和不足:面谈法对对象的选取最具弹性,相比较而言,可收集的信息资料最丰富,得到的信息通常较为准确,对象反应程度相当高,有时甚至可以达到100%;同时,单位信息调查成本较高,需要大量的调查时间,调查结果正确与否,受调查员技术熟练与否及诚实与否的影响甚大。

(2) 电话信息调查

随着通信工具的发展,电话的普及率越来越高,因此采用电话信息调查成为未来信息调查的趋势。电话信息调查可以以电话簿为基础,进行随机抽样。

优点和不足:可在短时间内调查多数样本,成本甚低;只能访问有电话者,不易获得对方的合作,电话访问时间不能太长,不能询问较为复杂的内容。

(3) 邮送信息调查

系统将设计好的问卷选用邮政寄达被调查者,请其自行填答寄回。这种调查往往带有赠品的搭配。

在一个地区可以邮寄到许多地方甚至是全国、全世界进行信息调查。不受调查所在地区的限制,只要通邮的地方,都可选为调查样本。样本数目可以很多,而费用开支少。按随机原则选定的调查样本,可以达到一定数量,同时发放和回收问卷。被调查者有较充裕的时间来考虑回答问卷,并可避免面谈中受调查者倾向性意见,从而得到较为真实可靠情况。

邮寄信息调查的不足也很明显,问卷回收率低,因而有可能影响样本的代表性,由于不直接接触被调查者,不能反馈回答问卷者的态度,也不能了解到问卷中未涉及的问题而遗漏重要的市场信息。

(4) 留置问卷信息调查

这种方法是将信息调查问卷当面交给受访者,说明填写要求,并留下问卷,让受访者自行填写,由调查人员按时收回的一种市场信息调查方法。

留置问卷信息调查的优点是调查问卷回收率高,受访者可以当面了解填写问卷的要求,澄清疑问,避免由于误解提问内容而产生误差,并且填写问卷时间充裕,便于思考回忆,受访者意见不受调查人员的影响。其主要缺点是调查地域范围有限,调查费用较高,也不利于对调查人员的管理监督。

就方法本身而言,留置问卷信息调查是介于面谈和邮寄方之间的一种折衷方法。只不过与受访者当面谈话主要介绍信息调查目的要求,回答涉及信息调查问卷的一些疑问。这种问卷的设计较邮寄方法的问卷更灵活,更具体。因为不懂的地方可以当面澄清。

2. 观察法(observational survey)

观察法的主要特点是只看不问,当被调查者被调查时,其并不感觉到正在被调查。

观察法可以通过以下方式进行:

(1) 自然或设计观察。如对路人对某一事物的反映的观察。

(2) 使用仪器或用人观察。这是一种较为精细的观察。

(3) 直接或间接观察。不对事物进行直接观察,而查看其所遗留的痕迹。

采用观察法时,因被调查者没有意识到自己正在接受信息调查,一切动作均极自然,客观性较好,准确性较高。但这种方法观察不到内在因素,有时需要做长时间的观察始能求得结果,受调查者主观因素的影响。

3. 实验信息调查法(experimental survey)

其起源于自然科学的实验求证法。即在特定的实验条件下,通过控制其中的一个或多个变量,以测定这些变量的作用。

实验法有四个条件:实验单位、自变量、因变量和测定方法。为了准确测定变量的作用,常常将对象分为两组,实验组和对比组。

这种方法的优点是使用的方法科学,具有客观性价值。其缺点也很明显,由于受到时间、成本和人为因素影响,需要建立一个人为的环境,要求较高,若实验单位的选取缺乏实验的有效性,会影响实验结果,甚至会得出相反的结论,如果在实验过程中加入了其他不为调查者掌握的变量,容易混淆结果,使整个实验功亏一篑。

4. 统计分析法(statistical analysis)

统计分析法是利用公司内外的现成资料,根据统计原理,分析市场及销售变化情况。

统计分析法主要有以下几个类型:

(1) 趋势分析:将过去的资料加以累积后,寻出其变化方向,再将此方向予以合理的延伸,以推测将来变化方向的方法。主要方法有是移动平均法(moving average method),它是在过去时间数列内依序求出若干年或若干月的移动平均,作为这些年或月的新趋势值,并将各新趋势值连结延伸,以求将来趋势的预测方向。

(2) 相关分析:分析统计资料中各变量彼此间关系的有无,及相关程序大小的方法。相关分析的结果主要有:

① 正相关:变量相对应的数值同增或同减速,其变动的方向一致;

② 负相关:变量相对应的数值此增彼减速,其变动方向相反;

③ 不相关:变量数由小而大渐变,而与之相对应的变量数值不变,或变动无一定规则,则相关度等于零,即不相关。

信息调查必须按照调查的目的、调查项目的内容和调查对象特点选取不同的信息调查方法。信息调查方法选择运用的是否合理,对调查结果影响甚大,如果信息调查方法运用适当,其结果可信度就高,反之,则会降低信息调查结果的准确程度。

1.5 问卷设计

问卷设计是信息调查统计过程中很具有技术性的一项工作,同时也是信息挖掘中关键的一步。是否具有一份经过缜密考虑的优秀的问卷,不仅关系到能否得到较为准确的信息,甚至关系到能否得到信息作为研究基础这一根本问题。问卷的作用体现在多方面,留置信息调查中问卷是必不可少的,即使是在入户访问和电话访问这样的直接面对调查者的环节中,也是直接贯彻着问卷的内容。尤其是在利用网络大规模采集用户信息的过程中,问卷的作用更为突出。

一份优秀的问卷应该具备以下三个条件:① 对调查者而言,能够达成调查目的;② 对被调查者而言,能够在不损害自身利益的情况下愿意提供信息;③ 信息调查结束后,双方仍存有良好关系。

问卷设计的一般流程:决定需要的信息;提出问题;排列问题;布置版面;编码;问题用语选择;小规模试验;修改;敲定。当然,可以根据调查者自身的条件,灵活处理这一过程,以达到效果最优。

问卷设计的原则:① 用词简洁清楚,适合用陈述句及简单句发问,提高问卷的可读性和易接受性;② 尽量避免一些带有暗示作用的用语,比如显示调查者的倾向或者调查中大多数人的倾向,对调查者产生引导的效果;③ 题意清楚,不能使被调查者无从入手;④ 逻辑清楚,避免前后问题出现矛盾,而且要尽量照顾答题者思路的连续性;⑤ 调查完整,包括所有相关问题,以免得出以偏概全的结论。

一份完整的问卷应该包括以下几个部分:① 前言,说明信息调查的目的、作用或者价值;② 示例,与被调查者在答题方式上形成的一致性;③ 正文,问卷的主体;④ 被调查者资料填写,分析的依据之一。

在决定问题内容时需要注意的几点:① 问题的必要性,罗列不必要的问题不仅浪费被调查者的时间,而且影响调查者的处理;② 答复的可能性,包括言语表达的可能性和记忆的可能性;③ 答复的自愿程度,一般涉及隐私和思想层面上的问题是不容易回收到答案的,这一部分关系到调查者与被调查者的关系;④ 答复的便捷性,包括形式上的和内容上的,如果需要被调查者去搜集答案,或者回答的途径不方便,往往会得不到答案。

在问卷的编排时需要注意的几点:① 从一般性问题到特殊问题,引导被调查者进入状态;② 同一主题的问题放在一起,以免被调查者跳跃作答;③ 问卷编排的拥挤性和印刷的不舒适性将会影响被调查者的情绪;④ 避免双面编排,造成被调查者阅读和填写的不方便。

在决定问题用语时需要注意的几点:① 使用与受调查者基本阅读水平一致的词汇;② 使用单义词,以免产生歧义;③ 避免使用带有引导和暗示作用的词;④ 避免推算;⑤ 专用性,一个问题只要求回收一个答案。

量表在问卷设计中的应用:① 类别量表,可以用"是"与"否"来回答,适于在分类、性别等信息调查中应用;② 顺序量表,按照等级来确定差异,如"很好"、"较好"和"一般"等,在排列或顺序偏好中应用;③ 差距量表,在顺序量表的基础上,进一步量化两个等级之间的差距,在指数测定中应用；④ 比率量表，应用于对变化程度的测定，如使用时间的增加。在同一问卷中可以有各类量表的结合。

提高问卷回收率的方法：① 指明信息调查的意义；② 鼓励信函的使用；③ 有针对性地发放问卷；④ 赠品的搭配；⑤ 有吸引被调查者的内容，提高被调查者对问题的关注程度。

一份不当的问卷，不仅影响研究工作，而且浪费人力、物力和时间。所以，在问卷设计的过程中应该多花点时间考虑，提高信息调查效率。

1.6 抽样信息调查

抽样信息调查是一种可控制误差率的调查，因此也是一种可信度极好的调查，在实际工作中有广泛的应用。根据抽选样本的方法，抽样信息调查可以分为概率抽样和非概率抽样两类。概率抽样是按照概率论和数理统计的原理从信息调查研究的总体中，根据随机原则来抽选样本，并从数量上对总体的某些特征做出估计推断，对推断出可能出现的误差可以从概率意义上加以控制。在我国，习惯上将概率抽样称为抽样信息调查。

在概率统计中，抽样信息调查具有如下特点：按随机原则抽选样本；总体中每一个单位都有一定的概率被抽中；可以用一定的概率来保证将误差控制在规定的范围之内。

在抽样信息调查中，经常遇见的名词主要有：

(1) 总体：是指所要研究对象的全体。它是根据一定研究目的而规定的所要调查对象的全体所构成的集合，组成总体的各研究对象称之为总体单位。

(2) 样本：是总体的一部分，它是由从总体中按一定程序抽选出来的那部分总体单位所作成的集合。

(3) 抽样框：是指用以代表总体，并从中抽选样本的一个框架，其具体表现形式主要有包括总体全部单位的名册、地图等。抽样框在抽样信息调查中处于基础地位，是抽样信息调查必不可少的部分，其对于推断总体具有相当大的影响。

(4) 抽样比：是指在抽选样本时，所抽取的样本单位数与总体单位数之比。对于抽样信息调查来说，样本的代表性如何，抽样信息调查最终推算的估计值真实性如何，首先取决于抽样框的质量。

(5) 置信度：也称为可靠度，或置信水平、置信系数，即在抽样对总体参数做出估计时，由于样本的随机性，其结论总是不确定的。因此，采用一种概率的陈述方法，也就是数理统计中的区间估计法，即估计值与总体参数在一定允许的误差范围以内，其相应的概率有多大，这个相应的概率称作置信度。

(6) 抽样误差：在抽样信息调查中，通常以样本做出估计值对总体的某个特征进行估计，当二者不一致时，就会产生误差。因为由样本做出的估计值是随着抽选的样本不同而变化，即使观察完全正确，它和总体指标之间也往往存在差异，这种差异纯粹是抽样引起的，故称之为抽样误差。

(7) 偏差：也称为偏误，通常是指在抽样信息调查中除抽样误差以外，由于各种原因而引起的一些其他误差。

(8) 均方差：在抽样信息调查估计总体的某个指标时，需要采用一定的抽样方式和选择合适的估计量，当抽样方式与估计量确定后，所有可能样本的估计值与总体指标之间离差平方的均值即为均方差。

1. 非概率抽样

便利抽样：依照方便与否确定样本，如对路人的访问。

配额抽样：在一次抽样的基础上再进行一次抽样，第一次抽样往往是一种分析而并不付诸实施。

判断抽样：在调查者主观判断基础上对样本进行选择。

雪球抽样：从初始受访者到与其相关的受访者的阶梯式信息调查方式，样本越来越大。

2. 概率抽样

(1) 简单随机抽样，也称为单纯随机抽样，是指从总体 N 个单位中任意抽取 n 个单位作为样本，使每个可能的样本被抽中的概率相等的一种抽样方式。它主要适用于总体内样本不多，而且差异不显著的情况。

简单随机抽样一般可采用掷硬币、掷骰子、抽签、查随机数表等办法抽取样本。在统计信息调查中，由于总体单位较多，前三种方法较少采用，主要运用后一种方法。

按照样本抽选时每个单位是否允许被重复抽中，简单随机抽样可分为重复抽样和不重复抽样两种。在抽样信息调查中，特别是社会经济的抽样信息调查中，简单随机抽样一般是指不重复抽样。

简单随机抽样是其他抽样方法的基础，因为它在理论上最容易处理，而且当总体单位数 N 不太大时，实施起来并不困难，估计式也比较容易。但在实际中，若 N 相当大时，简单随机抽样就不是很容易办到的。首先它要求有一个包含全部 N 个单位的抽样框；其次用这种抽样得到的样本单位较为分散，信息调查不容易实施。因此，在实际中直接采用简单随机抽样的并不多。

(2) 分层抽样，又称为分类抽样或类型抽样，它首先是将总体的 N 个单位分成互不交叉、互不重复的 k 个部分，我们称之为层；然后在每个层内分别抽选 $n_1, n_2, \cdots, n_k$ 个样本，构成一个容量为 $n = \sum_{i=1}^{k} n_i$ 个样本的一种抽样方式。它适用于样本差异较大，分层能够使层间差异显著，而在层内符合简单随机抽样的条件。

分层抽样的目的一是为了工作的方便和研究目的的需要；二是为了提高抽样的精度；三是为了在一定精度的要求下，减少样本的单位数以节约调查费用。因此，分层抽样是应用上最为普遍的抽样技术之一。

按照各层之间的抽样比是否相同，分层抽样可分为等比例分层抽样与非等比例分层抽样两种。

分层抽样是科学分组与抽样原理的有机结合，前者是划分出性质比较接近的层，以减少标志值之间的变异程度；后者是按照抽样原理抽选样本。因此，分层抽样一般比简单随机抽样和等距抽样更为精确，能够通过对较少的样本进行信息调查，得到比较准确的推断结果，特别是当总体数目较大、内部结构复杂时，分层抽样常能取得令人满意的效果。但是往往会出现重复分层等层的选取问题，估计式也比较复杂。

(3) 整群抽样，首先将总体中各单位归并成若干个互不交叉、互不重复的集合，我们称之为群；然后以群为抽样单位抽取样本的一种抽样方式。它适用于缺乏总体单位的抽样框。应用整群抽样时，要求各群有较好的代表性，即群内各单位的差异要大，群间差异要小。

整群抽样的优点是实施方便、节省经费；缺点是往往由于不同群之间的差异较大，由此而引起的抽样误差往往大于简单随机抽样。

（4）等距抽样，也称为系统抽样或机械抽样，它是首先将总体中各单位按一定顺序排列，根据样本容量要求确定抽选间隔，然后随机确定起点，每隔一定的间隔抽取一个单位的一种抽样方式。

根据总体单位排列方法，等距抽样的单位排列可分为三类：按有关标志排队、按无关标志排队以及介于按有关标志排队和按无关标志排队之间的按自然状态排列。按照具体实施等距抽样的作法，等距抽样可分为：直线等距抽样、对称等距抽样和循环等距抽样三种。

等距抽样的最主要优点是简便易行，且当对总体结构有一定了解时，充分利用已有信息对总体单位进行排队后再抽样，则可提高抽样效率，但是有可能选取特殊的点而导致样本内特殊单位过多。

（5）多阶段抽样，也称为多级抽样，是指在抽取样本时，分为两个及两个以上的阶段从总体中抽取样本的一种抽样方式。它特别适用于大规模的信息调查，总体范围大，无法直接抽取样本。

多阶段抽样可以相对节省调查费用。其主要缺点是抽样时较为麻烦，而且从样本对总体的估计比较复杂。

（6）双重抽样，又称二重抽样或复式抽样，是指在抽样时分两次抽取样本的一种抽样方式，其具体为：首先抽取一个初步样本，并抽取一些简单项目以获得有关总体的信息；然后，在此基础上再进行深入抽样。在实际运用中，双重抽样可以推广为多重抽样。

双重抽样可以提高抽样效率、节约调查经费。

（7）按规模大小成比例的概率抽样，简称为PPS抽样，它是一种使用辅助信息，从而使每个单位均有按其规模大小成比例的被抽中概率的一种抽样方式。其抽选样本的方法有汉森-赫维茨方法、拉希里方法等。

PPS抽样使用了辅助信息，减少抽样误差；但是对辅助信息要求较高，方差的估计较复杂等。

抽样信息调查的关键步骤是分析样本总体的特点，然后才能确定方法和付诸实施，同时，方法有很多，可以单独使用，也可以配合使用。

以上对信息调查的介绍只是一般性的，而采取什么样的信息调查方法，如何实施调查则是依不同的调查者的不同情况制定的。同时，信息调查这一活动本身也在不断发展，在网络环境下，如何更好地组织信息调查也是需要调查者思考并做出回答的一个问题。

第二节　信　息　检　索

信息检索主要是针对二手信息而进行的。二手信息都是经过了组织与存储的，就是经过了精心选择、加工和处理的，因此准确性较高；同时配合相关的信息检索技术，也便于人们的搜索与使用。在实际工作中，人们要大量利用信息检索来获取自己所需的有用信息。它的历史悠久，但随着信息数量的剧烈增长，其重要性也越来越明显。

2.1　信息检索的概念

一般认为，信息检索可以从广义和狭义两个角度理解。广义的信息检索是指将信息按一定方式组织和存储起来,并根据用户的需要找出相关信息的过程。其中包括存与取两个方面,"存"就是信息存储,是对信息进行收集、标引、描述、组织,并对其特征化表达集加以整序,形成信息检索工具或检索系统的过程。"取"即信息查找,是通过某种查询机制从检索工具或检索系统中查找出用户所需的特定信息或获取其线索的过程。狭义的信息检索仅指信息查找过程,即"取"之环节。本节的信息检索指狭义的信息检索,有关"存"的过程将在下一章介绍。

信息检索的发展大概经历了三个阶段:手工信息检索阶段、机械信息检索阶段、计算机信息检索阶段。

所谓手工信息检索指的是不用任何辅助的检索工具,而仅仅使用人工的方法进行信息检索,这是一种传统的信息检索方法,在今天仍然广为利用。它从大量的信息资源中找出符合需要的部分,因此工作量非常庞大,效率低。但其经过了人的选择,所以准确性相对来说要高一些。所以其适用于在没有辅助工具的帮助下的小范围信息资源的信息检索。

机械信息检索是从20世纪50年代开始的,最初使用打孔机、验孔机、分类机、电刷等机械式辅助工具帮助人们检索信息,后来出现了缩微技术,于是人们又借助于光电检索元件来查找信息资源。这一阶段因后来的计算机技术普遍应用到信息检索领域后而迅速消失。

计算机信息检索阶段则依据信息技术应用程度而分为三个时期,一是批处理时期,此时数据存取以及数据通信能力比较差,检索信息时不能即时进行,只能等到信息需求积累到一定的数量后,批次处理作业完成检索;二是联机信息检索时期,此时出现了大量的联机信息检索系统及联机数据库资源,用户需要花比较大的经济代价通过联机服务提供商的专线进行信息检索;第三个时期是随着Internet网络普及后,分布式技术广泛采用,用户使用网络的成本越来越低,许多数据库成为网络数据库供用户检索使用。此时,网络信息资源也越来越多,其信息容量远远超出数据库,人们获取各类型信息时对它的依赖也越来越强烈。

信息检索方式的发展大致可以总结如表5.1所示。

表 5.1 信息检索方式的发展

时　　间	信息检索方法
20世纪40年代前	手工式检索
20世纪50年代	机械式检索
20世纪60年代	批处理式检索
20世纪70年代	联机检索
20世纪90年代	网络信息检索

根据不同的标准,信息检索可以分为不同的类型:

(1) 按检索对象的内容分,信息检索可以分为文献检索、数据检索和事实检索。

文献检索是以文献作为检索对象,查找含有用户所需信息内容的文献的过程。

数据检索是根据需要查找出可回答某一具体问题的数据的检索过程,如今年我国GDP总量是多少?天安门有多高?等问题。

事实检索是对事物的指示性描述或某事件发生的时间、地点以及经过等情况进行检索的过程。如对微软公司经营范围、公司地址、电话号码、邮件地址等情况的查询。

(2) 按检索手段来分,信息检索可以分为手工信息检索、机器辅助检索。

机器辅助检索可以依据检索信息时所使用的机器类型的不同分为机械式检索、计算机信息检索等。

(3) 按检索的时间跨度来分,可以分为定题信息检索、回溯检索。

定题信息检索又称为 SDI(Selective Dissemination of Information)检索,是查找有关特定主题最新信息的检索方法。其基本工作原理是:检索机构根据用户的信息需求拟定出信息检索表达式,并将此表达式输入信息检索系统中,定期将此检索系统检索出的结果经过分析整理后以一定的方式交给用户,直到用户的信息需求得到满足为止。这种信息检索方法比较适合信息跟踪,以便于用户及时了解最新动态。

回溯检索是以现时为基点,查找此时以前的有关特定主题信息的过程。即可以查找过去某一段时间的信息,也可以查找最近的信息,但其要一次完成,不像 SDI 一样需要多次提供服务。

因为信息检索可以分为手工检索和机器信息检索两个主要的类型,而它们的信息检索过程也是不一样的。对于手工信息检索来说,主要经历表达信息需求、概念分析和确定检索词、实施检索的过程。而计算机信息检索则要求用户首先对信息需求进行主题分析和概念分析,参照计算机系统所使用的标引语言确定检索词,或直接使用自然语言作为检索词,并且明确各检索词间的关系,构造出检索表达式后输入计算机。计算机执行检索程序,自动将检索词或检索表达式与数据库中的信息特征标识进行比较、匹配、运算,满足检索表达式的信息单元即为信息检索结果,显示输出。

信息检索结果输出后,检索效果的评价则主要由信息用户进行。衡量检索效果的指标主要是查全率(recall factor)与查准率(pertinence factor)、漏检率(omission factor)与误检率(noise factor)。其中最重要的是查全率与查准率,两者之间成反比关系,即查全率越高,则查准率就越低;而查准率越高,则查全率就越低。所以,在实际检索时,追求两者的平衡与协调最重要,两者的比率达到一定的度最优。

从检索的角度看,影响查全率的因素主要包括:数据库选择不恰当、检索策略不够准确、检索式中使用逻辑 AND 太多,或不适当地使用了 NOT、使用较少的检索途径和检索方法、系统本身没有相应的反馈功能。影响查准率的因素主要包括:检索系统本身不具备逻辑 NOT 功能、检索词专指度不够,检索面过宽、检索词使用不准确、检索式中使用 OR 不当,截词部位不准确、系统本身没有相应的反馈机制。

随着网络信息检索使用范围的不断扩大,查全率与查准率越来越不适用于网络信息资源的检索,因为这两个指标的准确定位,在于明确知道被查找信息的数量,而网络信息资源的数量是不断变化的,很难确定其准确数量。一般来说,衡量网络信息检索效果的标准主要包括:用户负担、检索结果满意度、响应时间、相关性排序、输出数量选择、输出方式等。当然,这些指标受到了搜索引擎索引数据库的标引深度、信息搜集覆盖范围、数据库中的数据质量控制手段如何;信息组织管理水平,如信息标引方法与索引方法(自动索引、人工索引、用户登录)、信息更新频率、组织管理方式(分类主题、目录方式、词语索引方式)等;信息检索功能(布尔检索功能、截词功能、精确检索功能、位置检索功能等)等因素的影响。

2.2 现代信息检索技术

信息检索技术就是检索信息时采用的常用技术手段与方法。如果是手工检索,则由检索者对欲检索的对象特点和检索词间进行匹配,做出选择。而计算机信息检索则要将检索需求转化为检索策略后,由计算机自动对数据库中信息与检索表达式进行匹配,找出满足用户检索需求的相应信息。到目前为止,人们使用的信息检索技术主要有以下几种,这几种技术已经被广泛地使用到联机、单机数据库检索和网络信息检索技术之中。但值得说明的是,不是每一种技术在不同的信息检索系统中都适用,而应该根据该检索系统的说明选用不同的检索技术。

1. 布尔逻辑检索

布尔逻辑检索就是采用布尔代数中的逻辑与、逻辑或、逻辑非等运算符,将检索提问转换成逻辑表达式,计算机根据逻辑表达式查找符合限定条件的信息。这种检索方法是使用最为广泛的一种检索手段,在各类信息检索系统中都可以使用。如在网络的各种搜索引擎中,基本都提供布尔逻辑检索。

逻辑"与"(AND)是一种用于交叉概念或限定关系的组配,它可以缩小检索范围,有利于提高查准率。

逻辑"或"(OR)是一种用于并列概念的一组组配,用来表示相同概念的词之间的关系,可以扩大检索范围,有利于提高查全率。

逻辑"非"(NOT)是一种用于补集运算的概念,用来对相反概念的词之间的关系处理,以便排除不需要的概念。如果提问式为 A NOT B,则表示数据库中凡含有 A 不包含词 B 的记录被检出。它可以缩小检索范围,增强检索的准确性。

2. 截词检索

截词检索就是利用计算机特有的指定位对比判断功能,使不完整词能与标引词进行比较、匹配的一种检索,常用于西文中词干部分相同的派生词检索,中文中基本不使用些检索方法。

截词的方式主要包括三种:一是前截断,用于复合词的检索,但因技术原因,此类方法较少使用;二是后截断,用于同根词、词的单复数、年代、作者等情况,在检索系统中大量使用;三是中间截断,是将截断符号放在检索词中间,主要用于解决英文单词拼写不同,单复数形式不同的词的检索。如 organization 和 organisation 两词。

3. 限制检索

限制检索是在检索系统中缩小或约束检索结果的一种方法,主要包括字段限制检索、限制符检索等。

字段限制检索是指限定检索词在数据库中出现的字段范围的一种检索方法。如 information management/TI,是指限定 information management 必须是在 title 字段中出现时,才符合检索要求输出。

限制符检索主要用于从信息的外部特征方面限制检索结果的一种方法。如 AU=Mark Twain/ENG,表示作者是 Mark Twain 而且必须是以英文形式出现的才符合检索要求。

4. 位置检索

位置检索就是以原始记录中的检索词与检索词间特定位置关系为对象的运算,也称为自由文本检索、全文检索、原文检索。

位置检索的运算方式在不同的检索系统中有不同的规定,但其差别主要有两点:一是规定的运算符不同;二是运算符的职能和使用范围不同。它的检索方式主要有四种类型:

(1) 词位置检索

词位置检索也叫邻近检索,用以限定两个检索词间的前后顺序。如在 Dialog 系统中,(W)表示在此算符两侧的检索词必须按输入时的前后顺序排列,而且所连接的词之间除可以有一个空格,或一个标点符号或一个连接号外不得夹有任何其他单词或字母,且词序不可以颠倒。实际上,它基本相当于词组检索。如 SQL(W)SERVER 可以检索出 SQLSERVER 或 SQL SERVER。(nW)则表示在两个检索词间可以插入 n 个其他单元词,其他与(W)一样要求。(N)(nN)则基本原理与上述(W)(nW)相同,只是词序可以颠倒。如 railway(2N)bridge,可以表示 railway bridge,bridge of railway,bridge of the railway 等。

在绝大多数搜索引擎中,都具有词组检索的功能,一般规定用引号表示。

(2) 同句检索

同句检索就是要求检索词必须出现在一个自然句中,其先后顺序不受限制。如 electronic(S)optical,可以检索出题名为 Cutting and polishing optical and electronic materials 的信息。

(3) 同字段检索

同字段检索表示此算符两侧的检索词必须同时出现在数据库记录的同一个字段中,词序可变;或者不但在同一字段中,而且两词必须具有叙词表所规定的等级关系。如:education(F)policy/DE,TI,表示 education 和 policy 两个词必须同时出现在叙词字段或标题字段内。Railway(L)traffic control,表示 traffic control 是 railroads 的下一级主题词。

(4) 同记录检索

同记录算符要求它两侧的检索同在一条数据库记录中出现,与布尔逻辑运算符 and 完全等价。

5. 加权检索

加权检索不像上述四类检索技术一样可以具体应用于信息检索中,严格来说,它是一种判断检索词或字符串在满足检索逻辑后对信息命中与影响程度的度量,是对相关性的一种检测。这种检索技术不是所有系统都能提供的,而且能提供加权检索技术的检索系统对权的定义、加权方式、权值计算和检索结果的判定等方面又有不同的技术规定。

如检索词 A、B、C 分别对应的权值是 5、3、2,如果我们设定阈值为 6,则根据检索要求,只有包含有 A、B、C,A、B,A、C 的三组信息被命中并检出。

在网络信息资源检索时,上述五种检索技术基本都可以使用,其中受支持程度最高的是布尔逻辑检索以及词组检索(位置检索)技术,其次是截词检索、限制检索、加权检索。

布尔逻辑检索是常见的一种网络信息检索技术,只是在不同搜索引擎中布尔逻辑有所不同,有的是在"高级检索"模式中"完全支持",而在"简单检索"模式中"部分支持"。

词组检索是将一个词组用双引号括起来当作一个独立运算单元,进行严格匹配,以提高检索精度和准确度。其体现了位置检索中的(N)邻近检索的运算功能。几乎所有的搜索引擎都支持词组检索。

截词检索一般在英文搜索引擎中采用,大多数搜索引擎提供右截断法,截词符通常用"*"表示。

限制检索则要求检索词出现在特定的位置。如"t:"表示检索词在网页的标题(title)中出现;"u:"表示检索词在 URL 中出现;除此之外还有 subject、summary 等。类似于数据库检索的字段检索。在网络信息检索时,也可以对信息外部特征的非主题字段进行限制,如对信息资源的类型进行限制,限制检索范围是图片(image)、文本(text)等。此外,搜索引擎还提供了带有典型网络检索特征的字段限制类型,如主机名限制(host)、URL 限制(url)、E-mail 限制(from)、新闻组限制(newsgroups)、Link 限制(link)、网址限制(site)等。这些字段限定了检索词在记录中出现的位置,用来控制检索结果的相关性。

加权检索在网络资源检索中主要采用加减号表示检索词的权重,用"＋"号或选择"must contain"表示某检索词一定要出现在检索结果中,用"－"号或选择"must not contain"表示某检索词一定不能出现在检索结果中。不加符号或选择"should contain"表示某个检索词可以出现在检索结果中。由于加权检索在网络信息检索中应用的时间较短,因此,检索提问往往不能获得预期的效果。最突出的例子是,如果在一个检索提问中使用了表示加权检索的"＋"或"－",其余未加符号的检索词在检索过程中的作用将被大大减弱。

绝大多数搜索引擎提供检索结果页排序技术,大致也相当于加权检索。

除了上述方法外,有的搜索引擎还支持一些特殊的检索功能,如:

(1) 自然语言检索。直接使用自然语言中的字、词或句子作提问式进行检索,同口语一样。实际上,检索工具利用禁用词表排除非关键词,然后把剩余的词作为关键词进行检索,一般有助于提高查准率。

(2) 多语种检索。提供多语种环境代检索者选择。如 YAHOO! 和 Google 等。

区分大小写的检索(case-sensitive)。主要针对检索词中的人名、地名等专有名词而言。大写检索词被当作专有名词,小写检索词则被当作普通词。但"天网"和"百度"等中文网站就不支持区分大小写的信息检索。

(3) 管道检索。用管道符(｜)连接两个或更多个检索词,如 A｜B,它先对前一个词进行检索,再在其结果的基础上对后一个词进行检索,依次类推,以达到逐步缩小检索结果,提高查准率的目的。实际上,这种检索方法相当于布尔逻辑检索中的逻辑"与"运算。

2.3 信息检索的步骤

针对用户的要求的不同,信息检索的方法也有所不同。但不管采用何种检索方式与手段,开展信息检索的步骤大体是一致的。

1. 提问分析

首先必须清楚用户提问的真实意图或实质。用户的信息提问是否反映了他的信息需要？用户需要所涉及的学科范围？用户工作性质、所承担的任务以及为什么要解决这一问题,已经查找过哪些系统,掌握了一些什么信息？用户信息检索课题对查新、查准和查全的指标要求？对信息类型、语种、时间期限有何要求？等等。只有深入细致地了解用户的信息需要,才能避免检索的盲目性。

2. 制定信息检索策略

针对检索提问、运用检索方法和技术而设计的信息检索方案就是信息检索策略,它对于提高查全率与查准率都有极大影响。信息检索策略制定的好坏,直接影响到检索结果是否满足用户的信息需要。目前的检索系统已经发展到可以对检索策略自动修改的程度,它包括了知识库和策略规则库,可以提供智能化的信息检索策略制定过程。

3. 实施检索

按照既定的检索策略进行信息查询,并根据用户需要采取各种调节和反馈方式对检索策略进行修改与完善。这一过程反复进行,直至用户满意为止。

4. 检索结果的输出与评价

为了提高检索效率,通常需要对检索结果进行评价。评价指标主要包括查全率、查准率、系统响应时间、相关性等多个方面。

2.4 网络信息检索工具

网络信息检索工具也随着网络信息资源的变化而不断改进,如在网络发展的早期,我们使用 WAIS 查询 Usenet 新闻组资源,搜索 FTP 资源使用 Archie,检索 Gopher 网站资源则使用 Veronica、Jughead 等。近年来,WWW 资源成为网络资源的主体,所以 Yahoo!、Google、Baidu 等成为了网络上普遍采用的检索工具。

一般来说,网络检索工具由三部分构成:信息采集子系统、数据库、检索代理软件。

信息采集子系统就是系统收集大量的网络信息资源,为查找信息提供物质基础,主要有人工采集和自动采集两种方式。人工采集就是由专业信息人员跟踪和选择有价值的网络资源,并按照一定的方式进行分类组织、标引并组建成数据库。但是,由于网络信息资源的数量庞大、更新变化快等特点,仅依赖人工方法不能完成信息采集工作,于是只能依靠于自动采集。一般有一种名为 Robot 的网络自动跟踪索引程序(又名 Spider、Crawler、Worms、Wanders 等),它实际上是一个在网络上检索文件且自动跟踪该文件的超文本结构,并循环检索被参照的所有文件的软件。它穿行于网络信息空间,访问网络中公共区域的各个站点,记录其网址,标引其内容,并组织建立索引文档,形成供检索的数据库。同时还继续跟踪这个网页内链接的其他网页,确认链接的合法性。这种自动采集方式有时是定期搜索,有时是基于用户递交的网站信息进行搜索,即网站拥有者主动向搜索引擎提交网址,它在一定时间内定期向该网站派出 Robot 程序,扫描该网站并将有关信息存入数据库,以备用户查询。

数据库则是将采集和标引的信息汇集后形成的。不同的网络检索工具的数据库收录范围不一样,有的收录 web、ftp 等资源类型,有的则只收集 ftp、usenet、mailing list 等资源类型。不同的网络检索工具的标引方式也不同,有的索引软件标引网页全文,有的则只标引网页的地址、题目、特定的段落和关键词。一般数据库提供的网络资源内容有网址的名称、标题、网址 URL、网页的长度、相关的超文本链接点、内容简介或摘要等。不同数据库的容量也不同,目前最大的搜索引擎 Google 称其已经有 30 亿个网页,每天提供 2 亿次查询服务。

用户提出查询要求时,由检索软件负责代理用户在数据库中进行检索,这就是检索代理软件。其所提供的检索技术、相关性排序等也不相同,可以通过网络检索工具的 About us、FAQ 等项目获得。该代理软件按照系统的句法规定对用户输入的字符串、运算符、标识符、空格等进行识别和判定后,代理用户在数据库中检索,并对检索结果进行评估比较,按与检索结果的相关程序排序后向用户输出。

按照检索方法的不同可以将网络检索工具分为两大类:

1. 目录型检索工具

目录型检索工具是由专业人员在广泛搜集网络资源,以及有关加工整理的基础上,按照某种主题分类体系编制的一种可供浏览、检索的等级结构式目录。用户遵守着"层层遍历"的原则,分级分类地查找信息,查到找到自己所需的信息为止。因此,这种方法因为组织与检索都是要人工参与的,所以查准率较高,但所花费的人力、物力、财力成本比较高,而且在信息全面性方面也不理想。最著名的目录型检索工具是 Yahoo!。

2. 索引型检索工具——搜索引擎

搜索引擎是目前人们查找网络信息资源最主要使用的一种技术方法。它是由自动索引软件生成数据库，收录、加工信息的范围广，速度快，能及时地向用户提供新增信息。检索时直接输入检索词或词组、短语，无需判断类目归属，方便易用。但由于是自动生成数据库和使用检索代理，缺乏人工干预，所以检索的误差也比较大。一般来说，搜索引擎适用于检索特定的信息，及较为专、深、具体或类属不明确的信息。

在现实网络中，目录型检索工具和索引型检索工具之间的界限越来越模糊，大多数网络检索工具都同时提供这种检索方法，从而可以将两者结合起来进行使用，达到更佳的检索效果。如著名的目录型检索工具Yahoo！就曾与AltaVista、Google、Inktomi（http：//www.inktomi.com）等搜索引擎相挂接，国内的Sina也与"百度"进行挂接。在它们自身中找不到相关信息的情况下，可自动转向那些搜索引擎进行检索。著名的搜索引擎如Excite、Google、Lycos等也在提供索引服务的基础上，增加了各种形式的分类目录。

按照搜索引擎提供的使用技术来看，目前的搜索引擎可以分为五大类：

(1) 独立搜索引擎或普通搜索引擎(single search engine)

它是利用网络自动化程序对网上资源进行遍历读取信息访问相关链接从而递归地获得被引用的所有信息，这种引擎根据用途不同又可以分为专门搜索新闻组的搜索引擎、搜索Gopher资源的搜索引擎、检索FTP资源的搜索引擎、搜索BBS的搜索引擎、检索EMAIL的搜索引擎等，其性能也因索引数据库的质量、容量、内容、更新速度、检索速度、界面以及信息索引组织形式等不同而各有差异。如国外的AltaVista、Excite、InfoSeek、Lycos、Google等，国内的百度、悠然、慧聪等。

(2) 智能化搜索引擎(smart hunter)

智能化搜索引擎除了具有传统的全网快速检索、相关度排序等检索功能外，还提供用户角色登记、用户兴趣识别、内容的语义理解、智能化信息过滤和推送等功能，由于一般的搜索引擎（指的是非智能型）本身缺乏知识处理能力和理解能力，对要检索的信息往往采用的是关键词匹配，而智能搜索引擎则是基于知识（或概念）层面，所以其查准率和查全率一般高于普通的搜索引擎。如国外的ASK JEEVES，Google等，国内的尤利卡，世纪永联，ChinaRen等。

(3) 个性化搜索引擎机制(personality searching)

其最主要的特征是充分支持用户相关性反馈机制，搜索完全个人化。它能根据用户的兴趣爱好思维方式生活习惯量身定做，并主动地定期为用户查找信息，根据用户搜索信息的变化自动调整"知识库"中的通用字段和关键字，使用户能够充分享受有效的个人信息定制服务。比如中国网新闻定制服务，慧聪的新闻搜索等。

(4) 专用型搜索引擎(special searching)

这种搜索引擎是服务于专门领域的信息查询工具，如查电话、域名、人名、邮件、地址、房产、旅游、地图、图片等。如查找地图的Mapblast，图行天下的城市旅游交通图等。

(5) 元搜索引擎(metasearch engine)

元搜索引擎是一种调用其他独立搜索引擎的引擎，是对多个独立搜索引擎的整合、调用、控制和优化利用的工具。相对于元搜索引擎，可被利用的独立搜索引擎称为"源搜索引擎"(source engine)或搜索资源(searching resource)。

元搜索引擎的出现主要是为了提高用户的检索能力。由于网络上出现的搜索引擎越来越多，它们在收录范围、覆盖领域、资源类型、规模大小、检索方式等方面各有千秋，因此同一检索词所产生的检索结果也不尽相同。于是，出现了元搜索引擎，以容纳各种具体现实的搜索引擎。它包括两种类型：串行式元搜索引擎、并行式元搜索引擎。

串行式元搜索引擎也被称为搜索引擎的搜索引擎，它以 all-in-one 的方式将任意顺序或分类罗列的多个源搜索引擎列表后，提供各类搜索引擎的介绍信息和物理连接机制。用户可以通过这类元搜索引擎了解有关的搜索引擎、联入所选择的搜索引擎。所以说，它主要是将搜索引擎集中起来，并按类型或按搜索问题等编排组织成目录，帮助、引导用户根据检索需求来选择适用的搜索引擎。用户在检索时，实际上还是在检索普通单一的搜索引擎，只是由串行式元搜索引擎提供了一个界面，克服了用户记忆众多搜索引擎地址的麻烦。它没有① 统一的全局外部模式，只是以各搜索引擎的检索模式和数据格式直接面对用户。著名的串行式元搜索引擎有 CUSI(http：//www.usask.ca/cusi/cusi.html)、iTools!(http：//www.itools.com)、中文的有北大天网之天网搜霸(http：//e.pku.edu.cn)、优客搜索(http：//www.yok.com)等。

② 这类元搜索引擎的特点是：只提供一个简单的界面来帮助用户选择和使用各搜索引擎；只能选择一个搜索引擎进行检索；对各目标源搜索引擎检索界面的复制可能是部分或全部的；直接利用所选搜索引擎的显示格式呈送给用户。

③ 并行式元搜索引擎是将多个搜索引擎集成在一起，提供一个统一的检索界面，用户发出检索请求后，提问式被同时分别提交、发送给多个独立搜索引擎，同时检索多个数据库，最终输出的检索结果是经过聚合、去重之后反馈的多个独立搜索引擎查询结果的综合。如 DigiSearch (http：//www.digiway.com/digisearch)是目前能同时调用独立搜索引擎较多的并行检索式元搜索引擎，它可以同时调用包括 AltaVista、Excite、Infoseek、Lycos、Webcrawler、Yahoo、OpenText 和 Magellen 等 18 个独立搜索引擎，DejaNews 等 3 个 Usenet 搜索引擎和 Four11 等 3 个个人信息和商界信息搜索引擎。DigiSearch 支持 * 作为通配符，并支持逻辑运算。另外比较著名的并行检索式元搜索引擎有 DOGPILE(http：//www.dogpile.com)、Vivisimo(http：//vivisimo.com)、MetaCrawler(http：//www.metacrawler.com)、ProFusion(http：//www.profusion.com)、HotBot(http：//www.hotbot.com)、Cyber411(http：//www.cyber411.com)、中文的 SearchX(http：//searchx.yeah.net)、万纬搜索(http：//www.widewaysearch.com)等。

这类元搜索引擎一般具有以下特征：

① 统一的检索界面。它提供统一界面，提供对各搜索引擎特点介绍和选择机制，但所有目标源搜索引擎构成一个逻辑整体，元搜索引擎检索界面构成惟一的全局外部检索模式，用户通过这个全局界面实现对多个搜索引擎的检索。

② 检索指令转换。在具有惟一全局外部检索模式情况下，系统可提供统一的全局指令语言，并自动地实现元搜索引擎指令与其目标源搜索引擎指令的转换，用户使用同一指令语言检索不同的搜索引擎的索引数据库。

③ 统一结果集的组织与显示。元搜索引擎提供全局组织器，对各目标源搜索引擎返回的结果进行处理，形成全局结果集，并以统一格式显示，主要涉及数据格式转换、去重、统一排序等。

元搜索引擎虽然没有网页搜索机制，也没有独立的索引数据库，但在检索请求提交、检索接口代理和检索结果显示等方面，均有自己研发的特色元搜索技术支持。

元搜索引擎虽然在搜索范围等方面得到了扩大，但它也存在着自己的局限性。元搜索引擎在实现检索词语法转换时能力有限,而高级检索通常只是注册或定制检索中的一部分,更适用于单用户计算机模式;由于元搜索引擎不支持指定字段检索等特殊检索功能,因此不能充分发挥各自独立搜索引擎的优势,影响了检索的质量和效果;用户不能根据自己的检索习惯添加或减少源搜索引擎等。

参 考 文 献

[1] 宋林飞. 社会调查研究方法. 上海:上海人民出版社,1990
[2] 王洪. 现代调查理论与方法. 北京:中国社会出版社,1995
[3] 隗斌贤等. 调查统计学. 北京:中国统计出版社,1997
[4] 谢邦昌. 市场调查实战手册. 广州:广东经济出版社,2002
[5] 符绍宏. 信息检索. 北京:高等教育出版社,2004
[6] 董小英,马张华等. 互联网信息资源的检索利用与服务. 北京:北京大学出版社,2003
[7] 黄如花. 网络信息组织:模式与评价. 北京:北京图书馆出版社,2003
[8] 马张华. 信息组织. 北京:清华大学出版社,2003

思 考 题

1. 什么是信息检索?
2. 信息检索的发展经历了几个阶段?每个阶段有什么特点?
3. 主要有几种检索技术?它们具体如何应用?
4. 网络信息资源的检索与传统信息资源检索相比,发生了哪些新的变化?
5. 网络信息检索工具的工作原理是什么?
6. 网络信息资源检索的工具有哪些类型?
7. 搜索引擎有哪些类别?
8. 元搜索引擎的概念及其种类有哪些?

第六章 信息组织

内容提要

本章主要讲述信息组织的基本内容与基本过程。在了解了信息组织的概念内涵的基础上,从元数据的核心概念出发,讨论了元数据的基本概念、类型、功能、结构、应用等问题,并用实例向读者进行了展示。围绕着信息组织的过程,首先介绍了数据库中数据的组织方法,接着从信息表现形态以及载体形态两个角度分别讲述了信息的外在形式描述问题;从分类以及主题两个角度描述了信息的内容揭示问题。最后,从传统与现代网络信息资源两个角度展示了信息存储方法。针对网络信息资源的不断增多的现实,对其描述与揭示已经成为当前理论与实践界的重点关注领域。

学习要点

1. 信息组织的概念
2. 元数据的概念、类型、功能及其结构
3. 信息描述的基本方法
4. 信息揭示的基本原理
5. 信息存储的方式方法

第六章 信息组织

信息组织是微观信息管理的重要过程与环节,也是信息管理最具代表性的工作。前面我们谈到信息搜集时,对于二手信息可以使用信息检索方法。实际上,信息的检索与信息组织是一个事物的两个方面,它们之间没有矛盾,而是互相补充与互相利用的。它们分别处于事物的两端。信息检索的效果依赖于信息组织的质量,而信息组织的目的就是为了信息检索的方便。

从本体论角度来看,信息是事物的运动状态以及这种状态的改变方式,它具有普遍性与绝对性;从认识论角度来看,它是主体所感觉和表达出来的有关事物的运动状态以及状态的改变方式,它具有特殊性与相对性。组织就是把数据按照一定的结构、顺序、排列方式组织起来。由于信息包含有三方面的内容,即语义信息、语法信息和语用信息,所以它们的组织方法也不尽相同。同样,信息的表现形式也复杂多样,因此它们的组织方法也纷繁复杂。

一般认为,信息组织就是利用一定的科学规则和方法,通过对信息外在特征和内容特征的描述与序化,实现无序信息流向有序信息流的转换,从而保证用户对信息的有效获取和利用及信息的有效流通和组合的过程。可见,信息组织是进行信息管理、信息分析工作的基础,它的目的是为了解决信息的海量性与无限性同人的精力、时间的有限性形成的尖锐矛盾,信息的无序性和污染性与人类使用的选择性形成的尖锐对立。信息组织的发展与信息管理、信息组织理论与方法和信息技术的发展紧密联系在一起,它要求建立信息存取与检索系统,方便信息资源的开发利用。

信息组织总是与信息检索共生的,因为如欲高效地检索,则必须具有完善的组织;而组织的完备也是为了提高检索的效率。信息组织是源,是基础之所在,而信息检索则是尾,是目的之所在。因此,从信息检索的角度出发,对信息组织的要求主要有以下几个要素:

(1) 查全率与查准率;
(2) 快速的查询响应;
(3) 系统的易用性;
(4) 检索的成本效益。

信息组织活动主要面向检索提供服务,因此它所涉及到的内容应该包括两个主要方面:第一是信息资源组织规范。它是根据信息组织的需要和信息资源的特点预先确定的一系列规则和方法的系统,是进行信息组织操作的依据。第二是信息组织的操作。它是指根据信息资源的内容和特征,对信息资源进行描述、标引,并将其组织进相应系统的过程。

第一节 元 数 据

元数据是近年来新出现的专业名词,但其所指示的事物在很久以前就已经存在。随着网络技术不断发展而出现了新的信息类型,为了加强对这些新类型信息资源的组织与揭示,从而出现了一些新的方法与标准,针对这些标准与方案,人们就提出了一个新的概念——元数据。

各种各样的元数据方案是进行信息组织的规范。从对传统文献组织的 MARC 记录,到当今网上资源的组织与描述方案;从以图书为对象的元数据,到档案、音频、视频等多种类型的对象资料,目前都以制定出了各自的元数据方案标准。

1.1 元数据的定义

元数据(metadata)是关于数据的组织、数据域及其关系的信息,简言之,元数据就是关于数据的数据。它是为各种形态的数字化信息单元和资源集合提供规范、一般性描述。由于定义简洁,一些专家将这个解释扩展和深化。

(1) 元数据是关于数据的结构化的数据。

(2) 元数据是与对象相关的数据,此数据使其潜在的用户不必先具备对这些对象的存在和特征的完整认识。

(3) 元数据是对信息包裹(information package)的编码的描述。

(4) 元数据包含用于描述信息对象的内容和位置的数据元素集,促进了网络环境中信息对象的发现和检索。

(5) 元数据不一定是数字形式的。

(6) 元数据不只同对信息对象的描述相关,还能够描述资源的使用环境、管理、加工、保存和使用等方面的情况。

(7) 元数据可来自不同的资源。

(8) 在信息对象或系统的生命周期中自然增加元数据。

(9) 元数据能对信息进行描述,人与人、人与机器可以交流。

(10) 元数据常规定义中的"数据",表示事务性质的符号,是进行各种统计、计算、科学研究、技术设计所依据的数值,或是说数字化、公式化、代码化、图表化的信息。

由此可以看出,对元数据的理解可以形象地打个比方。假设把一个人看作数据,那么对这个人进行查找与描述,就要用到最能代表这个人的特征数据,如姓名、地址、身高、体重等这些有关这个人的"数据"的"数据",也即元数据。这些元数据可以将这个人与其他人区别开来,可以让我们很方便地查找到他,可以让不了解他的人想像他的样子,同时可以通过文档的形式记录下他来。

在数据库管理系统中,模式中包含一些元数据,如关系名、关系的字段和属性、属性域等。对文档来说,就是描述文档的属性。从文献保存部门的角度看,元数据可以是电子目录,用于编目、描述收藏资料的内容和特性,从而可以支持信息的检索。

1.2 元数据的类型

根据功能将元数据划分为管理型元数据、描述型元数据、保存型元数据、技术型元数据、使用型元数据。

根据结构和语境划分为三组:第一组为全文索引;第二组为简单结构化的普通格式,如DC、RFC1807、Template 等;第三组为结构复杂的特殊领域内的格式,如 FGDC、GILS、TEI、EAD 等。

元数据的种类非常多,根据元数据的应用范围,可以分为通用性元数据、专业性元数据、Web 元数据、多媒体元数据。

通用性元数据。用来描述文档的一般外部属性信息的元数据称为通用的一般性元数据,又称为描述性元数据,一般性元数据。如都柏林元数据(Dublin Core,简称 DC)、机读目录(MARC)。既然是一般性的,那它们就不是针对特殊主题,因此它们主要是用于描述文档的一般外部属性,广泛应用的一种元数据类型。

专业性元数据。它表示文档内容中主题特征,又称为语义元数据,它对专业文档进行描述。为了对语义条目标准化,许多领域使用特定的"本体"(ontology)方法,即用层次化的条目分类,描述特定的知识主题。如生物医学领域的文章采用病理、解剖或药理主题的元数据。

Web元数据。它广泛应用于Web文档。在Web中,元数据被用于多种目的,如编目(BibTex)、内容等级、知识产权、数字签名、私有级别和电子商务上的应用等。由于Internet中Web资源数量越来越多,急需一种能够对它们进行统一描述的元数据。资源描述框架RDF就是这样的一种元数据。它用XML为交换语法,提供应用之间的互操作性,这种框架对Web资源进行描述,方便信息的自动处理。它不针对特定的应用和专业领域,由节点及其属性/值的描述组成。节点可以是任何Web资源,包括URI和URL;属性表示节点的性质,其值可以是文本串或其他节点。

多媒体元数据。元数据不仅仅可以描述文本信息,面对大量出现的多媒体信息,它不但要用关键词来描述诸如声音、图像、视频等媒介信息,还要用新的元数据形式来描述它们的视听内容,如MPEG-7多媒体描述标准及其定义的多媒体描述模式。

1.3 元数据的结构

元数据在处理海量的信息与数据时起到了重要的作用,它的结构应该是多层次的。根据目前人们开发的元数据方案可以看出,一个元数据格式的结构包括:

1. 内容结构

它对元数据的构成元素及其定义标准进行描述,包括:

描述性元素,如题名、作者等。

技术性元素,如压缩方法、使用软件等。

管理性元素,如使用权限、有效期等。

复用元素,如指引向其他元素集借用的元素。

元素的选取使用规则,如必备或可选元素、可重复性、取值基数、子元素组成等。

2. 句法结构

它用来定义数据结构以及如何描述这种结构。它包括:

元素的分区分层分段组织结构,如MARC分为头标区、地址目次区和数据字段区,EAD分为头标区、前面事项段和档案描述段,CEDARS分为保护描述信息和内容信息。

元素结构描述方法,一般用XML DTD来定义,也有用XML Schema、RDF或SGML DTD来定义的。

DTD描述语言,如EBNF Notation。

元数据复用方式,如通过namespace链接相关DTD、Ontology或内容规范。

与被描述对象的捆绑方式,如捆绑在一起,独立于对象存在,与数据对象链等三种表现方式。

3. 语义结构

它用来说明数据元素的具体描述方法,它包括四个方面:

元素定义。对元素本身有关属性进行明确的定义,一般采用ISO 11179标准,通过10个属性来界定任何元素。

元素内容编码规则定义。指明在描述元素内容时应该采用的编码规则,这个规则可是特定的标准,也可是实践中最好的、效率最高的一套规则,还可以是自定义的描述规则。如 DC 建议日期内容编码采用 ISO8601 的格式。

元素语义概念关系。为了克服元素语义概念在不同领域的不同意义,需要说明它所处的上下文关系,来表明它与其他概念之间的关系。可以通过 RDF/RDFS 技术来定义元素概念的类属关系,通过 XML Namespace 技术将元素与相应的语义定义、语义网络和语义层级关系表(Ontologies)链接起来,从而支持对元素语义及语义关系的进一步限定。

元数据版本管理。元数据是动态的,处于不断变化之中,所以有必要指明描述元数据的版本变化情况,并通过系统发布。

1.4 元数据的功能

元数据的主要作用在于对信息的描述、定位、搜寻、记录、评估及选择等,具体来说,它主要有以下几方面的功能:

1. 确认和检索(discovery and identification)

主要致力于如何帮助人们检索和确认所需要的资源,数据元素往往限于作者、题名、主题、位置等简单信息。Dublin Core 是其典型代表。

2. 著录描述(cataloging)

用于对数据单元进行详细、全面的著录描述,数据元素囊括内容、载体、位置与获取方式、制作与利用方法、甚至相关数据单元方面等,数据元素数量往往较多。MARC、GILS 和 FGDC/CSDGM 是这类元数据的典型代表。

3. 资源管理(resource administration)

支持资源的存储和使用管理,数据元素除比较全面的著录描述信息外,还往往包括权利管理(rights/privacy management)、电子签名(digital signature)、资源评鉴(seal of approval/rating)、使用管理(access management)、支付审计(payment and accounting)等方面的信息。

4. 资源保护与长期保存(preservation and archiving)

支持对资源进行长期保存,数据元素除对资源进行描述和确认外,往往包括详细的格式信息、制作信息、保护条件、转换方式(migration methods)、保存责任等内容。

1.5 元数据在不同领域的应用

根据不同领域的数据特点和应用需要,20 世纪 90 年代以来,许多元数据格式在各个不同领域出现,它们专门被用于处理相应的信息资源,如档案、地理信息、博物馆、人文、科技等。据大概统计,目前有 20 多种元数据格式,可以归纳为如下元数据类型:

网络资源:Dublin Core、IAFA Template、CDF、Web Collections、MARC(with 856 field)

文献资料:MARC(with 856 field)、Dublin Core

人文科学:TEI Header(text encoding initiative header)

社会科学数据集:ICPSR SGML Codebook

博物馆与艺术作品:CIMI(computer interchange of museum information)、CDWA(categories for the description of works of art)、RLG REACH Element Set、VRA Core

政府信息:GILS(government information locator service)

地理空间信息：FGDC/CSDGM(federal geographic data committee/content standard for digital geospatial metadata)

数字图像：MOA2 metadata、CDL metadata、Open Archives Format、VRA Core NISO/CLIR/RLG Technical Metadata for Images

档案库与资源集合：EAD

技术报告：RFC 1807、ibTeX、EELS、EEVL

连续图像：MPEG-7

第二节　信 息 描 述

信息的描述就是将信息的外在表现形态或其载体形态使用一定的标准与方法记录下来。因为信息的表现形态与载体形态是多种多样的，因此对于不同形式的信息或者不同形式的信息载体，要针对其特点，选用不同的描述方法。

2.1　数据库中的数据组织与描述

面对大量的数据资源，只有通过一种良好的方法将它们加以组织，才能够在其基础上进一步地挖掘其价值，真正地做到从"数据"向"信息"的转变。在计算机技术发明的早期，人们依赖手工的方法管理数据资源，效率低、可管理的数量有限，而计算机技术的出现，特别是数据库技术的诞生，为人类管理大量的数据资源提供了优良的工具与技术。在数据库中，数据的组织与描述是通过如图 6.1 所示的模式、子模式、外模式等方法，以保证数据的独立性，从而实现了数据的组织与存储过程。

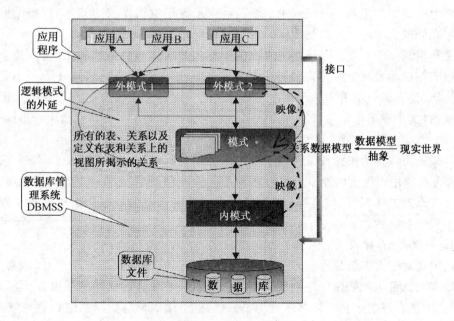

图 6.1　数据库中数据的组织与描述

1. 数据库系统模式与实例

数据库系统模式体现的是逻辑上的描述；所谓数据库模式的具体值是关系框架（套路）在现实生活中的一个表现，即一个实例。数据库模式是概括的，实例是具体的。

2. 模式（逻辑模式）

在关系数据库中，全体数据的逻辑结构就是关系。它包括由二维表所定义的关系（"一张表就是一个关系"），和由定义在表与表之间的参照完整性的关系。全体数据的特征，描述了每个数据的现实意义，应包括实体完整性约束和用户自定义的完整性约束。

对于"所有用户的公共数据视图"，我们应做这样的理解：这里指的视图是广义上的视图，因为它一定要包括基本表，才能把实体与关系描述完整、清楚。视图与基本表（也就是表）的区别在于，视图只是一张逻辑上的表，在数据库中只存放它的定义，是一个虚表；而表不但定义了实体或实体之间的关系，还存放了来源于现实世界的基本的数据。但是现在，我们只是在讨论系统在逻辑上的问题，忽略了实例、基本数据在数据库中的存在，所以可以将表与视图在逻辑层面上同一起来。存放在数据库中的查询操作等，均可看作为视图。"所有用户的公共数据视图"的提法，意在说明有些关系并不是由表直接体现的，它们必须经过某些查询、计算等操作后才能得出。

所谓设计数据库，就是在设计"模式"。模式是由数据库设计与管理者设计和维护的，一切构建于其上的数据库应用，最根本地都要根源于模式的逻辑结构。一个数据库的逻辑模式被设计者惟一确定。逻辑模式，是数据库系统模式中最重要的一个层次。

3. 外模式（子模式）

外模式称作"子模式"会更恰当一些，它是不同的对象，在模式的大海中各取所需。根据现代程序设计分层的思想，在设计较好的数据库与应用程序中，一个外模式一定是一个建立在逻辑模式上的视图的集合。外模式中的视图可以来源于逻辑模式的基本表、逻辑模式的视图以及已经在外模式中定义好的视图。

逻辑模式是所有定义在该模式之上的外模式的实体与关系的超集（或者是全集），即比各个外模式在逻辑意义上的并集可能还要大。也即，逻辑模式有机地体现了一个完整的逻辑整体，外模式是它的一个子集。即使在逻辑模式的实际定义中没有出现与外模式定义中一模一样的视图，这个视图也是可以通过关系运算从逻辑模式的某些表与视图中导出的（子集的真正含义）。

外模式可以作为视图或某个基于视图的操作过程（比如更新）的集合，寄存在数据库系统中；也可在应用程序里由程序员自行在源代码中使用 SQL 语句来定义若干临时的视图。但无论在什么地方体现，外模式都会受到数据库设计者规定的数据约束条件和管理员分配的数据使用权限的制约。

4. 内模式（存储模式）

内模式对于大多数最终用户、程序员、数据库管理员、数据库设计者来说，都是不可见的，因为所有数据都被数据库管理系统（DBMS）根据某个具体数据库的逻辑设计特点，采用某种算法，高效地自行组织着。数据库管理员只能通过 DBMS 对数据的组织进行宏观上的管理，而不能在物理层次上进行微观控制。这是数据库管理系统最有别于文件管理系统组织数据的不同。

在文件管理系统上，我们也可以定义表、逻辑关系等等，但数据在文件中是如何存放的，我们必须预先定义好,并且也只有通过自己特定的程序才能把它有意义地读取出来。就好比,每篇文档都用 Word 存放在一个文件夹中。但 Word 文档太占存储空间,于是我们又用 Zip 把它压缩了一下,那么我们就不能直接用 Word 来读取 Zip 文件了。而我们把它交给 DBMS 管理,我们就不用操心这些问题了,其实我们也并不关心这篇文档在数据库中是如何存储的,这些是开发 Microsoft SQL Server 2000、Oracle 9i、DB2 等 DBMS 的人考虑的问题。数据库管理系统可以说是一个计算机专家智慧的结晶。如果我们自己使用文件系统来管理海量数据,我们只能使用我们所知道的行之有效的算法,那些你不知道的提高存取、查询效率的技巧(这很重要)对你爱莫能助。DBMS 就大不一样了,它可以自行决定哪些联系紧密的数据放在一起,采用 B 树或其他哪种方式来建立索引,是不是要把经常用到的查询结果另行记录下来,要不要为数据的组织进行某种算法优化。这些策略对于在海量数据处理的时代,都是被认作数据库管理系统开发商竞争的商业秘密。数据库系统管理员是不可能知道,抑或决定此种事宜的,最多只能为腾出一些磁盘空间通过命令来使数据存放松散的几个数据库文件紧缩一下。

具体来说,以 MS SQL Server 为例。(1) 数据库使用单一的包含"数据页"的数据文件(与 Visual Foxpro 使用多个文件不同),数据的"存储堆"是含有表的行的数据页的集合:① 每个表的数据存储在数据页的集合中,② 数据行和数据页没有特定的顺序,③ 数据页不像我们一般所认为的数据结构在一个链表中链接那样,④ 一页满时,数据页才被分割。(2) 数据的访问分为两种基本方式:① 表扫描,扫描表的所有数据页,从表的起点开始,逐页扫描全部行;② 使用索引:遍历索引树结构,找到查询请求的行,这需要额外的存储空间。

然而,也不是说我们对于内模式的组织无能为力,数据库的设计者和管理者仍有选择余地。"一个数据库只有一个内模式"是指,对于某个具体的数据库,只能以一种内模式现实地存在。在数据库付诸实现之前,我们可以选择这个内模式:是用 Access,还是用 MS SQL Server? 是本地服务器形式,还是用分布式存储结构?

5. 外模式到逻辑模式的映像·数据的逻辑独立性

我们讲了,外模式是逻辑模式的子集,因此外模式到逻辑模式存在映像关系:

$$\text{应用程序} \xrightarrow{\text{依赖}} \text{外模式} \xrightarrow{\text{映像}} \text{模式}$$

如果,逻辑模式被修改了,只要应用程序需要的视图仍是可以通过关系运算从逻辑模式的某些表与视图中导出,即所谓的"外模式"(因为模式已经改变了,原来的外模式不一定在新模式下成立)还是逻辑模式的子集,那么为了保证外模式中的视图仍能在我们面前呈现出原来的面貌(程序运行时看上去一样),我们就不得不对从外模式到模式的映射加以修改(实际上,逻辑推理与关系运算已经改变,我认为应该叫做新的外模式),也就是重新生成定义外模式视图的 SQL 语句,然而应用程序数据处理的流程(业务逻辑)是没有必要修改的(即使外模式是定义在应用程序本身里,只要修改定义外模式的几行语句即可)。

正是因为在应用程序与模式之间,有了外模式这一层抽象,使得逻辑模式中基本表的基本数据相对于应用程序,在逻辑模式内部是独立的(因为基本表的逻辑关系可以修改,而不影响其他)。

当然,逻辑模式中数据的逻辑独立性是相对的,因为外模式根本上是由模式决定的,如果原来的外模式不再是新模式的子集,那么应用程序只好推倒重来。

6. 逻辑模式到内模式的映像·数据的物理独立性

应用程序 ──────→ 模式 ──映像──→ 内模式

我们还可以通过数据库转换工具，把 Access 97 转为 Access2002 的格式，把 Foxpro 升迁到 SQL Server 2000 等。这样，我们就改变了数据库文件存储的内模式。为了使模式与内模式之间仍能保持对应关系，我们需要对逻辑模式到物理内模式的映像加以改变。一般来说，我们在使用转换工具时并不要做任何特别的操作，因为 DBMS 已经为我们做了映射的转换。我们所要做的就是，通知应用程序数据库已经被某某某 DBMS 接管了。也就是，改变一下应用程序与数据库系统接口的用于数据库管理系统的提供程序，应用程序数据处理的流程（业务逻辑）没变。

数据的物理独立性是指逻辑模式中基本表的基本数据相对于应用程序，在内模式内部是独立的。与数据的逻辑独立性相比，由于 DBMS 竞争的激烈，为了争取客户，许多 DBMS 都提供了迁移工具，数据的物理独立性有更大的自由空间。

2.2 信息的描述

对信息而言，对它的组织活动应该包括两个方面的工作，一是对信息外形的描述，另一方面是对信息主题内容的揭示。我们知道，从本体论角度来看，信息是事物的运动状态/方式，以及这种状态/方式的改变方式；从认识论角度来看，信息是主体所感知/描述的事物的运动状态/方式以及状态/方式的改变方式。无论是本体论还是认识论上对信息的定义，全都可以看出信息这个概念应该属于意识层次的东西，但我们如何把握与处理信息呢？信息的存在具有一个重要的特征，就是它的依辅性。它必须呈现出一定的表现形式（如声音、图像、文本等形式）依附到一定的载体形态上，才能够传递与利用、共享与处理。所以，在对信息外形进行描述时，就要考虑对它的表现形式和依托载体分别进行描述。

信息外部形式描述的目的无论是从它的表现形式还是从它的依托载体来看，都是要通过描述工作，达到真实记录其外部形态，以便使事物/信息之间得以区别开来的效果。描述外部形态时，主要是通过描述事物/信息区别于它事物/信息的独特的属性以及该事物/信息所属的类别的共同属性特征来实现信息描述的基本要求的。

前面我们已经谈到了元数据的概念与方法，至此可以看出，这些独特的属性特征全是该信息/事物的元数据。

1. 从表现形式角度对信息外形的描述

信息必须表现为一定的形式才能够被掌握和利用。在人类社会的早期，主要通过声音这种表示来传递信息。为了记忆的方便，在文字发明之明，人们采用图画的方式来记录信息。后来随着劳动生产活动的不断发展，人们发明了文字这种形式。文字用于记录信息，将文字固定到一定的物质载体上，如岩石、树皮、羊皮、纸张之上，便形成了文本。信息技术水平的不断提高，便得信息的记录、传递技术无论在量上还是在速度上都发生了巨大的变化，电子计算机等应用水平的提高，促使传统的信息表现形式向电子化方向发展。文本、图画、声音等都可以通过计算机、网络进行存储与交流，而且质量与性能都发生了同以往的巨大不同。到目前为止，信息的表现形式以电子形式存在主要有以下几种：文本、图像、图形、音频、视频以及将它们融合于一体的流媒体、多媒体等形式。但多媒体包括了音频与视频在内，所以下文中我们主要分为三种情况进行介绍：电子文本、图形与图像、多媒体。

从元数据的角度来看，对上述信息表现形式进行描述的元数据方案大多数已经形成了实践性标准，对它们的描述应该遵守这些标准。

(1) 文本的描述

传统的文本一般是以图书文献的形式存在的，对它的描述在下面载体部分讲述。这里主要涉及电子文本的元数据描述方案。这些方案主要有 TEI Header、ONIX、MARC 等。这里我们主要以 TEI 为例加以介绍。

TEI(Text Encoding Initiative)是为了减少现存编码的多样性，提供的一个通用的支持复杂文本结构的编码方案。它可以被看成是一个电子文本的"电子题名页"，通过这一页，就像看到了整个电子文本一样，从而提供了一个原文本的替代物。它类似于传统图书馆中的卡片，通过卡片我们可以了解图书的内外部信息。

TEI 文档，也是一个 SGML 文档，它由四部分构成：teiHeader、front、body 和 back。后三部分主要是用 TEI 标签格式来记录文本的文前内容、文本正文和附录的实际内容，而 teiHeader 是最重要的，它才规定了电子文本内容的描述。

tieHeader 主要由如下四部分构成：

① file description(文件描述)，以〈fileDesc〉为标签，它包含着对电子文本的完整性描述。

② encoding description(编码描述)，以〈encodingDesc〉为标签，用于描述电子文本与它的来源之间的关系。

③ text profile(文档轮廓描述)，以〈profileDesc〉为标签，指明文本的相关内容信息，如它的主题领域，产生环境，制作者等。

④ revision history(修订历史)，以〈revisionDesc〉为标签，允许编码者提供电子文本的修订变化历史记录。

teiHeader 本身有自己的属性 type，它指出了 TEI Header 所记录的文本类型。在上述的四个部分中，只有〈fileDesc〉是必备的，其他三部分可以缺省。这样，一个完整的 TEI Header 格式如下：

```
〈teiHeader〉
    〈fileDesc〉
        〈titleStmt〉〈!-- ... --〉〈/titleStmt〉
        〈editionStmt〉〈!-- ... --〉〈/editionStmt〉
        〈extent〉〈!-- ... --〉〈/extent〉
        〈publicationStmt〉〈!-- ... --〉〈/publicationStmt〉
        〈seriesStmt〉〈!-- ... --〉〈/seriesStmt〉
        〈notesStmt〉〈!-- ... --〉〈/notesStmt〉
        〈sourceDesc〉〈!-- ... --〉〈/sourceDesc〉
    〈/fileDesc〉       *文件描述部分
    〈encodingDesc〉
        〈projectDesc〉〈!-- ... --〉〈/projectDesc〉
        〈samplingDecl〉〈!-- ... --〉〈/samplingDecl〉
        〈editorialDecl〉〈!-- ... --〉〈/editorialDecl〉
```

```
            〈tagsDecl〉〈!--...--〉〈/tagsDecl〉
            〈refsDecl〉〈!--...--〉〈/refsDecl〉
            〈classDecl〉〈!--...--〉〈/classDecl〉
            〈metDecl〉〈!--...--〉〈/metDecl〉
            〈fsdDecl〉〈!--...--〉〈/fsdDecl〉
            〈variantEncoding〉〈!--...--〉〈/variantEncoding〉
      〈/encodingDesc〉      *编码描述部分
      〈profileDesc〉
      〈!--...--〉
      〈/profileDesc〉       *文本轮廓描述部分
      〈revisionDesc〉
      〈!--...--〉
      〈/revisionDesc〉      *版本历史描述部分
〈/teiHeader〉
```

从上述格式可以看出，在〈teiHeader〉中，包括文件描述、编码描述、文本描述、版本历史四部分，其中，文件描述部分以现在的图书馆标准为模板，涵盖了电子文本的完整书目描述和电子文本的来源信息，它包括题名说明（titleStmt）、版本说明（editionStmt）、长度说明（extent）、出版说明（publicationStmt）、丛书说明（seriesStmt）、附注（notesStmt）、来源描述（sourceDesc）七个内容；编码描述部分涉及电子文本创建和编码中具体信息，是可以选择项，包括项目过程描述（projectDesc）、抽样声明（samplingDecl）、编撰声明（editorialDecl）、标签声明（tagsDecl）、参照声明（refsDecl）、分类声明（classDecl）、特征体系声明（fsdDecl）、韵律结构声明（metDecl）、变化文本编码声明（mraianEncoding）九个部分内容；而文本轮廓描述用于描述与文本产生、制作相关的非书目数据，它包括制作信息（creation）、语言使用（langUsage）、文本类别（textClass），在使用附加标签时，文本轮廓描述部分还可以出现文本描述（textDesc）、参加者描述（particDesc）、背景描述（settingDesc）三个元素；修订描述也是可选择项，为电子文本的每次异动情况做详细记录。虽然为可选择使用项，但 TEI 方案强力推荐使用，它包括日期（date）、责任说明（respStmt）、变化项目（item）三个内容。

〈front〉：通常在其中包含以下内容：图像——封面、书脊、空白页（endpaper，如果具有视觉上的价值）、标题页、卷首插图等；文本——标题页、序言、目录、插图目录、导论、铭文等。

〈back〉：通常其中包含的是附录和索引的内容，例如：图像——封底的图像或广告；文字——索引、后序、广告、附录、勘误表、补遗等。

〈body〉中是正文部分，根据文本类型不同，可以用相应的标记集合（DTD）里定义的标记来标记文本。由于 TEI 使用的传输语言是 SGML，因此用户可以很方便的自行定义 DTD。

由美国国会图书馆网络开发、MARC 标准办公室维护（The Network Development and MARC Standards Office of the Library of Congress），同时美国档案管理员协会（The Society of American Archivists）合作而制定的 EAD（Encoded Archival Description，编码档案描述）就是以 TEI 格式作为设计的模型，是 TEI 的一个针对档案这种类型资料的应用实例。EAD 格式主要用于描述档案和手稿资源，包括文本文档、电子文档、可视材料和声音记录。

EAD 保留了 TEI 格式中的 teiHeader、body 两个部分，并结合 EAD 适用的资料——档案、手稿的特点,对 TEI 在标记的定义和选取方面进行了删改,至于记录的编码规则并没有改变,也采用 SGML(ISO8879)作为编码标准。

现在,EAD 已经成为国际档案界用于描述档案及手稿资源的元数据解决方案。

(2) 图像与图形的描述

图像和图形信息属于静止的电子数据资源,对图像与图形表现形式的描述,可供采用的元数据方案有多种,如 MOA2 metadate、CDL metadata、Open Archives Format、VRA Core NISO/CLIR/RLG Technical Metadata for Images 等。下面以经常采用的 MOA2 和 VRA 为例说明它们是如何对图像与图形进行描述的。

① MOA2 元数据方案。MOA2(The Making Of America Ⅱ)是数字图书馆联盟进行的一个数字图书馆研究项目。它将数字图像分为三种类型:

● 描述性元数据:用于发现、识别和定位数字图像。MOA2 推荐使用一些已经存在的描述性元数据标准,如 MARC、Dublin Core、EAD 等。所以,MOA2 将其定义的重点放在后两类元数据上。

● 结构性元数据:定义对象的内部组织及其链接与显示情况。它又被分为两类,一类用于描述一个完整对象的内容及其内部结构;另一类为子数字对象。它包括三个元素:

数字资源惟一标识符(unique identifier reference):不可重复且必备。

内容类型(content type):描述数字对象的类型,如 text, page, image, audio 等,以及这些类型的各种格式,如 image/TIFF, image/GIF, image/JPEG, image/PDF 等。可重复且必备。

范围(extent):类似于 MARC 的范围声明,提供一些数字和组件类型信息。可重复且必备。

描述子对象的结构性元数据包括 10 个元素:1) 数据文件长度(data file size);2) 结构分割(structural divisions,DIVs):从逻辑上将数字对象分成多个部分;3) 子对象的关系(sub-object relations);4) 子对象类型(sub-object type);5) 子对象值(sub-object value):实际上是这个子对象的每一个页的页码;6) 子对象的顺序(sub-object sequence);7) 子对象格式(sub-object format);8) 子对象维数(sub-object dimensions):数字图像的维数、分辨率、色彩深度等信息;9) 子对象尺寸大小(sub-object size):数字图像几个不同分辨率版本中最常被使用的那个版本的分辨率;10) 子对象参照(sub-object reference):提供定位该子对象的信息,如 URN、URL 等。

● 管理性元数据:定义对象产生信息、识别、传递及版权方面的信息。分为四个部分:

反映数字原版图像制作情况元数据:说明数字原版图像制作情况(digital master image,直接从实物经扫描、录制等方式捕获的最原始的数字图像)的元数据,具体包括来源资料类型、来源资料物理尺度、来源资料特征、来源资料 ID、扫描日期、ICC 扫描仪名录、照明源、分辨率。

识别数字图像的元数据:包括图像类型、文件格式、压缩格式深度、维数、象素深度、彩色对照表、色彩空间。

连接数字对象以及各个实例的元数据:它包括全景图像、顺序号、顺序总长、版本、版本日期。

提供归属、版权及复制信息的元数据:包括拥有者、拥有者编号、版权日期、复制与发行限制、展示与传递限制、许可证条款、许可证起始日期、许可证截止日期。

② VRA Core。视觉资源协会(Visual Resources Association,简称 VRA)制定的此元数据解决方案可以规范地描述视觉资料及由它们生成的集合。它不仅是数字图像的元数据格式,还被广泛地用于对博物馆藏品实体和其他类别的视觉资料及实体的标准化描述。VRA3.0 定义了如表 6.1 的元数据元素。

表 6.1 VRA3.0 元素集及其属性和说明

VAR 元素	元素、子元素属性及相应说明
Record type（记录类型）	Data Values：Work or Image,是 3.0 版本新增的元数据 Work 用于任何一种作品实体或某种视觉文献所记载的原始作品 Image 用于记载某一种作品实体的视觉文献
Type（作品或作品图类型）	Data Values：AAT,作品或作品图像的具体类型
Title（题名）	Title. Variant Title. Translation Title. Series Title. Larger Entity
Measurements 尺度（大小、形状、比例、维数、格式等）	Measurements. Dimensions Measurements. Format Measurements. Resolution Data Values：formulated according to standards for data content（e. g.,AACR, etc.）
Material（材质）	Material. Medium Material. Support Data Values（controlled）：AAT
Technique（技术）	Data Values（controlled）：AAT 描述物体或图片的生产或加工过程、技巧和方法
Creator（创建者）	Data Values（controlled）：recommend ULAN and AAAF（LC authority files） Creator. Role Creator. Attribution Creator. Personal name Creator. Corporate name
Date（日期）	Date. Creation；Date. Design；Date. Beginning；Date. Completion Date. Alteration；Date. Restoration Data Values：formulated according to standards for data content（e. g.,AACR, DC dates, etc.）
Location（地址）	Location. Current Site；Location. Former Site；Location. Creation Site Location. Discovery Site Location. Current Repository；Location. Former Repository Data Values（controlled）：BHA index, AAAF（LC）, Grove's Dictionary of Art Location Appendix

续表

VAR 元素	元素、子元素属性及相应说明
ID number （作品或图像的惟一识别号）	ID Number. Current Repository ID Number. Former Repository ID Number. Current Accession ID Number. Former Accession
Style/Period （作品或图像代表的艺术形式、流派、历史时期等）	Style/Period. Style Style/Period. Period Style/Period. Group Style/Period. School Style/Period. Dynasty Style/Period. Movement Data Values (controlled)：recommend AAT
Culture（文化背景）	Data Values：recommend AAT，LCSH，作品或图像所源于的文化、民族、国家
Subject（主题词）	Data Values：recommend AAT，TGM，ICONCLASS，Sears Subject Headings
Relation（关联词）	作品或图像与其他作品或图像的关系
Description（描述）	描述作品或图像的摘要
Source（来源）	关于作品或图像的信息来源
Rights（权限）	版权及其他权利信息

（3）多媒体的描述

多媒体信息资源属于动静结合的电子数据资源，如我们看到的影视资料、动画作品等，它将声音与动作结合在一起，真实地再现现实场景。我们以描述音像资料的 MPEG-7 为例说明多媒体资料的基本描述方法与过程。

MPEG-7(Multimedia Content Description Interface，多媒体内容描述接口)是由 MPEG(Moving Picture Experts Group)制定的 ISO/IEC 标准，于 1998 年 10 月提出。它为各类多媒体信息提供一种标准化的描述，这种描述将与内容本身有关，它允许快速而有效的查询用户感兴趣的资料。它将扩展现有内容识别专用解决方案的有限的能力，特别是它还包括了更多的数据类型。也就是说，MPEG-7 规定了一个用于描述各种不同类型多媒体信息的描述符的标准集合。

MPEG-7 的目标是支持多种音频和视觉的描述，包括自由文本、N 维时空结构、统计信息、客观属性、主观属性、生产属性和组合信息。

视觉数据可以分为可以是自然视频、静态图像、图形、动画、三维模型、编辑信息几种类型，它们的描述允许以下特征（与查询中使用的信息类型有关）：颜色、视觉对象、纹理、轮廓（草图）、形状、静止和动态图像、体积、空间关系（相对于图像和图像序列中的对象空间和拓扑关系，这个关系是空间合成关系）、运动（如视频镜头中的运动，用于利用时间合成信息来检索等方面）、变形（如对象的弯曲）、视觉对象的源和它的特性（如源对象、源事件、源属性、事件、事件属性等）、模型（如 MPEG-4 SNHC）。

听觉数据可以分为声音轨迹（自然音频场景）、音乐、原子声音效果（如掌声）、语音、符号音频表示（MIDI、SNHC 音频）、混音信息（包括效果）几种类型，对它们的描述允许以下特征：频率轮廓线、音频对象、音色、和声、频率特征、振幅包络、时间结构(包括节奏)、文本内容(语音或歌词)、声波近似值(通过哼唱一段旋律或发出一种声音效果来生成)、原型声音(典型的用于示例查询)、空间结构(用于多通道声源,如立体声、5.1 通道等,每个声道有特定的映像)、声源和它的特性(例如源对象、源时间、源属性、事件、事件属性和典型的关联场景)、模型(如MPEG-4 SAOL)。

MPEG-7元数据方案主要由七部分构成:MPEG-7 系统(为有效存储和传播 MPEG-7 描述的必备工具,允许视频、单频与描述同步)、MPEG-7 描述定义语言(定义视频数据描述语言)、MPEG-7 音频(规定 MPEG 系统内音频数据编码和描述方式)、MPEG-7 视频(规定 MPEG 系统内视频数据编码和描述方式)、MPEG 多媒体描述模式(规定多媒体通用特征和多媒体信息的描述模式与描述符)、MPEG-7 相关软件(与 MPEG-7 标准实施相关的软件)、MPEG-7 适应性(为测试 MPEG-7 适应性实施的相关指导方针和程序)。

为了对上述内容进行描述,MPEG-7规定了三种工具:

① 描述子(Descriptor,简称 D)是多媒体数据特征的表示。它定义特征表示的句法和语义,可以赋予描述值。一个特征可能有多个描述子,如颜色特征可能的描述子有:颜色直方图、频率分量的平均值、运动的场描述、标题文本等。

② 描述模式(Description Scheme,简称 DS)说明其多方面特征之间的关系集合结构和语义。成员可以是描述子和描述模式。DS 和 D 的区别是:D 仅仅包含基本的数据类型,不引用其他 D 或 DS。如对于影片,时间结构化为场景和镜头,在场景级包括一些文本描述子,在镜头级包含颜色、运动和一些音频描述子。

③ 描述定义语言(Description Definition Language,简称 DDL)是一种允许产生新的描述模式和描述子的语言,允许扩展和修改现有的描述机制。

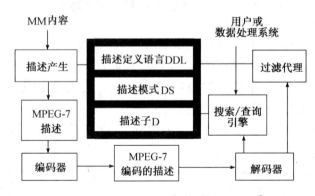

图 6.2　MPEG-7 应用的一个抽象表示[①]

通过图 6.2 我们可以看出,描述子、描述模式、描述定义语言之间的关系以及 MPEG-7 在多媒体信息处理中的作用。DDL 提供建立描述模式的机制,然后将描述模式作为基础,产生一个描述。在描述时,只要用文本进行描述就可以了。

2. 从载体角度对信息外形的描述

信息载体的发展应该说与人类自身发展的历史一样悠久,从将信息依附在一定的自然原

---

① 李国辉等. 信息组织与检索. 北京:科学出版社,2003

生物上,到现在大量采用的纸张、图书、档案、地图等文献、实物,一直到电子数字信息存储的载体磁带、磁盘、光盘、计算机文档等,可以说用于信息依托的载体真是五花八门、各具特色。

无论采用何种载体形态,对它的描述一样也要抓住该载体的独特特征。图书馆在这方面的工作应该说是成就最大的。它们存储着数量巨大的图书资源、电子信息资源,把它们整理有序才能为读者使用。在长期的实践经验基础上,他们研究出了一整套针对以纸张图书为主体的各类信息载体形态的描述方法。可以将图书馆描述信息资源的经历大致分为三个阶段:

(1) 传统手工阶段

在以计算机技术为代表的现代信息技术出现之前,人们利用手工的方法来描述信息资源的外部形态特点及部分内容特征,被称之为编目。如在图书馆中有针对图书的编目,在博物馆中有针对展品的编目。我们在这些机构中看到了大量反映图书及物品形态的卡片即是最突出的手工阶段的信息外形描述工作的产品。随着计算机技术的不断深入应用,这些卡片的使用已经成为历史,但它们的历史价值贡献还是相当大的。

当时为图书等藏品制作卡片时的主导思想就是希望通过这种描述,可以客观地反映信息外表的重要特征,通过这些特征来区别信息的不同载体类型。于是,在进行信息外形描述时主要从两个方面入手:一是要记录能反映同种性质载体的共同特点,即共性特征;二是要客观记录该信息载体独特之处,即个性特征。据此,我们可以将信息载体按其表现形式分为不同的类型,每种类型规定编目著录时应遵守的标准,即必须著录哪些要素,不必著录哪些要素。这些标准在信息载体一致的情况下,不分语种及受信息内容所属学科的限制。

如以纸张为载体的图书资料,其编目方法在世界范围内都遵守统一的标准,即 ISBD(International Standard Bibliographic Description)标准。它包括一个总则和九个分则。在总则中,它规定了书目著录就遵循的大原则及内容;而九个分则则针对不同的内容表现载体表现形式,结合该种载体的特殊情况,而分别在总则的指引下形成的具体化操作方案,它包括专著、连续出版物、舆图资料、非书资料、乐谱、古籍、分析著录、计算机文件、电子资源等九种情况。在 ISBD 的规定中,对这些载体必须标明名称(必备)、责任者、版次、载体形态、出版者、标准编号(如 ISBN、ISSN 等)等著录项目内容。除此之外,为了加强各语种间的可交换性以及计算机处理的方便性,还规定了标识符号、著录格式、著录级次等内容。但各种载体都有区别于它载体的特殊之处,于是在分则中成为必须著录的内容。如舆图资料,必须标注比例尺及经纬度区间;计算机文件则要注明其支撑系统、压缩方式、大小或载体尺寸等内容。

下图是以图书为例,说明手工阶段著录的结果。

```
TL25      激光分离同位素
 4        激光分离同位素/陈达明著.-北京:原子能出版社,1985
11000     117 页;18cm.-(核技术丛书/张家骅主编)
          CNY0.55
          I. 激… II. 陈… III. 主题词 IV. TL25
```

可以看出,手工阶段对藏品的著录是比较机械的,著录结构也是严谨的、全面的。计算机技术应用到信息组织工作中后,对手工操作带来很大的冲击,很快就被机器辅助所代替。

(2) 机器辅助阶段

MARC 是机器可读目录(MAchine Readable Catalogue)的英文缩写,简称机读目录,就是以代码形式和特定结构纪录在计算机存储介质上的、用计算机识别和阅读的目录。

MARC 由记录头标区、地址目次区、数据字段区和记录分隔符四部分构成。

① 记录头标区描述整个记录的基本参数,是为计算机准确处理一条记录而提供必不可少的参数。CNMARC 的记录头标区,固定长度为 24 个字符,包括记录长度、记录状态、执行代码、指示符长度、子字段标识符长度、数据起始地址、记录附加定义、地址目次区结构八个数据元素。

② 地址目次区由若干个目次项和末尾一个字段分隔符组成,为 12N+1 个长度。其中,N 为数据区中相对应的字段个数;12 是数据区中字段标识符(3 位)、数据字段长度(4 位)和起始字符位置(5 位)所占位数之和,为固定长度;1 是记录与记录间的分隔符占位。这种结构的引入,可以解决数据区记录长度浮动性而带来的不便于定位的问题,通过目次区可以快速准确地在文件中找到任何记录的任何数据。

③ 数据字段区由多个数据字段组成,实际记载著录数据,数据字段可能是定长或者是变长的。UNIMARC 与 CNMARC 包括功能块、字段、子字段或数据元素三个层次,而 CNMARC21 不设功能块。

④ MARC 记录的标识符号有字段标识符、子字段标识符、字段指示符、字段分隔符和记录分隔符。

在中国机读目录格式(CNMARC)中,机读记录的逻辑结构如图 6.3 所示。

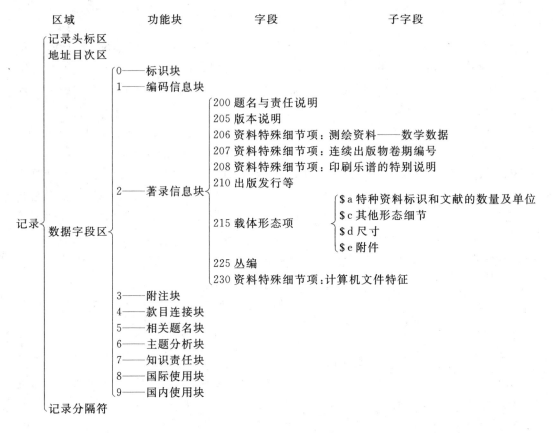

图 6.3 CNMARC 的逻辑结构

MARC 的整个框架和所设计的字段原来主要用于描述非数字化文献，数字化文献所具有的许多特点使原来的 MARC 不能适应，为使功能强大的 MARC 能在描述数字化文献方面发挥作用，就必须对 MARC 进行调整，这一调整过程经历了三个阶段，先是建立 MARC/CF（computer file）格式，即通过专门的 MARC 格式来描述计算机文件类资源，不过此时的重点是独立的、静态的、和本地的计算机文件；后来又建立了 MARC 的统一形式，通过一个格式来统一描述各种资料类型，它即可描述图书、连续出版物、档案与手稿、地图、乐谱视听资料、混合资料等，又可描述计算机，并对使用这些计算机文件的技术条件进行描述；接着进一步扩展 MARC 统一格式，如增加"电子资源地址与存取"（electronic location and access）等字段，专门描述网络化数字资源的特性。

MARC21 文本格式

Type：a	ELvl：3	Srce：d	Audn：	Ctrl：	Lang：eng
BLvl：m	Form：s	Conf：0	Biog：	MRec：	Ctry：xx
Cont：	GPub：	LitF：0	Indx：0		
Desc：	Ills：	Fest：0	DtSt：n	Dates：uuuu,uuuu	

006		m u
040	＃＃	N@F $ c N@F
082	04	025.04
082	04	005.742
245	00	Metadata Projects，Resources，Workshops. $ h [computer file]
516	＃＃	World Wide Web Resource
520	8＃	The Community Research and Development Information Service (CORDIS) features a collection of Web sites supplied by the European Commission about metadata projects，resources and workshops.
650	＃4	Web sites $ x Directories
650	＃4	Metadata
856	40	$ u http：//www.cordis.lu/libraries/en/metadata/metahome.html

MARC21 的 ISO2709 格式

00715nam 22001933 450
001001200000005001700012006001900029008004100048040001300089082001100102082001200113245006200125516002800187520019300215650002700408650001300435856006100448 9940　01200509-ocm45674352-20010524040721.0-m u -001115nuuuuuuuuxx s 000 0 eng d- aN@FcN@F-04a025.04-04a005.742-00aMetadata Projects，Resources，Workshops. h[computer file]- aWorld Wide Web Resource-8 aThe Community Research and Development Information Service (CORDIS) features a collection of Web sites supplied by the European Commission about metadata projects，resources and workshops.- 4aWeb sitesxDirectories- 4aMetadata-40uhttp：//www.cordis.lu/libraries/en/metadata/metahome.html- aC0bOIX-~

(3) 现代网络阶段

发展到网络阶段后，对信息描述的影响表现在两个方面：一方面是信息组织人员利用网络手段，加强地区、国家甚至全球信息组织与描述的合作，提高信息组织效率；第二个方面就是要不断应对大量涌现出来的网络电子信息资源，它们也面临描述以及内容揭示的问题。

与传统的信息资源比起来,网络信息资源出现了数量巨大而且变化更新迅速、交互性强、多媒体等新特点,这些特点导致对它们的描述必须突破传统的描述框架与思路而追求更快捷与高效的描述方法与方案。因为传统的 MARC 元数据方案结构严谨复杂、元素数量庞大,需要大量的人力进行编制与维护,已经不再适应新型网络信息资源的描述与组织。于是上述因素形成的矛盾,呼唤着一种新的、元素数量少而精、具有可扩展性、可选择性、可重复性、可修改性且制作维护简单方便、成本低廉、面向非专业化人员使用的元数据方案。

在这种情况下,国际上出现了一些针对网络资源的元数据方案,如 Dublin Core、IAFA Template、CDF、Web Collections 等。我们主要介绍一下应用广泛、影响比较大而且可移植性比较强的都柏林核心元素集方案。

都柏林核心元素集(Dublin Core Element Set)是一个致力于规范 Web 资源体系结构的国际性元数据解决方案,它定义了一个所有 Web 资源都应遵循的通用的核心标准,其内容较少,也比较通用,因此得到了其他相关标准的广泛支持。面向其他类型资源的元数据标准,基本上都兼容 Dublin Core 标准,并对它作了扩展。它已经成为 Internet 的正式标准 RFC2413 和美国国家信息标准 Z39.85。DC 具有简单明了、可扩展性强、支持语义互操作性、各行业与地区的广泛认同特点。

Dublin Core 规定了基于 Web 资源 15 个方面的元素:

① Title(题名):资源的名称;

② Creator(创建者):资源的创建者;

③ Subject(主题):资源的主题内容;

④ Description(描述):资源内容的描述信息;

⑤ Publisher(出版者):正式发布资源的实体;

⑥ Contributor(其他责任者):资源生存期中做出贡献的实体,除制作者/创作者之外的其他撰稿人和贡献者,如插图绘制者、编辑等;

⑦ Date(日期):资源生存周期中的一些重大日期;

⑧ Type(类型):资源所属的类别,包括种类、体裁、作品级别等描述性术语;

⑨ Format(格式):资源的物理或数字表现,可包括媒体类型或资源容量,可用于限定资源显示或操作所需要的软件、硬件或其他设备,容量表示数据所占的空间大小等;

⑩ Identifier(标识符):资源的惟一标识,如 URI(统一资源标识符)、URL(统一资源定位符)、DOI(数字对象标识符)、ISBN(国际标准书号)、ISSN(国际标准刊号)等;

⑪ Source(来源):资源的来源;

⑫ Language(语种):资源的语言类型;

⑬ Relation(关联):与其他资源的索引关系,用标识系统来标引参考的相关资源;

⑭ Coverage(覆盖范围):资源应用的范围,包括空间位置(地名或地理坐标)、时代(年代、日期或日期范围)或权限范围;

⑮ Rights(权限):使用资源的权限信息,它包括知识产权、著作权和各种拥有权。如果没有此项,则表明放弃上述权力。

通过上述 15 项可以看出,DC 元数据解决方案比较全面地概括了电子资源的主要特征,涵盖了资源的重要检索点(1,2,3 项)、辅助检索点或关联检索点(5,6,10,11,13 项),以及有价值的描述性信息(4,7,8,9,12,14,15 项);其次,它简洁和规范。这 15 个元素不仅可以用于电子文档,也适用于各类电子化的公务文档,以及产品、商品、藏品目录等,具有很高的实用性。

为了扩大 DC 元数据的内涵及应用范围,对上述元素的内容和语义需要在不改变元素本身含义的情况下进行进一步的限定或规范,这种限定或规范符号称为限定词。DC 的限定词主要分为三种类型:

① 语言限定(lang.),它是指元素值的描述元素的语言,并非所描述的信息资源本身的语言。

② 模式(scheme),指明元素值的确定要遵守已有或正在讨论中的一个体系框架中的合法值,如分类表、主题词或各类代码表。

③ 类型(type),指明元素值是何种类型的值,指定了给定元素的一个方面如 Creator 元素的个人名称、团体名称等属性。其目的是缩小模式的语义范围。它所定义的是元素的名称,而非元素的内容。

2000 年 7 月 DC 元数据项目小组正式推荐使用的限定词如表 6.2 所示。

表 6.2　DC 元素数据限定词

DCMES Element	Element Refinement(s)	Element Encoding Scheme(s)	说　明
Title	Alternative		替代标题
Subject		LCSH MeSH DDC LCC UDC	美国国会图书馆标题词表 医学图书馆主题词表 杜威十进分类表 国会图书馆分类表 国际十进分类表
Description	Table Of Contents Abstracts		
Date	Created Valid Available Issued Modified	DCMI Period W3C-DTF	DCMI 日期编码 W3C-DTF 日期编码
Type		DCMI Type Vocabulary	DCMI 资源类别名称
Format	Extent 资源范围 Medium 物理载体	IMT	Internet 资源格式名称
Identifier		URI	资源惟一标识符
Language		ISO 639-2 RFC 1766	ISO639-2 语种代码 RFC1766 语种代码

续表

DCMES Element	Element Refinement(s)	Element Encoding Scheme(s)	说　明
Relation	Is Version Of Has Version Is Replaced By Replaces Is Required By Requires Is Part Of Has Part Is Referenced By References Is Format Of Has Format	URI	使用 URI 描述关联资源
Coverage	Spatial 空间范围	DCMI Point ISO 3166 DCMI Box TGN	DCMI 空间坐标系统 ISO3166 国家名称代码 DCMI 地理区限描述体系 Getty 地理名称叙词表
	Temporal 时间范围	DCMI Period W3C-	DCMI 时间体系 W3C-DTF 时间编码体系

使用 DC 元数据方案，可以用于描述网页资源。

Title　　　　　　　　Metadata Projects，Resources，Workshops.
Identifier. URI　　　http：//www.cordis.lu/libraries/en/metadata/metahome.html
Type. OCLCg　　　Text data
Type. AACR2-gmd　［computer file］
Type. Note　　　　World Wide Web Resource
Description　　　　The Community Research and Development Information Service (CORDIS) features a collection of Web sites supplied by the European Commission about metadata projects, resources and workshops.
Language. ISO639-2　eng
Subject. class. DDC　025.04
ubject. class. DDC　005.742
Subject. topical　　　Web sites・Directories
Subject. topical　　　Metadata

用 HTML 描述 DC 记录，可以嵌入目前浏览器支持的网页源文件中，网络搜索工具就会搜索到它们：

〈meta name="DC.Title" content="Metadata Projects，Resources，Workshops."〉
〈meta name="DC.Description" content="The Community Research and Development Information Service (CORDIS) features a collection of Web sites supplied by the European Commission about metadata projects，resources and workshops."〉
〈meta name="DC.Identifier" scheme="URI"

content="http://www.cordis.lu/libraries/en/metadata/metahome.html">
〈meta name="DC.Language" scheme="ISO639-2" content="eng"〉
〈meta name="DC.Subject.class" scheme="DDC" content="025.04"〉
〈meta name="DC.Subject.class" scheme="DDC" content="005.742"〉
〈meta name="DC.Subject.topical" content="Web sites--Directories"〉
〈meta name="DC.Subject.topical" content="Metadata"〉
〈meta name="DC.Type" scheme="OCLCg" content="Text data"〉
〈meta name="DC.Type" scheme="AACR2-gmd" content="[computer file]"〉
〈meta name="DC.Type.Note" content="World Wide Web Resource"〉

用 XML/RDF 可以同时描述 DC 和 USMARC 的记录,这就从语义、句法以及结构 3 个层次上提供对元数据应用互操作性的支持。

〈? xml version="1.0"?〉
〈rdf:RDF xmlns:rdf="http://www.w3.org/1999/02/22-rdf-syntax-ns#"
　　　　　xmlns:dc="http://purl.org/dc/elements/1.0/"
　　　　　xmlns:dcq="http://purl.org/dc/qualifiers/1.0/"〉
　　　　　xmlns:marc="http://…"〉
{命名域声明}
〈rdf:Description about="http://www.cordis.lu/libraries/en/metadata/metahome.html"〉
　　〈dc:title〉Metadata Projects, Resources, Workshops.〈/dc:title〉
　　〈dc:description〉The Community Research and Development Information Service (CORDIS) features a collection of Web sites supplied by the European Commission about metadata projects, resources and workshops.〈/dc:description〉
　　〈dc:identifier〉http://www.cordis.lu/libraries/en/metadata/metahome.html〈/dc:identifier〉
　　〈dc:language〉eng〈/dc:language〉
　　〈dc:subject〉
　　　　〈rdf:Description〉
　　　　　　〈dcq:subjectQualifier〉class〈/dcq:subjectQualifier〉
　　　　　　〈rdf:value〉025.04〈/rdf:value〉
　　　　〈/rdf:Description〉
　　〈/dc:subject〉
　　〈dc:subject〉
　　　　〈rdf:Description〉
　　　　　　〈dcq:subjectQualifier〉class〈/dcq:subjectQualifier〉
　　　　　　〈rdf:value〉005.742〈/rdf:value〉
　　　　〈/rdf:Description〉
　　〈/dc:subject〉
　　〈dc:subject〉
　　　　〈rdf:Description〉
　　　　　　〈dcq:subjectQualifier〉topical〈/dcq:subjectQualifier〉
　　　　　　〈rdf:value〉Web sites--Directories〈/rdf:value〉
　　　　〈/rdf:Description〉

〈/dc：subject〉
〈dc：subject〉
　　〈rdf：Description〉
　　　　〈dcq：subjectQualifier〉topical〈/dcq：subjectQualifier〉
　　　　〈rdf：value〉Metadata〈/rdf：value〉
　　〈/rdf：Description〉
〈/dc：subject〉
〈dc：type〉Text data〈/dc：type〉
〈dc：type〉[computer file]〈/dc：type〉
〈dc：type〉World Wide Web Resource〈/dc：type〉
〈/rdf：Description〉

〈rdf：Description rdf：about="Metadata Projects, Resources, Workshops."〉
　　〈marc：marctype〉USMARC〈/marc：marctype〉{定义记录类型}
　　〈marc：recordtag〉00715nam 22001933 450〈/marc：recordtag〉{头标区}
　　〈marc：record〉{记录数据区开始}
　　　　〈rdf：Bag〉{RDF 容器}
　　　　　　〈rdf：li marc：datafieldcode="245"〉
　　　　　　　〈marc：datafield〉
　　　　　　　　〈rdf：Bag〉
　　　　　　　　　〈rdf：li marc：subdatafield="a"〉
　　　　　　　　　　rdf：value〉Metadata projects, resources, workshops〈/rdf：value〉
　　　　　　　　　〈/rdf：li〉
　　　　　　　　　〈rdf：li marc：subdatafield="h"〉
　　　　　　　　　　〈rdf：value〉[computer file]〈/rdf：value〉
　　　　　　　　　〈/rdf：li〉
　　　　　　　　〈/rdf：bag〉
　　　　　　　〈/rdf：datafield〉
　　　　　　〈/rdf：li〉
　　　　　　〈rdf：li marc：datafieldcode="516"〉
　　　　　　　〈marc：datafield〉
　　　　　　　　〈rdf：li marc：subdatafield="a"〉
　　　　　　　　　〈rdf：value〉World Wide Web Resource〈/rdf：value〉
　　　　　　　　〈/rdf：li〉
　　　　　　　〈/marc：datafield〉
　　　　　　〈/rdf：li〉
　　　　……
　　　　〈/rdf：Bag〉
　　　〈/rdf：record〉
〈/rdf：Description〉
〈/rdf：RDF〉

　　在上述例子中,还涉及了多个元数据方案的互操作性问题。因为在描述信息资源时所使用的元数据方案不同,在进行数据交换时就会出现互不兼容的现象,于是讨论不同元数据方案的互操作性,已经成为发展元数据的关键问题。

第三节 信息揭示

对信息的组织包括两方面的内容,一是对信息外在形态的描述,另一个重要工作就是对信息的内容进行揭示。一般来讲,信息揭示的结果也要在信息描述时被记录下来。但同信息描述相比,信息揭示工作显得更加复杂与艰难,最主要的原因在于信息组织加工人员必须首先要对欲揭示的信息进行理解,在理解的基础上提炼出其思想内容,并用一定的符号加以记录。对信息的理解依程度不同,要求也就不同,但要保证信息分析人员对信息所反映学科的熟悉,否则根本无法进行信息的揭示工作。

综合起来看,目前人们在对信息内容揭示时已经形成的基本成熟、科学的方法有两种,一种是分类的方法,一种是主题的方法。

3.1 分类方法

分类方法从其字面的含义理解,就是将事物分门别类的方法。这种管理事物的方法在汉代时期即已经明确出现,以刘向、刘歆的《七略》与《别录》为代表。虽然其原作已经失佚,但其内容可以在《汉书·艺文志》中找到。

信息资源分类的主要工具是分类法。其基本思想是:将人类所发现以及发明创造出来的知识以学科体系分而类之,构建出一个人类知识的地图总汇。待我们揭示信息的内容时,通过分析信息内容,在这个知识地图中标记出其位置。反过来看,通过了解某信息在知识地图中的位置,就可以明确其所处的学科体系、层次关系、内涵释义。换句话说,通过知识地图这个中介事物,间接地了解信息的内容,从而达到揭示信息的目的。

分类方法的关键在于两点,一是构建出知识分类地图;二是在此知识分类地图中找到信息的位置。

到目前为止,人类构建知识分类地图的方法有三种:等级列举式、分面组配式、列举组配式。其中,以等级列举方法应用最为广泛。世界中绝大多数分类法都是集合了部分分面组配思想的等级列举式分类法。

1. 等级列举式分类法

顾名思义,等级列举式分类法包含两方面的含义,一是等级,二是列举。将人类目前掌握的知识按照学科的体系进行学科部类的划分,在每一学科部类中再依据学科的内容特点逐级地、层层地列举其所包含的知识体系结构,直到认为适合实际工作需要为止。例如,中国的等级列举式分类法《中国图书馆图书分类法》将人类知识分为五大部类二十二大类:马克思主义、列宁主义、毛泽东思想;哲学;社会科学;自然科学;综合性知识。在将这些基本大类设定为类目的基础上,社会科学按政治、经济、文化的次序分列为九个基本大类,自然科学则按基础科学和应用科学分别设类的原则分列为十大类。这些大类序列如下:

A 马克思主义、列宁主义、毛泽东思想　　B 哲学、宗教
C 社会科学总论　　　　　　　　　　　　D 政治、法律
E 军事　　　　　　　　　　　　　　　　F 经济

G	文化、科学、教育、体育	H	语言、文字
I	文学	J	艺术
K	历史、地理		
N	自然科学总论	O	数理科学和化学
P	天文学、地理科学	Q	生物科学
R	医药卫生	S	农业科学
T	工业技术	U	交通运输
V	航空、航天	X	环境科学、安全科学
Z	综合性图书		

其中,我们以经济学科为例,剖析其如何以等级的原则列举经济知识,从而构建出经济学科的知识地图的。

F	经济
F0	经济学
F1	世界各国经济概况、经济史、经济地理
F2	经济计划与管理
F20	国民经济管理
F21	经济计划
F22	经济计算、经济数学方法
F23	会计
F239	审计
F24	劳动经济
F25	物资经济
F27	企业经济
F270	企业经济理论与方法
F271	企业体制
F272	企业计划与经营决策
F273	企业生产管理
F274	企业供销管理
F275	企业财务管理
F276	各种企业经济
F279	世界各国企业经济
F28	基本建设经济
F29	城市与市政经济
F3	农业经济
F4	工业经济
F49	信息产业经济(总论)
F5	交通运输经济
F59	旅游经济
F6	邮电经济

F7	贸易经济
F8	财政、金融

将人类掌握的所有学科都进行如此等级列举,并把结果整合起来,就形成了具有中国文化特色的等级列举式分类法,也就是我们所说的知识地图总汇。

在形成这个知识地图的过程中,涉及到了一系列的问题,比如前面所讲的类目体系结构如何设置、编号制度等重要问题。以上例为例,F23 和 F239 是同级类目,而单纯从编号角度来看,F239 是 F23 的下位类目。这主要是由于号源紧张,同级类目太多或者是要预留一些号码,留待以后类目体系不断庞大后使用。复分问题也非常重要,这是因为不少类目的进一步区分要使用相同的标准,并得到相同的子目。此时,分类表一般将这些共性子目抽出,单独编制成表,供有关类目进一步区分时共同使用。这些由共性子目构成,供某些类目共同使用的表,称为复分表。复分表按其使用范围,可以分为通用复分表和专类复分表两类。通用复分表是一种供整个分类体系中所有类目共同使用的表;专类复分表是一种只适用于某一基本大类或专门学科的复分表,一般设置于相应门类中。

F 813/817	各国财政
	依世界地区表分,再依下表分。
0	政策
1	财政制度、财政管理体制
2	预算、决算
3	财政收入和支出
32	税收
6	内债、外债
7	地方财政
9	财政史

在上例中,"世界地区表"就是通用复分表,供全部类目使用;而下面的类目即构成了专类复分表,只供"各国财政"类使用。

2. 分面组配式分类法

分面组配式分类法是一种依据分析兼综合的原则编制的分类法类型。这种分类法一改详细列类的思路,而采用简单概念组成复合类目的方式。它主要是为了克服等级列举式分类法体系庞大、类目不能及时反映学科发展的缺点而提出的。其基本思想是:任何复合主题,不管多么复杂,但都可以分解为相应的基本概念;同时,它们也可以通过相应基本概念的组合加以表达。因此,分类法不必详尽列举所有主题,而只要在类表中按照范畴列出各种基本概念,并分别配以相应号码;使用时,先分析标引对象的主题,根据主题分析的结果,通过相应概念类目的组配表达信息的主题内容,以这些类目的标识的组合,表示该主题在分类体系中的次序。

在文学类中,可根据美术作品标引涉及的特征,分解成以下分面,按范畴设置基本概念,并配以相应标记,形式如表 6.3 所示。

表 6.3 文学类分面例表

地区分面	体裁分面	时代分面	题材分面
E1 中国	D1 中国画	C1 古代	B1 人物
E2 朝鲜	D2 油画	C2 近代	B2 山水
E3 韩国	D3 水彩画	C3 现代	B3 花鸟
E4 日本	D4 素描	C4 当代	B4 静物
……	……	……	……

在使用分面组配方法揭示信息内容时,依据表中的基本概念进行组配,从而完整表达出信息内容。

虽然分面组配分类方法有很多优点,但在现实使用中基本没有被广泛应用,因为其不如等级列举式分类方法类目明晰,标引难度高,号码长。

3. 列举组配式分类法

列举组配式分类法是整合上述两种分类法的优点,在详尽列举类表的基础上,广泛采用各种组配方式的分类法,因此也被称为半分面分类法。

目前,世界上比较重要的等级列举式分类法主要有《杜威十进分类法》(Dewey Decimal Classification,简称 DDC)、《美国国会图书馆图书分类法》(Library of Congress Classification,简称 LCC)、《中国图书馆图书分类法》;比较重要的分面组配式分类法是《冒号分类法》(Colon Classification,简称 CC)、《布立斯书目分类法(二版)》(Bliss Bibliographic Classification,简称 BC2);有代表性的列举组配式分类法是《国际十进分类法》(Universal Decimal Classification,简称 UDC)、俄国的《图书馆书目分类法》等。

构建出知识分类地图后,就可以用此地图揭示信息的内容。最基本的做法是:首先要了解知识分类地图的内容与结构;其次是信息分析的过程,即理解信息的内容与主题,明确其所属学科与所讨论的问题;第三是在分类体系中找到反映其主题内容的类目,并记录下其编码,这相当于在地图中为它找到一个合适的位置。当信息需求者看到信息本身时,不用了解信息全部内容,而是根据所给号码,反求于知识地图,按照地图中号码所代表的学科类目,便了解了信息主题内容,而不用去浏览信息。因此,我们说分类方法是揭示信息内容的一种"中介性"方法。

网络信息资源大量出现后,使用分类的方法揭示信息内容也大量采用。其主要出现两种趋势,一是利用现有的分类体系,二是自编分类体系。

世界上现有著名分类法基本上都有被用于揭示与组织信息资源的案例。如 Canadian Information by Subject(加拿大国家图书馆)、BUBL Link、CyberDewey: A Hotlist of Internet Sites Organized Using Dewey Decimal Classification Codes 等 30 多个网站全都使用 DDC 作为其工具[①]。Worldwide resources Organised by UDC,德国网上资源的 GERHARD 等则利用了 UDC 分类体系。加拿大多伦多参考图书馆用于揭示与组织天文学资源的 Expanding Uni-

---

① Current use of classification schemes in existing search services. http://www.ub.lu.se/desire/radar/rporte/D3.2.3/f-2.html

verse 和 PICK(Quality Internet Resources in Library and Information Science)、Internet resources Arranged by the Library of Congress Classification System 等 20 多个网站则采用了 LCC 分类法。

网上资源更多地采用自编的分类体系,主要分三种情况:一是采用等级列举式分类思想组织网络信息资源,这种方法是被大多数网站采用的分类系统,如下列中的 YAHOO!。二是采用分面组配思想组织网络信息资源,如"中华网目"[①]就是如此。三是将科学、技术的各个学科、领域及其分支设为类目的学科分类法系统,这也是网络上经常采用的揭示网页信息内容的方法。

YAHOO! 的分类体系被认为是网络信息资源组织与揭示的典范。它将网络信息资源分为 14 个基本大类,每个大类下又分出若干小类。从其类目体系看,其立类基本反映了网络信息资源的现状与特点,从用户使用的角度出发,加强对热门主题对象与学科的关注。如果从信息分类理论角度来衡量这个分类体系,其存在的问题比较多,但其获得了广大网民的喜爱,非常实用。

娱乐　　　　　　　　　　　　**艺术与人文**
电影,音乐,时尚科技,酷站…　　文学,绘画,设计,博物馆…
休闲与生活　　　　　　　　　**电脑与因特网**
游戏,体育运动,旅游,汽车…　　软件,因特网,程序设计,安全…
商业与经济　　　　　　　　　**区域**
公司,金融投资,就业,交通…　　上海,北京,香港,美国…
健康与医药　　　　　　　　　**科学**
疾病,健身,中医,禽流感…　　　另类科学,工程,生态,太空…
新闻与媒体　　　　　　　　　**社会与文化**
电视,报纸,广播,杂志,气象…　宗教,饮食,个人网页,节目…
参考资料　　　　　　　　　　**社会科学**
图书馆,电话黄页,字典,邮政…　外语,经济学,心理学,社会学…
政府与政治　　　　　　　　　**教育**
中央,军事,法律,两岸关系…　　考试,留学,大专院校,中小学…

现时的网络分类体系,采用多重列类、重复反映的方式揭示类目,类目排列方式简便,并直接以直观性较强的语词组织信息,结合屏幕显示分类体系,修订迅速。但其也存在着许多问题,如类目设置缺乏规律性;类目归属存在不合理现象;同位类排列不能揭示相关性;横向关系揭示上存在不一致;部分类名不确切;分类规则有待完善;多重列类增加了列表中的类目数量,导致了过重的维护工作,也造成了用户思维的混淆;至上而下的扫描检索很耗时,还经常导致找不到资源。

3.2 主题方法

分类方法可以从学科角度揭示信息内容,但是由于一个主题内容可以分属于不同的学科,

[①] http://china-us.net/

因此在搜索某一主题信息时,就要从分类知识地图的多个部类中查找。如"企业信息化"主题内容,可以分属于经济、管理、工业技术、哲学、法律等多个大类。将一个主题内容的信息集中揭示,而且使用自然语言中文字语词的形式标识,不再使用符号助记的方式,可以大大方便用户的使用,也符合用户信息利用行为的习惯。这种方法就是主题的方法。

主题法是直接以表达主题内容的语词作检索标识、以字顺为主要检索途径,并通过参照系统等方法揭示词间关系的标引和检索信息资源的方法。它是除分类法外另一种从内容角度揭示信息内容的方法。

语词的使用方便了用户的查询,但是此时语词不能是随便选取的词汇,而应该是概念词。概念词与自然语言的词汇有时是一致的,有时是不一致的。一般来说,概念词全是经过人工控制的,所以也称为受控语言;而自然语言没有经过人工控制,因此也称之为非受控语言。相应地就有了受控主题法与非控主题法之分。

实际使用时,很少有完全的非受控语言,而全部使用严格的或相对严格的词汇。在网络资源检索时使用的搜索引擎,基本上是一个非控的自然语言方法,因此其检索效果不是非常良好。为了提高检索效率,使用控制词汇进行信息内容揭示就可以理解了。

主题法的类型按照选词方式的不同可以分为标题法、元词法、关键词法和叙词法四种;而按照其使用时组配的先后顺序,可以分为先组式主题法和后组式主题法两种。

1. 标题法

标题法是一种以标题词作为主题标识,以词表预先确定的组配方式标引和检索的主题方法。所谓的标题词,是指经过词汇控制,用来揭示信息内容的词或词组,通常为比较定型的事物名称。如"信息管理"、"信息存储和检索"等。

```
        Agricultural machinery ( May Subd Geog)
        [S671—S760.5]
  UF    Agriculture — Equipment and Supplies
        Crops — Machinery
        Farm machinery
  BT    Machinery
  RT    Farm — equipment
        Farm modernization
        Machine — Tractor stations
  SA    subdivision machinery under name of crops,
        e. g. Corn — Machinery
  NT    Agricultural implements
        Agricultural instruments
        ……
  —     Cost of operation
           UF Agricultural — Operation cost
  —     Dynamics
           BT Dynamics
  —     Electric equipment
           BT Electricity in agriculture
```

图 6.4　LCSH 片断

这种方式是一种在手工检索工具的基础上发展起来的一种按列举方式编制的主题法类

型,其除了直接选取自然语言中的单词和词组作为标识外,还大量采用了复分标题。

标题法属于一种先组式主题法,它将所有事物(知识)预先组配好,采用列举的方式加以展示,在揭示信息内容时,从列表中选择使用。虽然使用时方便,但是收词量过大、专指度不足、无法从多个角度揭示以及检索。

基于上述问题,标题法现在已经不常使用,只有美国国会图书馆制定的《美国国会图书馆标题表》(Library of Congress Subject Headings,简称 LCSH)因其编制机构的权威性而使用范围相对广泛一些。在揭示网络信息内容时,也偶见使用标题法的案例。

在图 6.4 中,[S671—S760.5]是美国国会图书馆图书分类法中的类号,UF 表示"代"的关系,BT 表示"属"的关系,RT 表示"相关参照"的关系,NT 表示"分"的关系,SA 表示的是"一般参照"。

2. 元词法

元词法是为克服标题法的不足而发展起来的一种主题法类型,它以元词作为主题标识,通过字面组配的方式表达信息内容的一种主题方法。所谓的元词,也称为单元词,是表达主题内容的最基本、最小的、字面上不能再分的语词。如"企业信息管理"要分解为"企业"、"信息"、"管理"三个单元词。

可以看出,元词法已经不再是一种先组式主题法,而是后组式主题法。它首先将信息内容分解为最小的词汇单元,在使用时将这些词汇单元再组配在一起,而不是预先就组配好。但是很明显的是,通过拆分成最小的词汇单元后,部分词汇并不能完全地、正确地揭示出信息内容。这是字面分解和语义概念分解不一致所导致的结果。

元词法是 20 世纪 50 年代初美国一些机构使用穿孔卡系统和卡片目录时采用的一种方式,后来随着信息技术以及信息揭示技术的不断发展而被淘汰了,现在已经看不到使用此方法揭示信息内容的案例。

3. 叙词法

叙词法出现于 20 世纪 50 年代末期,是认识到其他主题法的不足后,吸收它们的长处而发展起来的一种新型信息揭示语言类型。叙词法是以从自然语言中精选出来的、经过严格处理的语词作为信息内容标识,通过概念组配方式表达信息主题的主题法类型。所谓叙词,也称为主题词,是经过规范化处理的,以基本概念为基础的表达信息内容的词和词组。

可以看出,叙词法与其他主题法最大不同之处表现在:它不再使用单元词,而使用概念词或词组;它不是先组式主题法,而是后组式的主题法;它选取的词汇不是未加控制的,而是加以严格控制的;因其可以通过基本概念的组配来达到表达信息内容的目的,所以其体系也变得更小,表达信息内容也更加灵活。

虽然叙词法具有很多优点,但其缺点也是比较明显的:由于词汇控制要求严格,词表编制和管理的难度大,要花费大量人力、物力和财力资源;信息内容揭示须在概念分析的基础上进行,所以标引难度大,要求高。

叙词法是当前受控语言的主流。到目前为止,国外的叙词表数量不少于千种,我国的叙词表也超过了 130 种。[①] 当前国内使用最广泛的叙词表就是《汉语主题词表》。

因其属于控制严格的主题方法,所以在概念词的词形、词义和词间关系方面都要加以人工

---

① 马张华. 信息组织. 北京:清华大学出版社,2001

的控制。下面以图 6.5 和图 6.6 实例的方式展示一下叙词法词汇控制的手段与方式。

```
                    Yanlei Kuangchuang      ——汉语拼音
叙词 —— 盐类矿床 [37N]                    ——范畴号
                    Salt Deposit           ——英文对应词
代项 —— D 蒸发盐矿床                      ——非叙词
分项 —— F 钾盐矿床                        ——下位词
          石膏矿床
属项 —— S 非金属矿床                      ——上位词
族项 —— Z 矿床                            ——族首词
参项 —— C 沉积矿床                        ——相关词
          蒸发岩
```

图 6.5 《汉语主题词表》示例

```
叙词 —— CURRICULUM GUIDES       Jul. 1966 ——历史注释
          CIJE：678 RIE：9030 GC：730 ——《教育期刊现刊索引》(CIJU)
                                          《教育杂志》(RIE)的标引频率
范围注释 —— SN (Note：prior to Mar80, the thesaurus Carried the instructions,
          "'course outlines' or 'syllabus', use 'curriculum guides'")
代项 —— UF Fles guides (1967 1980) #      ——非叙词
分项 —— NT State Curriculum Guides        ——下位词
属项 —— BT Guides                         ——上位词
参项 —— RT Course content                 ——相关词
          Course description
          Curriculum
          Curriculum Development
          Curriculum Problems
          Learning Modules
          Lesson Plans
          Teaching Guides
```

图 6.6 《教育资源叙词表》(ERIC)示例

通过上面中英文两个不同的叙词款目示例,可以看出,对叙词的控制表现为四个方面:

(1) 词汇控制

词汇控制主要解决叙词的类型以及范围问题。一般来说,叙词全是名词或名词性词组,少量形容词也可以作为叙词。

(2) 词形控制

词形控制是指根据主题标引和检索的需要对语词形式及构成成分加以规定,以保证效果。如规定语词形体(繁简体、异体等)、规定外来语和数字用法、规定标点符号用法、规定词序、规定外文词形、规定词长等。

(3) 词义控制

它包括同义控制和词义控制两种情况。

同义控制主是对一义多词及含义相近或有联系,可以根据需要相互代替的语词之间的控制。一般选其中一个为叙词,另一个为非叙词。如上例中的"代"项,即用正式语代替非正式词。

词义控制对一义多词现象进行控制,包括对多义词、同形异义词以及词义含糊的语词等的处理,一般采用在叙词后加限义词或加注的方式解决。如 ERIC 例中的"范围注释"。

(4) 词间关系控制

词间关系是为了显示按字顺排列的叙词间的内在联系而建立的叙词间关系,它把孤立的叙词联系起来,建立了一张"隐形"的叙词概念关系网。因此,有人也认为叙词表是一部隐形的分类体系。

总的来说,叙词的词间关系有三种:等同关系、等级关系、相关关系。

等同关系亦叫同一关系、用代关系,是叙词与含义相近或相同,可以相互替代的语词之间的关系。汉语中使用"Y""D"两种符号表示。"Y"由非正式叙词指向正式叙词,"D"则由正式叙词指向非正式叙词。英语中相对应地使用"USE""UF"表示。它是同义控制的一种手段。

等级关系是指上位概念叙词与下位概念叙词之间的一种关系,也称为属分关系、族关系。汉语中使用"F""S""Z"三种符号。"F"由上位词指向下位词,"S"由下位词指向上位词,"Z"为族首词符号,表示该项主题词为族首词。英文中相对应地使用"NT""BT""TT"来表示。

相关关系亦称为类缘关系,是叙词之间除等同关系、等级关系之外语义相关的一种关系。一般来说,语义相关的词汇在概念上没有替代、上下位关系,但在应用、理解等方面可以互相参考,从而达到扩大检索范围、提示检索思路的作用。中文中使用"C"来表示,英文中使用"RT"来表示。在使用"百度""Google"等搜索引擎的关键词搜索时,一般会在显示结果页面下方或上方提供出与输入关键词在字面上相关的词汇,它们可以认为相关关系。

4. 关键词法

关键词法的出现是对主题法传统思想的一种变革,它反映了信息揭示与检索手段与方法的趋势。上述三种主题方法全是受控语言法,而关键词法则基本上属于非受控语言。它不再采用严加控制的词汇表现形式,而直接采用自然语言来揭示信息内容。这也更加体现出"以用户为中心"的信息管理工作的宗旨。

关键词法是为了适应目录索引编制过程自动化的需要而产生的,它是将信息原来所用的,能描述其主题概念的具有实质意义的词抽出,不加规范或只作极少量的规范化处理,按字顺排列,以提供检索途径的方法。

所以,使用关键词法揭示信息内容时,可以使用自己想用的任何词汇,而不用考虑词汇多重含义以及词形等因素。而在实际操作中,一般要做少量的规范化要求,比如规定从信息创作者本人使用的词汇中抽取关键词,抽词范围规定在标题中、在文摘中、在全文中等。

网络信息资源的揭示与组织大多采用这种方法,如各大搜索引擎的主题检索途径,要求用户任意输入关键词后,它再到包含此关键词的网页中找出符合要求的网页或文件资源。因其宽泛化的要求,导致信息检索的效率受到了极大的影响。

但是,也有一些网络信息资源是采用即有的主题法来组织的。如采用 LCSH 的系统有 INFOMINE(University of California,Riverside)、MavWeb(University of Texas at Arlington Library)等,采用 MeSH 的有 Alphabetical List of NLM Sections (OMNI-Organising Medical Networked Inforamtion)、CliniWeb Browse (Oregon Health Sciences University Library)等。

现代信息检索要求用户查找的方便性,准确性;但使用关键词法不能或很难达到这种效果。而使用叙词法会对用户提出很高的要求,在现实中是不真实的。因此就要寻找两者的结合点,既要使终端的用户利用起来方便,又要保证在起始端的信息揭示与组织中严格按照概念词来进行,以提高用户查询的效率。一般认为这种方法就是后控技术,即后台控制技术。用户不用考虑其所想检索的信息是如何揭示以及组织的,而使用其想使用的词汇提出检索要求,此时在后台有一个类似于"中介转换词典"的数据库,它将用户所使用的词汇转换成严格控制的叙词,再将此叙词放到严格使用叙词法组织好的数据库中进行匹配检索,查到结果后向用户输出。通过后控技术,既方便了用户,又提高了检索效率。但由于其技术的复杂性,现在使用此技术的信息检索系统并不多见。

第四节 信 息 存 储

信息存储是指对经过描述与揭示后的信息按照一定的格式与顺序进行科学有序的存放、保管于特定的载体中,以便查找、定位和检索信息的过程。它包括三层含义:一是将所采集的信息,按照一定规则,记录在相应的信息载体上;二是将这些信息载体,按照一定的特征和内容性质组成系统有序的,可供自己或他人检索的集合体;三是应用计算机等先进的技术和手段,提高信息存储的效率和信息利用水平。其中第一层含义就是上边所讲的信息描述与揭示,因此这里所讲的信息存储主要指后两点。

从企业信息管理的角度来看,它的作用主要表现为:在企业或组织需要信息的时候,能够及时地获取这些信息,并经加工处理后为控制、管理与决策服务;存储的信息可供企业或组织的全体人员共享,并可以重复使用,提高信息的利用率;信息的历史性特点也要求将信息予以保存,以便从同一事物不同历史阶段的信息中分析、探讨该事物的发展规律,供管理决策时使用。

信息的存放与保管必须依托在一定的载体之上。从人类信息存储介质的发展历史来看,它经历了纸张、缩微平片、磁介质、光介质四个阶段。从信息技术的发展角度来看,如果以网络技术的出现为分界,可以将信息存储分为传统时期与网络时期两个阶段。

4.1 传统时期信息存储方法

在传统印刷型媒体阶段,人们经常采用分类存储法与主题存储法两种方法来进行信息的存储。为了更加高效地组织信息,还辅之以其他次要方法,如字顺存储法、时空存储法、号码存储法等。

1. 分类存储法

分类存储法是依据分类法的要求,依据信息内容给每一个信息进行学科的归类,并给予一个代表其学科内容的类号。在组织信息时,依据这个类号进行排列。这种方法历史最悠久,是对知识分类体系的反映。

2. 主题存储法

主题存储法则与分类存储方法不同,它不是从学科的角度出发考虑信息的存储问题,而是从概念的角度出发,将位于不同学科的、表达相同或相近概念的信息统一在一起。而这个概念则是词或词组,没有歧义性。所以说,这两种方法相辅相成。将表达信息内容的概念再根据一定的规则排列起来,以便于人们的查找与组织,就是主题存储法。

3. 字顺存储法

字顺存储法是一种信息存储的辅助方法。它一般不能独立使用来用于存放信息。如分类号或概念依据英文字母或汉语拼音的顺序,把它们组织排列起来,就是使用了字顺法。国外也称之为"字典法"。

4. 时空存储法

时空存储法也是一种信息存储的辅助方法。它是按照时间和空间的要求,将信息加以组织。如某年鉴、报纸、年度统计报告等,就要按照年代的顺序加以组织存储;再如地方志等,就要以地理名称为依据加以组织存储。

5. 号码存储法

号码存储法是一种信息存储的辅助方法。它是按照信息被赋予的号码次序或大小顺序排列存储的方法。如标准信息、专利信息等。

4.2 网络时期信息存储方法

随着计算机与网络技术的发展,网络信息的组织因其表现及生成方法与传统信息资源不一致,所以出现了一些新型的信息组织方法。

1. 超媒体组织方法

超媒体技术是超文本与多媒体技术的结合,它是将文字、图表、声音、图像、视频等多媒体信息以超文本方式组织起来,使人们可以通过高度链接的网络结构在各种信息库中自由航行,找到所需要的任何媒体的信息。我们人的思维方式是跳跃式、非线性的,而不是像传统信息组织的直线性方式,所以说,这种组织方法更加符合人们的思维习惯。

2. 主题树方法

主题树方式就是将信息资源按照某种事先确定的概念体系结构,分门别类地逐层加以组织,用户通过浏览的方式逐层加以选择,层层遍历,直到找到所要的信息线索,并通过信息线索直接找到相应的网络信息资源。这种主题树的方式类似于传统的分类组织方法,所不同的是传统的分类组织方法更加严谨、科学、规范,它面向学科;而网络主题树方式则面向网络信息类型,更多地反映了人们所关注的社会信息,具有片面性、实用性、缺乏科学性;其用词也不是很规范;揭示的信息因为更新太快,有时可用性差。

3. 数据库方法

数据库方法主要是针对已经结构化了的二次信息的组织方法,它将事物对象的共同属性抽取出来作为数据库的字段,众多字段共同说明事物对象的特征。每个对象的多方面特征描述(字段)构成一条完整的记录,众多记录(对象)形成一个数据库文件。而数据库文件的组织方法又由计算机根据文件组织的方法加以管理。

4. 自由文本方法

这个方法主要用于全文数据库的组织,是对非结构化的文本信息进行组织和处理的一种方式。全文数据库是用自然语言揭示知识单元,根据全文情况直接设置检索点。它明显不同于二次信息的数据库组织方法。

5. 文件方法

文件是计算机保存与处理结果的基本单位,数据在计算机中全是以文件的形式保存的。

它以其操作简单方便,更适应于非结构化信息(如图形、图像、图表、声音等)的处理,而被大量运用到网络信息资源的组织方法中来。如 FTP 的协议和服务,就是帮助人们利用以文件方式组织的信息资源的。

6. 网络信息指引库

所谓网络信息指引库是指所建立的数据库,从物理上讲并不存储各种实际的信息资源,它存放的是有关主题的数据库或服务器的地址等信息,可指引用户到特定的地址获取所需的信息。因为它更多地是从学科的角度来组织存储信息,所以有时也称之为"学科导航"。如图 6.7 所示,专业指引库类似于网上专业搜索引擎,它将因特网上与某主题相关的站点进行集中,按照方便用户检索的原则,以用户熟悉的方法组织起来,向用户提供这些资源的分布情况,指导用户查找。如图书馆的网页,它们以字母顺序、时间顺序、地理区域、主题或混合方式排列资源。指引库中的资源通常是经过评估的资料,信息质量有很大的保障,经常是关于某一领域的比较权威的信息,并且是针对某一特定用户群的。但是它也有其不足之处,如只提供有限的检索点,用户界面也较差,而且这些网页的建立和维护完全依赖于不足的、昂贵的人力资源,这样的数据库也极少是综合性的,等等。

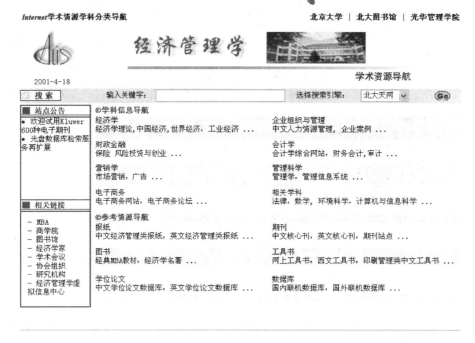

图 6.7 北京大学图书馆"经济管理学"网络信息指引库

在上述几种方法中,主题树方法、网络信息指引库与数据库方法属于针对二次信息的信息存储方法,而超媒体方法、自由文本方法与文件方法更适用于非结构化的一次信息的存储。

参 考 文 献

[1] Dempsey, Lorcan and Herry, Rachel. Metadata: a current view of practice and issues. The Journal of Documentation, 1998, 54(2)

[2] Gilliland-Swetland, Anne J. Defining metadata. In: Baca, Murtha, ed. Introduction to metadata: pathways to digital information. U.S.A.: Getty Information Institute, 1998

[3] 李国辉等. 信息组织与检索. 北京: 科学出版社, 2003

[4] 周宁. 信息组织. 武汉: 武汉大学出版社, 2001

[5] 张晓林. 元数据研究与应用. 北京: 北京图书馆出版社, 2002

[6] 段明莲. 文献信息资源编目. 北京: 北京大学出版社, 2000

[7] 马张华. 信息组织. 北京: 清华大学出版社, 2001

[8] 冷伏海. 信息组织概论. 北京: 科学出版社, 2003

[9] 袁莉, 张晓林. 数字图像的元数据格式. 大学图书馆学报, 2001(2): 27~30, 41

[10] 赵慧勤. 相关元数据比较研究. 情报科学, 2002(5): 543~545, 560

[11] 萨师煊, 王珊. 数据库系统概论(第三版). 北京: 高等教育出版社, 2000

[12] 杨善林, 刘业政. 管理信息学. 北京: 高等教育出版社, 2003

[13] W3C metadata. http://www.w3.org/Metadata/

[14] Dublin Core Metadata Initiative. http://purl.oclc.org/dc/

[15] Visual Resources Association. VRA Core Categories. http://www.gsd.harvard.edu/~staffaw3/vra/coreinfopage.htm

思 考 题

1. 什么是信息组织? 为什么要进行信息组织?
2. 什么是元数据? 元数据有哪几种主要类型? 元数据具有哪些功能? 元数据的结构是怎样的?
3. 如何从信息表现形式与载体形态两个角度分别描述不同类型的信息的外在特征? 描述的方法主要有哪些? 在不同的信息载体发展阶段, 人们所使用的描述方法产生了哪些变化?
4. 如何揭示信息的内在特征? 揭示的方法主要有哪些? 它们有哪些区别?
5. 网络信息资源的描述与揭示对传统方法提出了哪些挑战? 如何描述与揭示网络信息资源?
6. 传统与现代时期的信息存储方法各有哪些? 发生了什么样的变化?

第七章 信息分析

内容提要

　　信息分析是信息管理工作的关键环节。本章首先从信息分析的概念与功能的角度出发,讨论了信息分析的主要方法,并重点讲解了统计分析方法、联机分析技术和竞争分析三种信息分析常用方法。在竞争分析中,以定标比超、SWOT 分析、专利情报分析、财务分析方法为代表,介绍了它们的具体内容与分析步骤。

学习要点

1. 信息分析的概念及其在信息管理中的作用
2. 信息分析的主要方法
3. 统计分析法的主要内容
4. 联机分析技术
5. 竞争分析的主要内容及方法
6. 定标比超、SWOT 方法、专利情报分析及财务分析法的内容

第七章　信　息　分　析

信息分析是信息组织过程中必不可少的重要一环,在这一过程中,信息的加工与组织将会得以深化,为信息的利用提供更高层次的保障。

第一节　信息分析概述

信息分析是通过已知信息揭示客观事物的运动规律的过程。信息分析的主要任务就是运用科学的理论、方法和手段,在对大量的(通常是零散、杂乱无章的)信息进行搜集、加工整理与价值评价的基础上,透过由各种关系交织而成的错综复杂的表面现象,把握其内容本质,从而获取对客观事物运动规律的认识。信息分析主要包括:课题选择,信息搜集,信息整理、评价与分析,产品制作、评价和利用等过程。

当前,信息分析工作大致可分为决策研究(主要是为各级政府机构进行科技政策、发展战略研究及专题调研等)、咨询服务(多半是为企业提供市场咨询、技术咨询和决策咨询等,即属于竞争情报研究的范畴)及编译报道等三个方面。在形式上,前两种或以研究报告和参考资料、或以咨询建议书的形式提供给用户;而编译报道则多半以期刊的形式向用户发行。

1.1　信息分析的基本功能

信息分析对其所研究的对象来说具有整理、评价、预测和反馈四项基本功能。
(1) 整理功能:对信息进行搜集、组织,使之由无序变为有序;
(2) 评价功能:对信息价值进行评价,以去粗取精、去伪存真、辨新、权重、评价、荐优;
(3) 预测功能:通过对已知信息内容的分析获取未知或未来信息;
(4) 反馈功能:根据用户的实际消费效果对预测结论进行审议、评价、修改和补充。

一般来说,这四项基本功能是密切相关的。信息整理和评价是信息分析的两项基本性功能,是为预测和反馈功能的实现做准备的;预测和反馈是信息分析的两项特征性功能,是信息整理和评价功能的进一步拓展和延伸。

1.2　信息分析的主要方法

信息分析方法是进行信息分析的工具,是实现信息分析工作目标的手段。由于信息分析是一门社会科学和自然科学交叉的综合性学科,其方法有的源于一般科学,如系统科学、数学、思维科学等,有的是信息学专有的方法,如信息计量学方法、引文分析方法、信息组织方法等。因此,信息分析方法是多种方法深化融合而成的。这些特点决定了它所采用的方法具有通用性和广泛性。基本上通常采用的信息分析方法有:比较法、分析综合方法、推理法、专家调查法、计量法、层次分析法、回归分析法、时间序列分析法等。

1. 比较法

有了比较才有鉴别,判断一个信息的准确,分析一条信息价值的高低优劣,首先用到的就是比较法。比较是人类认识客观事物、揭示客观事物发展变化规律的一种基本方法。它是对照各个事物,以确定其间差异点和共同点的逻辑方法。比较法应用的范围可大可小,大到决策方案,小到只言片语,都可用比较法加以研究。比较可以发现问题、提出问题、推动研究发展。比较常常是分析、综合、推理研究的基础,也是信息调研工作中最常规的和基本的一种方法。

比较法适用对象广泛,常见的有:国家或公司的水平、能力、技术发展特点的比较;某一学科或专业知识与技术发展的历史和现状的比较;市场销路的比较;决策方案的比较等。总的来说,通过各方面信息的分析,可以总结经验教训,对比水平、速度,了解薄弱环节,确立发展方向,寻找最佳方案和改进措施。

2. 分析综合法

分析就是把客观事物整体按照研究目的的需要分解为各个要素及其关系,并根据事物之间或事物内部各要素之间的特定关系,通过由此及彼、由表及里的研究,达到认识事物的目的的一种逻辑方法。分析通常采用的步骤是:明确分析的目的;将事物分解为若干个相对独立的要素;分别考察和研究各个事物以及构成事物整体的各个要素的特点;探明各个事物以及构成事物整体的各个要素之间的相互关系,并进而研究这些关系的性质、表现形式、在事物发展变化中的地位和作用等。它具体还包括因果分析、表象和本质分析、相关分析、典型分析等方法。

综合是同分析相对立的一种方法。它是指人们在思维过程中将与研究对象有关的片面、分散、众多的各个要素联结起来考虑,以从错综复杂的现象中探索它们之间的相互关系,从整体的角度把握事物的本质和规律,通观事物发展的全貌和全过程,获得新知识、新结论的一种逻辑方法。它的基本步骤是:明确综合的目的;把握被分析出来的研究对象的各个要素;确定各个要素的有机联系形式;从事物整体的角度把握事物的本质规律,从而获得新的知识的结论。它具体包括简单综合、系统综合和分析综合三个类型。

3. 推理法

推理是由一个或几个已知的判断推出一个新判断的思维形式。就是在掌握一定的已知事实、数据或因素相关性的基础上,通过因果关系或其他相关关系顺次、逐步地推论,最终得出新结论的一种逻辑方法。任何推理都包括前提、结论和推理过程三个要素。在信息分析中,经常采用的信息推理主要有常规推理、归纳推理、假言推理三种形式。

4. 专家调查法

专家调查法是在调查题目确定后选定要调查的专家名单,然后将调查提纲以及背景材料等分别寄给被调查的专家本人,由每个专家对调查的问题,经过研究后,按提纲要求用书面形式做出回答。调查组织者收齐专家们的意见后,将他们的回答综合归纳起来,进行初步的统计处理,然后再匿名分别寄给各位专家,并请各位专家在这些意见的基础上审核,补充或修改自己的意见,并以书面形式做出第二次回答。调查组织者可根据第二次意见统计,汇总出最后的结论。如果问题复杂,也可以反复多次,使结论更加明确和集中。一般经过3～4个循环就可以得出预测结果。这种方法有一些明显的优点:被调查人有比较充实的时间去收集信息、查阅资料,对所回答的问题能做细微的研究,可以通过阅读前次调查的结果,了解别人的意见,启发自己的认识,修改与完善自己的观点。而且由于匿名介绍别人观点,故考虑问题时不受知名专家学者的意见或领导意图等束缚,便于敞开思想,独立思考,出现对立性观点时,能避免冲突。由于回答问题尽量表格化,因而可以把一般定性问题用定量的方法处理。这种方法在国内外已经广泛用于军事、科技、人口、管理等方面的研究分析之中。专家调查方法主要有德尔菲法、头脑风暴法和交叉影响分析法三种类型。

信息分析方法多种多样,在实际工作中可以根据不同的内容要求,不同的使用范围来确定一种或几种具体的分析方法。通常情况下,不能仅仅使用单一的方法,而应该多种方法并举,以实现信息分析的目的,达到信息分析的要求。下面将重点介绍几种在信息分析中常用的通用方法。

第二节 信息统计分析

　　信息统计分析方法是利用统计学方法对信息进行统计分析,以数据来描述和揭示信息的数量特征和变化规律,从而达到一定研究目的的一种分析研究方法。
　　统计分析法作为其分析方法的一种,主要是一种收敛性思维的、从整体上的、定量的分析方法。收敛性思维是按一定规则的归纳或演绎,是解决常规问题的基本思维方式,如逻辑推理、数学演算等。其特征是依据可靠的程序,一步一步地加以解决。而定量化趋势是二次世界大战后社会科学发展的最主要的特征之一。用统计学中的方法对信息进行分析,是一种形式化的信息挖掘。当然这种形式化,可以在文字内容层面、也可以在信息的网络结构层面进行。

2.1 统计分析方法的重要原则

　　1. 定量与定性相结合
　　定量化方法的应用是有一定限度的,通过运算得到的结果,有时是通过常理不能解释的。例如,某超市对大量顾客的购买信息进行了详细的统计分析后发现,许多年轻的男性顾客在买啤酒的同时购买了婴儿的尿布。因此,科学方法的运用趋势从定性走向定量,又要在更高层次上作定量到定性的回归。
　　在信息分析过程中,应当坚持定性分析与定量研究相结合,把两者有机地结合起来。事实上,在一项研究工作中,定性与定量是相辅相成,缺一不可的。定量研究为信息研究提供数量依据,侧重于数学模型的建立和求解;定性分析把握信息研究的重心和方向,侧重于物理模型的建立和数据意义的阐述。
　　其实,定性与定量的结合,不仅仅在于通常意义下的定性与定量相结合的具体方法,而且还在于强调一种系统思维的研究方式。定性与定量相结合的实质,是把理论和经验、逻辑和非逻辑、人的智慧和现代化研究工具结合起来。
　　2. 个体与整体相结合
　　个体与整体之争,是由于强调自然科学与社会科学研究对象的不同特征而引发出来的。通常情况下,自然科学忽略个体的差别,较易从个别推知一般;而社会科学则侧重个体的差别,认为每个人的存在都是不可置换的。
　　信息统计方法作为自然科学与社会科学的交叉分析方法,其研究对象也必然身兼二性,既有自然科学的性质,又有社会科学的性质。因此,我们既要用对待个体的方法研究信息活动中用户、信息工作者的个人行为,又要用整体的观点,从整体上把握信息活动全过程。

2.2 信息统计方法的发展趋势

　　在分析方法上,信息过程从定性描述逐步过渡到定量描述。研究信息系统整体功能和价值,必须运用数量分析方法。以往信息分析多运用静态分析方法,处于"用图表来加以说明的阶段",即使有一些统计数字描述,也仅仅是初级的,一般没有超出算术统计的范围。

近几年来,利用数量上的统计分析方法开展信息分析的研究逐渐增多,主要反映在以下几个方面:

(1) 运用数学原理和统计学方法,对有关数据进行数量分析,如探讨文献统计规律的理论,引文分析定量化研究,信息工作的经济效益分析,文献管理的优化问题,以及信息用户调查研究等。

(2) 建立数学模型,对过程进行模拟研究,如从抽象化角度对某些信息学概念、信息过程分析运用了数学描述,信息检索理论中运用数理方法建立检索数学模型;信息分析预测中运用回归分析、模型法开展一些定量研究。

(3) 利用电子计算机系统收集、整理、存储各类信息学研究数据、资料。

(4) 运用数理方法论证、修改已有的信息学定律、公式、模型等。

2.3 信息分析统计法的一般过程

信息统计是信息研究的基础工作,运用信息统计分析方法可以反映信息的增长变化、分布特征、流通状况、利用程度,为组织的信息管理和决策提供依据。

一般来说,统计信息中的数据主要来源于:① 各种类型的书目、索引、文摘、期刊及其他出版物;② 与信息利用情况有关的用户资料;③ 收集来的网络信息资源;④ 通过专门途径上报的信息等等。

在进行信息统计分析时,它主要可以进行以对各种各样的专题信息进行统计与分析、文献资源内容的统计与分析、引证关系的统计与分析、信息用户的统计与分析、信息利用情况的统计与分析等等为主要内容的分析。

统计分析时一般遵循三个步骤:① 统计调查:搜集研究对象的原始数据,数据必须准确可靠;② 统计整理:对统计数据进行分门别类的加工整理,包括对统计数据进行必要的计算,根据一定的规则排序,并用统计表或统计图的形式表示出来;③ 统计分析:包括对统计数据的结论分析和误差分析,前者是以统计数据为依据分析判断其相应的规律性的结论,后者是对结果的准确性和精确度进行分析。

2.4 相关分析方法

所谓事物之间的相关是指事物的发展变化会引起另一事物的发展变化,是事物之间相互关系的一种变化过程。因此,相关分析法就是在掌握一定的数据和事物之间相关性的基础上,通过特定的一些相关关系的定性或定量分析进行逻辑推理的一种信息研究方法。

由于事物的联系是普遍存在着的,在信息研究中,常常利用相关分析,由已知信息来推知未知信息。按事物之间的联系方式,相关分析方法可分为因果相关、伴随相关、并列相关、包容相关等。从理论渊源上看,它是一种逻辑思维方式。

现在人们追求使用定量的方法来判断事物的相关性,向量空间模型为我们进行相关性分析提供了良好的基础,它可以实现信息的自动分类。诚然,不同的领域可以使用不同的计算方法,如在生物信息分析中,通过大量统计生物体内基因序列的相似或差异程度,可以实现生物在进化上的分类。

2.5 基于内容挖掘的信息统计与计量分析

统计学更深入地与信息分析结合,产生了信息计量学(Informetrics)。"信息计量学"的概念是由德国昂·纳克(O. Nacke)于1929年在德国的《文献工作通报》上首次提出的。它是数学、统计学与信息学广泛结合而形成的一个新的分支学科。它的主要内容是应用数学方法分析,从定量的角度分析和研究信息的动态特性,并找出其中的内在规律。

1980年初,日本化学工业社组织社会工业与科技界人士,展望80年代化学工业的前景。日本科学技术信息中心信息部的小森隆,就与众不同地采用信息统计计量方法,完成了这一调研任务。他以JOIS-S理工数据库中的622405篇文献为来源资料,计数这些文献中出现的"塑料"、"橡胶"、"纤维"等关键词的频次。根据这些关键词的出现频率,小森隆断言80年代聚酯纤维仍将有压倒一切的优势,而醋酸纤维则越来越受冷落。这一信息统计计量方法的研究结论,通过与世界合成纤维生产量的实际统计表比较,证实了出现于文献中的各种纤维的词频,是反映实际情况的,聚酯纤维产量比重之大与其词频之多是对应的。由此可见,从信息统计计量方法取得的研究结果,完全可以正确地反映客观趋势,堪与其他研究方法相媲美,可誉为信息分析研究人员所特有的一种研究方法。

在进行信息统计与计量分析时需要注意的几点:

1. 词频分布规律

在统计词频时,并不是词频越高重要性越强。像一些"的、一、不、在、人、有、是、为、以、把、那、你、乃、它"等助词、虚词,出现的频率相当的高,但没有什么实际意义,在微软的全文检索系统中将它们列为停用词。一般来说,中频词更为关键。齐普夫定律能够证明这个问题。1967年A. D. 布思(Booth)提出了新的数学解析式,更为词频的分布规律作出了贡献。

2. 信息分布的离散定律

科学论文在科技期刊中的分布是不均匀的,少数期刊中"拥挤"着大量的论文,大量的期刊中"稀释"着少量的论文。1934年,英国信息学家S.C.布拉德福(Bradford)明确地指出这种倾向。他写道:"对某一主题而言,将科学期刊按刊登相关论文减少的顺序排列时,可以划分对该主题最有贡献的核心区,以及含有与该区域论文数量相同的几个区域。每个区域里的期刊数量成$1:n:n^2:\cdots\cdots$",这就是为后人所称道的布拉德福定律。半个多世纪以来,布拉德福定律沿着所谓区域法和图像法发展。在区域法中做出贡献的是F. F. 莱姆库勒(Leimkuh-ler)所建立的布拉德福分布;在图像法的代表中,质量最好的是1977年前苏联信息学家斯马里柯夫建立的统一方程式。

2.6 基于结构挖掘的信息统计与引文分析法

在信息分析的统计与计量中,有一个越来越为人们所瞩目的分析技术——引文分析。

引文分析方法,就是利用各种数学及统计学的方法进行比较、归纳、抽象、概括等的逻辑方法,对科学期刊、论文、著者等分析对象的引用和被引用现象进行分析,以揭示其数量特征和内在规律的一种信息计量研究方法。

引文分析可以由表及里地探索事物的结构和规律。有时信息资源所反映的内容,对研究任务来说不是隐蔽的,就是难得要领的(仅指其对特定信息研究而言)。当其他研究方法不能奏效时,引文分析有可能建立奇功。引文分析法作为信息研究的一种方法,有其他方法的绝对不可替代性，有其他方法所不能之功效。

引文分析方法的数学基础同样是概率论与数理统计。它使用了概率分布、抽样统计、样本与总体的关系等基本的统计数学原理。它有时直接对总体进行分析，也常常采用抽样的方法，用样本的特征代表总体的特征，通过样本内或样本之间的特征比较，得出总体的结论（引文评价）；或通过样本内部文献引用关系的分析，推断总体内部的文献引用关系，进而推断知识转移关系和学科、主题之间的关系（引文网状分析）。

引文分析方法也有其很大的局限性，是由其所依据的数学基础所决定的。对引文分析方法产生影响的因素主要包括引用文献的虚假关系的影响、文献被引用并不完全等于重要、马太效应的影响等。

一般来说，对科学期刊进行引文分析时常用的测度指标有五种：即自引率、被自引率、影响因子、引证率与当年指标。在对专业和学科结构进行研究时，除用引证率外，还可用引文耦合和同被引等测度指标。

信息与知识总是以网状关系的形式存在的，互联网的发展与超文本、超链接技术，正是为它们的展示提供了合适的表达平台。然而面对茫茫网海，怎样才能分析出与我们的需求最相关的、最重要的信息呢？

现在，世界上最有效的网络搜索引擎 Google，将超文本中的超链接看作一种相互引用的关系，利用引文分析方法与计算机超级计算能力，为我们提供解决方案。Google 认为，网页之所以存在这种关系，是因为被引用次数高的网页，具有较高的利用价值。在网络中，每个网页被看作是网状结构的一个结点，据网页被链接等情况构造矩阵，再利用计算机进行高达 255 次的迭代运算后，发现根据所给条件的阀值趋于稳定的话，则该值即为该页面的排序值。哪个网页的此值最高，则此网页价值就越大，相应地也就越重要。

信息分析的统计分析法，就是利用信息的外在表现，通过计算、统计与计量，挖掘它们隐含的部分，进而得出有用的结论。在分析过程中，要注意多种统计分析方法的综合运用。

第三节 联机分析技术

在 1993 年，数据库研究员和关系型数据库模型的发明者 E. F. Codd 博士在他的白皮书 "Providing OLAP to User Analysis: An IT Mandate" 中最早应用了联机分析处理（On-Line Analytical Processing）这个术语。这种思想的出现，主要是针对当时数据库技术应用所存在的问题而提出来的。数据库技术用于处理日常事务被称为 OLTP（On-Line Transaction Processing），即联机事务处理，这种事务处理手段已经不能满足终端用户对数据库查询分析的要求，也不能满足用户分析的需求。Codd 于是提出了以多维数据库和多维分析为主要特征的 OLAP 技术。

根据 OLAP 委员会的定义，OLAP 是使分析人员、管理人员或执行人员能够从多种角度对从原始数据中转化出来的、能够真正为用户所理解的并真实反映企业多维特征的信息进行快速、一致、交互地存取，从而获得对数据的更深入了解的一类软件技术。Nigel Pendse 和 Richard Creeth 在他们的 OLAP 报告中，利用 FASMI（Fast Analysis of Shared Multidimensional Information）精炼地指明了 OLAP 的定义及其特点。该报告指出，OLAP 应当提交对共享的多维信息的快速分析。

(1) 快速

用户对 OLAP 的快速反应能力有很高的要求。系统应能在 5 秒内对用户的大部分分析要求做出反应。如果终端用户在 30 秒内没有得到系统响应就会变得不耐烦,因而可能失去分析主线索,影响分析质量。对于大量的数据分析要达到这个速度并不容易,因此就更需要一些技术上的支持,如专门的数据存储格式、大量的事先运算、特别的硬件设计等。

(2) 分析

执行对数据的基本数字和统计分析,这是由应用程序开发人员预定义或由用户特别定义。用户无需编程就可以定义新的专门计算,将其作为分析的一部分,并以用户理想的方式给出报告。用户可以在 OLAP 平台上进行数据分析,也可以连接到其他外部分析工具上,如时间序列分析工具、成本分配工具、意外报警、数据挖掘等。

(3) 共享

在大量用户间,实现潜在地共享秘密数据所必需的安全性需求,在多个用户共同存取数据时,保证系统的安全性。

(4) 多维性

多维性是 OLAP 的基本特征,是 OLAP 的关键属性。系统必须提供对数据分析的多维视图和分析,包括对层次维和多重层次维的完全支持。事实上,多维分析是分析企业数据最有效的方法,是 OLAP 的灵魂。

(5) 信息

访问应用程序必需的、相关的所有数据和信息,而不管它驻留在何处,也不受卷的限制。OLAP 系统应能及时获得信息,并且管理大容量信息。这里有许多因素需要考虑,如数据的可复制性、可利用的磁盘空间、OLAP 产品的性能及与数据仓库的结合度等。

OLAP 能被用于数据挖掘或发现在数据项中不可事先辨别出的关系,一个 OLAP 数据库无须像数据仓库那么大,因为并非所有的事务数据都需要用于趋势分析,通过开放数据互联(ODBC),数据从已存在的关系数据库中引入生成一个用于 OLAP 的多维数据库。

3.1 多维数据分析

在了解多维数据分析时,首先要了解几个基本概念:

(1) 维:是人们观察数据的特定角度,是考虑问题时的一类属性,属性集合构成一个维(时间维、地理维等)。

(2) 维表:每一个维都有一个表与之相关联,这个表称为维表。

(3) 维的层次:人们观察数据的某个特定角度(即某个维)还可以存在细节程度不同的各个描述方面(如:时间维:日期、月份、季度、年)。

(4) 维的成员:维的一个取值。是数据项在某维中位置的描述(如:"某年某月某日"是在时间维上位置的描述)。

(5) 多维数组:维和变量的组合表示。一个多维数组可以表示为:(维1,维2,…,维n,变量)(如:时间,地区,产品,销售额)。

(6) 数据单元(单元格):多维数组的取值(如:2000 年 1 月,上海,笔记本电脑,$100000)。

以商店为例,它的销售记录涉及时间 time、商品名称 item、分店 branch 及地点 location 等属性,这些属性就被称为维。Item 的维表可以包含属性 item_name,brand 和 type 等。维表可以由用户或专家设定,或者根据数据分布自动产生和调整。维有自己固有的属性,如层次结构(对数据进行聚合分析时要用到)、排序(定义变量时要用到)、计算逻辑(是基于矩阵的算法,可有效地指定规则)。这些属性对进行决策支持是非常有用的。

数据存储结构并不是简单二维的,它利用多维数据结构存储起来,以便于挖掘信息。这种多维数据结构主要包括两种形式:

1. 超立方结构(hypercube)

超立方结构指用三维或更多的维数来描述一个对象,每个维彼此垂直。数据的测量值发生在维的交叉点上,数据空间的各个部分都有相同的维属性。

收缩超立方结构是超立方结构的一种变形,它的数据密度更大,数据的维数更少,并可加入额外的分析维。

这种结构可应用在多维数据库和面向关系数据库的 OLAP 系统中,其主要特点是简化终端用户的操作。

2. 多立方结构(multicube)

在多立方结构中,将大的数据结构分成多个多维结构。这些多维结构是大数据维数的子集,面向某一特定应用对维进行分割,即将超立方结构变为子立方结构。它具有很强的灵活性,提高了数据(特别是稀疏数据)的分析效率。

一般来说,多立方结构灵活性较大,但超立方结构更易于理解。终端用户更容易接近超立方结构,它可以提供高水平的报告和多维视图。但具有多维分析经验的 MIS 专家更喜欢多立方结构,因为它具有良好的视图翻转性和灵活性。多立方结构是存储稀疏矩阵的一个更有效方法,并能减少计算量。因此,复杂的系统及预先建立的通用应用倾向于使用多立方结构,以使数据结构能更好地得到调整,满足常用的应用需求。

许多产品结合了上述两种结构,它们的数据物理结构是多立方结构,但却利用超立方结构来进行计算,结合了超立方结构的简化性和多立方结构的旋转存储特性。

3.2 多维分析的基本分析动作

所谓的多维分析动作主要是指在进行多维信息分析时,我们可以如何进行,通过这些操作,就可以分析出有价值的信息来,从而实现联机分析技术。

1. 切片和切块(slice and dice)

在多维数据结构中,按二维进行切片,按三维进行切块,可得到所需要的数据。如图 7.1 所示,在"城市、产品、时间"三维立方体中进行切块和切片,可得到各城市、各产品的销售情况。

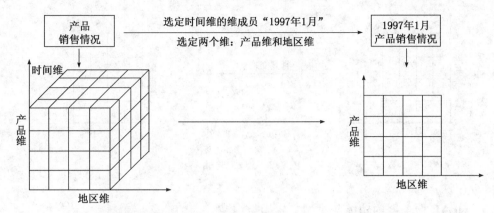

注：多维数组（地区、时间、产品、销售额）
若在时间维上选定维成员"1997年1月"
得到时间维上的切片（地区、"1997年1月"、产品、销售额）

图 7.1　切片和切块

2．钻取（drill）

钻取包含向下钻取（drill-down）和向上钻取（drill-up）/上卷（doll-up）操作；钻取的深度与维所划分的层次相对应，如图 7.2 所示。

表1（单位：万美元）

部门	销售
部门 1	90
部门 2	
部门 3	80

表2（单位：万美元）

部门	1995 年			
	1 季度	2 季度	3 季度	4 季度
部门 1	20	20	35	15
部门 2	25	5	15	15
部门 3	20	15	18	27

图 7.2　钻取

3．旋转（rotate）/转轴（pivot）

通过旋转可以得到不同视角的数据。如图 7.3 所示，把一个横向为时间，纵向为产品的报表旋转成为横向为产品，纵向为时间的报表。

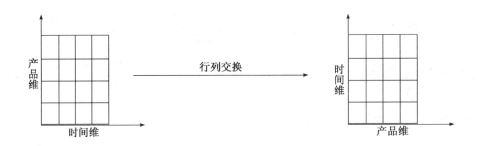

图 7.3 旋转/转轴

3.3 OLAP 服务器的功能与类型

要顺利地进行联机分析作业,除了依赖于上面所讲述的技术方法外,还需要专门的 OLAP 服务器。因为 OLAP 操作面对的是海量的数据与快速的决策的矛盾,因此对服务器也提出了更高的要求,以保证联机分析过程的完成。

1. OLAP 服务器在体系结构中的地位

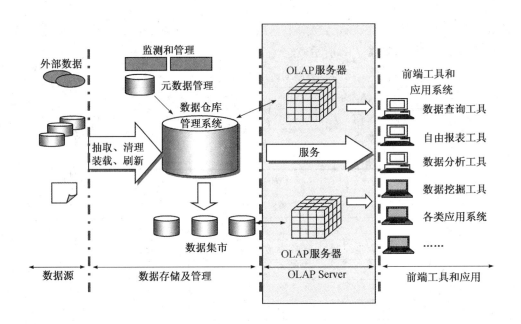

图 7.4 OLAP 服务器的地位

由图 7.4 可以看出,OLAP 服务器位于数据仓库与前端工具和系统之间,为用户利用数据仓库提供了中介的桥梁,它主要面向的就是分析功能。

2. OLAP 服务器的功能

从数据源或数据仓库方面来看,OLAP 服务器主要用于数据的组织,将数据进行多维化;在此过程中,要对数据进行预综合处理。

从对客户端来看,OLAP 服务器主要用于多维数据分析、报表预处理等工作。

3. OLAP 服务器的分类

OLAP 服务器的种类如图 7.5 所示。

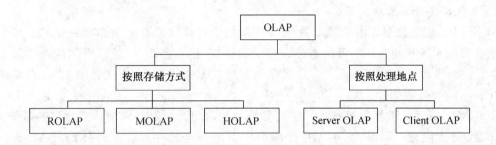

图 7.5　OLAP 服务器分类

在 OLAP 服务器的多种类型中，ROLAP、MOLAP 和 HOLAP 最为重要。它们的模式结构如图 7.6 所示。

ROLAP（Relational OLAP）：利用关系数据库来存储和管理基本数据和聚合数据，并利用一些中间件来支持其他缺失数据的处理，具有良好的扩展性。

MOLAP（Multidimensional OLAP）：利用多维数据库来存放和管理基本数据和聚合数据，其中需要对稀疏矩阵进行压缩处理技术。因为它是将多维视图直接映射到数据立方体数组结构，所以它的优点就是对预综合的数据可以进行快速索引。

HOLAP（Hybrid OLAP）：利用关系数据库来存储和管理基本数据，利用多维数据库来存储和管理聚合数据。它综合了 ROLAP 的良好伸缩性及 MOLAP 的快速索引优点。

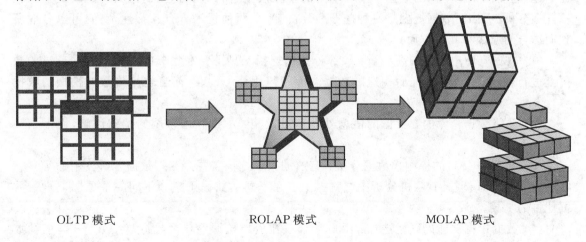

图 7.6　三种重要 OLAP 的模式

3.4　MOLAP 与 ROLAP 的比较

MOLAP 与 ROLAP 的区别主要表现在以下几个方面：

1. 在结构方面

MOLAP：结构简洁、明了；适应数据量相对较少的情况；灵活性偏差。

ROLAP：结构相对庞大；适应数据量很大的情况；灵活性好。

2. 在数据存储和管理方面

MOLAP：多维数据库由类似于数组的对象构成；对象带有索引和指针结构；每个对象由聚集成组的单元块组成；单元块通过直接偏移计算进行存取；以维及维成员为主线进行数据管理；数据封锁可以达到单元级；数据存储容量较 ROLAP 少,往往利用 RDB 存储细节数据,MDB 存储综合数据。

ROLAP：以关系数据库系统方法进行数据存储和管理；安全控制和存取控制基于表；封锁基于表、页面或行；RDBMS 不支持多维概念下的安全及存取控制,需由 OLAP Server 实现；数据存储容量大(因为 RDB 技术成熟)；为了提高性能,须建中间表(预综合),数据冗余大；用户的分析(查询)请求需 SQL 和附加的应用程序共同完成。

3. 在适应性方面

MOLAP：预综合较高；适应维数动态变化较差,每增加一维,"超立方"规模迅速增长；适应数据变化较差,数据(或计算)变化时,重计算量相当大；适应大数据量较差。

ROLAP：预综合度灵活,一般较低；适应维数动态变化较好,每增加一维,需增加一些维表、综合表及事实表中的内容；适应数据变化的范围大；适应大数据量的能力较强,技术成熟。

3.5 联机分析挖掘技术（OLAM）

联机分析挖掘技术是将联机分析处理与数据挖掘以及在多维数据库中发现知识技术集成在一起,它提供了在不同的数据子集和不同的抽象层上进行数据挖掘的工具。OLAP 是一种验证型分析工具,而数据挖掘是一种挖掘型分析工具,两种技术具有互补性,它们可以各取所长而结合的原因有几个方面：

(1) 数据仓库中数据的高质量：大部分数据挖掘工具需要在集成的一致的和清理过的数据上进行,经由这些预处理而构造的数据仓库不仅用作 OLAP,而且也用作数据挖掘的数据源。

(2) 环绕数据仓库的有价值的信息处理基础设施：尽量利用可用的基础设施,而不是一切从头做起。

(3) 基于 OLAP 的探测式数据分析：有效的数据挖掘需要探测式数据分析。用户常常想在不同粒度上分析它们,联机分析挖掘就提供了在不同的数据子集和不同的抽象层上进行数据挖掘的工具。

(4) 数据挖掘功能的联机选择：用户常常不知道想挖掘些什么,通过将 OLAP 与多种数据挖掘功能集成在一起,联机分析挖掘为用户选择所期望的数据挖掘功能,动态修改挖掘任务提供了灵活性。

3.6 联机分析技术的应用

联机分析技术在实践中比较成功地应用于下面几个领域：

1. 市场和销售分析(marketing and sales analysis)

生活消费品行业：如各种化妆品、食品的生产商。通常每月或每周分析一次。由于竞争激烈，此类行业通常需要复杂的分析和统计功能。复合型 OLAP(HOLAP)较适合此类需求。

零售业：如各大超市、连锁店。主要是 EPOS 的使用和会员卡的引入，给此行业产生的大量的数据。一般每周或每天分析一次，且经常要求察看具体每一个顾客的数据，需要的复杂分析不多，关键是数据量巨大，因此采用 ROLAP 较好。

金融服务业：如银行、保险。主要用于销售分析。分析时要具体到每个客户，一般是维的层数较少，但可能又很多的维(变量)，某些维(如客户)会有上百万的成员。这类应用的实施难点在数据预处理上。

2. 电子商务分析(click-stream analysis)

电子商务网站记录了用户在网上的所有行为，为更精细的分析用户行为提供了可能。一个典型的商业网站每天都产生大量的数据，简单的手工分析显然难以胜任，用多维、分层 OLAP 可以很好的把这些数据组织起来。

很多企业在急于把企业搬上网的同时，忽略了对数据的分析。实际上，把网站的访问数据和其他数据结合起来会取得更好的效果。

3. 基于历史数据的营销(data-based marketing)

通过各类不同的历史数据，用数据挖掘或统计的方法，找到针对某项服务或商品的销售对象。传统上不属于 OLAP 的范围，但通过多维数据分析的引入，会取得更好的效果。典型应用：通过历史购买记录，得到对此项产品或服务感兴趣的用户；通过向有购买欲望的客户及时提供他想要得到的商品或服务，来提高客户忠诚度；找到"好"顾客的特点(将顾客分片)，利用这些特点寻找有价值的顾客。

4. 财务报告与整合(financial reporting and consolidation)

财务报告在概念上也是对多维数据的分析，它具有特殊的维，比如 account 数据对财务来说保持在平衡状态尤其重要。于是就需要施加控制手段，一定要保证已经平衡的账目只能添加平衡的账务数据，还要对谁在什么时间添加了这些数据进行全面的跟踪。同时，还要处理对特殊的数据转换工作。当把分公司的财务数据整合成总公司的财务报告时，要进行特殊的数据转换。比如不同货币之间的汇率问题、子公司之间交易的剔除问题等。

5. 预算(budgeting)

预算通常是从下到上提交和从上到下约束的反复过程，OLAP 工具可以在这个过程中提供分析能力，先建立一个好的起点，以使循环过程最少。

6. 管理报告(management reporting)

与财务报道相比进行的更频繁(通常是 1 个月，而不是 1 年)，更注重统计分析而不是具体的细节，要求的是快速而不是精确。

(1) EIS，原指 Executive Information System 或 Executive Support System。现在应指高度定制的(用户化的)、易用的管理报告系统。

(2) 平衡分数卡(balanced scorecard)，一种管理方法学。平衡分数卡是一个规范框架，它关注于股份持有者、客户、商务的内部和学习需求，以建立一个包含有相关的对象、目标、手段与措施的系统,来描述企业的策略和这些策略如何实现。

(3) 平衡管理系统,基于平衡分数卡的管理系统,它能传达企业的策略,建立策略之间的连接,专注于商业计划,提供对企业策略的反馈和学习。分数卡主要关注4个方面:财务、客户、学习和增长、内部商务活动。

7. 其他方面

(1) 利益率分析(profitability analysis)

无论在制订价格、决定升迁、选择投资领域和预测竞争压力等方面都要用到利润率分析。企业需要知道他在哪里盈利、哪里亏损。对于企业来说准确地计算自己的每一件产品的成本非常重要,这样他才能知道如何灵活地面对不同的竞争。

(2) 质量分析(quality analysis)

跟踪供应商和自身产品的质量,风行于20世纪90年代早期。

第四节 竞争分析

企业存在的最大目的就是为社会创造经济效益和社会效益,而企业管理的目的就是使效益最大化。不同企业之间在追求利润的同时展开了竞争,如何提高自己的竞争能力,打败竞争对手,始终是围绕在管理者周围的核心问题。竞争战略是企业战略之一,它要求管理者在把握企业内外部环境的基础上,为在竞争中求得生存与发展而做出长期的、总体的和全局的谋划和对策。波特将竞争战略分为成本领先战略、产品差异战略和重点市场战略,通过竞争战略的建立,将企业引向与竞争对手斗争的不败境地。竞争战略的主要功能与目的就是提高竞争能力。目前所倡导的学习型组织及知识管理方法,其中心就是提高企业的竞争力。如何提高竞争能力的关键就是要抓住竞争情报分析这个核心环节。

竞争分析主要是指对竞争态势、各个竞争对手的竞争力、竞争地位及其变化进行分析而形成的系统方法与技术。竞争分析的对象是竞争情报,所以竞争分析方法主要指竞争情报的分析方法。竞争情报是指为达到竞争目标收集竞争对手和竞争环境的信息并转变为情报的系统化过程。竞争情报分析过程是一个需要高度的智慧、娴熟的技巧和创新能力的过程,它包括对竞争对手、竞争环境和竞争战略三方面的研究。

对竞争情报的分析离不开普通的信息分析方法与技术,但由于其存在的对抗性、针对性、谋略性等特殊性,在实践的过程中对竞争情报的分析也有一些独特的方法。

4.1 竞争分析的具体方法

针对不同的分析对象,竞争情报分析运用不同的分析方法。[①]

1. 针对市场、行业和竞争环境的分析方法

(1) 产业情景分析法:此方法是对产业中可能出现的各种未来结构所做的详尽的、有内存联系的分析,使管理工作适应产业演进的需求,但此分析基于假设,受制于产业结构的变化。

---

① 这部分内容综合了缪其浩主编的《市场竞争和竞争情报》附录和郎诵真等编著的《竞争情报与企业竞争力》第三章中的相关资料和内容。

(2) 产业细分化分析法：本方法用于识别产业内机会存在的细分化场所，找出未来利润所在或有可能遭攻击的领域。识别产业细分化的基础通常是产品多样性、购买者特性、销售渠道和地理分布等要素。

(3) 事件分析法：此方法用于帮助企业找出必须面对的某些关键机会和问题，从而保持或增强其竞争地位的方法。

(4) 市场信号分析法：本方法对竞争者的行动展开研究，这些行动是能够提供竞争者的意图、动机、目标和企业内部形势的线索。

(5) 政治及国家风险分析法：这种方法适用于企业在海外经营，特别是在发展中国家经营时，分析其风险的种类，如在资产、运行、获利性或人员方面的风险与程度，有助于理解其文化环境，认清政治形势和存在的潜在问题。

(6) 衡量工业吸引力的《经济学家》模型分析法：该模型分析了决定工业竞争的五种基本力量，即供应商与顾客的讨价还价能力、可替代产品的威胁力、新厂商进入的威胁力、产业内部企业间的竞争力。这是评价工业的结构化方法，可以识别竞争者，成为其他深入分析方法的基础，但其假设是工业竞争的根本，是工业的经济结构。

(7) BCG 工业矩阵分析法：BCG 是美国波士顿咨询集团的简称。此方法以用于实现工业竞争优势的潜在资源数量以及领先企业能够取得的优势的规模为基础，识别工业吸引力的程度。其主要被看为一种判断是否有利可图的分析工具，通常同其他分析方法，如产业分析、关键成功因素等方法同时使用。

2. 针对竞争对手、企业竞争力和成功的关键因素的分析方法

(1) 竞争对手跟踪分析法：随着技术的变化、市场的日趋成熟、生产厂商不断增多、市场投资的全球化、市场细分及个性化要求、先进技术的应用和技术垄断时间的缩短，企业在收集信息的基础上，重点分析、确定企业竞争对手并对其进行持续不断地全面的分析与评估，以适时地制定竞争策略的方法。

(2) 核心竞争力分析法：此方法指的是企业组织中的积累性知识，特别是关于如何协调不同的生产技能和整合多种技术的知识，并据此获得超越其他竞争对手的独特能力。即，核心竞争力是建立在企业核心资源基础之上，是企业的智力、技术、产品、管理、文化的综合优势在市场上的反映。核心竞争力是企业经营战略的核心内容和企业发展的基石。核心竞争力有三个基本特征：① 用户价值。即核心竞争力能够为用户提供根本性的好处或效用。② 独特性。企业的任何一项专长要成为核心能力，必须独树一帜。③ 延伸性。核心竞争力犹如一个"技能源"，它能为企业延伸出一系列相关的领先产品或服务。

(3) 关键成功因素分析法：此方法设法找出一些关键领域，企业在其中必须采取适当措施才能取得胜利。它的优点在于集中注意于少数关键因素，迅速而且代价又不大，但通常分析层次比较肤浅。

(4) 管理人员跟踪分析法：该方法用于评价企业中决策者的人格特征以及他做出战略决策的个人目标和背景。

(5) 多点竞争分析法：在竞争双方都是多元化的、经营种类差异不大的企业时，就会同时在数个市场展开竞争，这时使用这种分类方法，可以识别出反击竞争者的可能领域，但它往往忽视竞争对手的动机、技能等因素。

(6) 优势及弱点分析法：该方法寻找出在资源、技能和能力等方面企业相对于其竞争者

的优势或劣势,从而提供了对企业经营能力的理解,但它花费大、时间长,要求企业人员配合,阶梯等级的管理方式会影响对问题的认识。

(7) 反求工程分析法:通过购买并解析竞争对手的产品,了解它的设计、构成、技术及工艺等信息,估计其成本和质量,是掌握竞争对手产品特性和成本的最好方法,属于实物分析的方法。

(8) 专利情报分析法。

3. 针对具体的竞争活动的分析方法

(1) 业务流程重组分析法。

(2) 定标比超分析法。

(3) 客户满意度调查分析法。

(4) 资产组合分析法:此方法根据工业吸引度和竞争地位两个尺度来衡量企业的经营状况,用于将现有资源加以重新配置,并评价未来资金流向和获得潜力,但它是基于利润驱动的资金流动决策原则的假设。

(5) 经验曲线分析法:此方法可以显示出在产品或服务的整个生命周期内,随着生产经验的增长,它们的成本不断下降的过程,所以它可以理解成本,进而理解定价动态学的途径,但它对未来的状况表现不明显。

(6) 财务报表分析法:全面了解财务状况的快捷、方便的方法,它既可以评价企业的短期财务状况,也可以评价其长期的财务状况,但此方法一般只限于上市公司。

(7) 技术评价分析法:该方法帮助分析者理解一个产业内部的技术联系和发生的技术变化,保持对技术驱动力量的跟踪。它是一种花费大、需要连续进行、难度也相当大的分析方法。

(8) 价值链分析及现场图分析法:此方法主要用于分析成本、营运特征、企业基本活动和辅助活动之间的交互关系。企业的基本活动包括进货、经营、交货、营销、销售和服务等,辅助活动包括企业基础设施、人力资源管理、技术开发、采购等。它是理解竞争者或本公司经营细节的最好方法,只是数据难于获得。

4. 针对竞争战略和综合性的分析方法

(1) 数据库分析法:这类数据库应该搜集企业的经营活动数据,它们所在的产业和竞争者,它们的产品和顾客。最初使用的数据库为美国的 PIMS 数据库,它是规划信息管理系统的简称,是由战略规划研究所开发,其目标是协助参与数据库建设的单位做好规划。因为分析的信息来源为数据库,所以具有很大的灵活性,操作方便。

(2) 多元化业务分析法。

(3) 利益相关者分析及基本假设评测法:如果要了解行为的内在原因,可以使用此方法。它用于识别和检验个人或团体的目标与企业目标之间的互影响性问题。

(4) VFG 战略联盟分析法。

(5) 战略组分析法:识别产业内部的不同企业群体,每一战略组内的企业采用相似的战略,具备相似的管理系统,它们共同被相同的竞争行动和外部事件所影响,并且对这些竞争行动和外部事件做出相近的反应。此分析方法快速、便捷而又花费少,只是分析比较粗浅,忽视本行业以外可能存在的竞争对手。

(6) 战略态势分析法。

(7) 战略地位和行动评价模型法。

(8) 共同利益分析法。

(9) 兼并及收购分析法：此方法用于确认、评估和推荐将现有公司的某企业单位或部门出售或清算的方法。

(10) 以价值为基础的规划分析法：该方法以企业可能的股票市场效益和融资含义来评价企业战略和战略动作，因而操作简单，可以比较不同的选择方案和不同的竞争对手，但它是基于"股票最优化是最重要目标"的思想的。

值得注意的是，以上这些方法很难单独采用，往往在实践过程中，同时采取几种方法的结合。

4.2 几种重要的竞争分析方法

在竞争分析实践中形成了许多种行之有效的分析方法，以下几种是竞争分析方法中最具有特色的。

1. 定标比超分析法

所谓的定标比超(benchmarking)，其本质就是设定基准目标并进行比较，找出差距，奋发努力，争取赶上或超过。在竞争分析领域，定标比超是本企业各方面的状况与竞争对手或行业内外一流的企业进行对照分析的过程，是一种评价自身企业和研究其他组织的手段，是将外部企业的优势视为自身企业的内部发展目标并将外界的最佳做法移植到本企业的经营环节中去的一种方法。实际上，定标比超就是一个"比、学、赶、超"的过程。定标比超方法属于比较分析研究方法。

最早使用此方法的企业是美国的施乐公司。在日本企业的竞争下，施乐公司通过调查、分析、比较本企业与日本同行业企业在生产、管理、销售等领域的差距，设定了追赶的目标，加大了管理力度。通过比超后，施乐公司的产品质量与生产效率得到了极大的提高，展开了与日本企业的竞争。世界一些著名的大公司，如柯达、通用汽车、摩托罗拉、杜邦、福特等也相继开展定标比超工作，以期改善经营环境与业绩。可见，定标比超方法是一种评价企业自身和研究其他企业的手段。

(1) 定标比超的种类

定标比超也是质量管理系列工具中的一种，可帮助企业测算和改进其产品或服务质量，开展动态管理。

表 7.1 定标比超的主要内容

战略层	战术层	操作层
市场细分化	竞争性价格	日常运作维护
市场占有率	—原材料	项目管理
原材料供应	—劳动力和管理	订货发货
生产能力	—生产率	新产品开发
利润率	竞争性差异	合理化建议系统
工艺技术	—产品特性	财务
	—产品设计	仓配和配销
	—质量	
	—售后服务	

有人根据定标比超所针对的企业运作不同层次将它分为三类,即战略层的定标比超、战术层的定标比超、管理层的定标比超。战略层的定标比超主要是将本公司的战略和对照公司的战略进行比较,找出成功战略中的关键因素。战术层的定标比超涉及到分析企业的支撑功能,具体指人力资源管理、营销规划、MIS等。操作层的定标比超主要集中在成本和产品的差异性上,进行功能分析,一般与竞争性成本和竞争性差异这两个参量(或其中之一)有关,较易用定量指标来衡量。

一般来说,定标比超在不同层面上所比和超的主要内容如表7.1所示。

(2) 定标比超实施的步骤

根据各实施企业的实际情况不同,所运用的定标比超方法在实施起来程序也多少有差异。但基本上这种方法包括六大步骤:

① 确定内容。确定内容就是确定进行定标比超的具体项目。一般情况下,所有经营的环节都可作定标比超的分析,但最初要选择那些对比较得益最重要的环节作比超分析。如关心生产成本的公司须对占成本比例大的环节或成本比例在增加的环节作定标比超。

② 选择目标。确定了定标比超的内容后,接着要选择具体的定标比超的目标对象。通常情况下,首选竞争对手和行业内公认的领先企业,当然也可以选择行业外的公认的一流企业。如施乐公司选择以日本富士-施乐公司作为定标比超的对象,在营销方面则选择了行业外的宝洁公司作为目标。

③ 研究方案。建立整个定标比超计划的实施方案。在对比超内容与目标确定后,明确企业的比超计划实施方案。

④ 收集分析数据。数据是分析的基础,集企业内外部的各种数据资料,通过公开与秘密的途径、合法的渠道,对一手与二手信息进行搜集。分析必须建立在充分了解本公司目前的状况以及被定标比超的企业状况的基础之上,而数据必须主要是针对企业的经营过程和活动,不仅仅是针对经营结果,将本公司的各个经营环节与参照的企业进行对比,找出差距以及导致差距产生的原因。当然,本企业比目标企业好的方面一定要保持。

⑤ 确定行动目标。明确差距以及差距产生的原因后,就要仔细制定一个与新的经营过程和活动相一致的计划。此时,要将定标比超的结论、观点告知给企业内的各管理层,取得大家的认同和共识,或者根据大家的意见修订行动计划,以便将追赶计划落实到经营过程中去。

⑥ 实施计划。在实施计划的过程中,要根据实时的情况不断地调整与修正计划,跟踪结果,建立科学的评估系统。此间注意计划的执行情况,要将进展通报有关人员,鼓励他们反馈情况,同时确定新的阶段的目标。

综上所述,定标比超分析的基本程序如图7.7所示。[①]

[①] 根据胡鹏山编著的《竞争战略与竞争优势》一书中相关内容修订而成。

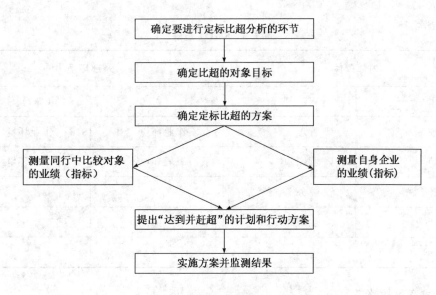

图 7.7 定标比超的基本程序

2. 竞争态势分析法——SWOT 分析法

SWOT 分析方法是竞争分析中经常采用的重要方法之一,它最早是旧金山大学的管理学教授韦里克(H. Weihrich)于 20 世纪 80 年代提出来的。SWOT 分析方法就是通过具体的情境分析,将与研究对象密切关联的各种主要的内部优势因素(S—strengths)、劣势因素(W—weaknesses)和外部机会因素(O—opportunities)、威胁因素(T—threats),分别识别和评估出来,依据"矩阵"的形态进行科学的排列组合,然后运用系统分析的研究方法将各种主要因素相互匹配进行分析,最后提出相应对策的方法。对企业进行 SWOT 分析,其目的就是为了发挥内部优势因素、利用外部机会因素、克服内部弱点因素和化解外部威胁因素,通过扬长避短,争取最好的结局。

要真正运用好 SWOT 分析技术,必须注意两点:一方面,通过对这四个基本因素的分析与综合,善于形成不同的战略方案;另一方面,必须正确理解与认识这四个影响战略的基本因素,才能做出合理的战略选择。

(1) 分析环境

企业的环境因素包括内外两部分。外部环境包括机会因素和威胁因素,属于客观因素,存在于政治、政策、经济、金融、技术、法律、文化、自然、用户、供应商、中介机构、竞争对手、市场等方面;内部环境是企业在发展中与竞争对手比较,自身存在的积极与消极因素,包括优势和劣势因素,属于主观因素,存在于企业的组织管理、生产及产品、营销、促销、财务、技术实力、企业信誉与形象、战略、联盟等方面。要分析这些因素的历史、现状与未来发展。

(2) 构造 SWOT 矩阵

按照轻重缓急或影响的程度将罗列出来的因素依次排序,构造如表 7.2 所示的 SWOT 矩阵。将对组织发展有直接的、重要的、大量的、迫切的、久远的影响因素优先排列出来,而将那些间接的、次要的、少许的、不急的、短暂的影响因素排列在后面或简略作适当考虑。

表 7.2 SWOT 矩阵

内部条件		外部环境	
S(＋)	W(－)	O(＋)	T(－)
管理	管理	作业环境	作业环境
营销	营销	一般环境	一般环境
财务	财务		
生产	生产		
R&D	R&D		

(3) 形成竞争战略

在系统分析了 S、W、O、T 四个基本因素后，就形成了包括 S、W、O、T、SW、SO、ST、WO、WT、OT、SWO、SWT、WOT、SOT、SWOT 在内的 15 种战略选择，其中从实践角度看，经常采用的战略有如图 7.8 所示的 4 种决策。

SO 战略：着重考虑充分发挥内部优势、利用外部机会；

ST 战略：着重考虑充分运用自身长处、避免外部威胁；

WO 战略：着重考虑充分利用外部机会、改进内部弱点；

WT 战略：着重考虑尽量克服内部弱点、避免外部威胁。

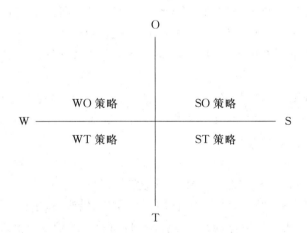

图 7.8 SWOT 决策平面和四类策略示意图

上面四种战略，可以形成三种不同的企业竞争战略。

① 进攻型策略，即 SO 战略，决策者重视外部环境带来的机遇和看好自身的优势，对未来的发展持乐观态度。

② 谨慎型策略，即 WO 和 ST 策略，决策者在看到机遇的同时，充分认识到自身的不

足,或者是决策者在看到优势的同时,又深感外部环境的威胁,考虑问题左右为难、瞻前顾后。

③ 保守型策略,即 WT 策略,决策者把外部威胁和内部弱点看得较重,对环境带来的机遇和自身优势并不看好。

3. 专利情报分析法

专利情报主要是指某一技术在谋取专利权过程中的情报,如专利权的范围、专利权的归属、专利权的技术内容及专利状态等。这些情报不仅仅提示了某一专利技术的内容及法律状态,同时也反映了企业界在争夺产品或技术的专利权及占领市场、战胜对手方面的意图和策略。专利信息不仅揭示了某一专利技术的内容及法律状况,同时也反映了企业在争夺产品或技术的专利权、占领市场、战胜对手等方面的意图和策略。专利情报分析是指对来自于专利说明书、专利公报中的大量的、个别的、零碎的专利信息进行加工及组合,并利用统计手段或技术分析方法使这些信息成为具有总揽全局及预测功能的竞争情报的一项分析工作。可以说,专利情报分析工作的主要目的是将不相关的专利数据联结,加以分析,形成系统的专利信息的过程,使专利信息的内容发生质的变化。在了解竞争对手的诸多方法中,专利情报分析法是最重要的方法之一。

(1) 专利情报分析的主要价值

① 通过专利情报分析可以洞察行业技术的发展状态,预测未来技术的发展方向;

② 通过专利情报分析确认技术上的主要竞争对手,判断行业的竞争态势,评估竞争对手的新技术和新产品开发的实力和技术重点;

③ 通过专利情报分析获取有关的法律情报。

(2) 专利情报分析的方法

① 原文分析。通过检索竞争对手企业的专利说明书,对其进行仔细阅读、认真分析来掌握了解竞争对手新产品新技术的开发特点,从中寻找本企业与其抗衡的突破口,包括寻找空隙法、技术改进法、技术综合法和专利技术原理法。

② 统计分析。对专利检索工具中的大量专利条目,按不同的角度对有关指标进行计量和统计。分析的方法包括专利单项统计和组配统计,分析的内容主要包括行业竞争态势的考察、竞争对手识别和竞争对手动向研究。竞争对手的识别主要包括了解行业内当前的竞争对手及范围、业内最主要的竞争对手、识别行业内的潜在竞争对手。竞争对手动向研究主要包括竞争对手合作开发动向考察、竞争对手研究基础及动态、竞争对手关键技术领域分析、竞争对手市场意图分析、竞争对手对本企业的技术威胁考察等。

③ 技术分析。通过对专利信息的具体内容的分析来获得有关的专利情报,它要求从大量的与某项课题有关的专利信息中找出主要专利与派生专利,并将有关专利按一定的原则和技术内容的异同、发明人的异同等分成各个专利群,对专利群的内容及相应的关系进行分析,从而可得出用于竞争分析的专利情报。专利群主要表现为以下几种:以某一技术原理的发展为联系纽带而形成的专利群;以企业、机构为内在联系形成的专利群;以产品为联结纽带而形成的专利群;以研究开发课题为中心而形成的专利群。技术分析的基本方法是专利群的识别、分离与分析。研究专利群的形成、结构、变化以及与其他专利群的关系可以直接或间接地对某一技术或某一企业的现状及今后趋势作出正确的评价与分析,从中可以获得极有价值的竞争情报。

(3) 专利情报分析的步骤

① 全面、准确检索世界范围内的专利文献。通过中国知识产权机构、科研院所或者高等院校的文献情报部门利用光盘数据库以及互联网检索中国、美国、日本、欧洲乃至其他国和地区的专利申请和专利权授予的文献。中文光盘数据库有专利文献出版社出版的《中国专利公报》、《中国专利说明书》、《中国专利数据库》、《中国专利说明书分类》、《中国失效专利数据库》等。互联网上有传统的联机检索系统的世界专利文档可供检索,美国的部分专利文献提供免费检索,中国也开通了网上专利信息检索业务。

② 找出技术上和产品的竞争对手。同类专利的申请人或专利权人是竞争对手。申请项目和专利权越多,越有竞争力。一般被授予专利权的数量仅占申请量的1/10强,因此专利权人又比申请人更值得研究。但是对于企业而言,有的对手只是技术上的对手,比如著名的研究机构或高等院校,有的是产品上的对手,比如具有大规模生产能力的企业。

③ 进行文献信息的计量统计。确定整个文献量、相关文献量、关键性技术文献量、主要竞争对手文献量、市场占有趋势上扬的文献量。将计算机检索数据去重,确定上述文献集合,建立具有分析统计功能的数据库。

④ 绘制并分析曲线图。专利文献的曲线图具有一定的参考价值,具有以下规律:

低—高—平—低:预示夕阳工业,即使产品目前畅销,但技术性能正在更新换代或被淘汰。

零—高—飙升:预示新型朝阳产业,如计算机和网络产品。

平—低—低—高—再高:预示产业结构调整、产品处于转折点。如普通彩电—模拟高清晰度彩电—数字式高清晰度电视机—信息家电的申请量曲线图。

⑤ 确定数学分析模型。对于发明的先进性、创造性和市场前景,仅用机械的统计分析不够。不宜精确量化的分析应该采用模糊数学分析法。首先确定评判的领域,如对比专利文献量、对比专利文献类型(发明、实用新型)、对比专利文献的技术和应用领域、发明的效果、市场的反应。由企业专利技术人员和销售人员组成的研究小组进行多个等级的评判。每一综合评判结果分成单项又进行综合评判,必要时采用不同的计算模型,直到结果不再模糊。

⑥ 研究专利申请的权利要求书和说明书。权利要求书是申请人要求垄断的细节。说明书是用来解释和支持权利要求书的。在发生专利侵权诉讼时,应该以说明书为准,结合权利要求书中的独立权利要求从整体技术特征判断侵权是否发生。因此,企业在仿制产品时,只要产品技术特征少于专利产品的权利要求书指明的技术特征数量,就不算侵权,若覆盖和超出了该数量又无实质性突破则属侵权。必须由专家完成研究工作,判断有无实际应用价值、对于本企业目前的研究开发计划是否有"封杀"的企图。

⑦ 考虑影响专利投资回报期的因素。专利投资回报期通常比专利保护期短,一般认为实际寿命不超过9年,因为存在预料不到的影响因素。一般包括:原材料、能源、人力成本价格上涨,成本增加,使得该专利技术没有利润;环境保护法律的限制;其他竞争对手赶超的可能性;被更先进的专利或合成产品代替;专利的商业价值诱惑其他竞争对手侵犯专利权,如生产假冒伪劣产品;技术是萌芽状态的专利,短期内不能实施产业化;等等。

⑧ 根据同对手的差距的不同制定相应的竞争策略。敌弱我强,我方主动"封杀",夺取市场;敌强我弱,我方避实击虚,不与对手重复建设、重复研究开发;敌大我小,则彼动我动,即对手是龙头、开路先锋,我方围绕其动向,开发生产配套的上下游应用型产品,或为其服务;优势互补,强强联合,化敌为友。

4. 财务分析方法

财务是企业中四大职能之一,它实际上包括了两大部分:一部分是会计;另一部分是财务。会计主要的任务是记账,使资金的运作不发生差错,而财务则更多关心如何运作好资金,使其产生效益。可以看出,企业的财务信息是企业最重要的管理、决策和控制的依据。企业的所有活动都会与"钱"挂起钩来,都要在财务信息中反映出来,所以管理者可以通过财务信息监控企业经营情况,由此做出正确的决策。财务信息是管理者的"耳目"。

(1) 财务信息分析的意义

财务分析是运用财务报表的有关数据对企业过去的财务状况、经营成果以及未来前景的一种评价。财务分析的主要内容包括财务报表分析、财务内容分析和预算分析。

企业财务信息与企业经营环境、企业战略、企业会计环境、企业会计战略有密切的关系。首先,企业经营环境决定了企业战略,企业战略是通过企业经营活动反映的。从财务角度来说,企业经营活动包括了企业采购、生产、销售、管理、筹资、投资等能用会计账户计量的活动。所以说,企业会计系统是对企业经营活动的经济结果进行编制报表的体系。同时,企业会计系统还受资本市场、外部独立审计、法律等会计环境的影响。企业在一定的经营环境中为了实现企业战略,对会计政策、会计估计和会计附注披露的选择必须和企业战略一致,也就是说,企业会计战略必须和企业战略一致。所以,财务信息能反映出企业环境、企业战略、企业经营活动、投资活动、筹资活动等,通过财务信息分析以揭示出企业战略是否有利于企业获得竞争优势,企业是否拥有有利于企业发展的内外环境,企业经营活动、投资活动、筹资活动的经济结果是否良好,并可预测企业前景。

(2) 财务数据分析的类型

如上所述,企业的各种经营活动都反映在财务信息中,而会计系统是活动经济结果的报表体系;而在复式记账的会计系统中,各账户之间有严格的勾稽关系,使得记账错误很难存在,在正常条件下,一定的账户之间存在着合理的关系,当财务报表反映的账户之间关系不合理时,说明企业运营中存在着问题,通过财务报表附注或其他公开的信息,可以找出财务异动的佐证。面对这些情况,分析人员可以借助于财务比率工具对企业财务状况和经营成果进行分析,这些财务比率可以概括为变现能力、资产管理能力、负债比率、盈得能力、股票市价比率、现金流量和社会贡献率几个方面。

(3) 财务信息分析方法

财务信息的分析方法有很多种,表 7.3 列出了其中重要而常用的分析方法。

表7.3 财务信息分析方法

分析内容	指标名称	含义	计算公式	说明
变现能力	流动比率	衡量流动资产在短期债务到期前可以变为现金用于偿还流动负债的能力	流动资产/流动负债	该值越大,说明短期偿还债务能力越强。但过大则可能存在资金的不合理占用,过小则难于偿付短期债务。一般认为较合理的比率为1~2,但不绝对
	速动比率	衡量流动资产中可以立即用于偿还流动负债的能力	(流动资产—存货)/流动负债	该比率剔除了变现能力较差的存货的因素,更能反映偿债能力。一般认为较合理的比率为1
	保守速动比率	从速动比率中剔除坏账及与当期现金流量无关项目的影响因素,更可信地衡量立即变现及偿债能力	(现金+短期债券+应收账款净额)/流动负债	该比率较之速动比率能更确切地反映立即变现能力。比率高,则变现能力强
资产管理能力	营业周期	反映从取得存货开始到销售存货并收回现金为止的时间	存货周转天数+应收账款周转天数	一般情况下,营业周期短,说明资金周转速度快;营业周期长,说明资金周转速度慢
	应收账款周转次数	反映应收账款的变现能力和管理效率	主营业务收入净额/平均应收账款	一般该比率越高越好,说明应收账款的回收越快,变现强,企业的短期偿债能力也越强
	存货周转次数	反映存货是否过量以及存货变现速度等方面的管理效率	主营业务成本/存货平均总额	一般该比率越高,存货周转速度越快,流动性越强,其变现强。但也不能过高,因为可能存在存货短缺情况,会影响企业的生产和销售
	流动资产周转次数	反映流动资产的周转速度	主营业务收入净额/平均流动资产	该值越大,说明流动资产的周转速度越快,越节约流动资金,增强企业的盈利能力;相反,则会引起流动资金的追加投入,形成资金浪费,降低资产管理的效率,降低盈利能力
	总资产周转次数	反映全部资产的周转速度	主营业务收入净额/平均资产总额	该值越大,说明全部资产的周转速度越快,销售强,进而增强盈利能力

续表

分析内容	指标名称	含义	计算公式	说明
负债比率	资产负债率	反映企业用资产偿还债务的能力	负债总额/资产总额×100%	从债权人角度,该比率越低越好,说明企业的偿债能力强,债权人的利益越有保障;从股东和经营者角度,在企业盈利水平较高的情况下,较高的资产负债可带来更高的收益。一般认为此比率不大于50%较安全
	产权比率	反映债权人权益与股东权益的比例关系,衡量企业清算时对债权人的保障程度	负债总额/股东权益×100%	反映财务结构是否稳定。该比率高,对债权人的利益保障程度相对较低;该比率低,对债权人的利益保障程度相对较高
	有形净值债务率	更保守、谨慎的产权比率	负债总额/(股东权益－无形资产)×100%	该比率比产权比率更能反映债权人利益的受保障程度,比率越低,企业有效偿债能力越强
	利息保障倍数	反映企业经营收益是所需支付债务利息的倍数,衡量企业支付利息的能力	(现金净流量＋利息费用＋所得税付现)/利息费用	外部报表使用者可用财务费用估计利息费用,该比率越高,说明举债经营的风险越小,偿债能力越强
盈利能力	销售净利率	反映销售收入的收益水平	净利润/销售收入×100%	通过该比率的升降变动分析,分析企业的经营管理和盈利水平
	资本收益率	反映企业运用投资者获得收益的能力	净利润/股本×100%	该比率越大,说明投资者的收益越大,企业在金融市场筹集到可能性越大
	总资产报酬率	衡量企业运用全部资产获利的综合能力	净利润/平均资产总额×100%	该值越高,说明企业获利过程中资产的利用效率越高,企业增收节支、节约资金使用方面的效果越好
	净资产收益率	反映股东权益的收益水平	净利润/平均股东权益×100%	该比率是股份公司的重要指标,综合性很强,该值越高,说明投资收益越大。同时可采用杜邦分析法,分析该比率,将其他比率综合考虑,找出目标企业的财务优势和劣势
股票市价比率	每股收益	反映某一会计期间内每股普通股股票所获得的净收益额	(净利润－优先股股利)/年末普通股数	该值越高,说明股票的获利能力越大,但同时应考虑其他因素
	市盈率	反映投资人对每元净利润所愿支付的价格	每股市价/每股收益	正常的市盈率应在5~20之间

续表

分析内容	指标名称	含义	计算公式	说明
股票市价比率	每股股利	反映普通股持有者每股股分所获得的股利收益	普通股股利/年末普通股股数	每股股利逐年持续稳定增长,则股票质量较高
	股利支付率	反映股利支配政策和支付股利的能力	每股股利/每股收益	该比率高,则股利支付能力强,留利少
	留存盈余比率	反映企业的理财方针	(净利润－全部股利)/净利润×100%	该比率较高时,表明企业从内部积累资金以扩大生产规模;较低时,企业筹集的资金多从外部获得,不需内部积累
	每股净资产	反映发行普通股所占有账面净资产	股东权益/年末普通股股数	该指标是衡量上市公司投资价值的重要财务指标,该值越高,表明企业的发展潜力与股票质量投资价值越大,若股票市价低于每股净资产,而每股净资产又接近变现值,则企业破产可能极大
	市净率	反映市场对企业资产质量的评价	每股市价/每股净资产	用于投资分析,一般市价高于账面净资产时,企业资产质量较好,该值一般为3时,企业形象较好
现金流量	现金到期债务比	反映企业用现金偿还到期债务的能力	经营现金净流量/本期到期的债务	与对手比较,若比值小于同业或对手,则企业偿还到期债务能力较弱
	现金流动负债比	反映企业用现金偿还流动负债的能力	经营现金净流量/流动负债	与对手比较,若比值小于同业或对手,则企业偿还流动负债能力较弱
	现金债务总额比	反映企业依据现金流量可承担债务的能力	经营现金净流量/债务总额	该比率越高,企业承担债务的能力越强
	销售现金比率	反映企业用现金支付最大股利的能力	经营现金净流量/销售额	反映每元销售得到的净现金,其数值越大越好
	每股营业现金净流量	反映企业资产产生现金的能力	经营现金净流量/普通股股数	超过该值,企业需要借款分红
	全部资产现金回收率	反映企业销售产品获取现金的能力	经营现金净流量/全部资产	与对手比较,若小于同业或对手的比率,则企业资产产生现金的能力较弱

续表

分析内容	指标名称	含义	计算公式	说明
现金流量	现金满足投资比	说明企业现金流量能否满足投资的能力	近5年经营活动现金净流量/近5年资本支出、存货增加、现金股利之和	该比率反映企业资金的自给率。达到1时,寿命企业可以用经营获取的现金满足扩充所需资金;小于1,则说明企业需通过外部融资补充资金
	营运指数	评价企业的收益质量	经营现金净流量/经营应得现金	该比值大于1,企业收益质量较好;小于1,企业收益质量较差
	现金流入流出比	分析企业现金流入流出关系,了解企业的发展状态	经营活动流入/流出比,筹资活动流入/流出比,投资活动流入/流出比	一个健康的正在成长的公司,经营活动现金比应大于1,投资活动的现金比应小于1,筹资活动现金比可大于或小于1
社会贡献积累率	社会贡献率	评价企业的社会贡献	企业社会贡献总额/平均资产总额	社会贡献总额包括工资、劳保及其他社会福利支出、利息支出、已交税款、附加及净利等。该值越大,企业在这方面所做的贡献越大
	社会积累率	评价企业为国家财政上交情况	企业上交财政收入总额/社会贡献总额	上交的财政收入包括各项税款。该值越大表明企业上交国家财政的资金越多

① 趋势分析法

趋势分析法是根据企业连续数期的会计报表,比较各个有关项目的金额、增减方向和幅度,从而揭示当期财务状况和经营成果的增减变化、发展趋势等情况的一种方法。

趋势分析可以采用移动算术平均数、指数滑动平均法、比较分析法等,其中比较分析法最常用。比较分析法是通过对经济指标在数据上的比较,揭示经济指标之间数量关系和差异,它要将连续几期的同一类型报表加以比较。在比较分析时,要剔除偶然性因素的影响,以使分析的数据能反映正常的经营情况。

对经济指标的比较,主要有以下几种形式:

绝对数分析法:将不同时期的、相同项目的绝对金额进行比较,以观察其绝对额的变化趋势。

定基分析法:以分析期间某一期的报表数据作为基数,其他各期与之比较,计算出百分比,用以观察各期相对于基数的变化趋势。

环比分析法:以某一期的数据和上期的数据进行比较,计算趋势百分比,用以观察每期的增减变化情况。

② 因素分析法

因素分析法是一种分析经济因素的影响、测定各个因素影响程度的分析方法。它的基本思路是:在测定某一个经济指标的各个因素的影响时,首先要以基期指标为基础,把各个因素的基期按照一定的顺序依次以实际数来替代,每次替代一个,就得出一个新的结果。在替代第一个因素时,假定其他所有因素不变,即保持基期水平。在按顺序逐个替代其他因素时,要在已替代过的因素的实际数基础上进行,其余尚未替代过的因素,则保持基期水平。如此替代下去,最后一次替代指标就是实际指标。将每次替代后的指标与该因素未替代前的指标相比较,两者的差额就是某一因素的影响程度。将各个因素的影响数值相加,就是实际指标与基期指标之间的总差异。

③ 比率分析法

比率分析法是指在同一会计报表的不同项目之间,或在不同会计报表的有关项目之间进行对比,以计算出的比率反映各个项目之间的,据此评价企业的财务状况和经营成果的一种方法。一般来说,用比较法所得出的信息比较准确,所以这种方法运用得比较广泛。

比率分析法是通过计算经济指标的比率来考察、计量和评价经济活动变动程度的一种分析方法。比率分析法主要有结构分析法和相关比率分析法。

比率分析法是通过计算某项经济指标各个组成部分占总体的比重,探讨各个部分在结构上的变化规律。用于考核各部门在总体中所占的比重,或各费用在总体费用中所占比重等。

相关比率分析法是根据经济活动客观存在的相互依存相互联系的关系,将两个性质不同但又相关的指标加以对比,求出比率,以便从经济活动的客观联系中认识企业生产经营状况。

案例

竞争分析的成功案例

案例 1

施乐公司是美国复印机产业的巨人之一,在 20 世纪 70 年代由于忽视了全球性的竞争威胁而被迫进入防御状态。从 60 年代和 70 年代初开始,该公司在世界复印机市场一直保持垄断地位,但由于忽视了竞争的存在,从 1976 年到 1981 年,施乐公司遭遇到了全方位的挑战,其中最具威胁的竞争对手是日本的佳能公司,该公司竟然推出了以施乐公司的成本价销售复印机的惊人举措,竞争结果是施乐公司的复印机全球市场份额从 82% 直线下降到 35%。为了弄清佳能公司的降价策略,施乐公司开展了大量的竞争分析研究,通过对竞争对手和自身的对比分析(定标比超方法),施乐公司多方面调整了复印机产品的战略和战术,以降低生产成本,提高产品质量,最终从日本佳能公司夺回了市场份额。施乐公司认为:如果没有竞争信息分析,今天的复印机产业就不会有他们的一席之地了。

案例 2

美国通用电器公司在 20 世纪 60 年代和 70 年代初一直是全球消费电器和小家电产业的领导者,但由于公司没有跟踪全球竞争对手的信息,在产品的研制、生产和销售策略上固步自封,不愿关注世界竞争环境的变化,掌握产品的国际通用标准,学习竞争对手先进的产品生产和管理经验。到了 70 年代末,通用电器公司陷入困境,此时公司才感受到来自日本公司优良产品的压力,开始寻求提高公司运营效率的方法,这些方法虽然在一些产品上获得成功,但为时已晚,无力改变通用电器公司失去世界消费电器和小家电产业霸主地位的现实。

案例 3

摩托罗拉公司在 20 世纪 70 年代曾因不关注日本竞争对手的信息,在彩色电视机产业中败于竞争对手,于 1974 年退出彩电产业。到了 80 年代,摩托罗拉公司开始将精力从单纯的指责日本公司转移到想了解日本公司是如何获得全球领先地位的。首先,摩托罗拉公司成立了竞争情报部门,全面了解竞争对手的实力,将自己的运作模式与日本公司进行比较,通过比较,公司开始重视产品质量和生产管理,将生产出超过日本标准的产品确定为公司新的战略目标,对公司产品的研制、生产、销售及售后服务质量进行了严格的检测,制定了较高的管理标准,最终生产出竞争力很强的产品,成为国际移动通信设备市场的巨人。

案例 4

微软公司靠竞争情报分析打败对手。近几年来,网络浏览器作为进入国际互联网的必要工具,更成为电脑软件业公司争夺的焦点。微软公司曾经因为判断失误,未投入全力开发该项目,致使网景公司得以一度占据高达 80% 以上的市场份额。为了重新夺取网络浏览器市场,微软充分发挥了竞争情报研究部门的特长,每月定期监测网络浏览器市场占有率的变化,以此作为微软公司制定网络浏览器市场策略的指导方针。竞争分析帮助微软最终夺取了网络浏览器市场领导者地位。网景公司被彻底击败了,以致被美国在线公司并购。

案例 5

目前在上海证券交易所上市的中国四川国际合作股份有限公司,自 1994 年上市以来,一直以其良好的业绩和成长性而位居上证所绩优股的行列,该公司 1994 年、1995 年年终业绩分别为每股盈利 0.517 元、0.54 元,在全球最大的 225 家承包商中,排名第 141 位。但该公司在 1996 年 1~6 月份的经营中,不注重对市场竞争情报的综合分析研究,竟将公司几年来的盈利和配股募集的巨额资金投向了非洲乌干达沙漠,导致投资血本无归,中期每股盈利变为 -0.77 元,一下成为沪市业绩最差的上市公司。这从一个侧面反映了企业竞争情报分析与企业生存发展的密切关联性。

[来源:http://www.dataofchina.com/i/bbc/zt6.asp]

参 考 文 献

[1] 卢泰宏. 信息分析. 广州:中山大学出版社,1998

[2] 秦铁辉,王延飞等. 信息分析与决策. 北京:北京大学出版社,2001

[3] 高兴波. 新编基础统计学. 北京:经济科学出版社,2001

[4] 陈建龙. 信息市场经营与信息用户. 北京:科学技术文献出版社出版,1994

[5] 中小学信息科学知识:信息学方法论. 中小学教育星多媒体教育资源库 & 平台, http://zhenyuan.sdedu.net/,2002 年 11 月

[6] http://www.whatis.com/olap.htm,2002 年 11 月

[7] OLAP 介绍. http://www.dwway.com/document.php?id=143&type=5,2002 年 10 月

[8] OLAP 多维数据分析. http://www.dwway.com/document.php?id=61&type=5,2002 年 10 月

[9] 余文波. 企业财务分析和评价指标体系. http://www.dwway.com/document.php?id=246&type=5,2002 年 9 月

思 考 题

1. 什么是信息分析？它有哪些功能？它在信息管理中的地位如何？
2. 信息分析的方法主要有哪些？
3. 什么是统计分析法？联机分析方法的基本原理是什么？
4. 定标比超的内容与步骤是什么？
5. 如何进行 SWOT 分析？
6. 专利情报分析的方法有哪些？
7. 如何进行财务分析？

第八章 信 息 服 务

内容提要

信息服务是信息管理工作的目的与归宿。本章在明确了信息服务概念的基础上,探讨了信息服务的特性及其要素;接着,从产业经济学的角度对信息服务的类型进行了划分,从信息服务的发展历史及服务内容的角度,详细讲述了信息提供服务、信息报道服务、信息检索服务、信息咨询服务及网络信息服务的基本内容。

学习要点

1. 信息服务的基本内涵、特性及其要素
2. 信息服务的类型
3. 信息提供服务、报道服务、检索服务、咨询服务、网络服务的基本内容
4. 检索服务的类型与方法
5. 咨询服务的类型
6. 网络服务的现状、层次及主要手段与方法

信息服务是信息管理的主要环节,也是信息管理的重要组成部分,应该说,它是微观信息管理的最终目的与归宿。因为,无论广义上的信息管理,还是狭义上的信息管理,其基本宗旨都是为了更好、更高效地发挥信息资源的价值,充分利用好信息资源。所以说,信息服务作为信息管理的主要内容,受到了各层次信息管理主体的重视。

第一节 信息服务概述

信息服务活动历史悠久,尤其是网络技术出现以后,其不但发展势头强劲,而且出现了许多新型的信息服务领域。对信息服务基本内容的了解,可以为信息服务工作的开展以及国家信息服务产业的管理与政策的制定打下良好的基础。

1.1 信息服务的概念

一般来说,人们在日常生活中总是在自觉不自觉地接受着各种各样的信息服务,根据自己的经验,通常把信息服务理解为由专职信息服务机构针对用户的信息需要,及时地将开发加工好的信息产品以用户方便的形式准确传递给特定用户的活动。类似的代表性看法有:信息服务是以信息为内容的服务业务,其服务对象是对服务具有客观需求的社会主体(包括社会组织和社会成员)[1];信息服务是以独立的机构或机构的某一规定功能的形式所表现的一种资源,它的目的是为用户群提供信息[2]。

这种认识的视角是将信息服务看作了一种活动,把它放在了用户端,而忽视了信息服务活动的发生端与传递端。所以,理解信息服务的概念应该从广义的角度进行。

广义的信息服务是指以产品或劳务的形式向用户提供和传播信息的各种信息活动,即信息服务产业范围内的所有活动,包括信息产品的生产开发、报道分配、传播流通以及信息技术服务和信息提供服务等行业。

信息服务是向用户提供信息的过程,这一过程包含了用户与服务的相互作用及其理由和结果。[3] 它是以信息资源为基础,利用现代科学技术,对信息进行生产、收集、处理、输送、存储、传播、使用并提供信息产品和服务的总称。[4]

这种将信息服务当作一种过程的看法指出,信息服务不仅仅表现为向用户提供信息产品或服务,以满足用户的信息需要,而且将信息服务的准备与基础工作同最终的提供活动联结在一起,从更大的范围内审视信息服务行为。

从更广大的社会环境下看信息服务,它应该是服务者以其独特的策略和内容帮助对象解决问题的一种社会行为,它的社会属性是由信息服务对具体社会关系的要求决定的,它因不同的社会关系而出现不同的社会表现。

信息服务具有提供信息、释疑解惑、整序导引、保值增值四个方面的功能。

---

[1] 胡昌平,乔欢. 信息服务与用户. 武汉:武汉大学出版社,2001
[2] 霍国庆等. 信息服务研究的定量化模型. 图书情报工作,1997(10):12~14
[3] Savacevic, Tefko and Kantor, P. B. Studying the value of library and information services, Part 1. Journal of the American Society for Information Science,1997, 48(6)
[4] 孙先民,李莉霞. 核心竞争力——我国信息服务业发展的战略选择. 商业研究,2002(10):147~149

1.2 信息服务的特性

信息服务在各行各业中普遍存在,又可以成为相对独立的行业。其区别于其他社会行为的特性表现为[①]:

(1) 用户导向性:这是信息服务的行为方向特性,表明的是信息服务不仅要求服务者以服务对象为中心,帮助服务对象提高认知水平和运用信息解决问题的能力,还强调信息服务的发展要同时发挥服务者和服务对象的积极性,发挥便于服务对象自助的智能化信息技术的作用。

(2) 技术支撑性:这是信息服务的行为手段特性,表明的是信息服务与信息技术的密切关系。

(3) 专业性:信息服务的专业性表现为:一是对服务者的素质有专门要求,专业队伍不断扩大;二是服务对象有专业基础;三是服务内容具有某学科领域的专业特征;四是服务策略是针对服务对象和内容专门制定的;五是信息服务已经成为专门的研究领域,朝着信息服务学的方向发展。

(4) 依存性:信息服务的独立存在是有其外围条件的,包括需求条件、技术条件和资本条件等;信息服务的发展中内部各个环节紧密相连,外部与其他许多产业有较高的关联度。不具备这些条件,信息服务难以生存;不强化这些关联,信息服务难以发展。

(5) 交互性:服务者与服务对象之间互相交流,通过交互,服务者全面、准确、及时、深入地了解和领会服务对象的真正需求和需求来源,以及服务对象的认知变化和发展情况,使服务对象更多地意识到并表达出自身的需求,加深服务者对自身有关情况的了解和理解。

(6) 模糊性:信息服务的有形与无形、可存与不可存只是同一连续体的两头,是难以分开的。虽然在很多情况下是无形的和不可触摸的,也是不可存的和即时消费的,但有形和可存的信息服务也是有的,这是由信息对载体的依赖性决定的。

(7) 社会性:信息服务实践都是在某种社会关系中进行的,都要运用一定的社会资源;信息服务生产、管理和服务等劳动是社会分工中的一部分,具有社会规定性;信息服务的行为表现不仅是服务者自身的,更是人际的、组织间的,属于社会行为。

(8) 独立性:信息服务是社会分工的结果,有其存在的相对独立性和实践领域的独特范围。

(9) 动态性:服务对象在解决当前问题过程中的信息需求随问题所处状态的演变而变化和发展,服务策略随着服务对象的认知水平和服务内容的变化而进行调整,信息服务随着生存条件和与其他产业的关联度的变化而变化,会有许多发展中的问题等待解决。

(10) 针对性:针对服务对象的实际问题、素质状况和认知程度,针对服务对象的真正需求及其自身的核心竞争力而发挥其作用。

(11) 适时性:这是信息服务的过程特性。信息服务在适当的时机发挥功能,同时,信息服务的内容和策略选择、新项目开发和发展战略调整等都具有时代特征。

(12) 实效性:这是信息服务的结果特性,表明的是信息服务对实际效果的追求,表现为信息的消费、需要的满足、问题的解决、效益的取得等方面。

---

① 陈建龙.信息服务论.北京大学信息管理系博士学位论文,2002:24

1.3 信息服务的要素

一个完整的信息服务活动过程肯定离不开信息服务的对象、信息服务者和信息服务内容，它们是信息服务必不可少的构成要素。而在服务过程中，为了更好地实现服务目标，完成这一社会行为的实施过程，还要讲究一定的方式方法，所以说，策略与方法问题是决定信息服务质量的重要因素。有的学者提出，信息服务活动一定离不开信息服务设备。实际上，在信息服务实践过程中，存在着大量不依赖于设备即可完成的业务活动，所以可以说，此要素可以为信息服务成功地开展增色添彩，但并不是非它不可的。在人类进行信息服务的早期，对信息服务设备的依赖程度并不强烈，只是随着信息技术的高速发展，这些设备与技术的使用使信息服务可以更加高效地得以完成。

因此，信息策略与方法与信息服务对象、信息服务者和信息服务内容是信息服务的四个基本构成要素，它们各自发挥独特作用，而且紧密相连和相互作用，共同构成信息服务活动，并促进信息服务活动的发展。信息服务就是围绕着这四个要素进行计划、组织、指挥、协调、控制而便于信息服务顺利开展与实施的。

第二节 信息服务的类型

信息服务的类型也因不同的视角而会被划分出多种不同标准的类型。但从国民经济统计与管理以及高效率地组织信息服务活动的角度出发，以产业经济学与信息服务的内容两个参数为标准，划分出的信息服务类型更有意义。

2.1 从产业经济学的角度来划分

信息服务作为高智慧的智力密集型活动，在国民经济中所占的地位越来越重要，其所创造的价值也越来越大，业已形成独立的产业部门，即信息服务业。信息服务业是信息产业的重要组成部分。通过信息产业和信息服务业所包含的信息服务业类型，大体可以看出信息服务的种类。一般来说，到目前为止，对信息服务业的理解尚未统一。由于研究的出发点和目标不同，对信息服务业的范围与分类及描述也不尽一致。因为本书第十一章较详细地介绍了信息产业的分类，所以这里仅简单地对信息服务业的分类加以说明。

1. 以信息服务的生产过程为主线而形成的国家信息服务行业划分标准

信息服务业是指服务者以独特的策略和内容帮助信息用户解决问题的社会经济行为[①]。从劳动者的劳动性质看，这样的行为包括生产行为、管理行为和服务行为。信息服务业的行业划分要以信息服务的生产过程为主线，并以信息服务的特性作为信息服务业质的规定性。

信息服务的生产过程不等于信息的生产过程，也不等于信息产品的生产过程，而是信息服务产品的特定服务的生产过程。这样的过程是在一定的生产关系下，以信息和信息产品为劳动对象，借助信息技术等劳动资料，经过调查研究、增值处理等环节，形成信息服务产品，并通过提供、咨询或经纪等特定行为方式，确保信息服务产品和服务用于用户的问题解决活动的全过程。各个方面和环节缺一不可。

---

① 国家统计局普查中心的课题调研报告．中新社，2003年8月17日

因此,在区分信息服务业的范围时,不要把只符合上述过程中的某个环节或某个方面的生产活动归入信息服务业,如以信息和信息产品为劳动对象并借助于信息技术等劳动资料的广播、电视等信息传播活动、教育活动和科学研究活动,因为它们的行为方式与目的和信息服务业不同;同样,设备技术服务等也不宜归入信息服务业,因为它虽然也用于用户的问题解决过程,但不是以信息和信息产品为劳动对象。

正是基于上述原因,GB/T4754-94《国民经济行业分类与代码》把信息服务业分为社会调查业、信息处理业、信息提供业、电信服务业、咨询业、经纪业、公共信息服务业和其他信息服务业等八大类。具体包括:

(1) 社会调查业:社会调查业(8224);
(2) 信息处理业:计算机服务(8310)、数据处理(8320)、数据库服务(8330);
(3) 信息提供业:咨询、广告业(8210)、出版业(9020);
(4) 电信服务业:电信业(6020);
(5) 咨询业:公证业(8221)、律师事务所(8222);
(6) 经纪业:商业经济与代理(6500)、证券投资与教育(6860)、房地产经济与代理(7400)、文化艺术与代理(9080)、技术推广与交流(9370);
(7) 公共信息服务业:图书馆业(90400)、群众文化业(9050);
(8) 其他信息服务业:其他未包括的咨询业(8290)。

2. 以我国信息服务业的发展过程和现状划分[①]

(1) 传统信息服务业:指历史比较悠久的情报、专利、标准、档案、图书馆等信息服务业;
(2) 经济政务信息服务业:指与我国经济体制改革大致同步产生和发展的经济、金融、政务信息服务业;
(3) 信息服务企业:指近年为适应市场经济需要,到工商管理部门登记注册的咨询企业、技术服务企业、广告企业;
(4) 大众传播信息服务业:指广播电视、新闻出版等信息服务业;
(5) 邮电通信信息服务业。

3. 以信息服务业的工作性质划分

(1) 依附政府的信息服务机构,包括情报、专利、标准、档案、图书馆、经济、金融、政务以及广播、电视、新闻出版、邮电通信等信息服务机构;
(2) 不依附政府的信息服务企业,包括咨询企业、技术服务企业、广告企业等。

2.2 从信息服务的发展历史及服务的内容角度来划分

从信息服务的发展历史及服务的内容角度来划分,信息服务可以分为以下五种类型:文献提供服务、报导服务、检索服务、咨询服务、网络信息服务。

1. 文献提供服务

文献提供服务是最传统的、历史最悠久的、出现时间最早的一种信息服务方式,它最初为文献服务机构所采用。当现代图书馆等文献服务机构在人类近代历史上出现后,它们主要运用了阅览、外借、复印、参考咨询等多种方式为读者服务,并取得了较好的效果。在今天网络已

---

① 程鹏. 中国信息服务业的回顾与展望. 管理世界. 1994(6):118~123

经得到普及,进入千家万户、各种行业领域的时候,这些传统的文献提供服务方式也随之发生了变化。虽然这些手段得以保留并将在很长的时期内占据主要地位,但网络等现代技术极大地丰富了这些手段的内容与效率。

2. 报导服务

报导服务也是由图书馆等文献机构首先采用。这种手段最初的目的是更好地为读者服务。在文献信息不断快速增长及读者信息需求不断扩大的要求下,单纯依靠图书馆的力量、依赖传统的文献提供服务已经不能满足读者的要求,它必须采用一种新的方式,快速地向读者提供信息,以满足读者的信息需要。于是,报导服务得以推出。如果说文献提供服务是一种被动型的服务方式,那么报导服务则是一种多向主动式的信息服务。后来,这一方式为其他类型的信息服务机构所采纳,如新闻发布会、技术市场、展览、演示会等,这种主动向用户推广的手段大受欢迎。

报导服务的手段与方法比较多,除利用口头报导与直观报导外,更多地使用信息出版物来进行信息报导推广。它们根据用户与市场的需要,有选择地将有价值的信息加工整理成系列化的二三次出版物,在不同广度和深度上进行传播报导。如我们经常在一些大的报纸媒体上看到的提供各类信息的广告(其中尤以致富信息最多),这类服务就属于报导服务的范畴。

我国的信息出版物通常划分为三大类:

(1) 检索类信息刊物,如目次页、篇名页、题录、简介、文献、索引、引得等;

(2) 报导类信息刊物,如新闻发布类(信息简报、通信等)、快报类、译报类等;

(3) 研究类信息刊物,如动态类(研究动态等)、评述类(月评、年评等)等。

近年来,我国在报导服务方面,从报导的信息范围来看,国内外信息都有,但以国外信息为主;从报导的学科门类来看,社会科学、自然科学、应用科学都有,但以应用科学为主;从报导的层次来看,以提供源信息的检索性刊物和以传递源信息的内容的文摘性刊物都有,但以文摘性刊物为主。

3. 信息检索服务

信息检索服务是根据用户的要求,由专门人员辅助或代替用户查找信息并将结果提供给用户的一种信息服务工作。有关信息检索的内容,我们已在本书第五章第二节加以了介绍。

4. 咨询服务

咨询服务是指以现代科学知识和现代技术手段、方法,为解决经济建设和社会发展中的各种复杂问题而进行的服务活动。美国咨询工程师协会认为,"现代咨询服务是利用专家已有的科学技术专门知识,解决社会经济领域和企业中的科学技术与管理问题的一种活动。"由此可见,咨询服务是对知识的扩大再生产,它是通过对原有的知识经过脑力加工和综合以后,将产生巨大的智慧效益的过程。从广义上说,咨询的过程也是信息加工的过程,是一种信息的活动,即信息的交流、反馈与处理。因而,咨询服务是一种信息服务。

咨询工作就是抓住信息流通与传递的环节,既为生产企业提供信息,也为研究部门提供信息,形成信息的双向通道。当代经济活动日益复杂,在决策速度不断加快的情况下,要求决策者能够审时度势,最大程度地综合分析各种信息、情况,从而对决策者提出了更高的要求,也为咨询服务提供了外部环境;同时,解决生产、管理以及社会发展等方面的问题,也要求跨行业、跨学科的协同作战,单凭某一个人或几个人已很难做出判断,它需要能够进行综合性分析的咨询服务的出现。可见,咨询服务有利于充分发挥专业人员的作用,节约时间和费用,提高劳动生产力,降低风险,促进决策的科学化与民主化。

咨询服务在社会产业结构中已经形成了独立的门类,即咨询业。传统上,咨询业是服务于工业经济的第三产业或服务业,在产业结构中属于从属地位。但在知识经济条件下,其已经成为典型的知识产业,成为知识经济时代的支柱产业之一。

(1) 咨询服务的特征[①]

① 咨询服务是知识的"扩大再生产"过程。咨询是科技人员头脑中所储备的知识的反复应用和"扩大再生产"的过程,在这个过程中,原有的知识经过脑力加工和综合后,将产生巨大的智慧效益。

② 咨询服务是情报和信息交流。从广义的角度讲,咨询的过程就是信息加工的过程,是一种信息的活动。

③ 咨询服务具有独立性。即咨询的过程和结果具有客观性,不受狭隘的利益和立场的左右。

④ 咨询服务具有临时性。咨询是一种临时性的服务,客户是在一段时间内,在其缺乏技术专长的领域,或者在临时需要专业人才辅助时,寻求咨询师提供帮助。一旦工作完成,咨询活动也就结束。

⑤ 咨询服务具有经营性。咨询是一个需要高智力的工作,咨询公司为客户提供一定的知识产品,就要相应地获得一定的报酬。

(2) 资询服务的类型

依据咨询内容可以将咨询服务划分为六大类:政策咨询、管理咨询、工程咨询、技术咨询、专业咨询、涉外咨询。

① 政策咨询往往是对国际性问题、在国家与地方政府制定政策时出谋献策,或向政府提供政策的替代方案,或向政府提供选择政策的材料,由政府自己决定,甚至英国的此类服务机构服务重点是对政府形成政策施加影响。这类咨询是带有全局性、战略性、综合性的咨询活动,所以也称为综合咨询、决策咨询。这一类咨询机构多数是非营利性机构,不少任务来自于政府或财团,如美国的胡佛研究所,美国传统基金会、美国事业研究所、兰德公司、布鲁金斯学会、日本野村综合研究所、英国伦敦国际战略研究所等,都对本国的内政、外交等政策的实施提供政策咨询服务。

② 管理咨询是由专家在客观、公正、独立地分析客户在管理中存在的问题的基础上,根据客户要求,为提出解决问题的办法而开展的服务活动。管理咨询的服务范围非常广泛,包括一般管理、制造、人事、市场、财务、会计、行政、研究与发展等领域。由于管理咨询的对象以企业组织为主,所以有人称其为"企业管理咨询",也叫做"企业诊断"。企业管理咨询主要面向企业经营管理中存在的问题,提出优化与解决方案,供企业领导者决策时参考,以提高企业的经营管理水平,从而提高企业的效益与竞争力。它大致包括企业经营战略咨询、企业管理机制咨询、市场发展咨询、人力资源咨询、商务咨询、经济与环境咨询、生产管理咨询、财务管理咨询、质量管理咨询、销售管理咨询、企业信息化建设咨询等方面内容。如美国安德森咨询公司、德国系统工程公司等都属于此类咨询机构。

---

① 刘志光,武文生. 咨询业——正在兴起的知识产业. 长城企业战略研究所. http://www.gei.com.cn/control/main

③ 工程咨询专门为各种工程建设项目和企业建设与改造提供咨询服务,它是针对工程建设及改造项目而进行系统的技术经济论证的咨询服务工作类型。工程咨询以解决兴建、扩建、改建工程项目中存在的技术与管理问题,避免项目决策失误为目标,通常是对工程建设从立项评估到竣工投产的全过程进行咨询,一般情况下要参与可行性研究、设计、招标、施工等阶段的咨询服务,包括向现场派驻常任代表或者直接参加施工监理工作。它的主要内容包括:项目的环境、必要性和实际意义,国内现有生产能力和国内外市场需求预测,产品竞争能力分析,拟建项目的规模、产品方案和发展方向,资源储量、品位、成分、开采及利用条件,原料和辅助材料种类、数量、供应渠道,建厂地理位置、自然和社会条件,交通运输、能源状况及发展趋势等方面。工程咨询在咨询业历史中是最为悠久的,英国艾特金斯咨询公司、中国国际工程咨询公司等都是此类服务的机构代表。

④ 技术咨询是咨询机构或人员利用自己掌握的技术、知识、信息与经验,为解决咨询客户遇到的技术疑难问题而开展的咨询服务活动。技术咨询所涉及的服务内容主要包括技术问题诊断服务,技术革新、设备改造、新产品研制服务,海外技术与设备引进的技术咨询服务,技术经济分析服务,技术可行性研究服务,技术成果推广服务,技术培训服务,技术顾问服务,技术发展预测服务等。技术咨询以实用技术为出发点,其影响渗透到社会、经济的各个方面,是促进技术转移、技术改造、技术进步,搞好技术引进、活跃技术市场的重要工作。

⑤ 专业咨询是就某一特定专业领域里的问题而进行的咨询服务工作。专业咨询所涉及的用户提出的问题,一般专业性较强,涉及面窄,主要包括环境咨询、金融咨询、会计咨询、法律咨询、医学咨询、心理咨询、生活咨询等。专业咨询服务一般由该专业领域的专家承担,咨询机构的规模比较小,业务方式灵活,所采用的方式主要有口头咨询、举办培训班、出版资料宣传指导、代理专门服务等。专业咨询服务已经逐渐发展成为现代咨询业的主流服务类型。

⑥ 涉外咨询是指咨询机构依靠信息和知识优势,运用掌握的技术与经验,在对外经贸、国际技术交往中帮助客户解决诸多复杂问题的咨询服务活动。其主要内容有:承接外商投资、引进先进技术与设备、工程招标评估、输出我国先进技术、劳务合作以及为设在我国的"三资"企业、外国办事机构等方面提供咨询服务。它呈现出以经贸为基本活动范围,咨询委托对象为跨国经营型组织机构,咨询程序与方法符合国际法规并尊重国际惯例的特点。这类咨询公司有国际知名的毕马威、麦肯锡、中国国际工程咨询公司、中国国际经济咨询公司、中国国际技术咨询公司等。

5. 网络信息服务

网络信息服务是指在网络环境下信息机构和行业利用计算机、通信和网络等现代技术从事信息采集、处理、存储、传递和提供利用等一切活动,其目的是为了给用户提供所需的网络信息产品和服务。

网络信息服务的出现与发展在相当大的程度上依托于信息技术的飞速发展与用户需求的不断提高。自从20世纪70、80年代网络技术不断渗透入人们的生活与工作之中后,90年代开始,网络技术才在全球得到了迅猛地普及。据中国国家互联网中心调查报告统计,截止到2004年12月31日,中国内地互联网络发展的基本状况如表8.1所示。

第八章 信息服务

表 8.1 中国内地互联网络发展基本状况[①]

项目	数量	项目	数量	项目	数量
CN 域名数量	432077 个	WWW 网站总数	668900 个	上网计算机数量	4160 万台
上网用户数量	9400 万人	国际出口带宽	74429M	IPv4 地址总数	59945728 个

在信息技术发展的同时,用户的信息需求数量与内容的复杂性不断提高,对传统的信息服务提出了挑战。

但是,网络信息服务的前提是拥有配置合理的丰富的网络信息资源,离开了网络信息资源,网络信息服务将成为无源之水,无本之木。截止到 2004 年 12 月 31 日,我国大陆网络信息资源基本情况如表 8.2 和表 8.3 所示。

表 8.2 网页数及网页字节数情况[②]

网页数	全国网页总数	650 682 300 个(去重后)
	其中:静态网页数	466 220 800 个
	动态网页数	400 747 600 个
	静动态网页数比例	1.16:1 个
	平均每个网站的网页数	1297 个
网页字节数	全国网页总字节数	20 537 214 718 KB
	每个网页平均字节数	23.68 KB
	平均每个网站的网页字节数	30 700 KB

表 8.3 在线数据库数量及分布情况[③]

	政府网站	企业网站	商业网站	教育、科研机构网站	个人网站	其他非盈利机构网站	其他类型	总体
数据库数量/个	16 300	155 686	51 839	23 003	35 387	22 184	1601	306 000
所占比例/%	5.3	50.09	16.9	7.5	11.6	7.3	0.5	100

由此可见,在现代信息技术,特别是网络与计算机技术以及用户信息需求、不断增多的信息资源三方面的力量推动下,网络信息服务市场不断扩大。

与传统的信息服务相比,网络信息服务呈现出如下的特点:

(1) 资源范围不断扩大,从以前的以纸张型为主发展为网络型资源。

(2) 服务手段更加现代化,充分利用了大量先进的信息技术。

(3) 服务方式由被动型向多向主动型转变。

(4) 服务领域不断拓宽,由传统信息服务向依托信息技术的传统信息服务,再到全新的网络信息服务新领域过渡。

[①] 中国互联网络发展状况统计报告(2005 年 1 月).中国互联网络信息中心,2005:5~11
[②] 中国互联网络信息资源数量调查报告(2005 年 2 月). http://www.cnnic.cn/download/2005/2005041401.pdf, 2005-05-01
[③] 同上

(5) 服务时间由定时服务向不受时空限制发展。

(6) 针对独特用户的特殊需求,而开展独特的个性化信息服务。

以前面所讲述的信息服务为代表的传统信息服务,依托着信息技术,不断改变着自己的服务方式,深化服务内容与领域,提高服务效果与质量。文献提供部门利用网络等技术,开展网络借阅、OPAC、远程目录传递、网上参考咨询服务等工作;报导服务则利用现代技术变被动为主动,将自己的服务送上门,服务到家,使信息用户更加及时地获取信息;检索服务则在网络技术、存储技术与计算机技术的支撑下获得了飞速的发展,基于网络的服务方式不断改变着传统的专用网、脱机检索等服务手段,极大地方便了用户查询信息;咨询服务充分利用信息技术,将电子邮件、数据仓库与数据挖掘、文件传输等运用到自己的服务工作之中,提高了服务效率,如"镜像跟踪"式的网络咨询服务。从知识经济角度出发,咨询企业是一个知识型组织,在网络环境下,它可以更好地发挥知识型组织的作用,履行自己的职能。可见,以网络技术为首的现代信息技术不断向传统信息服务渗透,不断地提高它们在新技术与新环境下的生命力。

另一方面,基于网络的信息服务也在不断开拓新的服务领域。

从承担网络服务的主体角度来看,网络信息服务主要有三个类型:以新闻媒体为主的服务,如中国经济电讯网等;国家确定的重点建设项目,如以国家经济信息中心为主体的各部委的信息中心;商业协会及公司创办的服务机构,如联得网络、纪元万用信息网等。[1][2]

从网络信息服务的深度上来看,网络信息服务可以分为三个层次:

第一层为基础通信层。这是由电信部门负责的通信基础设施建设层次,它搭建起从事网络服务所需要的物质基础,提供光纤或卫星网络骨干线路租赁与管理,以及 Internet 出口、升级与分配管理等。如美国的 AT&T、Sprint、MCI、中国电信、中国网通等。

第二层为网络增值服务层。在电信部门已经建设起来的基础通信层的基础上,利用 Internet 的物理资源和技术资源,根据用户需求进行重新组合集成后,面向大型集团与企业用户提供网络接入、管理与运行服务。如中国已经依托电信部门的基础网络线路,面向不同用户群而建设了四大网络:① 由信息产业部管理的 ChinaNet,是中国的 Internet 骨干网,网管中心设在信息产业部的数据通信局,用户可用公用数字数据网 ChinaDDN、公用分组交换网 ChinaPAC、公用电话交换网 PSTN 接入该网。② 由教育部管理的中国教育科研网 CERNET,网管中心设在清华大学,面向大中小学的师生服务,采用 ChinaDDN 或 ChinaPAC 连通。③ 由中国科学院管理的中国科学技术网 CSTNet,主要面向科学院系统的研究人员服务。④ 由信息产业部管理的金桥信息网 ChinaGBN,又称国家公用经济信息通信网,作为企业界的互联网。后来,随着中国电信体制改革的发展,金桥网已并入中国网通。

第三层为信息增值服务层。在网络增值服务层的基础上,面向个人用户开展上网服务或电子商务,并提供公众信息、广告信息、增值信息等内容服务。在我国,网络应用刚刚开始之时,众多企业希望通过提供面向个人用户的网络接入服务而赢利,它们的服务内容主要是为个人、家庭提供电话上网接入。这类服务被称为 ISP(网络服务提供商,Internet Service Provider)服务。比如当时全国出名的瀛海威公司。后来发现,单纯为用户提供了网络接入服务后,网络上的内容不多,用户觉得上网没有收获,还是不会来上网的。所以,大家把网络服务的重

---

[1] 罗曼.网络环境下的信息服务.中国信息导报,1997(2):15～16
[2] 高洁.网络环境下的市场信息服务.情报科学,1999(2):148～152

点转入了网络内容服务,即 ICP(网络内容提供商,Internet Content Provider)服务。从网络接入服务转向网络内容建设,是网络服务的一次质的变化与飞跃,从而使信息高速公路上的信息资源丰富起来,所籍以开展的服务方式、服务内容、服务手段更加多样化,也为网络信息服务奠定了资源基础。如 Sina 网,最开始即以新闻报道而闻名,后不断增加新的服务内容与项目,现已发展成为国内最大网络内容提供商之一。除此之外,国内比较大的网络公司还有中文 Yahoo、Sohu、163 网易、中国信息(Chinainfo)等,美国的 AOL、MSN、CNN、Yahoo! 等规模在全世界也处于前列。目前,ISP 与 ICP 服务不断整合。在当今企业经营与销售等领域不断网络化、虚拟化的趋势下,对于中小型企业和一些信息技术力量比较薄弱的组织来说,它们在信息化建设过程中缺乏服务器、技术人员等资源。针对这种情况,一些网络公司依靠自己丰富充足的服务器以及技术设备、人力资源,为上述组织提供 IAP(网络应用服务,Internet Application Provider)服务。

与我们工作与生活息息相关的应该是第三个层次,新的网络信息服务内容也大多是基于这个层次而开展的。这样的新的信息服务内容主要有:

网络门户。人们都说互联网世界是一个点击出来的世界,是一个眼球的注意力世界,谁吸引得人越多,谁就越有价值,它吸引到的投资就越多,得到的广告等营销收入就越多。所以信息服务提供商都希望自己的站点成为网络的门户,用户只要一打开浏览器,就直接进入自己的主页,通过自己再链接到它处或者在自己处就可以满足需求。据统计,美国的 AOL、Yahoo!、Microsoft 和 Lycos 是它国内最大的四家网络门户,我国的主要有 Sina、Sohu、中文 Yahoo!、163、263、南方的 21 世纪等。后来,信息服务提供商不满足于只做门户站点,而是希望将自己丰富的内容直接变成人们上网的"目标",所以出现了"目标站点"。最著名的目标站点是 Disney_ABC 集团的 Go Network。该集团在投资了 InfoSeek 门户站点后,便将其原有的 disney.com、abc.com、abcnews.com、ESPN.com、Family.com 等著名站点吸收进来进行结合,推出了 Go Network 的 Beta 版。企业界在认识到了网络门户的优点后,纷纷以此改造企业自己的网络,从而出现了"公司门户"。所谓公司门户是依照网络门户动态组织信息的方式来存储和组织企业所需的信息,并采用 My Yahoo 的方式为企业员工和客户提供个性化信息服务。公司门户提供有效的通信,还可以根据个人信息需求把采集和存储的信息打包为个人化信息,并改善对公司内部信息的管理和服务。因此,比较典型的公司门户应该具备如下功能:对来自于因特网和各种信息源、不同格式文件的采集与转换,信息检索和搜索引擎,网上信息的组织和发布,公司内部信息的组织和流通,个人化信息服务等。

网络传媒。继报纸、广播、电视之后,网络被称为"第四媒体",在人们的生活与工作中占据越来越重要的地位。通过网络传媒,发布新闻、收听广播、观看电影与电视。网络传播信息的速度与广度是其他三个媒体类型所无法比拟的。以美国"911 事件"为代表的社会突发事件都是由网络首先发布的。

电子商务。围绕着以产品目录和发布、网上交易、网上付款、商品递送等为代表的电子商务,已经出现了许多新型的网络企业、虚拟企业。在网上通过产品的查询和订购信息实现产品的交易,如网络书店,通过网络银行完成付款业务,通过虚拟企业实现产品定制等,都可以通过电子商务活动来实现。

在线保健。医院、医生、保险公司和实验室能迅速而准确地从网上获得需要的信息,从而节约费用,减少浪费巨大的文书。在线保健还可以充分利用网络资源,重新配置医疗资源,如开展网络手术等。北京地区就可以通过就医网络进行网络挂号，在一定程度上避免了就医难的问题。公民可以通过在线医院，直接与医生对话，进行医疗保健，或者了解疾病灾害，以便及时采取防护措施。北京流行 SARS 时，人们就通过网络了解疫情动态、防护知识，克服了人们的恐慌心理，增强抗击非典的信心。

在线教育。通过网络进行教育，解决了教育资源的不足以及资源分配不合理的矛盾。现在，人们通过网络进行学习、答疑、作业与考试。如美国的 GRE、GMAT、TOFEL 等国际知名的考试，都可以通过网络进行；国际著名的大学也通过网络将本校的优秀教育资源在网络上与世界上任何地方的人们共享；北京在 SARS 期间，通过"空中课堂""网络教室"等手段，让中小学生在家里就完成了教学任务。所有这些，都显示出了在线教育的巨大市场与发展潜力。

在线投资。改变投资、证券交易的传统方式，上网投资已经成了一种理财的新趋势。在美国，有越来越多的投资者选择了以网络作为投资的中介工具。使用在线投资，一方面可以提供高级投资分析工具，另一方面交易的费用也较低廉。现在我们的生活中，有很多人利用网络实时查看股票行情，进行股票交易。

数字图书。狭义的数字图书指的是手持阅读设备。广义的数字图书是指从书的写作、编辑、出版、发行到阅读这样一个完整的产业链。数字图书既可以拿在手持阅读设备上浏览，也可以在计算机屏幕上阅读。数字图书不仅能展现纸书上的文字、图片内容，保持纸书的原版原式，同时还可以附带音频、视频等多媒体内容。同时它的检索功能也是相当强大的。它所依托的载体是存储介质，比如计算机的硬盘等等。它所依托的技术是计算机技术，把原来图书中的字符、图像等形式组成的信息经过计算机系统，转化成 0、1 代码存储的数据，可以通过网络和无线通信设备传播，并且可以在调用时转化成原来的字符等。我国的数字图书代表有超星、书生之家、方正的 Apabi、同方的 CNKI 等。数字图书事业已经成为这些公司的有生力量，是企业发展的重要方向之一。

在线娱乐。在线娱乐是网络服务的主要目标之一，因为人们在利用网络时，更多地还是使用它的娱乐功能。通过网络看电视、看电影、听广播、玩游戏、画图画等。美国最大的网络服务提供商 AOL 与时代华纳的合并，为网络服务的经营与发展提供了范例与经验，也预示着网络在线娱乐的发展趋势。

在线人才求职。以前，人们求职主要依靠报纸等渠道来获取人才需求信息，而现在网络在此方面越来越显示出它的威力，通过网络求职能够获得更多的机会，增加了供求双方的了解。我国从中央到地方，各种人才信息网、网上职业介绍所、求职招聘公告板、人才热线、人力资源网等比比皆是，其中最出名的有 51job，中华英才网、猎头网等。北京"非典"期间，大中专院校毕业生在人才招聘会不再召开的情况下，运用大中专院校毕业生求职网，进行工作的寻求与应聘，成功率较高。

信息推送服务。传统的 Internet 信息浏览方式是，用户发出请求到 Web，然后 Web 将信息送回到用户端，或者说用户需要拉取（Pull）信息，而信息推送（Push）服务则是信息机构主动把自己的信息送到用户面前，实现"信息找用户"。用户在初次使用时设定所需要的信息，此后定制好的信息将通过 Web 自动发送给用户。综合国内外的研究来看，目前 Push 服务一般在技术上有三种实现方式①：① Web 服务器扩展——CGI 方式。由用户首先填写表单进行"订阅"，服务器将特定信息送至用户，这种个性化的订阅信息，比较容易构造应用，而不需要构造特殊的客户端部件。② 客户代理方式。由客户代理对预先定制的 Web 站点进行检索，将结果反馈给用户。③ Push 服务器方式。由站点的 Push 服务器提供收集信息服务，然后将它推送给用户。客户端负责接收数据以及提交指令，并对数据进行处理，还允许私有协议，开发特殊的服务应用。目前，一些网站，如中经在线的在线行销、3721 的新闻服务等都采用了 Push 技术。基于网络的信息推送服务主要有以下几种：① 频道式推送。它是将某些信息定义为浏览器中的频道，用户可像选择电视频道那样接收感兴趣的信息。如 CNN，人民日报等都是采取这种方式进行信息推送服务的。② 电子邮件式推送。用电子邮件的方式主动将信息推送给各用户。③ 网页式推送。把信息推送到用户的网页上。④ 专用式推送。采用专门的信息发送和接收软件，将信息推送给用户。信息推送服务具有及时性好、对用户要求低、对大众的适应性强、不要用户有专门的技术的优点。

个性化信息服务服务。它是网络信息服务发展的重要方向，是针对不同的用户采用不同的服务策略和方式，提供不同的信息内容的服务。个性化信息服务包括两方面的含义：一是按照用户的需求提供信息服务；二是按照用户或用户群的特点，对信息资源进行组织，开发创造出个性化的信息环境。它具有以用户为中心；允许并帮助用户充分表达个性化需求，能够对用户需求行为进行挖掘；服务方式更加灵活、多样，并且数字化；能够主动将用户所需信息推送给用户；减少网上重复信息的传输，节约用户时间的特点。个性化信息服务主要有个性化内容定制服务、个性化信息检索定制服务、个性化界面定制服务、个性化信息推荐服务四个类型。个性化内容定制服务通过用户定制获取用户的个性化信息，从而理解用户的需求，为用户提供更为准确的信息服务，提高用户的满意度。同时，通过与用户的直接或间接的沟通，改善与用户的关系，增加用户的忠诚度。个性化信息检索定制服务是在充分支持用户检索策略、检索方法和检索结果处理的个性化基础上，为用户提供信息检索服务，包括个人检索模板定制、检索工具定制、检索式表示方式定制、个人词表定制、检索结果处理定制、检索历史分析定制。个性化界面定制服务是让用户根据自己的爱好选择桌面的显示方式，包括界面的结构布局、显示颜色、显示内容的排列方式等。个性化信息推荐服务是通过网络信息的挖掘，了解用户的需求和兴趣，为用户提供个性化的实时信息推荐服务。

信息集成服务。它是指对具有信息的差异性、资源的分布性以及管理的自治性的网络资源及其服务进行集成，实现对分散系统的有效控制，由此来提高网络信息资源的利用效率。

UMS 服务。统一信息服务（unified message service）是国际上提出来的一种信息服务理念，它将人们从以前通过电话网、寻呼网、移动网和互联网分别享受到的各种信息服务融合起来，多种媒体与类型的信息，如语音、数据、多媒体等信息，在同一位置存储和管理，用户可以随时随地使用任何一种通信设备发送与接受信息。从技术上讲，UMS 的实现依赖于相关计算机软硬件技术和通信、网络技术的融合，建立 UMS 统一信息服务系统，并使其成为构建 UMS 的核心软件平台。通过 UMS 可以实现统一目录信息、统一信息存储、统一信箱账号的功能。

---

① 赵一维等. WWW 信息检索综述. 南京大学学报，2001(36)：192～198

除此之外,网络所能提供的服务类型还有很多。据《中国互联网络发展状况统计报告》(2005年1月版)统计显示,各类型用户经常使用的网络服务及其所占比例如表8.4所示。

表8.4 我国用户使用网络信息服务类型及比例[①]

网络服务名称	所占比例/%	网络服务名称	所占比例/%	网络服务名称	所占比例/%
电子邮箱	85.6	看新闻	62.0	搜索引擎	65.0
软件上传或下载服务	37.4	浏览网页	49.9	网上聊天(聊天室、QQ、ICQ)	42.6
BBS论坛、社区、讨论组等	20.8	个人主页空间	4.9	电子政务	2.0
网上游戏	15.9	网上购物	6.7	短信服务	2.3
网上教育	6.3	电子杂志	7.3	网络电话	1.0
网上医院	0.6	网上银行	5.1	网上炒股	3.4
网上拍卖	0.7	票务、旅店预定	0.5	视频会议	0.4
VOD点播	3.9	网上直播	2.2	多媒体娱乐(MP3、Flash欣赏等)	8.0
信息发布	2.3	网上推广	1.3	网上销售	1.6
信息化系统(ERP、CRM、SCM)	0.6	远程登录	0.7	同学录、校友录	14.8
网上招聘	3.5	网络数据库	0.8	其他	0.2

参 考 文 献

[1] 胡昌平.信息服务与用户研究.武汉:武汉大学出版社,1993
[2] 高新民.我国信息服务业发展前景及对策.信息世界,1994(2):1~5
[3] 邹荫生等.我国信息服务业发展现状及对策.图书馆论坛,1994(4):20~22
[4] 程鹏.中国信息服务业的回顾与展望.管理世界,1994(6):118~123
[5] 乔好勤.信息管理学:理论、实践与学科建设.华南师范大学学报,2002(1):94~99
[6] 曾民族.宽带时代信息服务业的技术动向和模式展望.情报学进展:1998~1999年度评论,第三卷,1999:142~182
[7] 赵水森.基于因特网的个性化信息服务研究.中国图书馆学报,2003(4):20~24
[8] 张学福.论网络环境下支撑中小企业的信息服务模式.中国图书馆学报,2003(3):33~35
[9] 陈远,王家雄.UMS——网络信息服务的新理念.中国图书馆学报,2001(5):49~51

---

① 中国互联网络发展状况统计报告(2005年1月).中国互联网络信息中心,2005:16~17

思 考 题

1. 什么是信息服务？它包括哪些要素？它有哪些特性？
2. 信息服务从不同的角度可以划分出哪些类型？
3. 信息检索服务有哪些主要类型与方法？
4. 信息咨询服务的主要类型有哪些？
5. 网络信息服务的发展层次有几个？各自的内容有哪些？
6. 网络信息服务通常采用哪些手段与方法？

第四篇 应 用 篇

第九章 政府信息管理

内容提要

本章从政府信息的含义以及外延角度出发,指出了政府信息管理的实践与理论基础,明确政府信息管理问题出现的根源;在此基础上,辨清了政府信息管理中的两个相关问题,展现了我国政府信息管理工作的发展现状与对策。随着信息技术在政府信息管理工作中的运用水平不断提高,本章重点解释了电子政务的基本问题,包括电子政务的背景与意义、电子政务的概念、电子政务的相关概念、电子政务的应用模式、电子政务的内容与特点、电子政务的功能、电子政务的发展阶段、我国电子政务的发展与现状、我国电子政务的发展对策等。

学习要点

1. 政府信息的内容
2. 政府信息管理实践与理论基础
3. 政府信息管理与CIO、政府信息管理与政府信息化
4. 我国政府信息管理工作的现状与发展对策
5. 电子政务出现的背景与意义
6. 电子政务的概念及其与办公自动化、政府上网、电子政府的关系
7. 电子政务的应用模式
8. 电子政务的内容及其特点
9. 电子政务的功能
10. 电子政务的发展阶段
11. 我国电子政务现状与问题、发展对策

第九章 政府信息管理

政府信息管理是信息管理在实践活动中的重要应用领域之一,特别是在信息技术不断深入政府行政过程之中、政府行政效率不断提高、政务信息不断"阳光"化等因素的作用下,对政府信息资源加强管理,成为信息管理界、行政管理界以及信息技术界日益关注的一个重要课题。

第一节 政府信息管理的理论与实践

根据美国政府管理与预算局2000年修订的A-130通报《联邦信息资源管理》的定义,政府信息是指"由或为联邦政府而生产、收集、处理、传播或处置的信息。"可见,政府信息主要产生于两个方面:一是政府在执行政府职能时所产生、收集、处理、传播或处置的信息;二是联邦政府在行政时与政府系统外的其他个人、组织、社团等联系而产生、收集、处理、传播或处置的信息。政府信息是一种具有社会价值的资源,它向公众提供政府行政的过去、现在的情况以及未来的计划,它是保证政府尽忠职守、负责工作的一种手段;政府信息是政府进行日常管理基本工具,是政府提高工作效率节约行政开支的重要基础;政府信息是一种具有市场价值的商品,政府信息资源往往蕴含着无法估量的价值,及时获取和利用有效的政府信息可以不失时机地创造物质财富。因此,加强对政府信息资源的规范化管理与利用,以最大限度地发挥政府信息资源的作用。

通过对政府信息资源的管理,可以提高政府办公效率、加强政府信息资源的共享,从而扩大公众参与国家政治生活的深度与范围、有利于规范公务员的行为、可以有力地遏制腐败现象的发生、有利于树立政府在公众心目中的新形象、有利于政府信息适时转化为现实利益。

1.1 政府信息管理的理论与实践基础

政府信息管理无论从理论上还是从实践上来看,都是现代信息管理的重要来源与应用代表之一。在对政府信息资源的管理方面,美国政府一直走在世界各国的前列,并且其所阐述的信息管理思想,成为现今信息管理、信息资源管理的重要理论来源。其他如英国、加拿大以及我国香港地区的政府信息管理活动,也是世界上比较成功的案例。

1. 政府信息管理的实践活动

以美国为代表的政府信息管理活动,引领着世界各国政府信息管理活动的发展;它因时而变其信息管理方法与理念,也成为世界各国政府信息管理活动的典范。综观世界主要国家的政府信息管理活动,它们总是与信息公开紧密联系在一起。

(1) 美国的信息法律和联邦政府信息资源管理法律与体制 [1][2]

美国政府十分重视对信息的管理。

① 从国家立法的角度来看,早在1895年便制定了《印刷法案》,规定由政府印刷局(The Government Printing Office,简称GPO)负责管理版本图书馆系统,并制定了政府出版物的印制与发行管理体制。1962年的《版本图书馆法案》明确定义政府出版物是"由政府出资或按法律规定出版的信息资料";同时规定每个州可以设立两个版本图书馆保存政府文件,不由政府

---

[1] 罗曼. 美国联邦政府信息资源管理体制. 图书情报工作, 2004(2): 81~83
[2] 彭伶. 论制定政府信息公开法. 现代法学, 2000, 22(6): 136~138

印刷局印制的政府出版物也要保存在版本图书馆内。据统计,从第 95 届到 101 届国会(1977～1990 年),美国政府制定了 300 余项有关信息政策的公共法律(public laws)。此外,许多授权或拨款议案中也有大量的指导信息政策活动的条款。这一时期,还提出并实施了大量有关信息政策的行政规定和条例。其中比较主要的有:

● 1974 年的《隐私法》是保护由政府收集的公众个人信息,要求政府部门确保公民记录的准确、机密的法规。同时,公民有权查看自己的文档,并纠正其中的错误。

● 1966 年颁布的《信息自由法案》是在冷战时期,美国政府极力夸大苏联的威胁,以国家安全保障为由将许多行政信息纳入不予公开的信息范围之内,尤其是 50 年代秘密主义极大地阻碍了美国行政信息的公开。该法案是在以美国新闻界为主力的社会各界人士积极呼吁行政信息公开的情况下才得以制定实施的。该法规定政府文件具有公共财产的性质,明确规定除可以不公开的九种情形外,如国防外交秘密、国家机密信息、机构内部的人事信息、法律明确规定不许透露的信息、商业秘密信息、个人隐私信息等,政府文件都应公开;一切人具有了解政府文件的同等权利,任何人均有权向行政机构申请查阅、复制行政信息;如果行政机关拒绝提供政府文件,公民或社会机构可诉至法院寻求救济。该法是公众获取政府文件的重要司法保障。1974 年的修正案扩大了负有公开行政信息义务的行政机构的范围;1986 年的修正则是在若干地方强调了不予公开的信息;1996 年的修订是为了适应由于计算机的广泛运用而带来的信息电子化,把电子信息(electronic information)置于与纸质信息(information on paper)同等地位纳入《信息自由法案》之中以便被公众使用,使公众能更快捷、更方便地获取政府文件包括电子信息,故又被称为"电子信息自由法"。较以前的规定,1996 年修订案发生了一些新的变化:第一,信息公开的内容有所扩大,行政部门的电子记录亦包括在应予以公开的行政信息中。第二,能动地进行信息公开。凡属必须提供给公众阅览和复制的记录,1996 年 11 月 1 日以后做成的文书,该日以后一年内,必须使之可以通过 Internet 等计算机网络形式获得。第三,行政信息公开之形态。规定在易于变换到申请者指定的形态时,行政机关有义务按照申请者指定的形态予以公开。

进入 20 世纪 90 年代,美国制定了许多更为完善和具体的信息政策,如 1990 年的《首席财政主管法》(Chief Financial Officers Act)、1992 年的《美国技术领先法》(American Technology Premiere Act)、1995 年的《文书削减法修正案》(Paperwork Reduction Act of 1995)、1996 年的《克林格-科恩法》(Clinger-Cohen Act)、1996 年的《联邦财务管理促进法》(Federal Financial Management Improvement Act),1996 年"联邦管理与预算局"(Office of Management and Budget,简称 OMB)为了配合《克林格-科恩法案》的实施,制定了 M96-20 通报,即《信息技术管理改革法的实施》(Implementation of the Information Technology Management Reform Act),1998 年的《互联网免税法》(Internet Tax Freedom Act),2000 年的《互联网非歧视法》(Internet Nondiscrimination Act)等。2002 年联邦政府又出台了《E-政府法案》,要求通过利用基于 Internet 的信息技术增强公民存取政府信息的能力。同时,建立确保信息安全的政府信息管理体制。该法规定,在"联邦管理与预算局"内设立一个新的部门——电子政府办公室,并将成立于 1996 年的"首席信息官委员会"(Chief Information Council)法定化。上述立法反映了美国的信息政策发展的趋势是保护科学技术领先、加强信息管理、保护信息安全、为公民提供享受公平信息的机会,也表明美国联邦政府已经认识到自己在国家信息政策领域中所承担的职责。

② 从政府组织机构上来看,"首席信息官委员会"和上文谈到的"联邦管理与预算局"、"电子政府办公室",都是美国联邦政府信息资源管理体制中的一部分,并且都属于重要的领导机构。美国联邦政府信息资源管理体制,它是由领导机构和职能部门两层构成。

● 领导机构。美国全国负责联邦政府信息资源管理的机构主要由四个部门负责,它们分别是首席信息官委员会:负责制定联邦信息管理政策,提出议案,为信息管理部门提供行动建议方案。国会印刷联合委员会(Congress' Joint Committee on Printing,简称 JCP),负责管理"政府印刷局"的工作。联邦管理与预算局:根据《文书削减法案》授权,负责从收集到传播政府信息的整个过程。电子政府办公室:负责政府服务、规章制度的制定和报告的撰写,以便于公众利用;为各种电子政务行动计划提供建议和指导;制定政府信息技术资金和投资控制规划;确保信息安全;加强信息隐私保护;加强政府信息的存取和保存;制定政府内部政策,支持信息技术标准,监督联邦各部门和机构开发基于 Internet 的集成信息系统;指导开发基于分类体系的联邦电子信息系统。

● 职能部门。具体负责美国政府信息管理的职能部分,主要包括政府印刷局、国家技术信息服务中心(National Technical Information Service,简称 NTIS)、版本图书馆、国会图书馆、国家档案馆等。

(2) 英国的《信息自由法》(Freedom of Information Act 2000) ①

早在 1766 年瑞典就颁布了《出版自由法》,但到了 20 世纪末世界各国才纷纷制定这方面的法规。迄今为止,已经有 40 多个国家,包括相当数量的欧洲国家、美国、加拿大以及亚洲的日本、韩国和泰国颁布了相关的出版自由法规。英国的《信息自由法》是政府信息公开制度的具体体现,其首要任务是在政府信息公开与保护其他社会公共利益之间寻求平衡,并通过一系列的设计来保障其他社会公共利益不受损害。

1997 年 12 月,英国政府发表了有关制定信息自由法提案的白皮书——《你的知情权》(Your Right to Know)。1999 年 5 月,《信息自由法》草案出台。经过相当激烈的讨论和公众反馈,该法案于 2000 年 11 月 30 日经英国议会讨论后正式通过,并于 2005 年 1 月全面实施。

英国《信息自由法》的制定,从政治意义上看,可以保障公民对政府和公共部门拥有的公共信息的"知情权",保证民主制度的健全;从经济意义上看,是经济全球化和经济信息化的必然要求。正如英国政务院所指出,《信息自由法》的主要特征有如下四个方面:① 除非有明确规定的豁免和限制条件,广大民众有获取公共信息的权利;② 即使是在适合豁免的情况下,对于信息的公开也应考虑到公众的利益,应具体情况具体处理;③ 公共部门(包括政府部门)有积极主动地出版公共信息的义务;④ 通过信息官一职和异议审查会的设立,加强信息公开的实施力度。

英国的《信息自由法》明确地规定了公民有获取公共部门所保存的记录式信息的权利,这是公民的信息权。该法的具体规定如下:"任何向公共部门索取信息的人都享有如下权利:公共部门应以书面形式告知,该部门是否保存有信息请求书中所描述的信息;如果情况属实的话,该公共部门应将这一信息传递给信息请求者。"

《信息自由法》规定,公共部门有制定和实施出版计划的义务,以便积极主动地向公众提供信息。这一出版计划应明确指出所要出版的信息的种类、出版的方式以及出版物的获取是否

---

① 肖永英. 英国《信息自由法》的主要内容及其影响初探. 情报杂志,2003(9):93~94,97

要收取一定的费用。《信息自由法》中规定信息官的职责之一即是审批公共部门所提出的出版计划。他们还可以为特定的公共部门（如学校、医疗卫生部门）制定标准或示范性的出版计划。

在信息公开的程序方面，《信息自由法》详细规定了信息请求者的请求方式、公共部门对信息请求的处理过程以及信息处理的收费情况。例如，该法规定信息请求者在提出请求时应以书面的方式进行，对所请求信息进行描述，但并不要求请求者说明请求某一信息的理由或利用的目的。公共部门对每一信息请求都应及时处理，一般情况下，处理过程不超过20个工作日等。

英国的《信息自由法》还设有专门的条款规定信息请求的实施机关。该法明确说明，如果某一信息请求者对公共部门的回答感到不满意时，他可以向信息官投诉。如果信息官认为投诉者的意见合情合理，他就向公共部门发出"信息通知书"。如果某一公共部门没有达到《信息自由法》中所规定的要求的话，信息官还可以向之发出"执行通知书"。公共部门如果不按照"执行通知书"采取相应的行动的话，则有可能被提请至法院诉讼。

并不是公共部门将所有的信息都提供给公众，那些涉及国家安全和国家利益的重要信息则属于免除公开的范围。《信息自由法》明确指出了免除公开的信息的种类。有人认为该法所规定免除公开的信息范围太过广泛，这在很大程度上削弱了国家信息公开制度本应起到的作用。

但是，英国的《信息自由法》还是具有广泛而深远的影响。它以法律的手段赋予了公众获取公共信息的权利，可以使公众更为密切地参与到影响其日常生活的决策活动之中，极大地促进了政府管理的现代化进程。它使得英国的政府部门认识到自己为公众提供信息的重要责任，同时该法还明确要求政府有关部门制定专门的业务守则。到目前为止，英国政府的有关部门制定了两部有关《信息自由法》实施的业务守则：一是由英国内政大臣制定的《内政部信息自由法业务守则》；二是主要涉及到公共当局文件管理活动的《大法官有关信息自由的文件管理业务守则》。这两部业务守则对于政府部门处理公共信息请求的行政管理以及政府部门文件管理的具体要求都做出了相应的规定。

(3) 加拿大政府的信息管理政策 ①

加拿大政府制定的这一信息管理政策于2003年5月正式生效。该政策的目标是保证加拿大政府控制的信息能在其整个生命周期得到高效益和高效率的管理。联邦政府机构应该在保护私人隐私的前提下，通过各种各样的渠道和官方语言来管理信息，以此来支持决策的制定，以提供高质量的规划、服务和信息。

该政策规定，联邦政府应当管理信息，推动信息的平等利用，促进公众对政府的信任，优化信息的共享和再利用，以减少资源重复建设，同时对规划或服务所需的私人信息的收集、利用和公开限制降低到最低，对信息管理实施权责机制，为信息管理营造支持性环境并确保员工对信息管理负起责任。

该政策要求政府机构通过各种传递渠道来确保信息的质量、前后一致性和可用性；通过对信息进行组织，提供切题的、及时的信息服务，提供明了、便捷的获取方式；并依据法律和政策规定保护个人信息和个人隐私。以此增进公众信任，满足公民不断出现的信息需求，从而经

---

① 安小米，刘静译. 加拿大政府的信息管理政策. 城建档案，2004(1)：43~47

济有效的实施政府规划、提供政府服务。

在信息管理的整个生命周期过程中,都应该确保信息管理的有效性和高效率。在政策规划设计的前期,就应当将信息管理及其治理制度考虑进去。通过记录决策和决策制定过程,收集、形成、接受和捕获信息,以便支持政府政策的连续性,保证信息的相关可靠和完整,并避免不必要的信息收集减轻公众的负担。采用协作和综合的方法著录政府机构信息,并采用全面的分类体系,包括元数据组织、利用和传播信息。政府机构要完善地保存信息,确保信息的可用性,以保障随着时间的流逝和技术的变迁,包括加密信息在内的信息依然可用,同时保证对加拿大政府或加拿大公民具有永久保存价值的信息在当前和未来都是可用的。按照有关法律和政策规定,对机构不再需要的信息要及时处置,把经鉴定具有历史价值的信息移交到国家档案馆,把政府机构图书馆宣布多余的出版物移交到国家图书馆等。在信息管理的整个生命周期中要能够正确评估其管理的效果和效率,建立权责体系框架确保信息的恰当管理,识别、记录和报道信息管理的风险、弱点和其他重要管理问题,在必要的时候,采取更正行动。

该政策建立的权责体系详尽地描述了被任命负责该政策实施的高级主管、副主管的职责,此外还包括所有公共服务机构的员工的职责,信息专家(包括图书管理人员、档案工作者、负责信息利用权限规定和信息隐私规定的官员和文件管理专家)的职责,以及加拿大国家档案馆、加拿大国家图书馆、加拿大统计局的职责和任务,最后还介绍了负有监控责任的加拿大秘书处财政委员会的职责。

(4) 我国香港地区的政府信息管理法律①

早在1996年12月,我国香港地区修订通过了《公开资料守则》,界定了政府可以提供资料的范围、规定公务员提供资料的方法、政府对外提供信息的手续等内容。该守则的主要内容包括:① 制定目的。该《守则》在引言中指出,政府应当运用可供使用的资料,尽量为市民提供最佳服务。② 适用范围。该守则适用于所有香港政府部门。③ 规定了按惯例提供的信息。④ 如何落实。该守则规定,由各部门指派一位人员担任公开资料主任,负责促进和监督守则的执行。⑤ 索取信息的方式。市民可以口头或书面方式索取资料,并说明"通常以口头方式提出即可。"⑥ 政府部门的答复。该守则明文规定当局会尽快回应索取资料的要求,同时对答复的时间也作了明确的限定。⑦ 不予提供的资料范围。该守则对于可拒绝提供的资料范围做出了明确规定,主要为:防务及保安,对外事务,国籍、出入境及领事事宜,执法、法律诉讼程序及公众安全,如提供信息可能会造成对环境的损害,经济管理、公务管理及执行,内部讨论及意见,公务人员的出任及公职人员的委任,如提供该信息可使信息获取者不当获利,第三者的资料,个人隐私,商务和其他法定限制的资料等。但是,拒绝提供的前提是披露上述信息会造成"伤害"或"损害"。⑧ 救济手段。任何人如果认为某部门没有遵照守则的规定,可以要求该部门复议或向申诉专员投诉。

2. 政府信息管理的理论来源

政府信息管理理论的最大贡献者当属美国联邦政府的信息管理行为以及这些行为所表达的信息资源管理思想。美国的两个法案以及记录管理学派的思想构成了政府信息管理的理论基础,并成为现代信息管理理论的一个代表性流派。

---

① 彭伶. 论制定政府信息公开法. 现代法学,2000,22(6):136~138

(1) 美国的"文书削减法案"[①]

1975 年,美国国会成立了联邦文书委员会。该委员会在对人们抱怨联邦文书负担过重问题进行为期两年的调查研究后,先后向美国国会递交了 37 份报告,建议对卫生、教育、能源等领域中的记录明确保管要求,削减强加在联邦、州、地方政府身上的文书及官样文章负担。

于是在 1980 年,美国国会制定并通过《文书削减法》,作为对联邦文书委员会的报告和建议做出的反应。该法案旨在使联邦政府收集、维护、使用和传播信息的费用减至最低,使收集到的信息得到最充分地利用,将记录管理的对象从记录扩展到文件、报告和记录中的信息,并首次在成文法中提出"信息资源管理"的概念及实施的具体框架,包括简化文书工作、数据处理和通信、统计、记录管理、信息共享和公开、信息政策和监督、组织发展和管理这七个方面。

根据《文书削减法》的要求,在联邦管理和预算局中成立了信息与规章事务办公室,并将信息政策职能赋予该办公室,以加强对整个信息生命周期中的信息管理、信息需求、信息利用、信息传播中问题的研究,并提出解决方法。

从信息管理的角度来看,美国联邦政府信息管理的起源是联邦文书委员会。联邦文书委员会的目标是调查研究实施政府信息管理的问题,以便用最经济的方式管理政府信息,从而解决日趋严重的文书和文牍问题。1980 年的《文书削减法》具体地提出了制定和实施联邦信息政策和统一、连贯的信息资源管理政策,并促使政府立法部门、行政部门和司法部门这三个政府机构确立了一个共同目标:削减联邦文书负担,提高政府信息资源管理的效率和效益。

1986 年美国国会通过《文书削减重新授权法》对 1980 年《文书削减法》做了修订,重新定义了信息资源管理,解决了人们对该概念的理解和实施方面所存在的疑问。1995 年再次对《文书削减法》做了修正,其目的在于减轻公众向政府报告的负担,授权联邦管理与预算局负责制定政府信息政策。

(2) A-130 通报

美国政府实施信息资源管理的两个最重要的政策工具一个是《文书削减法》,另一个就是 A-301 法案。1985 年底,美国联邦政府管理与预算局发布了 A-130 号通报,即《联邦政府信息资源管理》。它首次从政府的角度将信息资源管理定义为"与政府信息相关的规划、预算、组织、指挥、培训和控制。该术语既包括信息本身,又包括诸如人员、设备、资金和技术之类的相关资源"。在 1996 年和 2000 年修订后的 A-130 号通报中,完善了原来信息资源管理的定义。信息资源管理"是指为了完成机构的使命而管理信息资源的过程。这个术语既包括信息本身,也包括诸如人员、设备、资金和信息技术之类的相关资源"。在 A-130 通报对信息资源管理认识时,不但将"信息资源"理解为广义的,而且它还引入了管理学说里面的管理过程学派的观点,认为信息资源管理是管理信息资源的全过程。

除了对信息资源管理进行了界定外,最新修订的 A-130 通报还定义了"信息管理"的概念,并对其与"信息资源管理"的区别进行了明晰。它认为,信息管理"是对整个信息生命周期中的信息进行的计划、预算、处理和控制","信息生命周期"则是"指信息所经过的阶段,其中几个最主要的阶段是生产或收集、处理、传播、利用、存储和处理"。而信息资源管理是为了完成机构的使命而管理信息资源的过程。"信息管理"这一术语强调的是"管理"而不是"信息",它是将一般管理中的计划、预算和控制等方法运用到信息这一客体之上。事实上,按照管理的要

[①] 汪传雷. 美国信息政策的演变. http://www.fjinfo.gov.cn/publicat/qbts/012/22.htm,2004-08-26

求,在整个信息生命周期以及生命周期中的每个阶段都需要进行计划、预算和控制工作,只有这样才能确保信息活动能够满足政府的信息需求。

信息资源管理的重要性正在不断提高。事实上,对信息生命周期中每个阶段的管理,都不仅是对信息本身进行计划、预算和控制,还需要对相关资源进行计划、预算和控制。从更一般的意义上讲,信息管理是一项贯穿于人类活动始终的活动,而信息资源管理则只是信息管理发展中的一个特定阶段。世界著名的信息管理专家 D. A. 马尔香等人对信息管理活动发展的过程已经指出了这点。

美国的联邦信息政策最初只关心科技信息,但作为信息政策主要工具的《文书削减法》和A-130号通报,只针对一般意义上的政府信息,而非仅限于科技信息。《文书削减法》的问世和A-130号通报的发布标志着现代信息资源管理思想已经形成。

(3) 记录管理:政府信息管理的早期表现形式

记录(record)是各种社会组织业务活动情况的记载,包括关于组织在过去一段时间里的职能、政策、决策、程序、运作和其他活动以及对未来所做的安排和打算等信息。记录产生于组织内部。录存记录的最初目的在于反映组织在过去一段时间里的工作绩效、存在问题,以便备忘、作凭证,或为未来的工作提供指南。也就是说,录存记录主要是为了内部使用。

在国家行使其公共行政职能的过程中,产生了记录,尤其是近代以后,由于政府职能的迅速扩大,特别是政府建立社会基础公共设施、运输系统、医疗保健和社会救济抚恤等其他社会服务机构,为公民提供各种公共服务时,出现大量的文字记录。于是政府记录呈现爆炸式增长,特别是大规模战争和通信技术的发展更加剧了这一趋势,如何对记录进行有效的管理引起了政府的重视。

记录管理的内容产生于政府内部的业务工作,一般不包括产生于政府外部,但对政府日后的业务活动有影响的信息。记录管理的对象仅限于记录,而不包括记录生产者、录存设备、录存技术、费用等系统活动要素。记录管理主要靠行政手段和法律手段。例如,美国联邦政府记录管理和处置连贯性计划就是当时在任的杜鲁门总统在一份总统令中规定的。由此可见,记录管理与现代信息资源管理相比,在管理内容和手段上都有其局限性。

然而记录管理被公认为是现代信息资源管理特别是政府信息资源管理的起源。正是为了解决政府记录爆炸式增长及由此带来的记录利用低效率和政府决策低效率的问题,研究人员才逐渐形成了现代信息资源管理概念及相关理论。而"记录管理学派"也成为信息资源管理理论的一个发展流派。该学派的代表作有英国学者库克(M. Cook)所著的《信息管理和档案数据》(Information Management and Archival Data)等。记录管理学派的理论学说有这样一些特点:① 它将信息资源等同于记录,认为记录是一个组织机构的重要资源和财产,高效率的记录管理有助于实现组织目标;② 它注重记录的生命周期,即记录的创造、采集、储存、检索、分配、利用、维护、删除和控制过程,这实质上是一种信息管理过程,这个过程构成了记录管理理论的内在依据;③ 它注重多种媒体的集成管理,它所界定的"记录"已超越了文书记录的范围而演变为类似我国学者的"文献信息"概念,其目的是在记录的基点上实现多种媒体所包含的信息的集成;④ 它没有上升到战略管理的层次,依其理论内容而言,记录管理理论似乎介于经验学科和理论学科之间;⑤ 它也未能真正实现对多种媒体信息内容的统一管理,它所讨论的主要内容依然是信函、文件、报告、表格、缩微品等,其实质是一种扩大化的档案和文书管理;⑥ 它虽然也应用了信息系统理论和管理理论,但这些理论只是一种框架,它所装的仍是记录资源管理理论。它有广阔的应用市场,因此它在欧美各国尤其是美国流传甚广,影响也较大。

1.2 政府信息管理的相关问题

在讨论政府信息管理时,必然会涉及政府信息化以及在政府信息管理工作中的主体问题。这是政府信息管理中的重要问题,它们关系到政府信息管理工作成败。

1. 政府信息管理与政府信息化

按照现代行政学理论,政府的最基本职能是对社会、公众行使公共行政管理。而政务是指各级政府的业务、事务、会务等具体政府工作,通过这些具体政务,政府得以履行其对社会、公众所承担的各项公共行政管理和服务职能。

政府信息资源是一切产生于政府内部,或虽然产生于政府外部,但对政府活动有影响的信息资源的统称。由于政府总以某种方式,与人们的工作和生活的每一方面直接或间接相联系,因此,产生的信息总量常常多得惊人,甚至达到无法计数的地步。据统计,目前各级政府部门大约集聚了全社会信息资源总量的80%。这些信息资源还常常比一般的信息资源更有价值,质量和可信度也较高,直接关系到国民经济与社会发展的状况和水平。如何加强管理、综合开发和有效利用这些资源已经成为各级政府工作的当务之急,也是一个值得研究和探讨的新领域。

在信息时代,信息管理已经成为现代政府的基本职能之一,其主要内容包括:① 挖掘社会信息,建立信息网络;② 完善信息规则,促进信息流通;③ 打破信息垄断,维护信息公平;④ 发展信息产业,推进社会信息化。①

20世纪90年代以来,我国政府的信息管理工作朝着信息资源数字化、传输网络化、应用集约化方向迅速发展,管理手段逐步提高,开发应用不断深化,成效日益显现。

所谓政府信息化,主要是指政府部门为更加经济、有效地履行自身职责,为全社会提供更优质的服务而广泛应用信息技术、开发利用信息资源的活动和过程。政府信息化的最终结果,是建立高效可靠的电子政府。各国政府为了推动政府信息化的目标,都建立了与之相适应的组织机构,来规划、实施信息化的战略。

我国的政府信息化正式起步于1993年,以"金卡"、"金桥"、"金关"工程的启动为标志。1996年1月,由20多个部委领导组成的国务院信息化工作领导小组成立,统一领导和组织协调全国各地信息化工作,标志着中国政府的信息化工作产生了最高领导机构。国务院信息化办公室是国务院信息化领导小组的办事机构,具体承担领导小组的日常工作,下设综合组、政策规划组、推广应用组、网络与信息安全组四个司级机构。领导小组负责制定全局信息化的决策,起草相关的政策法规,而信息化办公室负责制定整体规划,协调和推进政府信息化建设。信息化战略的具体实施则要分别落实到各级地方政府、信息产业部和其他各部委。2001年,国家信息化领导小组成立,替代了国务院信息化领导小组的职能。

2. CIO与政府信息管理

CIO(Chief Information Officer)即首席信息主管,是一个组织(企业或政府部门)中负责信息技术系统战略策划、规划、协调和实施的高级官员,他们通过谋划和指导信息技术资源的

---

① 邱仕伟. 论现代政府的信息管理职能. 西安政治学院学报,2002(2):71~73

最佳利用来支持组织的目标。CIO 在组织的最高领导层占有一席之地,在"一把手"的领导下,参与组织的战略决策。①

政府 CIO 的产生是与信息资源管理密切相关的,其源头可追溯到 1980 年美国《文书削减法》的颁布实施,该法案要求在每一个政府部门或机构任命的"高级文书削减和信息管理官员",实质上已具备了 CIO 的某些特性,可视为政府 CIO 的源头。1984 年,直属美国总统领导的格雷斯委员会(The Grace Communittee)在调查的基础上建议在不同级别的政府部门,包括总统办公室设立 CIO 职位,从此吹响了政府 CIO 发展的号角。1955 年,美国国会通过了《信息技术管理改革法》(The Information Technology Management Reform Act of 1995)明确授权在政府部门设立负责信息基础的 CIO。改革法案授权在联邦管理与预算局(OMB)下设立一个美国 CIO 办公室,由总统任命的 CIO 出任办公室首脑。同时,该法案还提议联邦机构设立 CIO。其主要职责包括提供信息政策方面的建议、发展信息资源管理规划、评测信息技术采办计划等。1996 年美国国会又通过了《信息技术管理改革法》实施案(针对 Clinger-Cohen Act),明确规定每个联邦机构都要设立 CIO 职位,同时还规定了 CIO 的地位,即 CIO 是一个高层官员(a senior official)。该修定案还要求建立一个 CIO 委员会,以便定期地指导和协调执行机构中与信息技术和信息资源管理有关的活动,从此使政府 CIO 进入一个规范化的道路。②

联邦机构规定 CIO 的职责如下:① 通过建议等方式来确保信息技术能够依据机构首脑制定的优先顺序得到采办,信息资源能够依照同样的优先顺序实现管理;② 为机构发展、维护和运行一个完好的集成化信息结构;③ 促进所有主要的信息资源管理过程的有效而高效的设计和操作。可见,政府 CIO 的主要职责是实现信息技术战略与管理过程的整合。他们在政府信息化中的作用主要包括以下几个方面③:

(1) 提出信息化发展的设想,制定信息化发展战略,参与制定机构的总体发展战略;
(2) 了解业务需求,提出业务流程再造方案;
(3) 提出信息化建设投资建议,参与投资决策,负责信息系统采购;
(4) 负责信息技术体系结构和信息系统的建设;
(5) 负责信息与知识的管理;
(6) 负责信息技术人才招聘和员工信息技术培训。

我国政府部门也非常重视 CIO 的培养与任命。北京市宣武区于 2003 年 7 月 2 日通过了《宣武区公开政务信息暂行规定》,并于是年 9 月 1 日正式施行,在这份法规中明确要求宣武区各级行政机关设立首席信息官一名,全面负责该机关的政务公开工作。该《暂行规定》明确指出,有关区政府年度财政预算及执行情况、区政府承诺为百姓办实事的内容及完成情况乃至区政府各级行政机关主要领导的履历、分工和调整变化情况等与百姓生活密切相关的政务信息,将通过网站、报刊、广播、电视等诸多便于公众知晓的形式全面公开。④

---

① 宋晓群. CIO 与 政府信息化. http://0313.und.cn/moban/hillcitytrait/CIOYZFXXH01.htm
② 霍国庆. 企业战略信息管理. 北京:科学出版社,2001
③ 宋晓群. CIO 与 政府信息化. http://0313.und.cn/moban/hillcitytrait/CIOYZFXXH01.htm
④ 翁阳. 北京推进政务公开 首席信息官 9 月 1 日登台. 中国新闻网,2003 年 8 月 26 日

1.3 我国政府信息管理工作的发展、现状与对策

1949年建国后,我国政府就非常重视政府文书工作。1951年4月,中央办公厅和政务院秘书厅分别讨论了加强文书处理工作和档案工作的问题,通过了《保守国家机密暂行条例》和《公文处理暂行办法》两个文件。1954年通过了《中国共产党中央和省(市)级机关文书处理和档案工作暂行条例》,1956年通过了《中国共产党县级机关文书处理工作和档案工作暂行条例》及《文电统一管理的具体办法》等。从而我国政府基本形成了以机关文书为中心的政府信息资源管理体系。

20世纪70年代后,世界各国政府普遍关注计算机等现代技术在政府信息资源管理中的重要作用,并不断加强其应用范围与深度。我国也在1973年由国家计委开始在经济管理领域中应用计算机,并于1975年成功进行了全国工业、农业、基建、物资、财贸年报统计汇总工作,并于当年10月下发了《国家计委电子计算机中心设计任务书》,要求建立一个以28个省、市、自治区为分中心的全国计算机网。1980年到1984年利用计算机成功地进行了全国第三次人口普查工作,成为计算机在政府信息资源管理中的应用中的成功典范。

改革开放以来,随着社会和经济的快速发展,我国政府信息管理取得了很大进展。一批综合性、基础性数据库得以建设,为政府决策和管理提供了有力支撑。一些领域的政府信息对社会服务粗具规模,为国民经济和社会发展做出了显著贡献。1984年,国务院各部委和各省、市、自治区分别建立了信息专门机构。1985年国务院办公厅建立了信息处,1986年正式成立了全国省际政务信息网络,并于当年成立了国家经济信息系统领导小组和国家信息中心,负责全国经济信息的规划、指导等工作。1996年1月,成立了国务院信息化工作领导小组,并于2001年升格为国家信息化领导小组。它一方面在规格上得到了提高,显示出国家与政府对我国信息化工作的重视,另一方面也使其职能扩大到对党、政、军的信息化工作进行指导,从而成为领导全国各地区、各行业信息化工作的最高机构。

20世纪90年代以后,网络技术应用于政府信息资源管理领域。1992年国务院办公厅向全国下发《国务院办公厅建设全国政府行政首脑机关办公决策服务系统的通知》,要求在其统一领导下,加快全国政府信息化建设的步伐。1999年经历了"政府上网年"以后,电子政府以及电子政务的建设不断加快,形成了当今日益壮大与重要的"电子政务"建设高潮。

但是,从目前情况看,我国政府信息管理还处于初级阶段,在信息的采集、处理、利用、交换等环节都不同程度的存在问题,特别是政府信息资源开发和利用都很不充分。主要表现在:

(1) 缺乏统一的政府信息管理政策。由于国家没有统一信息资源战略规划,各行业、各地区自成系统,缺乏统筹,部门分割、地区封锁严重,造成网络互连而信息不互通。

(2) 缺乏对政府信息资源整个生命周期的管理。政府信息资源由采集、处理、利用和交流四个环节而构成一个完整的生命周期,其中每一个阶段,都需要周密考虑。目前,我们还没有达到这个流程的无缝链接,尤其在信息采集和交流两个环节问题突出。信息的完整性、真实性、及时性都没有足够保障。

(3) 配套措施不到位,基础工作严重滞后。政府信息资源分类指标体系尚未建立,信息名称不一,内容诠释各异;信息管理机构不明确,建设、维护资金投入不足;相关法规不完善,政府信息公开透明、资源交流共享等工作无法可依;信息资源数字化工作严重滞后,专业数据库相当欠缺,且数据标准不一致。

上述情况的长期存在,严重影响到公民的知情权和社会民主化程度,增加了社会和企业的负担,滋生了腐败的源头,损害了政府形象,也不符合WTO对政府贸易透明度的要求。

当前,我国政府信息管理的首要问题是解决"要不要管"和"谁来管"的问题。前者是一个认识问题,特别是政府各级领导必须统一认识。后者则是采取行动的问题,是在新形势下如何跨出政府信息管理的第一步。同时还需要建立健全一些相应的支撑要素。为此,在我国今后的政府信息管理中要注意做到以下几方面:

(1) 统一认识、形成合力。在很多情况下,政府信息管理不是一个技术问题,而是一个政治问题。没有政府部门"一把手"的关注与重视,部门内部、部门之间达成共识,信息依然会是一个个孤岛,有效的政府信息管理是不可能实现的。因此,对政府信息管理政府部门主要领导一定要亲自抓、长期抓、全面抓,在政府中树立一个信息资源是政府工作命脉的理念,形成人人关心信息资源建设的局面。

(2) 明确主体、各司其职。理顺政府信息管理体制,首先要明确政府信息管理机构及其相关职能、权限。这种机构在一级政府中应该包括两个层次:即决策层和执行层。决策层是指一级政府的行政首长或相关主要领导组成的委员会,其职能包括政府信息化方针政策的制定,重大信息化工程项目的审定和批准,部门间信息化工程系统的协调和利益冲突的调解,以及其他下一级政府解决不了的问题。执行层是指协助决策层工作,落实有关决策,执行具体操作的办事机构。

在上述理念、体制等前提实现的情况下,我们即可考虑政府信息管理的支撑要素并做出相应的安排,并从法制角度予以巩固和保障,其中一些具体的举措有[①]:

(1) 从政府信息资源是国家核心战略资源的角度,制订统一的政府信息资源管理政策,通过长期规划与年度计划,推进政府信息资源的整体综合管理;

(2) 以效益和效率优先为原则,通过采集许可证制度,实现政府信息资源的集约化,避免信息采集时的重复与遗漏;

(3) 以公开为原则,制订《政府信息公开条例》,实现政府信息公开,行政执法透明,保障宪法赋予公民的知情权、监督权等权利;

(4) 以无偿服务为原则,制订政府信息目录体系和交换体系,实现政府部门间(以及内部)信息交换和共享,提高行政质量和效率,降低行政成本,增强政府综合竞争力。

第二节 电子政务

随着信息化建设步伐的加快,政府应用信息技术的水平不断提高。为了提高政府行政效率、建设透明型政府以及重塑政府形象等因素的需要,政府信息化建设越来越受到各国政府的重视。我国一直将政府信息化以及电子政务建设作为推动整个社会信息化水平提高的切入点,受到了各级政府部门的重视。

电子政务是近年政府信息管理以及行政管理领域讨论比较热烈的方向之一,它是以网络技术和计算机技术为代表的信息技术在政府信息管理领域应用的典型,也是加强政府行政效

---

① 徐步陆. 浅议加入WTO后的我国政府信息资源管理发展. http://www.chinabyte.com/Enterprise/218709368323964928/20040726/1835085_1.shtml

率以及政务公开的有力保证。

2.1 电子政务发展的背景和意义 ①

电子政务在近年来飞速发展,已经成为全球关注的热点。根据联合国教科文组织在 2000 年对 62 个国家(39 个发展中国家,23 个发达国家)所进行的调查,89% 的国家都在不同程度上着手推动电子政务的建设,并将其列为国家级的重要事项。事实上,电子政务已经迅速地列入了所有工业化国家的政治日程。

电子政务的发展之所以受到世界各国的重视,可以从以下三个方面来分析:

1. 信息技术在政府中的应用和发展

世界现在已经步入互联网时代,信息技术在政府中的应用已经从简单的办公自动化逐渐走向和政府信息系统的建设的一体化。信息技术的革命,促使人们在观念上产生了变革。

2. 政府信息化指导思想的发展

政府信息系统建设在指导思想上也发生了很大的变化。从 20 世纪 50～70 年代的政府业务过程的"计算机化"发展到 80 年代中期的"业务过程重新设计",随着互联网技术的发展和普及,人们在应用信息技术的观念又上产生了一次新的飞跃,即人们可以应用信息技术对现有的工业时代的政府形态和结构进行信息化的"改造"。这种"改造"的过程,就是"电子政务"发展和形成的过程。

3. 电子政务的优势

应用电子政务一方面可以提高政务工作的效率,建立一个更加勤政、廉政、精简和有竞争力的政府;另一方面是可以使政务工作更好地为居民和企业服务,能够使人民更好地参与各项决策活动。

在经济和信息全球化发展的大背景下,政府的信息化已经成为提高一个国家竞争力的重要因素之一。在我国现代化进程的道路上,信息化是铺路的基石,电子政务的发展不仅对信息产业有十分重要的影响,而且还将对我国各行各业信息化的发展起到示范作用。

2.2 电子政务的概念与模型

不同的政府对电子政务的期待不同,由此在实践上会有不同的表现。

联合国在它发布的《全球电子政府图景》中认为,"电子政务意味着政府持续的承诺,通过以增强的、有效率和效果的方式提供服务、信息和知识,改善私人部门和公共部门之间的关系。电子政务是政府应该提供的服务、信息、知识的最好实现"。

世界银行则认为,"电子政务是政府机构使用信息技术的过程,这些信息技术能够改变政府和市民、企业以及其他政府分支机构的关系。这些技术可以满足不同的目标:更好地为市民提供服务,改善同企业和产业的互动,通过获取信息而授权予民,更有效地管理政府"。这一定义为我们构建了电子政务的一个宏观模型。在图 9.1 这个模型里,有三个行为主体:政府、企业和居民,政府的业务活动也是围绕这三个行为主体展开的。政府与这三个主体之间的互动可以划分为五个不同的相互关联的领域,即政府对政府、政府对企业、政府对居民、企业对政府、居民对政府。

---

① 周宏仁. 电子政务全球透视与我国电子政务的发展. 市场与电脑,2003(6):13～15

第九章　政府信息管理

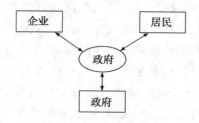

图 9.1　电子政务的宏观模型

具体来讲，政府与政府间的互动主要涉及政府内部的政务活动，包括国家和地方基础信息的采集、处理和利用，政府之间各种业务流所需采集和处理的信息，政府之间的通信系统，以及政府内部的各种管理信息系统等；政府对企业的互动包括政府对企业的各种宏观和微观的管理，如发布各种方针、政策、法规和行政规定等，政府向企业提供各种公众服务，构造一个良好的投资环境和市场环境，维护公平的市场竞争，帮助企业特别是中小企业发展；企业面向政府的活动则是向政府缴纳各项税款，向政府供应各种商品和服务，参加政府的各项工程的竞、投标，向政府反映企业发展遇到的困难和问题，向政府申请可能提供的援助等；政府对居民的活动实际上是政府向居民提供的各种服务，如信息服务，让居民了解到政府的规定、决策是什么，以及各种与居民生活密切相关的信息；居民对政府的活动除了向政府缴纳各种税款和费用，更重要的是鼓励居民参政、议政，使政府各项工作不断完善。[①]

美国联邦政府认为"电子政务创造了许多机会，为市民提供高质量的服务"，同时也承诺"（电子政务是）一个将导致联邦政府得到显著改善的有效的策略。它包括：简化对公民服务的提供；限制政府管理的层次；使市民、企业和其他层次的政府及联邦雇员能更容易地从联邦政府发现信息和获取服务；通过整合来简化政府机构业务流程，通过限制机构冗余来降低成本；条理化政府运作，保证更快地响应市民需求。"

而欧盟在它的《电子政务-欧盟的优先级》中认为："信息和通信技术是善治的有力工具，善治有五项原则：开放、参与、责任、效果和一致性。朝电子政务转变能够提高所有这些方面。信息和通信技术可以加强民主和发展'网络共同体'，也能提高对欧洲民主过程的认识、兴趣和参与。"可见，欧盟的定义更强调治理和善治方面，希望能通过电子政务更好地建设"电子欧盟"（e-Europe）。

Cisco Systems 公司分管政府事务的副主席 Laura Ipsen 认为，电子政务在有关发展技术、使组织快速转变为灵活而有效率的复杂组织……有效地参与全球经济的竞争方面具有重要意义。电子政务的基础表现在依靠网络和知识来变革教育、公共服务和参与式民主方面。

我国国务院发展研究中心信息网认为，电子政务是政府在国民经济和社会信息化的背景下，以提高政府办公效率，改善决策和投资环境为目标，将政府的信息发布、管理、服务、沟通功能向互联网上迁移的系统解决方案。同时也提供了整个政府管理流程再造，构建和优化政府内部管理系统、决策支持系统、办公自动化系统，为政府信息管理、服务水平的提高提供强大的技术和咨询支持。

中国电子政务研究中心则认为，电子政务是政府机构应用现代信息和通信技术，将管理和

---

① 邱仕伟. 论现代政府的信息管理职能. 西安政治学院学报, 2002(2): 71～73

服务通过网络技术进行集成,在互联网上实现组织结构和工作流程的优化重组,超越时间、空间与部门分割的限制,全方位地向社会提供优质、规范、透明、符合国际水准的管理和服务。

综述各种观点,对电子政务的认识可以分为两派,一是技术派:从电子政务技术层面考虑电子政务的功能,如效率、成本优势、灵活性等;另一种是公共治理派:从公共管理的角度出发,认为电子政务关注市民、企业和政府及政府公务员的需要,改善各方面关系,注重公民的参与和互动,提高民主程度,从而提高了公共管理和服务的效率。

但不管采用技术派的看法还是治理派的看法,电子政务的定义基本上都要包括以下内容:第一,电子政务必须借助于电子信息和数字网络技术,它离不开信息基础设施和相关软件技术的发展;第二,电子政务处理的是与政权有关的公开事务,除了包括政府机关的行政事务以外,还包括立法、司法部门以及其他一些公共组织的管理事务;第三,电子政务并不是简单地把传统的政府管理事务原封不动地搬到互联网上,而是要对其进行组织结构的重组、业务流程的改造,从而转变政府职能,重塑政府。因此电子政府与传统政府之间有着显著的区别,而电子政府建设,必须围绕政府各项改革开展,以实现政府重塑为目标。

简言之,电子政务是通过引入信息和通信技术以及新的管理方式,改变和改善政府组织内部的管理和组织外部的关系,从而实现一个更有效率、更有责任心和更加民主的政府。在这里,电子政务应该更加注重服务对象的需要,变管理型政府为服务型政府;更加注重公民的参与和互动,强调公民与企业参与政府,这是一个民主深化的过程,电子政务提供了条件;更加注重政府的公共管理和公共服务提供的效率和效果。

2.3 电子政务的相关概念

人们谈起电子政务时常常会涉及电子政府(E-government)、政府上网、办公自动化等概念,实际上这些概念是既相关又有区别的一组概念。

1. 电子政务与电子政府

关于电子政务与电子政府的关系存在两种意见:一是两者在广义理解上是相同的;二是两者内涵和外延存在差别。在同意存在差别的讨论中,又存在争论:①电子政府构想集中于政府与公众、政府与企业之间的电子政务,电子政务包含了政府部门内部、政府部门之间以及政府与公众、政府与企业之间的电子政务,涉及范围比较广,而且内容也比电子政府丰富得多。②政务是政府的一项内容,尽管是极其主要的内容;而电子政府则表明信息通信技术渗透与应用于政府的所有方面,从政务到组织结构。因此,比起电子政务来,电子政府对传统政府模式的冲击无论在深刻性还是广阔性上,都更具有震撼力。争论的前一种观点是从涉及范围角度进行考察,后一种观点则是从"政务"的狭义内涵的角度进行分析。两种观点似乎都有一定的道理,但是从争论的背后来看,产生差异的原因是对"政务"、"电子政务"的内涵和外延的理解存在一定具体细微的不同所导致的。

2. 电子政务与政府上网

1999年我国对世界"电子政务"策略做出了反应,1月22日,中国电信和国家经委经济信息中心联合40多家部委主管部门共同倡议发起"政府上网工程",并把1999年定为"政府上网年",揭开了我国电子政务建设的第一幕。"政府上网"反映了我国在进行电子政务建设初期对"电子政务"的理解程度。现在看来,政府上网的重要任务是建设政府网站,推动政府部门与用户之间的信息交流,这种交流是政府对用户的单向信息输出;而电子政务则是更为广泛的概念,不但要求政府与用户之间的双向信息交流,而且还包括政府部门内部以及政府之间、部门之间所有的政务往来。如果只开通了一些政府网站,而政府内部没有进行全面的信息化建设,缺少信息意识,内部的管理体制又没有理顺,这样的电子政务就是一个空壳,缺乏实际的运作内容。如果政府建立网站只是发布信息、为公众提供单向服务,没有实现政府与公众、政府之间的互动,这也不是完整意义上的电子政务。因此,政府上网只是电子政务发展中的一个阶段,电子政务不同于政府上网。

3. 电子政务与办公自动化

办公自动化是指利用现代的办公设备、计算机技术、通信技术和网络技术来代替办公人员的手工作业。

办公自动化一般限于政府部门内部,并且集中于办公人员的个人层面,而电子政务侧重于政府部门内部以及政府部门之间、政府之间、政府与企业、政府与公众的政务信息处理。因此,电子政务可以理解为是办公自动化从内部网延伸到政府机构之间的外部网,再延伸到公众网即网络互联的过程。办公自动化是电子政务的一个基础性组成部分,是电子政务的必要条件,但不是充分条件。

2.4 电子政务的应用模式

通过目前政府中电子政务实施的实际情况来看,一般存在着四种电子政务实施的模式。

1. 政府部门内部的电子政务(E2E)

通常指政府部门办公自动化,主要包括以下内容:电子政策法规、电子公文流转、电子财务管理、电子办公、电子培训、公务员业绩评价等。

2. 政府之间的电子政务(G2G)

包括首脑机关与中央和地方政府组成部门之间、中央政府与各级地方政府之间、政府的各个部门之间、政府与公务员和其他政府工作人员之间的互动。随着电子政务的发展,还应该包括国际范围内国家与国家之间、国家与国际组织之间、国际组织之间的互动。主要内容包括:电子公文流转、电子司法档案、电子财政管理、电子统计等。

3. 政府与企业之间的电子政务(G2B、B2G)

指政府通过网络进行采购与招标,快捷迅速地为企业提供各种信息服务;企业通过网络进行税务申报、办理证照等事务。此应用模式从政府角度出发是电子政务,从企业角度出发则是电子商务。主要内容包括:电子采购与招标、电子税务、电子证照办理、信息咨询服务、中小企业服务等。

4. 政府与公众之间的电子政务(G2C、C2G)

指政府通过电子网络系统向公众提供包括信息服务、各种证件的管理和防伪、公共部门服务等在内的各种服务。主要内容包括:教育培训服务、公众就业服务、电子医疗服务、社会保险网络服务、公众信息服务、交通管理服务、公众电子税务、电子证件服务等。

在政府部门内部和政府之间的电子政务中,主要是通过办公自动化和现代通信、网络技术,实现信息传递和数据传输,使政府的纵向体系和横向体系之间实现互联互通,资源共享;在政府与企业之间和政府与公众之间的电子政务中,主要是在互联互通,资源共享的基础上,通过必要的管理和大量的公共服务,实现政府对社会、企业以及公众的管理与服务。

2.5 电子政务的服务内容与特点

1. 电子政务的服务内容

电子政务的应用模式主要表现在以上的四个方面,通过这四种模式,其可以实现如下的服务内容:

(1) 政务信息查询,面向社会公众和企业组织为其提供政策、法规、条例和流程的查询服务;

(2) 公共政务办公,借助互联网实现政府机构的对外办公,如申请、申报等,提高政府的运作效率,增加透明度;

(3) 政府办公自动化,以信息化手段提高政府机构内部办公的效率,建立电子化公文系统,公文制作及管理实现电脑化作业并通过互联网进行公文交换,公文制作更加规范化、科学化和无纸化;

(4) 电子化政府采购及招标,在电子商务的安全环境下,推动政府部门以电子化方式与供应商联线进行采购、交易以及支付处理作业;

(5) 网上福利支付,运用电子资料交换、磁卡、智能卡等技术,处理政府各种社会福利作业,直接将政府的各种社会福利支付、交付给受益人;

(6) 电子邮递,建立政府整体性的电子邮递系统,并提供电子目录服务,以增进政府之间以及政府与社会各部门之间的沟通效率;

(7) 网上报税,在互联网上或其他渠道上提供电子化表格,使人们足不出户就可以在网络上报税;

(8) 网上身份认证,以一张智能卡集合个人的医疗资料、个人身份证、工作状况、个人信用、个人经历、收入以及缴税信息、公积金、养老保险、房产资料、指纹等身份识别信息,通过网络实现政府部门的各项便民服务程序;

(9) 电子财政管理系统,向各级国家权力机关、审计部门和相关机构提供分级、分部门历年的财政预算及其执行情况,便于及时掌握和监控财政状况。

2. 电子政务的特点

(1) 安全性。政府机构的信息安全是电子政务实施的第一要素。电子政务系统不但要能够实现内外网的物理隔离,有效防止泄密;同时也应确保内外网具有强大的抵御攻击能力,防止非法侵入带来的损失;

(2) 整合性。电子政务系统应能实现政府内部办公和外部事务处理的整合。通过建立政务办公信息流和事务信息流的平滑对接,提高信息流的效率。同时,能够实现多种沟通模式的整合,通过通信平台的多样化优势,提高电子政务系统的覆盖能力;

(3) 可扩展性。电子政务系统的实施是一个分阶段的长期过程。电子政务系统的构造应具有高度的扩展性,以降低系统扩充的投入成本,并满足信息技术高速发展的需要;

(4) 示范性。电子政务系统采用的技术和产品应对社会具有广泛的示范性和引导性。电子政务平台的总体结构应依据国家电子政务安全规范和国家电子政务标准技术参考模型设计。

2.6 电子政务的功能

电子政务相对于传统政务手段与方法来说,它的功能是多样化的,但无论采用何种模式的

电子政务,其功能主要包括如下几个方面:

1. 监督电子化

通过政府公务的电子化,将政府办公事务流程向社会公开,让公众迅速了解政府机构的组成、职能和办事章程、各项政策法规,增加办事的透明度,并自觉接受公众的监督。

2. 资料电子化

服务于政府部门和科研教育部门的各种资料、档案、数据库也应上网。政府部门的许多资料档案对公众是很有用处的,要充分挖掘其内在的潜力,为社会服务。公开政府部门的各项活动,可以使政府受到公众的监督,这对于发扬民主,搞好政府部门的廉政建设有很大意义。

3. 沟通电子化

在网上建立起政府与公众之间相互交流的桥梁,并为公众与政府部门打交道提供方便,公众可直接从网上行使对政府的民主监督权利。

4. 办公电子化

网络办公是电子政务的非常重要的一个内容,通过办公电子化,不仅极大地方便了公众同政府部门的办事效率,而且对于塑造政府形象也具有重要的意义。

5. 市场规范电子化

电子政务建设除了将政府行政内容上网以外,还应建立起各个部门相应的专业交易市场,以推动经济的发展。尤其是个体企业的资金、技术有限,需要政府为其建立起面向供需双方的专业化网上市场,这有利于搞活经济、繁荣市场。

2.7 电子政务的发展阶段

电子政务是一个持续发展的过程。一般我们把它划分为4个阶段:

1. 电子政务起步阶段

政府信息网上发布是电子政务发展起步阶段较为普遍的一种形式,即通过网站发布与政府有关的各种静态信息,如政策法规、办事指南、机构设置、职能介绍、官员名单、联络方式等。

2. 政府与用户[①]单向互动阶段

在这个阶段,政府除了在网上发布与政府服务项目有关的动态信息之外,还向用户提供某种形式的服务。这个阶段的一个例子就是用户可以从政府网站上下载各种政府表格,如报税单等。

3. 政府与用户双向互动阶段

在这个发展阶段,政府与用户可以在网上完成双向的互动。如用户可以在网上打开报税表,在网上填写报税表,然后在网上将报税表递交至国税局。在这个阶段,政府可以就公共工程项目或某个重要活动的安排在网上征求用户的意见,用户也可以就自己关心的问题向政府提出咨询或建议。

4. 网上事务处理阶段

这个发展阶段是电子政务的成熟阶段和高级阶段,这个阶段的实现必然导致政府运行方式的本质变化。原来政府与用户的"接口"是在办公室,现在则移到计算机屏幕上了。因此需要调整原有政府部门及工作人员,并设立一些新的部门和新的岗位。

[①] 电子政务的"用户"主要指政府机关、公务员以及企业、社会团体、各种机构、公民等法人、自然人

以上四个阶段是根据政府与公众或用户在网络上的互动程度进行划分的。但是电子政务实现的基础是计算机技术,没有计算机技术的支撑,网络技术失去了载体。因此,还应该存在一个前电子政务阶段,即将计算机技术应用于政府工作中以改变其手工作业的自动化阶段。在这个阶段,没有应用网络技术,政府与公众或用户的互动是通过原始方式——面对面或者通过除了网络以外的其他大众传播手段进行的,但是在工作方式上融入了大量的计算机技术,大大提高了工作效率,为电子政务的发展奠定了基础。这一阶段又可以根据自动化程度高低划分为办公自动化、管理信息系统、决策支持系统阶段。当然,随着网络技术的产生和应用,政府的作业方式越来越依赖于网络了。

2.8 我国电子政务的发展与现状

我国的电子政务建设起于20世纪80年代末期中央和地方党政机关所开展的办公自动化(OA)工程,其间建立了各种纵向和横向内部信息办公网络,以及国家经济信息、统计自动化等10多个信息系统,中央40多个部委局相继成立了信息中心,这些为以后电子政务的发展奠定了基础。1993年底启动的"三金工程"是中央政府主导的以政府信息化为特征的系统工程,重点是建设信息化的基础设施(NII),为重点行业和部门传输数据和信息。这些是电子政务发展的雏形,是我国电子政务发展的最初级阶段。

到了20世纪90年代末期,由于信息网络技术的快速发展和信息基础设施的不断完善,电子政务的发展进入快车道,突破了部门和地域限制,向交互性和互联网方向发展。1998年4月,青岛市在互联网上建立了我国第一个严格意义上的政府网站"青岛政务信息公众网"。1999年1月,由中国电信总局和国家经贸委经济信息中心主办、联合40多个部委(局、办)的信息主管部门共同倡议发起的"政府上网工程",标志着电子政务向前迈出了实质性的一大步。这项工程的主旨是推动各级政府部门建设互联网站,并推出政务公开、领导人电子信箱、电子报税等服务,从而为政府系统的信息化建设打下了坚实的基础。截止到2004年12月31日为止,以gov.cn注册的域名总数已达到16 326个,已经建成的www下的政府网站占全国网站总数66.89万个的3.6%[①]。2002年5月底,"北京电子政务在线服务平台"正式开通,服务包括补办居民身份证、企业在线工商注册等57项业务,这一平台的开通具有里程碑的性质,它实现了政府与企业、民众的双向互动。我国实施政府上网工程的最根本、最重要的目的,就是要推行电子政务。从目前的发展状况看,我国电子政务水平,在联合国的191个成员国中排名第74位,位居中上水平。这一结果是在国际专家和有关政府官员的共同努力下,对联合国191个成员国的政府网站进行了43000多项测试后得出的。这是到2003年为止对公共管理领域信息与通信技术应用情况在全世界进行的最新和最全面的一次调查。未来的几年内,中国各级政府投入电子政务的总金额预计将会达到2500亿元人民币之巨。[②]

经过"早期办公自动化"、"专业领域信息化"("金"字工程)、"政府实施上网工程"三个阶段的发展,目前电子政务建设已被列为我国国家信息化的两大重点之一,它进入了一个新的发展阶段——电子政务建设的爆发期。

尽管当前电子政务建设取得了飞速发展,但随着认识和实践的深入,也凸显出许多问题,

---

① 中国互联网络信息中心.2004年中国互联网络信息资源调查报告.2005年2月
② 中国电子政务水平排世界第74位居中上水平.广州日报,2003年11月19日

主要表现在:

(1) 传统政务电子化现象严重。电子政务的实质是要对政府的业务流程实现再造,是要利用现代化的信息技术,把政府部门的业务流程进行根本性的、彻底的重新思考与重新设计,使政府的行为成本、政府的公共物品与支出、政府的服务质量和效能都具有可量化的标准,最终达到政府行为、业务流程的戏剧性改变。而在实际建设中,许多部门的传统政务的模式几乎没有改变,只是对流程进行电子化处理,这是由于他们对电子政务的本质认识不足造成的。

(2) 整体发展水平上出现了"数字鸿沟"现象。由于我国在政治、经济、文化的发展上存在极大的不均衡,城乡二元结构,东西部差别造成各地区在电子政务实施的环境和条件上差别很大,对电子政务需求也有大有小,导致各地电子政务发展水平不均衡,出现了较大的"数字鸿沟",为电子政务的长远发展埋下了隐患。

(3) 整体信息服务水平不高。就目前来看,许多地区的电子政务还处于基础建设阶段,几乎没有什么应用上的扩展。近年来政府网站数量虽然持续快速增长,但半数以上的政府网站提供的信息仍然集中在政府职能介绍、政府新闻、法律法规政策文件、办事指南、通知公告等常规信息上。而且内容更新速度比较慢,互动性也比较差。在利用信息手段进行科学决策,提供整合型的个性化服务等方面都尚未涉及。

(4) 普遍存在着"信息孤岛"现象。我国政府组织结构是一个典型的条块分割的二维模式,纵向层级制和横向职能构成一个矩阵结构。这种行政模式根本上制约了我国电子政务的发展。由于部门系统的纵向联系比较强,而系统之间横向的互联互通则比较难,形成了所谓的"信息孤岛"。结果使得信息资源开发滞后,共享程度低,最终降低信息资源利用的效果。

(5) 重复建设现象比较严重。2002年国内电子政务的采购额超过350亿元,年增长率近25%,其中硬件支出250亿元,软件支出45亿元,信息服务支出55亿元。这些统计数据一方面说明,国内电子政务还处于应用层次较低的设备普及阶段,另一方面也反映了某些项目主导者盲目追求先进硬件系统和高档的设备,以躲避风险的心态。有些人认为,设备越新型、系统就越先进。如有些地方刚刚完成了完全可以满足目前和以后较长一个时期应用的项目,相关的开发应用还没有跟上,就转向规划另一个建设规模更大,要求资源更多,实际应用重复的系统项目。这是一个极大的认识误区,造成了严重的重复建设现象,极大地浪费了人、财、物力和信息资源。一个系统的先进性体现在性价比和应用水平上,而不是设备的先进与否。

(6) 外部软环境亟待改善。美国的电子政务建设之所以走在世界前端,其立法先行不可不谓是重要原因之一。而我国恰恰在立法这一重要环节上极为滞后,许多方面基本上处于空白,缺少详细的、可操作的法律法规。另一方面,信息知识普及面窄,宣传力度小,使企业、公众和公务员对电子政务主观需求低,积极性不高,也是电子政务发展遇到的问题之一。同时,我国公务员的整体素质和信息技术应用能力也不容乐观。高学历的人员所占比重低,老一代的公务员缺乏必要的培训,在信息技术应用能力方面与电子政务的要求有很大的距离,从而使电子政务又遭遇了"人才瓶颈"。[1]

2.9 我国电子政务的发展对策

在认识到我国电子政务发展中的问题后,我们需要制定相应的对策,对症下药,解决问题。

---

[1] 杨艳东. 加速电子政务发展,促进政府信息化建设. 现代情报,2003(1):36~37

总体来看，我国在进行电子政务建设时，应遵循如下基本原则：

1. 遵循"审慎规划，小步快走"的原则

"想得要大，起步要高，扩张要快"是全球对于信息系统工程建设的一个共识。原因是信息系统工程项目自身具有的特点：资金和技术密集、信息技术发展太快、项目管理要求较高等。具体来说，先是要根据对信息技术发展的预期，审慎地确定电子政务长远发展目标，然后要以小的、容易实现的、效果明显的项目起步，或是将大的项目分解成若干个小项目组织实施，最后要在已经取得的经验和效益上，加快系统扩张的步伐，一方面可以充分享受信息化和信息技术带来的好处，另一方面也可以扩大影响，更大程度上取得政府和相关部门的支持。①

2. 以政府业务流为主线发展电子政务

我国电子政务的发展应该以政府的业务流为主线，而不是以政府的部门或地区为规划电子政务发展的基础。我们应该根据轻重缓急将政府职能中带有不变性的业务流一个个地计算机化和网络化，利用信息技术给政府重新"梳一次辫子"。在这个过程中，要整顿和规范现行的政务流程，对行政审批、执法、征收方式、行政组织形式和决策机制等进行必要的改革，尤其要克服"条块分割"、"系统封闭"等各自为政的陋习。

3. 以标准化和规范化方法发展电子政务

缺乏标准化和规范化，一是会使政府之间、政府部门之间的各种系统难以兼容，资源难以共享；二是会造成重复建设，电子政务的网络平台和信息资源无法整合，而盲目建设不仅会造成巨额资金浪费，还可能形成网络割据，造成数字鸿沟；三是会对管理造成很大难度，特别是在对安全保密的管理上，达不到安全保密管理要求的建设势必会造成安全事故和泄密事件，给国家造成不同程度的损失。

那么，如何才能实现规范化和标准化建设呢？首先要提高认识，改变观念，全面理解建立统一电子政务网络平台的内涵。国务院信息化工作办公室下发的"全国电子政务 IP 地址划分方案"，是建立统一的电子政务网络平台必须遵循的标准和规范，只有据此开展建设，才能真正实现互联互通。其次，要将电子政务的"零部件"规范化和标准化，并将这些"零部件"交由企业来开发，不仅可以节约大量的资源，而且软件的先进性、质量及升级更新等都有了可靠保证，更重要的是还支持了软件产业。第三，规范化和标准化的关键则在于政府业务过程的规范化和数据模型的标准化。政府的行政命令不是推行规范化和标准化的惟一方法，通过技术政策来引导和推进，或是依赖市场作用，让市场占有份额大的产品成为事实上的标准或规范。由此可见，政府信息系统的建设并不一定非要政府投资不可，政府与企业的伙伴关系具有很大的潜力。政府和企业在电子政务的发展中有各自的角色，政府的职责是完成法律赋予政府的职能，而不是信息系统的开发。政府对信息系统提出要求，实现信息化的有效管理，而剩下的系统开发的任务应该交给企业去做。

4. 保证信息安全

安全问题是所有国家在发展电子政务中十分重要的问题。不同的电子政务应用系统，对安全的要求是不同的，要综合安全、成本、效率等多方面的权衡。在整个电子政务系统安全的设计过程中，必须从物理安全、信息安全以及管理安全全方位来考虑。物理安全措施主要是设置防火墙；信息安全措施主要包括 PN、PMI、密钥管理、数据加密等信息安全技术；而良好的

---

① 邱仕伟. 论现代政府的信息管理职能. 西安政治学院学报，2002(2)：71～73

系统管理有助于增强系统的安全性,因为以往的经验表明.诸多不安全因素恰恰反映在组织管理和人员录用等方面,所以必须建立完善的系统管理制度,同时不断增强人们的信息安全意识,加快高级信息安全人才的培养。[①]

2.10 美国、加拿大、英国的电子政务建设

美国、加拿大和英国政府的电子政务建设成就在国际上是卓有成效的。加强对它们进行电子政务建设的认识与了解,可以提高我国电子政务的水平,加速我国电子政务建设的步伐。

1. 美国的电子政务项目

美国的电子政务起源于20世纪80年代末90年代初,由于美国政府预算赤字很大,国会和选民要求政府削减财政预算,提高行政效率。美国前总统克林顿登台初便倡导建设电子化、"少纸"的联邦政府。1996年联邦政府出台"重塑计划",提出要让联邦政府机构最迟在2000年全部实现上网,使美国民众能够充分获得联邦政府掌握的各种信息。1998年,美国通过了一项《文牍精简法》,要求美国政府在5年内实现无纸工作,联邦政府所有工作和服务都将以信息网络为基础。2000年9月,美国政府开通"第一政府"网站(www.firstgov.gov),又称联邦政府网站。这个超大型门户网站加速了政府对民众需求的反馈,减少了中间工作环节,让美国公众能够更快捷、方便地了解政府,在同一个政府网站内可完成竞标合同和向政府申请贷款等业务。美国政府的网上交易也已经展开,在全国范围内实现了网上购买政府债券、网上缴纳税款以及邮票、硬币买卖等。

2001年布什入主白宫后,同样表示要利用互联网帮助联邦政府提高工作效率,他签署的《2002电子政府法案》明确规定美国将建立一个电子政府基金,到2003年这一基金将被投入4500万美元,到2006年增长到1.5亿美元。此外,还将建立"电子政府办公室"对其管理,并规定到2002年底前,联邦政府各部门凡25万美元以上的项目采购,必须使用政府统一的电子采购门户平台,从而逐步使电子采购成为联邦政府的采购标准,标志着美国电子政务建设再一次进入加速发展时期。

为了建设"电子政府",美国已经形成比较完整的政府信息化的组织体系和工作程序。美国的"电子政府计划",由国家绩效评估委员会(National Performance Review Committee)负责领导,由总统行政办公室与联邦管理和预算局两个部门联合执行。日常事务主要由管理和预算局负责信息技术和电子政府办公室的专职副主任主管。副主任直接对主任负责,主任则向绩效评估委报告事务进程以及获得相应的批准。同时,所有联邦政府机构都设立直接向本部门主要领导负责的信息主管,并配有专门的办事机构。各州政府也配置了相应机构或人员,有的设立信息资源管理部,有的设置州信息主管,在信息主管下设一个或几个管理机构。为保证电子政务各项政策的实施,在联邦政府下面或自发组织或由政府及一些公益性团体组织,共组成10个监管政府信息化的组织机构,冠以一个总名称——政府技术推动组。

联邦政府网站门类众多,内容翔实,且都冠以后缀gov,以示与非政府网站的区别。其中较突出的有:

(1)联邦政府网站(www.firstgov.gov)是美国联邦政府电子政府策略中的一个非常重要的组成部分,是美国电子政府的形象标志和服务主要窗口,而且也在很大程度上体现了美国

[①] 叶楚璇.我国电子政务建设初探.图书馆论坛,2004(1):71~72,89

关于电子政务的理念、目标和作法。

首先它是一个完整的、开放的政府网站体系,是美国联邦政府各类网站引导的门户网站。其次,该网站本身内容丰富,信息含量大,内容涵盖了有关市民、企业和政府之间及政府机构内部的信息和服务,也包括各种公开的统计资料。在内容安排上更体现了"简单、实用、重点突出"的特征,尽可能方便其服务对象。

(2) 白宫网站(www.whitehouse.gov)是美国最著名的政府站点,其内容既包括正式严肃的最新新闻以及联邦热点事件,也包括较为轻松的有关总统、副总统的家庭情况介绍等话题。白宫站点实质上是所有美国官方网站的中心站点,该站点上有一个美国联邦政府站点的完整列表,可以连接到美国政府所有已上网的官方资源。①

2. 加拿大政府的电子政务 ②

加拿大的电子政务发展迅速,按照信息公开化和通信程度、政府网站的构成、用户的满意度等因素比较,在发达国家中,加拿大电子政务名列前茅。早在1999年加拿大政府就提出"应用信息技术,改造政府服务的蓝图",其中计划到2004年实现电子政府,政府适于公开的信息和服务将以因特网为主进行。

加拿大的电子政务之所以能后来居上,与其信息化基础设施建设大有关系。据称目前上网最多的是加拿大人,加拿大号称是全球联网率最高的国家,全国主要城市均有高速数据网联通,通信上网费居全球最低。由政府、企业共同参与建设的国家光纤网于2001年建成,该网的技术甚至比美国领先6个月,加拿大在信息基础设施方面的巨大优势为其发展电子政务打下了坚实的基础。

在电子政务建设方面,政府大力推广和加大电子政务在各行业的应用,加拿大政府不仅实现了教育、就业、医疗、电子采购、社会保险等领域的政府电子化服务,而且根据需要不断增加和集成新的政府门户网站,先后建立了加拿大政府门户网站、加拿大出口资源网站、加拿大青年网站等诸多政府网站。

3. 英国电子政务的发展情况 ③

英国的电子政务建设走在欧洲的前列。英国开展电子政务较早,在20世纪90年代末英国政府先后发布了《政府现代化白皮书》、《21世纪政府电子服务》、《电子政务协同框架》等政策规划,提出到2008年要全面实现"电子政府"。英国从1994年开始着手 E-Governance 的建设,目标是建立"以公众为中心"的政府。英国政府建设电子政务的特点是"平民化"色彩较浓,要求政府做电子政务时既要考虑到熟悉了解信息技术的人,也要考虑到不熟悉、不了解信息技术的人。

为了能加快电子政务的发展,让尽可能多的英国家庭能够通过因特网与政府打交道,英国首相布莱尔制定了"在五年内使每个英国家庭都能上网"的宏伟计划,并且在"信息时代特别内阁会议"上提出,英国政府机构服务上网率在2002年达到25%。另外,英国首相于2000年3月提出:全面实施电子政务的时间从2008年提前到2005年,计划到2005年,政府所有服务

---

① 徐旭. 推进电子政务,提升行政效率——美国电子政务发展启示. 中共四川省委省级机关党校学报(新时代论坛),2003(4):93~97

② 何小菁. 美、加、英三国电子政务发展概要及其启示. 情报杂志,2003(10):95~96

③ 周宏仁. 电子政务全球透视与我国电子政务的发展. 市场与电脑,2003(6):13~15

都能上网。

加强电子政务建设、发展电子商务和促进全民上网是英国信息化建设的三大基本任务。2002年7月,英国首相对外公布了其对2002年预算案执行情况的评估,此次评估从战略的角度审视了有关电子政务投资的问题,并且确定了几个需要优先发展的领域。英国政府认为电子服务能够更加方便、快捷地满足用户需求。所以,他们计划在今后三年内为电子服务项目注入30亿英镑资金,其中10亿英镑将用于提高刑事审判系统的效率,5亿英镑用于支持地方政府开展电子服务,2亿英镑用来开发海关与货物税务署的电子服务项目。

从美、英、加三国电子政务的发展状况可以看出,美国电子政务的实施最为突出,在很大程度上正在成为全球电子政务的模板。虽然我国国情与之差异非常大,特别是在实施条件上也存在很大不同,但是对我国还是有借鉴意义的。一方面我们要注意到美、英、加三国在实施电子政务中存在的问题在我国都可能存在;另一方面,我们还必须看到我国有许多情况是目前美、英、加三国所没有的。这些问题的解决则需要我们花更大的功夫,在实施过程中创造性地加以解决。

案例

"北京劳动保障网"内容管理平台应用案例

在处于经济全球化和信息化时代的中国,电子政务是提高政府管理水平和服务水平、提高国家竞争力的有力工具,更是带动全社会信息化的龙头,具有重大的意义。电子政务工程将建立一个集资源和服务于一体的电子政府个体和群体网络,其本质是资源数字化和服务网络化。

在经历了"公示"和"互动"两个阶段的发展后,目前电子政务已经进入"信息分享协作"阶段——电子政务的各个环节之间都有信息交流和分享协作。而且随着电子政务服务对象从政府内部扩展到其他政府部门、企业和公众,电子政务已经进入了信息资源与社会服务高度"整合"的阶段,对资源共享和协作管理提出了很高的要求。只有通过高性能的信息检索和内容管理技术,对海量且种类繁多的政府信息资源进行科学的收集、筛选、分类、检索、及时更新和有效利用,才能真正实现资源共享,才能使电子政务发挥最大效应。以信息资源整合、检索、共享、协作和传递为核心的内容管理,已成为电子政务最重要基础设施之一。

TRS作为中文内容管理的倡导者和领先的内容管理厂商,一直关注并服务电子政务领域,目前TRS正在为国内500余家政府用户提供着从信息检索、文档资源数据库建设到政务内容管理、知识管理的全面解决方案。"北京劳动保障网"(www.bjldbzj.gov.cn)就是TRS电子政务内容管理解决方案的一个成功应用案例。

1. "北京劳动保障网"项目解决方案

"北京劳动保障网"是北京劳动和社会保障局在互联网上建立的政府网站,是北京劳动保障系统的中心网站。"北京劳动保障网"的建设是为了统一、规范地宣传首都劳动和社会保障形象,落实"政务公开,加强行政监督"的原则,向社会各界提供劳动和社会保障信息服务,使之成为北京市劳动和社会保障局在互联网上对外宣传、发布劳动和社会保障政策及信息,提供劳动和社会保障服务的一站式门户。

(1) 功能需求

从功能需求角度分析,"北京劳动保障网"的核心功能包括政务信息的编审和网络发布,网上(办公)审批和网上信息交流服务。其他系统需求还包括信息检索、用户管理、电子邮件系统等。

- 政务信息的编审和网络发布

主要包括每日新闻、劳动业务信息、政务规章及政策法规、网上公告等信息采编和发布;

- 网上行政审批

首期包括:劳动就业服务企业审批、举办大型招聘洽谈网上审批、劳务派遣企业审批、职业介绍机构审批、行政复议申请等项目。

- 网上信息交流服务包括:在线解答、代表委员直通车、外商投资企业服务台、百姓心声、举报信箱、网上信访、回复信箱、局长信箱等交互栏目。

- 信息检索

包括:政务公开信息检索、政策法规检索、个人养老检索、劳保药品及劳服企业检索等。

- 用户管理

需要实现社会个人用户、企业(劳动部门)用户、政府管理用户的创建、审批、授权和认证等功能。

(2) TRS 电子政务解决方案

经过细致认真的需求分析和严谨全面的评估,"北京劳动保障网"决定采用 TRS 电子政务内容管理解决方案进行搭建,其结构如下图所示。

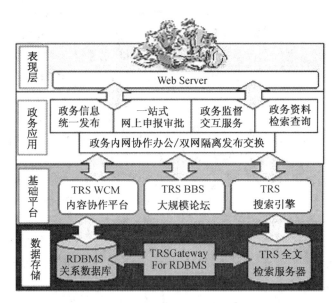

"北京劳动保障网"平台系统结构图

整体的规划和产品选择如下:

- 以 TRS 内容协作平台为核心系统实现政务信息采编、发布和网上一站式审批;
- 以 TRS 企业级大规模论坛系统实现在线信息交流和调查反馈;
- 以 TRS 全文检索服务器 TRS Server、TRS 站内检索系统、TRS Gateway for RDBMS 以及关系数据库系统搭建后端数据库系统平台,支持全文信息和结构化数据的检索。

(3) TRS WCM 及其特点

TRS 内容协作平台(TRS Web Content Management,简称 TRS WCM)是一套完全基于 Java 和浏览器技术的网络内容管理软件。TRS WCM 集内容创建和写作、内容交付、基于模板的内容发布、强大的站点管理等功能于一身,并提供企业级的团队协作功能。

利用 TRS WCM,可以在单一平台上实现对各种形式数据,包括文本、HTML、图片、Office 文档、音视频的集中存储、共享和发布,可以轻松创建企业或政府的内部站点、外部大型门户、信息管理平台、工作协作平台等等。

与众多电子政务平台和信息发布系统相比,TRS 内容协作平台在"北京劳动保障网"电子政务应用项目中体现出三大竞争优势,保证了项目实施成功。这三大优势分别是"工作流引擎"、"一站式申报审批"和"协作式内网整合"。

① 工作流引擎。作为电子政务信息发布,"北京劳动保障网"的信息采编、审校和发布流程控制比较严谨;同时作为网上办公、政务服务的平台,需要在内外网支持多种政务工作流程。特别是电子政务是政府信息化的前沿,在实践中难免需要不断调整和扩展各种工作流程,这就要求系统中的工作流管理具有灵活高效、易扩展、易配置、易管理,具快速部署和转换的能力。

TRS WCM 内置可视化工作流编辑器,不需要任何技术背景,就可以方便地定制各种实用的工作流程,结合 TRS WCM 工作流引擎,可以方便地实现采编发流程、数据处理流程、公文处理流程、内部办公流程等等。TRS WCM 工作流可以按需定制,限定权限,支持串行和并行方式,具有多种工作流节点的通知方式(包括邮件通知、在线即时信息、手机短信息等)。可以充分满足"北京劳动保障网"电子政务应用的需要。

② 一站式申报审批。目前很多电子政务系统都提供网上申报的业务,基本上是两种模式:软件开发商在项目实施过程中根据用户的需求,设计和开发出固定的应用;直接在其门户网站提供填报表格的下载,让申报人进行离线填写,然后再由申报人以附件的方式或电子邮件传送给申报单位。以上这两种模式都有一定的弊端:

● 对于第一种方式,其申报流程是固定的,填写表单的格式也是固定的,缺少灵活性。

● 对于第二种方式,用户填写的数据不能自动整合到业务系统中,也难于设定流程使其自动流转。并且,采用文件提交数据有可能将病毒带入内网系统,存在安全隐患。

针对以上弊端,TRS WCM 在原有的静态和动态页面发布技术的基础上,总结了各个电子政务项目实施经验,推出了最新的支持自定义表单的网上申报模块。

TRS WCM 网上申报审批业务包括五个步骤:

● 制作自定义报表

TRS WCM 支持以多种方式自行设计业务报表,其中包括各种网页编辑器设计的 Web 页面、Word 文档、Excel 绘制的各种报表等等,同时 WCM 自身也提供方便的报表设计工具。

● 设计申报审批业务流程

通过 TRS WCM 可视化工作流编辑器,不需要额外编程就可以设定复杂的工作流并且用图形表现出来。结合具体的网上申报栏目就可以由 TRS WCM 驱动工作流的流转,完成业务流程。

● 发布报表

用户在相应的栏目设置属性,WCM 发布服务器就可以在内网业务流程中自动生成交互页面,自动将设计好的报表发布为对外信息交互平台。

● 申报审批报表

申报人员在生成的交互页面上填写信息,由对外信息发布平台传送到内部业务栏目中,由WCM工作流驱动器使其按照既定的流程进行流转和处理,WCM发布服务器随时将处理结果发布到对外信息平台。

● 处理申报数据

申报数据可以进入TRS数据库中进行全文检索和统计分析,也可以直接导出成Excel文件并形成统计报表。

③ 协作式内网整合。"北京劳动保障网"实行对外政务公开、网上办公和网上服务,要求全面、及时地发布、流转、处理和反馈信息。这对劳动局内部办公效率提出更高的要求,同时网上办公流程也要求在内网上继续执行。这就需要建设一个资源共享、信息交流、加强效率、员工积极参与的通用协作办公平台——资源整合协作式内部网站。TRS WCM就是这样一个内容协作平台,其协作沟通能力尤其强大,包括:内置即时通信、在线网络会议、群组日程表、任务管理、公告板等内部协作功能,并且和手机短信息无缝集成,可以通过通信录、组织管理、日程提醒等进行手机短信的传递,保证系统内任何人员的及时协作,保持良好的沟通,完全实现"e纸化办公"。

除上述三大特点之外,TRS WCM还有诸如快速部署、零客户端、可视化模板、多种形式内容发布、多级安全管理、开放标准架构、良好应用集成能力、跨平台应用等特点。

2. "北京劳动保障网"项目效益

北京劳动和社会保障局通过和TRS公司共建"北京劳动保障网"项目整合内外部资源,全面实现了内网办公协作、信息集中存储管理和共享,以及对外政务信息发布、网上申报服务和网上信息交流,规范内部管理和流程,"e纸化办公",提高办公效率,节省办公成本,达到了"政务公开"、"网上办公"和"网上服务"的整体目标。

企业、机关、事业单位人事劳动部门及劳动者个人可在网上查询到北京市1949年至今的历史及最新的600万字的劳动和社会保险政策文件和超过3000余条常用问题解答,并且通过交互平台渠道直接反馈问题,大大有助于个人和企业了解、监督政府的工作;不断增加的网上审批和数据申报服务提高了办事效率和透明度,赢得了个人、企事业单位和相关政府部门的认可和满意,获得社会各界的广泛关注和好评,取得了良好的社会效应,被评为北京市国家机关优秀政务公开网站。

［来源：http://www.echinagov.com/dzzw/ReadNews.asp？NewsID=8361］

参 考 文 献

[1] 高纯德.信息化与政府信息资源管理.北京：中国计划出版社,2001

[2] 张锐昕. 政府上网与行政管理.北京：中国大百科全书出版社,2003

[3] 刘丽娜.电子政府的理论与实践研究.北京大学信息管理系硕士学位论文,2001

[4] 张继焦.电子政务：政府及公共行政管理的新模式.北京：中国物价出版社,2003

[5] 姚国章生编.电子政务案例.北京：北京大学出版社,2003

[6] 金江军,潘懋.电子政务导论.北京：北京大学出版社,2003

[7] 北京市信息化工作办公室等.电子政务概论.北京：清华大学出版社,2003

[8] 章祥荪,杜链.电子政务及其战略规划.北京：科学出版社,2004

[9] 吴爱明,王淑清主编. 国外电子政务. 太原:山西人民出版社,2004
[10] 周晓英,王英玮主编. 政务信息管理. 北京:中国人民大学出版社,2004
[11] 张胜主编. 中国电子政务发展报告. 北京:社会科学文献出版社,2003
[12] 刘焕成. 我国政府信息资源管理的演进. 图书情报知识,2003(4):32~34
[13] 谢阳群. 美国联邦政府的信息资源管理. 国外社会科学,2001(5):58~65

思 考 题

1. 什么是政府信息？它包括哪些内容？
2. 解释政府信息管理出现的实践基础。
3. 国外政府信息管理实践活动给我国政府信息管理工作带来了什么启示？
4. 政府信息管理的理论基础是什么？
5. 记录管理的内容及其特点表现在什么地方？
6. 美国的两个有关政府信息管理活动的法案在哪些方面丰富了政府信息管理的理论内涵？
7. 政府信息管理与政府信息化存在着什么样的关系？
8. 政府信息管理与CIO的关系如何？
9. 什么是电子政务？它有几种发展模式？
10. 电子政务与办公自动化、政府上网、电子政府的区别在哪里？
11. 电子政务的内容包括哪些方面？
12. 电子政务对政府行政以及政府形象改变会带来哪些冲击与影响？

第十章　企业信息管理

内容提要

信息管理活动最具有生命力的应用领域之一就是企业。本章在讲述了企业信息管理基本内容之后,解释了企业信息管理制度问题,并从信息系统发展角度对企业应用信息管理技术的发展趋势进行了讲解,重点解释了四个模型。之后,对现在企业中应用的主要信息管理系统沿着技术与信息两条主线加以梳理和介绍。企业信息管理活动最重要的是信息化项目的规划、实施与管理问题,因此本章还就此进行了重点讲述,并专节指出信息审计的重要性及其内容。最后,从企业信息战略角度讲述了企业战略信息管理的内容与方法。因为企业信息管理活动包括的内容比较庞杂,但主要还是以信息化管理为主,所以本章主要从企业信息化的角度向读者展示了企业信息管理工作的大概面貌。

学习要点

1. 企业信息管理的概念及其内涵
2. 企业信息管理制度的概念及其内容
3. 企业信息管理制度中的信息组织建设
4. 汉纳模型、诺兰模型、西诺特模型、米切模型的内容及其意义
5. 企业信息化管理的技术主线与信息主线
6. 企业信息化项目的规划、实施与管理
7. IT审计的概念、内容、实施
8. 企业战略信息管理的概念、理论
9. 信息技术、信息资源、电子商务的战略管理

信息管理活动最具有生命力的应用领域之一就是在企业。在技术日新月异、信息资源成为企业核心竞争能力的战略性资源、企业竞争不断加剧、企业决策环境愈发复杂等情况下，用信息流代替物流、资金流与人力资源流的眼光，重新审视与考察企业经营与管理活动，成为企业管理思维模式转变的重点，也是企业不断进取的重要力量。开发利用企业信息资源是企业信息管理活动的核心内容与灵魂。

第一节 企业信息管理概述

企业信息管理是指利用现代信息技术对企业生产经营过程中各环节涉及的各方面信息进行收集、整理、分析和提供利用的工作与过程。可以看出：① 企业信息管理工作要依托于现代信息技术，这一方面反映出信息管理的技术特征，另一方面也显示出企业应用信息技术的必要性与紧迫性。企业的信息管理过程是信息技术由局部到全局、由战术层次到战略层次向企业全面渗透、运用于各个流程、支持企业经营管理的过程；② 企业信息管理是对企业活动所涉及到的信息资源进行收集、开发与利用，实现其增值的过程。

由于人们对信息管理的认识角度不一而导致对其内涵认识的不一致，也反映到了对企业信息管理内涵的理解中。一提起企业信息管理，大多数人都会认为就是对企业中的计算机系统、各种信息系统进行建设与管理。实际上，虽然在企业信息管理中这部分工作占有很大的比重，但它并不是企业信息管理工作的惟一，除此之外，企业信息管理还有很多工作要做。还有人认为，企业信息管理就是对企业的信息资源加以管理。虽然这种认识也不能说完全错误，但也具有片面性，尤其是将企业的信息资源局限于外明知识资源时更是如此。企业信息管理工作要解决好企业中各类信息资源的管理与利用问题，但这也仅仅是企业信息管理的一部分。我们应该从资源的经济性角度来重新认识企业信息资源，来认识企业信息管理工作。

应该说，完善的企业信息管理的内涵至少要包括以下几方面的内容：

(1) 企业信息化及其管理

企业信息管理从很大程度上来看，表现为企业的信息化建设及其管理，是企业应用信息技术及信息产品的过程。如信息系统的开发与维护、信息系统安全、信息化项目的规划、实施与管理、信息审计等。

(2) 企业知识创新与知识管理

知识创新是企业保持竞争力的生命线，知识共享是知识创新的条件。企业要想保持旺盛的生命力，必须重视企业知识的创新与知识管理工作。提高外明知识与内隐知识的转化效率与质量，是现代企业信息管理的重点之一。如企业知识管理系统的建设、企业知识交流制度、企业知识激增等。

(3) 企业竞争情报管理

竞争情报是近年企业越来越关注的企业信息，被认为是最具价值的企业信息，是与竞争对手展开竞争，保持企业核心竞争能力的关键之所在。企业竞争情报管理是企业信息管理工作的重要任务。如企业竞争情报的收集与处理、企业竞争情报系统的建设、企业竞争情报分析方法等。

(4) 企业信息基础设施的建设与管理

企业信息基础设施是维持企业信息管理活动的最根本的物质保证，是企业信息管理工不可缺少的支撑。如硬件的购买与装备、企业网络的建设、企业信息组织的构建等。

(5) 企业信息管理文化与环境的建设及管理

企业信息管理文化与环境的建设是为企业信息管理顺利实施构建的舆论与健康成长空间,它可以提高企业信息管理的效率与成功的概率。如企业知识管理文化、企业信息管理制度、企业信息文化的建设、信息人才培养的计划、信息公开与保密制度等。

(6) 企业信息资源生命周期管理

开发利用企业信息资源是企业信息管理与信息化建设的着眼点与出发点,是企业信息管理的根本目的之所在。企业信息管理的目的就是企业充分开发和有效利用信息资源,把握机会,做出正确决策,增进企业运行效率,最终提高企业竞争力。企业信息资源的收集、整理、分析、传递、利用、反馈等环节构成了信息资源的生命周期。对此周期加以管理,可以提高信息资源利用的深度与精度,起到事半功倍的作用。如企业信息的采集、分类、整理、流通等方式方法等。

在上述几个方面中,它们也并不是分立的,而是互相联系、互相补充的。企业信息化及其管理的目的就是利用信息技术开发利用企业信息资源,以给企业带来更大的利润空间。在此过程中,必然就会涉及信息资源的生命周期管理问题;所有企业信息管理活动的成功开展,一定也离不开企业信息管理文化、制度的建设,只有创造一个好的环境与氛围,企业信息管理工作才能更加高效地实施;企业信息基础设施的建设与管理是企业信息管理工作的基础,任何一项企业信息管理工作都离不开;企业竞争情报是企业知识的重要组成部分,只不过是其管理手段与思想更加专门化而已。

第二节 企业信息管理制度

企业信息管理制度是指企业为了规范内部的信息收集、处理、传播等行为,保证企业信息流高效流通而实施的一系列制度。企业实施信息管理制度可以优化企业信息流,保证企业信息管理工作的高效、快速、健康地发展,可以提高员工的信息素质与信息意识水平,营造以信息为中心的企业文化。

既然是制度,那么它就应该具备制度的基本特点。首先,企业信息管理制度一定是由该企业根据本企业的实际情况,有针对性、有重点、有目的地制定出来的;其次,企业信息管理制度在本企业范围内一定具有强制性,它要求企业全体成员共同遵守,不能违背;第三,企业信息管理制度规范的是企业信息及信息活动,它仅仅是企业制度的重要组成部分,企业信息管理制度要与其他企业制度一起,为企业整体的管理经营活动服务;第四,企业信息管理制度的顺利实施一定要有企业信息人员及企业信息组织机构的保证;第五,企业信息管理制度要保证在一定时期内的稳定性;第六,企业信息管理制度因其涉及的方面比较多,因此要系统地构建企业信息管理制度,争取形成一套比较完备的系统性的企业信息管理制度体系。

2.1 企业信息管理制度的内容

常见的企业信息管理制度主要包括如下几种:

1. 信息工作流程制度

它是对整个企业的信息工作进程进行规范的制度规划出企业信息流的情况,明确信息工作不是某一个部门的工作,而是企业全体员工的工作,并指出每个部门和员工在信息流中的位置和作用。信息工作流程制度的制定过程就是一个企业信息流优化的过程,在此过程中,企业的组织结构要进行调整,企业的业务流程也需重组。

2. 信息资源管理制度

信息资源管理制度是对企业的信息资源进行收集、整理和分析的工作进行规范,是对整个信息资源生命周期加以管理的制度。其主要目的是将企业内原来分散的信息工作统一起来,形成良好的信息工作氛围,创造以信息为核心的企业文化。它包括信息采集制度、信息处理制度、信息系统运行管理制度等内容。

信息系统运行管理制度。它是企业信息管理制度的重要内容之一,包括系统运行的操作规程、系统运行维护制度等内容。它是现代化的信息资源管理的物质基础与制度保证。

信息采集制度。在确定岗位职责时,应该明确每一个员工应该负责收集哪方面的信息,并将信息收集的质量放入考核体系之中。

信息录入制度。在业务运作过程信息化之后,每一个岗位都会涉及信息录入的工作。如何确保信息录入的准确性、及时性和可靠性,在公司的制度中有明确的规定,特别是对信息录入不准确的行为应该提出明确的惩罚措施,使员工对这一问题有高度的重视。

信息处理制度。在信息汇总以后,谁负责分类、谁负责分析、谁负责服务,这些内容应在岗位职责中有明确的规定,公司可根据自身的条件和需要,制定由专人或兼职承担此项工作。

信息存储管理制度。采集、录入、整理后的信息一方面是为了利用,另一方面也要做好信息的存储管理工作,它规定了信息存储的基本原则,信息储存的介质以及信息存储的信息内容、类型,存储好的信息要定期进行整理和检查。

3. 信息流通和保密制度

它是保证企业信息工作的成果能够有效利用的制度,包括信息发布制度、信息共享制度、信息保密制度等。目的是规范企业信息的传递,统一企业对外发布信息的行为,有效保护企业的商业机密,保证企业的信息安全。

信息安全制度。鉴于公司的业务特性,对于信息的安全应该有更全面的考虑。其中涉及网络的安全、数据的安全、数据备份、防黑客措施、突发事件的安全启动装置、员工内部的保密条例和对外的保密条例等。

信息共享制度。企业信息化管理的最重要的目标是让企业员工能够更多地分享相关的信息,提高他们自我管理和决策的水平。对于哪些信息应该共享,共享到何种程度,公司应该有比较明确的规定。从总体上讲,企业信息化管理以后,企业的管理层和员工应该得到更深入或更全面的信息。

信息报告制度。公司的每一个员工都有责任对公司内在的隐患、竞争对手的新举措等报告给高层领导,员工对公司发展的建议也有渠道上传给高层负责人。公司高层对于积极提出建议和报告的员工应有相应的奖励措施,对于员工的建议应及时给予答复和反馈。

4. 信息人才培养制度

公司在加强企业信息管理的同时,应该加强对全体员工信息意识、信息能力的培育,同时应该有意识培养懂业务、信息意识敏感的专业人员从事信息分析和决策支持工作,从不同层面提高企业信息技术的应用水平。

5. 企业信息管理工作的考评制度

企业应定期组织各部门对信息部门及信息工作人员的工作质量进行考评。考评内容应包括：搜集资料是否全面、信息内容是否适用、信息传递是否及时、资料保存是否完整等。

2.2 企业信息组织建设

为了积极推进企业信息管理工作的开展，实施企业信息管理制度，在企业内部应该建立、健全企业信息管理的组织。企业信息管理组织是企业信息管理工作得以顺利展开的机构保证，是企业信息管理制度成功落实的基础。一般来说，企业应该从三个层次上建立企业信息组织机构。

（1）在战略层次上，应成立信息化委员会，由企业最高领导人员负责其运行，它主要负责制定该企业信息管理工作的大政方针、指明企业信息管理工作的发展方向与目标，确立企业的信息战略，并将此战略与企业的其他业务战略整合在一起，为企业总体战略的实现而服务。该委员会负责任命企业 CIO，并结合企业实际情况，建立企业 CIO 体系。

（2）在战术层次上，由 CIO 领导的部门级信息主管人员落实信息化委员会的既定目标与任务，构建企业信息组织体系、规划企业信息资源管理资金的投入，协调信息部门与企业其他部门之间的工作等。

（3）在作业层次上，要在企业工作的各方面、各部门布置好相关的信息工作，责任到人，扎实地开展工作。此外，最重要的是成立企业信息技术部门，这个部门在企业信息管理工作中承担着具体工作的落实，它要负责企业信息管理系统的运行、维护与管理，解决员工的有关信息技术问题，从事具体的企业信息管理工作。

案例 1

宝钢创业中心信息管理办法

（第一版）

1. 目的及适用范围

1.1 目的

为保证宝钢国际创业中心（以下简称创业中心）信息管理体系的正常运行，规范创业中心信息管理工作流程，特制定本管理办法。

本办法内容分以下几方面：
- 信息发布规则
- 信息共享办法
- 信息使用规则
- 信息操作权限

1.2 适用范围

本管理办法适用于创业中心所辖各职能管理人员和项目组成员。

2. 术语

2.1 信息指创业中心运作过程中各种数据和资料的集合,包括会议纪要、通告、管理文件、项目文件、数据库表格等。

2.2 信息共享指信息通过各种方式(FTP、BBS电子公告版等)在创业中心成员之间传递和交流。

3. 职责

3.1 创业中心的信息化建设的责任者是知识管理主管。

3.2 各职能主管要协助知识管理主管做好创业中心的信息化建设工作。

4. 工作规程

4.1 信息发布规则

4.1.1 为促进中心无纸化办公模式的形成,创业中心各成员应尽量使用电子文档的形式传送或发布资料。

4.1.2 各职能管理人员和各项目组成员在准备发布信息时须事先进行整理,不得发布无用和冗余信息。

4.1.3 各管理人员和项目人员须本着"信息集中、知识共享"的原则,及时上传各自工作过程中产生的文档、数据、多媒体等资料,不得独自占有项目信息和各类管理工作所需的信息。

4.1.4 发布文件时,文件中须包含以下内容:

4.1.4.1 文件正文。

4.1.4.2 文件提供人。

4.1.4.3 文件提供日期。

4.1.4.4 文件处理记录。

4.1.5 发布通告或新闻时,须注意:

4.1.5.1 不得在重要栏目重复发布相同信息。

4.1.5.2 不得在BBS谈论无聊话题。

4.1.6 系统管理员有权删除与中心无关的信息。

4.2 信息共享办法

4.2.1 创业中心采用FTP、BBS两种形式进行信息共享。

4.2.2 使用FTP、BBS的方法由知识管理主管负责对中心成员进行培训。

4.3 信息使用规则

4.3.1 创业中心成员发布或上传的信息仅限创业中心内部共享并交流,不得外传。

4.3.2 创业中心成员可以自由查询或拷贝所有共享信息,但未经信息发布者允许,不得随意更改或删除该共享信息。

4.3.3 BBS的使用规则参见BBS上的使用帮助。

4.4 信息操作权限

4.4.1 创业中心内部成员都具有浏览和上传信息的权限。

4.4.2 BBS的版主具有对本版信息删除、置顶的权限。

4.4.3 系统管理员具有分配版主、设置论坛的权限。

二○○二年九月二十五日

案例 2

期货经纪公司信息管理制度

第一章 总 则

第一条 为规范期货经纪公司的信息工作,加强对期货经纪公司信息工作的监督和管理,维护期货经纪公司及客户的合法权益,根据《关于加强期货经纪公司内部控制的指导原则》,制定本制度。

第二条 本制度所称信息是指期货经纪公司发布或转发的与期货经纪公司业务相关的信息。

第三条 期货经纪公司的信息工作及相关的信息工作人员应遵守本制度。

第四条 期货经纪公司的信息工作应遵循公开、公平、公正的原则。信息发布应全面、及时、客观、实用,不得编造、传播虚假或带有误导性质的信息。

第二章 信息部门的设置及职能

第五条 期货经纪公司应设置专门的信息部门负责信息工作。

第六条 信息部门的工作内容应包括:

(一) 及时转发有关部门和期货交易所的文件、公告、通知;

(二) 收集、整理国内外基本面的信息,适时捕捉市场动态;

(三) 组织编写行情评论、投资报告,编辑信息刊物及业务培训资料;

(四) 保存行情交易信息,进行行情统计分析;

(五) 日常维护网页,更换网页信息,以多种方式及时、准确地将信息传递给各营业部及异地客户;

(六) 建立行业内及相关行业的通信网;

(七) 建立信息库,为公司及客户查询资料提供服务;

第七条 信息部门可根据工作需要在各营业部或期货交易所所在地设置驻外信息员。

第八条 驻外信息员的工作内容有:

(一) 迅速准确地将当地交易所文件、公告、通知及交易所内的最新动态、市场消息及时反馈回信息部。

(二) 按照信息部门的具体要求,及时获取当地的现货面信息及各种有关资料并反馈回信息部。

(三) 按照信息部门的具体要求,负责信息资料的保管、传递,落实信息部门的各项工作任务。

第九条 期货经纪公司应定期对信息工作人员进行业务培训。

第三章 信息的收集、整理和加工

第十条 信息部门应通过各种正当的方式收集信息,不得采用欺骗或其他不正当的方式获取信息。

第十章　企业信息管理

第十一条　信息部门应建立信息收集渠道。信息收集渠道包括期货市场、相关市场及行业、相关公共媒体、国家统计局及海关数字等。

第十二条　信息部门收集的信息内容应包括有关部门或期货交易所的文件、公告、通知；国家有关政策；基本面信息；期货市场及相关市场或行业的动态、消息等。

第十三条　信息部门应对通过各种收集渠道获取的信息进行整理和加工。整理和加工应遵循准确、实用、精炼的原则。

第十四条　信息部门整理和加工的信息应注明原信息的出处。

第十五条　信息部门应组织编写期货行情评论、投资报告等信息材料。

第十六条　信息部门的信息收集、整理和加工应分别由专人负责，互相监督，不得编造或篡改信息。

第四章　信息的发布

第十七条　信息部门对信息的发布应及时、客观，遵循客户利益至上的原则。

第十八条　信息部门可按即时、每日、每周、每月定期发布有关信息。

第十九条　即时信息的内容包括有关部门或期货交易所的文件、公告、通知；期货经纪公司文件、公告、通知；各种基本面信息以及可能对期货行情产生影响的市场动态等。

第二十条　每日信息的内容包括各交易品种国际市场相关品种行情信息及评论；各交易品种交易快报、各交易品种会员持仓及成交量排行榜；各交易品种行情评论以及其他相关信息等。

第二十一条　每周信息的内容包括各交易品种行情周报；各交易品种仓单与库存情况；各交易品种国际市场相关品种价格走势分析以及其他相关信息等。

第二十二条　每月信息的内容包括各交易品种月评；各交易品种月成交量排行榜；各交易品种价格走势图；各交易品种行情月报以及其他相关信息等。

第二十三条　信息部门可根据市场情况不定期发布期货市场专项品种投资报告、中长期价格走势分析和预测等内容。

第二十四条　信息部门可根据客户的需要适时提供期货品种的基本知识、交易交割知识介绍以及其他相关信息。

第二十五条　信息部门应制定信息发布程序，根据公司、各营业部及客户的实际情况和需要进行信息发布，做到信息发布有重点、有层次。

第二十六条　信息部门发布信息可通过信息公告栏、网页、信息刊物及其他公共媒体等方式。对于异地客户可采取传真、电子邮件、邮寄等方式。信息发布方式应遵守国家对发布媒体的有关规定。

第二十七条　信息部门应协助公司及其各营业部在自己的营业场所内设置信息栏。其主要内容应包括固定信息和日常更换信息。

（一）固定信息应包括：期货经纪公司简介、期货业务流程、各交易品种期货合约、长期走势图表等。

（二）日常更换信息应包括：有关部门或期货交易所最新文件公告、国际国内基本面信息、国际市场动态、行情评论、行情快报、各期货品种成交持仓排名、相关报刊文摘等。

第二十八条　信息部门可每月出版信息刊物，其内容应包括：期市月记、国内外经济大事记、国内外时事要闻、国内外市场动态、各交易品种行情评论、各交易品种行情月报、库存记录、各交易品种相关数据、期货经纪公司职员及客户撰写的各类相关文章、各种技术图表等。

第二十九条　信息部门在发布不宜公开的资料时应遵循保密制度，实行专项信息专项发送。

第五章　信息的保存

第三十条　信息部门保存信息应遵循准确、完整、分类保存、便于查阅原则。保存的信息包括文件公告、历史资料、历史数据以及其他各类相关信息等。

第三十一条　信息部门可通过光盘、硬盘、软盘或其他介质方式保存信息。

第三十二条　信息部门应对保存的信息定期进行整理和检查。

第六章　信息工作的监督

第三十三条　期货经纪公司应每月组织各营业部及客户对信息部门及信息员的工作质量进行考评。考评内容应包括：搜集资料是否全面、信息内容是否适用、信息传递是否及时、资料保存是否完整等。

第三节　信息系统在企业信息管理中的发展模型

将信息管理限定于信息技术范畴，直接考察对象更多的是信息系统。通过对信息系统的发展规律的探寻，可以找出信息管理发展的规律，同时也是对信息管理现状的一种研究。20世纪70~90年代，国际上社会技术系统学派对信息系统发展进程的阶段理论做出了重大贡献，他们从组织（企业）应用信息技术，提高信息化水平的角度出发，讨论了企业中应用信息系统的发展阶段，代表性的模型有四个：汉纳模型、诺兰模型、西诺特模型和米切模型。

3.1　汉纳的技术扩散模型

汉纳（N. Hanna）是世界银行的技术专家，他在对企业应用信息系统进行了多年观察与研究后，提出了信息技术在企业中的发展过程阶段论。他认为，企业运用信息技术的过程，实际上就是信息技术在企业中不断扩散的过程。这种扩散的范围越来越大，深度也越来越广。

从汉纳的技术扩散模型图10.1可以看出，横轴上表示的是信息技术在企业内部的扩散，纵轴上表示的是企业信息化集成水平。随着信息技术在企业内部的扩散，企业信息化集成水平越来越高，呈现出三个阶段，即替代阶段、提高阶段和转型阶段。其中在每一个阶段中，都存在着四个同样的环节，即信息环节、分析环节、获取环节和使用环节。信息环节是指企业为了引进信息技术而需要了解该技术的供应与需求方面的信息；分析环节是指企业获取到技术信息后，对有关信息进行分析处理；获取环节是指企业在信息技术与系统方面进行投资，取得该项技术；使用环节是指企业重组业务流程与组织结构，使引进的信息技术发挥作用。

在替代阶段，人们以信息技术替代简单的手工作业，应用水平处于单机管理状态，到后来发展到部分引入了CAD/CAM等先进技术，但总体来看仍处于"信息孤岛"层次；当人们认识到该项应用没有发挥出其最大效应，并且所产生的问题越来越多时，加强了对信息与作业的集成管理，引入了大量的信息系统，如管理信息系统、MRPⅡ、ERP系统等，并进而发展到了计算

第十章 企业信息管理

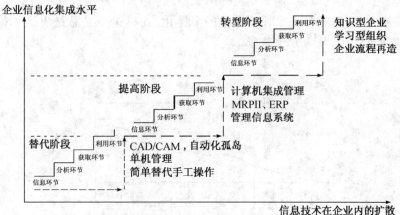

图 10.1 汉纳模型

机集成管理阶段;为了再进一步发挥信息技术的作用,使信息与知识成为企业增强其核心竞争能力及其增值的主体因素,而开始进行了企业流程再造,努力将企业建设成为一个学习型组织和知识型企业。

3.2 诺兰模型[①]

美国哈佛大学教授理查德·诺兰(R. Nolan)分别于 1974 年和 1979 年提出了如图 10.2 和图 10.3 所示的信息系统发展 4 阶段理论和 6 阶段理论。

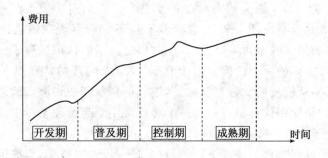

图 10.2 诺兰 4 阶段模型

1. 诺兰的 4 阶段理论模型

诺兰的 4 阶段模型可以理解为一个坐标轴,其横轴是按照信息系统发展的时间顺序而划分成的 4 个发展阶段区间:开发阶段、普及阶段、控制阶段和成熟阶段;纵轴则表示与信息系统相关联的费用支出。当时计算机主要用于促进组织的业务合理化和省力化,与信息系统相关的支出额和效果之间的关系也比较明确。

---

① Smith N, Medley B. Information Resource Management. Cincinnati: South - Western Publishing Co., 1987

2. 诺兰的6阶段理论模型

进入20世纪70年代以后,信息系统的用途不断扩大,信息化投资额与它带来的效果之间的关系变得模糊起来,这就带来了评价变量的多样化,此时诺兰又总结出了6阶段理论模型。这个模型包括两个时代,分为6个阶段。

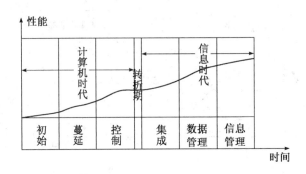

图 10.3 诺兰6阶段模型

初始阶段时人们对计算机的功用还不了解,只有一小部分工作和人员运用了计算机,并从中初步体会到了它所带来的益处。其他人员从中得到启发,提高了对信息技术的认识水平,各部门开始计划购买计算机等信息设备。

蔓延时期也称为普及阶段。随着计算机的普及,人们开始开发一些小型的简单的信息系统,并给实际工作真实地带来了一些效果。于是计算机的使用量上升,但其应用仍未被提升到管理的高度。

控制时期则是由于计算机等现代技术的应用的蔓延,硬件与软件的投资以及系统开发费用急剧上涨,于是企业开始控制信息技术的应用。另一方面,各单项工作的应用不协调使得信息技术本该产生的效益没有发挥出来,也使企业不得不重新审视在信息技术方面的投资。于是,从投资控制与系统集成两个角度出发,人们对信息技术的认识提高了一个层次。

集成阶段是非常重要的一个阶段。由于前车之鉴,人们开始认真思考信息系统的规划以及工程开发方法,切实从管理的实际角度出发,进行信息系统的建设与改造。

数据集成阶段则是应用计算机等信息技术对日常生产与管理工作中产生的大量数据进行处理,并因此而产生了大量的效益。

在对数据进行了良好管理的条件下,如何对其进一步加工整理,为决策服务成为人们关心的问题。此时,信息资源已经成为企业资源中的战略性资源,其重要性已经得到企业成员的一致认可。

诺兰将上述六个阶段分为两个时代,分别是强调技术管理的计算机时代和强调资源管理的信息时代。两个时代之间的"转折区间"是在整合期(集成阶段)中,由于办公自动化机器的普及、终端用户计算环境的改善而导致了发展的非连续性,这种非连续性又称为"技术性断点"。在前三个阶段中,人们重视技术的应用,设计了许多信息系统,如 MIS,在一定程度上提高了管理效益的目标。第四阶段建立起数据库管理系统,开始考虑技术的集成化利用问题。第五阶段和第六阶段延续了集成阶段的发展,将信息管理提高到了一个新的水平。

对函数变量的评价采用了五个变量,即信息系统的主要目的、信息系统的承担者、关键技术、信息系统部门的计划与控制、用户与信息系统的关联。

诺兰模型是在总结了全球,特别是美国企业近20年的计算机应用发展历程后所浓缩出的研究成果,该理论已成为说明企业信息管理工作发展程度的有力工具。

3.3 西诺特模型

西诺特(W. R. Synnott)在参照了诺兰模型后,考虑到信息随时代变迁这个变化因素,于1988年提出了他的信息系统发展新模型。这个模型用四个阶段,借用时间变化因素,描述了计算机所处理的信息的变化,映射出信息系统的核心思想。从计算机处理原始数据的"数据"阶段开始,逐步过渡到用计算机加工数据并将它们存储到数据库的"信息"阶段;接着,经过诺兰所说的"技术性断点",到达把信息资源当经营资源的"信息资源"阶段;最后到达将信息资源作为给组织带来竞争优势的"信息武器"阶段。

从数据到信息,再到信息资源,最后发展为信息武器,这是观念的变化,反映到信息系统应用上,也折射出人们利用信息管理技术不断深入的过程。从单纯的数据处理,发展到关注其意义的信息阶段,再进一步地关注信息的价值,从资源利用的角度认识信息、利用信息;最后,从增强组织核心竞争能力角度出发,信息系统的应用达到了顶峰。

此外,西诺特还倡导在企业中设立高级信息主管或首席信息官(CIO)职位。

3.4 米切模型

诺兰模型和西诺特模型全都认为,先要实现信息系统的整合后再做数据管理,而这是在现实中行不通的。美国的信息化专家米切(Mische)于20世纪90年代初,则因此针对上述两个模型之不足而提出了自己的"米切模型",如图10.4所示。这个模型将企业综合应用信息系统的发展规律归纳为"四个阶段、五个特征"。

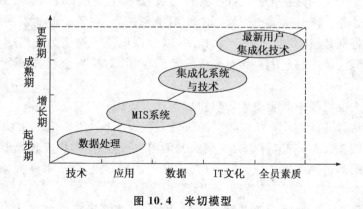

图10.4 米切模型

米切综合信息技术应用连续发展的四个阶段分别是:起步阶段(20世纪60～70年代)、增长阶段(20世纪80年代)、成熟阶段(20世纪80～90年代)、更新阶段(20世纪90年代中期～21世纪初期)。他认为,考察信息系统发展的方法不仅要表现在数据处理工作的增长和管理标准化建设方面,还要涉及知识、理念、信息技术的综合水平及其在企业的经营管理中的作用及地位,以及信息技术服务机构在提供成本效益和及时性都令人满意的解决方案的能力方面。

决定这些阶段的特征有五个方面：技术状况，代表性应用和集成程度，数据库和存取能力，信息技术融入企业文化，全员素质、态度和信息技术视野。其实每个阶段的具体属性还有很多，总括起来有100多个不同属性，这些特征和属性可用来帮助一个企业确定自己在综合信息技术应用的连续发展中所处的位置。

"米切模型"可以帮助企业和开发机构把握自身当前的IT发展水平，了解自己IT综合应用在现代信息系统的发展阶段中所处的位置，是研究一个企业的信息体系结构和制定变革途径的认识基础，由此就能找准这个企业建设现代信息网络的发展目标。

从上述四个模型可以看出，它们关心的问题的发出点不同，关心的重点也不是很一致。汉纳模型从信息技术角度出发，讨论了信息技术随着时间、技术进步以及人们关注技术的应用价值的变化而在企业内部不断漫延扩散的过程，从企业实现信息化成为学习型组织和知识型企业角度出发，强调通过信息化实现企业整体素质和核心竞争力的提高；诺兰四阶段模型从建设信息系统的相关支出额与效果之间的关系出发来表明投资和效益之间的关系；诺兰六阶段模型则从计算机技术发展和人们接受使用计算机的水平来讨论管理信息系统建设进程问题；西诺特模型强调了信息资源在信息系统中的有效配置和CIO的作用；米切模型将信息技术与信息资源加以整合，强调基于以网络集成为基础的信息系统数据集成和数据管理的不可分割性。

第四节　企业信息化管理技术与系统

如果从企业信息化管理的层次角度出发，企业的信息化管理包括生产作业层的信息化管理、管理办公层的信息化管理、战略决策层的信息化管理和协作商务层的信息化管理四个层次。其中，前三个层次构成了企业内部的信息化管理，第四个层次是企业与外部环境交互的信息化管理。但无论企业的信息化管理处于何种层次，贯穿其中的最重要因素就是信息技术。

信息技术在企业生产与管理中所起到的作用越来越大，它为企业的发展创造了巨大的可持续发展空间。特别是自20世纪90年代以来，以计算机通信网络为代表的信息技术在企业的经营管理、生产、设计与制造中得到愈来愈广泛的应用，对提高企业的市场竞争起到了巨大的促进作用。

信息技术对企业发展的影响主要表现在以下几个方面：

(1) 影响企业的供销链。随着互联网的飞速发展，再加上国家信息化基础设施和国际信息高速公路的不断建设与完善，企业对外联系的两项主要业务，即物资和配套件的采购以及产品的销售将更多的通过网络来进行。电子商务、电子数据交换、电子邮件将是供销过程中常用的方式和手段。

(2) 影响企业的内部管理。随着办公自动化技术、制造资源规划技术、企业资源规划技术、计算机集成制造系统技术、光速商务技术、并行工程技术以及网络化企业技术相继引入企业的生产和管理过程中，必然会对企业管理模式产生重大的冲击，要求企业改变原有的管理模式以适应信息化的需要。

(3) 影响企业的设计能力和水平。最近几年发展起来的基于网络的设计技术、虚拟制造技术、并行设计技术、计算机辅助技术等各种先进的设计技术将会在企业中得到广泛应用，企业应该投入资金开发这些技术，培养掌握这些技术的人才，下决心创新和推广应用这些技术，以提高企业的技术水平和能力。

(4) 影响企业的运作方式。信息技术要求企业采用现代信息化的管理模式,如平面网状管理模式、并行工作方式和 teamwork 工作方式。尤其是通过网络组建动态联盟,会对企业的运作方式产生巨大影响。特别是"网络型企业"的运行模式,要通过网络寻求合作伙伴,共同组成临时性的公司,通过网络实现产品的设计和制造,最后通过网络进行财务结算,这种全新的运作方式需要不断探索。

(5) 影响企业的市场竞争能力。企业要通过网络宣传自己和产品,要通过网络进行贸易,需要通过信息技术加快信息的流动和管理,需要通过信息技术提高工作效率,需要通过信息技术改进产品质量,降低产品的成本,提高服务水平,这些都对提高企业的市场竞争能力具有很大的作用。

信息技术在企业管理中的应用,主要有两条主线[①],第一条是技术主线。技术主线主要是自动化设计、生产系统,通过信息技术大大提高了劳动生产效率、产品质量和产品市场化的速度。技术主线关注企业设计的深度,如 CAD 技术、CAE 技术、CAM 技术、数控技术等。另一条是信息主线,它主要是实现企业内、外部信息在企业中的准确、快捷地流动,为决策提供依据,其关键就是实现设计信息、生产信息、管理信息的有效整合。可以看出,信息主线主要是将信息技术与管理活动联系在一起,让信息技术真正地为管理与决策服务。如果说技术主线关心的技术问题,那么信息主线关心的则是管理问题。

4.1 技术主线[②]

现代企业技术系统的运作都是围绕着产品的开发和设计展开的,它包括产品设计和工艺设计两项主要内容。在信息化社会,顾客需求的多样化,导致了市场要求的动态多变及不可预知性,"定制生产"成为企业生产制造的引导力量,这就要求企业的技术系统随之改变,迅速采用信息技术进行产品的开发和设计。

在信息化企业中,产品设计和开发采用了 teamwork 作为工作方式,以 PDM 作为运行平台,以 CAX 作为技术手段,在产品的设计阶段就可同时完成工艺设计、仿真制造、仿真运行、质量控制、生产调度等工作。并行工程技术的采用可以有效缩短开发周期,大大提高设计质量,并将产品生命周期成本降至最低。

CAX 技术占有重要地位,是各种计算机辅助技术的总称,它包括 CAD、CAE、CAPP、CAM、CAAP、CAT 等。传统的 CAX 技术是独立发展起来的,相互之间没法进行数据交换,无法发挥各个系统的集成效益。但随着产品数据管理 PDM 的快速发展,使得各种 CAX 技术有可能运行在一个统一集成的平台上,使得各部分的数据交换和共享成为可能,从而使得 CAX 技术在现代企业的技术系统中的地位变得愈发重要。

1. 计算机辅助设计(Computer Aided Design,简称 CAD)

CAD 是指利用计算机作为辅助手段,进行产品的总体方案设计和计算、结构设计和计算、零件设计、产品装配图和零件图,并生成各种技术文档(包括设计计算说明书、安装维修说明书、用户手册等)。在 CAD 技术发展的初期,设计过程中产生的所有数据的管理,以及对设计

---

① 李翔. 浅析企业信息化技术. 2004 年 3 月 18 日. http://www.smelz.com.cn/news-show.php?id=332
② 赵令家,唐孜绚编著. 企业信息化经典——企业信息化指南. 北京:清华大学出版社,2000

方案进行的分析也属于 CAD 的范畴。后来，CAD 技术的应用水平得到大幅度提高，所产生的数据量极其庞大，需要专门的系统来管理，于是从 20 世纪 90 年代开始，又从 CAD 中分离出一门专门的新技术，即产品数据管理 PDM 技术。因此，有人称 PDM 技术是 CAD 技术发展史上的第二个里程碑。

CAD 系统一般由硬件和软件两大部分组成。常用的硬件主要包括计算机主机和输入/出设备。由于现代 CAD 系统都是在网络环境下工作的，所以，网络硬件也应属于 CAD 硬件的范畴。CAD 软件分为三个层次，最里层是系统软件，如操作系统、数据库管理系统、程序设计系统、通信软件等，它们为计算机资源管理和应用提供最基本的支持。中间层被称为支撑软件，包括界面开发软件、图形界面开发软件、图形支撑软件、建模软件、绘图软件、通用设计计算软件等。支撑软件在系统软件的支撑下工作，为开发各种具体应用软件提供通用平台。CAD 软件的最外层称为应用软件，应用软件一般是在支撑软件的基础上专门开发而成的，它们的针对性强，便于使用，应用效率也要高得多。通常，通用建模软件和绘图软件既可作为支撑软件，也可直接作为应用软件使用，但直接作为应用软件时的工作效率往往较低。

2. 计算机辅助工程分析（Computer Aided Engineering，简称 CAE）

CAE 技术是从 CAD 技术中分离出来的一项新技术，也可以说 CAE 是 CAD 技术向纵深发展的结果。到目前为止，CAE 的确切定义尚无一致认可的论述，但大多数人都认为 CAE 是各种计算机辅助分析技术的总称。它包括有限元建模和分析、运动和动态特性仿真、物质特性计算、优化设计、物理特性分析、实验数据处理等。在现代工程设计中，CAE 技术具有极其重要的地位，它的正确应用，可以有效地提高产品质量和性能。可以说，凡是设计能力愈强的企业，CAE 技术的应用水平就愈高。

有限元方法是 CAE 的基本方法，大多数工程分析都离不开有限元法。有限元法分析的基本思想是：首先将物体划分为有限个单元，这些单元之间通过有限个节点相互连接，单元看作是不可变形的刚体，单元之间的力通过节点传播，然后利用能量原理建立各单元矩阵；在输入材料特性、载荷和约束等边界条件后，利用计算机进行物体变形、应力和温度场等力学特性的计算，最后对计算结果进行分析，显示变形后物体的形状及应力分布图。

3. 计算机辅助工艺规程设计（Computer Aided Process Planning，简称 CAPP）

CAD 的结果能否应用于生产实践，数控（NC）机床能否发挥效益，CAD 与 CAM 能否真正实现集成，都与工艺设计的自动化有着密切的关系。于是，计算机辅助工艺规程设计 CAPP 就应运而生，并且受到愈来愈广泛的重视。工艺设计的难度极大，因为要处理的信息量大，各种信息之间的关系错综复杂。以前主要靠工艺师多年的实践总结出来经验来进行。因此，工艺设计质量完全取决于工艺人员的技术水平和经验。这样编制出来的工艺一致性差，也不可得到最佳方案。另一方面，熟练的工艺人员日益短缺，而年轻的工艺人员则需要时间来积累经验，老工艺人员退休时无法将他们的"经验知识"保留下来，这一切都使得工艺设计成为现代制造系统的瓶颈环节。为了解决这个问题，人们从 20 世纪 60 年代中期就开始致力于 CAPP 的研究和开发，到目前为止开发出了几百套不同类型的 CAPP 应用系统，有些系统已经在实践中发挥了重要作用。

一个 CAPP 系统应该具备的功能有：检索标准工艺文件；选择加工方法；安排加工路线；选择机床、刀具、量具、夹具等制造资源；选择装夹方式和装夹表面；优化选择切削用具；计算加工时间和加工定额；确定工序尺寸、公差及选择毛坯；绘制工序图、编写工序卡等。

4. 计算机辅助制造（Computer Aided Manufacturing，简称 CAM）

狭义的 CAM 指的是从产品设计到加工制造之间的一切生产准备活动，它包括 CAPP、NC 编程、工时定额计算、生产计划制定、资源需求计划制定等，这是最初 CAM 系统的狭义概念。目前，有时将 CAM 看成是 NC 编程的同义语，因为 CAPP 已被看作为一个专门的子系统，而工时定额计算、生产计划制订、资源需求计划制订则划分给 MRPⅡ系统来完成。CAM 的广义概念包括的内容则多得多，除上述 CAM 狭义概念所包括的所有内容外，它还包括制造活动中与物流有关的所有过程（加工、装配、检验、存储、输送等）以及它们的监视、控制和管理。

狭义的 CAM 中，数控编程是其主要内容。所谓数控编程，是根据来自 CAD 的零件几何信息和来自 CAPP 的零件工艺信息自动地或在人工干预下生成数控代码的过程。常用的数控代码有国际标准化组织 ISO 代码和美国电子工业协会 EIA 代码两种系统。其中 ISO 代码是七位补偶码，即第八位为补偶位；而 EIA 代码是六位补奇码，第五位为补奇位。补偶和补奇的目的是为了便于检验纸带阅读机的读错信息。一般的数控程序是由程序字组成的，而程序字则是用英文字母代表的地址码和地址码后的数字和符号组成。每个程序字都代表着一个特殊功能，如 G00 表示点位控制，M05 表示主轴停转等。数控编程的方式一般有四种：手工编程、数控语言编程、CAD/CAM 系统编程和自动编程。

5. 计算机辅助装配工艺设计（Computer Aided Assembly Planning，简称 CAAP）

装配在产品的生产过程中是个很重要的环节，装配的工作效率和工作质量对产品的制造周期和产品的最终质量都有着极大的影响。装配工作的成本占总制造成本的 40%～50% 左右。随着新技术、新材料以及新工艺的发展，产品加工速度与精度已不再依赖于工人的技术水平，但装配不同，它仍旧以人为主，依赖于人的技艺水平。因此，装配质量成了提高产品精度的瓶颈环节，利用计算机进行装配工艺设计成为现代制造系统计算机应用的难点。提高装配的工作效率和工作质量，降低装配成本，提高装配的自动化程度，利用计算机进行装配工艺设计，利用计算机进行装配过程仿真来研究产品的可装配性都是人们研究以及发展的重点内容。

计算机辅助装配工艺设计一般应包括以下内容：确定零件的装配顺序；研究零部件的可装配性；装配过程模拟；确定装配设备和器具；确定装配线的节拍；装配机械手编程；计算装配时间；确定各装配工位零件储存量。

6. 产品数据管理（Product Data Management，简称 PDM）

PDM 技术的发展是随着在企业计算机的不断深化运用过程中而产生的需求而产生的，它是企业实现设计部门和其他管理部门的桥梁，迎合了软件系统的安全性、开放性等基本需要。

PDM 是企业内分布于各种系统和介质中、对产品及产品数据信息和应用的集成与管理。产品数据管理集成了所有与产品相关的信息。企业的产品开发效益取决于有序和高效地设计、制造和发送产品，这也正是产品数据管理的功能之所在。PDM 是依托 IT 技术实现企业最优化管理的有效方法，是科学的管理框架与企业现实问题相结合的产物，是计算机技术与企业文化相结合在一起的产品。产品数据管理是帮助企业、工程师和其他有关人员管理数据并支持产品开发过程的有力工具，它保存和提供产品设计、制造所需要的数据信息，并提供对产品维护的支持，即进行产品全生命周期的管理。

PDM 不只是一个技术模型，它更是一种可以实现技术，一种可以在不同行业、不同企业中实现的技术，一种与企业文化相结合的技术。

PDM 是一个相对较新的概念，尽管类似的概念早已出现，但真正可用的商业化 PDM 系统的出现还是20世纪80年代以后的事情。随着技术的飞速发展,PDM的内涵与功能会不断变化。

目前,PDM可以实现以下功能:产品项目管理;企业级工作流程管理;工程图档管理及设计检索;产品配置与变更管理;开放式企业编码体系;与网络和数据库的接口;数据存储。

7. 虚拟制造技术(Virtual Manufacturing,简称 VM)[①]

为了提高竞争能力,企业应当能够对市场需求的变化做出快速敏捷的反应,并及时地对自身的生产做出合理的调整与重新规划。计算机软硬件技术及网络技术的迅速发展为实现这一目标提供了强有力的支持。基于这些因素,20世纪90年代中有许多新概念、新观点应运而生,虚拟制造就是其中之一,它代表了一种全新的制造体系和模式。在虚拟制造中,产品开发是基于数字化的虚拟产品开发方式(Virtual Product Development),以用户的需求为第一驱动,并将用户需求转化为最终产品的各种功能特征。VPD保证了产品开发的效率和质量,提高了企业的快速响应和市场开拓能力。

虚拟制造涉及到多个学科领域,是对这些领域知识的综合集成与应用。计算机仿真、建模和优化技术是虚拟制造的核心与关键技术。可以认为,虚拟制造是对制造过程中的各个环节,包括产品的设计、加工、装配,乃至企业的生产组织管理与调度进行统一建模,形成一个可运行的虚拟制造环境,以软件技术为支撑,借助于高性能的硬件,在计算机局域/广域网络上,生成数字化产品,实现产品设计、性能分析、工艺决策、制造装配和质量检验。它是数字化形式的广义制造系统,是对实际制造过程的动态模拟。所谓"虚拟",是相对于实物产品的实际制造系统而言的,强调的是制造系统运行过程的计算机化。

由于计算机软硬件技术和网络技术的广泛应用,虚拟制造具有以下几个特点:

(1) 无须制造实物样机就可以预测产品性能,节约制造成本,缩短产品开发周期;
(2) 产品开发中可以及早发现问题,实现及时的反馈和更正;
(3) 以软件模拟形式进行产品开发;
(4) 企业管理模式基于 Intranet 或 Internet,整个制造活动具有高度的并行性。

以计算机和通信网络技术为代表的信息技术在企业中的广泛应用的最终目的是提高企业的信息管理水平,提高企业的经济效益和市场竞争能力。对于上述技术在企业中的实现,一般应该首选与企业的管理模式关系不大,不会对现有系统造成很大冲击的 CAD/CAE/CAPP/CAM/CAAP 技术。

4.2 信息主线

企业的信息化管理系统不仅仅是传统企业管理系统的计算机化,而是要首先借助于企业重组理论,对现行管理模式和组织机构进行改革。应参照精益生产思想精简组织机构、精简工艺系统、精简业务流程,使得企业一切与产品增值无关的环节都被精简至最少,变金字塔式的树形组织结构体系为平面网状式的结构体系,以提高系统的反应速度。

从企业应用信息系统的发展历史来看,计算机技术应用于企业中是在20世纪的50年代,以电子数据处理系统(EDPS)为代表;到了60年代,则因数据处理系统无法应用于管理,并且

[①] 魏海燕. 虚拟制造技术的相关概念及其应用. 2004年10月12日. http://www.e-works.net.cn/ewk2004/ewkArticles/498/Article17008.htm

数据流之间割裂不流通而出现了管理信息系统(MIS),但 MIS 也存在着只关注企业内部业务活动,适合于中层领导使用而对外部环境信息处理不力,不适用于高层领导决策,于是在 70 年代就出现了决策支持系统(DSS)。后来,随着管理思想的不断发展,计算机技术以及网络技术不断进步,数据仓库、联机分析技术水平的不断提高,而出现了以信息流为主导的,与企业信息化管理最密切的现代技术系统,它们主要有 ERP、SCM 和 CRM 系统等。

1. MRP

二次大战以后,国际经济迅速复苏并呈现出快速发展的趋势。到了 20 世纪 60 年代中期,由于企业运营仍然以生产为中心,于是出现了供应滞后、交货不及时等问题。美国生产与库存管理协会(APICS)适时提出了 MRP(物料需求计划,Material Requirement Planning)的概念。

MRP 就是要对企业生产制造过程中的库存管理进行有效的计划和控制,提出了"减少库存"的目标,也就是说,MRP 的核心思想就是在需要的时间里得到恰好需要的物料数量,并及时、不早也不晚地制造或采购数量不多也不少的物料。MRP 的任务就是根据最终产品的生产计划导出相关物料(原材料、零部件等)的需求数量和需求时间;根据物料的需求时间和生产(订货)周期来确定其开始生产(订货)的时间。基于这样的任务,就要求 MRP 必须编制零件的生产计划和采购计划。编制零件的生产计划就要了解产品的出产进度计划(主生产计划)、产品的零件结构(物料清单),同时还要清楚库存数量,这样才能制订采购计划。如图 10.5 所示。

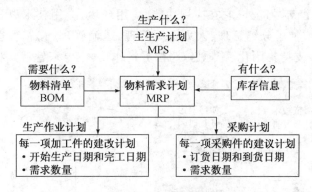

图 10.5　MRP 原理

来自于:AMT

2. 闭环 MRP

发展到 20 世纪 70 年代,虽然 MRP 具有一些优势,能根据有关数据计算出相关物料需求的准确时间与数量,但企业发现 MRP 没有考虑到生产企业现有的生产能力和采购等方面的有关条件约束,因此,计算出来的物料需求的日期可能因设备和工时的不足而没有能力生产,或者因原料的不适合而无法生产。同时,它也缺乏根据计划实施情况的反馈信息对计划进行调整的功能。于是,在 MRP 物料需求计划的基础上对其功能扩充,采取了反优先顺序计划、能力计划、优先顺序控制与能力控制等四个基本功能,即把生产能力需求计划、采购计划与车间作业等纳入,从而使计划更加切实可行,成为闭环的 MRP。

3. MRPⅡ

MRP 使得企业生产中的各子系统得到了统一,但是除了生产业务活动外,企业中还存在着诸如财务等非生产业务。这就使企业各种信息系统中的数据重复建设,结构不统一。同时,随着网络技术与计算机技术的继续发展,为企业内部信息的充分共享创造了技术条件。于是到了 20 世纪 80 年代,形成了一个集采购、库存、生产、销售、财务、工程技术等为一体的系统,作为企业经营生产管理活动的信息系统,我们称之为制造资源计划(Manufacturing Resources Planning),因其缩写与 MRP 相同,为了区分开,而用 MRP Ⅱ 标记。此时的代表技术就是 CIMS,它考虑的因素已经远远超出了物料的范围,而将与企业制造有关的各要素包容进来。

MRP Ⅱ 的基本思想就是把企业作为一个有机整体,从整体最优的角度出发,通过运用科学方法对企业各种制造资源和产、供、销、财各个环节进行有效地计划、组织和控制,使他们得以协调发展,并充分地发挥作用。

4. ERP

进入 20 世纪 90 年代,随着企业经营竞争的加剧,决策时要考虑企业内外部环境信息。同时,除了制造业企业运用先进技术系统为生产服务外,企业经营的其他环节以及其他类型的企业与组织也要充分利用这样的思想与技术。于是,怎么有效地利用和管理整体资源的管理思想 ERP(Enterprise Resources Planning)随之产生,如图 10.6 所示。ERP 是由美国加特纳公司(Gartner Group Inc.)在 20 世纪 90 年代初期首先提出的,当时的解释是根据计算机技术的发展和供需链管理,推测各类制造业在信息时代管理信息系统的发展趋势和变革。随着人们认识的不断深入,ERP 已经被赋予了更深的内涵。它强调供应链的管理。除了传统 MRP Ⅱ 系统的制造、财务、销售等功能外,它在应用功能、应用环境、应用技术以及应用方法方面都对 MRP Ⅱ 进行了扩展,增加了分销管理、人力资源管理、运输管理、仓库管理、质量管理、设备管理、决策支持等功能;支持集团化、跨地区、跨国界运作,其主要宗旨就是将企业各方面的资源

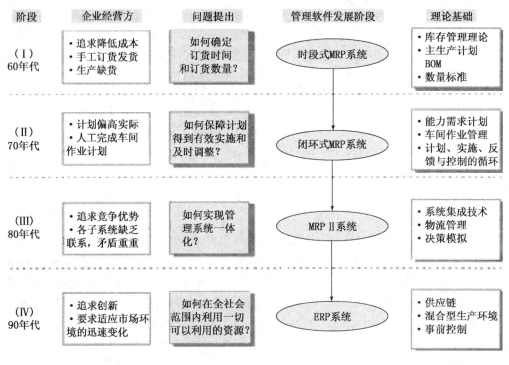

图 10.6　ERP 的产生

来自于:AMT

充分调配和平衡,使企业在激烈的市场竞争中全方位地发挥足够的能力,从而取得更好的经济效益。

(1) ERP 同 MRP Ⅱ 的主要区别[①]

虽然 ERP 是从 MRP Ⅱ 发展过来的,但两者在许多方面表现出了不同。ERP 显示出了比 MRP Ⅱ 更强大的功能。

① 在资源管理范围方面的差别。MRP Ⅱ 主要侧重对企业内部人、财、物等资源的管理,ERP 系统在 MRP Ⅱ 的基础上扩展了管理范围,它把客户需求和企业内部的制造活动以及供应商的制造资源整合在一起,形成一个完整的企业供应链并对供应链上所有环节,如对订单、采购、库存、计划、生产制造、质量控制、运输、分销、服务与维护、财务管理、人事管理、实验室管理、项目管理、配方管理等进行有效管理。

② 在生产方式管理方面的差别。MRP Ⅱ 系统把企业活动归类为几种典型的生产方式进行管理,如重复制造、批量生产、按订单生产、按订单装配、按库存生产等,对每一种类型都有一套管理标准。而在 20 世纪 80 年代末、90 年代初期,为了紧跟市场的变化,多品种、小批量生产以及看板式生产等则是企业主要采用的生产方式,由单一的生产方式向混合型生产发展,ERP 则能很好地支持和管理混合型制造环境,满足了企业的这种多元化经营需求。

③ 在管理功能方面的差别。ERP 除了 MRP Ⅱ 系统的制造、分销、财务管理功能外,还增加了支持整个供应链上物料流通体系中供、产、需各个环节之间的运输管理和仓库管理;支持生产保障体系的质量管理、实验室管理、设备维修和备品备件管理;支持对工作流(业务处理流程)的管理。

④ 在事务处理控制方面的差别。MRP Ⅱ 是通过计划的及时滚动来控制整个生产过程,它的实时性较差,一般只能实现事中控制。而 ERP 系统支持联机分析处理(On-Line Analytical Processing,简称 OLAP)、售后服务及质量反馈,强调企业的事前控制能力,它可以将设计、制造、销售、运输等通过集成来并行地进行各种相关的作业,为企业提供了对质量、适应变化、客户满意、绩效等关键问题的实时分析能力。

此外,在 MRP Ⅱ 中,财务系统只是一个信息的归结者,它的功能是将供、产、销中的数量信息转变为价值信息,是物流的价值反映。而 ERP 系统则将财务计划和价值控制功能集成到了整个供应链上。

⑤ 在跨国(或地区)经营事务处理方面的差别。现代企业的发展,使得企业内部各个组织单元之间、企业与外部的业务单元之间的协调变得越来越多和越来越重要,ERP 系统应用完整的组织架构,从而可以支持跨国经营的多国家(地区)、多工厂、多语种、多币制应用需求。

⑥ 在计算机信息处理技术方面的差别。随着 IT 技术的飞速发展,网络通信技术的应用,使得 ERP 系统得以实现对整个供应链信息进行集成管理。ERP 系统采用客户机/服务器(C/S)体系结构和分布式数据处理技术,支持 Internet/Intranet/Extranet、电子商务(E-business、E-commerce)、电子数据交换(EDI)。此外,还能实现在不同平台上的互操作。

(2) ERP 系统的功能与目标

ERP 系统是在 MRP Ⅱ 的基础上不断完善与发展的,使 MRP Ⅱ 向内、外两个方向延伸。向内主张以精益生产方式改造企业生产管理系统,向外则增加战略决策功能和供需链管理功

[①] AMT. 九十年代的 ERP 系统. http://www.i-power.com.cn/ipower/erp/theory/the010301002c.htm

能。ERP 系统主要有六大功能与六大目标。

① ERP 系统的功能。具体来说,ERP 系统的功能主要表现在以下几个方面:
- 提供集成的信息系统,实现业务数据和资料的共享;
- 理顺和规范业务流程,消除业务处理过程中的重复劳动,实现业务处理的标准化和规范化,提供数据集成,业务处理的随意性被系统禁止,使得企业管理的基础工作得到加强,工作的质量进一步得到保证;
- 数据处理自动完成,准确性和及时性大大提高,分析手段更加规范和多样;
- 加强内部控制,在工作控制方面能够分工明确,适时控制,对每一环节所存在的问题可以随时反映出来,系统可以提供绩效评定所需要的数据;
- 通过系统的应用自动协调各部门的业务,使企业的资源得到统一规划和运用,降低库存,加快资金周转速度,各部门联成一个整体,协调动作;
- 帮助决策,能适时得到企业动态的经营数据,通过 ERP 系统的模拟功能来协助进行正确的决策。

② ERP 系统的目标。虽然 ERP 系统的功能是强大的,但是它的完善与发展应遵循以下目标:
- 支持企业整体发展战略的战略经营系统

该系统的目标是在多变的市场环境中建立与企业整体发展战略相适应的战略经营系统。具体就是实现 Intranet 与 Internet 相连接的战略信息系统;完善决策支持服务体系,为决策者提供企业全方位的信息支持;完善人力资源开发与管理系统,做到既面向市场又注重培训企业内部的现有人员。
- 实现全球大市场集成化市场营销

其目标是实现在市场规划、广告策略、价格策略、服务、销售、分销、预测等方面进行信息集成和管理集成,以顺利推行基于"顾客永远满意"的经营方针;建立和完善企业商业风险预警机制和风险管理系统;进行经常性的市场营销与产品开发、生产集成性评价工作;优化企业的物流系统,实现集成化的销售链管理。
- 完善企业成本管理机制,建立全面成本管理系统

该系统的目标就是建立和保持企业的成本优势,并由企业成本领先战略体系和全面成本管理系统予以保障。
- 应用新的技术开发和工程设计管理模式

通过对系统各部门持续不断的改进,最终提供给顾客满意的产品和服务。从这个角度出发,ERP 致力于构筑企业核心技术体系;建立和完善开发与控制系统之间的递阶控制机制;实现从顶向下和从底至上的技术协调机制;利用 Internet 实现企业与外界的良好的信息沟通。
- 建立敏捷制造管理系统(AM)

AM(Agile Manufacturing)指当市场上出现新的机会,而企业的基本合作伙伴不能满足新产品开发生产的要求时,企业组织一个由特定的供应商和销售渠道组成的短期或一次性供应链,形成"虚拟工厂",把供应和协作单位看成是企业的一个组成部分,运用"同步工程"(SE)组织生产,用最短的时间将新产品打入市场,时刻保持产品的高质量、多样化和灵活性。在 MRP 的基础上建立敏捷制造管理系统,以解决制约新产品推出的瓶颈——供应柔性差,缩短

生产准备周期;增加与外部协作单位技术和生产信息的及时交互;改进现场管理方法,缩短关键物料供应周期。

● 实施精益生产(LP)方式

LP(Lean Production)的思想,即企业把客户、销售代理商、供应商、协作单位纳入生产体系,同他们建立起利益共享的合作伙伴关系,进而组成一个企业的供应链。应用精益生产方式对生产系统进行改造不仅是制造业的发展趋势,而且也将使 ERP 的管理体系更加牢固。通过精益生产方式的实施使管理体系的运行更加顺畅。

5. ERP Ⅱ

由 Gartner 提出 ERP 概念后 10 年,即 2000 年,它再一次提出了一个全新的概念——ERP Ⅱ,并且预言,到 2005 年后,ERP Ⅱ 将取代 ERP 而成为企业信息化管理的发展趋势之一。

Gartner 认为,ERP Ⅱ 是通过支持和优化企业内部和企业之间的协同运作和财务过程,以创造客户的股东价值的一种商务战略和一套面向具体行业领域的应用系统。为了区别于ERP 对企业内部管理的关注,Gartner 在描述 ERP Ⅱ 时,引入了"协同商务"的概念。协同商务(Collaborative Commerce 或 C-Commerce),是指企业内部人员、企业与业务伙伴、企业与客户之间的电子化业务的交互过程。为了使 ERP 流程和系统适应这种改变,企业对 ERP 的流程以及外部的因素提出了更多的要求,这就是"ERP Ⅱ"。

6. CRM

客户关系管理(Customer Relationship Management,简称 CRM),起源于 20 世纪 80 年代提出的接触管理(contact management),即专门收集整理客户与公司联系的所有信息。到 90 年代则发展演变成为包括电话服务中心与支援资料分析的客户关怀(customer care)。经历了二十多年的发展,CRM 不断演变完善,逐渐形成了一套管理理论体系和应用技术体系。

(1) CRM 产生的背景

20 世纪 20 年代,企业生产出产品就可以卖掉,是卖方市场,谁的生产能力高谁就可以多挣钱;50 年代有了竞争,进入买方市场,顾客学会挑三拣四了,则谁的产品质量好谁可以创造更多利润;进入 80 年代,企业客户遍及全球,单一的企业无法应付,则销售渠道的建立更显重要了;进入 90 年代后,企业越来越感觉到客户资源将是他们获胜的最重要资源之一。其主要原因可以归结为:首先是从大批量生产向大批量定制转变。消费者要求高度适合他们的产品和服务,成批定制迎合了这种对产品和服务的需求,同时通过电子商务使批量定制成为可能,也使得企业提供个性化产品和服务成为可能。其二,市场激烈竞争的结果使得许多商品的品质区别越来越小,产品的同质化倾向越来越强,某些产品,如电视机、VCD 机等,从外观到质量,已很难找出差异,更难分出高低。这种商品的同质化结果使得品质不再是顾客消费选择的主要标准,越来越多的顾客更加看重的是商家能为其提供何种服务以及服务的质量和及时程度。其三,随着社会物质和财富逐渐丰富,恩格尔系数不断下降,人们的生活水平逐步提高,广大最终消费者的消费观念已从"物美价廉和经久耐用"为代表的理性消费时代过渡到了以"追求在商品购买与消费过程中心灵上的满足感"为代表的感情消费时代,其购买动机和价值取向更加趋向于他们"满意与否"的程度。最后,企业在对其利润的渴求一时很难再从内部挖潜、削减成本中获得时,自然就将目光转向了顾客,企图通过创造市场、留住老客户并争取新客户、增加市场份额来维护其利润,企业管理观念随着市场环境变化而演变。

据统计数据表明,现代企业57%的销售额是来自12%的重要客户,而其余88%中的大部分客户对企业是微利甚至是无利可图;开发一个新客户的成本是留住一个老客户的 5 倍,而流失一个老客户的损失,只有争取 10 个新客户才能弥补。因此,企业要想获得最大程度的利润,必须以客户为中心,对不同客户采取不同的策略。客户满意程度越高,新客户就越来越多,老客户忠诚度高,企业竞争力就越强,市场占有率就越大,才能处于主动的地位。

(2) 对 CRM 的认识

Hurwitz Group 认为,CRM 的焦点是自动化并改善与销售、市场营销、客户服务和支持等领域的客户关系有关的商业流程。CRM 既是一套原则制度,也是一套软件和技术。它的目标是缩减销售周期和销售成本、增加收入、寻找扩展业务所需的新的市场和渠道以及提高客户的价值、满意度、赢利性和忠实度。CRM 应用软件将最佳的实践具体化并使用了先进的技术来协助各企业实现这些目标。CRM 在整个客户生命周期中都以客户为中心,这意味着 CRM 应用软件将客户当作企业运作的核心。CRM 应用软件简化、协调了各类业务功能(如销售、市场营销、服务和支持)的过程并将其注意力集中于满足客户的需要上。CRM 应用还将多种与客户交流的渠道,如面对面、电话接洽以及 Web 访问协调为一体,这样,企业就可以按客户的喜好使用适当的渠道与之进行交流。

IBM 所理解的客户关系管理包括企业识别、挑选、获取、发展和保持客户的整个商业过程。它把客户关系管理分为三类:关系管理、流程管理和接入管理,包括两个层面的内容:

① 企业的商务目标。企业实施 CRM 的目的,就是通过一系列的技术手段了解客户目前的需求和潜在客户的需求。企业牢牢地抓住这两点,就能够适时地为客户提供产品和服务。CRM 不是一个空洞目标,而是有一系列技术手段作为支持的。

② 企业要整合各方面的信息,使得企业所掌握的每一位客户的信息是完整一致的。企业对分布于不同的部门,存在于客户所有接触点上的信息进行分析和挖掘,分析客户的所有行为,预测客户下一步对产品和服务的需求。分析的结果又反馈给企业内的相关部门,相关部门根据客户的需求,进行一对一的个性化服务。

以上认识对"客户关系"的概念理解是明确、一致的,即"客户关系"是客户与企业发生的所有关系的总和,是公司与客户之间建立的一种互惠互利的关系。

(3) CRM 的核心思想

CRM 更多地表现为一种思想,它所蕴含的理念值得我们深思。

① 客户是企业发展最重要的资源之一。企业的发展有赖于对自己的资源进行有效的组织与计划。随着人类社会的发展,企业资源的内涵也在不断扩展,早期的企业资源主要是指有形的资产,包括土地、设备、厂房、原材料、资金等。随后企业资源概念扩展到无形资产,包括品牌、商标、专利、知识产权等。再后来,人们认识到人力资源成为企业发展最重要的资源。时至工业经济时代后期,信息资源又成为企业发展的一项重要资源,因此,人们将工业经济时代后期称为"信息时代"。由于信息存在一个有效性的问题,只有经过加工处理变为"知识"才能促进企业发展,为此,"知识"成为当前企业发展的一项重要资源,这在知识型企业中尤显重要。

在人类社会从"产品"导向时代转变为"客户"导向时代的今天,客户的选择决定着一个企业的命运,因此,客户已成为当今企业最重要的资源之一。CRM 系统中对客户信息的整合与集中管理体现出将客户作为企业资源之一的管理思想。在很多行业中,完整的客户档案或数据库就是一个企业颇具价值的资产。通过对客户资料的深入分析并应用销售理论中的 2/8 法则将会显著改善企业营销业绩。

② 对企业与客户发生的各种关系进行全面管理。企业与客户之间发生的关系,不仅包括单纯的销售过程中所发生的业务关系,如合同签订、订单处理、发货、收款等,而且还要包括在企业营销及售后服务过程中发生的关系。如在企业市场活动、市场推广过程中与潜在客户发生的关系;在与目标客户接触过程中,内部销售人员的行为、各项活动及其与客户接触全过程所发生的多对多的关系;还包括售后服务过程中,企业服务人员对客户提供关怀活动、各种服务活动、服务内容、服务效果的记录等,这也是企业与客户的售后服务关系。

对企业与客户间可能发生的各种关系进行全面管理,将会显著提升企业营销能力、降低营销成本、控制营销过程中可能导致客户不满的各种行为,这是 CRM 系统的一个重要管理思想。

③ 进一步延伸企业供应链管理。20 世纪 90 年代提出的 ERP 系统,原本是为了满足企业的供应链管理(Supply Chain Management,简称 SCM)需求,但 ERP 系统的实际应用并没有达到企业供应链管理的目标,这既有 ERP 系统本身功能方面的局限性,也有 IT 技术发展阶段的局限性,最终 ERP 又退回到帮助企业实现内部资金流、物流与信息流一体化管理的系统。

CRM 技术作为 ERP 系统中销售管理的延伸,借助 Internet 技术,突破了供应链上企业间的地域边界和不同企业之间信息交流的组织边界,建立起企业自己的 B2B 网络营销模式。CRM 与 ERP 系统的集成运行才真正解决了企业供应链中的下游链管理,将客户、经销商与企业销售全部整合到一起,实现企业对客户个性化需求的快速响应,同时也帮助企业清除了营销体系中的中间环节,通过新的扁平化营销体系,缩短响应时间,降低销售成本。

7. SCM

供应链和供应链管理早在 1982 年著名的管理大师 Oliver 和 Webber 就应用了供应链管理 Supply Chain Management 这术语。其后,通过销售渠道研究(channel research)、协调与合作、在生产与分销网络中库存的分配与控制、生产计划层次等方面的研究给予扩大和完善,形成了供应链管理的理论和实践。

早期的供应链概念是指制造企业中的一个内部过程,即企业从外部采购的原材料和零部件,通过生产制造,将最终产品销售给零售商和用户的过程。后来供应链概念开始扩展到整个关联企业。供应链是围绕核心企业,通过信息流、物流、资金流的控制,从采购原材料开始,制成中间产品以及最终产品,最后由销售网络把产品送到消费者手中的,将供应商、制造商、分销商、零售商、直到最终用户链成一个整体的功能网链结构模式。供应链涉及两个以上关联在一起的法律上独立的组织,它实际上是以自身企业为核心的全部增值过程(或活动)的网络。

供应链管理是一种集成化的管理思想和方法,它是通过信息流、物流及资金流的整合,将供应商、制造商、分销商、零售商,直到最终用户连成一个整体的管理模式。在这个概念里,我们可以看出,供应链包括如下要素:跨越企业界限;涉及对象是战略伙伴、合作关系;贯穿从源头到汇尾的全过程;从全局整体的角度考虑产品的竞争力、满足用户需求;是运作性的竞争工具——管理型的方法体系;是一种集成的管理思想方法。

信息流、物流和资金流是企业管理活动中重要的三流,供应链管理的实质是通过对供应链上的信息流、物流和资金流的控制,从而达到整个供应链低成本和高效的运作,更好地满足最终用户和消费者的需求。

供应链管理中的信息流主要有需求信息流和供应信息流。需求信息流主要是由最终用户或消费者的需求信息决定,由下游向上游传递的信息流。供应信息流是由上游向下游传递的库存和供给信息流。供应链中普遍存在的问题就是组成供应链的厂家以及供应商不能正确地把握消费者的购买信息和产品库存信息,从而导致产品大量滞销、库存增加或供不应求、供需脱节等。要解决这一问题,构成供应链的各个企业必须协同作业,实现信息共享。供应链的成员企业要想从顾客的立场出发,就必须从共享顾客购买信息开始,由下游向上游延伸,逐级共享相关供需信息。信息公开和信息共享的信息流管理是实现供应链整体最佳的第一步。

物流是供应链中物质的流动,物流以物为主体,以运输和储存为两大基本功能,同时辅助以包装、搬运、装卸等其他功能。随着物流内外部环境和条件的变化,物流出现了系统化、信息化、网络化和社会化等发展趋势。在整个供应链的运作成本中,物流成本占有很大的份额,现代信息技术和先进管理思想的运用可以大大压缩这些物流成本。物流整合已成为现代企业的第三利润源泉。物流的有效管理是实现供应链有效管理的重要组成部分。

资金流是企业内部和上下游企业之间资金的流动。随着信息技术的发展,银行的自动化和网络化给资金流的管理带来了很大的变革,特别是电子银行和网络银行的出现,使资金流的实现进一步虚拟化,资金流动能在瞬间以数字形式实现。资金流与信息流和物流是紧密结合的,供应链上资金流的管理流程需要根据信息流和物流的管理流程来确定。

具体来说,供应链管理主要包括计划、合作和控制从供应商到用户的物料和信息以及从用户到供应商的资金,主要涉及供应、生产计划、物流和需求四个方面。除了企业内部与企业之间的运输问题和实物分销外,供应链管理还包括供应链产品需求预测和计划;战略供应商和用户伙伴关系管理;企业内部与企业之间物料管理;产品设计与制造管理;节点企业的定位;设备和供应链生产的计划、跟踪和控制;基于供应链的用户服务;企业间资金流管理;内部与交互信息流管理等。

信息技术是一种新的生产力,必将对企业生产方式、经营模式带来深刻而重大的变革,企业管理者要充分认识到信息技术对原有企业管理模式所带来的深刻影响,寻找对策,探索新型的企业管理模式及理论,同时,重视对企业的信息化管理,使企业能在时代的潮流中发展、壮大。

第五节 企业信息化项目规划、实施与管理

信息技术在上个世纪末的飞速发展,使得人类社会步入信息时代的步伐越来越快。作为社会构成有机体中重要的各类企业,也正在加快自身的信息化进程。目前对于企业信息化比较认同的涵义是指企业在生产、管理和经营等各个层次、各个环节和各个领域,采用计算机、通信和网络等现代信息技术,充分开发、广泛利用企业内外部的信息资源,不断提高生产、经营、管理、决策的效率和水平,逐步实现企业运行的全面自动化,进而提高企业经济效益和企业竞争力的过程;同时也是伴随现代企业制度的形成,加强企业运作控制,建成现代企业的过程。简明来说,企业信息化就是要实现企业生产过程的自动化、管理方式的网络化、决策支持的智能化和商务运营的电子化。由于不同类型企业的存在,他们的信息化的侧重点,所涵盖的领域也不相同,总的来说企业信息化的内涵可以包括产品信息化、设计信息化、生产过程信息化、企业管理信息化和市场经营信息化等五个方面的内容。

企业信息化是个系统复杂、投资大和耗时长的工程,它实际上是通过一系列信息化项目来

实现的。根据英国项目管理协会（Association of Project Management，简称 APM）的定义：项目是为了在规定时间、费用和性能参数下满足特定目标而由一个人或组织所进行的具有规定的开始和结束日期、相互协调的活动集合。根据这一普遍认同的定义，可以看出项目具有以下几个要素特点：目标性，项目的结果要达到预先设定的某一特定目标；临时性，项目有一定的时间限制；独特性，项目所产生的产品或服务在一些可区分方式上区别于其他相似的产品或服务；制约性，项目要受到时间、费用和资源等的制约；相互依赖性，项目由不同要素构成，这些要素之间是相互作用与制约的。

企业信息化项目作为一种特定的项目，也满足项目以上的普遍特点。企业信息化项目可以是一个大的信息系统的实施，也可以是企业内联网的建设，或者是实现基本的办公自动化。可以说，凡是使用现代信息技术提高生产、经营和管理水平的项目，不论是存在于企业内部或者是存在于企业与外部之间，都可以归入是信息化项目的范畴。

5.1 企业信息化项目规划体系

许多企业跟随企业信息化的浪潮，纷纷上马自己的信息化项目，但不少企业却发现信息化并没有带给他们想像中的效果和效益，反而因为种种原因，信息化成了他们烫手的山芋。

没有认清企业当前的信息化需求，没有对信息化项目进行有效规划，是造成这一局面的直接原因。

1. 企业信息化需求分析

在任何信息化项目上马之前都必须对企业自身的信息需求做清晰细致的分析。企业信息化的需求不是各个部门对于软件功能的简单罗列，而是一个系统的、多层次的需求网络。简单地说，信息化需求包含了战略层、运作层和具体的技术需求层三个层面。[①]

(1) 企业战略规划层面的需求

企业信息化的目标为提升企业竞争力，为企业的可持续发展提供支撑环境。企业的战略在最高层面可以简单划分为扩张型、稳定型和收缩型三种不同的类型。从这个意义上说，分析企业信息化的需求不仅要分析企业目前对信息化的需求，更要分析企业未来发展的需求，要充分考虑企业战略对信息化在多广、多宽的层面上具有需求。

(2) 企业业务运作层面的需求

它是基于企业战略层面的需求，通过对于企业价值链以及运作各业务流程的分析，特别是企业关键业务流程的分析，可以明确企业在运作中存在的问题，从而在企业运作层面上获取信息化需求。业务层面的信息化需求可以看成是战略层面信息化需求的分解与细化。

(3) 企业技术层面上的需求

信息技术是企业发展的支撑条件，由于一些企业的信息化建设已进行了相当长时间，一些系统无法满足目前的需求，形成了许多信息孤岛，这些问题在信息技术层面上对系统的完善、升级、集成和整合提出了需求。

企业的信息化需求的获取是一个自上而下的过程。以上三个层次所获取的需求并不是相互孤立的，其中存在着内在的有机联系。因此，企业需要对这些需求进行综合分析，找出他们之间的逻辑关系。例如，对所获取的需求进行优先级的排列等。只有这样，才能更好地把握企

---

① 季金奎，石怀成.企业信息化实施教程.北京：世界图书出版公司北京公司，2004

业信息化建设的方向。

2. 企业信息化总体规划

企业在明确自身的信息化需求之后,企业要对自己的信息化进行总体规划,规划同样需要从三个层面来实现:[①]

(1) 战略层面

在规划中必须对企业目前的业务策略和未来的发展方向做深入分析,通过分析,要确定企业战略对企业内外部供应链和相应管理模式、组织形式会产生怎样的影响,从中提炼出实现这些战略目标和业务策略的关键成功要素,分析这些要素与信息技术特点之间的潜在关系,从而确定技术应用的策略,这是战略层面的融合。

(2) 管理层面

管理通常包括计划、组织、指挥、协调和控制五个方面,虽然管理活动不直接创造价值,但却是价值创造必不可少的支持活动。有效的管理是企业生死存亡的决定因素。在管理运作层面的规划上,除了提出应用功能的需求外,还必须给出相应的信息技术决策治理体系、信息技术服务体系和信息技术架构体系,这些确保从管理模式和组织构架上满足实现业务战略的需要、组织形态上的融合。

(3) 业务运作层面

针对企业所确定的业务战略,通过分析获得实现这些目标的关键业务驱动力和实现这些目标的关键流程。这些关键流程的分析和确定要根据它们对企业价值产生过程中的贡献程度来划定。关键的业务需求是从那些关键业务流程的分析中获取的,它们将决定未来系统的主要功能特征。信息系统的特点如果能够和这些直接创造价值的关键业务流程融合,这对信息技术投资回报的贡献是非常巨大的,也是信息化建设成败的一个衡量指标。

信息化规划的形成除了从战略层面、管理层面和业务层面分析并获得未来信息化建设的整体实施策略和具体可操作性的内容外,还需要从业务风险、财务风险和技术风险的角度对前面得出的方案进行评估。随着信息技术在企业中的全面渗透,企业的各项业务对于系统的依赖性越来越强,信息化建设方案中各部分的实施时间、资源等方面的安排必须基于上述三个因素的分析才能得出。在规划中,这部分的分析依据和结果对于企业高层领导做具体项目启动和实施,以及未来系统风险和由于系统本身特征所导致的业务风险的控制和规避是非常重要的依据。

为保证企业信息化规划的全面性、科学性和可操作性,企业信息化规划是要遵守以下原则[②]:

(1) 信息化规划应纳入企业本身的发展战略中,要与企业未来的业务发展和管理发展充分结合,要考虑长远规划与适应变化之间的平衡。

(2) 信息化规划要注意可扩展性并保持一定的柔性,要能够适应IT的快速发展,适应企业管理模式与业务模式的不断变化,在规划时要留有适当余地,不能追大求全,争取在管理模式和技术变革之间取得平衡。

(3) 信息化规划要实现组织流程和系统流程之间的平衡,同时也要考虑信息化规划各个

---

① 季金奎,石怀成. 企业信息化实施教程. 北京:世界图书出版公司北京公司,2004
② 彭一. 信息化主管案头手册. 北京:机械工业出版社,2004

层级之间的平衡。

(4) 信息化规划要细致,要能指导企业信息化的开展。同时,要在信息化规划和建设实施之间取得平衡。

(5) 信息化规划要适合企业的规模发展,企业信息化建设是个循序渐进的过程。不同规模的企业在信息化规划时可能有不同的要求。在规划时一定要从企业实际出发,结合国内国际形势和企业的发展现状,制定出适合企业发展的信息化规划。

3. 企业信息化系统规划

相对企业信息化的总体规划来说,具体的信息化项目的系统规划则要针对具体的IT项目进行,要体现总体规划的精神和指导原则,形成一些具体的可操作性的报告。

IT项目规划是为了完成某一个具体目标而进行的系统的任务安排。广义的"IT规划"包含了"IS规划"与狭义的"IT规划"两个部分。"IS规划"(信息系统战略规划,Information System Strategic Planning,简称ISSP)以整个企业的发展目标、发展战略、企业各部门的目标和功能为基础,结合行业信息化方面的实践和对信息技术发展趋势的掌握,制定企业信息化远景、目标和发展战略,达到全面、系统地指导企业信息化进程,协调地进行信息技术应用的目标,充分有效地利用企业的信息资源,全面满足企业业务发展的需要[1]。IT项目规划要确定项目目标,为完成目标对项目实施工作所需进行的各项活动做出周密安排。项目规划围绕着项目目标,系统地确定项目的工作任务、安排项目进度、编制资源预算等,从而保证项目能够在合理的时间内,用尽可能少的成本和尽可能高的质量完成。IT项目的规模不同,在规划时要针对当前准备开展的IT项目进行任务安排。

IT项目规划是项目实施的蓝本,规定了如何做、由谁做等内容。项目规划要回答以下几个问题:项目做什么(what);在哪里做(where);如何做(how);谁去做(who);花费多少(how much)。

具体的IT项目规划,根据不同的项目会有所不同,但通常IT项目规划,可以采取以下几个步骤[2]:

(1) 组织队伍

首先,应聘请企业内外部的专家共同组成总体规划组,组长应由企业的第一把手担任,副组长可由企业外部的专家和企业的信息主管担任,成员应包括企业各主要部门的负责人和外部专家。

总体规划组建立起来后,还应由专家对所有成员进行有关总体规划知识的培训,使大家都明白总体规划的重要意义,掌握总体规划的基本理论与方法。

培训工作结束后,就可以进行系统调研,了解企业的内外部环境和发展规划,这是做好总体规划的前提。系统调研的时间应视企业大小而定,对于一个中型企业,系统调研的时间应在两个月时间以上,否则,根本无法对企业有一个较全面、较深入的了解,做出的规划也就难于符合企业的实际。调研工作在整个规划期间应反复进行多次。系统调研前应首先阅读企业的介绍等方面的资料,然后列出调研计划,调研结束后撰写调研报告,并交给有关部门去确认。

(2) 系统调研

---

[1] 范玉顺,胡耀光. 企业信息化规划的基本框架与方法. 新技术新工艺·机械加工与自动化,2004(9):2~7
[2] 张根保等. 企业信息化. 北京:机械工业出版社,1999

系统调研的目的是为了摸清企业的现状,在调研时应注意收集各种资料。作为任何一个企业来说,只有建立在对企业现状充分了解的基础之上,尤其是对于企业现有业务流程的"解剖",对企业进行项目规划才能有一个正确的出发点。

① 系统调研的主要内容。系统调研的主要内容包括:企业生产经营情况,如企业概况、生产情况、经营情况、资源情况、市场情况、发展规划、信息流和物流情况等;企业组织机构与外部联系,包括组织机构、外部联系、业务范围及业务流程、计算机应用情况、现行系统存在的问题、对信息系统的期望和要求等。

② 调研方法。常用的调研方法有五种,它们是集中介绍情况、实地考察、阅读资料、面对面交谈、问卷调查。这五种方法可以交叉使用。

③ 调研报告的撰写。调研报告包括的内容为:调研目的和过程描述、企业概况描述、企业物流描述、企业及各部门的信息流描述、各职能部门的业务范围及业务流程描述、计算机资源及应用情况描述、现行系统的特点及存在的问题、企业实施信息化工程的约束等。

(3) 系统分析

系统分析的目的是为了对现行系统有个更清晰、更全面的了解,为总体规划提供依据。系统分析分为现行系统分析和对未来系统的分析两种。对现行系统分析的依据是调研报告,通过调研报告中对各方面情况的描述,利用各种工具分析现行系统在管理模式、业务处理过程、信息流动情况等方面存在的问题,为设计未来的信息系统打下基础。

(4) 系统总体规划

系统总体规划包括确定系统的总体目标,建立系统的信息流程,建立系统的功能和总体结构,建立系统的粗功能模型,进行数据的总体规划,确定系统的内外部接口,进行信息标准化建设,确定系统中各分系统的基本内容和实施的先后顺序,建立信息系统实施的组织机构,根据各分系统的功能粗估系统的投资,以及粗定资金规划,提出对管理机制改革的要求等。

① 确定系统的总体目标。信息系统的总目标应与企业的战略发展规划相一致。要体现信息系统为实现企业整体战略目标服务的精神。例如,某汽车制造企业的战略规划中有一条是在15年内实现汽车产品的独立自主开发。相应地,信息系统的目标中则应有:为技术开发中心建立一套先进、实用的信息系统,为汽车产品独立自主开发提供技术支持。

② 分析业务流程、建立信息流图、提出管理体制的改革要求。对企业的业务流程进行全面分析,按照企业重组理论确定最佳业务流程,这个业务流程在一定时期内应是比较稳定的。在得到最佳业务流程的基础上,分析信息关系,建立业务流程的信息流图(可采用DFD图)。信息流图反映了业务流程中信息的产生者、使用者、存储位置、流向等,为设计信息系统提供基本依据。最后根据确定的最佳业务流程和建立的信息流图,提出对整个企业管理进行改革的要求。也就是说,企业的管理体制一定要符合信息系统的运行规律,后者才能更好地发挥效益。

③ 确定信息系统的总体结构及功能。首先根据业务流程和信息流图,结合信息系统的总目标,确定信息系统的总功能,然后建立信息系统的总体结构。总体结构应充分体现总功能和总目标的要求,应明确各分系统的划分和它们之间的相互关系。总体结构应是粗线条的,应充分体现系统性、整体性、全面性、集成性和开放性的原则。在建立了系统的总体结构后,我们就知道了信息系统应包括哪些分系统,再结合系统的总功能,就可确定各分系统的功能。

④ 建立系统的粗功能模型。以总体结构、总功能和分系统功能为依据,初步建立系统的

功能模型。功能模型说明了各分系统的功能细节,实现每个功能细节的输入、输出、约束条件和实现的机制。

⑤ 进行数据的总体规划。对企业的所有数据进行整体分析,建立具有指导意义的主题数据库模型,结合数据流图研究数据的分布,进而确定数据的流向,初步建立第二层次的主题数据库模型。这一步的工作也不应太过细,只要起到指导作用即可。

⑥ 确定信息系统的内外部接口。信息系统的内部信息接口确定了系统内部信息交换的内容和格式,信息系统的外部接口规定了与企业外部信息交换的标准格式。

⑦ 确定各分系统的基本内容。根据各分系统的功能,确定各分系统的基本内容,包括各分系统的基本结构,分系统中各子系统的功能要求、信息输入/输出关系等。

⑧ 确定企业信息系统的标准化体系。对数据和信息进行分析,确定标准化系统的体系结构,并对主要的信息进行代码设计。信息系统标准化的原则是:首先采用国际标准和国家标准、其次是行业标准。只有当国际标准、国家标准和行业标准不能满足使用要求时,才自行编制标准,但自编标准应与国标和行业标准保持一致,以便于对外的信息交换。

⑨ 确定实施计划。根据重要性和紧迫性、投资规模和投资回收期的粗估,以及实施的难易程度确定信息系统中各子系统实施的顺序和时间周期。

⑩ 信息系统实施的组织结构。企业信息系统的实施和运行的总领导应是企业的第一把手,他可以委托企业信息主管(副总裁级)具体进行管理。组织机构设立应体现精简和高效率的原则,能以最高的效率确保信息系统的正常运行,并不断地扩大实施规模和深度。在组织机构中,应明确每个主要领导的责任和义务。

⑪ 粗估信息系统的总投资。理论上,企业信息系统的建设是个永无休止的过程,所以其投资的估算是发散的。因此,我们只估计某一段时间内的系统投资(这段时间应与企业发展战略规划相一致)。由于信息系统的总体规划是粗线条的,没有细化到硬软件的选型。所以,总投资也只能是粗糙的,只要能为企业的总体资金规划提供一个参考即可。

⑫ 信息系统所需资金的粗略规划。为了保证信息系统所需资金按计划不断投入,应做一个比较粗略的资金规划,确定资金的来源和数量。该规划应保证即使企业遇到财政困难时,也能按照计划向信息系统投入所需资金。

案例3

宝钢信息化规划的成功经验

宝钢在我国企业信息化中是一个典型的成功例子。宝钢信息化的成功实施是多方面的原因,它在信息化规划方面的经验是值得称道的。宝钢在信息化规划方面主要有两条经验。

第一条经验:明晰的战略规划目标,通过企业信息化,全面持续创新,在做大做强基础上做活。宝钢把企业信息化的目标,聚焦在了创新上。经过不断的战略改进,最终提出了企业系统创新(ESI)工程,计划在今后几年内,通过实施ESI工程,按照ERP的理念对业务流程进行优化、创新和再造并完善相应的系统功能,不断地由科学化、合理化向知识化和决策层发展,把宝钢股份建成一个以客户为中心的、快速反应、高效运作的企业。可以说,宝钢过去几年的信息化之路,就是水到渠成走向系统创新之路,它为宝钢进入全球化竞争带来了充沛的生命活力。

第二条经验：信息化战略服从、服务于企业战略，由业务部门主导企业信息化，信息化建设重点从生产中心、财务中心移向用户中心，信息化从一把手推进向业务需求驱动型转变。

一方面，宝钢信息化的实施，由负责业务的副总来具体负责。从比较夸张的意义上说，宝钢的信息化，先于信息技术（电脑网络）的引进，是从业务系统用传统手段传递信息开始的。"宝钢产、销、研信息综合管理系统"本来就是一个业务系统，对产品的开发、销售、质量设计、生产计划、实绩收集、质量控制、成品出厂、货款结算等采用集中一贯的管理，加快了生产线上在制品的流动，减少了物流在库滞留时间，从而缩短产品的生产周期。可以说，宝钢的信息化，一切围绕业务开展。宝钢的网站特别实在，可以说是"非生意莫入"，一点为参观而设计的点缀都没有。

另一方面，企业信息化中的业务主导，要求企业信息化从一把手开始，以企业文化结束。宝钢施行的是全员信息化，而不是领导工程。这是由业务自身的发展决定的。几年来，随着企业战略一步一步转移，信息化建设重点也逐步从生产中心（1978～1992）、财务中心（1993～1999）移向用户中心，从物流、资金流转向了信息流。目前，信息化已从一把手推进向业务需求驱动型转变。

[来源：http://www.e-works.net.cn/ewk2004/ewkArticles/521/Article1700.htm]

5.2　企业信息化项目实施

企业在信息化项目正式确立，项目实施方案已经确定的情况下，项目直接进入实施状态，整个过程可划分为四个阶段：启动、设计、实施和切换。

1. 启动

良好的开始是成功的一半。这一阶段的主要任务是在项目实施前再次确定系统实施过程的范围、时间、成本，并为之后的项目实施过程作好组织、思想以及情绪上的准备。这一阶段最重要的成果是项目建议书和项目工作计划。主要的任务有三个：

（1）项目确认

该任务的目的是为了让实施双方就项目范围达成共识，避免在项目实施过程中不必要的冲突。虽然在项目实施之前，企业客户方与实施方已经签订了合同，在合同里一般会对项目实施的范围、时间和成本有具体的规定，但是并不表示企业对于该项目有了充分的了解。项目的实施要牵涉到企业上下的方方面面，而项目合同的签订只涉及企业的几个人，而且签订人很可能不会参与具体项目的实施。因此，在项目实施前必须参考合同文本，项目实施方与企业客户方就具体项目实施再次确认。这个过程会形成一个项目建议书，在项目建议书里包含对本项目目标的阐述，并且在项目建议书中就项目范围、时间以及成本给出具体描述。

（2）实施准备

信息化项目在投入建设之前，必须保障系统实施所需的保障全部到位，包括了以下几个方面：

① 项目团队准备[①]。企业信息化不仅仅是信息部门的事，它是系统实施者和全体公司人

---

① http://www.ibm.com.cn

员共同参与的事业,是企业信息化、电子商务的系统化、集成化的要求,必须得到企业从一把手到一般职工的高度重视。

因此必需建立一个强有力的组织。由企业一把手亲自参与指挥,由各部门一把手为主要组成人员的组织队伍,选派有经验、懂管理、熟悉企业业务流程和商务软件及计算机网络技术知识的实施负责人;IT企业选派有丰富的实施经验及计算机软件、硬件技术的人员作实施项目经理。在总经理的领导下,以IT项目经理为主导,双方项目经理积极配合,对整个业务流程、数据来源、票据流程、设备网络规划等情况进行分析、研究,拿出具体实施方案,定期召开协调(碰头会)会议,研究解决项目实施中的问题,指导项目的顺利实施。

在方案执行中,不允许任何单位及个人以任何理由影响干扰企业信息化工程的实施,也不允许无故拖延计划安排的工作的进行。

企业信息化建设绝对不单纯是企业IT部门或者实施方的事。它要求企业所有相关部门参与目标制定、规划建设和实施,所以建立项目团队是必须的。一个项目团队的好坏对项目的影响也是至关重要的。美国变革管理学者发现成功实施变革的秘诀是:应该挑选各部门中经验丰富、思路清晰、富有改革创新意识的人员作为项目成员,全程全身心投入信息化建设,将其在项目中的表现结合项目本身的质量纳入其绩效考核之中。实施双方要组成共同的项目小组,明确小组成员的职责。

② 资源准备。主要为实施做好各项物质准备,包括项目实施中的各项软件与硬件的到位,项目办公室的到位,项目管理平台的测试与安装。

③ 培训。企业信息化工程是一项复杂的系统工程,它涉及企业每一个部门,每一个经营环节,每一名员工。由于对信息化的不了解,恐惧、疑惑、怕下岗,会使员工对企业信息化产生误解,抵触、不合作也时有发生,因此必须让所有的员工都能充分地理解企业信息化,并积极参与进来。而只有通过深入持续的培训才能让员工提高认识,增强信心。培训要求必须严格、认真、一丝不苟,要进行严格考核,让员工真懂、真会,不搞形势、走过场。

如安徽阜阳商厦在实施企业信息化项目过程中,运用了持续培训的办法,通过对领导层、管理层、操作层进行分层次、分重点的培训,使大家逐步认识到信息化的重要性以及它强大的功能,并且提高了管理和操作水平,得到了员工的热情支持,为实施信息化成功提供了保障。该项任务的目的主要是让项目关系人对系统实施有基本的知识准备,培训包括客户方关键人员的培训以及项目小组培训。客户方关键人员的培训对象主要是客户方领导以及和系统直接相关的关键人员,培训的目的是让他们对于系统建设的作用以及系统建设中会出现的问题有更深入的了解,促使他们更好地理解项目的重要性,加大对系统实施的重视程度。项目小组培训主要面向项目小组中的客户方人员。[1]

④ 项目管理制度准备。信息化项目实施具有周期长、人员多、牵涉面广的特点,必须要有良好的项目管理制度。作为制度的具体表现,各项项目管理规范都应该在这一阶段确定下来。

⑤ 项目计划。实施方和客户方要共同考虑整个系统实施的安排,并根据项目管理要求确定项目中每一阶段的任务安排以及检查点,制定出详细的项目计划。

(3) 启动

项目启动大会是整个项目实施过程中一个必不可少的过程,它可以有效地调动整个企业

---

[1] 彭一.信息化主管案头手册.北京:机械工业出版社,2004

内的情绪,可以使企业里每一个项目关系人明白该项目的重要意义。

2. 设计

设计阶段主要是根据企业的长期发展战略以及企业运营,构建企业的相关信息系统建设未来蓝图,在信息系统建设蓝图的基础上勾画出信息系统实施方案,并在原来的项目实施计划的基础上详细制订项目实施的内容、计划、时间表和规范。具体步骤如下[①]:

(1) 确认企业信息系统建设需求

信息系统实施应该立足于企业内部具体业务部门的需求,着眼于企业的长期战略发展目标,因此信息系统建设之前,首先必须了解企业的发展战略与各部门的需求。

(2) 定义信息系统建设的未来蓝图

根据企业的发展战略与运营需求导出企业的信息系统需求,导出企业的未来信息系统的轮廓,但是这种信息系统是基于纯粹的企业管理需求的,市场上是否存在这种技术,或者这种信息系统存在但投资是否合算等一系列牵涉到投资、技术发展、企业人才状况、行业特色的问题没有考虑进去。

接下来,要根据企业的具体实施要求,推导一个可行的系统建设蓝图。大多数情况下,进入实施阶段之后,信息系统建设的软件与硬件已经选定,系统建设蓝图最重要的是选择具体的模块以及系统配置方案。企业可以通过了解行业分析、信息系统软件以及标杆比较的方法确定出最后的信息系统建设蓝图。

(3) 详细制定项目实施的内容、时间表和规范

基于信息系统业务蓝图,在原来的项目计划上深入分析实现业务蓝图所需的工具、方法、组织结构、数据转换方式等。

在项目设计阶段,要对项目小组进行功能性培训,指导项目小组进行具体的项目实施,培训内容包括调研技能培训、企业业务部门的流程梳理培训等。

3. 实施

在项目设计阶段,项目实施方案已经基本确定,进入实施阶段之后,要把设计方案变成现实,安装必要的软硬件,进行系统配置与开发,之后对信息系统进行数据测试与试用,为最后的应用作好准备。相应的实施阶段可以分为三个步骤:

(1) 软硬件安装

根据技术方案确定所需的硬件,在硬件环境上安装相关的软件,对硬件与软件进行测试,检验其安全性与稳定性,确定软硬件环境可靠之后,编写软硬件环境维护操作手册,进入下一步。

(2) 系统配置

不同的信息系统在系统配置这个阶段的工作内容有很大差距,一些信息系统需要大量的二次开发,有的只需要简单地设置系统参数就可以投入使用。信息系统配置伴随着业务数据收集进行,根据系统情况确定相应的数据转换策略。为了下一步系统测试的进行,还要对项目小组、相关业务部门进行系统的应用培训,开始最终用户手册的编制工作。

(3) 测试物

为了保证企业信息化切换的成功,在系统切换前,必须对系统进行严格的测试。根据信息

---

① 彭一. 信息化主管案头手册. 北京:机械工业出版社,2004

系统运行模型,确定系统测试策略,对信息系统进行检查,以便在大规模应用信息系统之前,进行调试,防止在大规模应用中出现大的问题与漏洞。通常,第一步是模拟运行。模拟运行是指对软件功能模拟运行,其主要目的是为了弄清楚软件的全部功能,以及各个参数之间的关系及相互影响,通过测试进一步了解软件功能与企业的实际需求是否吻合,有哪些差异,及时确定进一步的解决方案。第二步,模拟运行之后,就要根据运行情况进行深入地挖掘现有软件功能,进行一些必要的客户化设置,将软件功能进一步补充、修改、调整、完善。

4. 切换

进入切换阶段标志着项目进入了最后的攻关阶段,这个阶段要解决测试阶段所出现的问题,确定最后的系统应用的切换计划,对信息系统最终用户进行培训。系统切换是实施企业信息化的关键环节,是推进企业信息化进程的一个新的转折点,是整个信息化工作的基础。切换的成功与否是关系到企业信息化建设能不能顺利实施的基础和前提。根据很多企业实施信息化工作的经验和教训,由于观念的不同、思路不同、在规划上、在方案上、在实施的准备上,从企业实际需求出发,贪大求快,搞形势,为搞企业信息化而搞信息化或考虑不周,准备不够,仓促行动,没有不失败的,因为企业信息化实施总要经历一段时间的混乱期,而这个混乱期的开始就是系统切换的时候,混乱期的长短决定准备的情况如何。因此必须进一步做好准备迎战混乱期,规避陷阱。①

切换后,如能顺利渡过混乱期,将会给成功实施信息化打下基础,给企业的经营带来帮助,将提升企业的管理水平,提高经营效率,提升企业的核心竞争力。

如不能顺利切换,不能渡过混乱期,将会给企业的经营造成极大损失,甚至使整个系统崩溃、瘫痪,后果不堪设想。

此时系统实施进入尾声,系统实施双方将对系统进行最终确认。实施方交付信息系统最终配置方案、用户操作手册,项目实施双方签署最终的项目报告书,向企业高层通报最终实施情况。

案例 4

石钢公司 ERP 系统的解决与实施方案

作为全国 520 户国家重点企业之一的石钢公司,进入 21 世纪以来,随着生产规模的不断扩大,钢铁产量不断增长,企业的固定资产投资不断增加。再加上由于企业处于体制变革之后的动态平衡时期,日常信息处理呈爆炸性增长趋势,而原有的物流、信息流、资金流管理模式仍处于"手工业"的处理阶段。即使部分实现了办公自动化,但仍然存在着许多"信息孤岛",彼此间通信困难,信息流通不畅。企业的信息处理模式不能正确反应它的实际运作情况,更不能为高层管理人员提供支持信息。

石钢公司在经过不断理顺管理思想和体制,以及深入的调研和论证的基础上,提出了"建设石钢公司 ERP 工程"的想法。基于该公司的现状,对于系统的要求集中体现在以下几个方面:

---

① http://www.ibm.com.cn

(1) 集成的业务解决方案,支持信息流、物流、资金流的融会贯通;
(2) 支持持续增长的业务需求,将来业务扩展后也不必再大笔投资 IT 系统;
(3) 系统灵活稳定,支持不同的制造流程和产品范围;
(4) 具有钢铁行业实施经验,为客户提供实施指导。

解决方案

经过两年多的仔细筛选,石钢公司最后选定了 SAP 的整体解决方案——R/3 系统。SAP 是全球最大的标准应用软件供应商,其开发的基于客户机/服务器的 R/3 系统可用于不同类型、规模的公司。自从其旗舰产品 R/3 系统 1992 年问世以来,世界各地的公司纷纷采用。到目前为止,R/3 系统已成为在中国的大中型公司的首选企业管理应用软件。石钢公司准备运用这套优秀的总体解决方案来解决企业与各方之间的协作关系,优化其供应链管理,提高其运营能力和竞争力,为石钢公司的进一步腾飞以及在国内钢铁行业树立示范样本做出巨大努力。在硬件平台服务器的选择上,石钢公司选择了 IBM 系列服务器。将 IBM 系列服务器的集成性、可靠性和便于使用性与 SAP 解决方案相结合可以满足石钢公司的需要。

方案实施

在石钢公司的总体规划下,石钢公司信息化项目采取整体规划、分步实施、全面推广、持续优化的实施策略。初步规划石钢公司信息化项目分四期完成。

第一期:整体规划。预计时间为 4 个月,其中项目准备时间 1 个月;

第二期:实施 mySAP 核心功能模块:预计时间为 7 个月,其中产品培训与项目准备时间 1 个月,业务蓝图 2 个月,系统实现 2 个月,上线准备 1 个月,上线支持 1 个月;

第三期:实施 mySAP 供应链管理:预计时间为 7 个月,其中产品培训与项目准备时间 1 个月,业务蓝图 2 个月,系统实现 2 个月,上线准备 1 个月,上线支持 1 个月;

第四期:实施 mySAP 客户关系管理和决策支持系统:预计时间为 4 个半月,其中产品培训与项目准备时间半个月,业务蓝图 1 个月,系统实现 2 个月,上线准备 1 个月,上线支持 1 个月。

[来源:http://www-900.ibm.com/cn/servers/eserver/product/iseries/casestudies/shekkajong.shtml]

5.3 企业信息化项目管理

在对信息化项目进行管理时,可以采用项目管理的基本方法并结合信息化特点开发的管理方法,对信息化工程项目进行全面的计划、跟踪、控制,保证项目本身和项目的结果达到预期目标。

项目管理就是针对项目的特点,通过运用知识、技能、工具和技术在项目活动中的应用,以便达到权益人对项目的需求或期望。对企业信息化项目进行项目管理,可以有效地实施和管理企业信息化项目。项目管理包括了综合管理、范围管理、风险管理、团队管理、采购管理、沟通管理、时间管理、成本管理和质量管理等九个方面[①]。

1. 项目综合管理

适当协调项目各种不同元素,在项目目标和其他选择之间进行平衡,以便达到或超过权益

---

① 李清,陈禹六. 信息化项目管理——信息总监和集成顾问必备技能. 北京:机械工业出版社,2004

人的需要和期望。综合管理的主要活动是开发并执行项目计划,对执行过程中的问题进行更改控制。

综合管理主要包括以下过程:
(1) 项目计划开发——获得项目各方面计划过程的结果,形成连贯一致的计划文档;
(2) 项目计划执行——执行项目计划所包含的所有活动;
(3) 全面更改控制——在整个项目中进行协同更改。

许多信息化项目比较复杂,比如存在一个庞大而复杂的组织环境,项目的过程和组织的业务交织在一起,在时间、经费、人员、资源等方面处处存在冲突,不同的上级领导的意见不统一,业务部门对信息化工作存在疑虑,这些都可以用项目综合管理的方法进行有效控制和管理。项目综合管理有时除了需要集成项目内部各个要素之外,还需要综合项目外部的许多影响因素。

2. 项目范围管理

为了完成项目,明确定义项目应该包含和不包含什么,并对其加以控制的过程。该过程包含五个关键过程:
(1) 初始化——委托组织开始项目的下一阶段;
(2) 范围计划——开发书面的范围陈述,作为未来项目决策的基础;
(3) 范围定义——将项目可显示的成果或文档分解成更小的、更具管理能力的组件;
(4) 范围确认——正式确认项目范围;
(5) 范围更改控制——控制项目范围的更改。

企业信息化项目在指定项目范围时候,项目团队和权益人要保持冷静的头脑,不能一步跨得太远,一次涉及的面太广,而应有计划、有步骤地推进项目工作。

3. 项目风险管理

包括与项目风险有关的辨识、分析和响应过程,其目的是使好结果最大化,并使坏结果最小化。风险管理的过程包括:
(1) 风险辨识——确定哪些风险可能影响项目,并编制针对每一个风险特征的文档;
(2) 风险量化——评估风险和风险的相互作用,以评估对项目结果可能的影响范围;
(3) 风险响应的开发——定义追逐机遇的步骤,以及对威胁的响应程序;
(4) 风险响应的控制——对整个项目过程中风险变化的响应。

信息化项目会给组织引进新的技术,这些新技术会对组织的管理流程和技术程序带来变化。以前合理运行的过程,可能在新的技术条件下产生新的问题,这些问题需要信息化项目团队预先设法控制。企业信息化的失败概率很高,但没有信息化,企业同样无法面对激烈的竞争,所以要设法在风险管理的机制下尽量降低项目的风险。

4. 项目团队管理

着重于人员的管理,保证项目团队的凝聚力和活力,其主要过程包括:
(1) 组织计划——确定、编制文档和分配角色、责任和报告关系;
(2) 人员招募——获得分配到项目并在项目上工作的人力资源;
(3) 团队开发——发展个人和团队的技能来增强项目的执行性能。

信息化项目团队的通常来自三个方面:企业内部的人员、技术专家和系统供应商。项目团队在完成项目时协调彼此之间的职能,促进整个项目团队的执行能力。

5. 项目采购管理

从外部执行组织获得货物和服务的过程,包括:

(1) 采购计划——确定采购什么以及何时采购;

(2) 征购招标计划——提供产品需求文件和确定潜在的供应商;

(3) 征购招标——获得适当的报价单、投标、出价或者提案;

(4) 供应商选择——从潜在的销售商中进行选择;

(5) 合同管理——管理与销售商的关系;

(6) 合同终结——合同的完成和结算,包括解决所有有待解决的条款。

信息化项目需要采购的内容很丰富,通常包括数据库、各种软件系统、技术咨询服务和技术培训服务等。这些采购都应该通过采购管理,有计划地引进。

6. 沟通管理

适时恰当地产生、收集、发布、存储和最终部署项目信息的过程,该过程包括:

(1) 沟通计划——确定权益人需要的信息和通信手段:什么人需要什么信息,什么时候需要,如何提供;

(2) 信息分布——适时地向权益人提供所需信息;

(3) 执行报告——收集并发布有关执行性能的信息,包括状态报告、进展测评和预测;

(4) 管理行政终结——产生、收集并分发信息,正式地完成阶段或项目。

信息化项目的许多接口和协同问题往往不能在项目总体设计过程中完全解决,在项目进展过程中团队成员需要不断地相互交流、协调同步,还需要和项目权益人进行很好的沟通,使权益人能够随时了解项目的进展。

7. 时间管理

保证项目按时完成所需的过程,包括:

(1) 活动定义——确定形成项目可显示成果或文档所必需被执行的特定活动;

(2) 活动排序——确定并建立内部活动关联性的文档;

(3) 活动工期估计——估计完成每个活动所需要的工作周期;

(4) 进度表开发——分析活动的顺序、活动工期和资源需求,创建项目时间表;

(5) 进度表控制——项目时间表的控制更改。

信息化项目与一般项目有明显的区别,它特别依赖人的知识和经验,按时交付项目在很多情况下是很大的挑战。信息化项目的计划进度管理的另一个问题是,当计划不能顺利进行时,如何调整。

8. 项目成本管理

保证项目在批准的预算范围内完成所需要的各种任务,包括:

(1) 资源计划——确定执行项目活动应该使用什么资源和每一个资源的数量;

(2) 成本估计——估算完成项目活动所需要的资源成本;

(3) 成本预算——将全部成本估计分配到各个工作条目中去;

(4) 成本控制——项目预算的控制更改。

信息化项目由于对组织的经营管理产生影响,其成本除了人员费用、设备和采购费用等直接费用,还隐含企业管理调整带来的成本。信息化的效益具有滞后性。另外,信息化项目是高风险项目,失败率很高,除了直接的投资损失外,组织调整所带来的灾难性后果都会引发巨大的连带成本。要在预算内完成项目,要有效地进行项目成本管理。

9. 项目质量管理

确定质量政策和责任,并在质量系统内通过质量计划、质量控制、质量保证和质量提高进行具体实施的所有管理职能:

(1) 质量规划——确定哪些质量标准与项目有关,并确定如何满足标准;

(2) 质量保证——正规地评价整个项目的性能,确保项目满足相关质量标准;

(3) 质量控制——监督特定的项目结果,确定它们是否满足相关的质量标准,并消除不满意性能的产生原因。

信息化项目面临着比较大的质量压力,必须根据信息化项目的特点,保证项目满足所承诺的质量。

案例 5

AMPC 公司某信息化项目的管理过程

安德滕 MP 公司(以下简称 AMPC)是一家生产医疗保健产品的中型公司。在季度之初,公司总裁安德滕作了一个内部运作调查,认为公司存在信息流通管理方面的问题:采购和物料部因未能及时收到生产信息,以致原材料与部件经常不能及时准备;生产经理缺乏调整后的销售数据,以致未能更好安排生产;销售部提供了信息,但是订单处理系统不能回答顾客关于价格、交货及账单方面的询问;甚至财务部全然不知道即将来临的和正在处理的订单,因此也未能很好地管理现金流。

安德滕设想通过程序化以及信息流计算机化来解决此问题。因而决定开展一个综合性的"办公自动化"项目,确定其返本期为一年,预算为 18 万元,责成产品开发部的副总裁阿瑟博士主导该项目。此项目采用项目管理的方法进行开发,具体为:

第一阶段:启动和计划项目

1. 组建项目团队:考虑到最大限度地利用公司的资源,分享职能专业知识,项目与职能部门分担资金成本,得到职能经理的支持和承诺以及良好的信息流通和更好的协调,应采用矩阵式组织结构,即项目团队的成员由不同职能部门的成员所组成,由项目经理决定工作内容与完成时间,而人员与资源由各职能经理控制,建议具有 Auto SDS 和 Model V[①] 经历的人员参与项目。

2. 项目管理讨论:召开由各职能经理及有关成员参加的项目启动会议,讨论并确定:

(1) 项目的意图及范围:在开支不超过 18 万元的情形下,在六个月内建成办公自动化系统;

(2) 项目目标:在确定了项目目标后,各项目团队成员充分利用从 Auto SDS 与 Model V 项目积累的经验和各自的专门知识,通过讨论与充分交流,确定出项目的各输出以及项目中所要完成的工作,即工作结构分析(WBS)和资源要求,具体包括人力资源、设施、设备、材料以及其他特别资源,从而制定出该项目的预算。

(3) 工作结构分析(WBS):如确定了系统设计、软件开发、硬件采购、系统人员配置、设施准备、办公自动化小规模测试、办公自动化七部分结构,并设定了每个部分的任务及经费预算,

---

① Auto SDS 是 AMPC 开发的肺活量自动诊疗器;Model V 是自动化肺功能检测器,性能好于 Auto SDS。

以不超过 18 万元的目标。WBS 需要考虑这些因素：各工作皆可独立运作；所有的工作范围都不会太大而不易管理；各工作皆可赋予充分的授权；对各工作皆可个别进行监视和对个别工作提供所需的资源。

(4) 资源要求：项目进行所需要的资源有哪些，并进一步明确项目所需经费不超过 18 万元的目标。

3. 项目计划：项目计划是项目管理最核心的部分。项目计划要组织好项目的资源，确定实际的日程表和各项工作完成的期限，并且制定出为确保项目成功所应采取的必要措施。具体来讲这部分需要确定下述细节：

(1) 职责划分

需要明确各工作的责任人及协助人等等，使责任安排适当，清晰可见。并通过与有关成员和职能经理讨论与沟通，确保各成员对责任的承诺，并二度评估资源成本（预算）。基于上述 WBS 和资源需求，则设计职责划分矩阵（RAM）。

(2) 工作完成顺序和时间

确定工作完成顺序和时间是要帮助确保项目准时完成，有效使用资源，实现项目目标，同时帮助确定项目运行中潜在的问题（即风险）以及机会。通过项目管理讨论，基于项目团队成员的专业知识与经验，根据 WBS 列出各个工作完成的先后顺序，以及估计的完成时间，并确定项目的起始时间和终止时间，同时按顺序列出各工作单元的起始与完成时间，这样就可以做出项目的网络图（network diagram）和甘特图（Gantt chart）。甘特图提供了项目控制的基础。

(3) 确定要径（CP）

要径即为项目网络中联结工作单元耗时最长的路径。在要径上没有闲置时间。所谓闲置时间（slack time）即为最晚开始时间（LS）与最早开始时间（ES）之间的差值或为最晚完成的时间（LF）与最早完成时间（EF）之间的差。要径可确定项目耗时最长的工作次序。这就意味着沿着要径若任意工作单元完成时间改变，那么整个项目完成时间将以同样的方式而改变。确定要径可以帮助保护项目计划。

(4) 资源安排

在确定了上述资源需求，职责划分，工作单元完成的顺序与时间之后，有必要得到实际资源的保证，以便在特定的时间内完成相应的工作。这可以通过与管理或提供资源的资源经理讨论，来确认或谈判各资源的具体安排承诺。若在某一期限，有关资源不能提供，则项目经理与资源经理应一起围绕资源的可获得性来修改项目计划。

(5) 保护项目计划

这一步可以帮助项目经理发现和解决项目中的潜在问题，并充分利用潜在的机会，以帮助降低项目的风险和确保项目成功。这具体包括两个方面：潜在问题分析和潜在机会分析。

① 潜在问题分析（PPA）。在项目实施前，就应该评估可能对其产生影响的风险因素，亦即对潜在的问题进行分析，并开发出应急的计划，以减低或根除其对项目成功的影响。潜在问题分析可从以下几个方面着手：

● 通过项目管理讨论，审查职责划分、资源需求、网络图或甘特图，以确定出可能遇到的问题，特别是在要径上。这些潜在的问题可能会出现在哪些工作单元上，要么他们需要几个人来共同完成，要么其资源不足，或者取决于在其之前的其他工作单元的完成。甚至其公司未曾经历过。

- 确定出待审查的那些高风险区域或优先考虑的那些潜在问题。
- 确定出那些潜在问题的可能原因。
- 找出预防措施以防止这些原因发生。
- 找出应急措施来减低潜在问题的影响并确定引发应急措施的方法。
- 最后修改项目计划,将上述措施反映在甘特图上。

② 潜在机会分析(POA)。项目团队仔细审查已完成的项目计划以找到可能的机会,使得项目更为有效地更快地完成,从而为公司带来更多的效益。潜在机会分析的方法与潜在问题之分析方法相似。找出最优先的机会、可能的原因、促进措施,利用措施以扩大机会的良好效益,以及引发利用措施的方法。最后修改项目计划,将上述措施反映在甘特图上。

第二阶段:执行和控制项目

1. 项目执行启动

项目经理应召开项目团队有关人员参加的启动会议,回顾并让大家明确项目的意图及范围和目标,规定项目团队成员一起工作的基本原则,回顾项目计划以澄清有关的安排,进度绩效以及项目完成时间,宣布项目正式启动。

2. 项目控制

这一过程是为了监控项目实施的进度。它能确保项目的成功实施和对出现的问题和机会做出快速的反应。虽然它可以帮助项目经理,但不代替分析和做出决定。有效的项目控制系统基于两类系统理论:第一,要有清晰的绩效标准,这点已在上面讨论过,即项目目标,工作细分和项目计划;第二,提供清晰、准确和及时的有关项目进度的反馈,以便采取有效的措施。项目控制采用下面三个步骤:

(1) 测量进度

这可以通过监控各个工作单元完成来实现。可以对照项目目标设计进度,预算和里程碑(milestones)来测量进度。里程碑是指对项目成功至关重要的工作单元的完成。

从技术上讲,里程碑没有持续时间并不消耗资源。其代表工作单元完成的那一瞬间。项目经理密切监控里程碑,以确信其准时完成并且符合质量和绩效标准。进度资料来自于负责工作的职能经理或资源经理。它可以通过项目状况会议中的正式或非正式报告,或者通过与个别项目经理讨论获得。

(2) 分析与评估状况以确定任何偏离轨道的原因:具体可以使用让具有项目专门知识的人员和实施项目的人员共同参与的系统方法去解决问题,并做出决定。

(3) 确定必要的措施:通常这些措施包括 PPA 和 POA 提到的应急措施和利用措施。在其他情形下,项目经理需作进一步的分析以确定最好的解决办法,在这点上可以通过项目定义和项目目标来指导决定做出。如果采取的行动或措施需要调整项目的话,则项目控制可以为接下来的项目调整做出准备。

3. 项目调整

项目调整意味着对项目作必要的改变以满足项目目标。它通常响应项目实施过程中所出现的问题和机会。当然,改变项目目标也会导致项目调整。项目调整亦是确保项目成功的必要步骤。前面在项目定义和项目计划中所使用的方法或工具同样可以在此使用。同样可以采用让具有项目专门知识的人员和实施项目的人员共同参与的系统方法去评估状况,解决问题并做出决定。

第三阶段：结束项目

这是项目管理的最后一步。项目结束后，要关闭项目财务账户和评估项目，以确定吸取的经验和教训。关闭和评估项目要确保项目目标已实现，所有的工作都已完成，关闭和平衡项目所有财务记录和账户，和提供机会分享所学到的东西以使用在其他项目上。

项目财务账户一般通过公司项目成本会计系统来关闭，平衡工作订单（预算）、成本账户与其他费用账户，等等。项目评估可以通过项目管理讨论进行，对照项目定义和项目目标审查项目成果，总结项目并存档以及通知有关方面项目已结束。其他机制如内部报纸、公报、信息分享会或执行简报等也可以实现项目经验分享。

至此，已完成了对整个项目的管理。阿瑟博士应该整理有关上述启动、计划、执行、控制和结束五个方面的内容，完成办公自动化项目实施报告，提交给总裁安得滕先生批准。

[来源：http://www.mypm.net/articles/show_article_content.asp?articleID=5012]

企业信息化管理是企业信息管理活动的核心内容。企业信息化又是国民经济信息化的基础。因此，关注企业信息化管理，不可不了解企业信息化。企业信息化项目的规划、实施与管理是企业信息化的灵魂。加快企业信息化，是推动国民经济信息化的关键环节，也是实施以信息化带动工作化战略、加快工业化进程、实现社会生产力跨越式发展的基础性工作。当前，企业信息化已经被越来越多的企业认同，企业不仅要重视信息化，还要深入地认识企业信息化项目规划、实施和管理中的方法和注意的问题，才能有效地推动企业信息化的开展。这样，也就抓住了企业信息管理活动的脉络。

第六节　IT 审 计

随着社会的信息化程度越来越高，信息将是维持社会经济活动及生产活动的重要的基础性资源，成为政治、经济、军事、文化乃至社会一切领域的基础。信息系统广泛深入地渗透到了各个领域，其结果导致了社会、企业等对信息系统的极大的依赖性。也就是说，当系统发生故障，停止运行或者系统发生错误而丧失其有效功能时，该领域的各种活动就失去了支撑与保障，甚至还要影响到社会、生活等许多方面。特别是近些年来的网络化趋势使得这种影响波及范围更为扩大，造成了极为恶劣的影响。因此，信息系统的安全性愈来愈为社会所关注。

人们在认识到信息系统可以提高生产效率、减轻工作压力、增进效益等优势后，花费大量投资用于建设、引进各类信息系统，而巨大耗费与信息系统产生的效益之间是否匹配呢？投入产出比是否合理呢？1994年，Standish Group对IT行业8400个项目（投资250亿美元）的研究结果表明：有34%的项目彻底失败，50%的项目在补救后完成，预算平均超出90%，进度平均超出120%。这些失败和补救的项目中，不少未经过投资风险评估便匆匆上马，造成了极大的社会资源浪费，在信息系统投资方面起到了极其恶劣的影响。

因此，必须引入一种新的管理机制来对信息系统的安全性、投资效果、实施进程和实施效果等进行评估、指导和改进。这种机制就是IT审计（System Audit，又称IT监查）。实施IT审计，确保信息系统的可靠、安全及有效是信息化的基础，已成为进入信息化社会必不可少的重要环节，并越来越多地受到国际国内的关注。

日本通产省产业构造审议会情报产业部认为，IT审计保证了安全对策的有效实施，是性能价格比高的安全对策,产生了极好的效果。据他们开展的问卷调查的结果显示,系统的平均故障间隔时间(MTBD),引入 IT 审计的企业为 530.2h,而未引入 IT 审计的企业为 446h,引入 IT 审计使 MTBD 增长了 84.2h,约提高 19%。系统的平均故障时间(MDT),引入 IT 审计的企业为 52.4min,而未引入 IT 审计的企业为 75.3min,减少了 22.9min,约降低了 30%。比较引入 IT 审计的企业与未引入 IT 审计的企业可知,IT 审计对系统的安全、可靠、有效的促进作用是十分明显的。

以美国为首的西方先进国家为例,独立的具有资格的第三方所进行的 IT 审计,是对以计算机为核心的信息系统从规划、设计、编程、测试、运行、维护直至淘汰的整个生命周期进行系统审计。国际上惟一的信息系统审计与控制协会 ISACA(Information System Audit and Control Association)已在全世界 100 多个国家与地区设立了 160 多个分会,制订和颁布了 IT 审计准则、实务指南等,来规范与指导 IT 审计师的工作。该协会还举办一年一度的注册 IT 审计师 CISA 的考试,由通过该资格考试的人员(即 IT 审计师)按照 IT 审计准则、实务指南等来进行 IT 独立审计。IT 审计作为信息社会的安全对策,能有效地管理与 IT 相关的风险,从而确保信息系统的安全、可靠及有效,使我们健全地进入信息社会。

6.1　IT 审计的定义

"审计"这个词起源于会计审计和账目稽查。审计是由独立的专门机构和专门人员对被审计单位的会计记录、财务事项及其他经济资料所反映的经济活动的真实性、合法性、合理性和效益性进行审查、评价和鉴证的一项独立性的经济监督活动。[①] IT 审计是在信息社会的环境下,从传统的会计审计演化出的一个新的审计分支。

1985 年日本通产省情报处理开发协会 IT 审计委员会对 IT 审计的定义是:"所谓 IT 审计是指由独立于审计对象的 IT 审计师站在客观的立场,对以计算机为核心的信息系统进行综合的检查、评价,向有关人员提出问题与劝告,追求系统的有效利用和故障排除,使系统更加健全。"

与 IT 审计密切相关的一个概念是信息系统审计,并且信息系统审计比 IT 审计在更大的范围内被人们应用。我们认为,信息系统是 IT 技术中一部分,并不是全部,因此使用 IT 审计在外延上更加贴切一些。从对信息系统审计的论述中可以看出,其所指的信息系统已经远远超出了其覆盖领域,而走向了 IT 的更广泛空间。

目前,人们对 IT 审计的认识还不是很一致,总体来看其包括三个方面的意思:

(1) 使用 IT 技术进行审计,将 IT 技术作为传统审计的新工具。也就是"利用 IT 技术进行审计"。现在市场上有专门的审计类软件包供应。

(2) 对信息系统支持的业务信息或业务数据进行审计,检验其正确性和真实性。有人称之为"信息系统运行审计"。

(3) 除了对信息系统支持的业务信息或业务数据进行审计外,对组织所应用的 IT 硬件、软件、信息系统开发过程以及与此有关的所有信息活动进行审计,评估、指导和改进其安全性、投资效果、实施进程、实施效果等。有人称之为"信息系统开发审计"。

IT 审计涉及到信息系统的整个生命周期,这不仅是一个技术问题,更是一个管理问题,IT 审计是一项以管理为核心,以法律法规为保障,以技术为支撑的系统综合工程。

---

① 李海波主编. 审计学. 上海:立信会计出版社,1997

6.2　IT 审计的发展史

美国斯坦福研究院的调查报告认为,20 世纪 60 年代随着第二代晶体计算机的出现和计算机应用的普及,特别是会计电算化之后,开始出现了 IT 审计。

1. 20 世纪 60 年代：IT 审计萌芽期

随着计算机的迅速发展,由计算机处理的业务范围逐渐扩大。计算机在企业中的应用,使企业的经营过程、思想意识和方法等产生了显著的变化。当时是由会计事务所出面对金融企业等进行外部审计,但还未作为制度进行实施。IBM 出版了"Audit encounters electronic data processing"、"On-line electronic processing and audit trail"等文献,给出了在新的电子数据处理环境下的内部审计规则和组织方法,介绍了许多新的概念、术语及审计技术等,这些文献是该领域中的典范。1968 年由美国注册会计师协会出版了《会计审计与计算机》一书。20 世纪 60 年代先后发表了若干引人注目的研究成果,IT 审计由会计事务所实施外部审计,金融企业设立了电子数据处理审计及安全办公室,美国国防部陆海军审计局引进了通用审计软件包,但社会对 IT 审计的认识还很不够,IT 审计远未普及。

2. 20 世纪 70 年代：IT 审计发展期

随着计算机应用和电子数据处理的普及,利用计算机犯罪的案例开始出现,在社会上引起了强烈的反响,使人们认识到了 IT 审计的必要性。美国注册会计师协会在计算机犯罪案例发生的第二年,即 1974 年发表了《内部管理的调查与评价对 EDP 的影响》,作为对电子数据处理实施审计的标准。这是由会计师执行的审计,把内部审计作为会计师的义务。

1975 年日本情报处理开发协会设立了 IT 审计委员会,开始了 IT 审计的研究。通过组织几批访美考察团,了解了美国实施 IT 审计的情况,并发表了研究报告。日本注册会计师协会在 1976 年发表了《使用电子计算机的会计组织的内部规则质问书(修订案)》、《EDP 审计标注及审计过程试案》和《EDP 审计方法》等,并明确指出这些不是参考资料,而是 IT 审计师必须执行的标准。

1977 年,美国内部审计师协会发表了著名的《系统可审计性及规则的研究》,称为 SAC 报告。该研究得到了 IBM 公司的经济援助,由斯坦福研究院实施调查。在对美国、欧洲、加拿大和日本等地的企业进行调查的基础上进行总结,对审计方法与审计工具进行了详细的研究,并取得了成果。

3. 20 世纪 80 年代：IT 审计成熟期

1982 年日本通产省在机械信息产业局中设立了"计算机安全研究会",研究信息化健康发展的必要的法规。另外,通产省主管的产业结构审计会情报产业协会,在 1983 年 12 月发表了《有关计算机的安全对策》,这是对当年 1 月通产省选定的重要紧急课题"计算机安全的研究"经过近一年的研究后得到的成果。

1984 年,日本政府委托情报化对策委员会 IT 审计协会对美国的 IT 审计标准进行了研究。翌年,通产省公开发表了《IT 审计标准》,提出了"随着信息系统网络化的进展,仅仅是系统内部的审计是不充分的,有必要尽早地引入由具有专门知识与技术的、与系统没有直接关系的第三方(IT 审计师)对信息系统的安全性、可靠性等进行全面检查……"等观点,并在全日本的软件水平考试中增添"IT 审计师"一级的考试(在系统分析员考试之上的最高一级),培养从事 IT 审计的骨干队伍。

4. 20世纪90年代：IT审计普及期

20世纪90年代开始随着信息系统的发展，系统越来越复杂化、大型化、多样化及网络化，各种各样的信息系统成为各种业务处理的核心，加上Internet的出现，网络向世界范围扩充。互联网的爆炸性发展改变着经济、社会、文化的结构与运行方式，改变着人们的思维方式，其广度与深度都是以往任何一次产业革命所无法比拟的。Internet使信息资源的作用得到充分发挥，但也产生了众多不安全的因素。IT审计就是应对这些不安全因素以及投资回报评价的关键技术，IT审计的观念已经深入人心，"未来审计行业和审计技术的发展动力将主要来自于IT审计的发展"已经逐渐成为国际会计界、审计界的一个共识。

6.3 IT审计的对象

IT审计的对象是指以电子计算机为核心的信息系统，并覆盖信息系统从计划、分析、设计、编程、测试、运行维护到该系统报废为止的全生命周期的各种业务。目前，信息系统已发展成为几乎所有企业的中枢，起到了关键作用。随着网络的普及，与信息系统有关的业务范围也越来越广泛。如把IT审计仅仅理解为是对硬件与软件的审计还是不够的，IT审计必须是针对整体的信息系统进行的，而整体信息系统是包括信息系统环境以及与此有关的业务等在内的有机结合的整体，是以促使企业整体的信息化为目标。

要进行IT审计，必须熟悉IT审计对象的业务，在信息系统计划、开发、运行和维护的各个阶段，必须明确IT审计的各个项目及各个项目的衡量标准。因此，明确对象业务、明确IT审计的要点、选定对象业务及找出问题的所在，使IT审计真正起到效果是十分重要的。

6.4 IT审计的业务内容

既然IT审计的对象是围绕着信息系统生命周期而展开的，那么就可以将IT审计的业务内容相应地划分为业务规划审计、业务开发审计、业务执行审计、业务维护审计、涵盖整个信息系统生命周期的共同业务审计。[1]

业务规划审计主要面向信息系统的规划，对信息系统的投资可行性，系统规划与公司战略的相关性，系统开发计划的可行性以及系统需求的完整性和正确性进行审核和验证。它包括信息战略审计、整体计划审计、开发计划审计、系统分析审计四类审计项目。

业务开发审计对信息系统开发的各个阶段的相关人员的活动、信息、中间产物进行审核，确认这些活动、信息和中间产物的规范性、有效性和对于信息系统目标的针对性。它包括开发顺序审计、系统设计审计、程序设计审计、编码审计、系统测试审计、系统试运行审计等六类审计项目。

业务执行审计确认与信息系统运行相关的数据、软硬件、安装环境等是否符合信息系统的运营要求，同时对信息系统的功能、性能、易用度、可操作性等进行评估。它包括运行管理审计、输入管理审计、数据管理审计、输出管理审计、软件管理审计、硬件管理审计、网络管理审计、组成管理审计、建筑物及相关设施管理审计等九类审计项目。

业务维护审计对信息系统的维护活动和维护结果实施审核和评价。发现在维护中可能出现的各种漏洞和信息系统维护中急待改善的问题。它包括维护顺序审计、维护计划审计、维护实施审计、维护确认审计、维护中的试运行审计、旧系统的废除审计等六类审计项目。

---

[1] 张华. IT审计（一）概念篇. http://www.51cmm.com/newtech/no081.htm, 2004年8月26日

共同业务审计涉及文档管理(文档制作审计、文档管理审计)、进度管理(进度管理审计、进度实施审计、进度评价审计)、人员管理(人员职责权限审计、业务分配审计、教育培训审计、健康管理审计)、外部委托(委托计划审计、委托单位选定审计、委托合同审计、委托业务审计)、风险管理(风险分析审计、灾难应急计划审计、系统备份审计、替代恢复审计)等,检查这些过程的规范性和有效性,并提出改良建议。

IT 审计的任务在于站在客观公正的角度上,收集审计信息,生成审计报告,通过审计报告促进信息系统生命周期活动和成果的改善。审计报告一般包括审计概况、审计范围、审计过程中发现的问题和审计结论等内容。

归纳起来,具体的 IT 审计的业务内容如下:

(1) 系统规划与组织审计;
(2) 系统资源管理审计;
(3) 系统获取与实现审计;
(4) 系统开发审计;
(5) 程序审计;
(6) 数据完整性审计;
(7) 系统生命周期审计;
(8) 应用系统开发审计;
(9) 系统维护审计;
(10) 安全审计;
(11) 监控审计。

6.5 IT 审计师的职责与权限

IT 审计师是指既通晓信息系统的软件、硬件、开发、运营、维护、管理和安全,又熟悉经济管理知识,能够利用规范和先进的审计技术,对信息系统的安全性、稳定性和有效性进行审计、检查、评价和改造的专家级人士,又称为信息系统审计师、IS 审计师。国际会计师审计师事务所、专业咨询公司、软件供应商特别是经济管理类的集成软件供应商和高级管理顾问机构是 IT 审计师的服务单位。

IT 审计师的任务,是以第三方独立的立场,对信息系统的可靠性、安全性、紧急对策、灾害恢复计划、隐私机密数据的保护、系统开发与维护的有效性及系统的运行效率等有关各项目进行检查、评价并报告结果。他们一般具备全面的计算机软硬件知识,对网络和系统安全有独特的敏感性,并且对财务会计和单位内部控制有深刻的理解。

IT 审计师要完成以上任务,必须具有一定的权限。例如,IT 审计师具有查阅机密文件的权限,进入企业任何场所的权限及可向任何人员提出质问等权限。

IT 审计师要向企业最高领导报告 IT 审计实施状况及有关改进事项。当然,IT 审计师必须遵守职业道德,坚持客观的评价立场,并要遵守为企业保密的义务,不能泄漏企业的业务秘密,公正、诚实地取得企业内外的信任。因此,IT 审计师的权限与制约必须明文规定,使之成为法律条文,这是非常重要的。

IT 审计师的职责权限如下:

(1) IT 审计师对于自身的判断要有明确的依据。

(2) IT 审计师有权利要求被审计组织与部门提交审计所需的相关资料。

(3) IT 审计师要向组织最高领导报告审计实施状况及有关改进事项。

IT 审计师应遵守的职业道德：

(1) IT 审计师应坚持公正、独立、客观的评价立场。

(2) IT 审计师要自觉遵守职业道德，公正、诚实地实施 IT 审计，取得企业内外的信任。

(3) IT 审计师要遵守保密义务，没有正当的理由，不能泄漏业务秘密，不能因不正当目的利用业务秘密牟取私利。

要想获得注册 IT 审计师资格认证，必须参加全世界惟一的 CISA 考试，它是由国际信息系统审计与控制协会(ISACA)组织颁发的，受到全世界的广泛认可。ISACA 成立于 1969 年，总部设在美国芝加哥，在世界上 160 多个国家和地区设有分会，现有会员 2 万多名，我国大陆地区通过此考试的不到 10 人(2000 年)。2002 年，首次在我国北京、上海、广州和深圳四地进行了 CISA 考试[①]。

CISA 考试的核心内容包括七个方面，涉及信息系统审计和信息系统相关知识两大方面：信息系统审计程序；信息系统的管理计划和组织；技术基础和操作实务；信息资产的保护；灾难恢复和业务持续计划；业务应用系统的开发、取得、实施和维护；业务过程的评价和风险管理。

6.6　IT 审计制度

一般来说，企业要进行 IT 审计工作，其所需要的 IT 审计师来自于其企业内部的审计部门、或者企业外部 IT 审计事务所的审计师、或者是向国家审计机构求助。在平时的工作中，要建立起一个完善的 IT 审计制度，以保证必要时 IT 审计的顺利开展。

在建立 IT 审计制度时，需要注意：① 企业要注意培养自己的合格的 IT 审计师；② 要建立相应的 IT 审计部门或岗位，明确其职责；③ 企业要制定相应的 IT 审计准则、实施报表、报告等进行 IT 审计所必须的凭据；④ 企业建立 IT 审计制度时，要遵守国家相关的审计法律与规定，结合企业实际情况来进行。

企业在制定 IT 审计制度时，要从以下几个方面入手：

1. 明确基本方针

确立领导把关的方针；

明确 IT 审计师的权限、职责与任务；

确立 IT 审计结果的报告与跟踪制度。

2. IT 审计的组织机构

内部审计在组织机构中的位置；

内部审计的规模及小组组成；

IT 审计师所具备的资格与教育培训；

委托外部的 IT 审计；

外部的 IT 审计合同。

3. IT 审计准则、手册、工具的配备

IT 审计准则、手册与操作规程；

---

① 国际 IT 审计师考试登陆中国. 京华时报，2002 年 6 月 9 日第 15 版

IT审计工具与软件；
IT审计报告，各种审计实施表。
4. IT审计与相关部门的关系
IT审计与系统部门关系；
IT审计与用户部门关系；
外部审计与内部审计关系。

6.7 IT审计实施

为了实施IT审计，明确IT审计的目的，要为达到该目的选择最有效的IT审计方法，首先就要制定IT审计计划。在制定IT审计计划前，必须了解IT审计对象的业务内容、种类及性质等。

IT审计计划包括基本计划与详细计划。基本计划是一个审计年度内相关IT审计活动的计划，确认年度内IT审计的各项任务及其大致安排，内容包括审计对象、审计场所、审计原则、日程安排等。当选定具体的IT审计项目（系统或任务对象）后，要制定详细计划，写明IT审计对象、目的、范围、流程、审计要点、审计时间、责任者、任务分工及报告日期等。

制定IT审计计划书的流程：
(1) 明确IT审计师的责任范围、IT审计准则及业务说明书等；
(2) 了解IT审计对象的业务内容、业务资料和基本知识；
(3) 选择信息系统中重要的、风险高的部分为重点审计项目；
(4) 确定每个审计项目，明确目的及风险；
(5) 为了达到审计目的，选择最适用的高效率的审计方法；
(6) 决定IT审计范围；
(7) 制定IT审计计划，包括相应人员、实施时间的安排等IT审计业务；
(8) IT审计计划书面化，并要得到有关方面的认可。

IT审计计划制定好以后，接着就要实施IT审计。把作为对象的信息系统分为计划开发阶段和运行维护阶段来考虑。通常系统的开发经常需要几个月或几年的时间，因此IT审计人员要实施与IT开发同步的IT审计。

案例6

杜邦公司开展IT审计的作法及经验

随着全球经济的发展，IT审计在现代企业中的重要性也日益显现出来。IT审计在发达国家的跨国公司中发展迅猛，且在不断更新，这对于我国的公司有很重要的借鉴意义。

杜邦是一个拥有总资产44亿美元的大型跨国公司，一直在化学和化学器械、生物技术、地质学上处于技术上的领先地位。作为杜邦的审计人员，他们的使命是拿出世界一流的审计技术去支持公司的业务运作，他们定期制定标准且与其他公司相比较，然后评价结果，找出应改进的地方，为了与信息技术的飞速发展保持同步，杜邦公司把IT审计作为重点领域研究，要求内审人员拿出相应的方案。因为随着信息技术的迅速发展，相应的审计技术变得复杂起来。所以，杜邦公司决定自己开发全部的信息技术功能，把它用来重新评估审计效果。该方案的具体内容如下：

1. 评价标准

为了了解别的组织如何从事IT审计,以便与之竞争,杜邦公司选取五个经营活动完全不同的大公司作比较。它们是:Exxon公司、IBM、摩根集团、通用电气及Prudontial保险公司。虽然它们的经营范围与杜邦截然不同,但杜邦选取了几种与本公司相适应的共同特征,如:

(1) 参与经营和参加领导层会议。虽然对IT审计来说是不具体的,但它能提供一种关注经营风险的极好办法。

(2) 在分权机构里构建一个强有力的中心角色——适合杜邦的分权审计组织,这种模式能确保IT审计人员得到有经验的审计人员的支持,在职培训及监控。

(3) 在一种业务范围内强调IT在总体审计意见里发现难于评估系统的相关性时,必须能将系统里的发现转化为业务项目。

(4) 发展一种聚焦池,确保能不断关注到所有存在和新出现的技术。

(5) 能从外部雇用职员或者刚离校的毕业生,作为IT职能部门的新鲜血液。

(6) 强调要通过初步的培训。每个职员都应是全职的被培训者,如:规定每个人每年要参加培训10天。

(7) 关心所有的重要技术开发,包括已存在和正在出现的技术。

(8) 与研究部门紧密联系。这对IT审计来说是很重要的,因为这样会允许IT职能部门获得一些控制文件,在计划和设计阶段就会考虑这些因素。

(9) 为协调管理而服务。杜邦认为在这个领域应处理得比其他公司的IT活动更有效率,同时,杜邦也希望自己的内审是通过适当的程序和技术来管理一些经营活动,将来也可以应用于外审。

(10) 适当地依靠外部服务所提供的信息。

(11) 认识到它没必要达到高质量的"最好"限度。

(12) 将自我评价作为未来世界一流审计组织的批评性产品。

不仅对IT审计,而且对整个组织而言,都是很重要的。将以上发现作为评价标准,从而形成了许多固定的概念框架,根据以上内容,杜邦的研究小组设计了适应杜邦的IT审计方案。

2. 小组工作

为使杜邦IT审计达到领先水平,杜邦从全球的内审人员和审计本公司的外部审计人员中抽调一部分组成了一个代表组,这个小组由一个总审计经理监督,对指挥部负责。这个指挥部包括副总裁、总审计师、副财务经理、信息主任和事务所的业务合伙人。

该小组在很紧凑的时间安排下建立了一套科学的工作方法,并对杜邦IT审计的发展和更新提出长期性的意见。

该小组给IT的定义是:IT审计与杜邦公司的其他所有审计活动是密切联系的。我们将在职能审计小组的支持下,对应用系统和整个信息系统的各个部门进行具体的审计,进而确保在系统的支持下的经营活动能有充分的应用控制。

小组的目标之一就是:保持一个完整的相对统一的内部审计职能部门时,决定如何提高杜邦的IT审计能力。

在商讨和计划时,提到了几个固有风险因素,如:

(1) IT外部组织仍处于转换时期,且更大的组织变化将会发生。

(2) 杜邦信息系统的可靠性已经惊人地提高。

(3) 网络化的计算机,包括因特网和主要的系统化,如 SAPR/3,正在成长期。

(4) 成增长趋势的公司内部连网,导致公司向全体化和其他非传统商业联营方向扩张。

3. 两种审计模型

杜邦常用 IT 审计总体模型(AIM)和变量实施模型(VSM)来决定是否应当从外部获得技术或保持他们,特别是认为计划需要改变的时候。这两个模型有重要的指导意义,具体介绍如下:

(1) AIM

AIM 根据 IT 审计的组成要素大略揭示了 IT 的审计过程。复杂的知识水平和工作人员的工作量随着下表中所示的四个阶段而逐步下降。

AIM 模型

阶段 1 经营过程控制	准备活动	实施选择	培训要求
所有归属于一个过程审计的非系统的不相关审计活动:如过程、计划、流程图、检阅程序、访问和测试	执行所有正常情况下的准备活动,不包括具体的与 IT 有关的活动	不需要具体的 IT 审计技术	不需要高水平的 IT 培训
所有与符合性审计有关的活动,包括数据卷入、错误书写、输出和进入控制	决定应该用什么政策,若与具体的经营有关时,应在工作底稿上从头到尾写清楚;若与多种经营有关时,应把它单独拿出来进行符合性测试,然后,在工作底稿上注明	由有经验的审计人员来执行任务,IT 审计人员的任何行动都应该得到支持,因为这个阶段代表整个审计过程的重要环节。在向新结构进行完全转变之前,IT 审计人员对所执行的符合性测试都认为是适当的	确保每一个审计人员都有执行符合性测试所需技能,复核 IT 的组成要素,决定是否需要改变,以确保达到目标。确保这些技能对审计小组来说是容易达到的,且它是必要的,直至达到审计的长期目标
阶段 3 经营过程控制			
在符合性审计和技术审计之间的"灰色领域",在这个阶段需要有高技能的高水平的审计人员,因为这些活动要进入到系统的内部工作且与其他符合性相联系	决定执行的符合性复核的细节应达到的水平,确保"灰色领域"被完全充分检测,尤其注意系统的共同范围,因为这些可能没被包括在先前的比较窄的审计范围中	确定符合条件的审计人员的比例和从外部寻找人员的可行性,确保此阶段审计人员的技能对审计小组来说是容易达到的,直至实现长期目标为止	决定如何提供培训,以使他们达到更高的技术水平,期望达到所需技能的审计人员的比例将被作为实施阶段工作的一部分,在转换期,应确保这些技能对审计小组来说容易达到直至实现长期目标
阶段 4 基础性的结构			

第十章 企业信息管理

续表

阶段 2 输出	准备活动	实施选择	培训要求
技术审计覆盖了计算机环境的"内部工作",在此阶段需要高技能和特殊才能的人才,如:在运行系统或安全软件方面	通过符合性测试复核平台的最近技术审计,根据结果找出执行审计的时间,技术审计必须提供有关平台的整体意见,这一步应包括桌面系统环境和完整的桌面系统审计,必要时应事先规划	检查目前正被杜邦实用的平台系统,且必须做这项工作,确定在杜邦所要求的技能范围内的保留工作量,决定核心工作量,浮动工作量和特殊工作量的未来余额,评价保留和维持这些技能的内部审计人员的职业道路前途等,确保改变计划时允许小组充分协调好内部活动与外部专家的关系	对那些保留在杜邦内部的技能应确定培训的关键来源且确保这些人员是通用的。在这个阶段,工作能力的大小受杜邦的联营者的规模而定,所以培训只要及时就行

(2) VSM

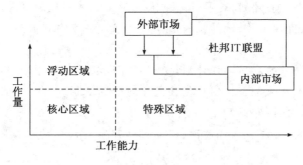

VSM 模型

IT AIM 的建立可加强 IT 审计人员对 IT 审计的一般理解及他们应如何与其他审计活动相联系。杜邦运用这个模型解释了"谁审计什么"及在各个阶段所期望达到的审计人员的工作能力和工作量之间的转换。由于杜邦对全体审计人员进行了技能培训,所以,杜邦尤其关注这样的一些问题,如:实际培训人员能力与各阶段上审计人员应代表的水平之间的距离有多远,应在哪儿挑选有技能的 IT 审计人员等。AIM 反映了杜邦在这方面的决策,且 AIM 至少能被用于以下三个方面:

① 通过提供一个评估与 IT 相关工作范围的框架,来帮助计划阶段的审计。
② 为将来建立 IT 审计评价表做好准备,将这张表用来做 VSM 的参照物。
③ 作为一种鉴别不同 IT 审计培训的方法。

在以下三个领域中,模型提供了一般了解到决策的各个部分的解决方法。具体如下:

① 准备阶段。当进行更多的经营过程审计时,准备阶段的工作就是在确保清楚地界定审计范围和审计小组应用的技能和工具去从事工作这两方面起关键性的作用。经营过程审计将会在范围上更广,时间上更长,而且可能由大量不同计算机应用系统组成。

② 实施阶段。杜邦审计小组一直在发展和采用 VSM 作为一个工具来决定成员水平和技术能力,模型显示出杜邦计划的技术能力保留在一个核心范围内,核心范围的大小由任何一年的估计工作量和杜邦是否维持这种技术能力由自己开发而决定。

AIM 与 VSM 结合起来,可用来确定保留在杜邦内审中的技术能力和将来的核心工作。

另外杜邦还计划转变战略,确保内审依赖外部专家时有力量控制局势。

③ 培训阶段。除发展 AIM 和 VSM 外,工作小组还针对现在的 IT 审计组织进行技术分析描绘未来 IT 审计组织的前景。由信息武装起来,杜邦利用 AIM 来决定所期望的能达到多种目的的审计人员的 IT 技能是什么水平,及什么样的特殊行为是杜邦将保留和维持的,提供的培训课程应确保有一个完整的途径。AIM 可用来确定所需和所计划的培训。

4. 更新

除以上内容外,该方案还包括不断变化的组织评估表和技术分析表。针对现在至未来的组织,通过研究预想的变化,这些需要一个全球 IT 审计经理的命令,他将在下列领域内得到三个网络工作领导者的支持。

(1) 信息统一

负责计划、实施和提供技术审计。对诸如数据中心、远程通信等基础设施方面负责咨询。

(2) 技术支持

负责发展和完成每年的计划,这些计划重点在于关注新出现的技术,评价和支持内审技术要求,包括硬件、软件、审计工作、计算机辅助审计技术和一个内审网站。

(3) 应用支持

负责发展和完成每年的应用审计计划,支持审计过程中的符合性测试,应用支持负责人也有责任确保所有审计人员应符合控制目标且充分地受到培训。

剩余的 IT 审计人员保持他们现存的管理报告流程,但增加了一份职能报告与以上所述三组之一相联系,将会执行许多审计活动,以便对杜邦审计计划的准备阶段进行控制,对全部审计工作进行监督。

5. 启迪与借鉴

实践证明,IT 审计开辟了内审的新领域,它取得了一些成功经验。

由于各种原因,我国的内审质量不高,更不用说 IT 审计了。因为对我国众多企业来说,企业内部治理结构还没理顺,信息化程度还不普及,只是在某些特殊行业中(如金融行业)比较普遍。可以说,IT 审计在我国还处于起步阶段,而国外已发展得比较成熟。所以,除了进一步改变国有企业的内审管理双重体制之外,我国可在以下方面借鉴西方先进经验,努力提高我国的 IT 审计水平。

(1) 重视与外部审计师的合作,尤其是注册会计师。我国的注册会计师行业虽然起步较晚,但目前已取得令人瞩目的成绩,特别是知名会计师事务所积累了大量的企业管理信息,相信与某公司长期合作的会计事务所定会为该公司提供良好的内审控制建议。

(2) 强调对内审人员的培训。在我国,由于内审管理体制还没理顺,没有统一的准则。各企业应根据 IT 审计要求的高低进行不同程度的培训。

(3) 规范 IT 审计的同时,注意改进审计方法技巧。可参考杜邦的作法,把整个审计过程划分为几个阶段,并固定下来。但在各个阶段的审计工作中,应注意审计方法的灵活运用。另外,尽量使用量化标准,如建立变量模型等。

(4) 重视内审人员的知识更新,这是 IT 审计的性质所决定的。现代企业的信息系统普遍应用网络技术,且与电子商务系统紧密结合,使产业信息系统无纸化。在此环境下,审计人员不仅要掌握传统审计的基本知识,还必须掌握计算机应用基本技能,这样才能满足审计需求,特别是对于内审的 IT 审计来说,不只是对企业的会计信息系统进行审计。所以,内审的管理机构及企业都应重视内审人员的知识更新,如加快有关计算机审计的教材建设,计算机审计人员资格考试及制作计算机审计的具体准则等,方便企业选拔 IT 审计人员。

案例参考文献:

Wayne More and David Hendrey. IT Audit Renewal. Internal Auditor,1999(4)

Pete Rosenwald. To Be or Not To Be. Accountancy. 1999(8)

傅元略. 计算机信息系统环境下的几个审计问题. 审计研究,1999(5)

王学龙. 内部审计风险初探. 审计研究资料,1999(10)

刘实. 企业内部审计协助管理当局有效履行其职能. 审计研究资料,1999(6)

何少平. 内部审计的七个落实是改进企业经营管理的有效手段. 审计研究资料,1999(6)

[来源:http://www.accatrainer.com/caijingzhuanlan/shenji/gengxin.htm]

第七节 企业战略信息管理

随着信息技术在企业的广泛应用与深入发展,电子商务的方兴未艾以及知识经济的兴起,企业战略信息管理越来越受到企业高层管理人员的重视。企业战略信息管理是一门发展中的综合性研究性学科,从企业职能战略管理的范畴看,它是企业战略管理的有机组成部分,同时它也是企业信息管理发展的高级阶段。有专家认为,企业战略信息管理是由相互独立又相互依存的信息技术战略管理、信息资源战略管理和电子商务战略管理所组成的边缘性交叉学科。

7.1 企业战略信息管理概述

企业战略信息管理属于一种与信息和信息资源有关的企业战略,与之相关联的概念有如下几个,要想了解企业战略信息管理,不能不先明确它们之间的关系。

1. 战略管理与战略信息管理

从一定意义上看,战略信息管理是战略管理的一部分,它具有战略管理的一般特征。同时,信息战略也是企业职能战略之一,是战略信息管理的核心要素。

(1) 战略与战略管理

"战略"一词最早由美国经济学家巴纳德(C. I. Bernard)于 1938 年首次引入企业管理领域。20 世纪 60 年代以后,在企业战略管理的奠基人美国经济学家安索夫(H. A. Ansoff)的推动下,战略管理逐渐在企业管理领域流行起来。

一般认为,企业战略是企业根据内外环境和可获得资源的情况,为求得长期生存和持续的均衡发展而进行的总体性谋划。正确运用战略思想能够帮助企业实现长期目标,制定和实施年度目标,平衡企业的远期发展和近期发展。同时兼顾各方面的利益,防范各种战略风险,使局部得到最优,全局目标得以实现。

企业战略是分层次的,一般可分为公司层的总体战略、战略业务单元层的竞争战略和经营层的职能战略。总体战略决定并揭示企业的目的和目标,确定企业的整体经营范围,在全企业范围内合理配置资源;竞争战略解决企业如何选择经营行业和如何确立在一个行业中的竞争地位问题;职能战略是为实现企业总体战略和竞争战略而对企业内部的各项关键职能活动做出的统筹安排。企业战略信息管理就属于企业职能战略管理的范畴。

战略管理是一门"制定、实施和评价使组织能够达到其目标的、跨功能决策的艺术和科学",它"致力于对市场营销、财务会计、生产作业、研究与开发及计算机信息系统进行综合的管理,以实现企业的成功。战略管理过程包括三个过程:战略制订、战略实施、战略评价"。①

在战略制订阶段,主要目标是确定企业任务,认定企业的外部机会与威胁,认定企业的内部优势与劣势,建立企业长期的目标,制定可供选择的战略,以及选择特定的实施战略。在战略实施阶段,主要目标是要求企业确定年度目标,制订政策,激励雇员和配置资源,以确保选定的战略能够贯彻执行。最后在战略评价阶段,对战略实施过程进行监控,并根据变化的内外部环境不断调整和修改战略。战略管理的三个阶段都离不开对大量信息进行分析整理,可以说战略管理是以信息为主要管理对象,并在信息层面上开展的一项企业管理活动。

(2) 信息战略

早在20世纪80年代初,美国信息管理学者西诺特(William R. Synnott)和格鲁伯(William H. Gruber)就开始探讨信息战略问题,他们在《信息资源管理:80年代的机会与战略》(Information resource management-opportunities and strategies for the 1980's)一书中甚至罗列了多达68条信息战略。随着信息技术逐渐成为发达国家部分企业中的核心技术,80年代后期信息战略进入企业实践领域,成为与财务战略、人力资源战略、组织战略、研发战略、生产战略等同等重要的职能战略。20世纪90年代之后,"信息技术(IT)/信息系统(IS)"内容被普遍纳入美国商学院"企业战略管理"教材中,这标志着信息战略正式成为企业战略家族中的一员。

信息战略是企业战略的有机组成部分,是关于企业信息功能管理的大政方针。从功能划分的角度来讲,它是一类独立的战略,但从信息功能实现的角度来讲,信息战略又必须与业务战略相整合,因为信息总是处于从属的地位,是为业务功能的实现而存在的。

如上所述,信息战略是企业的职能战略之一,是企业信息功能要实现的任务、目标及实现这些任务和目标的方法、策略、措施的总称。信息战略本身还可以划分为信息技术战略、信息资源战略、电子商务战略、信息组织战略等管理战略。从某种意义上说,信息战略的展开就是战略信息管理过程。

套用战略管理的三过程,我们可以将战略信息管理围绕信息战略展开的过程分为三个环节:信息战略制定、信息战略实施和信息战略控制。在制定信息战略时,首先要理顺信息战略与企业业务战略和总体战略的关系,全面、深入地分析企业信息功能的外部和内部环境及其变化趋势,确定影响信息战略制定和实施的关键性因素,并有针对性地制定、评价和选择企业信息战略。在实施信息战略时,首先要确定和培育适应时代发展的信息价值观和信息文化,建立适应企业战略发展所需的信息组织和信息队伍,不断调整和完善资源配置的方式,强化信息功能与其他业务功能同管理功能的协调与协同,最大限度地发挥信息资源在降低风险、提高效率、改进效果、促进创新等方面的作用,切实支持企业战略目标的实现和企业的战略转型。在进行战略控制时,首先要制定科学合理的评价指标体系,动态追踪企业信息战略的实施过程,联系企业信息战略目标和实施情况进行实时分析,并根据内外部环境的变化及时调整和修正战略,以确保企业的可持续发展。②

2. 信息资源管理与战略信息管理

从另一面来看,战略信息管理也是信息管理的一个应用方面,是信息管理在企业、政府等

---

① [美]弗雷德·R·戴维著,李克宁译. 战略管理(第六版). 北京:经济科学出版社,1998
② 霍国庆. 企业战略信息管理. 北京:科学出版社,2001

(1) 信息资源与战略信息资源

信息资源可以从广义与狭义两个方面理解它的内涵。从狭义角度来看，信息资源指的是信息本身或集合，是人通过一系列认知和创作过程后以符号形式储存在一定载体上可供利用的全部信息。而广义的信息资源观点把信息、信息技术与设备和信息人员等信息活动的各种要素都纳入信息资源的范畴，形成了一个信息资源的概念体系。

战略信息资源可以认为是与企业战略相关或是企业战略管理过程中所需要及所产生的信息资源的总和。主要涉及以下几个方面[1]：

① 与企业任务陈述和目标相关的信息资源。
② 与企业战略及其管理过程相关的信息资源。
③ 与企业战略决策相关的信息资源。
④ 与企业战略部门和战略人员相关的或者说他们所需要的信息资源。
⑤ 与企业竞争优势相关的信息资源。

企业战略信息资源如同企业的血液，它支撑着企业的运行，决定着企业的未来。在当今快速多变的环境中，企业要求得生存与发展，必须塑造功能强大的企业造血机制，因此必须设法加速战略信息资源的循环和利用。

在企业管理中更经常涉及的一种信息产品是竞争情报。根据卡哈纳（Kahaner）的观点，竞争情报是"搜集和分析特定公司竞争对手的活动信息和一般的商业信息以推展本公司目标的一种系统的规划"。[2]竞争情报是管理者决策更需要的信息产品。它是经过过滤、提炼和再加工的信息资源，其含义也更接近战略信息资源。

(2) 信息资源管理与战略信息资源管理

战略信息资源管理具备一般信息资源管理的所有特征，但又相对突出战略信息资源的识别、分析和利用。因为战略信息资源管理的主要用户是决策者，对决策者来讲重要的是对信息进行加工和分析，使之对决策有用，而不是获取信息。可以说战略信息资源管理过程的终点是信息资源的分析阶段，应该围绕决策者的需求特点，以战略信息资源分析为核心来构建战略信息资源管理过程。

企业战略信息资源管理的过程包括规划、收集、分析和传播四个阶段，战略部门和战略人员参与规划和指导。战略信息资源部门收集并初步处理原始的信息。在分析阶段，分析者需要决定信息的取舍、依据特定的模型对这些信息作进一步的处理，这是四个阶段的核心。传播则是将战略信息资源产品传递给需要的用户。战略信息资源部门与企业战略规划小组的有机统一，能提高企业战略决策的效率和质量。从信息传播的角度说，企业战略部门和人员既是信源又是信宿，战略信息资源产品一旦交给决策者，又会引发新的战略信息资源的需求，于是构成循环不息的信息资源利用过程。

3. 战略信息管理的形成与发展

20世纪80年代中期，马灿德（Donald A. Marchand）和霍顿（Horton）从企业信息管理实

---

[1] 霍国庆. 企业战略信息管理. 北京：科学出版社，2001
[2] Kahaner. L. Competitive Intelligence: from Black Ops to Boardrooms——How Business Gather, Analyze, and User Information to Succeed in the Global Marketplace. New York: Simon & Schuster, 1996

践发展的角度将信息管理过程划分为五个阶段,即:文本管理——信息的物理控制阶段、公司自动化技术管理阶段、信息资源管理阶段、竞争者分析和竞争情报阶段、战略信息管理阶段。

由此可见,战略信息管理是企业信息管理实践活动的最高级的阶段和必然的结果。

从理论来源角度考察,战略信息管理可以视作战略管理与信息管理的交集,是一种跨领域的管理活动,如图 10.7 所示。

图 10.7　战略信息管理的理论来源

从战略的角度考察,战略信息管理可以视为信息战略的展开过程,是企业信息战略的制订、实施、监控、调整及其与企业业务战略的整合过程。

从领域分析的角度考察,战略信息管理可以视为一个跨越所有企业活动领域的相对独立的功能领域,是围绕信息、信息技术、信息人员、信息设备及其他相关资源实施规划、预算、组织、指挥、控制、协调和培训等活动的多功能领域。

4. 战略信息管理的理论模型

(1) 基于信息资源的战略信息管理理论

美国 Ernst & Young 咨询公司信息技术和战略中心的研究员迈克基(James V. McGee)和普鲁塞(Laurence Prusak)从战略管理的角度探讨战略信息管理理论,说明了信息资源在整个战略竞争过程中的重要作用。如图 10.8 所示,信息既是战略设计的素材和资源,同时信息处理和信息行为又是确保战略实施成功的前提条件,在战略设计与战略实施的匹配过程中信息起到了无可替代的枢纽作用。总之,由战略设计、战略实施、战略设计与战略实施的匹配这三个部分组成的战略竞争过程总是在充满各种显性信息与潜在信息的环境中进行的,事实上这就构成了战略信息管理的过程。①

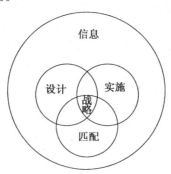

图 10.8　信息在战略过程中的地位

---

① McGee JV, Prusak L. Managing Information Strategically. New York: John Wiley & Sons,1993

迈克基和普鲁塞的模型侧重探讨了以下的问题：

① 信息与战略设计。该部分首先从信息的角度分析了作为整体的公司战略，指出信息技术的优势易于模仿，所以不能持久，只有持续的改进信息管理才能与竞争对手拉开距离；其次，指出了信息怎样促进传统战略的设计以及怎样为新的战略创造机会；再次，明确了电子商务领域中的竞争与合作问题。

② 战略实施。该部分着重探讨了组织内部的信息管理怎样影响战略实施的问题，包括信息管理的过程、信息基础结构以及信息政治学模型。

③ 联接设计与实施。该部分着重论述了信息在连接设计与实施方面的中心作用，内容包括信息与管理过程、信息与组织学习等。

(2) 基于信息战略的战略信息管理理论

荷兰的德波尔提出了基于信息战略的战略信息管理理论。他认为，信息战略从属于企业战略管理和企业信息管理两个领域，并且是连接着两个领域的纽带。[①] 如图10.9所示。

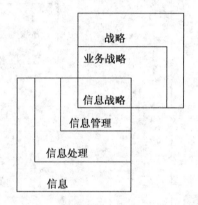

图 10.9 德波尔信息战略管理框架

德波尔认为，信息特指信息内容，相当于信息资源。信息处理系统是由信息技术、程序、数据、人员等组成的复杂系统，其目的是为支持决策而收集、处理、存储和传递信息。信息管理的任务包括一般管理、数据处理管理、数据处理咨询和审计。信息战略位于企业信息管理四层结构的顶点，是信息管理的组成部分，同时也是企业战略的一个子集，因为信息战略同样是一种战略规划活动。企业战略是信息管理的指导思想，而信息则支撑着企业战略的基础。

德波尔还提出一种四要素的信息战略模型（见图10.10）。在这个模型中，信息战略的环境影响信息战略过程，信息战略过程孕育信息战略的内容和形式，信息战略的内容产生信息战略的结果，而信息战略的结果又进而改变环境并引发新的信息战略管理活动。

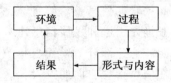

图 10.10 德波尔信息战略模型

[①] Poel，Van der K G. Theory and Practice of Information Strategies. Tilburg(Netherland)：Tilburg University Pr.，1995

将这四个要素深入扩展,可以得到一个扩展模型(见图 10.11)。

信息战略环境是指外在于信息战略但又与信息战略相关的所有事实和条件,其中信息技术是指在外部世界中可利用的信息技术能力,信息技术资源则是指组织过去在信息系统、硬件、软件、程序和人力方面的投资。信息技术及其资源、组织的性质、组织在产业中的位置共同构成了特定组织的信息战略环境;信息战略过程是指制订或改变信息战略的方式或程序,信息战略过程包括机械化、问题驱动型、政治化等类型,不同类型过程所运用的方法和工具以及参与者在其中扮演的角色均不同,而组织所运用的方法和工具以及参与者在其中扮演的角色又决定着组织的学习与进化;信息战略内容是指目标、基础结构、规划和计划等所组成的复合体,是企业信息管理的解决方案;信息战略的结果是指信息战略实施的效果,具体的效果是以用户满意度和所有者满意度来表示的,其中,必须达到的效果水平称为信息战略的底线。

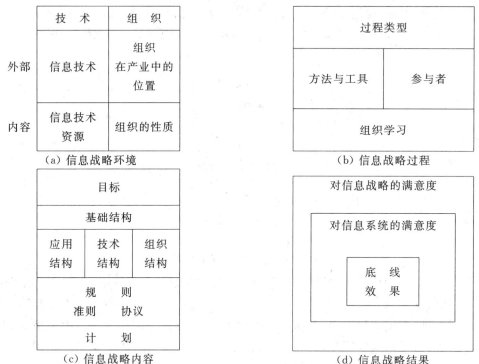

图 10.11　信息战略模型的要素领域

(3) 基于企业信息化的战略信息管理理论[①]

霍国庆教授在其《企业战略信息管理》一书中提出了一种基于企业信息化的战略信息管理理论。战略信息管理本身是由相互关联的信息技术管理、信息资源管理和电子商务管理三部分组成的。企业信息化的过程一般是先引进和发展信息技术,然后将重点转向信息资源建设,最后自然而然的形成电子商务功能。这三部分自下而上构成了一个企业的信息结构,表征着企业的信息管理理念并体现企业在信息管理方面的投入。

信息技术管理是战略信息管理的基础,其核心是设计和建立一个与企业业务相调配的体系结构,充分发挥信息技术在企业运行和管理方面的作用,重塑企业的核心能力和竞争优势;

---

① 霍国庆. 企业战略信息管理. 北京:科学出版社,2001

信息资源管理是战略信息管理的核心,其主要任务是挖掘、收集、组织、分析、传播那些支持企业决策的信息资源,提高决策的质量和成功率,增加产品或服务的信息含量,促进企业的创新活动,加速企业的变革和转型;电子商务管理是战略信息管理的延伸,是企业传统业务的信息化,其主要任务是利用信息技术手段和信息资源能力,实现大规模个性化定制或服务,创造企业在网络时代的竞争优势。

战略信息管理也可以理解为关于企业信息战略的管理。信息战略是企业的职能管理战略之一。信息战略本身还可以划分为信息技术战略、信息资源战略、电子商务战略、信息组织战略等类型。信息技术管理战略主要包括信息技术与企业业务的调配战略、信息技术外包战略、信息技术重组战略和风险管理战略等;信息资源管理战略主要包括信息资源杠杆战略、信息资源产品战略和信息资源经营战略等;电子商务管理战略主要包括全面电子商务战略、信息流先行战略、互补合作战略等;信息组织管理战略主要包括确定信息和CIO的地位、重组信息结构、建设信息队伍、培育信息文化等。

7.2 信息技术的战略管理

信息技术的战略管理是企业战略信息管理的重要组成部分,它是实现企业信息战略的技术支撑。信息技术的战略管理必须注意信息技术与其他企业业务的关系协调、信息技术的重组、信息技术的外包以及信息技术的风险管理。

1. 信息技术与企业业务的调配战略

调配(alignment or aligning)有匹配的意思。当事物处于调配状态时,它们能自然且协调地相互作用以实现共同目标。可以说,当一个企业处于调配状态时,其所有的功能或过程都能根据共同的目标或业务范围连接在一起。[①]

信息技术与企业业务相调配,是指信息技术功能必须与业务范围实现调配。最优的调配是只有当业务战略与信息技术战略共同发展才有可能实现。信息技术战略的规划应始终立足于企业业务战略规划的基础之上,应在企业长期战略方向和目标之下确立企业信息技术的长期目标和战略,应根据企业各阶层人员的信息需求、企业业务流程及业务需求来确定企业的信息技术基础结构和操作计划等内容。

调配的过程可以分为以下五个阶段模型

（1）功能系统阶段：信息技术被用于孤立的业务领域的自动化,属于局部的开发;

（2）跨功能系统阶段：信息技术被用于建立跨多个功能领域的共享系统,是内部的集成;

（3）业务重组阶段：信息技术被用于发展以过程为中心的应用,在业务流程重组时得以体现;

（4）业务构想阶段：信息技术被用于整合特定企业及其供应商和顾客的业务过程,以形成连续的统一体;

（5）创造和开发业务机会阶段：信息技术能够使管理阶层开创新的业务。

信息技术与业务调配的实质就是要在调配要素之间形成一种协同作用。科塔达(Cortada)认为信息技术与业务调配的基本问题是业务和信息技术的规划、基金投入及交流活动怎样

[①] Boar B H. Practical for Aligning Information Technology with Business Strategies: How to Achieve a Competitive Advantage. New York: John Wiley & Sons, Inc., 1994

最好地协调作用。①IT-业务调配是一个形成协同作用的动态过程,在这一过程中,核心是信息技术的战略规划及其实施,信息技术的投资是推动的杠杆,通过充分的交流,达到共同的最终目标即是将信息技术融入业务过程从而实现业务再造。

IT-业务调配的实现是由两种力量起着主导作用,一方面,业务需求驱动着信息技术的日益革新;一方面,信息技术的能力影响着业务活动。在这两种力量的作用下,信息技术和业务渐次实现调配。②

信息技术和业务调配是一个持续的改进过程,在这个过程中,信息技术体系结构的确定标志着信息技术与业务调配进入磨合期,将在动态的、持续发展的过程中实现无缝整合。此外,成立跨功能管理委员会、组建联合业务规划小组、对用户建议给予奖励以及导入全面质量管理等方法都有助于促进调配过程正常健康的展开。

2. 信息技术的重组战略

随着信息技术的发展,相应带来系统维护成本增加和响应速度的降低,这也正是信息技术重组的原因。重组决策的实质是在成本和风险因素之间寻求平衡。影响重组决策的因素包括维护旧系统或发展新系统与重组的成本比较,发展新系统涉及的各种利益因素,以及重组有关的风险和时间问题等。

信息技术重组过程包括重组规划、可行性分析、启动项目、分析、设计、实施、运行和监控。③重组规划的任务是识别业务活动中需要重组的重要过程,这需要得到企业高层管理者的支持。信息技术重组的观念有两种来源,一是自上而下的,源于组织的目标和战略;二是自下而上的,源于实践中的反馈信息。在可行性分析阶段则需要对风险和利益进行分析研究,虽然前者是很难预测的。在启动项目之前,需要组建重组团队,任命一个重组项目经理,这是确保重组工作顺利进行的组织保证。重组项目分析过程是指,从操作角度分析重组项目的目的、目标和限制因素,制订详细的重组项目说明书。在重组过程中,设计部分是对组织结构、工作定义、报酬结构、业务流程、控制过程等进行再造。最后,重组项目的实施、运行和监控都是信息技术重组的重要阶段,但不是战略管理角度的重点。

3. 信息技术的外包战略

外包(outsourcing)是业务活动或工程的转包过程,指一个组织将一些传统上由组织内部人员负责的复杂的非核心业务以契约的方式外包给专业的、高效的服务提供商,借以保持较小的规模和较高的敏捷性,克服许多由于规模经济产生的容易被对手攻击的弱点。

由此可见,信息技术业务外包就是指聘用一个外部组织来为一个企业提供信息系统/信息技术服务的一种实践或管理策略。从严格意义上讲,技术外包业务需要供应商为企业开发一个完整的能够满足其业务需求的新系统,而不是购买供应商开发的通用型系统。

业务外包过程可以划分为外包业务选择、外包方案评估、外包合同管理和外包服务的监控等阶段。

首先,我们应该判断何种业务可以外包,譬如构成企业核心能力的信息技术能否外包?显

---

① Cortada J W. Best Practices in Information Technology: How Corporations Get the Most Value from Exploiting Their Digital Investments. Upper Saddle River. NJ: Prentice-Hall, Inc,1998
② Ibid.
③ Hussain K M, Hussain D. Information Technology Management. Oxford: Butterworth-Heinemann,1997

然,战略价值高的业务不适于外包,效益成本比高的也不适合,而介于两者之间的则应具体问题具体分析。[①]那些合作者能做得更出色,费用更低,速度更快,在销售方面能获得更大成功,而且在企业内部进行会风险更大的项目应该外包。相反,有助于形成企业独特性或竞争力的、需要企业开发的核心能力的,以及需要企业控制的价值流的则不必外包。

其次,对外包方案评估,进行外包的回报分析和风险分析,撰写项目建议书。对外包的回报进行分析,主要从以下几个方面考虑:是否满足业务目标的需求、是否能节省成本,改进财务、是否提高信息服务水平和获得信息技术的能力、是否促进组织变迁并改变企业内部政治。对外包的风险分析需要分别研究外包服务商选择的风险、技术变迁的风险、失控的风险和测度管理的风险。项目建议书是企业选择外包业务的依据,也是企业选择外包服务商的依据,还是后续的监控、协调和管理外包过程的依据。制订项目建议书要定义企业信息技术的需求,并据此对所需的硬件、软件、服务、成本与时间等提出要求。

然后,制订并签署外包合同。制订外包合同是来控制外包服务商,要考虑履行合同的最后期限,未达到性能指标时的罚款,合同实施的政策和程序,在技术和财产转移上易出现的问题等各种因素。签署外包合同通常是由企业外包项目运作部门提出外包合同框架,由外包服务提供方和承接方通过谈判确定各种细节并最终签署。这是一个复杂严谨的讨价还价的过程,需要详细的、尽可能完善的阐述企业的要求,并用量化术语来表述企业要求。在制订合同条款的过程中既要坚持原则也要有一定灵活性,同时要附有审计程序和激励机制。

最后,需要对外包服务监控。签署外包合同之后,企业信息技术部门的主要任务就转变为监测、评估和控制外包服务,协调最终用户和外包服务商之间的关系,确保外包服务到位,确保本企业利益不受损害。企业一方面要严格坚持合同条款,另一方面要足够灵活并强调合作。与外包服务商在相互信任和资源整合的基础上,风险共担,建立合作伙伴关系,才能保障外包服务的顺利实施。

4. 信息技术的风险管理战略

风险是遭受损失的可能性,任何环境都有不确定因素存在,也就都存在风险。企业必须正视风险,通过认识和尽量减少不确定因素并预先解决各种已知风险来处理风险问题,从而使可能的损失减少到最低限度。

风险管理是确定风险并决定如何处理风险的必不可少的过程。企业信息技术环境的复杂性增加了信息技术发生故障的概率,而且这种故障产生的影响也会随着企业对信息技术依赖性的增加而放大,从而使企业业务遭受到更大的损失。在此情况下,加强信息技术风险管理是企业的必然选择。

信息技术风险大致包括如下五个方面内容:

(1) 完整性风险。即数据未经授权使用或不完整或不准确而造成的风险。
(2) 存取风险。即系统、数据或信息存取不当而导致的风险。
(3) 获得性风险。即影响数据或信息的可获得性的风险。
(4) 体系结构风险。即信息技术体系结构规划不合理或未能与业务结构实现调配所带来的风险。
(5) 其他相关风险。即其他影响企业业务的技术性风险。

[①] Hussain K. M, Hussain D. Information Technology Management. Oxford: Butterworth-Heinemann, 1997

由于企业对信息技术的依赖程度越来越高,如果信息技术风险失控,势必对企业产生广泛而深远的影响。为此,企业必须将信息技术风险管理提升到战略层面上来认识和执行。企业应该制订和定期评估信息技术风险管理战略,根据战略制订相应的风险管理政策,用以指导企业的风险管理实践。

目前,很多大型公司都制定了自己的风险管理模型。以微软公司的信息技术风险管理过程模型为例,让我们来具体分析一下一个信息技术风险管理的实际过程。微软公司提出的整个操作模型将风险管理流程分为了确定、分析、规划、跟踪和控制五个步骤。[①]

(1) 确定风险。首先要分析风险的来源,然后要识别过时的风险、一般风险和关键风险,确保最重要的风险得以重点关注。

(2) 风险分析。主要包括风险概率分析、风险影响分析和风险严重性分析。一般来说,风险管理的重点是概率高且影响大的风险,概率高而影响很小或影响很大而概率很低的风险可以做备案处理,但不可忽视小概率事件。

(3) 风险规划。主要任务是制定风险解决方案,包括缓解方案、触发器方案和应急方案。缓解方案的核心是要在风险出现前通过积极的措施最大程度降低风险概率或影响、规避风险直至转移风险。触发器方案的核心是确定风险发生的临界条件。应急方案的核心是在风险发生时如何做出快速反应的一套应急措施。

(4) 风险跟踪。追踪风险的变化,撰写和提交风险状态报告,为后续的决策和行动提供信息支持。主要的任务是监测三个方面的变化:触发器值,风险的条件、结果、概率和影响,缓解方案的进展。

(5) 风险控制。主要任务是按计划对下述变化做出反应:如果触发器值为真,则执行应急规划;如果风险变得不相关,则使该风险变为过时风险;如果条件、结果、概率或影响改变了,则重新执行确定步骤并重新评估该元素;如果缓解规划不适用,则重新执行规划步骤来检查和修正该规划。

微软公司的信息技术风险管理模型以风险识别为起点,以风险评估为核心而展开,其根据这一模型设计了各种实用的风险管理软件。微软公司本身也极为重视风险管理,不仅设立有专门的风险经理,而且还成立了专门的微软风险公司,为微软在全球的扩张奠定了坚实的信息技术安全基础。

7.3 信息资源的战略管理

信息资源的战略管理是构成企业战略信息管理体系的重要一环,它是围绕着企业的信息资源而制定的管理战略,包括信息资源的杠杆战略、信息资源的产品战略、信息资源的经营战略三种战略类型。

1. 信息资源杠杆战略

信息资源杠杆战略的实质是分析和预测企业内部用户的信息需求并通过满足他们的需求来促进企业的发展和全面转型。其核心是构建知识管理基础、挖掘和利用智力资本、实现战略信息资源的价值。实施信息资源杠杆战略的目的是提升企业决策水平和质量、支持企业的创新活动、提高企业的生产效率、增加产品或服务的信息含量、促进企业内部的信息资源共享。

---

① 微软公司技术中心. 操作风险模型. 2001. http://www.microsoft.com/mof/

企业内部的信息需求,是信息资源杠杆战略的支点,是由企业的各种活动或企业价值链的各种功能所决定的。在分析信息需求时要进一步探讨潜藏在信息需求背后的决定因素。企业内部人员日常的信息需求,依据所处的部门和职位的不同而不同,但企业信息人员更强调内部人员信息需求的共性而不是个性。企业内部人员的核心的信息需求才是企业的关键的信息资源。明确哪些信息资源是企业的关键信息资源,决定着企业信息资源杠杆战略的成败。企业的关键信息资源是不断变化的,而决定变化的是企业内外部环境。因此,企业信息人员必须持续地监测内外部环境的变化并据此调整信息资源杠杆,借以促进企业的发展。

实现信息资源杠杆战略的过程中实际上是在进行着一种知识管理。知识管理是通过系统地利用信息和专门技术,最大限度地掌握和利用知识,实现组织机构的创新能力、响应能力、生产效率和技能素质的有效改善,从而提高企业竞争力。知识管理的核心就是利用信息技术,将企业的传统经验与信息,以及企业员工所拥有的知识资产整理成企业可共享的知识,在指定的范围内传播,在恰当的时候利用,在利用的过程中再生产新的知识。这一过程恰与信息资源杠杆战略相适配。

知识管理帮助企业发现知道什么、如何定位拥有专门知识的人、如何传递这些知识及如何有效利用知识的系统,它意味着在恰当的时间,将正确的知识传给正确的人,帮助他们采取正确的行动,避免重复错误和重复工作,帮助企业提高整体业务水平。

英国学者布鲁金提出了一种智力资本管理的理论。智力资本包括:市场资产、以人为核心的资产、基础资产和智力财产资产。智力资本管理是识别、分析、审计和增值智力资本的过程,其核心是智力资本审计或评估。它是一种以人为本的管理,关注员工的能力的发展。智力资本管理者一方面要了解企业的各项工作需要哪些胜任能力和熟练能力,另一方面还要动态地监控和评估企业员工的能力发展,为企业的各项工作提供最佳的能力组合。公司需要一种管理人的专门知识和能力的知识管理系统,为了解特定知识在公司的何处,了解当一个雇员离开时哪些专门知识会丢失,了解哪些人能够集体执行任务,了解知识怎样在公司内部流动等。[①]

2. 信息资源产品战略

信息资源产品战略的实质是同时关注外部顾客的信息需求并生产和提供能够满足这些需求的信息产品。信息资源产品战略是企业发展到一定阶段的必然选择。当企业面临的是买方市场时,必须根据顾客的需求进行生产,提供各种个性化的创新产品,这就要求企业的研发部门具有很强的知识创造能力,结果必然会产生与企业产品或服务相关的各种信息产品。当企业建立自己的网站,准备选择网络经营时,企业就同时经营有形的物质产品和无形的信息产品,信息资源作为产品的关键部分,甚至是产品而卖给顾客,这与传统上信息资源一直作为企业运作的副产品,没有独立价值形成截然对比,这时便体现出信息资源产品战略对企业经营成败的影响。

信息资源产品战略不仅需要关注企业内部人员的信息需求,而且也要关注企业外部各种利益相关者的信息需求。其中供应商、分销商、顾客、股东和政府作为重要的外部信息资源的来源者,他们的信息需求对企业的生产经营起到重大的影响。信息产品原来作为物质产品或服务的延伸,在企业与外部的双向互动过程中逐渐显现出其独特的价值。

信息资源产品战略是在信息资源杠杆战略的基础上形成和发展起来的。后者强调信息资源的内化,把外在的信息资源转化为企业员工的能力以促进企业的发展,信息资源起到了杠杆

---

① 〔英〕安妮·布鲁金著,赵晓江译. 企业记忆——知识管理战略. 沈阳:辽宁教育出版社,1999

的作用。而前者则强调信息资源的外化,把企业员工内化的信息资源通过某种机制加以激发和升华,借以形成新的信息资源并外化为信息产品,满足外部顾客的需求和促进企业的发展,信息资源起到了信息产品生产原材料的作用。因此可以说信息资源产品战略的根本是信息产品的生产或者说是知识的创造活动。信息资源产品战略与信息资源杠杆战略分别对应企业发展的不同阶段,当企业发展到信息资源产品战略时,基本完成信息转型,产品或服务的知识含量大幅度提高,接下来便进入到信息资源的经营阶段。

3. 信息资源经营战略

信息资源经营战略的实质是分析和预测信息市场的需求并据此生产和销售信息商品。信息资源对不同的消费者的价值是不同的,基于信息消费者对特定信息产品的评价有很大差别这一事实,信息提供者采用了多样的信息策略。

当企业业务发生变革,信息密集型的业务成为经营重点时,信息资源本身便成为可以盈利的商品。特别是当企业进入网络营销领域后,在信息市场上提供有形或无形的信息资源产品及服务,甚至会成为企业盈利的主要来源。在这样的情况下,企业选择信息资源经营战略是必然的结果。

信息资源经营战略不仅需要关注用户的信息需求,而且还必须深入分析、动态监测和管理用户的信息需求。信息资源经营战略与信息资源产品战略都关注外部用户的信息需求,但后者所关注的用户同时也是企业物质产品或服务的用户,而前者所关注的用户不限于此,甚至主要不是这些物质产品或服务的用户。例如,在网站经营上,企业要对信息商品实行个性化定制,必须了解顾客独特的信息需求。而迅速发展的互联网也为企业大规模、低成本的获取顾客需求信息提供了便利手段。常见的方法有:① 免费向顾客开放网站,但要求其注册为前提条件,通过注册便可获得如姓名、生日、地址、电话、购买习惯和兴趣等顾客个人信息;② 观察顾客的网上行为,跟踪顾客在网站上的信息搜索行为或"点击流",分析顾客的信息消费倾向和习惯。

信息资源经营战略也涉及成本、定价和营销策略等内容。由于信息产品的特殊性,如生产的高固定成本、低边际成本,信息产品的定价和营销手段都不同于传统的物质产品。简单地说,信息资源经营企业是根据顾客的需求而不是信息产品的成本来定价,根据不同的顾客需求将信息产品划分为不同的版本以实现差别定价。信息资源经营同样存在规模经济问题,不过信息市场中的规模经济是需求方规模经济。按照梅特卡夫(Metcalfe)法则,网络价值以用户数量的平方的速度增长,即网络对每个人的价值与网络中其他人的数量成正比。因此,想在信息资源经营中处于不败之地,就要提早占据优势,占领市场,抓住最多的消费者,寻求最快的发展。

信息资源杠杆战略、信息资源产品战略和信息资源经营战略作为一个整体,是企业整体业务战略的重要支撑。信息资源杠杆战略是应用最普遍的战略,所有企业都需要和实施着杠杆战略;信息资源产品战略是企业发展外向型经济时选择的战略,是杠杆战略的延续和扩展;信息资源经营战略是企业转型后的战略选择,是产品战略的蜕变,战略的基础仍然是杠杆战略。这三个战略也是一个连续统一体,分别对应于企业转型过程中的不同阶段。

7.4 电子商务的战略管理

电子商务是随着信息技术在企业管理、经营中应用的不断深入与发展、现代物流水平的不断提高以及新的企业管理经营理念不断翻新而逐渐在企业中应用的新技术、新方法与新理念。加快电子商务的建设,已经成为现代企业提高效益、增强企业生命力、延长企业生命周期的重要手段。电子商务的手段与方法也不断多样化。面对日新月异的变化,企业应加强自身的电子商务发展战略。

1. 传统企业的电子商务发展战略

传统企业进行电子商务建设时,要结合自身的特点以及行业的环境来确定电子商务发展战略。针对我国传统企业的基础和电子商务本身的规律,传统企业可以选择的电子商务战略有三种:

(1) 首先进行企业重组,在此基础上引进 ERP 等管理系统对传统企业技术结构和业务流程进行改造,建立基于 Intranet/Extranet/Internet 的信息技术体系结构,并进而谋求与供应商、分销商、客户、合作伙伴、银行、税务、统计等部门互联,实现真正的电子商务。在这一点上,联想集团是代表。

(2) 如果建立完全的电子商务难度较大,企业短期内无法完成对传统企业技术结构和业务流程的改造,则可以建立一个与传统业务部门平行的电子商务部门,使之按电子商务规律运行,条件成熟时再整合两种不同的部门与活动。在这一点上,美的集团与万科集团是代表。

(3) 如果企业不具备成立电子商务部门的条件,特别是人力资源,企业可以选择外包,即把电子商务功能外包给专业的 ISP 或 ICP 或 IAP,各取所长,优势互补。在这一点,湖北美而雅等公司是代表。

2. 网络公司的电子商务发展战略

依据我国互联网公司的现状及互联网经营的规则,互联网公司可以选择以下三种战略:

(1) 把握互联网发展规律,遵循互联网经营规则,把重点放在信息资源、信息技术和信息服务等易于在网上传播、利用和维护的业务上来,真正实现"知本"的价值。这一点上,慧聪网是代表。

(2) 充分利用网络平台的沟通、集约和增值功能,利用资源共享机制,为企业之间以及企业与顾客之间的沟通提供渠道或平台服务。这一点,万网是代表。

(3) 与传统企业合作,充当传统企业的电子商务部门或其延伸功能。这一点,海南绿色通道网络公司是代表。

参 考 文 献

[1] 司有和. 企业信息管理学. 北京:科学出版社,2003
[2] 左美云. 企业信息化讲义 PPT. 北京大学信息管理系,2004
[3] 张根保. 企业信息化. 北京:机械工业出版社,1999
[4] 孟凡强,王玉荣编著. CRM 行动手册:策略、技术和实现. 北京:机械工业出版社,2002
[5] 日本综合研究所供应链研究部著,李建华译. 供应连管理. 北京:中信出版社,2001
[6] 马士华等. 供应连管理. 北京:机械工业出版社,2000
[7] 季金奎,石怀成. 企业信息化实施教程. 北京:世界图书出版公司北京公司,2004
[8] 李清,陈禹六. 信息化项目管理——信息总监和集成顾问必备技能. 北京:机械工业出版社,2004
[9] 彭一. 信息化主管案头手册. 北京:机械工业出版社,2004
[10] 凯斯·雷克. 项目管理总论. 汕头:汕头大学出版社,2003
[11] 冯晓兰. 如何进行企业信息化管理. 北京:北京大学出版社,2004

[12] 刘国靖. 现代项目管理教程. 北京：中国人民大学出版社，2004
[13] 王众托. 企业信息化与管理变革. 北京：中国人民大学出版社，2001
[14] 张根保等. 企业信息化. 北京：机械工业出版社，1999
[15] 吴文钊. 企业信息化纲领——中国企业信息化方法. 北京：机械工业出版社，2003
[16] 胡克瑾等. IT 审计. 北京：电子工业出版社，2002 年
[17] 霍国庆. 企业战略信息管理. 北京：科学出版社，2001
[18] 经济学家情报社（EIU）等. 全球信息战略. 北京：新华出版社，2000
[19] 霍国庆. 企业战略信息管理的理论模型. 南开管理评论，2002(1)：55～59
[20] 陈宝福. 企业战略信息管理与 IT 咨询. 北大光华管理学院硕士论文，2002
[21] 李奇明，刘家国. 对企业信息化总体规划的再认识. 中国制造业信息化，2004(10)：71～72
[22] 范玉顺，胡耀光. 企业信息化规划的基本框架与方法. 新技术新工艺·机械加工与自动化，2004(9)：2～7
[23] 谢新洲等. 电子商务环境下企业信息制度的建设. 图书情报工作，2004(2)：74～77
[24] 范玉顺. 企业信息化整体解决方案及其内涵. 中国制造业信息化，2004(4)：4～10
[25] 王玉荣. IT 规划哪些企业的分内事. 电子商务，2003(12)：66～68
[26] 樊宏. 战略规划是企业信息化的基础. 中国物流与采购，2004(15)：52～54
[27] 徐宝新. 企业信息化的第一步——IT 战略规划. 电子商务世界，2003(8)：27～29
[28] 刘立冬，刘兴. 用信息化提升企业核心竞争力. 价值工程，2002(1)：59～61
[29] 孔学峰. 企业的战略信息管理. 中国信息导报，2004(3)：22～24
[30] 吴立彦，李春海. 企业信息战略. 现代情报，1999(4)：26～27
[31] 李培. 企业信息战略研究. 河南图书馆学刊，2003(4)：10～12
[32] 姜彦臣. 小企业的信息战略. 上海企业，1996(3)：26～27
[33] 蔡舒. 荆门石化总厂战略信息管理初探. 荆门职业技术学院学报，2002(4)：72～75
[34] http：//www.ccw.com.cn
[35] http：//www.topoint.com.cn/jypx/readinfo.asp? infoid＝5319
[36] http：//www.haiaocn.com/solutions/scm/
[37] http：//www.erpdb.com/list.asp? id＝649
[38] http：//www.erpdb.com/list.asp? id＝956
[39] http：//www.erpdb.com/list.asp? id＝921
[40] http：//www.erpdb.com/list.asp? id＝905
[41] http：//www.i-power.com.cn/ipower/erp/bpr
[42] http：//www.i-power.com.cn/ipower/erp/theory
[43] http：//www.ibm.com.cn
[44] http：//www.e-work.net.cn
[45] http：//www.ccidnet.com
[46] http：//www.hp.com.cn

第十章　企业信息管理

思 考 题

1. 企业信息管理的概念以及其所包含的内容有哪些?
2. 什么是企业信息管理制度? 它包括哪些方面的内容?
3. 应该如何建立企业信息组织?
4. 信息系统在企业中的应用模式主要包括哪几种模型?
5. 汉纳模型、诺兰模型、西诺特模型和米切模型的内容与意义? 它们有什么共同与不同之处? 对我国现实中的企业信息系统应用有什么借鉴意义?
6. 信息技术对企业发展产生了哪些影响?
7. 企业中应用信息技术从技术主线角度来看包括哪些方法?
8. 企业中应用信息技术从信息主线角度来看主要包括哪些技术方法?
9. ERP 是如何从 MRP 等系统发展起来的?
10. CRM 的产生背景及其核心思想是什么?
11. SCM 的思想内涵是什么?
12. 企业信息化项目规划的过程与步骤包括哪几个方面?
13. 企业信息化项目如何实施才能保证其效果?
14. 企业信息化项目的管理方法有哪些?
15. 什么是 IT 审计? 简述它的简要发展历史。
16. 信息资源管理与战略信息管理的关系如何?
17. 什么是战略信息管理?
18. 信息资源管理的理论其及各自的内容包括哪些方面?
19. 如何进行信息技术的战略管理?
20. 如何进行信息资源的战略管理?
21. 如何进行电子商务的战略管理?

第五篇 管理篇

第十一章 信息产业及其管理

内容提要

信息产业及其管理应该属于宏观的信息管理所研究的范围,它主要关注国家或地区信息产业的发展及其管理问题。本章主要介绍了信息产业产生的背景及其内涵,明确信息产业的范围包括哪些领域;接着介绍了信息产业区别于其他产业的显著特点以及信息产业的分类问题。因为世界各国对信息产业的管理采用了不同的体制与方法,本章还总结了这些管理体制的种类,并以美国和日本为例介绍了其管理模式。

学习要点

1. 信息产业产生的背景
2. 信息产业的概念
3. 信息产业的特点
4. 信息产业的分类
5. 信息产业的管理体制

如果从信息管理的层次角度看,信息管理的过程篇内容以及政府、企业的信息管理分别属于微观与中观层次的信息管理,而宏观层次的信息管理则主要指对行业、地区、国家或国际信息活动/资源的管理,其中尤以信息产业及其管理问题最为核心,它是宏观信息管理内容的典型代表,因为它是人们关注的焦点,是最可以推动社会、经济发展的重要力量。

第一节 信息产业概述

一般认为,信息产业形成于20世纪50年代,随着以计算机技术为代表的现代信息技术的出现以及飞速发展,信息产业也步入了发展的快车道。它已经成为当今世界各国经济中最具有经济活力以及标志该国经济发达程度的重要指标,也是推动一国经济发展的最强大动力产业。

信息产业的兴起与发展,主要有以下几个方面的因素:

(1) 信息激增是信息产业兴起的基础

信息数量的增长受到了包括技术、教育、经济、文化、生产等多种因素的制约。在人类历史的早期,人们掌握的信息数量极其有限,但随着印刷技术以及造纸技术的发明,信息数量在社会中的积累速度第一次得到了快速提高。西方教育与文明的普及,使普通民众有更多的机会掌握知识,促进了社会中信息量的累积。特别是计算机以及网络技术出现以后,社会信息总量以爆炸的态势高速增长,甚至出现了"信息污染"、"信息垃圾"的问题。于是,就出现了围绕着信息收集、加工、储存与利用的专门产业类型。

(2) 生产力的发展是信息产业兴起的动力

早在生产力十分低下的原始农业社会,信息活动就已经普遍存在了,并且是当时人类社会生产活动的有机组成部分。原始社会虽然没有社会分工,但是生产活动中已经包含了农业活动、工业活动、服务业活动和信息业活动等四类活动。可是由于生产力的限制,四类活动的规模有限,尚不能形成产业。随着生产力的发展,出现了社会分工,逐渐形成了不同性质的产业。不同历史阶段,主导产业不同。农业社会主导产业是农业,工业社会主导产业是工业。由于工农业的高速发展,人们消费能力的提高和消费观念的变化,以服务业为主体的第三产业和以智能活动为主体的第四产业——信息产业逐渐占据主导地位。

信息产业正是伴随着生产力的发展而产生的,是生产力发展的必然结果,同时也是生产力发展的必然要求。第一次产业革命带来的是社会化大生产,经济得到了飞速的发展。工业社会形成的经济繁荣靠的是物质资源、能量资源的大量消耗。经济虽然发展了,但经济发展带来的后遗症也随着经济的繁荣而日益威胁着人类的生命。经济实体间由竞争到垄断,使得它们对人员的素质要求愈来愈高,无形的竞争愈来愈烈,深层次的知识和高层次的管理信息已成为必不可少的生产要素,这必然要求出现一系列专门从事信息产品采集、加工、存储、流通、服务与利用等相关的产业部门,即信息产业。特别是现代信息技术的巨大进步更是促进了信息资源的开发利用活动向产业化方向发展。随着信息产品生产的日益多样化、复杂化,形成了从事不同信息产品生产活动的部门,如邮电、通信、科研、教育、咨询等,这些部门的综合体即为信息产业。可见,信息产业的兴起是社会生产力发展的必然结果,也是社会分工的合理体现。社会分工越精细,劳动生产率就越高,产业结构体系就更加复杂。

(3) 人们的最终需求也是信息产业发展的一个重要因素

按照马斯洛的人的需求层次论思想,人们总是首先满足自己的生存需求,在基本生存得到满足的情况下,才能产生安全、求美、个人价值实现等更高层次的需求。在人类生活水平不断提高的情况下,用于满足人类生存需求的第一产业在社会经济结构中的位置逐渐地被人类追求更高享受的第二、第三产业所取代。人类的需求需要满足的层次越高,对精神与知识层面的东西要求也就越多。从这个意义上说,信息产业的兴起与人们的最终需求有着密切的关系。

(4) 信息产业的发展还受国民生产总值和技术进步的影响

国民生产总值是衡量一个国家经济发展水平的重要指标。纵观世界各国民生产总值的产生结构,第三产业和第四产业所做的贡献越来越大,它们已经成为制约一个国家经济发展速度与结构的重要因素。信息产业产生于第三产业,其发展也就依赖于第三产业对国民生产总值的贡献率,它对国民经济贡献越大,信息产业的发展就越有根基。技术的进步可以推进社会信息量的累积,可以提高人们开发利用信息的能力水平,同时还可以改善人类的劳动工具以及劳动手段,大大提高劳动生产率。

1.1 信息产业的概念

产业是指在生产活动中具有同类性质的若干生产部门所形成的综合体。信息产业是一个与现代信息技术息息相关的新兴的产业群体,其内涵与外延都在不断地发展和扩大。尽管目前"信息产业"这一提法已经为社会所广泛使用,但是对信息产业的定义当前还没有统一的认识。出于不同的研究角度和目的,人们对信息产业的理解、分类和描述不尽相同。

一般认为,信息产业在20世纪50年代始于美国,随后相继在日本和欧洲得到发展。1962年,美国经济学家马克卢普提出了"知识产业"的概念,并认为知识产业是一类或者为自己所消费,或者为他人所用而生产知识、提供信息服务或生产信息产品的机构——厂商、单位、组织和部门或其中班组,有时可能是个人和家庭。知识产业包括教育、研究开发、传播媒介、信息设备和信息服务等五个部分。[①] 1963年,日本学者梅棹忠夫首次提出了"信息产业"的概念。后来,人们希望将信息产业归并于与高科技信息有关的产业,成为与农业、工业、服务业平起平坐的一个产业。因此,"信息产业"也常被称为"第四产业"。

美国信息产业协会(AIIA)认为,信息产业是由那些采用新技术或更新的处理方式提供信息产品和信息服务的出版者和信息服务机构组成的。信息产业包括计算机产业、软件产业、信息处理产业、教育产业、出版业、新闻业、通信和广告业等。这是一种广义的信息产业概念。更加明确地说,信息产业就是以计算机产业和通信产业为主体的高技术产业。

日本是一个在信息化方面走得很前沿的国家,日本学者认为一切与各种信息的生产、采集、加工、存储、流通、传播和服务有关的产业都应该被划入信息产业范畴。

欧洲信息提供者协会认为,信息产业是提供信息产品和信息服务的电子信息产业。

我国的信息产业起步比较晚,但是随着经济的高速增长,信息产业的发展还是比较快的。我国学者对信息产业也有比较深入的研究,提出了许多有价值的研究成果。有些学者认为,信息产业是指与信息的收集、传播、处理、存储、流通、服务等相关产业的总称。与此同时,还有人认为,信息产业是利用现代科学技术对信息进行收集、加工、处理,提供信息产品和信息服务的相关产业的总称。此外,还有一种比较有影响的看法认为,信息产业是指从事信息技术的研究、开发、应用、信息设备与器件的制造以及为公共社会提供信息服务的综合性生产和基础结

---

① 岳剑波. 信息管理基础. 北京:清华大学出版社,1999

构。

国内外对于信息产业的定义之所以有这么多不同的看法,主要是由于研究者是从不同的历史阶段以及不同的研究角度和研究重点出发看问题的,它们各自都有各自的优点,同时也都存在一定的局限性。当从产业结构和产业内涵的范畴来对信息产业进行定义的时候,难免会由于自身所处的时代、地域和行业的限制而无法真正、全面的看到信息产业的真正内涵。我们应该看到,随着信息时代的发展,信息产业将不断的壮大,其涉及的领域将不断的拓宽。对于正在走向信息时代的现代社会来说,信息产业就是一个行业多、领域宽、涉及面广的独特生产部门。

对于信息产业的内涵和外延,不必太过深究,其实它的范围是很广的,因为信息本身就是一个范围很广的概念,它可以渗透到各个行业中去,同时,各个行业都不可避免的要和信息打交道。所以推而广之,信息产业的外延也就可以渗透到很多产业中去。确切地说,它并不是孤立于其他产业的,而是由其他产业中包含它的部分组合而成。信息产业就是专注于其他产业中的信息这一部分,对其进行更加深入地研究、扩充、发展,进而形成一门产业。

总体上来说,美国学者用广义的眼光来看待信息产业的看法值得肯定,将信息产业看作是广泛渗透于其他产业、与其他产业有密切联系的一门新兴产业,而不应把它只局限于一个孤立的层面上。

信息产业是一个广义的概念。

(1)它是以信息为内容。信息产业的广度超过任何行业或产业,它已渗透到现代的任何产业之中。各种产业的发展有一个共同点,那就是以信息为先导带动事业的发展,而信息活动贯穿在事业发展的全过程。

(2)它是一种产业。产业是按社会分工而生产物质产品或提供劳务的一种经济活动。它以市场为机制,其产品或劳务可以进入流通领域,因而必须按经济法则操作运转,并以经济效益作为尺度来衡量其发展水平。

(3)它是以智能投入、知识转换方式而取得效果的产业。信息产业以"知识"作为起点,自觉地、有意识、有目的地去开发物质产品,因而可以在广泛的领域引起技术革命,把知识转化为强大的生产力,进而影响产业结构变化,推动社会经济的发展。

(4)它是服务行业。信息产业以"服务"方式去影响产业结构,推动社会经济发展。它不直接生产物资产品,却可以帮助开发产品;不直接从事流通,却可以带动流通。信息产业在服务中存在,在服务中发展。没有用户,没有服务,便没有信息产业。

(5)它是以先进技术手段武装的产业。从信息工作到信息产业,是质的飞跃和变化过程。只有采用计算机和现代通信技术相结合的手段才能实现信息工作的产业化。可以说,没有信息技术便没有信息产业。正是现代高新技术的不断发展,才把信息产业推向一个又一个的高峰。

1.2 信息产业的特点

信息产业作为一种新兴的产业,与传统产业相比具有以下九个显著的特点:

(1)信息产业是新型带头产业。在能源、材料、信息三大战略资源中,信息资源的地位和作用日益突出。信息产业有可能成为今天和未来社会发展中最大的战略产业。在经济发达的美国、日本等国家,信息产业正在逐步取代钢铁、造船、石油、汽车等战略产业的传统地位,成为社会经济发展的带头产业。我国的国民经济结构也逐渐呈现出这一特点。

(2) 信息产业是知识、技术、智力密集型的头脑产业。信息产业的主要资源是知识、技术和思维。它既是物质生产过程，又是知识生产过程，最终产品——各种各样的信息产品，是高知识、高技术和高智力的结晶，今后人类社会的知识大都要集中和出自于信息产业。

(3) 信息产业是更新快、受科技影响大的变动型产业。信息产业是基于现代科学基础上的新型产业，其实现技术也与科技的发展有密切联系。如今科学技术日新月异，飞速发展，使得信息产业也伴随着科学技术高速发展。

(4) 信息产业是独立型和高渗透型相结合的产业。信息产业一方面以其独立的产业、职业、产出特点与其他产业相区别，自成一个独立的经济部门；同时，又高度渗透到其他产业的结构和形态，使其他产业的产品形态和社会价值，都包含有信息产业的价值。

(5) 信息产业是多功能、综合性较强型的产业。由于信息产业是一种高渗透型产业，与其他产业结合起来才能发挥出它的最大效益来，因此信息产业具有功能多和综合性强的特点，便于支持其他产业，促进其他产业的发展。

(6) 信息产业是高就业型产业。信息产业为人们提供就业机会，提高社会就业率，开辟了一条重要途径。虽然微电子、办公室自动化等信息技术的应用，也会导致某种程度的失业现象，但信息产业的开展，也开辟了更多新的职业。在经济发达国家的社会就业结构中，信息产业的部门的劳动力，已经占到60%~70%左右。

(7) 信息产业是高投资、高产值、高效益型产业。由于知识、资本密集，信息产业中的硬件也属于高投资型产业。投资信息设备制造业往往需要数十亿美元，有的综合项目长期累计要高达千百亿美元。但另一方面，信息产业产品能直接或间接节约物质资源和人力资源，它对资源和环境的影响相对于工业来说几乎是微乎其微，可以说是一个环保型的产业。信息产品也向超小型化，甚至无形化方向发展。同时，信息产业的产值增长速度也大大超过其他产业。

(8) 信息产业是增长快、需求广的新型产业。信息产业由于其上述特殊优点，使其在现代信息社会中的地位不断升高，需求不断增大，国家与国家之间，公司与公司之间在信息产业方面的投资也越来越大，以期在激烈的竞争中取得主动的位置。

(9) 信息产业是国际型产业。由于信息具有共享性、可传输性和时效性，因此信息产业必须在全球范围内收集信息，否则，就不会有很强的竞争能力。为了要确保信息产品的商业效益并使其发展，也必须冲破国家和地区的限制，使产品走向世界大市场。

1.3 信息产业的分类

信息产业由诞生发展到今天，已经走过了几十个年头。随着信息产业的发展，在不同的历史时期，他的内涵和外延都在不停地发生着变化。但是，人们对于任何一个产业的划分，都只能从当时的历史现实条件出发，从而得出一个对当时情况来说比较合理的分类体系。故而，人们对于信息产业的划分，一直都在不停的发生着变化。下面简要介绍一下比较重要的与最新的分类方法。

1. 马克卢普的知识产业分类

马克卢普在1962年在《美国知识的生产和分配》中提出了知识产业包括的五个大类：① 教育。包括学校教育、职业培训等。② 研究开发。包括基础研究、应用研究、发展研究等。③ 通信媒介。包括印刷与出版业，广播电视、电话、邮政、音乐等。④ 信息设备。包括印刷设备、电话电报设备、电影设备、办公设备、计算机、观测仪器等等。⑤ 信息服务。包括法律服务、医疗服务、金融服务、会计、工程建筑服务、证券经纪人、保险代表人等。

我们可以看到,在马克卢普生活的20世纪60年代里,互联网还没有出现,而计算机技术的发展也还远远算不上成熟,在社会中应用信息技术的领域还比较少,然而,信息业的产生已经初现端倪。在马克卢普的分类体系中,传统的、在计算机技术出现之前就已经长期发展的旧的人类社会信息部门占了绝大部分的比重,比如教育、通信媒介、信息服务等等几个大类,它们都不是以现代计算机技术为基础的,即便是在信息设备方面,计算机技术也仍然只是一个小小的组成部分,大多数依然是传统的产业模式。所以说,马克卢普虽然在其分类体系中已经体现了其对信息产业的认识,然而他的信息产业的内涵与现在的信息产业差别很大。当然,这是与计算机技术的突飞猛进分不开的。虽然如此,马克卢普的知识产业分类仍然开创了一个先河。

2. 伯拉特的信息产业分类

1977年,伯拉特提出了第四产业说,并且将信息产业总的划分为第一信息部门和第二信息部门,而每个部门下又包括若干产业。第一信息是指"所有在市场上出售信息产品与信息服务的信息行业",包括知识生产和发明性部门、信息流动和通信产业、风险经营产业、调查和协调性产业、信息处理和传递服务业、信息产品制造业、某些政府活动、信息活动的支撑设施等等。第二信息部门是指"政府或非信息企业中为内部消费而创造出的一切信息服务的部门",包括政府事务管理部门和民间事务管理部门。

我们可以很明显地看到,在20世纪70年代末电子计算机进入大规模和超大规模集成电路时代,而当时资本主义世界的经济处于高速增长期,生产力以前所未有的速度向前发展着,社会信息的总数呈现几何级数的增长;同时,信息在社会生活中起到的作用也越发明显,而人们对于信息价值的认识也越为清晰和深入。也就在这时,世界著名的计算机经营公司苹果公司成立。PC机的出现也使得电脑个人拥有成为可能,从而导致了信息需求的个人化。

可以看出,在伯拉特的分类中对于信息价值的认识更加深入,并且信息服务业的比重大大升高,这不能不说是与信息技术的发展有关。PC机的出现使得计算机的应用范围大大扩展,而作为信息服务载体的信息技术,也就获得了更广阔的发展空间,并且拥有更多的发展机会。于是,人们对信息对经济的影响程度越来越高,而自身掌握信息数量不足的情况感到不安。在这种情况下,信息产业部门出现了,目的就是为信息产业进行规范和整理。

3. 欧洲的信息产业分类

与20世纪60年代的马克卢普和70、80年代的伯拉特信息产业分类相比,欧洲联盟1995年的《欧洲报告》更为深刻的反映了90年代的欧洲现代信息产业。他们将信息产业直接划分为:计算机设备制造业、微电子制造业、电信设备制造业、消费性电子产品制造业、电子出版业、出版业、软件制造及服务业、电讯服务业、视听服务业。

4. 日本的信息产业分类

日本科学与技术学会认为信息产业由两个产业群体构成:一是信息技术产业。它是指开发、制造并出售机器和软件的产业,由于这些产业群体是提供信息技术的,故称为信息技术产业;二是信息商品化产业。这个产业群体是指使用信息机器进行信息的收集、加工、分配等提供信息服务的产业,培养适应高度知识化社会人才的产业,以及提供高度专门化信息甚至代理主体行动的产业等,由于它们是通过出售信息内容而成立的产业,其活动是使信息产业化,故称之为信息商品化产业。

5. 我国学者的信息产业分类

国内学术界对信息产业的认识亦没有统一的标准。从不同的分类角度出发,存在着以下几种分类方法:① 根据信息产业发展的历史阶段,可分为传统信息产业与新兴信息产业。② 根据人们对信息产业认识的早晚,可分为狭义的信息产业和广义的信息产业。③ 根据信息产业的结构,可分为信息技术产业和信息服务产业。④ 根据信息是否可以作为商品来进行交换,可分为第一信息产业部门和第二信息产业部门。

除上述划分方法外,还有两种较为细化的分类方法:

(1) 在借鉴国内外有关研究成果的基础上,根据我国信息产业发展的现实状况和特点,将我国信息产业的结构划分为六个部分:① 信息开发经营业。包括研究发明、技术开发、技术推广、信息采集、信息处理、信息商品生产销售、软件开发、信息系统开发、数据库建设等。② 信息传播报道业。包括新闻通信、广播电视、报刊杂志、印刷出版、音像影视、气象、测绘、计量、勘察等。③ 信息流通分配业。包括邮政、数据通信、计算机通信网络、教育等。④ 信息咨询服务业。包括公共信息提供、行业信息提供、信息咨询、信息中介、计算机检索等。⑤ 信息技术服务业。包括数据处理、计算机、复印机等信息设备的操作和维修、软件提供、信息系统开发服务业等。⑥ 信息基础设施业。包括计算机设备制造、通信设备制造、印刷设备制造、广播电视设备制造、信息媒介制造、信息建筑物建造装修等。

(2) 认为信息产业与产业信息化是两个不同的概念,信息产业的划分不能套用社会信息化的标准,信息产业应严格限定在生产和服务信息方面,不能无限扩大。信息产业主要包括三个主要部分:① 以向社会提供信息为主要职能的部门、企业或其他类型的经济实体。包括传统的新闻、出版、图书情报、广播、电视等行业,还包括信息提供、咨询服务、数据处理等行业。② 以向社会提供信息渠道为主要职能的部门。包括邮政、金融、保险、卫星通信、光纤通信、电子计算机网络服务等。③ 信息生产资料部门。为以上两类行业提供技术装备的制造业,如微电子产品和电子计算机制造业、通信设备制造业、印刷设备制造业等。

各种分类方法都有自己的出发角度,都有其合理性。信息产业本身就是一个比较宽泛的概念,我们在对信息产业分类的时候,只要找准切入点就可以了,不必过分追求用哪一种分类方法。

第二节　信息产业管理

信息产业管理,就是站在整个国民经济的长远发展角度上,对信息产业的发展进行规划、组织、协调和控制的社会活动的全过程。产业管理的实现,大多数情况下是一种政策法规的管理,是通过产业管理的体制来实现的。

首先,信息产业管理的主要手段是政策法规管理。信息产业由本产业中很多的不同企业构成。政府和产业管理部门不可以也不可能违背市场经济基本规律对企业的商业活动加以干涉,但是又必须规范企业的经营活动以保证全行业的正常秩序,满足国民经济的发展要求。因此,只能通过制定相应的信息政策和法规来加以管理。大多数情况下,信息法律法规都是信息产业管理活动的主要内容。

其次,加强对全行业的宏观调控。信息产业的发展,实际上就是产业内各个信息企业的发展的总和。在市场经济条件下,企业为了追求自身利润很有可能造成恶性竞争,损害行业正常发展,也有可能为了自身利益而忽视了国家长远的发展要求。这个时候,就要通过对产业加以宏观调控来从整体上加以协调。市场经济下信息产业管理中的宏观调控,是以经济杠杆和法律手段为主,指导性行政性手段为辅,以实现信息产业的结构优化和总量平衡,保证信息产业的持续、稳定发展和良性循环。

1. 信息产业管理的要素

信息产业管理的要素主要包括以下四个方面:

(1) 政府应建立完善的信息产业政策

政府对信息产业的政策扶持主要体现在法律、财政、税收等方面。在法律方面,我国应制定明确的法律条文,为信息产业立法,从而使信息领域的信息交换和管理活动纳入法制轨道,保护信息产业机构的合法权益。同时,也能够惩治信息活动领域严重的违法行为,保证我国信息事业朝着现代化方向健康发展。在财政方面,应对信息技术研究、信息企业、信息服务行业给予一定的投资,或提供银行贷款等资金保证,要用先进的信息技术设备装备国家主要信息机构。在税收方面,对信息企业应采取减税或免税制度,这实际上也达到了为信息企业投资的效果,从而扶持和鼓励我国信息企业的进一步发展。

(2) 加强对信息产业的投资管理

投资规模对信息产业发展具有举足轻重的作用,它将直接或间接地对国民经济其他各部门产生重大影响,对社会发展具有促进和抑制作用。因此,保持信息产业投资规模的适度与稳定是对信息产业投资规模进行宏观控制的主要内容。与其他产业相比,信息产业的部门结构比较复杂。因而,要做到合理地确定信息产业投资方向,将信息产业的投资总额在各信息部门之间合理地分配,必须处理好信息产业内部各主要部门之间的关系:一般与重点的关系;新建、改扩建与更新项目之间的关系;长短期招资项目的关系。

(3) 加强对信息产业的技术管理

信息技术的应用改变了社会的产业结构,促进了信息产业的形成,并进而引起了信息产业的根本变化。因而,加强信息产业的技术管理对信息产业的发展至关重要。信息产业技术管理的目的是在学习借鉴国外信息产业技术管理理论与经验的基础上,结合中国国情制定推动信息产业技术进步,信息产业发展的管理政策与措施。

(4) 加强对信息产业人力资源管理

人力资源管理是一切组织协调必不可少的工作,对人的管理是一切管理中最重要的管理,也是信息产业生产要素管理的重要内容。在信息产业各生产要素中,人员是最活跃的因素。只有抓好人力资源管理,发挥其积极性、创造性、主动性,才能管理好资金、技术、物质、信息等其他要素。

对国家信息产业加强管理时,除了上述几方面的关系要处理好外,还要注重对信息产业管理体制的研究与建设。信息产业的管理体制是指推动信息产业发展的管理机制、运用管理机制进行管理的各级管理机构以及保证管理机制和管理机构发挥作用的管理制度等各方面的统一体。其中,管理机制是指推动信息产业发展的各种社会动力和约束力,它包括运用何种社会动力,采用何种方法或手段,来推动信息产业各部门活动的进行并协调它们之间的关系;管理机构是指管理信息产业活动的各级组织机构及其设置方式,它包括按什么原则设置信息产业组织管理机构,设置哪些层次的机构,各层次之间的关系以及各自的权利和责任等;管理制度有两方面的含义:一是管理机构在运用一定的管理机制时方式方法的规范化和法制化,二是保证信息产业各部门正常运行规则的规范化。信息产业的管理体制是实现信息产业发展目标的重要组织保证，它决定着信息产业运行的有效方式，制约着信息产业的管理水平，是合理组织信息产业发展所需要的人力、物力、财力资源，保证信息产业系统正常运转的主要手段。[①]

2. 信息产业管理体制

现代信息产业管理体制主要有三种：

(1) 集中式的管理体制

这是指由政府对信息产业的发展进行有意识的控制和协调，对信息产业部门内部各个部门进行统一的分工和管理。这样做有利于在短时间内取得大范围的信息化成果。美国在这一点上尤其明显。美国政府自二战以来，一直对高技术行业投入巨额资金，并对其加以扶植引导，特别是克林顿总统上台后大力推行的信息高速公路计划，取得了巨大的效果，使美国的信息化水平迅速提高，远远领先于其他发达国家。而这个庞大的计划几乎是由美国政府一手完成的。但是这种体制也有其缺陷，容易导致管理机构过于庞大，制度僵化，失去活力，束缚信息产业的发展。

(2) 分散式的管理体制

政府在这种体制下，不对信息产业做任何干预。这种体制可以及时满足不断变化的社会信息需求，可以满足企业灵活管理的要求，可以形成有效的竞争，促进信息产业的发展。但是这种管理体制难以适应对于社会全面发展信息化的要求，难以集中力量完成全国性的大工程。欧洲各国长期以来对信息产业就持这样的态度，故而虽然开始时它们的计算机技术并不落后于美国，但从 20 世纪 80、90 年代开始，其信息化程度不如美国和日本就在于此。欧洲认识到了这一点，提出了"尤里卡"计划，开始了赶超美国的进程。

(3) 集成与分散相结合的管理体制

根据我国国情，实行集中与分散相结合的管理体制。它一方面保证了集中力量快速发展信息化的能力，另一方面也给予了企业充分的自主权利，使信息企业能在市场竞争中不断成熟、完善、发展壮大。

上述三种模式各自都有自己的优缺点，在具体运用的时候要注意综合考虑。

3. 美、日的信息产业管理模式

实际上，世界各国的信息产业管理机制多是采纳集中与分散相结合的信息管理模式。只不过有些国家强调分散，有些国家偏重集中。其中最具代表性的就是美国的宏观管理与自由放任模式和日本的中观产业干预模式。

(1) 美国的宏观管理与自由放任模式

宏观管理与自由放任模式是指国家放任信息产业各部门、各企业自由经营、自由发展，通过间接手段调控信息产业发展的规模、速度与方向，控制信息产业的结构与总量。如政府将资金用于与信息相关的其他产业，通过其他产业的发展变化来带动、促进或限制、规范信息产业的发展进程；通过国际贸易，扩大或缩减信息产业的最终产品需求以调节产业的扩张和收缩。这一管理模式是美国传统的市场、经济管理体制在信息产业领域内的运用与体现，对发展美国信息产业曾起了非常巨大的作用。而美国在此基础上，又进行了创新。其特点是：在从市场到科学研究和从科学研究到发明两种路径上有极为突出的创新表现。美国注重市场需求并鼓

[①] 岳剑波. 信息管理基础. 北京：清华大学出版社，1999

励自由竞争、自由经营,运用间接手段调控信息产业发展方向,国家一方面保证信息产业发展的基础研究,另一方面为信息产业创新提供了良好的社会经济环境。信息产业发展模式的典型形式是在基础研究、开发研究、市场开发各个环节平衡发展,从一开始就关注连锁,联结创新的各种路径。可以说美国是采取一种高起点、高层次的全方位发展模式来发展信息产业,一贯很注重耗资高、费时长、风险大的基础研究,这也是美国至今仍在信息产业诸多领域处于世界领先地位的重要原因。尽管技术创新和应用的时间已大大缩短,技术扩散和追赶过程更加迅速,但由于重视基础研究,美国在新一轮信息产业大竞争中将继续保持其优先的地位。可以预见,在知识经济时代,美国模式的优越性将表现得更为明显。

(2) 日本的中观产业干预模式

战后,日本为了迅速缩短与西方发达国家在信息产业方面的差距,巧走捷径,越过基础研究这一环节,从引进国外先进的信息技术入手,结合自主开发,走出了一条具有日本特色的信息产业发展之路,有效推动了日本的信息产业发展。日本所走的中观产业干预模式是指国家直接控制调节信息产业运动的全过程,包括产业目标确立、产业技术政策选择、产业组织协调、产业布局调整、产业保护策略实施和产业国际化等内容。这种管理模式政府只在宏观与微观的结合部——中观产业来有效地组织信息经济,将国家政权高度凝聚的力量渗透到信息生产过程内部,来推动信息产业的发展,并逐步恢复企业的活力和市场机制的积极调节作用。其目的是创造信息产业发展的内部环境与动力。这一管理模式是日本政府针对本国经济发展的薄弱环节,制定的经济赶超战略的一个重要组成部分,事实证明这一模式是行之有效的。现在,日本政府和产业界均逐渐增大了基础研究的投资比重,日本模式正逐渐趋同于美国模式。这表明,在追赶时期,信息产业发展的日本模式即政府干预模式具有优越之处,而一旦缩小了技术差距,接近信息技术前沿或在信息产业上有了一个质的飞跃,并具备了必要的学习能力和信息产业创新能力后,强化基础研究就势在必行。

综上所述,参考了别国信息管理体制成功经验后,对我国信息管理模式的选择依据及该如何选择就应该有个明确的认识。针对我国信息产业管理要达到的要求,并根据我国的国情现状综合考虑,我国信息产业的管理应分为两个阶段,分别采用不同的管理模式:第一阶段即现阶段采取赶超策略的中观产业干预模式,促进我国的信息经济有一个量的增加;第二阶段在信息经济已有一定发展的基础上采用宏观需求管理与放任模式,使信息产业有一个质的飞跃,逐步调整信息产业的内部结构与外部环境,使之与国民经济其他部门相适应,从而获得信息产业的稳定发展和自我调节保护能力的提高。

参 考 文 献

[1] 张燕飞,严红. 信息产业概论. 武汉:武汉大学出版社,1998
[2] 岳剑波. 信息管理基础. 北京:清华大学出版社,1999
[3] 司有和. 信息产业学. 重庆:重庆出版社,2001
[4] 数字经济2000. 北京:国家行政学院出版社,2000
[5] 靖继鹏. 应用信息经济学. 北京:科学出版社,2002
[6] 刘芳. 论信息产业的管理机制. 图书馆学研究,2000(3):45~47
[7] 张春玲,李国锋. 国外信息产业管理介绍. 山东经济,2002(4):59~61
[8] 孙利辉. 信息和信息产业. 统计与信息论坛,1997(4):47~50

思 考 题

1. 为什么社会产业结构中出现了信息产业?
2. 信息产业到底包括哪些产业领域?
3. 信息产业与其他产业相比,呈现出什么样的特点?
4. 信息产业管理的要素主要包括哪些方面?
5. 现代信息产业管理体制有几种情况?
6. 美国和日本的信息产业管理模式各有何特点?
7. 与美国和日本相比,我国应该采用什么样的信息产业管理体制?

第十二章 信息管理的人文环境

内容提要

信息管理可以从技术与经济角度进行,但人文的管理手段也是非常重要的。信息管理的人文环境主要包括信息政策、信息法律以及信息伦理的建设与完善。本章对这三方面的内容加以了简单的介绍。首先明确了信息政策、信息法律以及信息伦理的基本概念,并在此基础上讲述了信息政策的构成、分类、特点、作用以及它的制定与实施问题;对于信息法律而言,本章介绍了其产生的背景、信息法的法律关系、作用、信息法律体系、信息政策与信息法律的关系等问题;信息伦理则属于社会道德约束的范畴,并不具有强制性,但其可以作为上述两者的有力补充,以加强对信息管理活动的指导。本章从它的研究发展过程、特点以及构建等几个方面简要介绍了其内容。

学习要点

1. 信息政策的概念
2. 信息政策的构成要素
3. 信息政策的类型
4. 信息政策的特点
5. 信息政策的作用
6. 信息政策的制定与实施
7. 信息法律的产生的背景
8. 信息法律的概念
9. 信息法的法律关系
10. 信息法律的作用
11. 信息法律体系
12. 信息政策与信息法律的关系
13. 信息伦理的概念
14. 信息伦理的特点
15. 信息伦理的构建

随着信息管理向高级阶段的发展,信息管理的因素越来越复杂,管理的难度越来越高,社会因素和人的因素在信息管理中的作用越来越突出。与此同时,从社会形态角度来看,信息化社会是人类历史发展到以计算机技术为核心的信息技术成为主流技术时所必然出现的社会形态,也是人类历史发展的必然趋势。为了解决信息管理发展过程中的种种问题和矛盾,各国都制定了相应的信息规范,希冀通过规范的信息环境的建设形成国家信息化所必需的社会公共秩序,营造适于国家信息化飞速发展的人文环境。信息规范是调整、控制和规定信息活动准则与行为的各类信息管理措施和手段的总称,信息规范的主要形式包括信息政策、信息法律和信息伦理等。信息管理的这种人文手段与经济和技术手段共同作用,共同营造信息管理的良好环境。

第一节 信息政策

信息政策兴起于20世纪60年代,发展于70年代,到80年代形成了热点,90年代以后继续蓬勃发展[①]。信息政策是伴随着信息资源成为社会发展的战略性资源、信息技术水平不断进步与提高所带来的社会影响不断显现、信息产业在国民经济中所占地位越来越重要以及国际信息竞争不断加剧而产生的,是社会、经济、技术、政治发展的必然结果。

1.1 信息政策的概念

由于"信息"这个概念本身具有的不确定性、本体上的普遍性、动态性以及各国信息环境不同,造成了人们对信息政策概念的认识出现了多样化的现象。信息现象存在于自然界以及社会的方方面面,信息政策所约束和规范的领域十分广泛,对其领域全面与部分的认识,可以形成对信息政策不同的认识。而且,客观事物本身也处于不断的运动变化之中,这也导致了对信息政策的理解的偏差。各国信息化发展程度和社会性质、社会发展水平的不同,同样会造成各国对信息政策的认识理解的不同。

联合国教科文组织在《国家信息化指南》中指出:"政策通常是指一系列基本的原则,行动规划建立在这些原则之上,即政策是行动的总的原则。"在1988年国际文献联合会新的国家信息政策(NIP)讨论会上,J.马蒂的意见颇具启发性,他说:"政策是所需实现的特定目标的阐述;是达到目标所需方法的阐述;是对所实施方法的合理性的陈述;是调解行动的一系列规划和指南。"[②]

1. 信息政策的定义

基于上述因素,关于信息政策的概念,国内外学者的看法也众说纷纭,其中最具代表性的有下面几种:

(1)一切用以鼓励、限制和规范信息创造、使用、存储和交流的公共法律、条例和政策的集合都称之为信息政策。[③]

温格顿的定义强调了信息政策的作用,从一切信息活动受到信息政策的影响方面来阐释了信息政策的概念。他认为,信息政策作为一种政策,必然具有政策的一般性质——管理,而

[①] 钟守真.信息资源管理概论.天津:南开大学出版社,2000
[②] 卢泰宏.国家信息政策.北京:科学技术文献出版社,1993
[③] F. W. Weingarten. Federal Information Policy Development. Ablex,1989

信息政策的特殊性又在于信息不同于其他事物,所以他的定义强调了信息政策的作用。显然,这是一种广义的定义,认为政策的主要作用是提供一个法定的制度框架,以明确信息需求,找出满足需求的方法。同时,由于公共信息政策是政府产生的,则它的制定、实施和评价必然表现为调研报告、立法提案、决议条令等各种文献形式,从而将信息公共法律也纳入了信息政策的范畴。

(2) 信息政策是一个由对信息生命周期的监视和管理的指导原则、法令、指南、规则、条例、手续而构成的相关政策群体。[①]

赫尔农-雷利(Hernon & Relyen)在提出这个概念时指出,信息政策不是一个单数的概念,而应该是一个复数的概念。因为世界上没有一个国家出现了一部包罗万象的信息政策,而是由规范不同方面信息行为的政策群体构成。

(3) 信息政策是指国家用于调控信息产业的发展和信息活动的行为规范的准则,它涉及信息产品的生产、分配、交换和消费等各个环节以及信息业的发展规划、组织和管理等综合性的问题。[②]

这种看法从信息政策涉及的范围来对信息政策进行了定义,将国家信息政策等同于信息政策,而未涵盖其他诸如国际性和地方性的信息政策。

(4) 信息政策是包含了信息通信政策、传播政策等内容,并且具有广泛可扩展的发展性的概念。[③]

这种看法狭义地将通信业视为整个信息产业,并且认为信息交流涉及大众传播政策,为此信息产业政策和大众传播政策成了信息政策的主流和表达方式。这样的认识未免过于狭隘。

(5) 信息政策是一个国家或组织在某段时间内为处理信息和信息产业中出现的各种矛盾而制定的具有一定强制性规定的总和。[④]

(6) 信息政策是着重解决信息总供给与总需求的平衡问题和信息产业结构优化问题,从而实现信息产业协调发展的政策。

2. 信息政策描述的类型

无论从何种角度来看待信息政策的含义,总的来看,大致可以把对信息政策的描述分为以下三种基本类型:

(1) "大信息政策"。这种政策基于对信息的广义认识,将与信息交流、创新活动、通信、传播和互联网有关的宏观政策均视为信息政策。这种认识为英美国家研究者所认同。

(2) "小信息政策"。此类认识是研究者对其原来所从事的学科领域的研究加以衍生而发展起来的,特别是对情报政策、通信政策、信息产业政策等的理解加以综合而得的。

(3) "折中信息政策观"。这种观点介于以上两种观点之间。

综上所述,从广义上来说,信息政策是指以调节信息搜集、加工、存储、处理以及传播等信息活动的指导原则、法令、指南、法规、条例、手续等构成的相关的政策群体,它涉及信息产品的生产、分配、交换和消费等各个环节以及整个信息产业的相关问题。从狭义上说,信息政策是

---

① Hernon & Relyen. Information Policy. In: Encyclopedia of library and information science. Dekker, 1968
② 卢泰宏. 国家信息政策. 北京:科学技术出版社,1993
③ 滨田纯一. 情报政策轮的视点——社会情报研究的方面. 东京大学社会情报研究所编,1994
④ 廖声立. 论信息政策的概念及研究内容. 情报探索,2000(2):10~11

以科技情报政策、大众传播政策以及电信政策为基础的政策集合[①]。由于信息政策涉及广泛的领域,带来了信息政策主体的多样化、政策价值的多元化、政策目标的多重化等问题。

1.2 信息政策的构成要素

因为信息政策的含义从不同的角度对其认识有不同的看法,所以它的构成要素也就因其所涉及的领域广泛性而有了各种各样的限定。通过对这个问题的认识,有助于我们了解信息政策的含义。

1. 莫尔(Moore)要素说

1991年,莫尔在《信息政策》中提出,信息政策应包括以下四个方面:① 法规问题:包括个人隐私、版权、其他知识产权、法律义务、信息保护和信息自由等;② 宏观经济政策:包括信息产业发展、信息经济制度、信息基础设施建设、人力资源投资等;③ 组织问题:包括信息处理过程和信息技术发展等;④ 社会问题:包括个人信息获取能力和计算能力、信息富有者和信息贫困者的差距。

莫尔在1993年的《信息政策和策略发展——政策目标的分析框架》一文中提出了信息政策的另外一种分法。

通过对中国信息政策需求状况的考察,莫尔提出了一个信息政策模型,作为分析信息政策的工具。该模型在产业、组织和社会三个不同的层面上共同运作,每个层面又需考虑到信息技术、信息市场、信息工程、人力资源和法规等方面因素。

在莫尔提出的政策中,产业政策层面主要是考虑在一个国家范围内,那些与信息部门的发展相关联的问题;组织政策层面则是在组织内部,为了达到提高生产率、效率和竞争力的目的,把信息作为一种资源加以管理和处理的方法;社会政策层面考虑与个人和社会团体相关联的信息需求与信息供给。在制定政策的过程中,除了上述三大层面的目标,还可以发展一些更为具体的目标。这些目标将强化以下原则:所有人都能自由而平等的获得信息;抵制信息垄断的发展;构建信息网络以适应社会各个团体的需要;政府有义务向公民提供社会、政治和经济信息。

在三大层面需要考虑的因素中,信息技术因素包括通信设备、决策支持系统等系统政策目标;信息市场担负所有信息交换的使命,而不仅仅局限于商业信息的交换;信息工程强调信息管理和利用的活动范围和过程;人力资源问题在政策框架中构成了一个中心因素,应该培养公民具有处理、利用信息和从信息密集社会所具有的各种机会中获益的技巧、能力与态度。

2. 西尔(Hill)要素说

1994年西尔《在国家信息政策和策略中》中对信息政策要进行了详尽的描述,它认为信息政策的要素包括以下几个方面:① 政府信息获取;② 政府信息管理;③ 政府对信息和传播技术的应用;④ 信息技术产业;⑤ 电信和网络;⑥ 信息经济;⑦ 工业、农业和商业;⑧ 科学技术信息;⑨ 信息产业;⑩ 图书馆和档案馆;⑪ 公共部门和私营部门问题;⑫ 向公众发布官方消息;⑬ 出版和传媒;⑭ 跨国数据流;⑮ 隐私权和数据保护;⑯ 社会事件;⑰ 健康和消费者信息;⑱ 教育和工作;⑲ 信息自由和国家安全与犯罪预防;⑳ 法律方面;㉑ 知识产权和工业产权;㉒ 质量可靠性;㉓ 信息的生产。

---

① 谢新洲,张广钦. 信息管理概论. 北京:中央广播电视大学出版社,2003

3. 赫尔农—雷利(Hernon&Relyen)要素说

1991年,赫尔农和雷利在其著作《信息政策》中列举了信息政策的一个分类表,具体包括:① 与信息政策有关的联邦组织:提供联邦信息的政府机构的结构;② 联邦政府和信息部门之间的关系:从事政府信息生产、分配、传播的机构和组织的责任与角色;③ 信息技术:信息技术的应用及其对政府信息提供的影响;④ 政府信息经济学:政府提供联邦信息的费用和效益;⑤ 公众获取政府信息的能力:公众获取联邦信息的权利和政府的责任;⑥ 信息自由和隐私权保护:在保护不应泄露的信息同时,公众获取政府机构记录的权利;⑦ 国家机密及其保护:为了保护公众利益和国家安全,政府有不公开一部分信息的权利。

4. 伯格(Burger)要素说

这种方法实际上是由查特兰德(Chartland)和梅勒夫斯基(Milevski)在1986年提出的,它较好地涵盖了信息政策要素,并且区分了主要因素和次要因素。1993年,博格在其《信息政策-评价和政策研究框架》一文中采用了这一方法,并将信息政策的要素归纳为九大类:① 联邦信息资源管理;② 用于教育、创新和竞争的信息技术;③ 电信、广播和卫星转播;④ 国际信息交流政策;⑤ 信息泄露、机密和隐私权;⑥ 计算机法规和犯罪;⑦ 知识产权;⑧ 图书馆和档案馆政策;⑨ 政府系统、证券交易所和信息披露。

通过上述对各种信息政策要素的列举可以看出,它们都在一定程度上概括了信息要素的构成,但也存在着一些缺陷,如西尔的分类表没有全面地涵盖信息政策要素的各个方面,因为他没有对广义和狭义的概念进行区分,以至于有些要素相互重叠;赫尔农和雷利则侧重于政府信息,因此他们对信息政策的分类明显具有很大的局限性;伯格所引用的查特兰德等人的分类法较好的涵盖了信息政策要素,并且区分了主要方面和次要方面,为发展更完善的分类奠定了基础。不过,如果能把重点放在经济方面,并对不同层面加以区分,更能加强该体系作为一个分析工具的价值;莫尔1993年提出的要素说是一个相当好的分析工具,它区分了不同层面,并使该模型可在许多相关因素和层面的共同作用下运作。该模型适用于描述个体因素与层面的关系和确认与信息政策制定相关的领域。不过,该模型缺少了一个相关的总体经济、社会和文化框架,因而无力处理全球经济的复杂问题。

1.3 信息政策的分类

信息政策从不同的角度来看可以分为多种类型,这些不同类型的信息政策就构成了信息政策的体系结构。

1. 以信息政策的主体为划分标准

按照信息政策的主体,可以将信息政策分为国家信息政策、组织信息政策和个人信息政策。

国家信息政策是调节国家信息活动并借以指导、推动整个信息活动发展的行动指南,它是一个国家在一定时期内为处理信息活动出现的各种矛盾而制定的一系列规定的总和[①]。在国家信息政策中,信息被作为一种重要的国家资源进行管理和控制,每个国家都不得不正视信息技术的发展所带来的一系列政策难题:信息窃密与犯罪;对道德伦理和文化的冲击;对国家主权的挑战;地区差异和社会差异的扩大。

---

① 梁俊兰. 国外信息政策的发展道路. 国外社会科学,1997(2):19~24

(1) 国家信息政策

对于国家信息政策的内涵,有两种不同的侧重角度:

① 侧重运用信息政策的宏观调控能力,来实现某种目标。这个角度认为,"国家信息政策是政府协调一切有关信息的组织与传递活动的政策指南";是政府通过适当的法规条例来调整信息活动的协调发展,满足本国信息需求的一系列决策;国家信息政策是关于信息生产、信息产品、信息收集和管理,以及分配与检索的一系列相互关联的法律与政策;国家信息政策在于控制信息的生产、分配和利用。

② 侧重运用信息政策解决愈来愈尖锐的矛盾和冲突。强调由于信息技术的急速发展带来了许多复杂的问题,信息政策就是为了解决这些困难和问题。信息政策面临的问题主要有两个方面:一是由于新的信息媒介和多种信息传播方式发展很快,如何在采用新型技术的同时防止和减少技术的副作用和不利因素;二是信息技术发展应用中利益的合理分配和利益的各自维护问题,如知识产权问题、国际间信息流动所涉及的利益问题等。因而国家信息政策是在发展和应用信息技术中赢得主动和利益、防止被动和危害的一种国家决策。

目前,国家信息政策的问题主要在以下几个方面:政策的制订、执行问题;信息政策与立法问题;保密问题;所有权问题;公私部门的关系问题;信息政策中的经济问题;信息政策与信息技术问题;国际性的政策问题。[1]

(2) 组织信息政策

组织信息政策是为组织的生产经营、人事考核、对外联络等各项活动提供指导,确保组织的正常运作。组织的信息政策是为了实现组织的目标,由组织制定并负责实施,组织信息政策的内容应当包括[2]:

① 培养信息文化。在信息时代,组织对信息的管理不只是集中化或分散化的问题,而是深藏于组织交流之中,满足不同层次人员的信息需求就成为现实中需要解决的问题,于是便出现了信息文化。

② 鼓励信息技术的运用,促进信息管理从基层操作上升到决策规划。以 Internet 为基础,构建 B/W/S 体系,以数据仓库为依托,向决策支持系统发展。

③ 制定有利的措施,做好员工的再教育和组织的知识更新,从而加强学习型组织的建设。

④ 保证组织内部、组织之间的信息交流,帮助各级管理者及时获得所需信息。对组织内部的信息沟通,可以制订相应的措施和方法,调动员工的参与意识,保证组织内部信息渠道的畅通。外部的信息交流通过加强对环境的审视而获得知识,帮助制订组织规划和实现组织目标。

⑤ 重视信息资源的储备、加工和利用,时刻关注组织变化与发展,为制订组织的战略目标服务。

⑥ 开发组织的智力资源,为实现知识管理服务。开发相应的智力资本,需要相应的措施保证信息的沟通,激活员工的智力,将隐性和显形的知识都发掘出来。

⑦ 促进电子商务的应用,虽然对电子商务的见解不一,但电子商务对物资、人员的协调作用是有目共睹的。

---

[1] 何瑞云. 国家信息政策研究的兴起与发展. 情报业务研究,1992(4):193~197
[2] 钟守真. 信息资源管理概论. 天津:南开大学出版社,2000

(3) 个人信息政策

个人信息政策则是针对个人行为的规范,确保个人信息活动的政策。

2. 以信息政策的实施阶段为划分标准

因为信息政策是一个复杂的信息过程,所以根据信息政策的实施阶段来类分,其主要可以分为信息规划、政策实施、政策评估三个阶段。

(1) 信息规划阶段主要进行三方面的工作:一是问题分析,它是信息政策制订的基础和前提。从复杂的社会情况下存在大量的有待解决的问题中发现、分析、确定、提出信息政策,是信息制订者的首要工作。二是目标的确定。它是设计信息政策方针的依据。在确定政策目标时,应考虑其合理性、可行性和正确性。信息政策的最终目标是为了发展信息事业,满足社会的信息需求;同时,政策目标还应明确政策的适用范围和实现期限,尽可能做到数量化、准确化。三是方案的设计。它要求提供可选择的解决信息政策问题的方式和手段,以便确定解决信息环境问题的可行性对策。

(2) 政策实施是为了完成某项政策目标而进行的信息政策执行过程,是检验和完善信息政策的重要阶段。其包括信息政策的理解和宣传、政策的试点与修正、准备实施与实行这几个阶段。它包括了:① 人的因素:政策执行者的水平和能力直接影响政策的实施;② 组织的因素:信息活动是一项跨行业的活动,涉及到诸多不同类型、不同规模的组织。不同的组织之间有不同的管理体系和结构,信息政策尤其是组织的信息政策因此而受到影响;③ 政策本身的因素;④ 其他因素:信息活动涉及政治、经济、文化、教育、科研等领域,其复杂性必然会受到这些领域的不确定影响。

(3) 政策评估是信息政策运行过程中的一个重要环节,是对整个信息政策过程的检验和鉴定,其目的是通过获取信息政策过程和效果的各种信息,判断某一项信息政策的优劣、得失以及它是否达到了它的目标、达标程度、投入产出的效益比等,以便为及时修改、补充直到终止该信息政策提供依据。

3. 以信息政策的社会信息化为划分标准

从社会信息化的角度,可以将信息政策分为目标政策、管理策略、激励政策三类。①

(1) 目标政策

国家信息化发展是一项涉及整个社会各方面的巨大的系统工程,它的目标、框架结构、导向以及社会环境等,是直接影响国家信息化发展走向和发展速度甚至是国家信息化成功与否的关键,各国往往通过其政府制定有关的一系列政策,予以规制和调控。目前大多数国家以计划的形式推出各自的目标政策。例如20世纪90年代美国制定过的"信息高速公路计划",欧盟制定的建立欧洲"信息高速公路计划",英国推出的"电子政府计划"。

(2) 管理政策

各个国家在不断推出其信息化发展的各项计划的同时,又不断地推出各项相应的管理政策,目的是明确国家信息化发展的社会行动策略,组织和动员多层次的社会信息化工程,构建必要的管理体系有助于国家计划的实施,已形成有利于促进国家信息化发展的管理环境。各国的管理政策内容的主导思想主要包括:放松产业规制,鼓励市场竞争;提供公平机会,动员全民参与;调整体制机制,全面服务社会。

---

① 蒋坡. 国际信息政策法律比较. 北京:法律出版社,2001

(3) 激励政策

在各国的有关政策体系中,有效的激励政策是必不可少的基本内容,在国家信息化过程中发挥着极其重要的作用,他们分别体现在产业导向、金融扶持、税收优惠、补助金支持等方面。

4. 以信息政策的经济范围为划分标准

按照经济范围,信息政策一般可划分为宏观信息政策和微观信息政策。

宏观信息政策是指一个国家信息产业中,长期发展的方向性和全局性的战略方针和步骤;微观信息政策是指某一地区、部门或某一领域,以及某个基层单位在某一短时间内为贯彻执行国家的方针政策以及结合当地、当时的实际情况而制定的局域(部)或专项性的信息发展政策。

5. 以信息政策的层次范围为划分标准

按照信息政策所涉及的层次范围,它包括国家信息政策、部门信息政策、地区信息政策和基层单位信息政策。

国家信息政策是指导国家信息产业的发展,协调全国各级信息机构和各种信息力量的策略原则和行动纲领。部门信息政策、地区信息政策和基层单位信息政策,除了反映本部门、本地区和本单位的实际情况外,在政策的总体上、指导思想上应遵循国家信息政策的基本原则,体现出信息政策体系的系统性、连续性和整体性。

6. 以信息政策的实践范围为划分标准

按照信息政策的实践范围,信息政策还可划为信息产业政策、商业性信息服务政策、社会公益性信息服务政策、信息自身的开发政策。

信息产业政策是有关发展信息技术、信息产品、信息经济的政策;商业性信息服务政策是信息作为商品,面向市场需求进行经营流通的政策;社会公益性信息服务政策则是国家必须为纳税人、为公共社会提供无偿信息服务的各项建设与保障政策;信息自身的开发政策,即对信息自身实行科学采集、加工和利用的政策。

7. 以信息政策所规范的行业部门为划分标准

按照信息政策所规范的行业部门,可以将信息政策分为科技信息政策、经济信息政策、文化信息政策等。

1.4 信息政策特征

信息政策作为国家政策的重要组成部分,规范着政府、组织和个人的信息行为,规范着信息市场的发展。因信息环境的不同,各类信息政策的特征会出现一些不同。如发达国家的信息政策重视对信息产业的投入,把发展信息技术作为一项国策,重视对信息人才的培养等;而发展中国家因其国情,其信息政策则重视信息资源的开发、国家信息主权、信息技术的引进等。但无论怎样,信息政策也具有其一般特征。

1. 信息政策的层次性

人类的信息活动是广泛多样的,在总体上它就呈现出许多层次。既有全球性、全国性的信息政策,也有地区性、部门性的信息政策,甚至针对某一具体问题的信息政策。

2. 信息政策目的性

信息政策与其他政策相比,具有很强的目的性。它主要表现在:信息政策的目标不仅在每一个信息政策的制订中占有重要地位,而且在信息政策的实践中也起着惟一的导向作用。

3. 信息政策的整体系统性

信息政策不是孤立地发生作用,而是以系统整体效应的形式发生作用。这种整体性表现为一项信息政策是由信息规划、政策实施、政策评估等环节构成的整体过程。同时,任何一项信息政策都不可能孤立地发挥作用,它必须与其他信息政策构成一个整体、一个系统才能发挥作用。因此,信息政策是整个社会大系统中的一个子系统,它与其他政策系统之间具有相关性和集合性。

4. 信息政策的动态性

信息政策不仅仅是单纯的政策制定过程,而且是一个解决和处理社会信息活动,促进信息产业发展的过程。信息经济活动处于一个不断变化的社会环境中,随时会遇到各种各样需要解决的问题。因此,社会信息环境的变化要求信息政策必须根据变化的情况,经常调整、改革和完善,以适应信息产业的发展需要。

5. 信息政策的约束性

信息政策作为国家制定的信息活动规范,组织、机构、个人在开展信息活动中必须严格遵守。

1.5 信息政策的作用

信息政策为社会信息活动提供具有导向性和约束力的行为准则,指明信息产业的发展方向,其具体作用体现在以下几个方面:

1. 确立信息产业的地位和作用,明确信息产业的发展目标和任务

社会信息产生于人类社会生产实践和科研实践,是一个国家开展经济建设不可缺少的资源和财富。所以,信息政策首先要确立信息产业在促进现代社会进步和国民经济发展中的地位与作用,不断地把信息产业的发展推向新的阶段。

信息产业发展的目标与任务,是根据国家科技、经济、社会发展的信息需求而确定的,而且是随着形势的不断发展而变化的。不同的历史时期,国家对科技、经济和社会的发展提出不同的战略重点,因而对信息事业的发展也将提出相应的要求。

2. 调动和约束各方面力量,合理配置以及充分利用信息资源

为了有效地管理和开发利用信息资源,实现信息资源共享,国家需要制定必要的信息政策,根据科技、经济和社会发展的程度,合理地配置信息资源,不断扩大积累,并通过宏观调控和市场调节机制,打破地域和部门界限,对全国信息资源进行全面管理和统一调配,实现信息资源社会化。

3. 为社会信息活动提供具有导向性和约束力的行动准则

信息政策作为政府指导其信息产业及其相关产业发展的指南,对发展国家和地区的信息产业,活跃信息经济起着重大的促进作用。组织与个人在从事相关领域的生产活动时,一方面要参照相应的信息政策,依照其思想行动,另一方面也要受到它的制约。信息政策应该成为企业与个人行为的指南与准则。

4. 有利于信息产品的生产经营

信息产品属于知识形态产品,同其他物质产品一样,具有商品的属性,可以进入市场进行交换,并通过使用价值的交换,实现其商品的价值。然而,信息产品的生产经营同其他物质产品又有所不同,有其自身的特点和规律。因此,必须通过特殊的信息政策阐明信息产品生产经

营及其相应的产业政策,引入信息产品生产经营机制,建立新型的信息产品生产经营模式,开拓信息市场,扩大信息社会流通领域,加速信息产品商品化的进程。

5. 协调信息系统内部各子系统及其与外部社会诸系统的关系,保证信息系统的健康发展

从信息系统内部看,既有人、设备、信息、规则等要素之间的,也有输入、存储、处理、输出、控制等功能之间的,更有信息制造与信息服务等产业之间的,它们的相互作用、协调发展对整个信息系统的影响是非常直接的。从外部看,信息系统所处的大环境是社会系统,社会系统以政治、经济、法律环境最为重要。

1.6 信息政策的制定与实施

信息政策所产生的效果在很大程度上依赖于其制定的严谨性与实施的规范性,因此,它的制定与实施是信息政策生命周期中非常重要的环节,应引起我们的高度重视。

1. 信息政策的制定

在国际社会信息化进程不断加快,信息产业在国民经济中所占比重越来越大,科技与经济竞争日趋激烈的情况下,信息政策的制定愈发显得迫切。在制定信息政策时,应遵循着以下几个原则。

(1) 国情的原则

国情是一个国家的基本情况,即政策、经济、文化、科技、自然条件及国民素质等。一切政策、法规的制定都必须以自己国家的基本国情为基础,才能使制定的政策在这个环境中发挥它应有的和预期的效用,促进自身的发展。如果不考虑基本国情而制定出的政策不但不能发挥其应有作用,还会损坏和阻碍信息产业的发展。在这里。国情既包括基本国情,更重要的是信息国情。信息国情包括社会信息意识,就是社会文化心理总体上对信息的认识程度和认同程度,它很大程度上决定了信息和信息工作者的社会地位,决定了信息的需求强度。

社会信息能力是社会生产、处理和利用信息的总的能力,属于社会生产力的范畴。它与科技、经济、文化的发展的联系很大。社会信息意识反映了社会的信息需求,而社会能力则反映了信息的供给情况。两者的运动达成一种动态平衡的关系,信息政策的制定者必须关注两者之间的变化,促进两者之间的平衡,减小两者之间的差异。

(2) 科学性原则

科学性原则是指在制定信息政策时,必须认真研究和严格遵循信息工作的规律,这样才能制定出符合客观规律的、科学的信息政策。同时,在制定信息政策的全过程中,必须采用科学的程序和方法,以保证信息政策具有较高的科学性和正确性。

(3) 一致性原则

信息系统是整个社会大系统的一个子系统,因此信息政策无疑是国家政策的一个有机组成部分。所以,信息政策必须与国家其他政策,如科技政策、经济政策等相协调。

(4) 针对性原则

不同的国家,信息管理体制和工作模式不尽相同,其信息意识和信息需求等也有较大差别。因此,各国都根据自己在这些方面的实际情况,制定出相应的信息政策。

(5) 连续性原则

尽管信息活动和信息产业各个阶段发展重点不同,呈现出阶段性,但信息产业的每一个进步都离不开其原有的基础,其发展具有明显的连续性。因此,在制定新的信息政策时,必须考

虑原有的政策基础,以保持一定的连续性。

(6) 系统性原则

系统性原则体现了政策体系的层次性和联系性。在政策体系中,虽然各项政策的具体目的、内容和适用范围等有所不同,但都必须服从信息事业发展的总方向、总目标和总任务。它们之间存在必然联系,彼此之间相互配套、相辅相成,各层各类政策不能互相冲突矛盾。

(7) 需要性原则

信息政策的制定必须与国家科技、经济发展和社会的需要相一致。要了解用户的信息需求,以用户需求为制定信息政策的依据。

(8) 稳定性原则

稳定的信息政策有利于信息事业的稳步发展,有利于提高信息部门和信息人员对政策的依赖感,充分发挥政策的约束力。

(9) 灵活性原则

科学的信息政策,不仅要有较强的原则性,而且要有一定的灵活性,对一定范围和一定程度的情况变化具有较强的适应能力。灵活性原则要求信息政策必须保持充分的弹性,以及时地适应客观事物的各种可能变化,这样才能动态地、有效地发挥政策的总体作用。信息政策的弹性有两种,一是局部弹性,即在信息系统的各种环节中各类政策要有调节的余地。二是整体弹性,即整个信息政策体系应有整体的调节余地,它标志着政策的可塑性和适应能力。

(10) 反馈性原则

即在政策实施之后,将其作用结果反馈回来,并对政策的再输入产生影响,起到对政策的控制作用,以达到预期的目的。这是信息政策制定是否合理、执行是否有效的关键之一。

(11) 前瞻性原则

制定信息政策是解决现在和未来的问题,从政策的分析到政策的通过和实施,有一段时间上的距离。因此,信息政策的制定不能仅依据制订时的情况和条件。前瞻性原则要求在信息政策制定前,就对未来的情况进行预测;在政策方案制订之后,也需要预测该方案在实施中可能产生的其他结果,据此来调整制订者的思想和行为,不断修改和完善政策方案。

2. 信息政策的实施

信息政策在实施的过程中,需要各方面资源、措施和体制的配合。只有这样,才能充分发挥信息政策的作用,实现制定信息政策的初衷与目标。因此,在信息政策实施过程中要充分考虑以下几个要素。

(1) 必要的资源

一般来说,政策实施所需要的资源包括经费资源、人力资源和管理资源三种。经费和人力是两种最基本的资源,必要的经费和人力是政策实施的物质基础,它们是政策得以顺利实施的关键。但是,投入和产出并一定成正比,因为其中还有许多管理问题需要解决。所以在实施过程中,投入的经费资源和人力资源要适度。

(2) 特定的目标群体

所谓目标群体,是指由于政策的强制性必须对本身的行为模式重新调适的群体。目标群体顺从,政策实施就会成功,反之,政策实施就会受阻。因此,政策的有效实施往往需要缩小目标群体行为的调整量,或采取渐进的方式以利于目标群体对政策的顺从和接受。

(3) 正确的实施策略

政策实施的策略主要包括两个方面,一是充分的准备,二是科学的实施。政策实施的准备工作大致包括思想准备、组织准备、计划准备和物质准备。而政策的具体实施是政策实施过程中最关键的一环。在政策的实施中,只有把握住原则性,才能维护政策的严肃性和权威性;也只有把握住灵活性,才能避免政策实施的教条和僵化。

(4) 合格的实施者

一个合格的实施者除了能够熟练地运用上述正确的政策实施策略之外,他还应该具有高度的思想觉悟,积极的工作态度,合理的知识与能力结构以及较高的管理水平。

(5) 有效的沟通

沟通是指政策实施机构之间、实施机构与有关各部门之间、实施人员之间以及实施机构或实施人员与目标群体之间为共同实现政策的目标而进行的交流。沟通的目的在于统一认识,提高政策实施的效率,保证政策目标的顺利实现。

(6) 正确的协调

协调能使每一个机构、每一个实施人员的工作都成为实现共同政策目标整体工作的一部分,从而保证整个实施活动有条不紊、井然有序地开展。

(7) 适宜的环境

影响政策实施的环境包括政治经济环境和社会心理环境。

(8) 有效的监督

对政策实施活动进行监督的主要任务就是要确立统一的监督标准,发现、收集、分析政策实施行为与标准行为之间偏差的信息,采取必要的措施,及时地纠正一切违反政策实施要求或有悖于政策目标的错误行为,为保证实施活动的正常进行。

第二节 信息法律

自从1624年,英国政府颁布了《垄断法》,这部世界上最早的现代专利法开始,信息法律的建设从来没有停止过步伐。它伴随着社会政治、经济、技术、文化、思想等进步而不断地快速前进。现代信息法律已经形成了完整配套的法律体系。

2.1 现代信息法律发展的背景

当今社会正进入信息时代,随着科技日新月异的发展以及各种流通渠道的不断拓宽,人类社会知识信息的总量正以惊人的速度迅速增长。但是在这数以万计的信息中也混入了大量干扰性、欺骗性、误导性甚至是破坏性的虚假伪劣等各种有害信息及无用信息,即我们通常所说的"垃圾信息",正是各种形形色色的信息"垃圾"造成了人类精神世界的信息污染。这种日益严重的信息污染,严重妨碍了人们对有用信息的吸收和利用,导致各种决策失误和经济损失,甚至危害人类的生产、生活和健康。

技术的不断进步,特别是互联网技术深入人们的工作与生活之中,在给人们带来便利的同时,也产生了负面的影响。如利用网络交易而诞生了商业欺骗、偷税案件比以前猛增4.5倍。除商业交易领域外,利用互联网散布色情、暴力和从事诱骗的案件也越来越多。

快速传递信息的网络技术与具有强大记录、对比及储存功能的计算机技术结合在一起,使得个人数据的搜集与再利用较以往更为容易。另外网络信息化社会已日渐形成,人们对技术的依赖性越来越强,个人隐私已逐渐暴露于公众当中,隐私被窥探可能性随之大增,忽视个人隐私的事件时有发生。另外,诸如政府的电子侦察侵犯公民隐私权,也需要对现有司法审查制度进行考察。除此之外,涉及公众隐私权的网络现象大量涌现,如网上人才介绍、网上婚姻介绍所掌握的个人资料如何保护等问题。

现代技术条件下侵犯名誉权的现象也越来越严重,成为了法律界、IT界和其他社会人士的关注焦点。网络上侵犯名誉权的行为,尽管与传统的侵权行为相比具有一定的特殊性,但仍不失普通侵权行为的一般特点,我们不能因为现行法律未对以网络这种新的传播方式侵犯名誉权行为做出界定而放宽了对新形势下自然人、法人名誉的有力保护。而且,从网络传播方式上看,这种侵权行为更具有隐蔽性、快速性和广泛性的特点,其危害性更大,侵权行为一旦产生,其损害结果比传统的侵权行为造成的损害结果更为严重,因此让侵权人承担严厉的法律后果,使被侵权方得到有效的法律救济是必需的。同时,对这种侵权行为的惩处也有利于网络的健康发展。

计算机强大记录、储存功能及网络技术带来了低成本。就网站或个人而言,无论是接收信息或发布信息的成本都很低。从信息传递者的角度来看,网络出现后,不受限制地公开发布信息变得很容易。相反,这种网络上的相对自由也是其最大的弱点之一。因此,网络中的著作权已成为全社会共同关注的问题。此外,Web页中侵犯名誉权、商标权等现象也大量存在。

在这些因素的存在下,现代社会对信息法律的建设步伐不断加快,以适应社会、经济、技术的快速发展,有力地保护各种合法权利。

世界各国因其国情不同,经济、文化、社会以及技术发展的水平不一致,对信息法律建设的进程与实践活动也就不一样了。但是纵观世界各国信息法律建设的现状,经济发达国家的信息法律体系建设相对比较完善。如美国政府制定了一系列的信息法规,如《信息自由法》(1967)及其系列修正案、《版权法案》(1970)、《阳光下的政府法》(1976)、《计算机软件保护法》(1980)、《国际电信法案》(1982)、《国际通信改革条例》(1983)、《半导体晶片法》(1987)、《贸易、雇佣和生产法案》(1987)、《弗拉尼斯报告》(1987)等。其信息法律已形成系列。1996年2月8日,时任总统克林顿签署批准了新的通信法案,法案的目的在于解除政府设置在电话、广播、卫星通信和有线电视工业之间的"屏障",允许相互竞争,这无疑将对美国信息产业的结构产生了深刻的影响,将成为有力地保证美国在21世纪继续保持世界经济大国地位的重要举措。

2.2 信息法律的概念

信息法是"信息环境——信息生产、转换和消费环境——中产生并受国家力量保护的社会规范和关系的体系,信息法律调节的主要对象是信息关系,即实现信息过程——信息生产、收集、处理、积累、储存、检索、传递、传播和消费过程时产生的关系。"[①]这里的"信息",并非是一切信息,而是有特定意义和范围的信息,是能够以物质财富或非物质财富为载体,成为相关法律主体权利义务所共同指向的对象,既能满足相关法律主体的利益需要,又能得到国家法律的确认和保护的信息。

信息法与民法既有联系又有区别。由于信息法所保护的信息权利与民法所保护的民事权利均与法律主体的切身利益密切相关,并都与基本人权联系在一起。信息法的许多理论和制

---

① B.A.科佩洛夫著,赵国琦译. 论信息法体系. 国外社会科学,2000(5):39~46

度是与民法的理论和制度联系在一起的,或者是前者的基础,由此也形成了两类部门法中的一些共同的理论和实践问题。如信息产权问题,对信息中所涉及的财产权和人身权的保护问题,对既是重要的民事权利又是重要的信息权利的知识产权的保护问题等。同时,信息法与民法又有一定的区别,民法调整的是平等的民事主体之间的权利与义务关系,因此,信息法中的对信息主体的市场准入的规制,则是国家在纵向管理中对市场主体的规范。信息法中的其他一些涉及到国家在宏观调控方面的内容,也是民法研究中所不具有的。

信息法同经济法在调整对象等许多方面是有明显区别的,与此同时,这两个部门法在许多方面又有许多相似之处。事实上,由于经济法是规范特定的经济活动的法,信息法是规范信息活动的法,在经济活动中渗透着大量的与经济有关的信息,并且从某种意义上说,经济活动也就是一种信息活动,因此,经济法同信息法发生作用的对象和领域在一定程度上存在着交叉,这使得两者的联系更为密切。然而,这两者的区别也是十分明显的,信息法中含有大量的平等主体间的权利与义务关系,而经济法调整的都是不平等主体间的权利与义务关系,因而二者在调整对象、调整方法等各个方面都有着许多的不同。

信息法与知识产权的关系是十分密切的,知识产权解决的是信息的所有权问题,知识产权法中的著作权,保护的是信息作品的表达形式的独创性,而并不保护信息表达作品的内容本身,但信息法中的大众传播法的内容对信息表达和传播的内容进行了一系列的规范,因而二者具有互补性。但信息法不但要解决信息的所有权问题,而且还要解决信息市场的准入、信息的大众传播等方面的内容,像信息法中的个人或组织进入信息市场的规定,像信息法中关于新闻记者的传播特权、名誉权、隐私权的法律保护等则是知识产权法所不包含的,因此,可以说知识产权是信息法的研究对象。

2.3 信息法的法律关系

依据一般的法学理论,所谓法律关系的构成要素包括法律关系的主体、客体和内容三个方面。信息法律关系是依据信息法律规范产生的,并以主体之间的权利义务关系为表现形式的特殊社会关系,它自然也包括主体、客体和内容三个部分。

1. 信息法律关系的主体

信息法律关系的主体是指信息法律关系中权利享有者和义务承担者,即信息法律关系的参加者。所谓主体的法律形态是指法律对主体的形式的直接的规定。信息主体依不同标准可有不同分类:从信息活动的角度,信息主体可分为获取信息的主体、采集信息主体、处理信息主体、存储信息主体、使用信息主体和传播信息的主体。从信息所有人对信息产权占有、使用、收益和处分的角度来看,信息主体可分为信息占有主体、信息使用者主体、信息受益者主体和信息处分者主体。从主体法律形态上看,信息法律关系主体可分自然人信息主体、组织信息主体和国家信息主体。

自然人信息主体是最重要的、基本的信息主体,许多信息活动都是由自然人直接实施的,并且人类的各类具体的信息活动,最终都需要由自然人来进行,因此自然人在信息主体中占有十分重要的地位。自然人在一国的领域内,包括具有该国国籍的公民、居住在该国境内的外国人和无国籍人;此外,不具有独立的法律主体资格的自然人的集合,一般也被规定为属于自然人的范围。例如,我国的《民法通则》就把个体工商户、农村承包经营户以及个人合伙者均规定在自然人项下。

国家信息主体主要指各类国家机关(包括国家);组织信息主体则主要指各类企业、事业单位和社会团体等。无论国家信息主体还是组织信息主体,这些组织体在民法上一般具有法人资格,是独立于自然人之外的法律主体,并且也是一类非常重要的信息主体。许多复杂的、重要的活动,都离不开各类组织体的直接参入,这些组织体在具体的信息活动中往往占据着主导地位,发挥着重要的作用。国家是信息活动的重要参加者,并且具有举足轻重的地位。一方面,为了保障国家利益和社会公共利益,国家必须储存、保留某些领域的信息,使这些信息处于秘密状态,而不许非法获取、使用。

2. 信息法律关系的客体

信息法律关系的客体,又称信息权利客体,是法律关系主体的权利和义务所指向的对象或称标的。依据不同的标准,信息可以区分为不同的类型。

如果依据信息的性质,可分为自然信息和社会信息。前者如生命信息等;后者如经济信息、政治信息和科技信息等,它们是信息权利客体最重要的表现形式。

如果依据信息的载体,可分为口头信息、实物信息、文献信息等,它们均可成为信息权利的客体。

如果依据信息存在的状态和传播方式,信息可分为公开信息和秘密信息。前者是指向社会的信息,可以为公众广泛公知的信息,如已公开的专利信息或股份公司的财务信息、公开发表的著作等;后者是指在一定范围内保密的信息,该信息并未公开,亦未为公众所知悉,如国家机密、企业的商业秘密、个人的隐私等。这些信息均可成为信息权利的客体。

如果依据信息是否具有商品的属性,可分为商品性信息和非商品性信息。比如有偿使用的专利技术、商标等属于商品性信息。比如无需付费的,具有公共性质的天气预报信息、国家统计信息以及无法为外人使用的个人隐私信息等属于非商品信息。不管是商品信息还是非商品信息,它们均可成为信息权利的客体。

3. 信息法律关系的内容

信息法律关系的内容就是信息法律关系主体之间的权利与义务,并且该权利与义务共同指向的对象就是信息。信息法律关系主体的权利,简称信息权利,是法律主体的一种依法行为。权利是法律赋予人们享有的权益。信息权利是法律主体获取利益或满足需要的法律手段,通过行使信息权利,法律主体便能够实现其信息活动的目的。信息权利表现为信息权利的享有者有权做一定的行为和要求他人做出相应的行为,在必要时可请求有关国家机关以强制性的协助实现其信息权益。

信息法律关系的义务,简称信息义务,是法律主体依法必须行使的义务,它是法律对法律主体行为的一种约束。法律主体违反法定的信息义务,侵犯信息权利,就应当承担相应的法律责任,就要受到法律的制裁。

2.4 信息法律的作用

信息法律可以保护发明者、创造者的权利,促进革新,激励竞争,有利于社会进步。这是信息法律的激励作用;通过信息法律,可以对全国信息资源的合理配置、开发和利用起到积极的作用;信息法律可以起到引导作用,其引导的对象是社会中每个人的行为,即通过信息法律条文指引人们从事社会允许的信息活动,同时制止社会不允许的行为发生。除此之外,信息法律还具有以下几个方面的作用[①]:

---

① 胡昌平. 信息管理科学导论. 北京:科学技术文献出版社,1995

1. 评价作用

评价作用的对象是其他人的行为,即社会其他人可根据法律对行为者的行为做出评价。作为一种信息行为规范,信息法律内在地肯定了一定的社会价值,因此有判断、衡量人们行为的评价作用。例如在信息中介服务中,用户利用法律准则评价服务人员的行为是十分自然的和必要的,它起着社会监督的舆论作用。

2. 教育作用

教育作用的对象是一般人的行为,通过信息法律的实施对特定当事人和其他人今后的行为发生影响,起到一种警示的作用。

3. 强制作用

强制作用的对象是违法者的行为,即依据法律制裁违法行为。

4. 预测作用

预测作用是指人们可依据信息法律,预先估计与之交往的他人将持什么态度,这是人们之间相互对待的问题。这种作用包括预先估计社会舆论和国家机关对自己和他人行为将有什么反应,通过预测作用可以增进人们在信息活动中的相互信任和维护人们合法权利、义务及社会秩序。

5. 管理公共事务和实现社会管制作用

信息法律和其他法律一样,从根本上体现国家、阶级的利益,实现对公共事务的管理和社会的管制。在现代社会信息业的发展和信息网的建设中,这种管理和管制作用愈来愈突出。

2.5 信息法律体系

因为社会生活中充满着各种各样的信息活动,它们受到了信息法律的规范与管理,因此在信息法律体系中,存在着多种类型的信息法律。对于信息法律体系存在着多种看法,俄罗斯信息法专家 B. A. 科佩洛夫认为[①],一部完整的信息法律体系应该包括表 12.1 所包含的内容。

表 12.1　B. A. 科佩洛夫的信息法律体系

分类	框 架 内 容
总论部分	1. 基本概念(信息法、信息权利与自由、信息、信息过程、信息关系等) 2. 信息——信息法的主要法律关系客体 3. 信息环境是法律调节的领域 4. 信息法主要对象与方法 5. 信息安全 6. 信息立法
专论部分	7. 知晓权——信息检索、获取和应用权 8. 知识产权的信息问题 9. 大众传媒关系的法律问题 10. 形成和利用信息资源过程中信息关系的法律调节 11. 处理构成国家机密的信息时所发生的关系的法律调节 12. 处理构成商业机密的信息时所发生的关系的法律调查 13. 处理个人资料时所发生的关系的法律调节 14. 信息系统、技术及其保障手段建立及使用过程的法律调节 15. 信息环境中违法的责任

---

① B. A. 科佩洛夫著,赵国琦译. 论信息法体系. 国外社会科学,2000(5):39~46

可以看出,与国家其他法律体系一样,信息法律体系中也应该存在着一部类似于《宪法》一样的基本大法,其他信息活动领域的信息法律制度与规范要遵守这部信息基本法。

信息基本法主要是对信息立法的宗旨、原则、调整对象和范围、信息法律关系的主体和客体等做出规定。其中,立法宗旨反映了信息立法者在立法过程中所遵循的主导思想,对各信息法律规范的制订工作起着根本性、全局性、导向性的作用。如巴西于1991年修改制定了《信息法》、日本的《信息基本法》和俄罗斯的《信息、信息化、信息保护法》,都属于信息基本法。

根据我国的基本情况,除了信息基本法外,其他信息法律制度和法律规范还包括:[①]

1. 公民信息自由法

公民信息自由权是公民依法可以自由获取、加工、处理、传播、存储和保留信息的权利。具体包括公民信息知情与获取权利、公民信息传播权、个人信息保护与隐私权利。它主要涉及知情权、传播权和隐私权法。

2. 政府信息法

政府信息法主要包括信息收集、发布、管理、安全保护与信息公开法,以及电子政务法。中国国家信息化领导小组第一次会议决定,把电子政务建设作为今后一个时期我国信息化工作的重点,政府先行,带动国民经济和社会发展信息化。所以,我国在今后一段时间,将以政府信息立法为重点。

3. 公益性信息法

目前对于我国来说,有两种体制的公益性信息机构。一种是政府设立的公益性机构,如图书馆、情报所、博物馆、文化馆等事业单位;另一种是社会为了公益目的而投资举办的信息服务机构。公益性信息法是指为这些公益性信息机构设置的、有关信息收集、处理与服务的法律规范,具体包括图书馆、情报、档案、博物馆法以及统计、气象等信息服务法。

4. 商业性信息资源法

商业信息法包括保护商业信息收集、服务、处理权利,制止内幕信息交易、保护商业秘密,电子商务、信息产业法保障等与网络经营活动有关的信息法律规范。

5. 大众传播法

大众传播法涉及信息传播自由问题,规范了传播的相关权利与义务。它主要包括如广告法、出版法、名誉与诽谤等法律问题。

6. 信息产权法

随着信息社会的到来,信息的价值越来越受重视,特别是近年来,随着人们对信息资源更有效地利用的需求的增大和信息内容服务产业的逐渐形成与发展,对利用公有信息资源进行二次开发所形成的信息产品乃至信息资源的保护提到了日程,为此,信息产权的概念出现了。信息产权除了包括原有的知识产权内容外,还包括鼓励对公有领域的信息的开发利用,避免不正当竞争等内容,其中最主要的表现是数据库(信息库)的保护问题。

7. 网络信息法

网络信息法就是与网络有关的信息法律。网络信息法从结构上可以分为六类法律规范:一是关于信息网络规划和宏观管理的法律规范,主要是行政立法;二是网络经营与服务法规;三是网络安全法律;四是保护网络中的公民合法权益的法律规范,如知识产权和个人数据的

[①] 周庆山. "信息法"课程PPT讲义. 北京大学信息管理系,2004年12月

保护；五是电子商务领域中的法律规范；六是有关计算机诉讼和计算机证据的程序法规范。

8. 国际信息法

国际信息法是调整国际间围绕信息活动所发生的各种法律关系的国际公约、条约、协议等国际法律法规。涉外信息交流法,含国外信息资源使用管理条例,信息出口管理条例,关于出口科技信息声像出版物的规定,科技人员对外联系和通信问题的规定,关于信息产业利用外资的规定,关于各国合理使用太空资源的国际公约,关于各国利用人造地球卫星进行直接电视转播的国际公约,关于双边或多边国际信息交流的条约或协定,等等。

2.6 信息政策和信息法律的关系

信息政策与信息法律二者之间是辩证统一的关系。二者既相互紧密的联系,又相互区别。两者在本质上具有同一性,它们都属于国家进行信息管理的重要调控手段,具有很强的规范性。

首先,信息政策是信息法律制定的依据,信息法律执行以信息政策为指导。

信息政策要对一切社会信息活动进行指导,信息立法作为社会信息活动的重要组成部分,当然也离不开信息政策的指导。许多行之有效且有长远价值的信息政策逐渐被制度化、固定化为信息法,然而信息政策的作用并没有因此而减少。

当信息法律执行时,要在遵循国家制定的信息政策的背景下,严格遵守信息法律条文。当法律规定出现漏洞而无法可依时,信息政策可以作为信息法律的非正式渊源,代行信息法律的职能。因此说,各种各样的信息政策,无论是在调节社会信息关系的针对性上,还是在解决信息环境问题的灵活性上,都具有重要作用。

其次,信息政策依靠信息法律贯彻实施。

信息政策是信息法律所要体现的一般原则、精神和内容,信息法律是国家信息政策的定型化、条文化,它是实现国家信息政策最为重要的手段。没有法律的强制作用而仅仅依靠信息政策,不可能达到一定的政治经济目的。

信息政策与信息法律之间虽然存在着密切的联系,但两者的地位、效力的高低,作用的强弱,受人们重视程度等方面也存在着较大的差别。综合起来看,它们的区别主要表现在以下几个方面：

（1）性质不同。信息法律是一种法律手段,它代表国家的利益,具有强制力；信息政策是一种行政手段,它只代表政治组织的利益和意志,不具有强制力的属性。

（2）制定的机关和程序不同。信息法律是由国家专门的立法机关或者拥有立法权能的机关依照信息法律程序而创制的,其立法权限和创制程序也均有严格而复杂的规定。信息政策的制定则出于多门,其程序也显得不很严格。

（3）表现形式不同。在现代国家,信息法律通常采用制定法的形式,信息政策则通常采用诸如纲领、决议、指示、宣言、命令、声明、会议记要、党报社论、领导人讲话或报告、一般性的口号等形式。

（4）调整的范围、方式不同。从范围上看,信息政策所调整的社会关系要比信息法律广泛的多,它不但要应对既有的问题,而且还要预测正在形成或将要发生的问题,于是从处理方式上看,就要求它具有比信息法律更大的灵活性。而信息法律所调整的对象范围,往往是对国家和社会有较大影响的、较为稳定的社会关系,注重对社会和公众长期利益的社会关系进行确认、保护或控制。

(5) 稳定性不同。信息法律有较大的稳定性,它一旦制定出来,就要相对稳定地存在一个时期;信息政策则具有较大的灵活性,其内容随时随地在发生变化。

案例

信息社会催生信息法

如果有一扇通往信息社会的大门,那么这扇门的钥匙会是什么呢?技术不断变化,信息日日更新,维系信息社会运行的只能是法律。法律的公平性、稳定性,使其成为进入信息社会大门的长期有效的钥匙。

现行信息法规

2005年1月,全国信息产业工作会议在京召开。信息产业部部长王旭东在主题报告中指出,2004年,全行业通过贯彻实施《行政许可法》,发布了第一批行政许可项目及有关规定,推动出台了《电子签名法》,《电信法(送审稿)》已经报国务院法制办,推动出台了互联互通刑事司法解释,提出了电子信息产业法律框架。在谈到今年要重点抓好的工作时,王旭东再次把法律建设提到首位,表示要加强政策法规的规划工作,为行业发展创造良好环境。

从1987年1月1日《中华人民共和国邮政法》实施以来,中国的信息立法已经走过了18个春秋。据记者不完全了解,迄今为止,共有1项国家法律、7项国家级行政法规和32项信息产业部令出台生效,1项国家法律颁布并即将实施[①],14项行政法规、法律文件已经实施。在行业管理方面,国务院发布了6份电信行业管理有关文件,信息产业部电信管理局发布文件14份,信息产业部综合规划司发布文件16份,信息产业部发布的其他行业管理文件19篇。在标准方面,信息产业部就通信行业发布了22项行业标准,包括技术标准和建设标准。此外,还有电子制造业及软件业标准、邮电通信国家标准等行业标准,其中一些标准以建议的形式出现。

在科技成果转化方面,有《中华人民共和国促进科技成果转化法》这部国家大法。在电信方面,信息产业部在2000年9月颁布施行了《中华人民共和国电信条例》;在电信资费政策方面,国家计委和信息产业部先后出台了9份法律文件。

如果把地方性法规和各种纲要、标准、建议计算在内,记者检索到的各种法律文件有1017篇。记者发现,信息化相关法规中,达到国家立法级别的甚少,多数是以行政法规形式出现。

立法的排队标准

全国人大法律工作委员会的工作人员告诉记者,近几年来经过全国人大立法程序通过并颁布的信息立法并不多,现有的信息法规主要是各种政务条例。在今后5年的全国人大立法规划中,最重要的信息立法当属《政务信息公开法》。这位工作人员告诉记者,从立法程序来看,在人大代表的提案被确认有立法必要后,有关部委提出一个立法草案,由全国人大法工委交全国人大及其常委会审议通过。从全国人大的角度来看,是否有必要制定一项法律有两个标准:这个立法为社会生活所急需,有紧迫性;法律需要解决的问题比较少,可操作性较强。

目前,由全国人大通过的信息化法律中规格最高、专业性最强的当属即将开始实施的《电

---

① 指2005年4月1日已经实施的《电子签名法》。该文发表时此法尚未实施。

子签名法》。电子商务在中国开始大规模应用,该法律的出台有充分的紧迫性,同时,该法只针对信息行为中的身份认证部分做出规定。

国务院信息化办公室副主任刁石京表示,以信息化为名的立法目前还没有进入议程。现在国信办正集中精力于电子政务公开立法研究,同时,安全立法研究也已经进入国信办的视野。

另据记者了解,《个人数据保护法》的草拟工作已经在进行中,有望成为又一部重要的信息法规。

世界摸索信息立法

记者了解到,目前,信息立法在世界范围内正处在进行时态,可以说世界各国都在对信息立法进行探索。需要指出的是,在世界范围内目前尚无一部专门规范信息行为的、涵盖信息活动各领域的信息大法。在中国,其他行业如金融、保险、农机化等专业领域都有国家立法,而信息领域则没有专门的信息法。

在信息社会的肇始国——美国,信息法律从信息公开、信息自由以及政府为公民服务的角度被一系列立法规定下来。在信息化社会出现之前,美国就有类似的法律,而所有规定了信息化形式的立法,被一位律协电子商务委员会委员称作"超前"。这位委员告诉记者,只有信息化社会的倡导者美国才可能以这种高屋建瓴的方式进行超前立法。

在其他国家,信息立法正处于摸索阶段。即使是把发展信息化作为国策的韩国等国,其立法也是借鉴美国立法经验,同时结合国内产业的发展。

信息法规外延广阔

有关法律专家指出,中国已有的电子信息立法分为三个层次。第一层次是最直接、最基本的,是针对信息化行为进行过程中,对以数据信息为核心引发的一些新问题进行规范行为的立法,主要包括数据信息的法律效力(如电子签名、电子认证、电子合同等)、数据信息的认证、数据信息的产生和保存等;第二层次,是直接相关的、有较大影响的法律问题,如知识产权保护、网络安全等,所要解决的是电子商务正常运行应有的法律环境和必要条件;第三层次是相关的,并会造成一定影响的方面,如关税和税收、个人隐私权保护等问题。

按照上述理论,从《宪法》到《民法》、《刑法》的许多法律中都有涉及信息产业的内容。这些法律规范的是人们在社会生活中的行为,其涵盖信息法律关系不可避免。对这些通行法律的立法和普法一直以来就是中国法制工作的重要内容。

目前,法院在审理IT企业纠纷时,由于专业法律依据不足,经常不得不依据其他民事法律关系做出判决。对此,信产部《企业信息化标准》工作组长邓超提醒说:"国家标准也可以是法院判决的参考依据,是中国信息法律体系的组成部分。在没有相应的信息法律规范的情况下,应该重视标准的规范作用。"

国家信息立法简表

法律名称	实施日期	立法单位	法律属性
中华人民共和国邮政法	1987年1月1日	第六届全国人民代表大会常务委员会	国家专项法律,包含较多信息内容
中华人民共和国促进科技成果转化法	1996年10月1日	第八届全国人民代表大会常务委员会	国家法律,包含促进信息化内容
中华人民共和国电子签名法	2005年4月1日	第十届全国人民代表大会常务委员会	首部专业的国家信息法律

第十二章 信息管理的人文环境

信息产业部令

编号	法规名称	实施日期	发布单位文件编码
1	电信网码号资源管理暂行办法	2000年4月25日	中华人民共和国信息产业部1号令
2	通信建设项目招标投标管理暂行规定	2000年9月22日	中华人民共和国信息产业部2号令
3	互联网电子公告服务管理规定	2000年10月8日	中华人民共和国信息产业部3号令
4	仿印邮票图案管理办法	2000年10月8日	中华人民共和国信息产业部4号令
5	软件产品管理办法	2000年10月27日	中华人民共和国信息产业部5号令
6	电信服务质量监督管理暂行办法	2001年1月10日	中华人民共和国信息产业部6号令
7	电信用户申诉处理暂行办法	2001年1月10日	中华人民共和国信息产业部7号令
8	互联网上网服务营业场所管理办法	2002年11月15日起施行	中华人民共和国信息产业部8号令
9	公用电信网间互联管理规定	2001年5月10日	中华人民共和国信息产业部9号令
10	通信行政处罚程序规定	2001年5月10日	中华人民共和国信息产业部10号令
11	电信设备进网管理办法	2001年5月1日	中华人民共和国信息产业部11号令
12	电信设备抗震性能检测管理暂行办法	2002年1月1日	中华人民共和国信息产业部12号令
13	中华人民共和国无线电频率划分规定	2001年11月12日	中华人民共和国信息产业部14号令
14	电信网间互联争议处理办法	2002年1月1日	中华人民共和国信息产业部15号令
15	通信工程质量监督管理规定	2002年2月1日	中华人民共和国信息产业部18号令
16	电信业务经营许可证管理办法	2002年1月1日	中华人民共和国信息产业部19号令
17	电信建设管理办法	2002年2月1日	中华人民共和国信息产业部、中华人民共和国国家发展计划委员会20号令
18	建立卫星通信网和设置使用地球站管理规定	2002年10月1日	中华人民共和国信息产业部21号令

续表

编号	法规名称	实施日期	发布单位文件编码
19	国际通信出入口局管理办法	2002年10月1日	中华人民共和国信息产业部22号令
20	国际通信设施建设管理规定	2002年8月1日	中华人民共和国信息产业部23号令
21	微型计算机商品修理更换退货责任规定	2002年9月1日	国家质量监督检验检疫总局、信息产业部24号令
22	中国互联网络域名管理办法	2002年9月30日	中华人民共和国信息产业部24号令
23	信息产业部行政复议实施办法	2002年12月1日	中华人民共和国信息产业部25号令
24	电信网码号资源管理办法	2002年11月22日	中华人民共和国信息产业部28号令
25	中国互联网络域名管理办法	2004年12月20日起施行	中华人民共和国信息产业部30号令
26	信息产业部负责实施的行政许可项目及其条件、程序、期限规定（第一批）	2005年1月10日起施行	中华人民共和国信息产业部31号令
27	军工电子装备科研生产许可证管理办法	2005年2月1日	中华人民共和国信息产业部32号令

国家信息行政法规简表

名　　称	日　　期	发布单位
中华人民共和国邮政法实施细则	1990年11月12日	国务院65号令
国务院、中央军委关于保护通信线路的规定	1982年9月20日	国发[1982]28号
中华人民共和国无线电管理条例	1993年9月11日发布	国务院、中央军委第128号令
中华人民共和国计算机信息网络国际联网管理暂行规定	1996年2月1日	国务院、中央军委第195号令
国务院批转邮电部关于进一步加强电信业务市场管理意见的通知	1993年8月3日	国发[1993]55号
互联网信息服务管理办法	2000年10月9日	中华人民共和国国务院292号令

部分现行国家有关信息的行政法规

文件编号	名称	实施日期	发布单位
国务院令第147号	中华人民共和国计算机信息系统安全保护条例	1994年2月18日	中华人民共和国国务院令第147号
国务院令第195号	中华人民共和国计算机信息网络国际联网管理暂行规定	1996年2月1日	中华人民共和国国务院令第195号
	计算机信息系统安全专用产品检测和销售许可证管理办法	1997年12月12日	
	计算机信息网络国际联网安全保护管理办法	1997年12月30日	中华人民共和国公安部
	计算机病毒防治管理办法	2000年4月26日	中华人民共和国公安部
	互联网信息服务管理办法	2000年9月25日	中华人民共和国国务院
	计算机病毒防治产品评级准则	2000年5月1日	中华人民共和国公安部

部分国际信息立法及公约

类别	名称	机构	保护对象
著作权保护	伯尔尼公约	10国发起(中国已加入)	文学和艺术作品
	世界版权公约	国际普遍公约(中国已加入)	统一自动和登记保护原则
	TRIPS协议	世界贸易组织(中国已加入)	与贸易有关的版权保护
	世界知识产权组织版权条约	世界知识产权组织主持	互联网环境中的知识产权保护
专利保护	巴黎公约	世界知识产权组织(中国已加入)	国民待遇原则和优先原则
	专利合作条约		避免重复审查
半导体芯片保护	半导体芯片保护法	美国	保护本国利益
	半导体集成电路的电路分布图保护法	日本	保护本国利益
	半导体产品拓扑图保护法	欧共体	保护成员国利益
网络信息安全保护	数据保护法	英国	控制本国数据外传
	个人数据保护法	德国	保护人们的正当权益不受电子形式侵害
	信息与通用服务法	德国1997年实施	

[来源:《中国信息化》2005年2月(合刊)相关内容。]

第三节 信息伦理

随着信息技术在人们生活与工作中渗透得越来越深,在提高效率与质量的同时也产生了较大的负面影响。面对人们在信息活动中遇到的这样那样的问题,信息伦理已经成为规范现代信息技术条件下人们信息行为的途径,是信息政策与信息法律的有力补充。它一般采用非强制性的手段,对信息活动加以指导,其重要意义与作用已经引起了人们的高度重视。

3.1 信息伦理研究的发展

二次大战后,信息技术在各个方面的应用得到迅速发展,其所带来的伦理方面的问题也就越来越突出。在20世纪的70年代末期到80年代初期,西方学术界对信息伦理的研究开始起步。目前,国内外不少学者认为,信息伦理学的研究起源于对信息技术的社会人文方面的研究,特别是起源于对计算机伦理学的研究。

20世纪70年代,美国教授W·曼纳首先发明并使用了"计算机伦理学"这个术语。曼纳教授认为,应该将伦理学理论应用到由于使用计算机技术而出现的伦理问题。从此开拓了一个新的研究领域——计算机伦理学。他认为,计算机伦理学是指在生产、传递和使用计算机技术时所出现的伦理问题,是伦理学理论的应用。如果没有计算机技术就没有计算机伦理学,计算机伦理学有其特殊的伦理现象和伦理问题。

从20世纪80年代中期开始,大量信息伦理学论文和专著涌现出来,信息伦理学的研究取得了突破性的发展。1985年,德国的信息科学家拉斐尔·卡普罗教授发表题为"信息科学的道德问题"的论文,研究了电子形式下信息的生产、存储、传播和使用问题。他在论文中提出了"信息科学伦理学"(information science ethics)、"交流伦理学"(communication ethics)等概念。他从宏观和微观两个角度探讨了信息伦理学的问题,包括信息研究、信息科学教育、信息工作领域中的伦理问题。

1986年,美国管理信息科学专家R.O.梅森提出信息时代有四个主要的伦理议题:信息隐私权(privacy)、信息准确性(accuracy)、信息产权(property)及信息资源存取权(accessibility)。这四个伦理议题通常被称为PAPA。信息隐私权是指个人拥有隐私之权利及防止侵犯别人的隐私;信息准确性是指人们享有拥有准确信息的权利及确保信息提供者有义务提供准确的信息;信息产权是指信息生产者享有对自己所生产和开发的信息产品的产权;信息资源存取权是指人们享有获取所应该获取的信息的权利,包括对信息技术、信息设备及信息本身的获取。

到了20世纪90年代,信息伦理学的研究发生了深刻的变化。它冲破了计算机伦理学的束缚,将研究的对象更加明确地确定为信息领域的伦理问题,直接使用了"信息伦理学"这个术语。1996年,英国学者R.西蒙和美国学者W.B.特立尔共同发表题为"信息伦理学:第二代"的文章。他们认为,计算机伦理学是第一代信息伦理学,其所研究的范围有限,研究的深度不够,只是对计算机现象的解释,缺乏全面的伦理学理论,对与信息技术和信息系统有关的伦理问题和社会问题,以及解决这些问题的方法缺乏深层次的研究和认识。这种认识正是新的或者说是第二代信息伦理学形成的真正的和直接的原因。在这一时期,信息伦理学所研究的范围已不再仅仅限于信息技术所产生的伦理问题,而是越来越多地关注整个信息社会的伦理问题,从而将信息伦理学提高到一个新的理论发展水平,开创了信息伦理学研究的新局面。

从信息伦理学的发展历史可以看出这个学科不断发展、不断进步的过程,但它还远远不是一个成熟完善的学科。因为信息社会本身也还在发展中,信息产业本身也还不够成熟。

3.2 信息伦理的基本概念

所谓信息伦理,是指涉及信息开发、信息传播、信息的管理和利用等方面的伦理要求、伦理准则、伦理规约,以及在此基础上形成的新型的伦理关系,它贯穿于整个信息活动过程。信息伦理是信息技术的价值制导,它为信息技术的运用设定完善的价值坐标。

网络伦理是一种调整网络消费者之间在网络信息消费过程中相互关系的行为规范总和。这种对网络伦理的理解可能有些狭窄,但它反映出了网络伦理"关系"、"社会"、"技术性"特点。网络伦理不是信息伦理的全部。以数字化的信息为中介的伦理关系不仅存在于网络之中,而且也存在于许多非网络的信息领域。因此,网络伦理是作为信息伦理的一个分支而存在。即便如此,但仍然有人认为,互联网技术的产生促进了信息更迅速有效的传播,直接导致信息时代的来临,在此情况下,信息伦理与网络伦理其实在许多时候已同为一个概念[①]。

信息伦理学的研究内容包括在信息生产、信息传播、信息处理和信息利用等过程中出现的各种伦理问题。信息伦理学是由信息学、计算机科学、哲学、社会学、传播学和传统伦理学等学科相互交叉融合,在信息技术和信息社会的土壤中产生的新兴交叉学科。[②]

美国国际信息伦理学中心认为信息伦理学有广义和狭义之分。广义的信息伦理学是研究一对多等级结构的大众传媒(媒体伦理学 media ethics;新闻伦理学 ethics of journalism)、计算机科学(计算机伦理学 computer ethics)和作为平等媒体的因特网(网络伦理学 cyberethics)中的伦理问题的应用伦理学科。而狭义的信息伦理学则是只研究因特网(网络伦理学,cyberethics)、信息和知识管理(与管理伦理学有关)以及图书馆、档案领域里的伦理问题的应用伦理学科。

可以看出,信息伦理学与计算机伦理学和网络伦理学关系密切。计算机伦理学与网络伦理学的研究范围有所重叠,也有所差异。网络伦理学主要关注进入网络、可能有不同文化背景的信息传播者和信息利用者的行为,它一般不论及人工智能、专家系统等方面的伦理问题;但计算机伦理学则必须回答这样的问题,它侧重于利用计算机的区域行为或个体行为的伦理研究。信息伦理学的研究范围更加广泛,它合理的将前两种伦理学加以整合,为计算机伦理学和网络伦理学的具体研究提供宏观的、原则性的哲学指导。它的研究对象不仅包括计算机伦理学、网络伦理学研究的问题,也包括一切信息技术如电信技术、网络技术等带来的伦理问题,还包括大众传媒、新闻、档案等领域的伦理问题,它已形成一种在信息领域具有普遍意义的伦理学。

可以用图12.1来表示三者之间的关系。

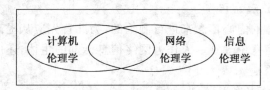

图12.1　计算机伦理学、网络伦理学与信息伦理学的关系

[①] 黄寰. 网络伦理危机及对策. 北京:科学出版社,2003
[②] 梁俊兰. 信息伦理学:新兴的交叉科学. 国外社会科学,2002(1):46~50

3.3 信息伦理的主要特点

信息伦理受其所规范的对象及其非强制性、社会文化的多元性影响,呈现出与信息政策和信息法律截然不同的特点。

1. 信息伦理具有开放、多元性

信息伦理的开放、多元性是由其研究对象的开放多元性决定的。

信息社会本身就是一个开放的大系统,特别是计算机网络的广泛应用更是扩大了信息社会的开放性。在这种情况下,社会伦理道德规范也不是固步自封、因循守旧的,而是与整个信息社会紧密联系,在互动发展中指导和规范人们的行为。

开放的信息社会也是一个多元的社会,它的多元性为人们道德选择和道德判断提供了多种选择和评价标准。随着信息化社会的不断形成,信息伦理也呈现出多元化特点。信息社会向我们展示了一个由多元伦理文化组成的开放道德世界,人们通过选择,将其内化为自己的行为规范和准则,从而形成稳定的价值观和伦理精神。

2. 信息伦理具有普遍、共享性

普遍性与共享性是信息最具特色的特点,正是由于这些特点的存在,使得信息资源可以为人们所共同分享。国际政治、经济、文化的交流不断加强,信息在世界的流动也就不断地加剧。受各国文化不同的影响,国际信息交流一定受到了信息伦理与道德不同的影响。因此,我们要寻求不同伦理文化之间的同一性和普遍性,信息伦理与信息的普遍性、共享性要相适应、一致。也就是说,信息伦理必须具有普遍、共享性。

3. 信息伦理具有自主、自律性

传统的伦理比较重视他律机制,就是依靠人的外界压力迫使个人约束自己行为。而在信息化程度高的网络时代,网络交流出现了自由、非限制、匿名等特点,传统的道德、舆论压力变得能量受限,于是自律就显得非常重要了。由此,信息伦理更注重于道德自律。同时,在信息社会里,人们越来越认识到,只有遵循自觉性,遵守共同的道义原则,自己才能达到目的。

3.4 信息伦理的构建

信息伦理在信息社会中的人们信息行为过程中显得特别重要,所以如何加强信息伦理建设问题提上了日程,也引起了人们的讨论。从目前情况来看,信息伦理的构建主要从以下几个方面入手。

1. 提高公民的信息伦理意识

信息伦理是依靠个体的内心信念来进行制约的,为此首先应从提高公民的伦理意识入手,以使人们树立起正确的信息伦理观。人作为网络信息活动的主体,还应遵循适度自由原则、良心制导原则与集体主义原则。

2. 制定清晰的信息伦理准则

虽然信息伦理主要诉诸于个体的自律,但自律是在他律的指导下逐渐形成的,如果缺乏清晰的伦理准则,那么大多数个体在面对各种行为选择时会茫然不知所措,只有提供了伦理准则,个体才能比较容易地做出是非评判。明晰的伦理准则将使个体有法可依,个体对其进行反复践履,就逐步将这种外在的准则化为自己内在的自觉的道德意识。

3. 超前预示各类信息伦理问题

信息领域是一个全新的快速发展的领域,各种各样的新的信息伦理问题将会层出不穷,对此应对新的信息伦理问题进行深入研究,超前预示某些可能出现的伦理难题,这样就可以变被动为主动,以有效地防范部分信息安全问题。

4. 进行信息立法互补信息伦理

信息伦理只是一种软性的社会控制手段,它的实施依赖于人们的自主性和自觉性,因此在针对各类性质严重的信息犯罪时,信息伦理规范将显得软弱无力。只有将那些成熟的、共性的伦理规范适时地转化为法律法规,才能构筑信息安全的有力防线。

5. 信息伦理的本土化

伦理本身就具有本土文化的特点,但由于信息伦理兴起于信息技术发达的西方,它们的信息伦理观念必然随着信息的流动、文化的交流而向外扩张。信息伦理作为文化价值层面的东西,由外部引进时,一定会遭到本土文化价值观的抵抗。我们不搞文化排斥主义,但也要注意保护本土的文化。结合本国实际情况,建设本土化的信息伦理制度。

6. 不同文化背景的信息伦理整合

因为各国具有不同的文化背景、不同的本土伦理资源,所以,各国所建立的适合本国国情的信息伦理是不完全一样的。各种文化背景下的信息伦理自有其长处,所以我们要注意将本国信息伦理与其他国家的信息伦理整合,取人所长、补己之短,避免犯别国犯过的错误,少走信息伦理建设的弯路。从另一个方面来看,世界文化、经济融合的步伐一直在加快,信息伦理一定也会形成一个多元化的伦理世界。

参 考 文 献

[1] 孟广均. 信息资源管理导论. 北京:科学出版社,1998
[2] 卢泰宏. 国家信息政策. 北京:科学技术文献出版社,1993
[3] 钟守真. 信息资源管理概论. 天津:南开大学出版社,2000
[4] 廖声立. 论信息政策的概念及研究内容. 情报探索,2000(2):10~11
[5] 汪传雷,谢阳群. 信息政策研究探讨. 情报理论与实践,2002(3):179~182
[6] 黄先蓉. 试论国家信息政策与法规体系. 情报学报,2002,21(6):742~750
[7] 黄先蓉. 关于国家信息政策与法规的制定原则. 武汉大学学报,2003(1):102~107
[8] 黄萃. 国外信息政策法规对我国电子文件立法的启示. 山西档案,2001(4):9~11
[9] 石健秋,顾微微. 国家信息政策与信息经济. 图书馆界,2002(4):4~6
[10] 胡燕崧. 论我国信息政策的建设. 深圳大学学报,1998,15(3):102~107
[11] 顾胜杰. 我国信息政策研究综述. 现代情报,1994(4):40~41
[12] 郑长军. 中国信息政策的研究重点与策略. 情报杂志,1995,14(4):3~5
[13] 肖希明. 国外信息政策研究的兴起和热点. 图书与情报,1994(3):19~22
[14] 梁俊兰. 发达国家的信息政策——以美、英、法、日为例的比较. 国外社会科学,1996(6):61~64
[15] 梁俊兰. 国外信息政策的发展道路. 国外社会科学,1997(2):19~24
[16] 刘尚焱. 日本的国家信息政策. 图书情报工作,1998(12):55~57,15
[17] 乌家培. 关于信息法规与信息政策. 信息世界,1998(4):6~9

[18] 张福学,时永梅. 东西方信息政策比较：殊途同归. 图书与情报,1998(1)：21～23
[19] 何瑞云. 国家信息政策研究的兴起与发展. 情报业务研究,1992(4)：193～197
[20] 何瑞云. 中国国家信息科技政策的实践与反思. 情报业务研究,1993(4)：193～198
[21] 陈亮等. 简论国家信息政策体系构建. 情报学报,2002(5)：592～597
[22] 李颖. 中日美国家信息政策的比较研究. 图书馆工作与研究,1997(4)13～17
[23] 龚花萍. 试论我国信息法律的建设问题. 中国信息导报,1997(7)：20～22
[24] 顾微微,袁卫芳. 试论信息法与信息政策的关系. 情报杂志,2000(6)：67～68
[25] 吴荣峰. 论我国的信息政策与信息法律. 图书情报知识,1995(2)：54
[26] 严红. 国际信息政策及法律. 高校图书馆工作,2000(3)：1～3
[27] 周庆山. 信息法教程. 北京：科学出版社,2002
[28] 马海群. 信息法学. 北京：科学出版社,2002
[29] 张守文,周庆山. 信息法学. 北京：法律出版社,1995
[30] 张备等. 信息法律——虚拟社会的边界. 北京：军事科学出版社,2003
[31] 朱庆华,杨坚争. 信息法教程. 北京：高等教育出版社,2001
[32] 王贵国. 国际IT法律问题研究. 北京：中国方正出版社,2003
[33] 蒋坡. 国际信息政策法律比较. 北京：法律出版社,2001
[34] B.A.科佩洛夫著,赵国琦译. 论信息法体系. 国外社会科学,2000(5)：39～46
[35] 查先进. 试论国家信息法的体系结构. 图书情报知识,2002(6)：2～5
[36] 周庆山. 面向21世纪的信息法学. 情报理论与实践,1998(1)：9～12
[37] 罗冰眉. 我国信息法学研究综述. 情报杂志,2003(6)：13～17
[38] 黄瑞华等. 信息立法初探. 中国信息导报,1996(3)：13～16
[39] 彭靖里等. 论我国信息法学研究及其法制建设的进展与对策. 现代情报,2002(4)：4～7
[40] 付立宏. 网络信息活动调控. 郑州：郑州大学出版社,2002
[41] 刘云章等. 网络伦理学. 北京：中国物价出版社,2001
[42] 吕耀怀. 信息伦理学. 长沙：中南大学出版社,2002
[43] 尹一佐,鲍宗豪. 网络伦理. 郑州：河南人民出版社,2002
[44] 张震. 网络时代伦理. 成都：四川人民出版社,2002
[45] 黄寰. 网络伦理危机及对策. 北京：科学出版社,2003
[46] 沙勇忠. 信息伦理学. 北京：北京图书馆出版社,2004
[47] 刘秀华. 试析网络环境下的信息伦理. 情报科学,2003(2)：170～172
[48] 张久珍. 国外信息伦理学研究现状. 情报科学,2001(9)：992～996
[49] 张福学. 信息伦理的几个基础理论问题的研究. 情报理论与实践,2003(3)：235～237
[50] 郑丽航,杜懋杞. 信息伦理述评. 图书情报工作,2002(4)：54～58
[51] 陆俊,严耕. 国外网络伦理问题研究综述. 国外社会科学,1997(2)：14～18
[52] 孙昊. 信息伦理初探. 情报科学,2003(5)：468～470
[53] 叶秀娟. 信息伦理学：应用信息伦理学研究的新领域. 湖南第一师范学报,2003(1)：8～11
[54] 吕耀怀. 论全球化时代的信息伦理. 现代国际关系,2002(12)：40～46

[55] 周悟.信息伦理建设的挑战与对策.湖北教育学院学报,2002(5):87~89
[56] 从敬军.关于信息伦理学研究的思考.情报学报,2002(3):334~338
[57] 张玉娥.浅谈信息安全的伦理问题及其对策.佳木斯大学社会科学学报,2001(6):138~139
[58] 梁俊兰.信息伦理学:新兴的交叉科学.国外社会科学,2002(1):46~50
[69] 鲍宗豪.网络经济面临八个伦理难题.财会月刊,2000(19):2
[60] 张伯,叶军.论网络伦理与网络空间的营造.图书馆学研究,2000(5):2~4
[61] 李伦.虚拟社会伦理与现实社会伦理.上海师范大学学报(哲社版),2002(2):7~11

思 考 题

1. 什么是信息政策?
2. 如何评价几种不同的信息政策构成要素模型?
3. 信息政策有哪些类型?
4. 简述信息政策的特点及其作用。
5. 什么是信息法律?
6. 简述信息法的法律关系。
7. 信息法律有什么作用?
8. 信息法律体系包括哪些方面?
9. 简述信息政策与信息法律的关系。
10. 什么是信息伦理?
11. 信息伦理的特点有哪些?